U0946636

领导关怀

6月30日，北京市人大常委会主任杜德印（右二）来校视察，北京市人大常委会副主任赵凤山、副秘书长刘维林、民族宗教侨务委员会主任委员席文启陪同视察

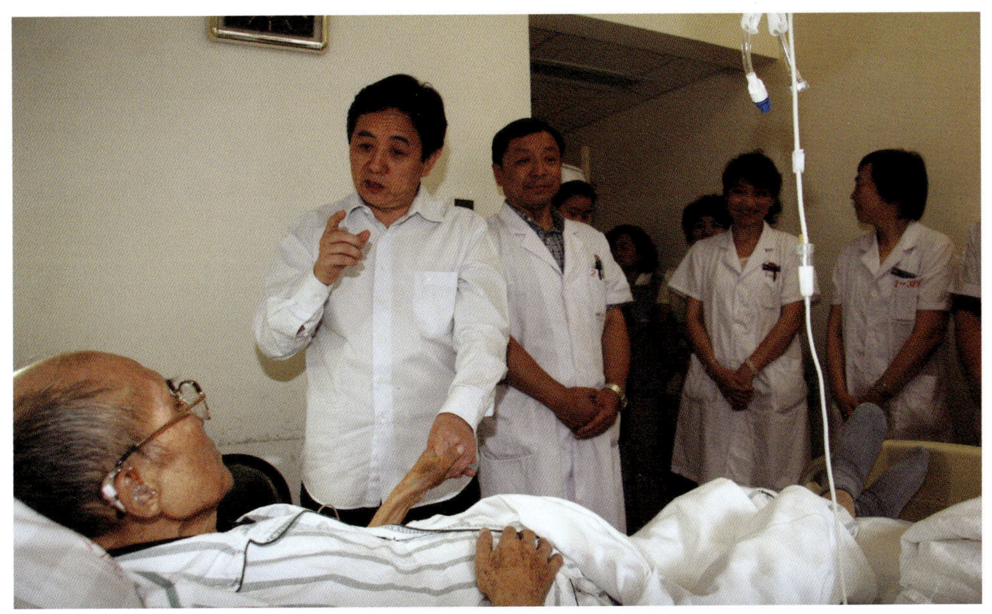

8月22日，北京市副市长丁向阳（左一）专程到朝阳医院看望机电学院老教师、市人大代表李敬

1月28日，北京市委常委、组织部部长吕锡文（右三）看望师范学院老教师秦摩亚（中）

9月28日，北京市委常委、市委教育工委书记赵凤桐，原北京市政协副主席、市委教育工委书记陈大白，原北京市委常委、市委教育工委书记徐锡安，北京市教委副主任何劲松出席北四环校区综合楼奠基典礼

人才培养

4月14日，北京联大与北京市人力资源和社会保障局大学生就业服务中心首次联合举办网络视频招聘会

4月19日，“文理博学讲堂”之“北京学”系列讲座开讲，北京学研究基地首席专家张妙弟作题为“热血千秋，旷古奇才——记于谦与北京保卫战”的讲座

10月15日，北京联大举行第二届新生运动会

5月17日，旅游学院举行“学风建设论坛——文明课堂我先行”活动

8月，北京联大学生赴新疆洛浦二中开展爱心助学活动

9月30日，在北京联大2011级新生军训结营式暨开学典礼上，学生表演拼字组图“BUU”

4月22日，北京联大"启明星"学生课外科技创新活动平台正式启动

9月8日，北京现代汽车有限公司向北京联大捐赠两辆北京现代第八代索纳塔汽车

10月24日，北京联大与北京金隅集团续签奖助学金合作协议

12月10日，北京联大召开第四次学生代表大会

12月30日，北京联大召开德育工作指导委员会2011年工作会

学生获奖

6月3日—5日，在2011年全国高校烹饪技能大赛和第二届全国高校餐旅类专业大学生创业大赛上，北京联大三支烹饪代表队分别获得金奖、银奖和特别奖，其中3名学生获得面点金奖，1名学生获得热菜金奖，2名学生获得凉菜银奖；一支创业代表队获得创业大赛二等奖和最佳团队奖

7月20日—24日，在第四届中国大学生文科计算机设计大赛决赛上，北京联大3件学生作品获得二等奖

8月17日—20日，北京联大两支代表队，分获第六届全国大学生“飞思卡尔”杯智能汽车竞赛全国总决赛摄像头组二等奖和电磁组二等奖

10月11日—20日，代表北京参加中华人民共和国第八届残疾人运动会的北京联大学生，夺得5枚金牌、6枚银牌、9枚铜牌，并获多项前六名

10月10日—12日，在“J.TEST杯”第一届全国高职高专日语技能竞赛中，北京联大获得个人赛事演讲比赛一等奖1项、团体决赛入围奖1项和优秀指导教师奖1项

12月20日，北京联大学生在第六届全国信息技术应用水平大赛决赛中获得个人赛一等奖1项，团体赛三等奖2项

12月3日，北京联大健美操队在2011年北京高校第32届健美操、艺术体操系列赛中获得六金四银的成绩，并获得团体总分第一名

学科、科研

1月14日，柳贡慧校长与北京华德液压工业集团有限责任公司董事长杜旭东共同为基地揭牌

12月3日，北京联大召开2011年科技工作会

10月26日，北京联大召开金融学特色专业建设研讨会

11月2日，中国秘书学本科学科建设座谈会在师范学院召开

文化建设

5月23日，校领导到校史馆馆址检查建设工程进展情况

1月19日，昌平校区举办感恩的心——献给昌平校区建设者专场文艺演出

5月25日，北京联大全面启动校志编纂暨校史展陈工作

5月6日，北京联大举行“经典旋律 唱响中国”大型歌会暨2011“五四”表彰大会

队伍建设

4月16日，北京联大举办第五届青年教师教学基本功大赛决赛

9月9日，北京联大召开庆祝教师节大会

9月16日，北京联大召开挂职干部汇报会

社会服务

5月14日，北京联大与三星集团共建的全国第一个导聋犬训练基地落成暨首批捐赠仪式举行

5月31日，全国重点建设职业教育师资培训基地的评估专家参观旅游学院酒窖实训室

5月19日，在2011年“中国旅游日”主题活动（北京）启动仪式上，北京联大5名学生代表宣读了《天坛宣言》

5月28日，北京联大第十一届科技文化艺术节系列活动之“科技进社区”活动在大屯街道文化广场举行

7月7日，校领导看望在北京市纪念中国共产党成立90周年展览活动中提供讲解服务的学生志愿者

11月18日，中国残疾人联合会副主席、党组成员吕世明与北京市教委副主任罗洁为全国残疾人职业教育师资培训基地揭牌

12月22日，北京市残疾人体育训练基地挂牌仪式在特殊教育学院举行

合作与交流

3月1日，北京联大与英国威尔士大学三一圣大卫孔子学院合作承办的英国威尔士第一所孔子课堂在霍兰德沃里学校成立，英国查尔斯王储和中国刘晓明大使共同揭牌

3月7日，巴西法阿比大学的马可斯弗雷塔斯博士为学校举办的邀请外国专家来校讲座活动作第一场讲座

6月14日—15日，北京联合大学商务学院-英国西苏格兰大学首届国际学术交流会召开

9月8日，北京联大与对外经济贸易大学签署战略合作框架协议

6月3日，北京联合大学国家级服务外包人才培养模式创新实验区与国家软件基地中关村软件园签署合作协议

8月23日，北京联大与北汽集团签署校企合作协议

11月11日，北京联大与贵州航天职业技术学院签订对口帮扶协议

10月25日，旅游学院与中国全聚德集团合作开办的“订单班”——旅游管理专业职业教育分级班在全聚德和平门店举行开学典礼

11月18日，北京联大与美国高立德大学签约合作办学，根据协议，学校聋人大学生可以通过“2+2”的培养模式在高立德大学接受本科教育

管理服务

5月18日，校党委书记徐永利到校图书馆调研

11月18日，特殊教育学院庆祝新校园落成暨建院10年庆典大会隆重举行，这是北京市第一所全空间无障碍设计的现代化特殊教育高等学府

12月2日，商务学院新教工食堂落成并投入使用

4月26日，应用文理学院举行双清校区通勤快车开通签约仪式

12月23日，2011年北京联大“健康幸福工程”启动仪式暨冬季长跑比赛在昌平校区举行

党建与思政

6月28日，北京联大举行纪念中国共产党成立90周年表彰大会

6月30日，为纪念建党90周年，师范学院艺术教育系表演歌剧《江姐》片段

7月20日—22日，校党委组织（统战）部组织学校部分民主党派和无党派人士代表一行19人，赴甘肃联合大学和青海民族大学考察学习

10月12日，校党委书记徐永利一行7人，到顺义区赵全营镇进行考察调研

12月1日，北京联大邀请国防大学战略教研部副主任兼国防大学战略研究所所长金一南将军作题为“苦难辉煌——对国家和民族命运的思索”的讲座

12月1日，北京联大召开机关作风建设工作会议

12月2日，北京联大两门党课获北京高校入党积极分子党课“精品一课”奖

12月16日，由市委教育工委副书记刘健任组长的市委教育工委、市教委党风廉政建设责任制领导小组第二检查组来校检查落实党风廉政建设责任制、推进惩防体系建设任务的完成情况

荣誉证书

北京联合大学

被评为2006—2010年全国法制宣传教育先进单位。

5月，北京联大被中共中央宣传部和中华人民共和国司法部评为“2006—2010年全国法制宣传教育先进单位”

6月3日，中共北京联合大学第三届委员会第二十一次全委（扩大）会召开，讨论并原则通过《北京联合大学“十二五”时期改革和发展规划（报送稿）》

11月8日，北京联大师生参加北京市区县人大换届选举投票

北京联合大学年鉴

（2012）

《北京联合大学年鉴》编纂委员会　编著

图书在版编目（CIP）数据

北京联合大学年鉴. 2012 /《北京联合大学年鉴》编纂委员会编著. —北京：北京大学出版社，2014.10

ISBN 978-7-301-25455-4

Ⅰ.①北… Ⅱ.①北… Ⅲ.①北京联合大学－2012－年鉴 Ⅳ.①G649.281-54

中国版本图书馆CIP数据核字（2015）第019437号

书　　名	北京联合大学年鉴（2012）
著作责任者	《北京联合大学年鉴》编纂委员会　编著
责任编辑	陈斌惠　孙亚唯
标准书号	ISBN 978-7-301-25455-4
出版发行	北京大学出版社
地　　址	北京市海淀区成府路205号　100871
网　　址	http://www.pup.cn　新浪微博：@北京大学出版社
电子信箱	zyjy@pup.cn
电　　话	邮购部 62752015　发行部 62750672　编辑部 62756923
印 刷 者	北京中科印刷有限公司
经 销 者	新华书店
	787毫米×1092毫米　16开本　20.75印张　彩插28页　718千字
	2014年10月第1版　2014年10月第1次印刷
定　　价	120.00 元

《北京联合大学年鉴(2012)》编纂委员会

编辑说明

《北京联合大学年鉴(2012)》(以下简称《年鉴(2012)》)是在学校年鉴编纂委员会的领导下,由学校档案(校史)馆和全校各单位共同完成的,汇集2011年学校事业发展和重要活动的基本情况,系统反映学校在人才培养、科学研究、社会服务、校园和谐以及党建和思想政治工作等方面的主要工作和新的进展,是学校发展轨迹的历史记载,为学校各部门以及社会有关单位、个人了解和研究学校现状和发展轨迹提供参考。

《年鉴(2012)》是北京联合大学编纂出版的第一本年鉴,是资料文献类工具书,以文章和条目为基本载体,以条目为主,配文前彩图,记载2011年1月1日至12月31日学校各项工作的发展轨迹、重要活动、重大事项,各领域的新进展、新成果、新信息。全书共设11个栏目:概况、特载、重要文件选登、机构与队伍、主要工作、毕业生名录、表彰与奖励、人物、大事记、重要学术报告会、媒体报道。

《年鉴(2012)》的编辑出版工作得到学校领导的支持和全校各单位的大力协助。

目　录

机构与队伍 ……………………………… (130)

主要工作 ……………………………… (137)

·北京联合大学概况·

北京联合大学是1985年经教育部批准成立的北京市属综合性大学，其前身是1978年北京市依靠北京大学、清华大学、中国人民大学、北京师范大学等25所高校创办的36所大学分校中的24所。学校以培养适应国家特别是首都经济社会发展需要的高素质人才为己任，经过30多年的建设与发展，形成了经、管、文、法、理、工、教、史、医等多学科相互支撑、协调发展，以本科教育为主，研究生教育、高职教育和继续教育协调发展的完备人才培养体系，已形成以亚运村小营校区为中心，集中与分散相结合的办学布局，拥有小营校区、学院路校区、双清路校区、丰盛校区、外馆斜街校区、红领巾桥校区、垡头校区、蒲黄榆校区、盆儿胡同校区、白家庄校区、昌平校区和北苑校区12个校区，是北京地区规模最大的高校之一。北京联合大学网址：http://www.buu.edu.cn/。

学校下设14个学院、36个校级研究所，有国家级的保健食品功能检测中心、4个市级科研机构、2个北京市重点实验室和230个实验室，有6个北京市重点建设学科、10个校级重点学科、19个校级重点建设学科和2个校级培育学科，以及13个校级实践教学中心。学校的学科专业设置注重贴近北京市经济建设和社会发展需要，共有6个硕士学位授予学科点、59个本科专业、71个高职高专专业。经济法学、计算机应用技术、食品科学、特殊教育学、人文地理学、旅游管理学6个学科为北京市重点建设学科。为学生提供良好的发展深造空间。2011年，学校在校生30 674人，其中学历教育全日制研究生100人、普通本科生20 729人、高职高专生6421人、成人教育学生3424人，此外还有全日制在校留学生631人。学校招生9534人，其中，学历教育全日制研究生39人、普通本科生6080人、高职高专生1901人、成人教育学生1514人。当年共有毕业生9683人，其中，硕士研究生36人、普通本科生5791人、高职高专生2309人、成人教育学生1547人。

学校产权占地面积407 922平方米。校舍建筑面积620 879平方米，其中产权校舍建筑面积454 415平方米。固定资产总值145 906.70万元，其中教学仪器设备资产值50 895.86万元。全年教育经费投入121 225.81万元，比上年增长12.58％，其中国家拨款经费97 536.12万元、自筹经费23 689.69万元。图书馆产权建筑面积17 231平方米，藏书230.60万册，电子图书4300.8GB。学校信息化经费投入1104.23万元，拥有计算机17 913台、多媒体教室座位34 133个，信息化设备资产7423.52万元，网络信息点15 948个，校园网出口总带宽760Mbps，电子邮件系统用户数6333个，上网课程数4858门，数字资源量1 472 512GB，管理信息系统数据总量137.65GB。学校是北京市数字化校园示范校，通过连接各校区的校园网，可实现各校区课堂的视频互联和资源共享。

2011年，学校在职教职工3315人，其中专任教师1670人。专任教师中，高级职称144人、副高级职称527人、中级职称891人，享受国务院特殊政府津贴专家3人。

多年来，学校坚持以“突出应用研究、推动学科发展、坚持科技创新、服务首都建设”为宗旨开展科学研究。科研成果和经费大幅度提升。“十一五”期间，共获得国家科技支撑计划项目2项、国家自然科学基金项目10项、国家社会科学基金项目5项、北京市自然科学基金项目9项、北京市哲学社会科学规划项目38项以及其他各类省部级项目共95项，北京市教委科研计划项目105项、横向课题316项。各级各类项目共计1141项，累计科研总经费达21 826万元。发表论文7406篇，其中核心期刊2369篇，被三大检索系统收录的论文达747篇；出版学术著作和教材535部；授权专利131项，其中发明专利40项。学校主办的学术刊物《旅游学刊》和《北京联合大学学报》在国内外具有重要影响力。

学校坚持以质量工程项目为依托，不断深化教育教学改革。2011年，教育部审批同意学校设置交通工程本科专业。学校组织对73个布点的本科专业进行了合格评估，制定了本科和高职专业合格评估指标体系及评分细则，进一步优化了专业结构。学校共评出校级精品教材26本，获评北京市级精品教材9本，国家级精品教材1本。评出校级教育教学研究与改革项目70项，其中重点项目10项、一般项目60项。完成了10个校级校外人才培养基地的遴选工作，校级校外人才培养基地达到32个。

北京联合大学不断创新人才培养方式，积极构建系统完善的学生成长成才机制。学校以国家级和北京市人才培养模式创新实验区为依托,设立计算机科学与技术、金融学、旅游管理人才培养三个实验班,对优秀人才开展针对性、创新性教育。学校注重学生实践及创新能力的培养,高度重视"产、学、研"合作,不断加强实践教学软硬件环境建设,为学校高素质应用型人才培养创造有利条件。学校还积极搭建学科竞赛和学生科技活动的实践平台,构建院、校、市、国家四层次学科竞赛体系。我校是北京市大学生学科竞赛承办校之一,承办北京市大学生计算机应用大赛,并扩展到京港澳台大学生计算机应用大赛。学校通过学分奖励等激励政策鼓励学生参加学科竞赛等科技创新活动,培养学生创新能力和实践能力,并取得丰硕成果。

学校积极开拓国际/ 境外合作办学,培养具有国际竞争力的人才,与 30 多个国家和地区的高校开展多种合作交流项目。每年有来自 30 多个国家超过 1000 人次的留学生在我校就读。学校通过参观互访、论坛、研讨会等多种形式开展学术交流,推进学校的国际化办学水平。几年来,学校成功举办了中美韩国际研讨会、北京国际特殊教育学者讲坛、国际职业教育论坛和地方大学国际化发展战略国际研讨会,并与台北科技大学等多所台湾高校多次联合举办了"海峡两岸高等教育(技职)学术研讨会",在海内外教育界产生了较大影响。

目前,全校上下正认真落实学校"十二五"时期改革和发展规划,以科学发展为主题,不断推进学校科学内涵发展,为办好首都人民满意的应用型大学而努力奋斗。

·特　　载·

北京市人大常委会主任杜德印到我校视察

（北京联合大学简报专报〔2011〕第10期，2011年7月1日）

6月30日，在建党90周年前夕，市人大常委会主任杜德印到我校视察工作，对我校全体党员干部、广大师生致以节日的问候。市人大常委会副主任赵凤山、副秘书长刘维林、民族宗教侨务委员会主任委员席文启陪同视察。

杜德印主任与学校领导班子进行了座谈，他详细询问了学校的办学情况，对学校的工作和发展状况给予了充分的肯定。杜德印主任指出，1978年办大学分校（即北京联合大学的前身）是一个非常正确的决策，解决了当时一批有志青年上大学的问题。北京联合大学发展很快，现在每年都有大量的北京考生考入北京联合大学接受高等教育，33年来，北京联合大学为首都高等教育的普及发挥了不可替代的作用，学校已培养了17万多名合格的毕业生，许多人现在成了各行业的骨干，为北京市的经济社会发展做出了重要贡献。

杜德印主任指出，北京市转变经济发展方式，调整产业结构，努力打造以现代服务业和高新技术产业为双引擎的产业格局。学校要认真研究首都经济社会发展形势，特别是要结合现代服务业、旅游业等首都产业的实际需求，继续抓好特色学科、专业建设，以特色求发展。

杜德印主任还就学校人民代表大会制度研究、北京学研究谈了意见。要办好人民代表大会制度研究所、北京学研究所等特色研究品牌，进一步提高服务社会的能力和水平。要把理论研究和实际工作结合起来开展人民代表大会制度研究，要站在整个中华民族和中国悠久历史文化的高度来开展北京学研究。杜德印主任还视察了学校图书馆教师阅览室。

校党委书记徐永利、校长柳贡慧表示，一定会根据首都经济社会发展需要，带领全校师生把北京联合大学建设得更好，为首都的高等教育做出应有的贡献。

徐永利在2011年半年工作务虚会上的讲话

（联办通报〔2011〕第10期，2011年7月18日）

最近参加了市委组织的学习和市委教育工委、市教委组织的干部会，总体来说就是要深入学习胡总书记的“七一”讲话。我们要从各位做起、从中层干部做起、从学院做起、从结合自己具体工作做起。一定要抓紧、抓住，学习的事不能放松。

一、结合工作实际，学习胡锦涛总书记“七一”重要讲话

无论是从思想方面、工作方面，还是从我们面临的社会问题方面，大家每天都会碰到很多新情况，这要求我们要不断地学习，加强学习是我们当前抓好学校工作的重要保障。

胡总书记的重要讲话提到了一些新的理论研究成果、新的提法、新的探索思路，我们要认真学习，要学深、学透。要将我们的思想和行动统一到党的要求上来，要把胡总书记“七一”重要讲话精神与我们自身的发展结合起来，指导我们学校的工作。如果我们认真把总书记的讲话学好了，就能够指导我们科学发展，就抓住了我们工作的关键，也就可以赢得联合大学发展的主动权、赢得学校发展的优势、赢得我们自己的未来。

二、联大“十二五”发展方式转变的重点与亮点

这次务虚会的目的就是要解放思想，解放人才，几位领导都说联合大学的思路要再大胆一点，大胆在哪儿？这次务虚会就是想解决这个问题。从“十二五”开始联合大学要迈进一个新阶段，学校的发展动力在于找准坐标、科学定位，要增加有效需求、提高质量，要转变发展方式。

(一) 以全面提高质量主导教学科研提升。提高质量三个方面的亮点：一是层次更高，更全面了。从国家层面把提高质量作为教育发展的核心，各级党政都抓，而不是某个部门，成为办学的重点；二是理念更先进。从单一强调教学质量转变为以提高人才培养质量为核心，提高教学质量、管理质量、服务质量；三是目标任务措施更具体。关键是标准，层层有资金，有措施，量化指标，数量(如获奖、经费、项目)、速度(时效、时间，总不能用八年)；质量工程长期化、制度化。

要抓好教育教学、科研和管理三条战线，力争在“十二五”期间实现学科龙头作用。

(二) 以加快增加建筑面积主导办学条件改善、保障。我们一定要抓住区位优势：西有中关村、奥运村，东有 CBD、机场。我们在中关村区域中有应用文理学院，优先发展我们的基本建设，尤其是在学生宿舍、教学科研楼新建和改扩建方面。我们应该不拘一格，可以租、可以建、可以合并，形式上不要教条主义。我们力争在“十二五”期间从整体上扭转全校的办学、办公用房紧缺的局面。

(三) 以健康幸福工程主导以人为本理念。生活方式的改变和生活品质的提升是大家的共同需求。我们师生优先，工作、学习条件改善优先，生活质量、健康问题优先。从保障生活、工作必需到保障生活、工作必选(选需)的转变。从物质、精神、引导、治理多条举措，优化生活方式、提高生活品质。

(四) 以结构调整主导内涵式控制规模。要优先考虑学科带头人，青年教授，培养引进并重，解决有些学科专业长年没有教授、博士问题。教师队伍、干部队伍的结构层次要继续优化。学生层次中高职要减少，本科及专升本要稳中有升，研究生及专业硕士要积极发展。学科专业的布局向特色、精品聚焦。

(五) 以现代大学制度主导管理体制改革。党的建设优先，加强干部队伍，加强作风建设，提高科学化水平。坚持依法治校、教授治学、民主管理，充分发挥党、政、工会、教代会、学生会、民主党派在学校发展中的作用。

如果在上述这五个方面都有阶段性进展，我校“十二五”期间就能实现“有发展，再突破”的目标。

三、迈进联大改革发展新阶段，转变发展方式的重要意义

从“十二五”开始联合大学要迈进一个新阶段，下一步的发展中央要求转变发展方式，我们学校转变什么，向哪转，怎么变，转变多少？这都需要我们认真思考。集装箱的发明引起了世界运输业的革命性变革。作为一所地方年轻的、一直没有在社会上形成鲜明特色学科专业、一直还处于整合发展中的北京联合大学，其新阶段的标志应是稳定规模，重点是提高质量，靠质量支撑特色、支撑实力和水平。

以前的经验是我们对社会的贡献很大，培养人多，建新专业快，应用性强。但也有教训，具体来讲，一是总量快速发展时没有中心区，没有整体社会形象，没有借势集中抓学科专业，没乘势突出带头人建设；二是收缩整合发展时顾忌太多，体制性、结构性分散，不集中。未来我们要按照办现代大学的制度要求，按高教教育规律办学。

四、建设什么样的联大？怎样建设联大？

要思考建设什么样的联大，怎样建设联大这一根本问题。要思考发展什么、怎么发展、发展多少？提高什么、怎么提高、提高多少？我们的目标不是不问手段的目标，不是不要保障的目标，不是不要综合的单一目标，不是不要提高的增长目标。

学校的发展要讲投入产出比例，要讲近期与远期的连接，要讲大局意识与局部利益结合。找不到机遇是愚钝，抓不到机遇是平庸，错失机遇是错误，错失人才就会丧失发展主动权。

为了办学需要，学校未来仍要大力解决资源配置问题。坚持平衡原则，供给要有扩张，需求要有实效。要计划与市场两种机制合理运用，计划机制相对公平，照顾多数，但抑制需求造成供给短缺就是浪费，市场机制灵活，鼓励需求，突出重点，但可能会不平衡，可能需求过剩。

总之，需要我们各位要认真抓好学习，并把学习所得运用于自身的工作，共同努力，实现我校“十二五”期间的又好又快发展。

谢谢大家！

柳贡慧在2011年半年工作务虚会上的讲话

(联办通报〔2011〕第11期，2011年7月18日)

同志们：

下午好！这次务虚会开得非常好，尤其是上午参加我们小组讨论的时候，各位院长、书记都做了非常好的发言，充分反映出大家对学校未来的发展是经过深思熟虑的，思考了很多问题的，也提出了很多非常好的建议和希望。

一、解读北京市属高等教育发展的思路

我先把之前交流会中线联平主任谈的北京市属高等教育发展的思路再介绍一下。联合大学是北京市属的一所高校，如果不清楚北京高等教育发展的思路，不了解北京主管高等教育领导的所思所想，我们的很多工作开展起来可能会带有盲目性。北京市共有89所高等院校，其中央属36所、市属53所。市属53所中含15所民办高校，北京市属高校比若干省份所有的高校总和还多，北京市是中国高等教育发展最发达的地区。在这样一个高等教育发达的地区，作为一所市属高校该怎么样选择我们的定位？

在这89所高校中总共有77.1万大学生，我校学生占所有学生数1/30强，应该说联合大学的体量是很大的。在这77.1万人中，研究生占25.1％，19.4万人；本科生占59.4％，45.8万人；高职高专生只占15％。因此北京的高等教育是以本科和研究生教育为主体的。但是在这样的本科、研究生和高职的分布中，市属高校和央属高校又有明显的差别，央属高校以研究生和本科生为主，而市属高校则是以本科生和高职生为主，这样一个层面的区分非常明显。线主任认为在北京这样一个高等教育高度发达的地区，高水平大学聚集一方面可以营造浓厚的科学研究学术氛围，为大学的发展创造了良好的环境，这也就是说我们的外部学术环境非常好，但是高水平大学过多，会造成地方高校在骨干人才引进、科研项目竞争、政府重视程度、社会影响度等各方面处于劣势，从而成为高等教育的洼地。确确实实，后面这一条不仅对我们联合大学，对很多市属高校都造成了相当大的冲击。我们可以明显看到联合大学有一些拔尖一点的、好一点的教师他就想到其他好一点的高校去，市属高校好一点的就要去央属高校，央属高校再好一点的可能就去清华和北大，北大和清华再好一点可能就奔着出国。

所以这样的一个洼地现象确确实实在我们的队伍建设、科研工作的开展以及政府重视程度方面都受到了相当大的冲击，也对我们选择什么样的发展方式和竞争方式提出了非常严峻的挑战。从北京整体发展来讲，北京市经济社会发展对人才的需求呈现多种层次、多种规格、不同学科、专业特色的趋势，仅靠中央院校培养还很难满足多样化的需求，必须发挥地方高校的作用，形成结构完整的人才培养体系。这其实是指明了我们在专业建设、人才培养模式、人才培养规格上要与央属高校错位竞争。我们前段时间新成立的交通工程专业实际上也是看到了这一点，今年开始招生，第二志愿就全录满了，这样的一个专业是受欢迎的，我们的选择是对的。

北京高等教育的基本思路是根据地方高校的发展基础、学科专业特点和人才需求的情况，实行总体设计、分类指导、分类支持、促进协调发展。北京市教委对北京市属的53所学校划分了四大团队。A团队4所地方高水平大学团队：北京工业大学、首都师范大学、首都经济贸易大学、首都医科大学。重点发展工科、医科、人文经济等学科，要力争达到国内同类高校的先进水平。B团队4所高水平的艺术大学团队：中国音乐学院、中国戏曲学院、北京舞蹈学院和北京电影学院。C团队为20所应用型人才培养大学团队，我们联合大学应该处在这个方阵之中。这个方阵对人才培养的要求是紧贴首都经济社会发展的需求，以新一代信息技术、生物医药、新能源、新材料高端装备制造等这些新兴产业和现代农业等作为人才培养需求。D团队是高等职业学院团队，它明确指出是以骨干校、示范校为引领，适应人才市场需求的变化。这又给我们提出了一个新的挑战，因为联合大学有近1/3的学生是高职生，但在D团队中并没有把我们作为骨干和引领。但不把我们作为骨干和引领我们就不好好去做？不是这样。所以说怎么样把我们高职学院、学生的培养满足北京市的需求也是非常重要的工作。

二、关于我校“十二五”时期改革和发展规划

学校“十二五”改革和发展规划是凝聚了全校师生的心血，历经多半年的时间拟定的。它将是我们学校在未来“十二五”乃至更长时期发展的一个指导性文件。

（一）要深刻地理解学校在“十二五”期间确定的办学指导思想、办学定位和发展目标。

指导思想：“以学科建设为龙头，以队伍建设为核心，以专业建设为基础，以提升人才培养质量为重点，以深化改革为动力，以提升教学品质计划为抓手，以提升管理科学化水平为保障，全力建设人民满意的应用型大学。”为什么这次明确提出以学科建设为龙头？几位发言的同志都谈到了学校要回归到本科建设为主体，学校要按照教育规律、按照普通本科人才培养的需求和学校发展内在的规律去建设。学科建设必须是龙头，在这一点上，我想今后不需要再争论了，只需要我们怎么再去落实。

办学定位：“北京联合大学是以本科教育为主体的市属综合性普通高等院校。学校立足北京、服务首都、辐射全国，着力培养适应经济社会发展需要的高素质应用型人才。”较“十一五”我们对学校的办学定位做了一些修订，这也是发展的必然，体现了学校发展的与时俱进。在这个办学定位中，定位了学校的教育主体，定义了学校的性质主体，定义了学校的地理位置，定位了学校人才培养的规格，是高素质应用型人才。我希望每一个人都能把这句话记住，能够背下来。

发展目标：稳定办学规模，做强本科教育，优化高等职业教育，大力发展研究生教育，积极推进教育国际

化，以使学校的社会声誉能够明显提高，早日建设高水平有特色的应用型大学。

（二）办学定位、指导思想和发展目标都确定了，关键问题就是如何发展。

1. 转变发展模式。这一问题中央在谈、地方在谈、我们学校也在谈。怎么转变？每个人都有不同的理解。但毋庸置疑的是，我们必须转，必须改变现状，不改变现状就谈不上发展，甚至都谈不上生存。我个人的理解可能集中体现在这几方面：一是从分散向相对集中。体现在我们专业设置上，体现在我们的办学空间布局上，体现在我们学院结构上，都需要从分散向相对集中来发展。这几年我们做的撤廊坊、改广告、停平谷以及一些相应的外围工作实际上都体现了从分散向相对集中的转变。二是数量向质量。不仅仅是办学规模的数量向质量，在科学研究、人才队伍建设等方面也要从重数量向重质量发展。三是从粗放向集约。这主要体现在我们的教育教学质量，体现在我们的管理上，尤其是体现在管理上。现在，大家都感到很累，也很忙，但我们的很多方面还很粗放还不够集约。在转变发展模式方面还有很多需要我们转变的。

2. 要凝练特色、集中突破。上午大家也都谈了很多很多关于特色办学的问题，现在任何一所学校都在谈一定要办特色学校，我校在发展目标的定位上也都谈到了，要建高水平有特色的大学。那么究竟什么是特色？特色不是说出来的、不是想出来的、不是理论家们定义出来的，特色一定是我们干出来的。究竟是什么特色？怎么去凝练特色？我想，一是人才培养，二是专业建设，三是科学研究，四是队伍建设，这几大方面涵盖了学校的各个方面，在这几方面如何去凝练我们的特色，集中突破？面面俱到是不可能的，全面提升也是不现实的，我们只有选择有限目标，集中我们有限的财力、物力、人力去集中突破，以点带面地发展，这样学校的发展才能步入一个良性发展的轨道。

人才培养方面：我们面临着两个问题，一是近几年来不断增长的外地生源，入学质量相对好一些，另一个是我们相对比较差的北京生源，这占了学校的绝大多数，我们在提升这两方面都要兼顾。对这两部分生源，我们的精力、人力、物力怎么去投入？高质量的外地生源的培养是创品牌，但相对质量较差的北京生源的培养是提高社会声誉，而且这个工作是一个非常艰苦的工作，影响也非常持久。试想，如果学校培养出来的学生的质量不被社会所完全认可的话，他们产生的影响就是差的品牌效应。所以说，将来我们对相对质量比较差的北京生源的学生的培养，是一个非常非常重要的问题，而且是学校主要的问题。

专业建设方面：专业建设一定要贴合北京市经济建设发展对人才的需求设定，要分析市场、分析需求，也要分析我们的基础和条件支撑。分析市场、分析需求是明确我们要干什么，分析我们的基础和条件支撑是知道我们能干成什么。现有情况下，我觉得学校可以形成以骨干专业、特色专业为核心的特色专业群，我认为现在可以构建三大专业群：一个是现代服务业专业群，一个是以旅游为核心的专业群，另一个是以城市交通为核心的专业群。

科研方面：第一还是要进一步增强科研意识，科研意识的提升也不是一朝一夕的工作，有一句话叫“知易行难”，就是你有意识都未必能干成事，但我们很多人观念里连这种意识还都没有。所以在科研意识的提升和普及上还需要下大力气。从学校整体层面来讲，一定要凝练我们的学科方向，要培养领军人才、建立科研团队。现在我们申报一些项目比较散，科学研究是讲究自我探索的，但在初期的发展阶段必须采用团队的方式，以领军人物带领团队沿着一个明确的方向去发展。现在联合大学的科研其实有很好的基础，譬如说现在以信息服务工程为依托的可以做一个大的方向；以北京学政治文明研究为依托的，在软科学和社会科学的研究是一个特色鲜明的方向；我觉得这两年食品科学这一块还得进一步加强，现在食品安全、食品工程这方面是社会非常热点的问题，但我们自己的声音还不够，发挥的作用还不明显。

队伍建设方面：我们教师的责任心、使命感、执教能力和执教艺术的提升很关键。现在我们都在谈学风建设、教风建设，但是我觉得从根上首先要抓教风。我们很多教师在教学方面的责任心、使命感、执教能力和执教艺术方面确确实实存在一定的问题。前段时间我每天早上第一时间打开电脑看看我们各个教室上课的情况，觉得我们很多教师在这方面如果再多用一点心的话，课堂纪律、授课质量、学生的学习质量不会是这样的，所以说学风建设的好坏关键在教风建设；管理队伍和服务队伍方面，管理队伍的责任心、业务素质、服务意识和公共作风也要改变，在管理方面还有很多地方需要去抓。

三、关于下半年的工作

就下半年的工作我们也发了一个文字性的稿子给大家。

（一）资源建设。连城有机会给大家也讲一讲，大学是大楼、大师还有大爱。我们把大楼的事先解决了，否则大师来了也没有地方住，没有地方大师就不来了，所以我想硬资源建设对学校来讲非常重要。现在学生基本的教学生活的资源短缺得还非常严重，因此在下半年乃至未来一段时间在资源建设方面，还是摆在我们面前非常非常严峻的课题。

（二）制度建设。学校现在有很多管理规章制度不符合学校改革发展的需求，如果制度建设跟不上的话，我们的改革和发展就会受到影响。制度建设不仅仅是落实在文字上，现在要做的不是再进一步增加我们的制度，反而是要理顺一下、清理一下，关键还有一个是制度的落实。现在管理上出问题、质量上出问题，都是没有落实好制度。

（三）搞好财务预算。开源难度很大、节流任务很重。如何使学校有限的资金花出效率、花出水平，需要我们算好账。现在是进项不断在减少，大家不断增长的物质需求和期望值越来越高，我们这次是花了1500万把绩效工资标准拉齐了，但我们还得考虑可持续发展。将来还要进一步增长，怎么增长需要精打细算。学校在上学期成立了一个财务预算管理委员会，下学期开学以后这个预算管理委员会就要真正地运行起来。把我们该花的钱要花足，不该花的钱省下来，急需花钱的地方先花，不着急的地方我们就等一等。

（四）开展基于质量与特色的办学绩效评估。学校办学的好与坏需要有定性和定量的评价。现在国内好多关于学校办学的评价非常之多，大家记忆犹新的是我们经历的本科教学工作水平评估，那是国家的评估体系。比较著名的还有武书连的大学排行榜。从现有的办学绩效评价来讲，有的是政府机构的评价，有的是民间的评价。国外的一些大学水平评估或者说大学质量评估更多采用的是一种专家的方式。我想，我们办学不可能不考虑成本、不考虑产出。我们怎样以学院为单位衡量我们的办学究竟达到了一个什么样的水平：一是办学质量标准的确立；二是办学特色的导向；三是评价信息的收集；四是评价指标体系的确立。

1. 办学质量标准的确立。人才培养标准有内在标准，也有外在标准。内在标准就是指学校在校内组织教学、课程设计、训练考核体系、考核办法设立的一系列标准。外在的标准是社会根据社会文化科技发展对人才需求而形成的评价，有定性的也有定量的，但通常是模糊的、口碑形式的。怎样把这种外在的、口碑形式的转化成内在的标准是我们需要考虑的问题。我想了一个简单的办法，既然联合大学要发展，我们首先要确定追赶目标，就是无论是社会评价还是校内标准，联合大学的质量标准都要达到北京市属高校的平均水平之上。这也是我们“十二五”确定的发展目标。我们应该沿着这个去导向，历经五年、十年我想我们是能够实现的。

2. 办学特色的导向。我们每个学院都有它不同的学科依托，都有不同的特点。在设定指标体系的时候，每个学院都应该设定自己的特色标准，要充分考虑学校对学院的发展定位，确定的发展目标。完全合理的评价体系是不存在的，只有相对合理的。因此，指标体系的设立我想分成共性和个性两大部分。共性部分就是对教育规律的尊重，是办学基本要求、基本条件、基本目标的体现；而个性部分就是办学特色，譬如说管理学院的学生和特教学院的学生评价标准就应该不一样。我们对文理学院老师的要求和对特教学院老师的要求是不一样的，也要体现出我们的办学类型和办学层次。

3. 评价信息的收集。现在我们更多是从校内信息来评价，但真正评价一个学校一定要有社会信息。社会信息包括我们人才培养目标、培养模式、专业设置、课程设计、教学组织安排等社会反馈，内部信息包括教师、管理者、学生对教学活动、行政管理、后勤支持等方面的信息反馈。

4. 评价指标体系的确立。这样一个指标体系的确定就大概分成这么几部分：评价对象是我们学校的各个学院；评价的原则是以投入产出最佳为原则进行教学绩效评价；指标体系的设定分成共性指标、个性指标、投入指标和产出指标；数据信息来源有社会信息、有师生的问卷调查；还有数据处理办法。

我查阅了大量的资料，现在比较流行的是数据包分析法。数据包分析法是对确定的投入和产出指标，用数学运算的方式来确定每一个权重，是一个动态的学习过程，根据这样的一个想法，初步设定了这样一个指标体系，时间的关系我不细说了。从下学期起学校将在广泛征求意见的基础上，开展办学绩效的评估工作。

我要讲的就是这么多。但我们希望联合大学通过全校的努力为我们的学生提供优质的教育，为我们的师生员工创造和谐的生活，为社会大众奉献出色的服务。

不当之处请大家批评指正。谢谢大家！

以学科建设为龙头　推动学校全面发展

——徐永利在北京联合大学2011年科技工作大会上的讲话

（联办通报〔2011〕第19期，2011年12月3日）

尊敬的娄晶司长、付志峰主任、杨仁全处长，各位老师、同志们：

今天我们召开四年一次的全校科技工作大会，它与教育教学工作会一样，是全校最重要的会议之一。

本次大会正值“十二五”开局之年，也是本世纪的第二个十年。如果说1999年以前联合大学的科技工作是起步阶段，进入新世纪是跨入我校科技工作的新阶段，现在是新阶段的第二个十年。本次会议的主题、目标、任务、措施等是对《北京联合大学“十二五”时期改革和发展规划》中科研及学科建设目标的具体贯彻落实，它将直接关系我校未来四年的学科建设与科研工作的路径、质量和水平，关系我校发展模式的转变，关系我校的人才培养质量，关系我校的社会形象和社会影响。

学校“十二五”时期改革和发展规划中明确提出要“以学科建设为龙头”，实施“学科与研究生教育创新工程”和“科研水平提升工程”，这是基于我校30多年来的办学实践和当前发展的阶段性特征做出的重大部署。北京联合大学发展了33年、积累了33年，我认为应该形成这样的共识：要办高水平有特色的应用型大学，就必须认认真真抓学科建设、踏踏实实提升科研创新能力。我讲以下几点意见：

一、新一轮的发展要以学科建设为龙头

胡锦涛总书记在庆祝清华大学建校100周年的大会上对我国高等教育提出的第二条要求就是：“全面提高高等教育质量，必须大力增强科学研究能力。”高校是整个教育体系中的最高端，无论作为教学型高校，还是应用型高校，作为一所以本科教育为主的综合性高校，要提高教学质量，必须有科学研究和社会实践，教学才能不仅限于教材书本，教师才能面向经济社会的发展和生产技术的最新实践，学生才能在学校获得先进知识和优秀思想，我们才能以高水平科学研究支撑高质量的办学，否则就不了解前沿、不能深入实践。

(一)学科建设是高等教育发展和创新的基础，是衡量高校办学水平的标志。在“十二五”期间，北京市明确提出：要加大市重点学科和特色专业建设，鼓励新兴学科和交叉学科发展。促进科研与教学、与人才培养相结合。所谓学科，有两个含义：一是作为知识体系的科目和分支，它与专业的区别在于它是偏重知识体系，而专业偏重社会职业的领域；二是高校教学、科研等的功能单位，是对教师教学、科研业务隶属范围的相对界定。学科建设中“学科”的含义偏重后者，但与第一个含义也有关联。学科建设是一个复合型的概念，既讲一个学科和几个分支的关系，如何形成互相支撑的内部联系；又讲教学和科研的关系，教学高质量，一定有科研支撑，科研搞得好一般也是以教学为基础；也讲学科的理论、教材建设和实践能力的培养。不是说以学科建设为龙头，就不重视教学了，不是说以学科建设为龙头，就只抓科研了。

国务院学位委员会转发的《中国学位与研究生发展战略报告》指出：“学科建设是高等教育，特别是研究生教育发展的基础，也是高等学校办学实力和办学水平的重要标志。高等学校只有搞好学科建设，使其成为高层次人才培养基地和实现国家的知识创新和技术创新的基地，才能解决国家经济建设和社会发展中的重大问题，才能在实施科教兴国的过程中发挥重大作用。”由此可见，学科在高校发展中发挥的基础作用，是办学的重要载体。就是以行业服务为主的高校，也是围绕行业组建学科群发展。学科发展已成为办学水平、特色和实力的最主要标志。

(二)以学科建设为龙头有利于深化教育教学改革，提高人才培养质量。以学科建设为龙头，就是要以重点学科为突破口，建立寓教于科的发展模式，推动教学改革，提升教学质量。加强学科建设目的是要将学科优势转化为教学优势和课堂亮点，把学科建设的成果转化为教学的成果，以高水平科研培养学生的创新意识、创新思维，提高创新能力，优化学生的素质、知识、能力结构，进而达到以高水平学科建设促进深化教育教学改革、提高人才培养质量的目标。

以学科建设为龙头，有利于以教学为中心。学校加大重点学科的教学、科研投入，有利于教师把教学与科研紧密结合、相互促进。以学科建设为龙头，有利于以培养人为根本。高水平的师资队伍、高质量的教学和科研，才能培养出高质量的建设者和接班人，更有希望培养出创新性人才和杰出人才。

(三)以学科建设为龙头有利于形成学校特色，提升社会服务能力与水平。高校的办学特色是以学科优秀为基础。哈佛大学最好的是工商、政治和医学，耶鲁大学强的是法学、生物和数学，芝加哥大学强的是经济和数学，斯坦福大学强的是生物、工程和法学。我国的著名大学，无论是北大、清华、复旦、交大，北京大学，在全国乃至世界最抢眼的是文科，清华大学在全国乃至世界最出名的是工科。还有那些成功的重点建设的211高校，办学的首选战略是自己的强势学科和独特领域(行业领域)，形成竞争优势，形成优势师资群、学术高地，培养高水平有特色的优秀人才。

抓学科建设，重点扶持与地方经济社会发展实际需求密切相关的学科，明确研究方向、建好师资团队、加大资源投入，各学科在竞争中实现优胜劣汰，必将有利于形成一些与国家特别是首都经济社会发展需求紧密相关的有特色、高水平的学科群和专业群，如果这些学科群、专业群在全国或首都同类高校中体现出特有的优势，必将形成学校整体的特色和优势，在某些研究领域处于竞争优势，既有利于提高学校的社会声誉和影响力，也有利于提升学校社会服务的能力和水平。我们这次会议发了科研奖励方案，去年我们出台了教育教学的奖励方案，这些方案都是配套的。

(四)以学科建设为龙头有利于人才队伍建设，有利于提升教师的科研能力和学术水平。学科建设是大学建设的永恒主题，是高校一项长期的、根本性的任务，科学研究也不仅是高校教师的一种个人自发行为或业余爱好，而是高校的职责所在。学科建设是进行科学研究的基础与重要平台，是高校实现科技创新的关键，是带动学校科研工作乃至整体水平提高的有效途径之一。

抓学科建设要求加强学科团队建设，改善师资队伍的整体结构要求学科团队发扬团结和谐、积极向上的精神，持续提升业务素质和水平，持续增强凝聚力和战斗力。通过学科建设，学科带头人和骨干成员以课题研修等多种形式对青年教师进行传帮带，带动教师整体业务素质和能力的提升。

总之，学科建设关系着学校的生存和发展，我们要构建以学科建设为导向的发展方式，抓住学科建设这个龙头，提升教学品质才能做到纲举目张，才能统领学校提高质量的工作。

二、充分发挥学科建设的龙头作用

建立合理的学科结构，需要做好顶层设计，一所高校不可能所有的学科都强、所有的学科都重点发展，而是要根据历史发展、高等教育规律确定重点发展方向，层次递进。要发挥学科的龙头作用，要有抓手，要有实现的路径。

（一）依靠人才，依靠团队。国内外高校发展的经验表明，学科的发展，教师队伍是关键。建设一流学科，首先要有一批被学界和行业所公认、有学术影响力的学科带头人。学科带头人直接关系到学科队伍的成长和学术研究的水平。提高教学质量、提高科研水平、搞好学科建设，根本在学科带头人。要发挥学科建设的龙头作用，就要以学科发展为中心、以学科需要为根据，建设一支有高水平教学能力、有科研攻关能力的团队，只有有了一流的人才、一流的团队，才有一流的学科，才有一流的教学成果和科研成果。

（二）依靠制度，依靠投入。要发挥学科建设的龙头作用，就要从制度方面做好顶层设计，进一步探索学科建设的制度与机制，充分发挥市场竞争机制在学科建设中的作用，将学科建设的责、权、利层层分解，奖优推好，落实到人；要建立并不断完善学科建设评价指标体系，定期检查学校学科建设的发展水平。建立科研工作的引领机制、评价机制和科学的用人机制。

要发挥学科建设的龙头作用，增强学科布局和学科结构调整的能力，继续整合资源，采取多项措施加大学科建设的投入力度，一是要加强带头人人才的培育与引进，形成特色、优势学科结构科学的人才团队。二是要加大资金投入，为重点建设和发展的骨干学科改善条件，创造更好的发展空间，充分利用校内外一切资源，拓展学科建设与科研经费渠道，积极争取上级财政的支持。加强统筹，争取社会更多竞争性项目资金支持，实现经费来源多样化。三是要加大对在学科建设中有突出贡献的集体与个人的奖励力度，努力促进学科加快发展。四是要加强考核，优胜劣汰。

（三）依靠特色，依靠优势。发挥学科建设的龙头作用，不能搞“平均主义”，也不能追求“另起炉灶”，而是要重点依靠与国家和首都经济社会发展及新兴产业结构调整需求紧密相关、在校内拥有较好基础的特色和优势学科，以结构发展带动全局发展；重点依靠市级和校级重点科研平台，以高水平的成果，坚定学科建设的理念，提高全校科研能力与水平。

经过多年的建设，我校拥有了5个一级硕士学位授权学科点，1个二级硕士学位授权学科点；拥有4个市级科研机构；拥有一批国家特色专业和市级重点建设学科。在面向旅游产业、信息服务业、食品科学、综合文科和文化创意产业等方面的学科已经形成了一定的特色和优势，这些是我们多年奋斗积累的特色和优势的资源体现和标志，我们就是要依靠这些资源建设和发展基础的高水平突破，带动全校的大发展，提升全校的核心竞争力。促进资源配置和工作重点转向强化教学环节、高水平科研项目，推动以提高质量为核心任务的教育改革发展。

三、关于学科及科研工作的几点希望

（一）加强服务，分类指导。大学的发展是以学科为基本单位的，学科和科研是学校可持续发展的重要推动力，提高学科、科研工作的管理水平和为科技工作服务水平则是增强这一推动力的重要保证。全校机关要有主动为学科、为科研工作服务的意识，积极思考如何为学科及科研工作提供更好的服务，提高服务的能力和水平。

我校教职员工年龄结构中老、中、青各占一定比例，职称高、中、初各层面都有，不同类型的教职工其科研能力、阶段性的科研目标各不相同，申报项目的层次、发表论文的水平不同，我们要借鉴国内外其他高校的做法，在科研工作中，对教职员工实行分类指导，实行分级、分层、分类管理。同时，文、理、工等不同学科有不同的实际情况和对科研条件的不同需求，学校根据尊重规律的原则，给予区别对待，根据不同学科类别和特点制定相应成果认定政策，积极创造条件，激励教师的科研积极性。

（二）推进合作，协同创新。我校要建成高水平有特色的应用型大学，实现科学发展，关键是尽快构建高端引领、创新驱动的发展模式。高校是国家知识创新体系的重要组成部分，着力为区域经济服务，应用型大学当然要承担起相应的责任，体现应有的价值。

我们要借教育部即将出台的“高等学校创新能力提升计划”的东风，大力推进多方面、高层次、高水平的合作，加强协同创新。就是要以创新能力提高为核心，内部整合有创新能力的各学院、各部门、各科研平台，构建跨学院、跨学科的开放式研究平台，追踪学术研究的前沿领域;外部推动我校与政府、兄弟高校、科研机构、行业企业开展深度合作,积极参与协同创新,通过承担高层次科研任务,锻炼队伍,摸索经验,产出高水平成果。多方深度合作,开展协同创新,将是我校未来发展中采取的一个重要方式和手段,将为我校学科建设及科研工作发展提供强有力的推动力。

(三)巩固成果,提升水平。经过多年的建设,我们的科研工作是有基础、有成效的。例如,"十一五"时期,学校承担各级各类项目共计1141项,累计科研总经费达2.18亿元;发表论文7406篇;出版学术著作和教材535部;申请专利131项。这些成就的取得是令人鼓舞的,我们要巩固住已取得的成果。

同时,我们也要看到一些问题,主要是我们的研究方向还需凝练,特色还不突出,高层次项目和高水平成果还不多。学科建设与科学研究是我校实现发展模式转变的重要推动力,没有高水平的学科建设和高水平的科研,就不可能建成较其他高校有明显竞争优势的高水平的学科,就不可能产出一批高水平的科研成果,就不可能打造一支高水平的师资队伍,就不可能培养出一流的人才,也就不可能建设高水平、有特色的大学。在"十二五"期间,我们要在现有成果的基础上,不放松、不懈怠,再接再厉,以需求为导向,通过深度融合、创新引领等多种方式和渠道,提升我校的科学研究能力,产出一批有特色、高水平的科研成果。说到这我要多说一句,不断提高质量是高等教育的生命线。政治家、教育家、老百姓都这么认为,这是个生死存亡的问题,提高质量,两个大轮子,一个是教学,一个是科技,我们要让两个轮子转得再快一点!

(四)文化氛围,宽容宽松。"北京精神"里有包容,我们要搭建平台,产生创造的机会、创业的人才、创新的事迹。浓厚而且宽松的学术文化氛围对于每一位有事业心的教职工都有着很强的吸引力,我们要营造、提供一个宽松的学术环境,宽容的创新空间。形成一个健康的学术氛围,需要一个长时间努力的过程,需要共同想办法、采取多种措施来实现。

激励我校教职工勇于从事高水平的创新研究。优化评价程序,改进评价方法,减轻被评机构及人员的负担,避免过繁过重的评价妨碍科学技术活动的正常进行;对人员的评价是为了向研究人员提供正确的支持意见和改进建议,为研究开发人员的工作创造一个宽松稳定的环境,避免导致急功近利的短期行为;公平对待"小人物"和"小项目"。对探索性强、有普遍适用性、青年教职员工承担的项目应给予一定的倾斜政策,促进青年人才脱颖而出。

(五)牢记进取,恪守诚信。我们大力提倡科研,大力支持科研,在牢记推进科研工作向前发展的同时,同样我们不能忘记科研诚信。2009年8月,温家宝总理登门看望朱光亚,说话已很困难的朱光亚仍不忘向总理建言,制度上要"有防止科研不端行为的机制和措施"。

科研诚信是科技人员在科技活动中弘扬以追求学术、实事求是、崇尚创新、开放协作为核心的科学精神,是遵守相关法律法规、恪守科学道德准则的行为规范。科研诚信是科技创新的基石,是营造良好科研环境的迫切需要。但是,由于制度不健全、道德观念和行为规范教育不够,以及个人自律不严等因素的影响,目前在高校中违反科学道德的行为时有发生。

在一定意义上讲,科学发展、技术进步是在淘汰中进行的,与时俱进是需要不断更新和战胜自我的。希望大家坚持真理、开拓创新、诚实劳动。学校也要继续推动科研诚信建设,创造齐抓共管、社会参与、科研人员自觉行动的科研诚信环境,完善科研诚信相关的科研管理制度,遏制科研不端行为,提高科技人员的科学道德素质和科研诚信意识,形成有利于科研工作健康发展的良好环境。

同志们,我们步入了新的时期和新的环境,我们有了新的要求和新的期待:建设高水平、有特色的应用型大学,我们需要坚定不移地坚持以学科建设为龙头;我们需要端正思想,清醒认识这一指导思想的重要性;党委号召全体党员和干部在实际工作中扎实地落实"以学科建设为龙头"。采取多项措施,助推我校科技工作出新成果、上新台阶、新水平!

预祝大会圆满成功!

谢谢大家!

实施科研创新能力提升计划 确保实现"十二五"学科与科研规划目标

——鲍泓在北京联合大学2011年科技工作大会上的报告

(联办通报〔2011〕第20期,2011年12月3日)

各位领导,各位来宾,老师们,同志们:

大家好!刚才徐书记的讲话阐述了为什么要以学科建设为龙头,如何发挥学科建设的龙头作用,并就未来的学科建设和科研创新能力的提升提出了具体要求，我们要深入学习体会。

今天，我报告的题目是《实施科研创新能力提升计划　确保实现"十二五"学科与科研规划目标》。

在学校党委和行政的领导下，在大家的共同努力下，北京联合大学科技工作大会今天顺利召开了。今年是国家"十二五"时期发展规划纲要开始实施之年。在这样的时代背景之下和历史时刻，召开我校科技工作大会，共同商议学科建设和科技工作。本次大会提出的《北京联合大学科研创新能力提升计划》是对学校《"十二五"规划》中学科建设和科研工作目标任务的具体实施方案，对于提高我校的办学水平，推进我校的改革与发展，都将具有重要意义。

本报告将重点回顾与总结上届科技工作会以来，在完成学校"十一五"学科建设和科技工作方面的成绩与不足，解读学校将提出的《北京联合大学科研创新能力提升计划》，积极推进协同创新能力的提升，努力完成"十二五"规划中所确定的任务与目标。

一、2007 年以来的工作回顾

上届科技工作会的召开，正值学校全面开展和实现"十一五"规划的关键时期，学校党委和行政以科学发展观为统领，率领全校师生员工，全面落实学校"十一五"时期发展规划。我校"十一五"期间所确定的科技发展和学科建设的整体目标及重点任务已经完成，并在"十二五"开局之年形成了良好开端。

（一）主要成绩

2007 年以来，我校的学科建设和科技工作取得了长足的进步，推进了"十一五"事业发展规划中学科与科研工作任务的完成，主要反映在以下几个方面：

1. 学科建设和科研意识普遍增强。在"十一五"时期，通过加强科研工作与制度建设，以及开展学科专业建设的实践，为学校在"十二五"规划中提出"以学科建设为龙头"奠定了基础。学科建设是大学建设的永恒主题，科学研究是高等学校主要职能之一，得到了各级领导和广大教师的普遍认识；同时，对于"凝练学科方向、汇聚学术队伍、构筑研究平台"是学科建设的三大任务，也在认识上有所深化，行动上注重落实。全校的学术氛围日趋浓厚，师生员工参与科学研究和学科建设的积极性有了明显的提高。

2. 研究生教育取得较大发展。继 2006 年我校实现硕士学位授权学科点零的突破以来，办学层次由本科教育提升到研究生教育，这是我校发展中的重要里程碑。2007 年招收首届研究生，首批授予硕士学位的专门史、计算机应用技术和食品科学 3 个二级学科，至今已招收百余名硕士研究生，有两届研究生顺利毕业。"十二五"开局之年，我校抓住发展机遇，新增和升级到 6 个硕士学位授权学科点，其中 5 个为一级硕士学科点。标志我校研究生教育进入一个新的发展阶段。

3. 学科体系架构基本形成。2008 年我校市级重点建设学科从 3 个增加到 6 个；校级重点学科 10 个，校级重点建设学科 19 个，校级重点培育学科 2 个，覆盖了 13 个学科门类中的 10 个，全校的学科体系架构已基本形成。

4. 科技研发平台获得明显发展。初步形成了不同层次的科研和开发机构。北京市级重点实验室由 1 个增加到 2 个，北京市哲学社会科学研究基地由 1 个增加到 2 个，校级科研机构由 24 个增加到 36 个；此外，还建立了市级的大学科技园。我校的科技研发平台有了较大的发展。

5. 科研成果和经费大幅度提升。"十一五"期间，我校共获得国家科技支撑计划项目 2 项，国家自然科学基金项目 10 项，国家社会科学基金项目 5 项，北京市自然科学基金项目 9 项，北京市哲学社会科学规划项目 38 项，以及其他各类省部级项目共 95 项；北京市教委科研计划项目 105 项，横向课题 316 项。各级各类项目共计 1141 项，累计科研总经费达 21 826 万元。

发表论文 7406 篇，其中核心期刊 2369 篇，被三大检索系统收录的论文达 747 篇；出版学术著作和教材 535 部；授权专利 131 项，其中发明专利 40 项。

今年是"十二五"规划开局之年，到本次大会召开为止，我校获国家级和省部级自然科学和社会科学项目共计 39 项，其中国家自然科学基金项目数是"十一五"期间年均数的 4 倍。

6. 学术队伍结构得到改善。校党委和行政重视学术队伍建设，在立足于自身培养同时，加大了人才引进的力度，改善了我校学术队伍的整体结构。截止 2010 年，全校专职教师约为 1500 人，其中教授 148 人，副教授 540 人；具有博士学位的教师 261 人，学术队伍结构得到改善。截止到本次大会统计，具有高级职称和具有博士学位的教师达到了 950 人以上，为形成具有科技创新能力的学术队伍打下了一定的基础。

7. 科研管理更加规范。根据我校学科建设和科技工作发展的需要，"十一五"期间制定、修订了有关学科发展和科技工作方面的文件 12 个，使学科带头人的管理及培养、科研经费的划拨与使用、科研工作量的实施、成果的评审与奖励等，更加科学化和规范化。此外，建立了科研信息管理系统，提高了信息化管理水平。

（二）主要问题与不足

"十一五"期间，我校的学科建设和科技工作，虽然取得了长足的进步，但仍然存在一些问题，归纳起来主要集中在以下几个方面：

1. 方向尚需凝练，优势亟待突出。近年来，在校党委和行政的领导下，加大了调整学科专业发展方向、优化学科专业布局的力度。由于学科和科研的地位和作用的重要性还未得到普遍重视，行动上的“主动”和“自觉”还没有形成，历史所遗留的“封闭”和“离散”的习惯还没有清除，所以我校的学科建设在主动适应首都经济社会发展需要方面，还未发挥应有的作用，也未形成更明显的优势和特色。这也是阻碍学科特色形成和凝练力度不够的重要原因。

2. 高层次项目偏少，高质量成果不多。虽然“十一五”期间我校的科研项目和成果数量较以往有大幅度地提高，但必须理性分析：“十一五”期间 1141 项各级各类科研项目中，国家级项目仅 17 项，占 2%；省部级项目 95 项，占 7%。“十一五”期间，我校的科研成果中，SCI、EI 收录的期刊论文年均不足 15 篇；SSCI、A&HCI 收录期刊论文尚未取得突破；获省部级以上的自然科学、社会科学奖较少。

3. 创新能力不足，学科交融不够。科研和学科管理与服务水平不能适应发展的需要。多数学科和科研机构科研创新能力不足，学科整合、联合攻关以及对外攻关尚需加强，对重点(建设)学科和科研机构的考核未真正与奖罚挂钩，使得我校学科和科研机构发展不平衡，综合优势也未能得到充分发挥，

二、形势与目标

(一) 形势

1. 国家和北京市中长期教育改革与发展规划纲要指出，对高等教育实行分类指导、分类发展。《首都中长期人才发展规划纲要》中指出，建立多层次、分渠道的青年拔尖人才培养体系，加大对高层次、创新型、国际化青年人才的培养力度。面对新的形势，我们要认真思考，抓住机遇，凝练学科、专业特色和优势，加大整合力度，加快高端、紧缺和创新性人才培养步伐，提升科研创新能力，扩大社会影响力。

2. 教育部正在整体设计“高等学校创新能力提升计划”(简称“2011 计划”)，这项计划将突破现有学科平台限制，突破现有“985 工程”“211 工程”学校身份限制，也就是不限定学校、不限定单位，只要具备协同创新的基本要求均可申请参加。“2011 计划”的即将实施是一个风向标，此项计划提出了当前和今后一段时期我国高等学校改革和发展的主要任务，也是我校面临的又一重大机遇和挑战，我们要高度重视，科学谋划，提前部署，精心准备，抢抓这一难得发展机遇，扎实推进协同创新工作。

3. 国家产业结构的调整、科学技术的进步，推进了新兴的文化创意产业、旅游产业、信息服务业等现代服务业的飞速发展，科技主管部门和行业加大了对科技投入的力度，制定了国家中长期科技发展规划和一系列计划，以及“科技北京”行动计划等，为我校开展政产学研用拓展了新的空间。

4. 在北京市及全国高考生源不断下降的趋势下，高等院校之间的竞争日益激烈，我校综合办学实力与市属高校的平均水平相比还有一些差距，学科建设与科研水平对学校整体发展拉动作用还不明显。需要我们进一步整合资源，提升学科建设的水平与科研创新能力。国家学位管理与研究生教育政策也出现了重大变化，《学位授予和人才培养学科目录(2011 年)》的颁布、授予博士学位的服务国家特殊需求人才培养项目等计划的实施，也为我校在扩大培养学术型硕士研究生的基础上，大力发展专业学位研究生教育、提升研究生培养层次提供了重要机遇。

5. 学校对学科建设及科研工作给予了空前的重视，《北京联合大学“十二五”时期改革和发展规划》指导思想中提出要“以学科建设为龙头”，实施“学科建设与研究生教育创新工程”“科研水平提升工程”，为学科及科研工作提供了广阔的空间和全方位有力地支撑。同时，规划明确了目标，赋予了艰巨的任务，需要我们采取切实有效的措施来实现。

综上，学校发展面临的形势，既是十分有利的，也是十分严峻的。我们要有紧迫感、危机感和使命感。

(二) 目标

今年，恰逢“十二五”开局之年，四年一度科技工作大会的召开，标志着我校学科建设和科技工作的发展迈入了关键时期。学校的“十二五”时期改革和发展规划，是指导我们今后五年提高学校办学水平和办学质量的纲领性文件。因此本次大会确定的目标就是学校“十二五”规划中学科建设和科研工作的目标，实现目标的措施将通过实施《北京联合大学科研创新能力提升计划》来实现。我们要在校党委和行政的正确领导下，以创新精神，努力完成“十二五”期间的学科建设和科研工作的发展目标和任务。

《北京联合大学“十二五”时期改革和发展规划》中指出：逐步形成结构合理、特色鲜明、优势互补、协调发展的学科体系。新增至少 2 个一级硕士学位授权学科点，建成至少 5 个硕士专业学位授权点，建立 1—2 个联合培养博士的学科点。2—3 个学科达到市属高校的领先水平，“十二五”末在校研究生达到 500 人左右。到“十二五”末，当年到账科研项目经费不少于 5000 万元；拥有高级职称和博士学位的专任教师在 SCI、SSCI、A&HCI 及 EI 期刊发表论文人均多于 1 篇；获得至少 1 项国家重大项目，40 项国家级项目，5 项省部级及以上政府科研奖项。学校的学术水平、科研能力、研究成果和为社会服务的综合能力在市属同类院校中处于中等水平。

规划明确了目标，赋予了艰巨的任务，需要我们采取切实有效的措施来实现。

三、实施科研创新能力提升计划

为认真落实《国家中长期教育改革和发展规划纲

要(2010—2020年)》和《北京联合大学"十二五"时期改革和发展规划》,全面提升学校的学科建设水平和科学研究能力,特制订《北京联合大学科研创新能力提升计划》(以下简称《计划》)。下面,我就实施本计划做几点说明。

(一)实施"计划"是我校改革和发展的需要

"计划"对我校进一步转变发展模式、深化发展内涵,早日实现创建特色鲜明的高水平应用型大学奋斗目标,具有重要的战略意义;是加快完成我校"学科与研究生教育创新工程"和"科研水平提升工程"中的各项任务,并逐步形成结构合理、特色鲜明、优势互补、协调发展的学科体系,尽快提升学校的学术水平、科研能力、研究成果和为社会服务的综合能力的重要保证。

(二)制订"计划"的指导思想和基本原则

指导思想是以胡锦涛总书记关于协同创新的重要讲话精神为指导,深入贯彻科学发展观,以加快发展模式转变为主线、以学科建设为龙头、以改革为动力、以创新能力提升为突破口,瞄准首都经济社会发展需求,充分发挥学校多学科的综合优势和服务首都的独特作用,通过政策引导,探索学科建设和科研工作发展的新模式,进一步提升我校科研创新能力,为学校"十二五"规划目标的实现做出更大的贡献。

"计划"制订的基本原则是"需求导向,服务首都;深度融合,协同创新;全面推进,重点突出;责任到位,加强考核"。

需求导向,服务首都——根据首都经济社会发展需求,针对科技、文化、经济和社会发展中的急需解决的问题,积极开展学科建设和科学研究。

深度融合,协同创新——面向各学院、校内外的科研院所,以及行业企业、地方政府、国际社会,广泛汇聚有创新能力的各方创新力量,进行深度融合,协同创新。

全面推进,重点突出——在全面推进学校学科建设和科学研究工作的基础上,根据学科、科研平台的分布、层次、基础,加大资源投入,分层分类建设,突出重点,培育出一批优势明显、特色鲜明的学科和科研平台。

责任到位,加强考核——将科研经费、各级各类项目数和高水平的科研成果指标,层层分解,落实到各学院(单位)、科研机构及具有高级职称和博士学位的人员,通过奖励和考核制度调动教师的积极性与创造性,对创新能力强、有创新性成果的学科、硕士点、研究机构等,加大投入力度。对成果平平、缺乏创新意识和无创新作为的进行调整、撤并。对不能完成的,要与其晋职晋级和经费考核政策挂钩。促进教师争取高层次的研究项目,取得高质量的科研成果,提高我校科学研究和学科建设的整体科研水平及学术地位。

(三)"计划"的主要内容

在"计划"中,提出了8项任务,可以概括为4个方面:

1. 在提升学科建设水平方面。调整学科结构,凝练学科方向,完善学科体系。强化一级学科建设,推进学科交叉与融合,培植新的学科增长点。学校制定政策,支持并引导研究方向的凝练和优化。根据国家和北京市经济社会发展的需要和行业、地域特点开展学科研究,逐步形成相对稳定的研究方向和比较明显的学科特色。继续分市级、校级和院级三个层次进行学科建设,加大6个市级重点建设学科的投入,重点扶持校级重点(建设)学科,逐步形成面向行业的优势学科群。

加强现有的硕士点建设,拓展学位授权学科点,通过进行学科集成与整合,争取实现"授予博士学位的服务国家特殊需求人才培养项目"的突破,支持联合培养博士项目;新增二级交叉学科、目录外学科和自设学科、专业硕士学位授权学科点。

改革培养模式,发展研究生教育,实现本硕连读,走开放式办学道路,进行知识创新和技术创新,进而形成教学、科研、社会服务和文化传承的创新链,将研究生培养与科学研究更紧密地结合起来,在国家区域发展战略中发挥重大作用。

2. 在跨学科科技平台建设方面。通过协同创新机制,推动校内各单位之间的协作,广泛汇聚政府、高校、行业企业、有创新能力的各方创新力量,进行深度融合,协同创新。促进人文社会科学与自然科学、工程技术科学的密切结合,建立京地高校合作创新联盟,以市级科研基地为基础,以重点实验室、研究中心和工程技术中心为支撑,构筑大平台,集聚大团队,承担大任务,产出大成果。

面向北京,发挥优势,加大应用研究,把科研活动融入北京的经济社会建设中,促进成果转化。提高科研成果的转化率,利用大学科技园区或其他园区的建设,实现科技成果转让后的产业化。

3. 学术队伍能力提升方面。解决学科队伍、研究力量、研究方向及布局分散问题,促进学术团队建设水平的整体提升。培育和引进学科带头人,提高人才待遇,努力实现高端人才建设的重点突破;完善人才资助和激励措施,拓展拔尖创新优秀人才脱颖而出的途径和渠道;为青年教师搭建快速成长的平台,切实提高他们的科研能力;搭建学科梯队,优化学科队伍结构,使重点(建设)学科学术队伍中具有博士学位的教师和具有高级职称人员的比例分别达到50%以上。

鼓励学科、学术带头人进入省级及以上学术学会,鼓励科研团队进入各级行业协会,鼓励科研骨干主持高级别学术交流会议、举办有影响力的学术和与行业产业对接的重大活动，为我校联系社会、承接高水平及应用性科研项目提供契机。

4. 在推进文化传承创新方面。胡锦涛总书记在庆祝清华大学建校100周年大会上的重要讲话中强调指出："全面提高高等教育质量，必须大力推进文化传承创新。"大学作为优秀文化传承的重要载体和思想文化创新的重要源泉，要大力推进文化传承创新。这是高等教育思想和大学职能的新发展，是新时期我国高等教育与时俱进极其重要的新任务。当前，我们要认真贯彻落实十七届六中全会精神。发扬北京精神，把传统的文化积淀、创新的文化新成果与现代科技的相互依存与融合，构建北京文化创新与科技创新双轮驱动的格局。文化与科技的关联度越来越紧密，相互融合已成为社会发展的内驱力。

我们要主动适应首都文化传承创新的迫切需求，整合我校人文社会科学学科和人才优势，探索建立文化传承的新模式，构建交叉学科研究平台，促进人文社会科学与自然科学、工程技术科学的密切结合，力争取得一批具有一定影响力的文化传承创新研究成果。

《科研创新能力提升计划》提出的这4个方面的工作内容，涵盖了8项重点任务，为了确保这些任务的顺利完成，在校党委、行政和各部门的大力支持下，我们在思想、制度、组织、经费和条件等方面，制定切实可行的保障措施。近期，校党委常委会刚通过了科技大会专项奖励方案，对在学校京联发〔2010〕37号、38号文中未涵盖的自上届科技工作会以来被批准的新增或升级的学科、科研平台和高层次的科研项目给予奖励，并对科研管理组织先进集体和个人给予奖励，这些充分体现出对学校学科建设和科技工作的重视和支持。

与"计划"同时提出了《北京联合大学科研成果及文学艺术类创作作品奖励办法》等5个相关配套文件，这些文件是我校很多同志在多年来学科建设和科研实践基础上，经过相关部门半年多的调研和多次全校性的广泛听取意见形成了现在的"征求意见稿"提交本次大会。"计划"的制定体现了大家的智慧和期望，也是新时期实施"十二五"规划学科和科研目标的一次总动员。落实这些措施，对高质量地完成重点任务，对于我校学科建设水平和科研创新能力的提高，确保学校"十二五"发展规划的学科和科研目标的完成，具有重要战略意义。

同志们，今年是"十二五"的开局之年。一年来，我校在学科建设和科技工作上已取得了良好开端，实现了一级学科硕士点建设"零"的突破，获得了考古学、计算机科学与技术、食品科学与工程、软件工程和工商管理5个一级学科硕士点；授予博士学位的现代旅游与信息融合发展国家特殊需求人才培养项目点的申报，在行业论证阶段被行业主管部门推荐为排名第一；国家自然科学基金项目获批8项，是"十一五"期间年均数的四倍；省部级及以上项目达39项。

好的开端是成功的一半。这些成绩的取得为我们完成"十二五"期间的目标任务奠定了良好基础。在上级主管部门的指导和支持下，在校党委和行政的正确领导下，在全体师生员工的共同努力下，我们有信心，有能力在学科建设和科技工作上取得更大的成绩，为北京联合大学全面完成和实现"十二五"规划的目标和任务做出积极的贡献。

谢谢大家。

勇担学科建设重任　全面提升科研创新能力

——黄先开在2011年学校科技工作会闭幕式上的讲话

(联办通报〔2011〕第21期，2011年12月16日)

各位领导、各位嘉宾、老师们、同志们：

大家好！

北京联合大学2011年科技工作会，将于今天圆满结束。今年的科技工作会为期两周，大会开幕式后，各单位组织了有关学科建设和提高科研创新能力的一系列活动，先后有四千多人次参加了这些活动，内容涉及130多项。这次会议的时间之长，人数之多，内容之丰富，是我校历次科技工作会之最。可以说，这次会议是一次统一思想、增强信心、凝聚力量的大会，是一次承前启后、继往开来的大会，对于做好我校"十二五"时期科技工作，对推动我校学科建设与科技工作的健康发展具有重要战略意义。

在上级领导的关怀支持下，在校党委的正确领导下，通过全校师生员工的共同努力，会议的任务已基本完成。这次大会有两个"第一次"：在学校发展史上，第一次明确提出了"以学科建设为龙头，推动学校全面发展"的战略思想；在落实学校五年发展规划的科技工作会上，第一次提出了学校《科研创新能力提升计划》。总结这次科技工作会议，突显出以下主要特征。

一、这是一次内容充实、成果丰富的大会

科技工作会前后，全校各学院、部门以及科研机构，先后举办各种学术报告会、专题研讨会、学术交流会共计130多场。邀请两院院士、科技和行业主管部门领导、校外的教授和专家学者共计85人，到我校举办高水平的学术讲座70次，内容涉及学科的发展方向，学术队伍的建设，科研创新能力的提高，以及一些学科和行业前沿发展动态方面的介绍。这些活动，极大地丰富了科技工作会议的内容，活跃了学校的学术氛围，拓展了教师的学术视野，使科技工作会的目标与任务，与学校的学科建设和科技工作的发展，在实践层面和理论层面都得到深层次的融合。

本次科技大会出台了《北京联合大学科研创新能力提升计划》，深入讨论了《北京联合大学科技成果和文艺作品奖励条例》《北京联合大学科技工作量实施办法》《北京联合大学促进科技成果转化管理暂行办法》《北京联合大学研究生教育工作量核算管理实施办法》《北京联合大学重点（建设）学科绩效考核管理暂行条例》等五个文件（征求意见稿），征集了相关的修订意见，使这些文件更加符合学校实际、更具有执行力度。

在今天的会议上，学校决定对自上次科技工作会以来，在科研工作和学科建设方面取得优异成绩的集体和个人，给予大会专项表彰和奖励，其中学科和科研平台9项、高水平科学研究课题108项、科研管理先进集体8个、先进个人7人。奖励范围及奖励力度为历年之最，这既落实"以学科建设为龙头，以创新能力为突破口，不断推动学校全面工作又好又快发展"的理念，也体现了学校对学科建设与科技工作的重视和支持。

二、这是一次深入学习、转变观念的大会

在科技工作大会上，我们聆听了教育部、市教委、市科委等上级领导的重要讲话以及校党委书记徐永利教授的讲话和副校长鲍泓教授的工作报告。会议期间，各学院、各部门和科研院所组织了学科带头人、专家教授和教师，深入学习党的十七届六中全会的公报和胡锦涛总书记在清华百年校庆的讲话等一系列重要文件，认真讨论了《以学科建设为龙头推动学校全面发展》和《实施科研创新能力提升计划，确保实现"十二五"学科与科研规划目标》，使我们充分认识到，学校提出的以学科建设为龙头、以提高协同创新能力为核心的战略部署，是贯彻落实胡总书记重要讲话精神的具体体现。

当前，在高等教育大众化的背景下，高校之间的竞争已转化为教育质量和办学水平的竞争，都在致力于发展优势和特色，以提高学校核心竞争力，科技创新能力是高校核心竞争力的重中之重。

一所大学如果没有高水平的科研，就不可能建成高水平的学科；如果没有高水平的学科，就不可能凝聚和造就高水平的师资；如果没有高水平的师资，就不可能培养出高水平的学生，也不可能产出高水平的科研成果，更不可能建设成高水平有特色的大学。

面对日新月异的科技进步，迫切需要改革传统的发展理念和模式，加快以学科融合为基础、以文化与科技融合为驱动力的协同创新，加快我校创新力量和资源的重组与整合，推进我校健康有序的新发展。所以说，这是一次深入学习、转变观念的大会。

三、这是一次凝聚共识、协同创新的大会

在科技大会上，由科研处/研究生处、教务处/高职处、人事处、财务处代表学校的职能部门作了热情洋溢的发言，表达了共同的心声，决心为提高学校学科建设水平、为提高全校的科研能力，提供有力保障和优质服务；为学校的教育教学、科技文化、财务管理的协同创新能力的同步提升做出贡献。实现"教学品质提升"和"科研创新能力提升"双轮驱动，推动学校办学质量的提高。我们要在校党委的统一领导下，支持各类创新力量，开展深度合作，探索融合发展的新机制，促进学校优势资源的全面共享。

会议期间，各学院、各部门、各科研机构以不同的形式，召开了各自的科技工作会。会议的宗旨都是紧紧围绕学校科技工作大会的基本精神，结合本单位的实际情况，为学校的学科建设和科研工作的新发展献计献策。

应用文理学院召开了学院科技工作会，将创新能力提升计划的任务进行了指标分解，落实到部门、学科和研究机构，制定了学院的面向文化创意、开展学科建设的实施方案；昌平校区广告学院新成立的文化创新创意研究中心邀请了北京市文化创意产业促进中心梅松主任介绍了北京市文化创意产业发展的趋势；商务学院举办了"以学科建设为龙头提高科研能力及社会服务能力"为主题的学术报告会；信息学院在该院的研究生导师工作会上提出了在"十二五"期间，要以研究生教育体系为载体，全面推进学院的学科建设发展；研究生处、应用文理学院、广告学院和师范学院等，共同组织了"面向文化创意产业发展的学科专业研讨会"；科研处、电子实训基地联合组织了申报国家自然科学基金培训班等活动。

为进一步发挥学科建设的龙头的核心作用、发挥我校综合优势，要从全校发展的长远战略看待学科发展，在学科专业建设中找到合适的突破点。尤其要发挥学校综合型大学的优势，增强多学科之间的协同发展，提高学校办学水平。大会前夕，学校专门召开了交通物流工程学科及专业建设研讨会、面向旅游产业发展的学科专业建设研讨会。结合中心组学习，宣传部组织了我校硕士学科点建设系列讲座。这些活动的宗旨，都是要求发挥我校学科专业综合优势、协同建设、协同科研，集思广益，建言献策。

我们这次大会就是要集全校师生智慧，同心同德，共谋学校发展。无疑，这是一次凝聚改革共识、推进协同创新的大会。

四、这是一次落实文化传承创新的大会

我校的科技工作大会是在全国人民贯彻落实党的十七届六中全会精神重要时期召开的。党的十七届六中全会指出，推动文化产业成为国民经济支柱性产业，推动文化与科技的深度融合。大学作为优秀文化传承的重要载体和思想文化创新的重要源泉，要大力推进文化传承创新。这是高等教育思想和大学职能的新发展，是新时期我国高等教育与时俱进极其重要的新任务。最近，中共北京市委做出了《关于发挥文化中心作用加快建设中国特色社会主义文化之都的意见》的战略部署。高等院校身处科技与文化的前沿阵地，我校作为面向首都、服务首都的一所综合大学，应当及时抓住机遇，充分挖掘文化创意产业蕴藏的巨大发展潜力，把丰厚的文化资源优势融化为学科和科研发展的优势，以实际行动为北京建设成为中国特色社会主义文化之都做出自己应有的贡献。

为了贯彻十七届六中全会和市委会议精神，进一步发挥学科建设的龙头作用，发挥我校综合优势，在校科技工作大会期间，即 12 月 13 日召开我校“面向文化创意产业发展的学科专业建设研讨会”。在文理学院科技工作会上，北京市哲学社会科学办公室李建平副主任和鲍泓副校长在讲话中，分别介绍并强调了结合首都建设先进文化之都和文化创意产业九大工程建设，发挥我校社会科学和自然科学二者融合的优势，积极投入首都文化事业和创意产业中。我们要以贯彻落实本次科技大会的任务和目标为契机，主动适应文化创意产业发展需求，加快学科的交叉融合，推进文化与科技的有机结合，培育一批有特色、有实力的优势学科和科研成果，为首都文化创意产业的发展提供服务。

同志们，科技工作是学校核心竞争力的重要组成部分，是学校建设和科学发展的基石，是培养和造就名师大师的舞台。回顾历史，展望未来，我们有信心做好科技工作，为学校科学发展做出历史性贡献。让我们以高度的责任感和使命感，以改革创新的精神，以脚踏实地的作风，统一思想，坚定信心，抢抓机遇，真抓实干，努力实现学校科技工作的再上新台阶、再创新局面，为首都的经济建设和社会发展做出新的更大的贡献！

谢谢大家！

抓住首都文化中心建设重大机遇　扎实推进科技工作

——徐永利在 2011 年学校科技工作会闭幕式上的讲话

（联办通报〔2011〕第 22 期，2011 年 12 月 16 日）

尊敬的王祥武主任、赵清处长，同志们、老师们：

为期两周的科技工作会即将落下帷幕。刚才先开副校长讲得很好，4 位教授的发言很有新意。对 4 年来学科及科研工作进行了表彰。首先我代表学校党政领导班子向今天受到表彰的平台、项目、先进集体和先进个人表示热烈的祝贺，希望全校教职工向他们学习。我想大家一定和我一样，深知此次会议的重要性，它将载入学校发展的史册。我想讲两点意见：

一、回顾一下本次科技工作会

本次会议意义重大，内容丰富，体现在：

（一）高举了学科建设的旗帜。本次会议适逢“十二五”开局之年，是在我校转变发展方式、走内涵发展道路进程中召开的一次重要会议，是实施“十二五”学科及科研规划后召开的第一次科技工作会。本次会议高举学科建设的旗帜，明确学科建设为龙头，学科建设要依托行业、产业，要依托人才、团队，要依托教学、科研。为学校科学发展明确方向、拓宽渠道、增加载体，对学校未来的学科及科研工作有着重要的促进作用。

（二）分析了面临的形势和机遇。会议回顾和总结了上次科技工作会以来学校学科及科技工作取得的成就，对学科建设和科技工作中存在的差距和问题进行了客观的分析，我们越来越认识到：规模不完全等于实力，学科建设和科技工作水平是办学实力的体现，是全面提高质量的重要标志，决定了一所高校的创新活力，没有高水平科技工作支撑，我们的发展方式转变的速度和渠道将受到限制，我们的发展质量就失去了智力源泉和知识基础。我们越来越认识到：在全面提高质量时期，学科建设和科技工作是凝固剂，是破解提高教学质量难题的突破口，缺乏学科引领，缺乏科技工作支撑，就不会有高水平教学质量提升，发展就是苍白无力的。

（三）采取了一系列新的举措。提出了《北京联合大学科研创新能力提升计划》，并起草了《北京联合大学研究工作量制度实施办法》及《北京联合大学科研成果及文学艺术类创作作品奖励办法》等系列配套文件征求意见稿；发布了《北京联合大学 2011 年科技工作会奖励方案》，投入近 200 万元，对 4 年来，学科及科研平台及高层次科研项目进行了奖励，力度也是最大的，表明了学校重视及大力推进科技工作和学科建设的决心。

（四）开展了丰富的科技活动。各学院、各科研单位在两周内举办了丰富多彩的科技活动。科技工作会期间，全校各学院、部门以及科研机构，先后举办各种学术报告会、专题研讨会、学术交流会共计 130 多场。邀请两院院士、校外的教授和专家学者、科技主管部门领导共计 85 人，到我校举办高水平的学术讲座 70 次，参与人数多、范围广，调动了全校教职工参与科研的积极性。

二、要落实好本次会议的精神和要求

要坚持以培养人为根本，遵循高等教育规律，走以提高质量为核心的发展道路，不断完善人才培养模式，改进教育教学方法，加强科学研究和学科建设，探索联大又好又快的发展之路。

（一）要抓住首都文化中心建设的重大机遇。全校上下齐努力，把文化大发展、大繁荣作为我校科学发展的重大机遇，作为我校转变发展方式的重要抓手，作为科技工作和学科建设的重要载体。全校发动、全面策划、着力推进、力争重点突破，形成学科建设和特色办学的战略支撑。

要围绕文化发展、文化创意、文化创新，谋划学科布局、构建学科结构，建设重点学科、重点建设学科和各相关学科交叉、融合的学科群。发挥学科建设的龙头作用，为科技工作提供良好基础，系统提升教学质量。要围绕文化人才教育、文化精品创作、文化创意培育、文化要素配置、文化信息传播、文化交流展示开展研究、策划项目，组织队伍、投入力量。要围绕文化发展和经济建设，发挥科技工作的杠杆作用，推动高水平应用型科研，靠我们自己的硬件条件、靠我们自己的队伍和人才，提升联大服务首都文化中心建设的能力，为全面提高人才培养质量和办学水平提供强有力的科技支撑。

（二）要保持饱满的精神状态和锲而不舍的精神。有人说：现在搞科研不注意积累，没有连续的深入研究，像农民工找工作一样，哪里有钱就往哪里去。这样做不行，我们要有长远打算，要有计划。本次会议明确了未来的发展任务，描绘了科技工作的宏伟蓝图，将激励起全校广大教职员工奋发向上的斗志，在推动学校科学发展的道路中谱写辉煌的篇章。会议进一步统一了全校教职员工的思想，统一了目标，为做好“十二五”学校学科及科技工作开了一个好头。希望大家保持这种饱满的精神状态。

我们应该认识到，科研攀登任务艰巨，道路曲折，希望大家以科学发展观为指导，着力创新、耐得寂寞、扎实苦干，保持饱满的精神状态，以锲而不舍的精神大力推进学校的科技进步和创新，相信我校的科技工作一定能够在大家的共同努力下走向新阶段、迈上新台阶！

（三）积极行动起来，扎实推进科技工作。本次会议，学校集中智慧，制定了一系列助推学科及科技工作的文件，信心可见、力度很大。学校各单位都要积极组织学习并切实落实好学校有关文件精神，充分发挥导向、激励作用，在工作中坚持以科学发展观为指导，统筹教学科研，坚持科、教、管互动，研教相长，充分调动广大教职员工从事科技工作的积极性。

责任心和责任制是我们做好一切工作的基本要求和前提，学院领导对本单位学科和专业建设肩负着领导责任，在学科方向的凝练、学科平台建设、专业建设等方面要积极想办法加快建设和发展；校院机关职能部门承担着为科研工作做好服务的责任，各部门要有主动服务的意识，要不断提高服务的质量和水平，积极为学校的科研工作作贡献；各学科带头人负有对本学科建设进行组织和管理的责任，学科带头人要在学科建设中发挥好核心作用，担负起学科建设的重任。

同志们，我们开了一个很有成效的科技工作会，我们要把学科建设和科技工作作为学校可持续发展的重要推动力，要把提升学科建设和科技工作的能力作为学校发展的硬任务，把学科建设和科技工作成果作为学校发展实力的标志，抓紧、抓准、抓实、抓出成效，不断开创学科建设和科学研究工作的新局面！

谢谢大家！

抓住机遇期，鼓足干劲，扭住不放

——徐永利在校党委三届二十次全委（扩大）会上的讲话

（联办通报〔2011〕第 2 期，2011 年 1 月 25 日）

同志们：

下午好，在期末之际，我们召开第二十次扩大会，传达上级会议精神，全面总结前一段的工作，部署下学期工作。前几天已经召开教育教学表彰会、科研工作培训会、工会和教代会、共青团的大会，大家都在为下学期工作紧锣密鼓地作准备。上午柳校长做了很重要的发言，我完全赞成。付书记和周书记说的很多想法，我想可能会作为今年工作新的亮点，要进行认真的研讨，认真的论证，找机会就抓紧推进。大家讨论的时候很热烈，发表了很多的意见，下面我谈几点意见。

一、关于“十一五”期间和去年的工作

“十一五”期间，联合大学各项事业全面发展，就地整合，综合实力得到增强；抓住软实力，社会形象得到提升；上下齐努力，教学科研质量增强；艰苦奋斗，队伍结构建设明显改善；重视民生，教职工生活质量得到提高。

学校党政提出的五年改革发展目标和重要任务基本实现。

（一）“十一五”期间是个丰收期

表一：

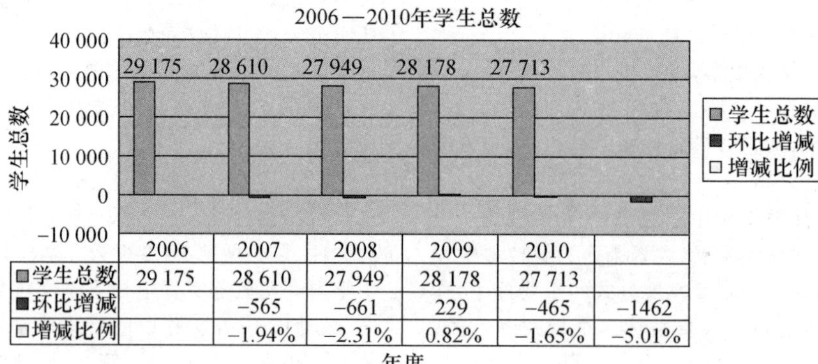

	2006	2007	2008	2009	2010	
学生总数	29 175	28 610	27 949	28 178	27 713	
环比增减		−565	−661	229	−465	−1462
增减比例		−1.94%	−2.31%	0.82%	−1.65%	−5.01%

表二：

	2006	2007	2008	2009	2010	
本科学生数	17 412	17 334	17 386	17 237	16 925	
环比增减		−78	52	−149	−312	−487
增减比例		−0.45%	0.30%	−0.86%	−1.81%	−2.80%

表三：

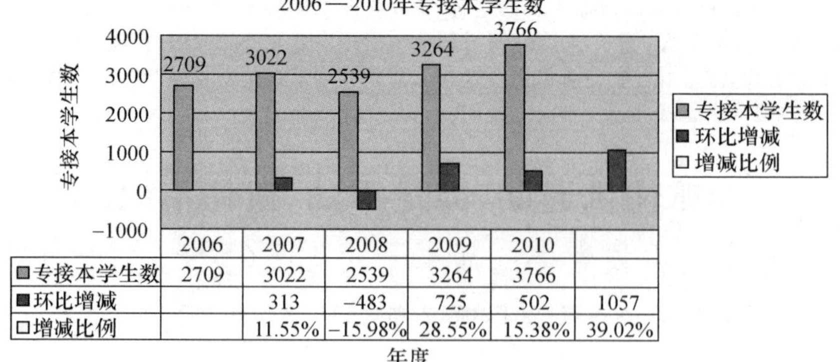

	2006	2007	2008	2009	2010	
专接本学生数	2709	3022	2539	3264	3766	
环比增减		313	−483	725	502	1057
增减比例		11.55%	−15.98%	28.55%	15.38%	39.02%

表四：

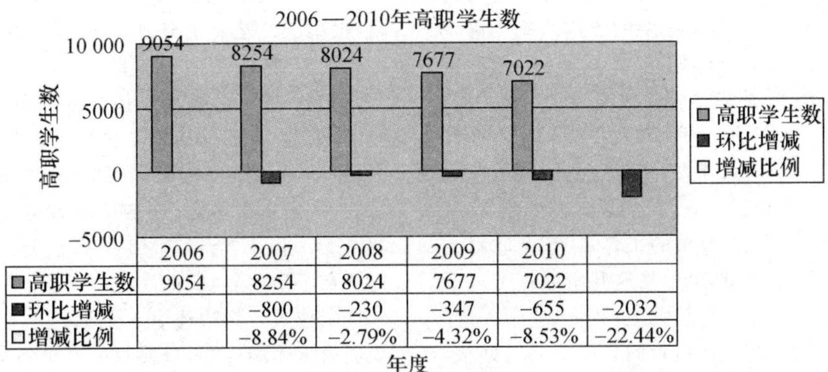

	2006	2007	2008	2009	2010	
□高职学生数	9054	8254	8024	7677	7022	
■环比增减		−800	−230	−347	−655	−2032
□增减比例		−8.84%	−2.79%	−4.32%	−8.53%	−22.44%

表五：

	2006	2007	2008	2009	2010	
□教工人数	3346	3319	3126	3048	3356	
■环比增减		−27	−193	−78	308	10
□增减比例		−0.81%	−5.82%	−2.50%	10.10%	0.30%

表六：

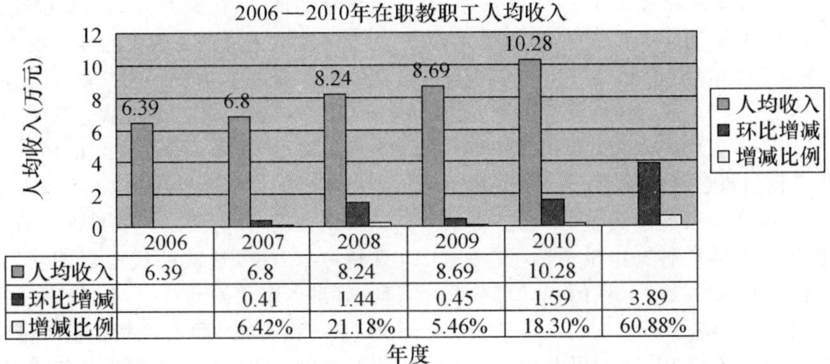

	2006	2007	2008	2009	2010	
□人均收入	6.39	6.8	8.24	8.69	10.28	
■环比增减		0.41	1.44	0.45	1.59	3.89
□增减比例		6.42%	21.18%	5.46%	18.30%	60.88%

我最大的感受就是“十一五”期间是个丰收年，我们的收获比较多。首先是关于近五年来我校学生数的变化（见表一），2006 年是 29 175 人，2007 年是 28 610 人，2008 年是 27 949 人，2009 年是 28 178 人，2010 年是 27 713 人。总的来说呈下降趋势，2007 年比前一年减少了 500 多人，总体上减少了 1462 人。这五年我们为了学生总数想了不少办法，减少是必然的，就是如何减少？减少哪个层面？如何把减少的速度降下来？让我们实际上能够承受得了，这是我们很困难的一件事，应该说我们这五年是成功的，下边的分析能看出来。

我们的本科生（见表二）2006 年是 17 412 人，2007 年是 17 334 人，2008 年是 17 386 人，2009 年是 17 237 人，2010 年是 16 925 人。这五年净减了 487 人。本科生源减少的速度经过各种努力是基本稳住了，这个趋势也是“十一五”一开始就预料到的。接着就是专接本学生数（见表三），专接本是我们新接的任务，前几年不太被各高校所接受，所以成了我们保持总数减得慢一点的秘密武器。2006 年我们招了 2709 人，2007 年是 3022 人，2008 年是 2539 人，2009 年是 3264 人，2010 年是 3766 人。这个层次我们净增了 1057 人。应该说专接本在“十一五”期间,在我们生源下降趋势已定的局面下,成了我们新的增长点,帮助我们在发展困难的时候缓慢地下降,软着陆,起了重要的支撑作用。再一个是高职学生数(见表四),高职从2006年到2010年也是一路下降,2006年是9054人,2007年是8254人,2008年是8024人,2009年是7677人,2010年是7022人。这五年我们净减了2000人,高职是我们减下来最多的。但保住了本科的基本数,我们整个的办学就基本稳定。对全校的经费数、整个的工作量、整个教师的课时量应该说起了稳定的作用。从这几组数据可以看出来,无论是从结构上还是从总数上,我们在“十一五”期间面临的困难是非常严峻的,我们想尽了一切办法,保证学校平稳地发展。

教职工数(见表五)2006年是3346人,2007年是3319人,2008年是3126人,2009年是3048人,2010年是3356人。这期间并进了两所中专学校,但是我们职工总数只净增了10个人,这几年也是退休高峰,每年退休人数基本上在3%左右,在100个人左右。我们这几年应该说在职工总数的问题上,一个是调结构,一个是不净增,保持总数略有减少。这个策略现在来看是基本正确的。我们总数没有大的波动,工作量也没减多少,人还是这么多,活还是这么多,基本上保持的是一种平衡。在这种平衡下我们实现了什么?2006年以来在职职工的收入(见表六),我现在拿到的这些数据,第一可以说是不完全统计,第二基本上是人事处和财务处见得着的统计,能够算进来的都算进来了。2006年人均收入是63 900元,2007年是68 000元,2008年是82 400元,2009年是86 900元,2010年全校人均收入突破了10万。这10万块钱还没有算市委市政府去年给的:一个是年人均500元,一个是“十一”给的4000元。然后我们自己补了3000元,主要是为了保证市政府的一万块钱大家能拿到整数,维护自己职工的利益。也没加入教学科研工作量的钱,没加这次教学表彰的钱,也没加10%绩效工资的钱。可见我们自己职工的收入在这五年来上升是实打实的。现在全校各学院只有一所学院不到10万元钱,其他学院全部人均收入突破了10万,有两所学院突破了11万,如果按照后边我所说的数那就突破了12万。按照校本部的统计,个人收入12万以上的不到100人,是87人。10万以上的257人,8万以上的566人。也就是说校本部三分之一以上的人人均收入是在8万以上。我说这些数据什么意思呢?就是五年来,为了联合大学的平稳发展,我们的努力是有效的,生源的数量下降是目前北京市的大势所趋,我们尽了力,想了办法,有效了。基本保住了目前学生的总数,教职工的收入在逐年增长,这几年增长了将近61%。

柳校长讲话当中提到了我们下一步能不能在北京市属高校里边达到中等偏上的水平,我觉得这个目标已经很高了,我这也列一个数据来说明这个问题:很高,很难。但是要是努力得好、运气好也能实现。就是每年的专项,去年的专项是1.15亿,今年可能9千多万,不到一个亿。这是个什么概念呢?市属19所高校分20个亿,大概的结构是这样,前四所高校分走了11个亿:北工大4个多亿,首师大3个多亿,首医2个多亿,首经贸1个多亿,这四所高校分走了11个亿。还剩下9个亿,9个亿是15所高校分。这15所里边我们排在了前两名,我们拿到了9100万,排在第五或第六这个位置。后边还有十几所。从这个数据看,只要我们大家团结一心,只要我们不出现其他的意外,保证我们发展的势头,就有希望。从这个数据看,我们在生均经费上,在正常的经费上,联合大学现在这个基数能够保持下去的话,我们在市属高校里边,在中游的水平就有了物质基础。下一步只要在改革和发展上坚定不移,我们的目标能实现。

这次教学奖励的分布(见表七),排在第一的是旅游学院,66万多一点。排在第二的是应用文理学院,59万多一点。排在第三的是信息学院,30万多一点。第四是机电学院,27万多一点。校部机关、直属单位合起来是25万多一点。合起来不到330万。这种奖励作为我们学校提高质量是一个非常好的信号,是一个标志。标志着我们学校在分配的问题上,在前一段绩效工资改革新一轮聘任之后,在高等学校,在知识分子成堆的地方,在脑力劳动的单位我们在加大改革的力度。这一笔应该是很大的经费投入。我们分配上有第一层次是基本工资。第二层次是绩效,绩效现在又分了两个层次。第三个层次才照顾到这种绝对差距。在高等学校,在知识分子密集的地方,在脑力劳动的范围内我们如何奖励冒尖的,让优秀人才脱颖而出,又要减少副作用,只有奖励。我们今后在这些方面一定要保持一个力度,这次的实验很成功,下一步我们的科研、管理一定要对优秀人才、优秀成果给予一定的奖励,拿出我们的一部分经费。今天付晨光同志的分析,有几个例子非常好。我们隔几年拿出几百万来奖励这些人,绝大多数教职工心服口服。在这一点上如果联合大学坚持做那么几次,我们中上档的座位一定能坐上。从教学奖励分布来看,我也希望大家认真地研究。向重点倾斜的政策已经开始实施,谁在这些方面有成果,谁在这些方面优秀,我们就奖励他。在这一点上少说虚话,少做表面文章。像广告学院、应用科技学院成立时间短,人员组合也没多长时间,这次能拿到这么多奖。广告学院拿到17万,应用科技拿到11万,很不容易的。这些成果要坚持下去,不断地反复,就是我们的核心竞争力。

表七：我校 2007—2009 年教育教学奖励分布

单位	国家奖项	市级奖项	奖金总额	排序
校机关及直属单位	5	10	25.7	5
应用文理学院	3	11	59.2	2
师范学院	1	9	17.3	6
商务学院	0	7	7.2	
旅游学院	2	9	66.9	1
生物化学工程学院	0	8	14.5	
特教学院	0	1	10	
信息学院	3	9	30.2	3
管理学院	3	1	8	
机电学院	2	5	27.5	4
自动化学院	0	9	14.7	8
应用科技学院	0	7	11.5	
广告学院	5	12	17.2	7
商务与管理学院			10	
信息与管理学院			10	
合计			329.9	

（二）存在的问题和困难

在肯定成绩的同时，我们也清醒地看到，总体上，由于长期积累的总量大，单体实力不强，学科专业布局比较优势不明显，教学科研质量不高，教职工人均收入增长需保持，高校间发展压力增大，新的优势和增长点（除专升本）尚未形成。学校发展中还有不少问题和困难：一是面对校区分散、硬件资源短缺，制约加快发展、制约学科专业整合，还需要进一步解放思想，寻找机遇，加大力度；二是办学综合实力提升乏力、教学科研质量提升缓慢、人才队伍建设措施重点突破不大，还需下更大力气；三是机关工作作风建设需要加强，服务保障能力需要增强，管理需要精细化，特别是服务教育教学方面；四是教职工对生活质量和水平有新期待，尤其是在工作环境和服务方面如何改善，学校压力大，需拓展思路、大胆探索。

二、关于今年的工作

在"十二五"的开局之年，学校党委、行政要坚持以科学发展为主题，以加快转变学校发展方式为主线，以改革创新为动力，以提高教育教学质量为核心任务，以培养人为根本目的，以改善教职工生活为重任，全面推进"质量立校、特色兴校、和谐建校"的战略，加快发展步伐，提升发展水平，以更高标准建设有特色、高水平应用型大学。

当前，我们正处于加快转变学校发展方式的新起点，抢抓发展机遇，提升办学综合实力的任务更加艰巨。准确把握当前形势，对于开好局、起好步具有十分重要的意义。加快转变发展方式是我国经济社会领域的一场深刻变革，也是高等教育领域新一轮发展的战略选择。今后，高等教育发展将平稳健康，招生红利已告一个段落。我们一定要抓住高等教育大国向高等教育强国发展的重要战略机遇期，抓住转变高等教育发展方式这一主线，以全面提高教育教学质量和人才培养质量为核心任务，以做大做强已有重点学科和特色专业、培育发展新的增长点为重要支撑，加快资源建设，尽快创造有利条件，促进学校整体协调、可持续发展。

（一）抓机遇不放松，主动攻坚克难。今年的工作机遇抓得如何不仅影响今年，而且会影响"十二五"。一是市属高校正处于重要战略机遇期，市里的发展措施正在运行中，抓住生源数量低谷期，改善生源结构和质量，减少办学点，提高办学效益。抓住完善高校空间布局，市属高校三年建设规划期，加快我们的"一个本部多个校区"的基础建设，改善办学条件。抓住今年市教育大会和推出中长期教育规划，进一步深入学习《国家中长期教育改革和发展规划纲要（2010—2020年）》，掀起学习市中长期教育发展规划的热潮，制定好我校的"十二五"规划。抓住教育系统人才工作会，推进用人制度、机制改革，加快高层次人才和创新团队建设。大家都明白,机遇是等不来的,要去抢、去抓,抓机遇不是碰运气。没有机遇盼机遇,现在到了机遇期,肯定不是一个机遇,就靠我们的干劲、智慧,力争抓住大机遇。二是我校正处于爬坡阶段,我们常说要动力强劲、制动灵敏、减少阻力,有这三条爬过去,上新台阶。减少阻力是一个综合问题,可以铺好路,减少空气阻力、体形设计等。举一个学科的例子:表面处理技术。人要保护皮肤,物质也需要。世界钢产量的十分之一被腐蚀磨损,机电产品失效70%是因为腐蚀和磨损,机电产品制造的使用过程中摩擦耗损掉能源三分之一。一项调查表明,2002年我国腐蚀造成经济损失6000亿元,接近国家GDP的5%,2006年工业八个主要行业因摩擦造成损失9500亿元,接近国家GDP的4.5%。表面技术已发展成表面科学。我们要发展,要加快,要抓住机遇,要攻坚克难,也得减少摩擦。我们的思想要统一,学校的党政领导,尤其是在座的各位,要团结,就相当于材料的分子排列,越紧密硬度越高。我们要加强党的建设,加强思想政治工作,加强干部队伍建设。再有就是加强反腐败惩防体系建设。这都是反腐,都是减消耗,开源节流。

(二)抓重点不放松,强化特色建设。面对新形势,如何加快做大、做优、做强步伐,前一段我们重点听取了硕士点、国家级项目、重点实验室的汇报,研究教育教学、科研、人才队伍建设,就是要研究向重点学科专业、重点部门、重点工作重点倾斜、重点投入问题,在这一点上没有什么可避讳的。在这个问题上我们的思想我们的观点是公开的,是一致的。下一步就是如何把十年来教学科研成果巩固扩大,解决有特色但不明显、有重点但地位不巩固、有课题但不够前沿、有成果但不够重大的问题,要培养比较优势、学术骨干。在这一点上我们现在没有可犹豫的,只能用时间来换取,要加快。

(三)抓新版人才计划不放松,育人是根本。新版人才培养计划的推出,正赶上好形势。首先是教育观念和人才观念的探索,运用先进育人理念,改进应用型人才培养模式,从课程、从教育教学的基本细胞抓起,结合联大师资队伍和教学水平的实际,强调因材施教,强调学以致用,强调激发学生的创新精神。这是大幅度提高教育教学和人才培养质量的必由之路,别无他路。其次,在推出实施过程中,要全校发动,形成合力,从课堂、宿舍、吃、住、行,从每个年级、每个班、每个环节抓,形成"成才从每一天开始"的风气。这是一项全局性、长期性工作。力争四年后,有一些标志性的变化:全面的、课堂、学生、党建、管理、教学都围绕中心抓。如文科学生能不能多开一些理工科的课:汽车概论、科技史,从热能→电能→机械能,蜂房→无线移动,哲学→转换、变化、条件→创新。理工科多开一些文科的课:美术、音乐、国学概论。从识别色彩到专业知识的贯通,促进学生全面发展。

(四)抓质量不放松,提升核心竞争力。关于质量,我在这里想说的是全面的质量观,全面地提高质量。不仅是教育教学,还有学生管理;不仅是党政工作,还有服务后勤。都要围绕育人质量采取措施、想出办法、做出贡献。学校的育人质量是综合性、系统性的概念,育人质量的高低并非单纯取决于学校一方,还受学生自己努力的影响,是双方,或多方在一个大背景下共同努力的结果。

质量提高没提高,是没有社会统一尺度的,是社会上约定俗成的,是靠"口碑"、靠"标志性成果"、靠"公认的人物"来佐证的。我们不能把指标当工作目的,但工作成果不能没有具体指标。教学、科研、学生管理、组织、宣传、人事、教辅、后勤都要提高质量,为教学一线、为培养人采取哪些措施,有哪些举措?大家都要考虑,都要在工作计划和"十二五"规划上有要求。

(五)抓人才队伍不放松,做强第一资源。关于人才队伍建设,付晨光同志已讲了不少,前一段也开了座谈会,人事处搞了问卷调查,今年还要制定规划,问题看得比较清楚,不能说我们抓得不紧,不能说不重视,下一步关键还是看落实:

(1)要继续拿出一些科级、处级岗位在全校招聘,拿出一些教师岗位在全市和全国招聘;

(2)要继续拿出一些投入加强人才队伍建设;

(3)拿出一些精力专门研究解决高层次和紧缺人才的引进问题。

要统筹好现有人才与引进人才、教学科研人才与行政管理人才、高层次人才与一般人才的关系。

柳校长已经讲了,就是关于解决教授备课办公室的问题,我们想从校本部做起,这件事旅游学院曹长兴同志已经做了,就是为每一位教授、正高级专业技术人员提供一个办公室,这件事虽然不大,但是作为我们这样基本建设资源紧缺的学校是一个很难的事。校本部现在50多位正教授,只有20位有办公用房,30多位都没有。我跟柳校长说我们俩牵头做这个事,一间房一间房地给他们找,一层楼一层楼给他们找,一定要想办法给这50多位教授每个人预备一间屋。让有关部门设计、装备,比如说可以有可视的答疑,有可视的批作业,再有远程的装备。我们有的教授在30多个人一间的办公室里办公,让他怎么搞科研、怎么写论文?在这一点上一定要下决心一件事一件事地落实,这件事我们要作为今年一项重要的事。说起来很小,30多个人,挤出30多间房来,我们这么大的学校。但是现在确实很难,行管处和国资处负责人见了我,见了柳校长,为这事直躲着走,他们真是没办法,真是紧张。但是我觉得为了我们学校能够在北京市属高校里边有一个中上游的位置，能够保住中游的位置，再困难我们也得干。

（六）抓创先争优不放松，党要管党是保障。今年国内外的形势发展很快，党建和思想政治工作任务很重，在建党 90 周年之际，我们要把创先争优活动扎实推进，一开学已经开了“十佳党支部”创建的座谈会，下一步要认真学习第十九次全国高校党建工作会议精神，抓紧制定党建和思想政治工作的规划。我们要围绕学校的发展改革，加强党建和思想政治工作，加强干部队伍建设，提高工作的针对性、操作性、效率性，提高党员的忧患意识、责任感和紧迫感。要加强校院领导班子建设，尤其是校级领导班子建设。我们每次开这样的会就尽量给大家创造一个机会提供更多的信息。第一让大家对学校的工作有更多的了解；第二让大家了解现在领导班子是个朝气蓬勃的领导班子，是个想干事能干事的领导班子。所以在这一点上我们是矢志不渝。要提高决策的科学化、民主化的水平，提高领导科学发展的能力。总之要紧密地围绕学校发展改革的中心任务，保障学校和谐发展的良好氛围。

（七）抓党风廉政、惩防体系建设不放松，作风建设要给力。要认真学习胡锦涛总书记在中纪委十七届六次全会上的讲话，深入贯彻落实以人为本、执政为民的理念，扎实开展党风廉政建设和反腐败斗争。要认真处理好改革、发展与稳定的关系，认真解决学校发展和师生反映的突出问题，大力加强干部队伍作风建设，紧紧依靠党员干部，推进学校的改革发展，保证安全稳定的局面。

今年要继续坚持标本兼治、综合治理、惩防并举、注重预防的方针，进一步落实党风廉政建设责任制，深入推进廉政风险防范管理工作，把分解方案落到实处。

最后，感谢大家在 2010 年的辛苦工作，祝愿我们 2011 年工作顺利，谢谢大家。

凝聚共识　提升信心　迎接挑战

——柳贡慧在校党委三届二十次全体委员（扩大）会上的讲话

（联办通报〔2011〕第 3 期，2011 年 1 月 25 日）

同志们：

早上好，今天我讲五个方面的内容。

一、“十一五”规划的完成情况

刚刚过去的“十一五”，我校取得了什么样的成绩，有什么样的经验和启迪，对“十二五”的发展又会产生什么样的作用，这是我们要思考的。“十一五”时期学校做了一个很好的发展规划，这个规划是在 2007 年 7 月才正式得到上级批复的，批复的时候距“十一五”结束只有不到三年的时间。在这样短的时间内我们都做了哪些工作呢？

“十一五”时期学校明确了发展目标是：“以建设合格的应用型大学为目标，以学科专业整合和建设为龙头，以提高质量为核心，以党建和思想政治工作为保障，以产学合作、产学研合作为人才培养的根本途径”。我们能否建设成为合格的应用型大学，“十一五”期间的发展是非常重要的。“十一五”期间还提出要不断深化应用型教学改革，努力提高教学质量，建设适合应用型教育的师资队伍，优化整合办学资源，提高学校对服务首都的贡献力。

“十一五”期间的发展方针是：提高质量、建设品牌、推进改革、强化特色、压缩规模、调整结构、整合资源、理顺管理、改善条件、完善设施。提出压缩规模、调整结构是因为当时上级批复北京联合大学在“十一五”期间要把在校生规模调整到 2.2 万名左右，其中本科生 15 900 名，研究生 100 名，高职生 6000 名，所以提出压缩规模。至于未来如何发展，规模、结构、质量、效益应该是协调的，究竟什么样的规模适合我们学校，我们还得在发展中动态调整。

“十一五”制定的总的发展目标用文字来描述是：“到 2010 年把我校建设成为整体办学水平居全国同类院校先进行列，应用性特色鲜明的教学型、应用型大学”。具体讲就是：在学科方面，学科专业结构能够适应经济社会发展战略，部分重点建设学科在国内产生一定影响；在教育方面，应用型本科教育要出水平，高职教育要处于国内先进行列，研究生教育有自己的特色；在科研方面，服务地方功能有新的拓展，在办学环境和条件方面有较大改善；在整体办学水平方面，要得到社会认可。在这里我之所以把“十一五”发展目标和具体分解情况说一下，是想一条条对照看一看，我们是否完成了制定的目标。

“十一五”期间制定了七个发展规划。

第一个规划是学科建设规划。提出在“十一五”期间要建设 8 到 10 个校级重点学科，目前我们校级重点学科的数量是 10 个，完成了任务；要建设 22 到 25 个校级重点建设学科，目前我们校级重点建设学科是 18 个，但我并不认为没有完成，而是我们对学科进行了进一步的优化；要建设 1 到 2 个市级重点学科，目前我们市级重点学科是零，这不是我们不努力，而是北京市对重点学科的规定是必须有博士学位授权点支撑，所以我们现在没有资格；增加1到2个市级重点建设学科，在“十五”乃至“十五”延长期的时候我们有3个重点建设学科，现在我们达到了6个，完成任务；要建20个左右的硕士学位授权点，当时只有3个，这我写了个19，画个问号，因为在“十一五”末期国家对硕士学位授权点的审批是以一级学科为单位的，我们原来的3个二级学科，重新申报一级学科，并新申请了一个工商管理授权点，如果这4个一级学科授权点能够顺利批复，则将覆盖19个二级学科，我们希望能够实现；增加1到2个市级科研机构，当时有3个，去年我们成功申报信息服务工程北京市重点实验室，市级科研机构达到了4个，完成了任务；在教育部认定的机构要达到1到2个，这个指标还没有实现。

第二个规划是本科教育规划。提出到“十一五”末我校的本科生学生数要降至1.6万名，实际上现在我们的本科生数是2.1万名左右；专业数要从54个调整到40个；现在我们专业数是58个，不减反增，这不是坏事。精品教程的建设任务基本完成，尤其是在教学成果奖励方面，当时规划的校级奖是60个，现在是131个，市级奖当时规划是5项，实际上我们拿到了7项，这都是很大的突破；骨干专业和品牌专业方面，校级实践教学示范中心和市级实验教学示范中心方面的建设，不仅都完成了“十一五”确定的目标，而且还是超额完成。我们新建了5个国家级特色专业，北京市级的特色专业达到了7个。在“十一五”末期我们成功申报了国家级的实践教学示范中心以及国家级的人才培养模式创新实验区，还建设成了2个北京市人才培养模式创新实验区。这部分成绩不仅是我们联合大学在本科的教学发展史上最好的成绩，同时在国家级实践教学示范中心和北京市人才培养模式创新基地等方面，我们还走在了其他市属高校的前列，可以说本科教育教学规划在“十一五”期间完成得很好。

第三个规划是高等职业教育规划。规划到“十一五”末期高职学生数降到6000，我们现在是7000多一点。现在高职专业依然是71个，在国家级专业、国家级示范基地、国家级精品教材、精品课程方面，我们完成得都不是很好。七个分规划中只有高职教育规划在相当长的时间中实际上是处于一个管理上空白的状态。在“十一五”末学校成立了高职处，统筹管理学校的高等职业教育，高职处做了很多的工作，也制定了2011版的高职人才培养规划，课程大纲等，这对学校高职教育的发展是很重要的。

大家可以看到，高职规划中没完成的部分，一方面是学校投入的力量不够，另一方面也受到了国家政策限制。比如国家级的专业建设，2004年之后教育部和市教委就不再组织本科院校办高职的参加这类评比了，就是说你没资格了，给你划到政策圈之外去了，国家级示范基地也同样，只对那些独立设置的高职学校才有批准建设。这样的话就给我们的高职发展提出了一个非常严峻的问题：我们如何发展，还发不发展？

第四个规划是师资队伍建设规划。这个规划完成得还可以，有一些工作我们现在还持续地推。专业教师占教职工总数的比例，当时提出要大于55%，但是我们学校目前是44%，这是历史原因，对我们分散办学来说不可避免的，因为每个校区都总要有一批相应的行政和后勤服务保障的人员，师生之比，想达到1∶16，我们现在是1∶18；专业教师中硕士以上学位的比例要达到70%，现在已经达到了76.4%，博士学位教师占教师的比例要达到10%，现在我们已经达到了15.2%；正高级比例要达到12%，到2010年年底刚刚结束的职称评定，新晋升了28个教授，使我们的正高级比例到了10.1%，没有达到规划的指标，什么原因？不是学校晋升名额限制，连续几年高级职称高级指标的投放都超过50个，但是我们能够晋升上来同志还太少，大部分同志都是在我们的基本门槛之外就卡下去了，学术水平还不过关，所以说在这方面我们一要严把学术水平质量关，二还是希望大家迅速提升自己的学术水平；高级技术职称的比例规划是超过40%，现在是44%，已经达到了北京市的平均水平，但是副教授的比例太高，尤其是年纪大的副教授比例太高，导致我们后续的年轻人、讲师没有副教授的岗位，要想办法，怎么样把正高和副高的比例能够更好地调整一下；在校级学术创新团队和校级拔尖人才等等方面都完成了计划，不再说了。

第五个规划是校园建设规划。这个规划完成得最不理想，我们要建设的五项项目，总共是80200多平方米，完成情况几乎是全面标红，商务学院、生化学院、文理学院等的建设项目都没有实现。但是，“十一五”期间我们增加了8万多平方米，从哪儿增加了？一个是两所中专校并入增加了4万平方米；一个是特教学院，完成了重建2万平方米；这几年我们修修补补，购置19号楼，加层，收回“电视中专”占用的面积。所以说，虽然总的面积增加，完成了“十一五”的规划，但是具体的项目完成得不好。

第六个规划是科学技术工作规划。这个规划完成得还算可以，但是在获奖方面比较差，国家级的、北京市级的都没有。原因是我们的科研积淀还少，基础太薄，真的要获得国家级奖励没有十年的工夫，甚至更多期间的积累是不可能的。科研经费的数量增长很快，当初“十一五”开局的时候，科研经费只有不到7000万，“十一五”提出的指标是要翻一翻，积累到现在达到了2.35亿左右，平均每年近5000万，这是非常高的。但是里面绝大部分是专项，占了80%。真正有竞争力的科研经费，横向课题和国家重点课题增长幅度并不很大，这方面我们还有很大的发展空间。

第七个规划是信息化建设规划。我们信息化工作做得很好，学校基础网的建设，校园一卡通等主要的九项工程都完成，数字校园的基本框架也基本实现。北京联合大学的信息化校园建设在北京市乃至全国都是很有特色，也给我们办学带来了很大的便利。

刚才是讲了七个分规划的完成情况。就我个人来讲，对“十一五”规划总体有个什么样的评价呢？我认为，“十一五”期间，在校党委的领导下，在全校师生员工的共同努力下，学校的“十一五”规划圆满完成，部分规划超额完成，为学校的“十二五”乃至未来的发展打下了良好的基础。在“十一五”期间有两件大事是永载联合大学发展史册的，一是2006年年底通过的本科教学评估，一个是2006年申报成功的硕士学位授权学科点，这两件事情对联合大学未来发展所产生的影响和奠定的基础是不可估量的。本科教学评估取得了良好的成绩，凝聚了联大的人心，振奋了联大的士气，确定了联大的办学主体，回归到本科为主；硕士点的申报成功，提升了联合大学的办学层次。

“十一五”期间我们取得的成绩还有：

第一，进一步明确了作为一所大学，不管是研究型的还是应用型的，不管是教学型还是科研型的，都要按教育规律办学，按人才成长规律育人。以学科建设为龙头的思想逐渐为更广大的教职员工所接受。教师的科研意识不断增强，分类指导、分层培养、因材施教、突出特色的育人理念也在逐步得到贯彻，对学校的未来发展是有非常重要的指导意义。

第二，同一个联大的思想建设和制度建设取得了进一步的进展，标志是本科评估的成功，2008年的30周年校庆，进一步明确了同一个联大同一个家，同一个梦想，同一份事业，同一份辉煌。这个理念逐渐地被更多的群众和同志、领导所接受。当然在制度建设方面“十一五”期间也做了大量的事情：统一了招生工作，召开了财务工作会，理顺了财务管理的运行机制，学生管理制度改革与建设也有长足进展，在教育、教学信息化系统统一平台的建设方面也有了很大的进展，等等。

第三，办学体制进一步理顺。这几年大家感到很疲劳，不断地折腾，这样的折腾实际上是向更好的方向去发展。撤机电学院顺义校区，回迁廊坊校区，东信与网通及国语合并组建应用科技学院，广告学院改制并搬迁到昌平等。这些工作对于办学效益的进一步提升、办学结构的进一步优化，都产生了很重要的作用；

第四，学校的社会声誉也不断提升，生源质量得到改善。从2009年学校决定不再降分录取，2010年依然坚持不降分录取，两年下来产生的社会影响很好。我们今年依然要坚持这一点。2010年还扩大了在京外招生的比例，新生京外本科学生的比例已经达到了31%，个别学院已经超过了50%甚至70%，两个专业在7个省份还实现了一本录取。这样的一个生源改变对我们未来的学风建设和育人质量的提升是非常重要的。

第五，人心更加凝聚，士气更加高涨。我们在共同的推动联大的发展，士气只可鼓，不可泄，希望我们在未来加强同一个联大的建设方面共同努力，要对未来充满信心。

二、“十二五”时期学校面临的形势和存在的问题

第一是首都经济发展对高水平应用型人才提出了更高的要求。我们现在正在实施人文北京、科技北京和绿色北京战略，北京又提出了要建设世界城市。要求首都的高等教育提供更加优质、高效的人才支撑、科技支撑和社会服务，对北京的高等教育，尤其是市属高等教育提出了更高的要求。因为北京市学生绝大部分还是要在北京市属高校接受高等教育，有十分之一的孩子还在我们联合大学接受高等教育，那么我们能否培养出满足首都经济社会发展所需求的高水平的应用型人才，是长期而艰巨的任务。

第二是高等教育竞争更加激烈。现在的挑战是生源数量不断减少，2015年将到谷底。在生源数量不断减少的同时，京外高校纷纷扩大在京录取的比例，国外高校也把触角伸到了北京。现在有很多孩子高中毕业之后直接到国外读大学，国外高校的品牌声誉也很有吸引力，这是在本科生源这一块。高职生源这一块也同样，高职院校崛起迅速，条件很好，在生源的争夺上我们感到了压力。同时也有机遇，国家对高等教育的分类指导、分类发展的思想更加明显，总的来讲面临的形势是有利于我们办学定位、办学特色的进一步提炼与形成的，我们如何抓住这样一个难得的战略机遇期办出特色，是“十二五”乃至更长时间需要认真思考的。

第三是社会对高等教育的教学质量和特色提出了更高的要求。我们要把学校提出的标准纳入到社会的评价体系当中去，不要自己给自己定一个指标体系。育人质量的好与坏，社会声誉的好与坏，不是自己怎么说都行的。要按照社会的评价体系来评定。这样的环境和形势也对学校的发展提出了很高的要求。

三、目前学校发展面临的问题

我们面临的问题和挑战很多，要清醒地认识到联合大学目前还处于应用型大学建设的初级阶段，整体的“综合校力”还很弱，办学水平离北京人民对我们的要求还有很大差距。“综合校力”包括我们的人才培养质量、科学研究水平、科研经费总量、教师的学术地位、学生的生源质量，当然更包括教师爱岗敬业的精神，高尚的学术道德，良好的校风以及学生爱校的风气，和我们的学风等方方面面。我们面临的问题有三个方面。

一是资源问题。资源问题无疑是制约我校发展的重要因素。“十一五”期间，学校加大了学科专业布局调整力度，但学院间学科专业重复设置、学科边界不明晰、学院办学特色不鲜明等问题仍然存在。教学空间，尤其是学生宿舍严重短缺，这些问题不解决，不能有效凝聚校、院办学优势，不能有效利用有限的教育教学资源，不能更好地提升办学效益，学校整体发展将受到严重制约。从整体来看，我校在校区基本建设、学科专业、教师、课程等资源整合和优化方面，仍然任重而道远。

二是管理问题。学校管理还存在一些问题，还有比较大的改进和提高空间，如管理机制还不够完善，责、权、利不够清晰，政令不畅、政出多门、推诿扯皮现象时有发生，导致管理效率不高；部分管理人员缺乏先进的管理理念、服务意识不强，管理队伍的整体素质有待提高；管理手段还比较落后、管理信息化建设仍处于初级阶段，不利于学校教育教学改革的推进；对改革发展没有形成良好的保障。

三是教育质量与人才培养特色问题。从总体来看，我们距离成为高水平有特色的应用型大学还有相当差距，主要体现在三个方面。第一是人才培养理念还没有落到实处。学校“分类指导，分层培养，因材施教，突出特色”的人才培养理念还没有得到有效落实，本科、高职、高职“升本”教育之间还缺乏系统化的人才培养实施方案，没有形成系统有效的保障体系。第二是人才培养质量还有待进一步提高。在市属市管高校中，我校部分可比的教育教学数据如优质就业率、大学英语四级一次通过率、考研率等还处于较低水平。教风学风不容乐观，部分教师的职业素养和业务水平有待提高，部分学生社会责任感不强、学习主动性不够，缺乏良好的学习习惯。第三是应用性人才培养特色和优势尚未得到有效凸显。我们对应用型大学人才培养模式的探索和实践还不够深入，对应用性人才培养的关键性要素把握还不到位，还缺乏对学生特点深入细致地研究，缺乏针对应用性人才培养的有效措施和方法，应用性人才培养特色和优势尚未得到有效凸显。

这三个方面的困难资源问题是首位，尤其是学生宿舍严重短缺，给办学的发展带来了非常大的影响。我们现在远郊区县学生越来越多了，学生总得有个睡觉的地方吧，这一点如果还解决不了的话，我们下一步很多工作很难做。前几天召开的中学校长座谈会，有的校长提出说你要是能够保证所有的学生全部入住的话，你的生源肯定会变得更多，所以我想下一步我们要集中精力，要加大力气解决学生宿舍的短缺问题。管理问题也同样，这是一个永恒的话题，谁也不敢说自己的管理水平有多高，我们当然也有差距，在这方面还需要不断努力，学校改革的目的也是进一步提升学校的管理水平，缩短管理链条，提高管理效率。

四、“十二五”乃至未来学校发展的思考

刚才对“十一五”规划完成情况、存在的问题、面临的形势进行了分析。总的感觉是“十一五”规划具体指标完成得很好，因为七个分规划基本都完成了。但总的目标“到 2010 年把我校建设成为整体办学水平居于全国同类院校的先进行列，应用性特色鲜明的应用型大学”。这个目标实现了吗？我们是吗？现在北京市属高校全都是应用型大学，我们在市属高校中是不是先进行列？我觉得现在还不是。所以说一个矛盾就出来了，为什么“十一五”规划的具体指标完成得都很好，完成了任务，但是总目标怎么没实现？这就是说我们的总目标和具体内容之间脱节了，一个天上，一个地下。在未来我们制定“十二五”发展规划，确定发展目标和办学定位的时候可不能一个天上一个地下了，目标应该高一些，但不能高得够不着，任务应该具体一些，也不能定得太低。不能陶醉在我们编织的梦幻之中，要回到现实，我们距一流高水平的同类院校有相当大的距离，还需要我们加倍努力才能实现。

这么些年来我们选择应用型办学道路是正确的，高水平有特色应用型大学的目标是能够实现的，我们现在仍处在应用型大学建设的初级阶段，走建设应用型大学道路要毫不动摇，争取五到十年内把北京联合大学建设成高水平、有特色的应用型大学。我说能不能在未来五到十年，我们所有的可比的办学指标能达到北京市属高校中等水平以上，有的同志说目标定的太低了，我们不早就提出建设国内一流的、国际上有影响的应用型大学了吗？你提这么一个指标不把大家的积极性打消下来了吗？但是我说，要达到市属高校中等水平以上的可能性是有的，因为中等水平是条分界线，超过这个就可以是高水平。未来五到十年一定要把握住机遇，调整定位，充分解放思想，要认真、科学地谋划，这个目标是能够实现的。

从“八五”规划到“十一五”规划，我们的办学定位、办学方向、办学目标始终在摇摆，“八五”规划定得非常好，但后来我们一摇摆就丧失了很多机会。在未来不能再摇摆了，确定办学定位一定要现实，确定我们的目标任务一定要务实。“十二五”乃至未来学校的发展能否实现这样的一个使命：为各类学生提供优质的教育，不管是优秀的学生，还是学习上困难的学生，不管是本科学生还是高职学生，我们都要给他们提供优质的教育，让他们按照人才培养规律，按照他们的个性需求，按照社会发展的需求来成长；为师生员工创造和谐的生活，让大家生活在联大感到幸福，感到满足；要更好地发挥学校的服务社会的职能，为社会大众奉献出色的服务。我想这样的一个使命很崇高，也很伟大。但它确确实实是我们每一个教育工作者和我们联合大学所要实现的。

在“十二五”期间要加快发展模式的转变，首先要着力解决办学资源短缺的问题。第二要进一步调整办学结构，学科专业布局。在人才培养方面实施2011版人才培养方案，来切实提高教学和质量。队伍方面要加强高水平学科专业带头人和高水平管理者的人才培养。联合大学每年培养十分之一的北京孩子，每年输送八千多毕业生，全北京有16万我们的毕业生在各个岗位上服务。我们影响大不大？贡献很大，影响很广，但影响不大！下一步我们要考虑怎么样能够提升学校的影响力。

在“十二五”期间，不仅学校要调整定位，学院也要调整定位。这里有个问题可能需要引起我们的思考，学校该干些什么事，学院该做些什么事情。我想学校应该更多的是谋划办学层面的问题，而学院更多的是要完成教学方面的工作。学校是战略层面的谋划，学院战术层面的实施。学校更多的是应该决定做什么，而学院更多的是应该完成怎么做。

五、关于2011年的工作

2011年工作的总思路是：2011年是“十二五”开局之年，学校要进一步落实科学发展观，全面贯彻国家和北京市的中长期教育改革和发展规划纲要，围绕加快发展模式转变这一主题，以质量为核心提高教育、教学及科研的质量，以人才为抓手，提高各类队伍的能力和水平，提升学校的科学管理化的水平，维护校园稳定，办好首都人民满意的大学，迎接建党90周年。学校在2011年的工作和规划上，重点考虑了要重视民生问题、要重视学术建设问题、重视社会影响的提升问题和重视管理规范的问题。

具体工作有八个方面四十个项目：

第一方面是贯彻落实规划纲要，推动学校事业的科学发展。有两项是非常重要的，一个是要科学制定学校的“十二五”发展规划，这方面学校正在着手在制定，有几个分规划已经拿出草案来了，还需要进一步广泛地征求意见和深入的讨论。第二就是加大基建和基础条件的改造力度，改善办学条件。主要是推进校园、校区和楼宇的建设，比如宿舍楼、学院的学生公寓。

第二方面是深化教育教学改革，提高教育教学质量。一是规划的制定和实施，以及相应的专业评估。二是在招生方面，争取扩大一本招生范围，吸引优质生源。

第三方面是加强学科内涵建设，提升科研水平。首先要开好2011年的科研工作会，统筹全校科研工作，进一步提升科学研究的水平，力争科研经费年增长15%。

第四方面是加强队伍建设。要完善高层次人才工作的相关文件，落实人才工作会提出的四项人才计划。

第五方面是加强学生管理，深入开展素质教育。主要是提升学生的学习效率，启动学生发展状况的调查，完善奖励系统，探索学风建设的评价体系，切实推动学风建设。良好的学风来自于良好的校风，良好的校风是来自于我们管理层面的作风。因此，抓学风首先要从我们的作风抓起。

第六方面是国际交流合作。我们国际合作交流取得了很好的成绩，但是在引智方面的工作还有很大的空间。2011年在全面开展工作的同时，要加大国外优质教师资源的引进。

第七方面是服务、管理和维护校园稳定。财务决算分析和财务预算的工作机制，以及全校统一的会计核算科目报账口径，统一的财务政策方面还需要进一步加强。

第八方面是党建和思想政治工作。以纪念建党90周年活动为契机，扎实推动我们的创先争优活动，推进学校党支部的创建工作，以优异的成绩来迎接建党90周年，同时做好学校第四次党代会的筹备工作。

以上发言，不当之处请大家批评指正。

最后祝大家假期愉快，新年快乐！

关于教学工作的一些思考

——黄先开在校党委三届二十二次全委（扩大）会上的讲话

（联办通报〔2011〕第12期，2011年8月22日）

各位领导、各位老师：

我主要谈一下教学工作的情况，两个方面，一是教学工作面临的形势，二是学校教学工作的基本思路，请大家批评指正。

一、教学工作面临的形势

（一）《国家中长期教育改革和发展规划纲要（2010—2020年）》对高等教育提出了五个方面要求：全面提高高等教育的质量，提高人才培养的质量，提升科学研究水平，增强科学服务能力，优化结构办出特色。

（二）《北京市中长期教育改革和发展规划纲要（2010—2020年）》，在高等教育部分有四个方面的内容：一是建设高水平大学，特别提到要全面提升市属高校的办学水平，加强市属高校发展定位、空间布局、学科专业的统筹规划，分类指导市属高校科学定位、整合资源，在不同层次、不同领域办出特色、办出水平，要建设一批国内一流、国际知名、有特色、高水平的地方大学以及学科;二是提高人才培养质量;三是增强科技创新的能力;四是提升社会贡献力。整体来说规模基本稳定,主要的工作是优化结构、内涵发展、提高质量。

(三)教育部"十二五"本科教学工程。高等教育步入大众化发展阶段后,为了保证本科教学质量,教育部提出并组织实施了第一期本科教学质量工程,现在的本科教学工程是在第一期质量工程基础上的进一步深化。主要内容有:一是以质量标准建设为基础,探索建立中国特色的人才培养国家标准,重点建设100个专业教学质量国家标准;二是以专业建设为龙头,加强专业结构优化与内涵建设,引导高校办出特色、办出水平,支持1500个专业进行综合改革;三是以优质资源建设为保障,加强视频公开课和精品课程共享资源建设,建设1000门国家精品视频公开课,5000门精品资源共享课;四是以强化实践教学为重点,进一步强化实验实践教学平台建设,培养大学生的实践能力和创新创业能力,建设100个实验教学示范中心,1000个共享校外实习基地;五是以提高教师教学能力为关键,加强教师培训力度,创新教师培训模式,建设30个高等学校教师教学发展示范中心。

(四)北京市"十二五"时期本科教学工程。北京市的教学建设与改革基本上是围绕四个方面进行,一是专业建设与结构调整,专业与专业群建设,紧缺专业建设,专业预警机制建设;二是拔尖创新人才培养,启动拔尖人才培养计划、大学生创新行动计划和本科生国际视野拓展计划;三是综合性教学改革,进行人才培养模式创新试验区建设、人才培养方案综合改革和实践教学综合改革;四是教学改革保障,加强师资和管理队伍建设,教学管理监督机制建设和高校合作共建。

高等教育规模扩张暂告一个段落后,现在进入到一个质量提升的关键时期。在上一期质量工程建设的基础上,下一步怎么办?对上一期的建设许多人有不同的看法,主要是感到内容太散、太多、太零碎,从专业、课程、教材和名师等分得过细。总的来讲,第二期质量工程的基本思路是要对建设内容进行整合,以专业建设为抓手和核心,把课程建设、队伍建设、教材建设、实验室建设都整合到专业建设里面来,专业建设做好了,人才培养质量的提升才能有保障。

(五)机遇与挑战。机遇方面,一是教育部新版专业目录的即将公布,以及下放专业设置自主权,为学校重新优化专业布局提供难得的机遇;二是随着京外招生规模的不断扩大,生源质量明显提高,为培养高素质应用型人才奠定了良好的基础;三是随着北京地区推进学分制改革的不断深入,为学校人才培养模式改革与创新提供了条件。

挑战方面,一是如何凝练办学特色,尽快形成学校的优势学科、特色专业和核心竞争力问题;二是参加高考学生人数不断减少带来的生存上的压力问题;三是我们的教学资源相对来讲还是比较短缺,特别是学生住宿问题;四是在目前的管理体制上,教学管理制度的设计也面临一个非常大的挑战。我从中国教育在线找到的一组数据,全国参加高考和录取人数,从2006年、2007年一直到2008年上升到最高峰,全国报名人数达到1050万人,但是从2009年开始就在下降,到2010年,两年内高考报名人数下降了100万,这个趋势要延伸到2017年,甚至有人估计要到2020年(见下图)。

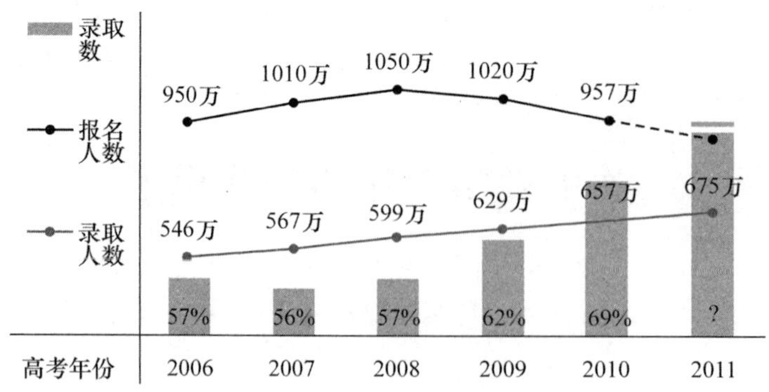

数据来源:《2011年高招调查报告》,中国教育在线

近期,北京市教委对北京市高等教育的规模发展做了一个预测分析,到2015年的时候,北京应届高中毕业生预计将降到5.7万人,如果总的招生规模维持不变,现在是8.2万人,京外生源的比例2015年将提高到44%,我们的教学资源(特别是住宿等)确实是面临着非常大的挑战。

二、关于专业建设的思考

(一)专业现状

1. 专业调整情况,我们这几年一直在不断进行专业调整,从2009年至2011年三年期间,本科调整了19个专业,高职调整了21个专业。目前本科招生专业数是52个,高职招生专业数是36个。

2. 专业结构的布局情况，学校本科、高职专业结构布局与产业对应情况见下表：

2009—2011 年本科专业结构布局与产业对应情况

年份	专业总数	第一产业		第二产业		第三产业	
		专业数	比例	专业数	比例	专业数	比例
2009	57	0		25	43.86%	32	56.14%
2010	58	0		25	43.10%	33	56.90%
2011	59	0		17	23.73%	45	76.27%

说明：2009 年和 2010 年是对照北京市“十一五”产业结构规划的专业布局情况，2011 年是对照北京市“十二五”规划的专业布局情况。

2009—2011 年高职专业结构布局与产业对应情况

年份	招生专业总数	第一产业	第二产业	第三产业
2009	45	2.2%	37.8%	60%
2010	41	2.4%	34.2%	63.4%
2011	33	3.0%	24.2%	75.8%

尽管本科专业方面，面向第二产业的专业占有24%的比例，但是实际招生面向第二产业只有17.3%，而第三产业达到了 82.69%。

3. 招生情况，近三年本科各专业招生第一志愿率分别为 48.96%、55%和 54%，第一志愿率总的趋势是在不断提高，这与京外第一志愿率高有很大的关系，但北京地区第一志愿比例并没有明显的改善，第一志愿率低于 10%的专业数在 2009 年有 4 个，2010 年只有 1 个，但是 2011 年我们有 5 个专业第一志愿率低于 10%，其中有 2 个专业第一志愿率是 0。报到率方面，2009 年是 97%，2010 年降到 95%，这个比例在北京地区本科院校中基本上是平均水平。报到率低于 90%的专业 2009 年有 1 个，但是 2010 年有 4 个。京外招生情况这三年都非常好，无论是文科还是理科，2011 年京外招生提档分数线一本平均超过当地分数线 20 分，二本平均高于当地分数线将近 40 分，其中一本提档线比当地的一本线最高的超过 53 分，二本提档线最高的则超过当地分数线 101 分，应该说这是非常不错的。

4. 就业情况，就业不仅仅是就业率的问题，还有就业质量和专业对口的问题，全国的就业专业对口率平均水平 2010 年是 69%，这说明如果我们培养的学生有相当一部分不在专业领域内就业，今后专业教育如何应对？学生学了四年，就业的时候不是在这个专业领域内就业，他的竞争力在什么地方？我们学校的 2011 年就业率还是比较高的，达到了 98%，专业对口率，本科是 80%以上，高职接近 80%，比全国的平均水平要高，但是也不能够忽视就业率比较低的相关专业，特别是专业对口率低于 50%的专业，这需要我们好好反思。

5. 本科各专业校内合格评估基本情况。我们对全校各专业做了一个客观性指标的评估，教师数少于 5 个人的专业有 5 个，在读的学生低于 200 个人的专业有 39 个，为什么我们要统计这个数据？按照一般的规模效应，一个专业一届最好是招 2 个班，一个班按照 30 个学生计算，应该是 60 个学生，那四年下来，应该是 240 个学生，要是低于 200 个学生的话就没有规模效益了，办学成本就会相对较高。低于 200 个学生的专业数达到 39 个，超过一半专业，这些专业的办学效益我们要仔细分析。师生比大于 18 的专业数达到了 24 个，具有副教授以上高级职称教师数低于 30%的专业有 19 个，可见我们的专业建设还面临着非常艰巨的任务。

（二）专业建设的思路

学科、专业与课程建设密切相关。学科的主要任务是发现知识，创造知识，以及通过学科之间的交叉创新知识进而形成新的学科。学科建设还有一个很重要的作用，就是为社会发展和职业需要的新专业建设提供支撑和基础，因为随着知识的更新和创造，形成了一个个新的行业和职业，需要专门人才，在这个基础上延伸出新的专业。专业建设的主要任务是随着职业和社会分工的变化，需要多个学科知识的支撑，专业建设就是合理选择不同学科的知识和结构，并有效传授这些知识和技能，进而达到培养符合社会要求人才的目的。课程建设主要是针对相关学科的发展不断更新知识，课程建设必须有新的知识做支撑，才能不断更新课程内容。学科建设是各项教学建设的龙头，没有学科建设谈不上专业、课程建设的问题，因此，学科建设是专业建设的基础，学科建设是课程建设的源头。专业是联系人才培养和社会需求的纽带,专业实际上就是根据不同的学科类别,根据不同的职业和社会分工的需要,对知识进行整合,形成一门一门的课程,再由课程组合形成一个一个的专业。如果一个学校具有优势的学科,通过优势学科延伸产生的新专业,有新的优势特色课程,进而形成优势特色的专业。要建设特色专业,如果没有优势学科为基础,这个特色专业是很难办的。当然,反过来专业也有必要去支撑学科的发展,一个相对比较好的学科,如果没有专业做支撑,是很难形成梯队的,一旦优秀的学科带头人退休或离开了,这个学科就没有发展后劲,所有专业建设也要考虑学科发展需要。在学科和专业建设关系方面,有人提出学科专业一体化建设问题,我想是指一方面学科要支撑专业建设,但另一方面专业建设也要考虑到学科发展的需要。再就是,无论从哪个角度来看,学科建设、专业建设、培养人才和课程建设,都需要依靠教师,需要教师来完成这些工作,教师的角色是双重的,一方面从事学科建设,发现知识、创造知识;另一方面还要培养人才,还要进行课程建设,把发现创造的知识渗透到课程和人才培养的过程里面来。因此,学科建设、专业建设、课程建设和人才培养,主体一定是教师,教师是学校发展最核心的因素。

"世界上地位上升得很快的学校,都是在一两个领域里头首先突破,一个学校不可能在很多领域同时达到一流,大学一定要想办法扶持最优异的学科,把它变成全世界最好的,迫于资源的有限性,大学的选择往往是痛苦的,但是必须要选择的"。我们学校也面临着同样的问题,重点建设一两个有优势的学科,并取得突破,力争在北京地区甚至在全国有一两个最具优势的学科或学科方向,只有这样才能衍生出优势特色专业来。对学校的专业建设,我们提出这样的思路"学科基础、大类整合;产业依托、行业渗透;主动适应、传承发展"。学科基础自不必说,希望每个学院的专业,能在一两个大类上做到相互支撑,如果把专业仅仅看成是一个个很孤立的资源平台,与其他的专业没有什么关系,那学院的师资和教学资源的配置是很难支撑这样的专业的。希望每个学院能把专业整合成两至三个大类,在每一个大类里体现出一个特色优势的专业。比如说管理学院,能否整合成两个专业大类,一是工商管理大类,另一个是经济学大类。在工商管理大类中,力争把会计学专业办成最具优势和特色的专业;在经济学大类中,力争把金融学专业办成最具优势和特色的专业。这样不仅仅是资源整合问题,也有利于对外招生宣传。把金融学、会计学单拿出来,作为招生的品牌,而其他专业都放在两个大类中,同时给学生一个希望,如果你学得好,你还可以选择金融学和金融学专业。这样重点和特色专业建设就相对比较突出了,也便于招生宣传和学风建设。当然各学院的历史背景不一样,特别是部分法人学院,这样做可能会有一些困难,但是大类整合的思路要有,个别专业不能整合成大类,那说明这个专业今后的发展肯定会受到制约。

要有产业的依托,要渗透到产业里面去,要主动适应产业发展需要。在北京市"十二五"规划里面,主要提到了优化一产,做强二产,做大三产。在三个产业里面,有哪些是我们可以考虑发展的新专业?一产对我们学校来讲机会比较少,二产是重点发展高新技术和现代制造业,在这方面我们目前有哪些专业?这些专业情况怎么样?今后怎么布局?北京市三产的比重在"十二五"末要达到78%,包括金融、信息、科技、商务、流通、旅游、文化创意以及新型业态——服务外包等。同时,国家和北京市提出发展战略性新兴产业,在这些领域里,都涉及我们今后专业如何布局问题。哪些是我们有基础的?哪些没有基础但是能够创造条件的?针对北京市的发展和学校的现状,要进行积极的思考,下一步专业怎么布局?按照现在的调整办法,一年只能调整一两个新专业,我们多少年才能把专业调整到位?但是明年教育部新版专业目录正式公布的话,如果我们自己有权限来调整目录内专业,我们能否一次调整到位?这是一个机遇。

专业建设要形成专业群,突出优势特色专业。从学院层面,希望每个学院能够有两个左右重点建设的专业,以此为龙头形成两个左右的专业群。在学校层面,也希望按专业群的模式,把学校的一些主要学科和专业能够联系起来进行思考和建设。比如说城市交通专业群、信息服务专业群和旅游管理专业群。城市交通专业群可以将学校面向二产的相关专业整合进来,重点突出汽车服务和轨道交通专业;旅游管理专业群,可以将学校面向三产的相关专业整合进来,重点突出旅游酒店和餐饮食品专业;信息服务类专业一方面要抢占服务外包类专业建设高地,努力建设好金融、商务和科技信息服务类专业,同时还可为城市交通和旅游管理类专业提供很好的支撑。当然还有没有其他更好的学科专业群要建设?什么样的学科专业群?需要我们和各学院一起好好思考与设计。

三、新版培养方案的设计思路

(一)学校人才培养理念。分类指导、分层培养、因材施教、突出特色。分类指导:我校既有本科、研究生,又有高职、高职升本,不分类指导肯定不行。学生来源不一样,基础差异较大,学生的期望值不一样,有的学生通过培养毕业后期望能够找到一份好工作,而有的学生希望能够继续在国内外深造,在这些方面能不能满足他们的需要?特别是在京外招生后,从外地考进来的学生,基础比较扎实,大都有继续深造的愿望,所以有一个分层培养、因材施教的问题。

（二）学校人才培养目标定位。普通本科按照高等教育的要求培养高素质应用型人才，高等职业教育培养的是高技能应用型人才，这方面实际上也是和学校的定位、学校今后的发展相结合的。培养目标落脚点都是应用型人才，但应用型人才也分层次，是只能简单应用知识，还是在应用知识的过程中，具有自我适应、自我完善、自我发展的能力，这是不一样的。我们培养的学生希望具有较好的适应能力和可持续发展能力，即高素质应用型人才。

（三）新版培养方案特点。一是培养目标的调整，要适应学校发展定位的需要，适应国家和首都经济社会发展需要，适应生源素质及结构变化的需要。二是区分普通高等教育和职业教育，便于普通高等教育在高等教育体系中按教育规律办学，便于职业教育在同类人才培养中形成优势特色。三是适当压缩总学分，使老师有时间和精力做科研，去发现知识、创造知识，并渗透到课程里，从而进一步促进教学。四是搭建大类平台课程，便于专业整合、灵活方向，建立专业是课程组合的理念；便于课程整合、质量监控，进行集体备课、考教分离；也便于教师队伍建设，通过平台建设实现“每人两课，每课两人”的合理格局，这样整个队伍建设就比较清楚了。近三个学期，每学期实际上课教师数不到1100人，每个教师平均上课超过3门次，教师的压力和工作量是很大的。五是实行按照学科课程编码规则。这在北京我们是走在前头的，新版培养方案按照学科编码后，便于今后实行学分制、二学位、辅修制，便于实行学业导师制，也便于学生灵活选择专业，甚至个人专业。六是通识教育按类选修要求，我们共分了四个类别，每一类必须选修至少2个学分，便于学生人文、科学精神的培养，也便于今后鼓励教师开设高水平选修课程。

四、提升人才培养质量的举措

（一）努力提升教师执教能力。核心因素还是教师、学生和管理制度建设，要建立教学发展中心，鼓励教师发挥潜能，加强教学研究和集体备课，提高教师的教学技能，学校在这方面工作已经初步展开。同时，要评选优秀教学奖，在制度设计上鼓励优秀教师多上课。要组织开展青年教师职业生涯规划，从教学关、科研关、实践关和国内外交流访问等方面进行设计规划，把青年教师自身发展和学校发展有机结合起来。要形成职称晋升教学质量报告制度，今后申请晋升职称的教师，要组织校内外人员对其近年的教学档案情况进行评价，把评价结果作为晋升职称的重要依据。

（二）加强师生互动，激发学生的学习兴趣。在部分有条件的学院可以试行导师制指导学生选课学习，也可以通过成立指导校组的形式来实施，要在网上公开每周教师固定接待学生的时间和地点，加强教研活动和师生互动。建立教学资源共享中心，对教学资源进行统筹建设，要求教学大纲100%网上公布，优质教学课件和优秀教师讲课视频等可让学生在课后免费多次使用。同时，要开设新生研讨课，这不是一个简单的入学教育问题，而是让学生熟悉了解融入大学文化、大学管理、大学学习的过程。

（三）建立学校教学质量年报制度。主要进行三个方面的制度建设，一是专业评估年度报告制度，建立专业评估信息系统，试行专业末位淘汰制度。二是核心过程的教学质量年度报告制度，实行课程建设分级负责制，强化课程考核管理。课程建设增加校外专家和学生代表，对核心课程进行年度检讨评估，实行奖惩制度。三是学院教学业绩年度报告。制定学院教学业绩考核办法，教学业绩考核结果和教学奖励经费挂钩。

以上是我近期对教学工作的一些初步考虑和想法，今天利用这个机会给各位领导做一个汇报，请大家批评指正。

谢谢大家！

关于我校基建工作的几点思考

——张连城在校党委三届二十二次全委（扩大）会上的讲话

（联办通报〔2011〕第13期，2011年8月22日）

各位领导、各位老师：

下午好！

我想谈一谈这段时间对基建工作的一些思考和认识，以及下一步工作的想法。讲三个部分：

一、关于基建工作的重要性

（一）高校的基建是高校办学必备的基础，也是学校办学实力的直观展现。为什么说基建是高校办学的基础和实力的直观展现呢？校园环境和大楼建筑是我们可以直接接触，直接看到的，有很多学生正是从学校的建筑来简单判定一所学校的好与坏。著名的中国教育家、中科院院士、英国诺丁汉大学的校监杨福家，在2002年的科学年会演讲题目就是“大楼、大师、大爱”，指出“一流的大学，不仅要大楼、大师，更要有大爱”。美国耶鲁大学的校长理查德·雷文先生提出一流大学要有三个条件,即"有形资产,人力资源和文化内涵",可以说与杨教授的提法异曲同工。教育部副部长杜玉波同志今年8月份在一次电视采访中也提出"大楼是办学的基础,大师是办学的核心,大爱是办学的氛围。一所大学,既要有大楼,也要有大师,更要有大爱"。虽然,都在强调"大师与大爱"的重要性,但也不可否认大楼是高校办学的必备基础,是办学得以实施的起点。因此说,高校的基本建设是一个学校办学的必备基础,应该引起我们的高度重视。

(二)高校基本建设是高校"以人为本"的重要载体,承载着文化的积淀以及我们的梦想与追求。学校的基本建设不仅仅表现为教学楼、实验楼、图书馆等教学科研场所,宿舍、食堂、文体活动中心等生活设施被提到日益重要的位置,而且合理的路网格局也被日益重视起来。充分体现出"以人为本"办学理念。

下面举两个高校校园规划的例子:一个是上世纪后期我国最著名的校区规划——浙江大学的玉泉校区(老浙大的校区);另一个是本世纪第一个十年,浙江大学建设的紫金港校区。其中,玉泉校区占地1700亩,紫金港校区占地6000亩,目前建成了一半。这两个校区的平面规划以往被视为高校规划的一个经典,之所以拿它做例子是因为现在开始被人质疑,甚至批评。两个校区中,宿舍、食堂、体育活动中心的学生活动区与教学区、科研区格局条块清晰、整齐划分,毫无交叉之处。但为什么要批评呢?因为1700亩和3000亩占地的校园,根本没有考虑学生不同功能区间的交通成本,造成了学生生活上的极大不便。学生上午下课后,中午不能到宿舍休息。正是这些因素使得这两个规划被作为现今校园规划的负面例子。这也是现今的高校办学更强调"以人为本"的理念所引起的变化。

高校的基建中,无论是群体和单体建筑,都凝聚着更多的学生和老师的关注和人文关怀,体现着师生的梦想和追求。这不仅有功能的追求,更多的是沉淀积累下来的学校文化。

今年9月,我校要开工建设小营校区旅游学院综合实训楼,一期总面积是35 000平方米,还有28 000多平方米的二期,共60 000多平方米的建筑。这个建筑从它的设计到造型,动感与稳重、厚朴相结合,单体与单体互动组合成一个整体,蕴含凝聚的是我们北京联合大学特有的文化。清华建筑设计院中标的这个建筑设计构思,一定程度上反映出了我校本身的文化品位和师生对未来憧憬的梦想。

(三)高校的基本建设也是办学理念的凝固,是学校文化传承的结晶。去年3月份,美国财经杂志《福布斯》邀请一些建筑师和大学校园设计师组成评审团,评选出"全球最美的大学校园",入选的14所校园中,10所在美国,3所在欧洲,亚洲只有一个清华大学入选。评审团对入选最美校园的清华大学的点评是"水木清华"。对于这个最美校园的评选结果众说纷纭,莫衷一是。这14所大学校园有的体量非常大,有的非常别致精巧,甚至有的就是里面的一些环境更为出彩。但是,从点评来看,这些入选校园无一例外都充满着文化的气息,能够入选的很大因素,在于这些校园从规划、环境到建设当中,文化保护、传承与沉淀积累。这就体现出校园的基本建设中,能够沉淀下来形成永久效应的,最为首要的因素是文化的传承,也是大学育人体系中的有机组成部分。

从这几个方面来讲,高校的基本建设是非常的重要,也非常的必要。

二、我们学校基本建设的历史回顾与思考

(一)我校基本建设概况的总体数据。截止到2010年,我校所有校园内(不包括承租的园区和建筑),正在使用的共有108座建筑,其中两层以上的楼房70座,合计面积354 000多平方米。

(二)我校基本建设发展的阶段划分

1. 1978—1985年以前——大学分校阶段。目前在学校还保留的建筑总共有5座,面积将近1.3万平方米,这些楼当中有一个很重要的特点,没有一座楼是新建的,这些楼最晚的建筑年代是1972年,而我们的大学分校1978年才成立,都使用的是原来中小学校舍中的原有建筑。

2. 1985—1995年以前——法人学院新校区建设阶段。我们大概在前后十年的阶段中完成了36座建筑,总建筑面积9.5万平方米,分布在学院路、丰盛胡同、红领巾桥、盆儿胡同校区,以及旅游学院、外馆斜街、白家庄校区等。从这些新建筑的建筑年代及分布格局,大家可以看到,每一个校区都是当年的一所法人学院。随着1985年北京联合大学成立以后,进入到这个大家庭的法人学院,不仅多数有了新校区,即使还在原有校区,也有了新建筑。大体上,每个校区都有1~2万平方米左右的新建筑。显示出北京市政府对组建及陆续并入北京联合大学的各个学院基本建设的支持力度。

3. 1995—2005年——学校统一规划集中建设阶段,是学校真正迎来基本建设的高峰期的十年。1995—2000年,小营校区、垡头校区、蒲黄榆校区38座建筑,合计135 575.2平方米,新建、置换等面积占全校现有全部面积的三分之一强。2001—2005年小营、垡头、学院路、外馆斜街、红领巾桥、白家庄、蒲黄榆等七个校区,新建及购置9座建筑,共计68 938平方米。这十年当中,有47座建筑,20.45万平方米,是目前学校全部面积的57.7%。

4. 2006—2010年——学校基本建设思考转折阶段。由于学校整合方针的调整,我们采取了另外一种思路来扩大学校的建筑面积，即通过并入两所中专学校、收回电视中专楼，加之我们的一些楼进行加层，又增加了5万平方米。

（三）我校基本建设的特点分析。一是学校基建发展的历程，是和我们学校发展的脉搏合拍的。换句话说，学校的基本建设为学校的发展提供了支撑和基础。二是统一规划与集中建设是我校基建快速发展的经验所在。从1995年到2005年这十年中，由于加大了统一规划和集中建设的力度，使得我们学校基建进入一个快速发展的阶段。1985年到1995年以前，这十年建设了近10万平方米；1995年到2005年，这十年建设了20多万平方米。前后十年的比较和数量上的倍差，使我们充分认识到，我校的基本建设要加快发展，必须加强整体规划，加大集中建设的力度。三是加快基建的关键是要抓住机遇。我校现有的35万平方米中的85%左右是在1985年到2005年这二十年中建成的。之所以能够形成这样的结果，是由于我校几代领导和基建人善于抓住机遇和创造机遇。我们第一个建设的高峰是1985年到1995年之间，这是学校刚刚成立以后，市政府对我校各个学院予以支持，建设一些新项目、新校区，可以说，我们是抓住了机遇，让各学院有了一个新面貌；而"九五""十五"期间，基建的集中建设与重点工程大上马，更是抓住了学校整合发展的大机遇。至于我们贷款购置19号楼，自筹经费建设商务学院教学综合楼等，内部挖潜和外部并入（"十一五"期间就地加层面积超过5000平方米，收回电视中专楼3000多平方米，并入两所中专校增加建筑面积4万平方米），可以说是我们自己创造的机遇。

三、我校基本建设所面临的形势与任务

（一）北京高校基本建设处于难得的战略发展机遇期

1.《北京市中长期教育改革和发展规划纲要》中明确规划了首都高等教育的空间布局和建设重点。在《纲要》中"统筹配置各级各类教育资源"部分，明确了"优化完善由中关村及周边高校组成的大学聚集中心和北部、南部、东部3个高校聚集区构成的'一心三区'首都高等教育空间布局"，推动首都高校积极调整教育资源空间布局，实现学校可持续发展。而在教育规划中更明确了信息科技大学、北京建筑工程学院等重点建设的校园。应该说，在北京市的规划中，这样清晰的定位高校的基本建设是比较少见的。

2. 更大的机遇在于2010年到2012年北京市市属高校基建"三年规划"的确定和实施。这是一个打破体制的举措。这个举措不仅是用三年时间，市财政和市发改委各投入30亿元经费建设180万平方米建筑的问题，更重要的是打破了原先财政的钱不能用于固定资产投入，固定资产的投入只能通过发改委投入的体制。目前，这个规划已经执行到了中期，到明年"三年规划"实施完成。应该说，这项举措为北京市属高校基建创造了极好的机遇。

3. 市属高校之间基本建设竞争的态势更加严峻。对北京市各个高校来讲，如何获得基建大发展是一个难题，市属高校基建的竞争格局更加严峻。前一段时间刚刚召开了北京市的"三年规划"基建项目调度会，所有的高校都上报了4～5个以上的项目，累计面积早已超过了180万平方米，现在大家都在抓机遇。目前的形势是各学校的基建"达标的还在上，不达标的更要上"。比如，北京工业大学的基建规模已有80万平方米，属于达标高校，但在"三年规划"第一年批复的15个项目当中，北京工业大学占了2个项目，建筑面积大约7万平方米。北京工业大学的在校生规模比我们小，建筑规模是我校的2.3倍，但仍获批新项目，是典型的"达标的还在上"。实际上，不算学生公寓补贴建设规模，180万平方米对于近30家北京市属市管高校而言，数量并不充裕。像北航这样一所部属重点高校，十年就建了80万平方米。目前，整个北京市属高校中已达标的学校还在进行新建，重点扶持的仍在扶持，而留给不达标高校的可争取面积就更加紧张了。作为基建不达标院校的典型代表，我校更要抓住这个机遇，力争突破，虽然竞争的局势非常严峻。

（二）我校基本建设正处于提升嬗变的关键期

1. 我校基本建设总体缺口甚大，办学基本需求满足度不够。这个缺口大到什么程度？按照市里"十一五"批复给我们的22 000人的规模来看（按"92标准"，综合性大学在校生人均24.23平方米），我们应该拥有的建筑面积和现有的建筑面积的缺口将近18万平方米，缺口将近1/3。实际上我们学校现在有将近3万人，按此计算，建筑面积总缺口36万平方米，缺口比例将近一半。如此大的缺口，如此高的比例，当然满足不了办学基本需求。

2. 我校基本建设结构性短缺更为突出，"以人为本"彰显度不高。例如食堂、图书馆、学生宿舍，结构性短缺更加突出，比照我们应该达到的建筑规模与实际建筑规模做一个统计，可以清楚地看出缺口有多大。其中，按照市里"十一五"批复的2.2万人的规模比较，食堂缺49.4%，图书馆缺64.1%，学生宿舍缺68.1%；如果按照我校现有的2.9万人来比较，缺口更大。其中，我们现有的学生宿舍只能满足不到1/4的学生住宿，这个结构性短缺是非常突出的。

3. 现行体制建设指标浪费，重复劳动效率低。我们还面临着其他高校不存在的问题，就是指标的浪费。由于法人校区比较多，出现了一个非常特殊的现象，叫"无地有指标，有地无指标"。现在一个校园能建多少面积，能上什么基建项目，大体上是按照土地面积、容积率、规划指标和学生规模等来考量。我们出现"无地有指标"的现象是指有的校园土地面积十分狭小,但在校生规模又比较大。前者限制了校园内可以建设的建筑面积,后者又拥有着"92 标准"应该规划建设的建筑指标。两者之间的差额就是被浪费掉的建设指标;"有地无指标"的情形与前者恰恰相反。由于现今基建项目按属地、法人来立项批复,我校各分散校区间,尤其是法人校区,出现了别的高校所没有的,同一所大学却因为各校区指标无法打通使用,所造成的建设指标浪费的现象。不仅如此,还存在着另一个浪费。按照国家高校基建的标准,在校生规模越大,人均核定的建筑标准越低,2000 人以上和 5000 人以上的规模大约人均差 3.44 平方米。我们学校学生规模很大,人均标准低,但由于分散校区建设,导致没法体现综合效益,实际亏欠损失更大。由于属地和法人原则,我们不同的校区都要经过土地预审、规划论证、控制调整、单体建设方案等一系列手续,重复性的工作很多,如果不做这些工作,单个校区又无法取得建设批件。但是在别的大学,这些预审、论证等,一次性都可以解决。这些重复性劳动造成了我们虽然单个效率不错,但总体合计的劳动效率低。

(三)我校基本建设要外延扩张与内涵提升并重。现在我们面临的最大的一个问题就是现在要把基建总量迅速突破,就是外有数量上的扩张,内有品质上的提升。与兄弟高校相比,我们学校基本建设的最根本任务就是要迅速提升总量,来满足我们的办学基本需求。这个总量的突破必须通过我们的努力,缩小内外差距来加以解决。所谓"内差距"指的是学校的建设指标,按照教育部"92 标准"来计算,我们缺少 1/3 到 1/2 的建筑面积。至于"外差距"指的是与兄弟高校实际的差距。我们看到了,在"十一五"期间,北京高校基本建设有两个非常重要的变化,一个是央属高校,如北航、人大、北大、清华、华北电力等,在这五年中基本建设有突飞猛进的发展。北航前段时间主管基建的副校长在做经验介绍时说,五年期间完成了建筑面积 45 万平方米。另一个是市属高校基建达标的除了 80 万平方米的北工大、50 万平方米的首师大以外,能够达标的北工商和北建工,都是打破体制,另辟蹊径,抓住和创造机遇实现的。与这些迅速发展、急剧扩展建筑面积的高校相比,我们的差距更大。

(四)我校基本建设"十二五"规划的基本思路。基建的关键在于整合资源,在我们这样的体制下要想抓住"三年规划",必须要整合资源,打破瓶颈,出路在于创新思维,我之所以提到创新思维,是因为北工商和北建工给我们的启示。这两所高校在基本建设上是打破了常规的。面临"十二五"这样一个努力转变发展方式的关键时期,学校的基本建设工作必须:

1. 必须紧紧抓住机遇,实现我校基本建设的新发展。就是说,在"十二五"期间,学校的基本建设必须要有大思路、大想法,建筑面积数量是有大突破。如果我们抓不住"三年规划"180 万平方米这个机遇,进一步的可持续发展,那么学校会面临更多的困难。要实现这种基本建设的新发展,必须要抓住这个机遇。目前学校在今年 9 月份能够开工建设的项目较多,我们还在争取进入到"三年规划"的第二批项目,通过几方的努力,抓住这次机遇,实现可持续发展。

2. 必须整体规划,重点突破,树立校区基建的新形象。目前,北京高校基建面临着难得的发展机遇,这个机遇能否抓住,直接关系着我校的发展。从各高校基本思路和建筑项目比较分析,我们要想抓住机遇,必须是整体规划、重点突破,树立学校的新形象。因为多个校区的分散建设,既没形象,也难以发挥综合效益。我们现在与北京市属学校同台竞争,要想得到方方面面的支持,不做重点突破、不从总体规划角度去设想,我们的项目很难争取下来。

3. 必须深化改革,加大资源整合力度,创造新机遇。在北京市基建"三年规划"中,我们第一期已经拿下了两个项目,近 5 万平方米建筑,要想后两期再拿项目,面临困难很大。首先,在市里扶优扶强继续支持达标学校建设的思路下,留给我们这些不达标院校的建筑份额本来就小,各个学校都在阐述自己项目的理由加以力争,竞争局势太激烈。其次,我校校区过于分散狭小,难有亮点工程。如果我们不深化改革,从校园自身做工作,通过加大资源整合的力度来创造一些新的机遇,我们参与竞争的可能性就会变得更小。

4. 必须适应形势需要,着眼人文关怀,实现基建新格局。针对我校基建结构性短缺的现状,我们的基建不仅要通过"三年规划"拿到教学实验楼建设等项目,来满足学校基建在教学基本需求方面的不足;更要在"十二五"期间,加大在学校宿舍、食堂、图书馆等项目建设的力度和规模,来体现学校的人文关怀,落实"以人为本"的办学理念,实现我校基建的新格局。

谢谢大家!

柳贡慧在北京联合大学庆祝教师节大会上的讲话

（联办通报〔2011〕第16期，2011年9月9日）

尊敬的老师们、同志们：

新学年开始之际，我们迎来了属于自己的光荣节日——第27个教师节。值此，我代表校党委、行政、工会向学校全体教职员工表示亲切的问候，向新入校的青年教师表示热烈的欢迎，向所有为学校改革发展做出贡献的教职员工表示崇高的敬意！

胡锦涛总书记指出，教育是民族振兴、社会进步的基石，是提高国民素质、促进人的全面发展的根本途径，寄托着亿万家庭对美好生活的期盼，承载着中华民族伟大复兴的希望。作为教育工作者，我们肩上的使命重大而光荣，全校教职员工要共同努力，进一步提高人才培养质量、进一步提升科学研究水平、为社会提供更加优质的服务。值此教师节之际，我想讲两点意见：

一、行事做人，"德"字为先

教师是振兴民族振兴教育的关键。百年大计，教育为本。教育大计，教师为本。作为大学生健康成长成才的指导者和引路人，作为教育工作者，我们职业神圣、使命光荣。教师的师德对于全面贯彻党和国家教育方针、教育引导大学生全面发展、健康成长具有重要作用。学校是大学生成长、成才的主要场所，教师是大学生道德养成、知识获取的组织者、实施者、引导者。大学生正处于长身体、学知识、立志向的重要时期，他们的可塑性大、模仿力强，极易受到他人和环境的影响。教师的一言一行，无不对大学生发挥着教育引导作用，既影响一个人的学生时代，又影响一个人的一生。教师唯有自觉加强道德修养，率先垂范，才能成为大学生的良师益友，成为大学生健康成长成才的指导者和引路人。

我们要自觉提高自身的思想政治素质，始终热爱祖国热爱人民，牢固确立正确的世界观、人生观和价值观；要树立正确的教师职业理想，爱岗敬业，忠于职守，乐于奉献，把本职工作和个人理想与学校发展、社会繁荣紧密联系起来，与大学生成长成才紧密联系起来；要自觉提高职业道德水平，牢固树立育人为本、德育为先的思想，热爱学生、尊重学生、公平公正对待学生，提倡求真务实、勇于创新、严谨自律的治学态度，模范遵守法律法规和学术道德规范。

要切实加强对师德工作的领导，强化师德教育，加强制度建设。各单位应将师德建设工作摆在重要的位置，大力宣传教师中先进典型，千方百计地为广大教师办实事、办好事，不断改善教师的工作、学习和生活条件，为教师教书育人创造良好的社会环境，为师德建设营造良好的舆论氛围，要把师德建设贯穿于工作的全过程，党委、行政、工会齐抓共管，发挥基层党组织的核心作用，发挥工会和教代会的重要作用，形成促进师德建设的强大合力。

二、行事做人，要有"三心"

对学生要充满爱心，对事业充满恒心，对未来充满信心。

有人说，大学不仅要有大师，还要有大楼，更要有大爱。这个大爱体现在哪里？体现在我们的教书育人过程中。体现在对学生的关心、对学生的研究，体现在认真上好每一堂课上。如果不爱学生，就不会关心他们的所思所想；如果不爱学生，就不会认真研究他们的性格、特点，学习的习惯，接受知识的方式；如果不爱学生，就不会认真投入地上好每一堂课。好的学风来自好的教风。有的课堂出现学生打牌的现象，我不认为是学生的问题，而是教师的问题。去爱我们的学生，学生才会爱我们。

对待我们的事业，要有恒心。教学工作、科研工作都会遇到很多困难，要有战胜困难的勇气和坚持到底的恒心。凡事只要坚持，就一定能够成功！

在高等教育不断发展的今天，我们面临的竞争是激烈的，社会给予的压力也是巨大的。学校还面临着诸多的办学困难，如资源短缺、生源减少、社会选择多样化、人们接受优质高等教育的期望不断攀升等。但我们要对学校的发展充满信心。过去的"十一五"，学校的各项事业都取得了很大的发展，在"十二五"开局之年，学校也制定了科学的发展规划。"十二五"能否取得预期的成功，要靠全校师生共同努力，但最重要的首先是要有信心。

老师们，同志们，我们同为联大人，联大是我们共同的家园。我相信，通过全校师生员工作共同努力，我们"十二五"规划的美好蓝图就一定能够实现，为各类学生提供优质的教育，为师生员工创造和谐的生活，为社会发展奉献出色的服务的使命一定能够完成，我们整体办学水平得到社会广泛认可，学校社会声誉明显提高，早日建设成为高水平、有特色的应用型大学的目标一定能够达到！

祝福联大！

扬起新的风帆　开启大学生活

——徐永利在2011级学生军训结营式暨开学典礼上的讲话

(联办通报〔2011〕第17期,2011年9月30日)

尊敬的市教委郑萼副主任,各位领导、老师们、同学们:

大家好！今天,北京联合大学隆重举行2011级学生军训结营式暨开学典礼。首先,请允许我代表学校党委、行政和近三万名师生员工,向承担我校新生军训工作的参训教官和盛华人才培训中心表示衷心的感谢！向来自全国各地的六千余名新同学表示热烈的欢迎！

刚才,同学们威武雄壮、士气高昂、队伍整齐、动作协调的汇报表演,标志着我校2011级新生军训任务已经圆满完成。用八个字来概括这次军训的成果,那就是"意义重大,难能可贵"。"意义重大",这次军训是我校首次实现所有新生在同一时间、同一个军训基地集中训练,这种凝心聚力的活动对进一步提升"联大一家亲"的校园精神十分有益。这次军训过程开展了"我的军人梦"主题活动,包括演讲比赛、情景演练、军歌比赛、征文活动、国防知识讲座等一系列内容丰富、内涵深刻的活动,提升了德育效应。"难能可贵",是"难"在这么多校区、这么多学院需要协调,"难"在这么多参训同学的组织管理,"难"在要为这么多同学做好后勤保障。正是这些"难",充分体现出我校各部门各学院精诚合作、通力配合的联大精神。我想,这次军训一定会在联大学生军训工作中发挥重要作用！

同学们,你们已经进入联大一个月时间了,国庆结束后,你们将返回学校正式开启大学生活。

希望你们用宽阔的视野和坚定的理想开启你的大学生活。"风物长宜放眼量",同学们要把自己的发展进步置身于日新月异的祖国变化之中,要站得高,看得远。有学者比较中国教育与世界一流教育,第一个差距:说我们的学生学习动力不足;第二个差距:中国注重知识,不如外国重视能力的培养。我们要认真研究这些差距,牢记温家宝总理教诲"只要坚持自己的理想和信念,就一定能够成功"。希望同学们能够拥有一颗"豪情壮志"的心,坚定自己的理想信念,把它作为一生的追求和座右铭。

希望你们用明确的目标和脚踏实地的精神开启你的大学生活。古人云"志当存高远",请同学们从现在起认真思考,给自己的大学生活确定一个明确、具体的目标,围绕这个目标制定自己的大学规划,并脚踏实地地去实现它,让大学生活"有的放矢"。要实现这一条,你们要做到"三个结合"。一是要将学习文化知识和培养道德情操结合起来。良好的思想道德是人类行为的基础准则,同学们要把"才学"与"德学"结合起来。二是要将培养创新思维和参与社会实践结合起来。面对国家"十二五"时期建设创新型国家的需要,希望同学们训练自己的创新思维,积极地投入到丰富的大学生活和社会实践中。三是要将全面提升素质和培养个人兴趣结合起来。希望同学们在联大的学习平台上全面汲取知识的营养,全面提升素质,多尝试那些自己感兴趣的创新实践,发展自己的个性。

最后,希望你们用发奋的精神和昂扬向上的斗志开启你的大学生活。今年我们开始全面实行2011版人才培养方案,这是我校为了更好地适应社会经济发展和人才需要而采取的重要举措,你们成为了这个新版方案的实践者和受益者。大学时光转瞬即逝,希望同学们要以"时不待我"的精神发奋学习,牢牢抓住良好的成才机会,用雄厚的知识储备和能力武装自己。一个人是走"上坡路"还是"下坡路",不是看他走得累不累,而是看他有没有昂扬向上的斗志。我想告诉同学们,尽管大家的高考分数不同、生源地不同、生活条件不同,但是,只要你保持着发奋的精神和昂扬向上的斗志,成功就会青睐你,一切困难都会向你低头！

同学们,联大为拥有你们骄傲,我相信,你们也将为选择了联大自豪！衷心地祝愿同学们在北京联合大学度过精彩的时光,秉持"学以致用"的校训精神,牢记使命,勇担重任,成长成才！

谢谢大家！

高举学科建设的旗帜　迈开提高质量的步伐

——我校2011年科技工作会隆重开幕

(简报〔2011〕第21期,2011年12月6日)

12月3日,我校2011年科技工作会开幕式隆重举行,本次科技工作会将持续两周,大会主题是:提高科研能力，推进协同创新，努力实现“十二五”时期学科与科研规划目标。开幕式除主会场外，另设了两个视频分会场，学校领导，高级专业技术职务人员、博士学位教师、硕士生导师，校机关及学院有关负责人近千人参加了大会。教育部科技司副司长娄晶、市教委副主任付志峰、市科委政策法规处处长杨仁全应邀出席会议。大会由副校长黄先开主持。

科技工作会每四年召开一次，本次会议适值“十二五”开局之年，是我校转变发展方式、走内涵发展道路进程中召开的一次重要会议，是明确“以学科建设为龙头”，实施“十二五”学科及科研规划后召开的第一次科技工作会。12 月 16 日闭幕式前，各学院、各科研单位将陆续举办高水平学术报告会，教授、专家学者和学科带头人的各种座谈会等 110 多场系列活动。

2007 年科技工作会以来，我校的学科建设和科技工作取得了长足的进步。经统计，“十一五”时期，学校承担各级各类项目 1141 项，累计科研总经费达 2.18 亿元，发表论文 7406 篇，出版学术著作和教材 535 部，申请专利 131 项。教职员工学科建设和科研意识普遍增强，学校研究生教育取得较大发展，学科体系架构基本形成，科技研发平台获得明显发展，学术队伍结构得到改善，科研管理更加规范。

校党委书记徐永利以《以学科建设为龙头 推动学校全面发展》为题讲话。他指出，新一轮的发展要以学科建设为龙头，学科建设是高等教育发展和创新的基础，是衡量高校办学水平的标志，有利提高人才培养质量，有利于提升社会服务能力，有利于提升教师的科研能力和学术水平。徐书记强调，要依靠人才、依靠团队、依靠制度、依靠投入、依靠特色、依靠优势来进一步发挥学科建设的龙头作用。针对未来的学科建设和科研工作提升他提出了五点希望：一是加强服务，分类指导；二是推进合作，协同创新；三是巩固成果，提升水平；四是文化氛围，宽容宽松；五是牢记进取，恪守诚信。

副校长鲍泓作题为“实施科研创新能力提升计划确保实现‘十二五’学科与科研规划目标”报告，报告回顾与总结了上届科技工作会以来学校学科建设和科技工作方面的成绩与不足；分析了我校科技工作发展面临的形势和机遇；解读了学校将实施的《北京联合大学科研创新能力提升计划》。

娄晶副司长在讲话时指出，学科及科研工作在高校中重要的基础性地位已形成共识，希望北京联合大学广大教职员工以更加饱满的科研热情，勇于探索，敢于创新。她表示科技司愿意为北京联合大学的学科建设及科研工作提供更多的支持。

付志峰副主任在讲话时表示，希望我校进一步强化学科建设，为教育教学和人才培养质量提高提供坚实支撑。强化协同创新，进一步提升科研工作对首都的贡献力。充分发挥文化传承作用，为首都文化的大发展大繁荣做出更大贡献。

校科研处、教务处、人事处以及财务处负责人作为职能部门代表表态，全校机关要转变作风，从各自工作角度对落实科研创新能力提升计划主动做贡献，要各尽其力，努力完成学校“十二五”规划的各项目标。

《北京联合大学“十二五”时期改革和发展规划》中提出，要“以学科建设为龙头”，实施“学科建设与研究生教育创新工程”“科研水平提升工程”。为落实规划任务，学校组织人员，集中力量编写了《北京联合大学科研创新能力提升计划》，明确了学科及科研工作的八项任务，并在此次科技工作会上广泛征求意见。为进一步提高我校科学研究和学科建设的整体水平及学术地位，促进教师争取高层次的研究项目，取得高质量的科研成果，调动教师的积极性与创造性，学校还制订了《北京联合大学 2011 年科技工作会专项奖励方案》，拟投入近 200 万元专项奖励，对自上届科技工作会以来被批准的新增或升级的学科、科研平台和高层次的科研项目给予奖励。

党委号召：全校党员和干部要高举学科建设的旗帜，阔步迈向全面提高质量的高峰。各单位要积极采取措施，一定能够助推我校的科技工作出新成果、上新台阶、新水平！

·重要文件选登·

京联党

关于进一步加强和改进我校教代会工会工作的意见

（京联党〔2011〕1 号）

各学院党委，校机关和直属单位党委，广告学院、北苑校区党总支，国际交流学院直属党支部：

为深入贯彻落实中共北京市委教育工作委员会《关于加强和改进教育系统工会工作的意见》（京教工〔2010〕33 号），教育部和中国教育工会《高等学校教职工代表大会暂行条例》，市委教育工委、市教委、教育工会《北京高等学校教职工代表大会工作规程（试行）》等文件的精神，为了进一步完善和规范我校教职工代表大会制度，不断推进学校民主建设，为使我校理顺工会工作体系之后，工会更好地发挥作用，结合我校实际，经校党委第 296 次常委会（2011 年 1 月 10 日）通过，现就今后进一步加强和改进我校教代会和工会工作提出的意见如下：

一、充分认识加强和改进教代会、工会工作的重要性

（一）充分认识当前工会工作面临的新形势和新任务

我国高等教育正处于改革发展的关键时期，发展方式深刻变革，教育质量提高已成为核心任务，人民群众对优质高等教育的需求深刻影响高等学校的发展。这种变化和影响必然在高教领域产生深刻反映。当前，我校改革发展正处于关键时期，正是需要更好地发挥校院两级教代会、工会积极性的大好时机，要求我校工会各级组织必须肩负起光荣使命和历史责任，充分发挥组织、引导、服务教职工和维护教职工合法权益的作用，为促进学校教育事业稳定发展、校园和谐进步做出贡献。校院党组织要继续加强和改进对教代会和工会的领导，把它作为全校改革发展稳定的一项重要任务抓紧抓好。

（二）充分发挥教代会、工会组织作用，是落实全心全意依靠教职工办学指导思想的必然要求

工会组织的性质，决定了它在坚持党的全心全意为人民服务的宗旨、贯彻党的群众路线、落实党的全心全意依靠教职工办学方针等方面肩负着特殊的历史使命。教职工代表大会制度是我校管理体制的重要组成部分，是在校党委领导下，教职工依法行使民主权利，实行民主管理、民主决策、民主监督的基本制度和形式，也是学校党政领导班子广泛听取教职工意见，促进决策科学化、民主化的重要渠道，是加强党风廉政建设、促进校务公开的有效方式。校院党组织要从贯彻落实全心全意依靠教职工办学指导思想的高度，加强和改进对教代会、工会工作的领导，支持教代会、工会依法独立地开展工作。

二、加强和改进教代会和工会工作的指导思想和目标

要坚持以邓小平理论和“三个代表”重要思想为指导，深入贯彻落实科学发展观，加强和改进党委对学校教代会、工会的领导，要从政治上加强领导，使教代会和工会在思想上、组织上、作风上符合教职工的要求，使教代会和工会从发展是硬道理的高度开展工作，用发展的眼光看待问题、分析问题，用发展的立场化解矛盾、解决困难。教代会和工会组织要了解教职工的生活冷暖，要了解教职工的思想起伏，真正从思想上架起党组织和教职工沟通的桥梁，真正从根本利益上代表全校教职工。

要树立和落实“以职工为本、主动依法科学维权”的工会维权观。以密切党同教职工的血肉联系为核心，以发展和谐劳动关系、维护教职工合法权益为主线，以发挥教职工教书育人的主体作用为关键，以建设高素质的工会干部队伍为保障，以创建学习型、服务型、创新型工会组织为基础，按照三级工会设置模式，进一步加强统筹力量，不断开创适应我校发展实际的工会工作新途径，为把我校建设成高水平有特色的应用型大学做出新贡献。

三、积极推进学校民主管理工作

（一）坚持和发展以教职工代表大会为基本形式

的民主管理制度

教代会制度是教职工在党委领导下依法行使民主权利，实行民主管理、民主监督的基本制度和形式，是学校管理体制的重要组成部分。学校和学院应根据要求每年定期召开教代会，校院各级党组织要真正承担起对教代会的领导，校院行政要支持教代会行使职权，真正发挥教代会的作用，推动学校民主管理，有效保障广大教职工知情权、表达权、监督权的落实。学校及学院的办学指导思想、发展规划、重大改革方案、财务工作及其他学校发展相关的重大问题应提交教代会讨论；人事制度改革的原则、办法及其他与教职工权益有关的重要规章制度应提交教代会讨论通过；有关教职工生活福利的重大事项应提交教代会讨论决定；根据校、院党组织的部署，参与民主推荐、民主评议领导干部；重视教代会提案的办理工作；工会要切实承担起教代会工作机构的职责，设专人负责教代会工作。

（二）进一步深化校务公开工作

校务公开是推进依法治校、民主管理、构建和谐校园的必然要求，也是从源头上预防和治理腐败的有效措施。要形成"党委统一领导，行政主体到位，工会主动配合，纪委监督检查，教职工积极参与"的校务公开领导体制和工作机制。对涉及学校改革发展的重大举措，涉及人、财、物、基本建设等权力运行的重点领域，涉及教职工及学生切身利益的重大事项等校务进行公开。要紧密结合我校实际，科学编制、严格落实校务公开目录，努力做到政策、过程、结果"三公开"。

四、工会要加强自身建设，不断创新工作模式

（一）尊重和激发教职工的首创精神

在多学科、多校区办学的状况下，要努力搭建好教职工为学校科学发展建功立业的平台，为教职工创新发展营造良好氛围。继续发挥好各个协会的作用，形成"协会组织承办，校工会指导支持，教职工积极参与，普及提高并重"的多层次工作格局，努力把教职工中蕴藏的无穷智慧和创造潜能凝聚起来、激发出来，为学校科学发展贡献聪明才智。

（二）全面提高广大教职工素质

要根据不同校区、不同群体的特点和要求，创新工会工作模式方法，不断提高教职工队伍的整体素质。通过新到校教职工培训会、青年教师基本功大赛和青年教师导师制等做法，尽快让新到校教职工实现角色转变、增长本领、适应我校；通过组织单身教职工联谊会、新结婚教职工集体婚礼，传递学校对青年的关怀；通过"而立之年话责任"为主题的教职工生日会等活动，加强青年教职工责任意识，使他们更好地感受到学校的温暖，增强与学校共发展的决心。

（三）加强工会自身建设，提高服务能力

坚持围绕中心、服务大局，建立适应我校特点的工会服务体系，把党政所需、职工所急、工会所能作为工作落脚点，创造性地开展工作。要真诚倾听教职工呼声，真实反映教职工意愿，旗帜鲜明地维护教职工合法权益。努力把工会建设成为组织健全、维权到位、工作活跃、作用明显、教职工信赖的教职工之家。

（四）深入实施送温暖工程，完善工会帮扶工作的长效机制

充分履行工会组织"职工困难第一知情人、第一帮助人、第一报告人、第一督促解决人"的职责，着力推动解决广大教职工最关心、最直接、最现实的利益问题。继续做好教职工爱心互助基金工作和教职工健康体检工作。

五、加强党对教代会、工会工作的领导，不断提高工会为教职工服务的能力

（一）进一步加强和改善党对工会工作的领导

要建立健全校院党组织对工会工作领导的各项制度，定期听取工会工作汇报，及时研究解决工会工作的重大问题和实际困难。要进一步加强工会组织的力量，在办学条件总体紧张的情况下，努力把更多的资源和手段赋予工会，进一步加大支持力度，为工会团结动员广大教职工充分发挥主力军作用、推动学校又好又快发展创造良好条件。

（二）加强工会领导班子和工会干部队伍建设

要通过校内公开竞争上岗等方式，选拔政治坚定、业务过硬、作风民主、教职工信赖的干部，推荐给校工代会进行选举，努力建设好工会领导班子。要完善工会干部的培养管理制度，提高工会干部的能力和素质，使工会成为培养和输送干部的重要基地。

（三）加大对教职工队伍和工会的宣传力度

宣传部门要主动加强同工会的联系，通过多种形式宣传教职工队伍和工会工作，形成有利于树立教职工良好形象、扩大工会积极影响、促进学校改革发展的良好舆论氛围。

（四）加强对工运理论的学习、研究和创新

要加强工运理论研究工作，加强当前我校工会工作特点、规律的理论研究。要将工运基本理论、劳动法律法规等作为党委理论中心组学习的重要内容。要设立专项经费，鼓励和支持工会干部和广大教职工深入开展工运理论的研究和创新。

校、院工会组织，要坚持以邓小平理论和"三个代表"重要思想为指导，深入贯彻落实科学发展观，在校、院党组织的领导下，在校、院行政的大力支持下，乘"创先争优"之风，抓住时机，"党建带工建，工建服务党建"，以饱满的热情和有效的作为，努力把教代会和工会工作提升到一个新的水平，为学校"十二五"规划的制定和实施，为我校争科学发展之先、创和谐校园之优做出更大的贡献。

中共北京联合大学委员会

2011年1月17日

北京联合大学 2010 年下半年工作总结

(京联党〔2011〕5 号)

各学院党委,校机关和直属单位党委,广告学院、北苑校区党总支,国际交流学院党支部;各学院、北苑校区,校机关各部门、各直属单位:

2010 年下半年,全校按照《北京联合大学 2010 年下半年重点工作》的部署,深入学习领会全国和北京教育工作会议精神,贯彻落实国家及首都《中长期教育改革和发展规划纲要》,以深入开展创先争优活动为载体,继续深化教育教学改革,提升管理的科学化水平,加强队伍建设,全力维护校园安全稳定,积极促进了学校内涵质量发展,努力实现学校发展模式的战略转变。

一、深入学习贯彻"全教会"精神,落实《教育改革和发展规划纲要》,推动学校内涵发展

(一)深入学习贯彻全教会精神,落实《教育改革和发展规划纲要》,邀请专家来校作专题辅导报告,进一步加深了领导干部及教职员工对《教育改革和发展规划纲要》的理解。进一步转变观念,调动全体教职员工的积极性,以《教育改革和发展规划纲要》精神指导实际工作。

(二)顺应高等教育发展形势,结合学校实际,深入开展了调研,形成了学校"十二五"事业发展规划初步构想,初步确立了一个总体规划和七个分规划的设计思路。科学制定各项指标,形成了以教育教学质量为核心的学院办学绩效评价方案。

(三)理顺校院办学体制、管理机制,促进了学校内涵发展。对特殊教育学院体制进行了调整,取消学院法人设置,并入校本部,进一步优化了资源配置,确保了学院将更多精力投入到教育教学和科研工作中去;旅游学院部分处室及业务并入校本部相应处室;在多方调研的基础上,结合实际,对校本部离退休人员管理体制进行了调整,校本部各单位离退休人员实现了集中统一管理。

(四)积极推进基建工作,努力改善办学条件。顺利完成了多个校区抗震加固及维修改造工程,改善了办学条件;加大投入,使昌平校区校园环境及条件得到较大改观;特殊教育学院改扩建工程接近尾声。完成了小营校区总体规划,并取得了市教委对南区整体规划的批复;启动了小营校区综合实训楼项目的勘察、设计招标工作。

(五)凝聚共识,形成合力,对学校现有标识进行了修改,形成了全校统一标识系统。完成了校园网美编设计及新闻网改版工作。

(六)推进了学校信息化建设,完成了昌平校区网络建设工作,提高了学校无线信号覆盖密度,解决了网络拥塞问题。起草了学校数据中心建设总体建设方案,启动了学校信息资源规划顶层设计项目。完成学校数据资源中心的数据整合工作。圆满承办了中国高等教育学会教育信息化分会第十次学术年会。

二、扎实落实教育教学工作会议精神,教育教学质量不断提高

(七)落实教育教学工作会议精神,全面实施教学品质提升计划。积极组织申报新专业,筹备专业合格评估,为学科专业整合奠定了基础;金融学、通信工程专业获批国家特色专业建设点;通过精品课程建设、教材建设等措施优化了课程体系;通过实验室专项、外语自主学习中心等项目建设,改善实践教学条件,提升了实践教学效能。

(八)开展深入调研,广泛征求意见,形成了 2011 版人才培养计划原则意见。以试点学分制为契机,努力推进 2011 版本科培养方案原则意见有效落实。制订了本科专业合格评估方案,为 2011 年正式启动专业合格评估作好准备。

(九)适应多校区特点,协调全校教学运行管理,继续推进教务信息管理系统的推广与维护工作,完善和改进了各模块的功能。完善了教学质量学生测评工作指标体系及相关办法。实施了"多媒体教室建设"专项工作,涵盖 7 个学院及校区,实现了旅游学院、昌平校区和校本部多媒体教学系统的整合与网络化管理。

(十)深化实践教学建设与改革,成立了实践教学委员会。组织了 2010—2012 年中央地方共建项目规划与申报、2011 年教育教学专项实验室建设项目申报和 2011 年实验室建设专项项目库建设。对 2010 年实验室建设专项执行情况进行了督促检查。深化教学改革与研究,组织 90 项教学成果奖申报市级专项,进行了市级教改立项的结题验收工作。

(十一)完成了 2011 版高职人才培养方案的制修订工作。制定了高职专业评估指标体系,开设了高职创新实验班。承担了北京市职业教育等级分级试点任务。实施了基础课程改革试点工作,出台了相关课程建设与改革方案。制定了《北京联合大学毕业综合实践管理办法》等文件,提高了实践教学环节质量。主办了 2010 年北京市高职研究会年会、北京市高职院校长论坛,进一步深化了高等职业教育的内涵建设。

(十二)招生工作顺利完成。实现了会计、金融学两专业在七个省、自治区的本科一批层次招生,保持北京市二批本科线上录取。完成了艺术类专业招生工作。进一步加大招生宣传力度，筹划召开了中学校长座谈会，拓展了宣传渠道，扩大了学校影响。

（十三）加大力度，多渠道做好毕业生就业工作。继续做好北京地区示范性就业中心建设工作。深挖用人市场，广泛征集信息，召开校园“双选会”、专场招聘会，积极推荐优秀毕业生，促进学生就业。提高就业工作人员队伍素质，开展了就业工作先进集体、个人评选和表彰活动。开展了“北京地区高校就业研究基地平台建设”，起草了“招生就业处落实教学品质提升计划方案”。

（十四）以结构调整为抓手，完成了2010年成人教育招生计划的编制，实现了招生计划编制、招生简章、招生宣传和咨询的三个统一，完成了2010年成人学历教育的招生录取工作。加强了成人教育教学管理，完成了全校本科、专接本成人教育教学计划修订工作。组织申报了物业管理、幼儿教育、家政管理与服务新专业。继续拓展非学历教育培训，取得一定进展，承接举办了北京市企事业单位申请政工职称英语和计算机培训等多个培训班，参加培训学员人数1000余人。

三、学校科研水平有提升，研究生工作平稳开展

（十五）进一步加强了学科建设，召开了12个校级重点学科的建设研讨会，进行了分类指导。对重点及重点建设学科建设情况进行了调研，修改了重点及重点建设学科的考核指标。加强了学校学术委员会的作用。

（十六）2010年全校竞争性科研经费总额922.3万元，比2009年的860万元提高7.2%。新增主持1项国家科技支撑计划项目，4项国家社会科学基金项目和2项国家自然科学基金项目，参与1项国家科技支撑计划项目，1项863课题，1项国家社会科学基金项目，1项国家自然科学基金项目，1项科技部计划项目。全校申请专利52项，授权专利19项，专利转让1项。两项专利申请国际专利权保护，其中1项专利进入美国和日本国家审查阶段，另1项专利还在国际审查阶段，2个植物新品种进入美国申请新品种确认保护。组织教师参加“北京优秀青年工程师”推荐评选活动，参与北京科学技术普及创作与出版专项资金评审活动，获得最高额度的资助。

（十七）努力做好申请硕士学位授权一级学科点工作。参加7场全国研究生招生现场咨询会，京外报名人数比2009年增长近50%。2010年招收25名硕士研究生，组织开展了丰富多彩的研究生学术、文化活动，加强对研究生的培养，提高了研究生培养质量。

（十八）继续理顺校级科研机构的管理机制。信息服务工程实验室获批为北京市重点实验室，至此，我校市级科研机构增至4个。功能食品科学技术研究院工作开展平稳。完善了科研管理信息系统，设计了评审系统，实现了评审项目无纸化。

四、队伍建设得到加强，职业素质与业务能力持续提升

（十九）加强了干部管理的制度建设，起草了《北京联合大学引进优秀管理人才实施办法》《校机关、学院或直属教学单位干部双向交流挂职实施办法》《选派管理干部到境外高校进行顶岗挂职的论证报告》《北京联合大学挂职干部监督考核办法》，通过干部的轮岗交流，挂职锻炼等多种形式来提高干部队伍的整体素质和水平。本学期7名正处级干部交流轮岗，1名正处级干部到京外高校挂职，4名正处级干部到北京市委市直属机关工委党校学习。选派1名青年干部到朝阳区挂职，正在推荐2名共青团干部到新疆或内蒙古挂职。实施并完成了校工会副主席的竞争上岗工作。

（二十）加强了师资队伍建设工作。落实学校教育教学工作会议精神，制定了《教师执教能力提升相应实施细则（初稿）》，明确了教师执教能力提升的目标和建设内容，针对教师提升教学能力、实践能力和研究能力提出了具体的实施办法，为打造一支师德高尚、业务精湛、结构合理、爱岗敬业、充满活力的教师队伍打下基础。加强带头人和骨干教师队伍建设，明确了第一批校级创新团队和创新人才的建设目标和建设任务，启动了校级第二批中青年骨干教师资助项目的结题工作；启动了教师专业实践能力建设、学术休假制度、培训制度、专业技术职务晋升制度等文件的修订工作；组织完成了新教师入职系列培训，共培训16学时，600人次。选派7名境外双语教学培训教师和6名国外访问学者。完成我校80名骨干教师和管理骨干人员赴德国以及我国台湾地区等地的培训考察工作。进一步规范了昌平校区编制外人员聘用的程序。

（二十一）落实国家和北京市人才工作会议精神，推进我校人才工作。组织召开了学校人才工作座谈会，就学校人才队伍发展现状、专业技术人员队伍特别是学科专业队伍建设情况、学校人才工作面临的形势和问题进行了认真的研讨，提出了今后学校人才工作的目标和任务，形成了《关于进一步推进我校人才工作意见》，提出了人才引智计划、人才提升计划、人才培育计划和人才扶持计划等四项人才强校计划，为人才工作提供了政策支持和保障。组织调研，分类理清2011年用人计划，参加招聘会，正式办理调动手续47人，进一步优化了教师队伍学历和职称结构。

（二十二）完成了2011年人才强教深化计划预算申报，讲座教授项目、校外名师讲学项目、创新团队、创新人才和教师职业技能和职业道德培训等共申报资助经费1700万元左右。其中，讲座教授项目2人，共获得经费资助6万元；校外名师讲学项目共聘请校外名师238名,获得经费资助100万元;高层人才项目3人,获得经费资助300万元;创新人才5人,获得资助120万元;创新团队11个,获得经费资助390万元;中青年骨干教师114人,获得经费资助456万元;教师教学职业技能和职业道德培训项目379项,获得经费资助328万元左右。2010年度“人才强教深化计划”7个子项目执行情况良好,3名高层次人才和1名讲座教授的项目预算指标执行进度达到了100%,7个创新团队、4个创新人才以及55名中青年骨干教师的项目预算指标执行进度达到了80%以上,300多项教师职业技能和职业道德培训计划项目的预算指标执行进度达到了75%以上。组织开展了2009年“人才强教”项目阶段性总结。

(二十三)继续加大辅导员队伍建设力度,出台了《北京联合大学辅导员专业团队建设暂行办法》,进一步促进辅导员队伍的专业化和职业化建设。组建了思想政治教育团队、心理素质教育团队、大学生职业生涯规划团队、大学生事务管理团队、大学生党建工作团队、青年工作研究团队等六个团队。建立了以论文发表为标志的德育研究会课题立项、资助、结题的工作机制,进一步完善培养、考核、奖惩机制,促进辅导员业务水平和工作能力的提高。举办了三期辅导员培训班,通过组织新任辅导员参加市级专题培训、到街道挂职等多种方式,提高辅导员队伍的业务水平和工作能力,收到了良好效果。14人被评为北京高校优秀辅导员,1人被选为北京高校十佳辅导员。

(二十四)加强了后勤队伍建设,制定了《后勤服务公司员工培训管理办法》,制定了《培训课程教学大纲》,开办了三期培训班,加强了后勤服务人员的培训,提升了为师生提供优质服务的能力。做好编制外人员的入会工作,进一步增强了后勤保障队伍的凝聚力。

五、德育工作品质得提升,素质教育有促进

(二十五)积极推进马克思主义理论校级重点建设学科的建设,加大了投入,改善了学科建设条件。开展了学科建设计划落实情况的检查。基本形成了学科带头人负责、各学科方向负责人牵头、全校思想政治理论课教师参与的开放式学科队伍。

(二十六)强化了教育环节,促进学风建设。以“创优良学风班,做文明联大人”主题活动为抓手,实施“十百千万”工程,评选出10个学习型党支部,69个优良学风班,911名优良学风标兵,较好地改善了学风。开展了“做文明联大人,共创无烟校园”活动,取得良好效果。以“联大博学讲堂”为载体,开展名师讲座活动,2010年共举办各类讲座40多场,其中北苑校区学习日天天有讲座,拓宽了学生视野。圆满完成了2010年新生学生军训工作,首次实现了全校集中军训统一结营暨开学典礼,学校整体凝聚力得到进一步加强。

(二十七)完善大学生心理素质教育工作体系,加大了对大学生心理健康的关注力度。开展了对学生心理健康状况普查和心理危机排查,确定了重点关注对象,邀请精神卫生专家开办“心理特需门诊”进行会诊并制订针对性的处理方案。开展心理咨询与辅导,组织心理健康专题讲座,举办心理健康节,普及心理健康知识。推动心理素质教育课程建设,实现《大学生心理素质教育》课程全覆盖。完成了北京高校心理素质教育工作督导评估专家组对学生心理素质教育工作的督导评估。

(二十八)以“141”工作格局为统领,在基层团建、科技创新、社会实践、校园文化建设等方面取得新成绩。成立学生公寓团委、北苑校区分团委,开展了优秀团支部争创活动。组织学习参加了“挑战杯”大学生创业计划竞赛、智能车比赛、全国文科计算机设计大赛等,分别获得两个全国二等奖、三等奖,取得了我校在上述三项赛事奖项上的突破。承办完成了首都大学生计算机应用大赛,并在多项赛事中取得好成绩。举办了第六届社团文化节,通过开展首届校园主持人大赛、精品学生社团答辩会、校园舞蹈展演等多项活动,建立和完善了我校各级学生社团组织发展的长效机制。参加了北京市第三届大学生艺术展演活动,获得3个一等奖、3个二等奖、1个三等奖的好成绩。成立了北京联合大学残疾人大学生艺术团。

(二十九)落实《国家学生体质健康标准》,按时完成了2010年全校《国家学生体质健康标准》测试工作。广泛开展阳光体育健身活动,组织全校学生参加各种竞赛活动,并取得较好成绩。在教育部主办的第五届中国学生健康活力大赛中获得了六金一银两铜的好成绩。加强了学校各类运动会的规范化建设。在首都高校第15届体育科学学术论文报告会暨首都高校主管体育工作校领导座谈会上,学校以团体总分第一的成绩获得最佳组织奖,体育论文投稿篇数、获奖人数均列首都高校首位。

六、国(境)外交流与合作得拓展,国(境)外化办学进程有推进

(三十)坚持因公出国公示制度,构建完善的反馈机制并建立专门的监督机制。大力支持学术性因公出访团组。根据“按需派出”原则,实现了因公派出团组的统筹申报工作,校级团组出访任务主要为签订校际交流合作协议,其他团组的出访任务主要为出国进修、讲学,参加国际学术会议、发表论文等学术活动。派出出访团组80个,340人次,公示出访团组11个。共接待30余个外国来访团组。

(三十一)积极拓展国(境)外合作空间,丰富学生的学习经历,开阔学生的视野。赴台湾地区交换生合作院校增加2所,扩大了台湾地区的大华科技大学、龙华科技大学、高雄师范大学的交流学生项目。选派5名赴韩国建国大学交换生、赴瑞典5名交换生(硕士学位),赴日本爱知文教大学、日本新潟大学及东京女学馆交流学生3名,赴台湾建国科技大学交流学生20名、台湾云林科技大学交流学生5名,3名交流学生赴中原大学。选派了47名学生赴国外攻读学位。

(三十二)整合、优化利用学校资源,进一步推广来华留学教育。成立了"北京联合大学国际交流学生管理委员会",统筹管理学校的来华留学生和出国境交流学生。成立了"北京联合大学国际交流学生教学指导委员会",进一步规范了对来华留学生的教学及管理,提高留学生教育教学的质量。

(三十三)聘请外国专家数量和专家层次有明显提升,授课数量和质量也明显提高。特聘英国安格利亚鲁斯金大学的两位教师来校为学生讲授一门专业课程,聘请韩国建国大学原副校长金宇峰教授任我校外国专家,对我校教学计划等提出了建设性意见和建议。我校长期外专3名,短期外专5名,在多所学院讲授英语、金融学、中小企业发展等多门课程。

(三十四)搭建国际化合作交流平台,成功举办了"大学国际化发展战略国际研讨会"。13个国家和地区的22所大学49位国(境)外来宾参会,围绕高等教育理念的时代演变和高等教育的人才培养,共同研讨国(境)内外大学国际化发展战略,共享发展成果。

七、管理与服务水平有提高,校园安全稳定得到维护

(三十五)以经费安排与保障要与学校的发展相适应为思想指导,统筹优化结构、注重创新提高,合理安排了2011年70个专项项目的预算。针对2011年教学质量、科研水平提高经费分配、使用及绩效问题,拟出台相应的绩效考核办法。为推进教学质量提高服务,开展了小金库、假发票、会计信息质量等的专项检查工作。通过规范卡务制度、在各校区部署圈存机等措施,强化了卡务中心建设,为广大师生提供了更便利的服务。通过努力,确保了昌平校区卡务工作的正常运转。

(三十六)完成了全校资产清查,得到了北京市财政局、北京市教委关于资产清查结果的批复,申报的全部各项损失获准核销,对我校资产清查工作给予通报表扬。合理调配资产、优化资产配置,制定了《关于进一步落实国有资产管理责任制的有关意见》,着手制定有关资产处置、出租、出借等管理办法的实施细则。完成了2010年预算项目的政府采购、招投标和进口设备的申报及论证工作。调整了工作机制,实行校、院两级采购,加强了招投标管理及执行进度监督,开展了招投标代理机构的遴选等工作,出台了《北京联合大学分散采购管理办法(试行)》,规范了各级采购流程。办理了汽运七场18户职工康居房的产权证。

(三十七)经过长期努力,广告学院搬迁谈判工作顺利完成,学校获得了补偿款,完成了昌平校区相关租赁协议的签订。规范资产运营公司经营,加强了北京科兴企业管理中心自身规范化建设,实施昌平校区经营性用房的对外经营,为学校创造了经济效益。开展了大学科技园建设的相关调研,完成了数家优良企业协议谈判,起草并讨论了企业入园政策。完成导聋犬基地基本建设,进入试运营阶段。规范了校内收费使用原则。

(三十八)突出重点、注重实效,强化关键领域和重点环节审计,对全校的预算执行与财务决算情况进行直接审计,加大了对二级法人学院监督与服务的力度。完成处级领导干部经济责任审计25项、基建修缮工程审计项目33项、科研审签等审计项目24项,审计资金总额达27.53亿元,促进增收节支800.46万元。

(三十九)进一步完善了校园安保多维防控体系。召开了2010年学校安全稳定工作总结交流会,较好地完成了涉日和其他敏感期的维稳工作。对各校区的安全工作进行综合排查和调研,启动了"全民关注消防,生命安全至上"消防安全宣传月活动,组织了消防疏散演练和灭火技能演练活动。制定了《关于加强小营校区交通安全和规范停车秩序的通知》及运行方案,完善校园交通安全保障机制,规范了校园交通秩序。对各学院、校区科技创安工程项目实施情况进行调研。通过一系列有效措施,维护了校园的安全稳定。

八、创先争优活动开展有序,党建和思想政治工作得到加强

(四十)按照上级要求,精心部署开展了创先争优活动。开展"创先争优,从我做起"主题实践活动和"十佳党支部"申报创建活动。开展"育人标兵""成才表率"评比表彰活动,10名教师被评为"北京联合大学育人标兵",其中1名教师被评为"北京高校育人标兵";8名学生被评为"北京联合大学成才表率",其中1名学生被"北京高校成才表率"。1个基层党组织工作创新项目被评为"北京高校优秀基层党建工作创新项目"。调整了学校研究生党建工作隶属关系,促进了研究生党建工作更加科学有效地开展。

(四十一)学习型党组织建设成效显著。通过开展专题研讨、考察交流等多种形式的学习活动,紧密围绕学校改革与发展,从当前社会热点问题入手,通过比较国际、国内形势以及对北京市经济社会发展需求分析,举办高水平专题报告会集中研讨人才问题和教育发展规划问题,提高了广大党员领导干部的理论、政策水平和解决工作难题的能力,对实现建设高水平、有特色应用型大学目标发挥了很好的促进作用。

(四十二)明确"围绕中心,服务大局"的指导思想,在做好校内宣传同时拓展对外宣传的覆盖面和影响力。宣传工作实现"量"与"质"双跃升:外媒报道由四天一篇到三天一篇再到目前基本三天两篇;单篇报道篇幅由小变大;专题规模报道越来越多、集约式深度报道越来越多;综合性大报、重点行业报报道有所增加,报道品质、内涵快速跃升。规范了宣传工作的基础性建设和队伍建设。

(四十三)积极开展党建理论研究,加强研究成果的推介工作。设立党建研究基金,立项党建研究课题,制定实施《党的建设和思想政治工作优秀成果、创新成果奖励暂行实施办法》,调动和发挥广大党务和思想政治教育工作者的积极性和创造性,推动和促进党的建设和思想政治工作的创新与发展。打造了党建思想政治研究平台、舆情调研平台、效能考评平台、网络宣传平台、队伍建设平台和活动平台在内的六大平台;创建了"我与联大共奋进宣讲报告""校长邀你共话联大"和"激扬联大"等品牌性活动。

(四十四)在推进廉政风险防范管理工作的深度上下工夫,实现向全校 7 个局级领导班子、26 名局级领导干部延伸。选取"十大领域"的风险防控流程图及制度依据汇编成册,制作《北京联合大学廉政风险防范管理工作手册》。以工程建设领域为重点加强反腐倡廉教育,组织全校中层干部和基建处全体工作人员参观"教育系统预防职务犯罪法制教育展"。加大网络的外宣力度,建立了党风廉政建设专题网页。组织二级学院专职纪检员参加专门业务培训,进一步加强全校纪检监察干部队伍建设。认真开展"小金库"专项治理摸底排查工作,督促各部门填报《"小金库"专项治理摸底排查承诺书》。在接受上级对我校落实党风廉政建设责任制、推进惩防体系任务完成情况检查中,受到好评。

(四十五)进一步理顺了学校工会工作体系。取消了 7 个法人学院工会的团体法人资格,作为校工会下属的二级分工会开展工作。加强了制度建设,制定和修订了《北京联合大学工会工作实施细则》《北京联合大学二级教代会的管理办法》等文件。召开了学校第三届教代会暨第三次工代会。修订了《北京联合大学教职工爱心互助基金会章程》《北京联合大学教职工重大疾病享用爱心互助基金实施细则(试行)》,继续做好爱心互助基金的管理工作。

在总结成绩的同时,还应看到我们的工作中还有很多不足,教学改革需要进一步深入,科研水平需要进一步提高,队伍结构需要进一步调整,办学资源需要进一步优化,管理水平需要进一步提高等,这些不足和问题都需要学校党政领导与全校教职员工更加努力地去解决。

中共北京联合大学委员会
北京联合大学
2011 年 3 月 1 日

北京联合大学 2011 年工作要点

(京联党〔2011〕6 号)

各学院党委,校机关和直属单位党委,广告学院、北苑校区党总支,国际交流学院党支部;各学院、北苑校区,校机关各部门、各直属单位:

2011 年是学校"十二五"事业发展规划的开局之年,学校要深入贯彻落实科学发展观,全面落实国家和北京市中长期教育改革和发展规划纲要,围绕加快发展模式转变这一主线,以质量为核心,提高教学及科研质量;以人才为抓手,提高各类队伍的能力和水平;以素质为重点,提高育人质量;以服务和保障为出发点,提升学校管理的科学化水平,全力维护校园安全稳定,办好首都人民满意的大学,以优异的成绩迎接中国共产党成立 90 周年。

一、贯彻落实规划纲要,推动学校事业科学发展

(一)组织开展学习宣传活动,形成全校教职员工深入贯彻落实全国及北京市教育改革和发展规划纲要的良好氛围,促进学校事业科学发展,增强学校内涵实力。

(二)分析高等教育面临的形势,突出发展模式转变这一主线,求真务实,科学制定并实施学校"十二五"事业发展规划。继续推进学校内涵发展,继续调整、优化学院结构和学科专业结构,组织开展试点学院和研究机构绩效评估,全力提高办学效益和教学、科研水平。

(三)加大基建和基础条件改造力度,改善办学条件,提高全校资源共享程度和资源利用率。积极推进小营校区综合实训楼、体育中心综合楼、学生宿舍楼和应用文理学院学生公寓的建设,力争早日动工。抓紧进行有关校区其他拟建楼宇的前期立项工作。完成有关校区的抗震加固和园区改造任务。

(四)进一步加强数字校园运行环境建设,完善基础保障环境,健全监控预警机制,保障关键业务的稳定运行以及重要业务数据的安全可靠,实现运行服务的规范化和标准化。

二、深化教育教学改革，提高教育教学质量

（五）认真实施教学品质提升计划，加强专业建设，开展专业合格评估，明确重点建设专业。全面组织2011版培养方案的制订、检查及验收工作，组织制定与培养方案一致的课程教学大纲和课程简介。认真组织课程合格评估，完成20门公共基础类课程和学科大类平台课程网上教学资源建设任务，组织启动与重点建设专业相适应的2—3个系列特色教材建设工作。做好学校整体加入学院路地区高校教学共同体后的开课、选课和辅修专业组织和管理工作。

（六）加强教学研究，做好校级教学改革项目的管理。积极组织申报并力争获批至少1项国家或教育部教育科学规划课题和2项北京市级教育教学改革项目。

（七）深化实践教学改革，优化实践教学环境。加强实验教学中心和校外人才培养基地的建设与管理，加强国家级人才培养模式创新实验区建设和其辐射带动作用，迎接国家级实验教学示范中心检查验收。以实践教学改革为抓手，切实推动应用性人才培养模式的创新与改革。

（八）强化教学质量监控，组织开展毕业设计（论文）的校级随机抽查答辩工作，加强教学过程管理，对部分课程试行学生评价平时学业成绩的制度。

（九）进一步规范教学管理规章制度，以实施学分制为目标，优化教学管理模式，提升教学管理效能。继续完善教务管理信息系统，稳步推进下达教学任务、排课、选课、考试等教学运行工作。

（十）科学制订招生计划编制方案，加大招生宣传的力度，开拓京外招生渠道，适度扩大一本招生计划，吸引优质生源。进一步做好特长生的招生工作。

（十一）进一步落实示范性就业中心建设项目，加大就业服务和指导力度。实行就业数据监测分析，建立8—10个校院就业基地。做好特殊困难群体学生的就业帮扶工作，积极推进毕业生自主创业。

（十二）继续整合成人教育资源，稳定学历教育规模，提高教学质量。巩固现有培训项目，依托学校优势专业，努力拓展非学历教育培训市场。

三、加强学科内涵建设，提升科研水平，做好研究生工作

（十三）以“凝练学科方向、汇聚学术队伍、构筑发展平台”为中心进行学科建设，强化学科内涵，鼓励跨学科交流合作，调整优化学科管理体系，进一步加强市、校两级重点（建设）学科的建设，增强我校学科的竞争优势和整体竞争实力。发挥学科建设对专业建设的带动和支撑作用。

（十四）开好2011年科研工作大会，统筹全校科研工作，提升学术水平、科研能力及科研成果质量。调动并整合内部资源，依靠团队力量，联合校外科研力量和企业，在高层次科研项目、产学研合作项目上有所突破，力争实现竞争性科研经费年增涨15%，实现学校总体科研实力和水平的较大幅度提升。

（十五）加强对市级哲社基地、重点实验室以及校级科研机构的建设与管理，规范和调整校科研机构管理体制，加强学术道德建设，建立学术诚信调查评价机构，引导科研机构多出高水平科研成果，提高成果转化率。

（十六）适度扩大研究生教育的规模，增设二级硕士学科点。理顺研究生管理机制，完善研究生培养的规章制度，规范导师队伍管理，确保导师遴选的质量，加强科研条件建设，保证硕士研究生的培养质量。

四、加强队伍建设，提升工作能力与水平

（十七）加强干部队伍建设，推进单位及干部考核评价制度改革，实施《北京联合大学各学院、处级单位和处级及以上干部年度考核办法（试行）》试点工作。深化干部培训，根据需要举办全校处级干部专题培训班。

（十八）出台《北京联合大学挂职干部监督考核办法》《北京联合大学处级干部职位竞争上岗实施办法》等文件，选派优秀年轻处级干部到兄弟院校挂职，开展选派管理干部到境外高校顶岗挂职调研工作，探索校机关、学院、直属教学单位干部双向交流挂职。进一步规范干部竞争上岗工作。

（十九）做好人才队伍与学科专业建设规划，以学科专业带头人和骨干教师为重点，加强师资队伍建设，遴选第二批校级创新团队和创新人才。修订和完善到企业定期实践制度，继续认定双师型教师资格，加强教师专业实践能力和执教能力建设。结合2011版人才培养方案，做好相关师资队伍的引进、调整、培训工作。

（二十）完善学校人才工作的相关文件，稳步实施引智、提升、培育、扶持四项人才强校计划。结合学校人才队伍现状和学科、专业发展需要，分层次引进不同类型的人才，实现人力资源的科学配置，提高全校人才队伍的整体层次和水平。

（二十一）加强“人才强教”工作，完成2010年人才强教深化计划项目的成果验收工作，组织2011年人才强教深化计划项目实施，部署2012年人才强教计划的有关遴选工作。

五、加强德育工作，进一步推进素质教育

（二十二）围绕落实2011版人才培养方案，在2011级学生中实施新的思想政治理论课课堂教学计划和考核方式，落实素质拓展平台中创新创业教育、志愿服务和公益劳动环节，研制思想政治理论课综合实践工作方案，切实提高思想政治理论课教育教学质量。

扎实推进马克思主义理论学科建设。

(二十三)实施学生学习效能提升计划,启动学生发展状况调研,完善学生奖励体系,探索学风建设评价体系,切实推动学风建设。开展"共创无烟校园、优化学习环境"活动,提升学生文明修养。

(二十四)加强团的基层组织规范化建设,打造精品校园文化活动,推动学生课外科技活动再上新台阶,成立大学生艺术教育中心。

(二十五)广泛开展阳光体育活动,扎实有效地开展群众体育活动。继续深入贯彻落实《国家学生体质健康标准》的相关工作要求,测试率争取达到98%以上。积极筹备参加第九届全国大学生运动会健美操比赛的选拔与训练工作。积极准备并迎接市教委组织的《学校体育工作条例》评估检查工作。

六、提高国(境)外交流与合作层次,稳步推进国际化办学进程

(二十六)进一步落实大学国际化联盟合作院校间的交流与合作事宜,大力开展国际学术合作,开拓教师国际视野,提高学科专业建设的国际化水平。严格执行自组团组因公出国的公示制度,进一步落实因公出访团组回国后总结及成果落实工作,紧密结合学校的教学科研工作拓展国(境)外合作院校。

(二十七)开拓更多的在校学生出国(境)交流项目,规范在校生交流项目课程认证工作,保证在校生交流项目的顺利开展。

(二十八)规范统筹管理全校来华留学生出入境签证管理、学位授予等方面的工作,开拓校际交流渠道,大力发展来华留学生学位教育,推进我校国际化进程。办好国际大学生公益广告大赛。

(二十九)改善条件,切实做好引智工作,增加外国专家数量,提高专家聘请层次,促进学校有关学科英语及双语教学工作,实现引智工作效益最大化。

(三十)进一步扩大和台湾、香港和澳门地区的交流与合作,促进管理干部、教师赴该地区合作院校学习交流、教学观摩等项目的开展。

七、强化服务意识,提高管理水平,维护校园安全稳定

(三十一)做好2010年财务决算和分析及2011年财务预算分配工作。理顺工作机制,出台全校统一的会计核算科目及报销口径,认真研究财务政策,进一步修订完善各项财务制度和管理办法,提高资金使用率。

(三十二)统一全校国有资产管理办法,完成资产动态管理系统上线运行,开展固定资产使用绩效考评机制及考评办法调研,建立资产清查长效机制,提高固定资产使用效益。加强制度建设,建立招标、评标专家库,进一步规范招标、评标工作。进一步开展相关校区土地登记、确权工作。

(三十三)启动大学科技园创业创新园区和孵化器园区的建设。围绕学校人才培养、科技成果转化和社会服务的核心任务制定政策,规范学校经营活动,开拓创收资源。规范资产运营公司各项管理,拓展经营渠道,形成创收效益。

(三十四)树立科学审计观念,发挥内部审计"免疫系统"的作用。拓宽审计领域,提高审计工作层次和水平,开展好2010年财务决算和2011年预算执行情况、处级领导干部经济责任、基建等重点领域的审计工作。

(三十五)推进平安校园建设。继续健全和完善安全稳定工作的台账制度,明确安全隐患整改过程中的责任机制,落实整改措施;继续整治校园交通秩序,确保交通安全;做好重点人的稳控和敏感期的稳定工作;加强学生安全工作。

(三十六)建设学习型后勤,提高后勤服务队伍素质,强化服务意识,主动创新服务,提高服务能力与水平。做好节能减排工作,美化校园,统一校园标识系统,开始在各校区新建、改造建筑和环境中实施,以优良环境育人。

八、加强党建和思想政治工作,筹备学校第四次党代会

(三十七)开展纪念建党90周年系列活动,扎实推进创先争优活动。推进"十佳党支部"创建工作,开展2009—2011年度优秀共产党员、先进基层党组织、优秀党务工作者的评选表彰工作。做好学校第四次党代会的筹备工作。

(三十八)探索党委理论中心组学习的新模式,推动教职员工理论学习。以联大文化建设为抓手,深入开展教职工思想政治教育。以建党90周年为契机,围绕学校第四次党代会的召开,开展以"学习党史、坚定信念"为主题的宣传教育活动。

(三十九)落实党风廉政建设责任制,加强惩防体系制度建设,推进廉政风险防范管理工作由重点领域向所有领域全面铺开,提高学校风险防范科学管理水平。加强对教育收费、"小金库"、工程建设等领域突出问题的专项治理工作。

(四十)做好团代会换届工作。做好统战、离退休人员、老干部、工会、关工委等工作。

中共北京联合大学委员会

北京联合大学

2011年3月1日

关于印发《北京联合大学庆祝建党90周年纪念活动方案》的通知

（京联党〔2011〕14号）

各学院党委，校机关和直属单位党委，广告学院、北苑校区党总支，国际交流学院党支部：

经校党委第301次常委会（2011年3月11日）通过，现将《北京联合大学庆祝建党90周年纪念活动方案》印发给你们，请遵照执行。

中共北京联合大学委员会

2011年3月18日

北京联合大学庆祝建党90周年纪念活动方案

2011年是中国共产党建党90周年，也是实施"十二五"规划的开局之年。隆重纪念中国共产党成立90周年、深入开展创先争优活动，坚定中国特色社会主义理想信念，投身国家和北京市经济社会发展，投身教育事业和学校的教育改革发展，具有十分重要的意义。现就我校的纪念活动的有关事项通知如下：

一、纪念活动的指导思想

发挥高校特色，结合开展创先争优活动，在全校各级党组织和全体党员中组织开展以"学党史坚定信念，做标兵（表率）创先争优"为主题的党史学习教育活动，并把党员领导干部精通党史、青年学生熟悉党史、普通群众了解党史作为开展学习教育活动的重点和目的，以学习党史助推学校的创先争优活动，推进学校事业的发展。

二、纪念活动的主要形式

（一）启动仪式。

仪式拟定于3月25日（星期五）举行。发放《中共党史》第二卷上下册一套，宣读"学党史坚定信念，做标兵（表率）创先争优"庆祝活动方案，组织观看一部爱国主义影片等。

（二）庆祝大会。

拟定于7月1日前召开。表彰一批我校荣获北京市和学校先进基层党组织、优秀共产党员、优秀党务工作者称号的集体和个人；表彰在创先争优活动中涌现出的"十佳党支部""育人标兵""成才表率"。

（三）系列理论研讨会。

由党委宣传部负责落实本学期校党委理论中心组学习计划，安排专题讲座，并结合自学与专家辅导、个人学习与集体交流，充分研讨学习心得，最终以校院领导论坛形式将学习成果汇集，进而指导推动工作。由党委宣传部负责全校教职工的征文和专题理论学习；由社科部负责组织全校思想政治理论课教师学习研讨活动，并将论文汇集成册。由党委宣传部、社科部负责组织召开理论研讨会。

（四）系列座谈会。

由校党委组织部组织优秀共产党员代表召开庆祝中国共产党建党90周年优秀共产党员座谈会，并组织民主党派和无党派代表召开庆祝中国共产党建党90周年民主人士座谈会；由离退休处组织离退休干部召开座谈会；由党委宣传部组织全校教职工代表召开庆祝中国共产党建党90周年教职工座谈会；由学生处组织全校学生代表召开庆祝中国共产党建党90周年学生座谈会。

（五）党史知识竞赛。

由学生处组织全校学生开展党的历史知识竞赛活动。

（六）唱响主旋律歌曲，看主旋律影片活动。

由校工会和团委分别组织教职工和学生唱主旋律歌曲活动，从3月下旬启动仪式开始到5月底结束。结合学生特点，组织开展"收看22部影视作品"活动，通过形式多样的载体达到学党史、增信念的效果。

（七）文艺演出。

拟定于6月初由校工会和团委联合举办学校庆祝中国共产党成立90周年文艺演出专场晚会。

（八）走社区活动。

结合学生社会实践开展丰富多彩的走社区活动，走访社区、农村、企业、机关，面向广大群众宣讲党史、组织知识竞赛、红歌颂唱等活动。工会要通过90周年纪念活动深入教职工家庭，了解群众关心关注热点难点问题，关心群众疾苦，解决群众困难，将党的温暖传递到每一个家庭，将帮扶工作深入人心。

（九）扎实推进创先争优活动。

推进我校"十佳党支部"创建工作，组织专家组对活动开展进行中期检查，组织期末答辩评选以及表彰工作；开展2009—2011年度全校先进基层党组织、优秀共产党员、优秀党务工作者的评选表彰工作，并推荐参评北京高校先进基层党组织、优秀共产党员和优秀党务工作者;完成市委教育工委部署的 2011 年创先争优的各项任务。

建党 90 周年的纪念活动是今年党和国家的头等大事,全校上下要做得有声有色、深入实际,切忌走过场,流于形式。要充分利用互联网、手机等新兴媒体进行宣传教育,加深全校师生对党的历史、党的知识和党的理论路线方针的认识。努力做到学用结合,注重学习教育实效。一是把党史学习教育与创先争优活动结合起来,引导党员干部从党的伟大历程和辉煌成就中吸取动力;二是把党史学习教育与推动事业发展结合起来,运用党的最新理论成果查找存在问题、指导工作实践;三是把党史学习教育与学习型党组织建设结合起来,把学习成果转化为运用科学理论、知识和方法分析解决实际问题的能力,不断增强党组织的创造力、凝聚力和战斗力。

关于平谷学院终止办学后相关工作安排的原则意见

(京联党〔2011〕17 号)

各学院党委,校机关和直属教学单位党委,广告学院党总支,国际交流学院党支部;各学院,校机关相关部门、各直属教学单位:

由于北京地区生源减少,我校招生计划也逐年递减,平谷学院的办学规模难以保证。经与平谷区政府协商决定,双方终止合作办学。经校党委第 301 次常委会(2011 年 3 月 11 日)通过,现就终止办学后相关工作安排提出如下意见:

一、指导思想和基本原则

(一)总体指导思想。

平稳有序,协调配合,周密计划,顺利过渡。

(二)基本原则。

坚持以学生为本的原则,各项工作要以满足平谷学院学生的根本利益为出发点和落脚点。

二、工作意见

(一)平谷学院要认真按计划将目前在读的三年级学生顺利培养至毕业。从 2011—2012 学年第一学期(2011 年 9 月份)开始,在读的一、二年级学生全部安排到其他学院就读。

(二)平谷学院教师的安置工作由平谷区政府妥善安排,学校不负责接收。

(三)在合作期间,由学校投入的教学设备、图书资料、网络设施、安防设施及其他各种设施,按照国有资产管理办法,同时根据平谷学院今后发展的需要,由双方具体协商解决。

三、工作要求

对平谷学院停止办学后的相关工作,学校要进行周密安排和部署,确保整体工作顺利进行。

(一)根据平谷学院在读一、二年级学生修读专业情况,旅游管理专业学生转入旅游学院,广告设计与制作专业学生转入广告学院,其他专业学生全部转入应用科技学院。

(二)接收学生的各学院原则上要严格执行平谷学院制订的教学方案,认真落实各专业后续课程的任务要求。

(三)各接收学院必须认真落实各项教学任务,同时要优先配备本学院最优质的师资力量。

(四)相关部门务必优先保证平谷学院学生的住宿需求。

四、组织领导

为确保整体工作的顺利进行,进一步加强领导,做好协调和沟通工作,学校决定成立平谷学院整体工作领导小组和工作小组。

(一)领导小组。

组长:黄先开

成员:周志成　冯　虹　古红梅

(二)工作小组。

组长:齐再前　王春广

成员:支芬和　孔昭林　王美萍　张永敬
张文杰　刘明连　岳江红　李　湛
王恒刚　杨　冰　张建敏　常海斌
何天增

工作小组负责落实平谷学院终止办学后相关工作(附件)的具体实施。

附件:平谷学院终止办学后相关工作安排

中共北京联合大学委员会
北京联合大学
2011 年 3 月 21 日

附件：

平谷学院终止办学后相关工作安排

一、平谷学院概况

平谷学院目前有在校生 786 人，其中三年级（毕业班）253 人，一、二年级共有在校生 533 人，涉及 8 个专业，学生及专业主要分布情况如下：

专业名称	人数合计	一年级				二年级			
		男生	女生	小计	班级数	男生	女生	小计	班级数
国际商务	121	17	41	58	2	15	48	63	2
电子商务	60	12	15	27	1	16	17	33	1
金融保险	56	10	14	24	1	11	21	32	1
旅游管理	98	14	23	37	1	18	43	61	1
广告设计与制作	86	6	20	26	1	23	37	60	2
计算机应用技术	60	19	10	29	1	25	6	31	1
计算机网络技术	52	15	8	23	1	16	13	29	1

二、平谷学院学生转入学院及住宿需求

专　业	学生班级	转入学院	住宿需求	备　注
旅游管理	2009 级	旅游学院	女 10 间	1. 每间按 7 人安排 2. 昌平校区共需要 63 间
	2010 级		男 5 间	
广告设计与制作	2009 级	广告学院	女 8 间	
	2010 级		男 4 间	
国际商务	2009 级	应用科技学院	女 28 间 男 23 间	
	2010 级			
电子商务	2009 级			
	2010 级			
金融保险	2009 级			
	2010 级			
计算机应用技术	2009 级			
	2010 级			
计算机网络技术	2009 级			
	2010 级			

三、相关工作环节安排

工作任务	负责单位	负责人	完成时间
1. 下学期教学任务的落实及后续教学计划实施	旅游学院 广告学院 应用科技学院	王美萍 孔昭林 支芬和	3 月 31 日
2. 配备辅导员、班主任	校学生处 旅游学院 广告学院 应用科技学院	张文杰 王美萍 孔昭林 支芬和	5 月 31 日
3. 学生学籍、成绩等教学相关手续的移交	旅游学院 校教务处 平谷学院	汪艳丽 张建敏 张永敬	6 月 30 日
4. 08 级毕业生的相关工作落实	校招生就业处 平谷学院	常海斌 王春广	6 月中旬
5. 国有资产的清查及相关手续办理	校国资处 平谷学院	刘明连 王长领	5 月中旬

续表

工作任务	负责单位	负责人	完成时间
6. 平谷学院本学期日常教学及学生管理工作落实	平谷学院	张永敬 王福涛	6月1日
7. 接收学生学院领导及辅导员与平谷学院学生见面交接相关安排	旅游学院 广告学院 应用科技学院 平谷学院	王美萍 孔昭林 支芬和 王春广	5月31日
8. 昌平校区、旅游学院学生宿舍的安排	校后勤服务公司 旅游学院	何天增 肖春林	8月1日
9. 各种档案及相关材料的整理移交	相关部门 平谷学院	王春广	6月初

关于调整北京联合大学依法治校工作领导小组的通知

（京联党〔2011〕30号）

各学院党委，校机关和直属单位党委，广告学院、北苑校区党总支，国际交流学院直属党支部：

为深入贯彻《国家中长期教育改革和发展规划纲要（2010—2020年）》《北京市中长期教育改革和发展规划纲要（2010—2020年）》《教育部关于加强依法治校工作的若干意见》（教政法〔2003〕3号）、《中共北京市委教育工作委员会、北京市教育委员会关于加强高等学校法律事务工作的意见》（京教工〔2008〕4号）等上级文件精神，推进我校依法治校工作进程，充分发挥法制在学校改革与发展中的规范、引导和保障作用，经校党委第311次常委会（2011年5月28日）研究决定，现对北京联合大学依法治校工作领导小组进行调整，现将具体情况通知如下：

一、领导小组成员组成原则

学校的依法治校工作主要包括普法宣传教育、规章制度建设、法律事务管理三方面工作，主要涉及党校办、组织部、宣传部、纪检监察办公室、保卫处、人事处、财务处、教务处、学生处、科研处、行政管理处、国有资产处、审计处、经合办、校工会、校团委等部门。

二、领导小组人员组成

组　长：徐永利　柳贡慧

副组长：付晨光　周志成　张　楠　冯　虹　张连城

成　员（按姓氏笔画排序）：王惠明　方德英　毕玉兰　刘明连　曲学利　李　湛　李静文　张　奕　张文杰　张健民　张俊玲　杨　鹏　范宝祥　欧阳媛　贾　方　潘宏波

领导小组办公室设在党校办，办公室主任由范宝祥兼任。

三、领导小组工作职责

（一）统领全校师生员工法制宣传教育工作。整合全校各单位协调开展法制宣传教育，创建全校法制宣传教育联动体系。组织实施学校五年普法宣传教育计划的编制及实施督促工作，开展法制宣传教育相应的业务培训。

（二）统筹规划学校规章制度的合法性和规范性建设，督导规章制度的落实。组织研究、起草北京联合大学章程及其修订工作。主持各类校级规范性文件的清理、审核、修改，制定校级规范性文件审核流程并开展新出台文件审核备案工作。逐步归口学校各类合同的规范化管理，制定学校对外签订合同（协议）的制度规范及与之配套的审查备案流程，开展合同审核存档管理工作。

（三）负责学校法治工作的统筹规划、协调监督和指导服务。负责学校法律事务规范化管理，接待、处理、协调各类涉法事宜。组织检查学校各部门及各学院依法治校工作的落实情况。开展学校依法治校工作的专题研究、决策咨询，对高等教育政策、法律、法规进行研究，探索构建现代大学规范化管理制度。

特此通知。

中共北京联合大学委员会

2011年5月30日

关于印发《北京联合大学公务用车问题专项治理工作方案》的通知

（京联党〔2011〕38 号）

各学院党委，校机关和直属单位党委，广告学院、北苑校区党总支，国际交流学院直属党支部；各学院、北苑校区，校机关各部门、各直属单位：

经校党委第312次常委会（2011年6月3日）通过，现将《北京联合大学公务用车问题专项治理工作方案》印发给你们，请遵照执行。

中共北京联合大学委员会
北京联合大学
2011 年 6 月 7 日

北京联合大学公务用车问题专项治理工作方案

根据中共北京市委办公厅、北京市人民政府办公厅《北京市开展党政机关公务用车问题专项治理工作的实施意见》（京办发〔2011〕18 号）的精神，为进一步贯彻落实中央厉行节约要求、加强和改进党政机关和领导干部作风建设、促进领导干部廉洁从政、密切党群干群关系，加强和规范全校公务用车的配备和使用管理，结合我校实际，现就开展公务用车问题专项治理工作做出如下安排：

一、工作目标

通过专项治理，认真落实党政机关和领导干部公务用车配备使用管理规定，规范全校公务用车，着力解决公务用车突出问题，加强管理，完善制度，进一步提高公务用车配备使用管理的规范化、制度化水平。

二、活动时间

即日起至 2011 年年底。

三、组织领导

成立校公务用车问题专项治理工作领导小组，名单如下：

组　长：张　楠

副组长：张连城　古红梅

成　员：范宝祥　贾　方　张　奕　欧阳媛
毕玉兰　张健民　刘明连　王惠明
滕长建　唐小恒　傅桂禄　顾志良
罗晓慧　曹长兴　耿晓冬

领导小组全面负责公务用车问题专项治理工作，负责制定治理方案和相关制度；对学校公务用车问题治理工作进行指导、监督，检查督促各学院、各部门做好公务用车问题治理工作的整改和落实工作。

领导小组下设办公室，办公室设在校行政管理处。

办公室主任：王惠明

各二级法人学院根据实际情况，参照成立相应的公务用车问题专项治理工作领导小组。

各成员单位工作职责如下：

（一）党校办工作职责

负责各法人学院公务用车使用情况的核查工作。

（二）宣传部工作职责

负责做好公务用车问题重要会议、工作进展情况的宣传和舆论引导工作。

（三）组织部工作职责

1. 负责提供各法人学院局级干部职数、处级干部职数明细；

2. 负责对专项治理工作中出现的违规违纪问题进行组织处理事宜。

（四）纪检监察办公室工作职责

1. 参与领导小组办公室日常工作；

2. 负责专项治理工作中举报受理和核查工作；

3. 负责对专项治理工作中违规违纪问题进行查处；

4. 协助对专项治理过程中的违规车辆进行上报处理。

（五）财务处工作职责

负责提供车辆购置价格、数量等信息。

（六）审计处工作职责

参与公务用车自查摸底情况的统计汇总工作，在日常审计工作中注意发现公务用车配备及经费使用方面存在的问题。

（七）国有资产管理处工作职责

负责提供各学院公务用车问题专项治理范围内的机构名称、级别及车辆编制情况等。

（八）行政管理处、后勤服务公司工作职责

1. 负责组织专项治理各个阶段工作任务的落实；

2. 负责公务用车情况的汇总统计、核实甄别及上报等工作；

3. 负责起草公务用车配备使用管理的相关制度，

探索公务用车管理长效机制。

(九) 各法人学院工作职责

负责提供本学院公务用车配备使用的详细情况。

四、治理内容

(一) 超编制配备使用公务用车(以下简称超编车),是指违反公务用车编制规定,超额配备使用、未经审批配备使用、不在编制内配备使用的公务用车。

(二) 超标准配备使用公务用车(以下简称超标车),是指超出公务用车价格和排气量等标准配备使用的公务用车。

(三) 领导干部违反规定占用两辆公务用车,违反规定为处级领导干部及处级以下领导干部配备相对固定用车。

(四) 违反规定换车、借车,是指擅自采取折旧变卖、转送下属单位、提前报废等方式处理能够正常使用的公务用车,利用职权以各种名义借用、调用、换用下属单位、企事业单位或其他服务管理对象的车辆。

(五) 摊派款项购车,是指向下属单位、企事业单位或其他服务管理对象摊派款项购买车辆,或者擅自接受下属单位、企事业单位或其他服务管理对象赠送的车辆,以及摊派、转嫁车辆运行费用。

(六) 豪华装饰公务用车,是指增加公务用车高档配置或者豪华内饰。

(七) 公车私用,是指领导干部或其他人员将公务用车用于婚丧喜庆、探亲访友、度假休闲、接送亲友、学习驾驶等非公务活动。

五、工作步骤

(一) 登记自查阶段(截至5月底)

校本部、各法人学院要摸清本单位车辆的底数和状况,对公务用车进行登记,填写《公务用车配备使用情况登记表》,于5月底之前上报领导小组办公室,由办公室负责汇总,并对汇总登记的情况在一定范围内进行公示,时间不少于7日。登记摸底要确保不遗漏一个单位,不遗漏一辆车,不遗漏一项信息,不得瞒报、漏报。

校本部、各法人学院要开展公务用车自查自纠,将自查情况包括违规情况如实登记填报,自查面须达到100%,对违规问题,提出整改方案。各单位主要负责人对登记自查情况负责。

(二) 审查核实阶段(截至6月底)

公务用车问题专项治理工作领导小组组织力量,对登记上报情况逐车进行核实甄别,对发现和认定的违规问题提出处理意见。

(三) 整改落实阶段(截至9月中旬)

校公务用车问题专项治理工作领导小组按照北京市领导小组的要求和有关政策规定统筹考虑,对违规车辆提出整改意见和方案,并认真组织实施。

(四) 重点检查阶段(截至11月中旬)

公务用车问题专项治理工作领导小组办公室组织专项检查组,对存在问题的单位进行重点检查。检查的重点内容是:工作要求落实情况、编制核定和配备标准情况、登记自查情况、整改落实情况等。对检查中发现的问题,及时督促整改。

(五) 建章立制阶段(截至12月底)

结合我校实际情况,要进一步建立健全规章制度,重点建立和落实购置和更新车辆的审批制度、经费预算管理制度、日常管理制度等。

六、工作要求

(一) 加强领导,精心组织。要充分认识公务用车问题专项治理工作的重要意义,把这项活动作为规范管理公务用车的重要契机,要精心谋划、精心组织、精心实施,确保工作顺利开展。

(二) 完善制度,加强管理。要结合治理工作中发现的突出问题和薄弱环节,研究制定切实可行的规章制度,推进公务用车配备使用管理的规范化、制度化建设。

(三) 严肃纪律,如实上报。对行动迟缓、工作不力、弄虚作假、工作效果不明显以及发生顶风违法违规等问题的单位,活动领导小组将予以通报批评,并依照相关规定追究有关领导的责任。

关于2011年教职工绩效工资岗位津贴调整的意见

(京联党〔2011〕39号)

各学院党委,校机关和直属单位党委,广告学院、北苑校区党总支,国际交流学院直属党支部;各学院、北苑校区,校机关各部门、各直属单位:

为继续深化人事分配制度改革,逐步提高全体教职工待遇,调动全校教职工的积极性,推进学校整体的快速发展,经校党委第311次常委会(2011年5月28日)通过,特制定2011年教职工绩效工资岗位津贴调整意见。

一、关于在职人员绩效工资调整

(一) 总体思路

1. 在《2009年绩效工资实施细则》的基础上,保持绩效工资项目的构成体系、绩效工资岗位津贴级差比例、绩效工资的发放规定不变。

2. 调整岗位津贴的标准，实现全校绩效工资岗位津贴的统一标准。

3. 根据经费来源，将北京市核增的经费，按市政府补贴的比例，设定为市政府补贴2。将学校自筹的经费，在参照2009年绩效工资执行的级差，降低岗位津贴最高额与最低额之间比例的基础上，增加到绩效工资的岗位津贴上。

（二）调整在职人员过节费

按照《北京市关于推进其他事业单位实施绩效工资工作的意见》（京人社事发〔2010〕286号）中"北京市2010年四节节日补贴以一次性核增绩效工资的方式在'十一'期间发放，在2011年将此4000元/人·年作为四个节日补贴发放"的要求，将我校在职人员的节日补贴发放标准调整为元旦、春节、"五一""十一"四个节日，每人每节1000元。

（三）调整在职人员绩效工资

1. 绩效工资调整的经费

（1）北京市统一核增的经费6000元/人·年；

（2）学校预算执行的过节费5000元/人·年，自2011年调整为绩效工资增加的经费；

（3）全校自筹经费1500万元，用于绩效工资标准统一的调整。

2. 教职工绩效工资调整的意见

依据2010年绩效工资方案，在基本维持不同岗位之间级差不变的原则下，调整后绩效工资标准：

（1）市政府补贴标准及市政府补贴标准2（见表1）；

（2）教师岗位津贴标准（见表2）；

（3）非教师专业技术岗位人员岗位津贴标准（见表3）；

（4）管理人员岗位津贴的标准（见表4）；

（5）管理人员实职岗位津贴标准（见表5）；

（6）工勤技能人员岗位津贴标准（见表6）。

表1　市政府补贴标准　　元/月

职务、职称	市政府补贴标准	市政府补贴标准2
正局级	1680	820
副局级	1505	725
专业技术正高级	1575	765
正处级、专业技术副高级	1330	650
副处级	1190	580
正科级、专业技术中级	1050	510
副科级	935	455
专业技术初级	880	430
科员	840	410
办事员、专业技术员级	835	405
高级工、技师	945	455
中级工	855	415
初级工、普工	825	405
见习硕、博研生	755	362
见习本科生、双学位	655	314

表2　教师岗位津贴标准　　元/月

津贴级别	津贴标准	备注
一级	10 000	正高一级
二级	7600	正高二级
三级	6600	正高三级
四级	5600	正高四级
五级	4600	副高一级
六级	4300	副高二级
七级	3900	副高三级
八级	3600	中级一级
九级	3300	中级二级
十级	3000	中级三级
十一级	2700	初级一级
十二级	2400	初级二级
十三级	1900	员级

表 3　非教师专业技术岗位人员岗位津贴标准　　元/月

津贴级别	津贴标准	备注
一级	6200	正高三级
二级	5300	正高四级
三级	4400	副高一级
四级	4000	副高二级
五级	3700	副高三级
六级	3300	中级一级
七级	3000	中级二级
八级	2800	中级三级
九级	2600	初级一级
十级	2400	初级二级
十一级	1900	员级

表 4　管理人员岗位津贴标准　　元/月

津贴级别	津贴标准	备注
一级	6600	三级(正局级)
二级	5800	四级(副局级)
三级	4900	五级(正处级)
四级	4000	六级(副处级)
五级	3300	七级(正科级)
六级	3100	八级(副科级)
七级	2400	九级(科员)
八级	1900	十级(办事员)

表 5　管理人员实职岗位津贴标准　　元/月

岗位级别	津贴标准
校党委书记、校长	1000
学校副书记、副校长及学院副局级领导等	800
正部处长、主任	500
副部处长、副主任	300
正科长	200
副科长	100

表 6　工勤技能人员岗位津贴标准　　元/月

津贴级别	津贴标准	备注
一级	3100	一级(高级技师)
二级	2900	二级(技师)
三级	2600	三级(高级工)
四级	2300	四级(中级工)
五级	1900	五级(初级工)
六级	1900	普通工

(四) 有关事项说明

1. 此次在职人员绩效工资调整后,全校施行统一的绩效工资标准。

2. 各二级法人学院绩效工资发放办法,参照本意见制定实施办法,报送学校审核批准后执行。

二、退休人员的过节费及共享津贴的调整

(一) 退休人员过节费的调整

按照《北京市关于推进其他事业单位实施绩效工资工作的意见》(京人社事发〔2010〕286 号)的统一要求,将我校退休人员的节日补贴发放标准调整为元旦、春节、"五一""十一"四个节日,每人每节 1000 元。

(二) 退休人员共享津贴的调整

按照上级要求,我校退休人员的节日补贴发放调整后,原执行的过节费 2500 元/人·年,调整为 2011 年退休人员共享津贴增加的经费,调整后的共享津贴(见表 7),离休干部仍按原规定执行。

表7 校内退休人员共享津贴标准 元/年

岗位级别	津贴标准
原局级领导、正高级专业技术人员	4500
其他人员	4000

三、在职人员绩效工资调整、退休人员的过节费及共享津贴的调整,从2011年1月1日起执行。

中共北京联合大学委员会
北京联合大学
2011年6月9日

关于报送《北京联合大学“十二五”时期改革和发展规划》的报告

(京联党〔2011〕40号)

市委教育工委:

现将《北京联合大学“十二五”时期改革和发展规划》报送贵委,请审阅。

中共北京联合大学委员会
北京联合大学
2011年6月10日

北京联合大学“十二五”时期改革和发展规划

为贯彻落实《国家中长期教育改革和发展规划纲要(2010—2020年)》及《北京市中长期教育改革和发展规划纲要(2010—2020年)》(以下简称《规划纲要》)精神;客观总结“十一五”期间取得的成就,查找存在的不足;科学分析学校未来发展面临的机遇与挑战;准确设定“十二五”时期学校的工作目标与任务;切实制定实现目标的保障措施,学校特制定“十二五”时期改革与发展规划,动员全校师生统一认识、凝聚力量、齐心协力推动学校事业发展。“十二五”时期改革与发展规划是指导我校教育事业未来五年发展的纲领性文件,是全校师生员工在“十二五”时期共同奋斗的行动指南。

一、学校“十一五”期间发展状况

(一)取得的成就。“十一五”期间,学校遵循“就地整合,就地发展”的指导方针,在校党委的领导下,在全校师生员工的共同努力下,圆满完成“十一五”规划任务。尤其是通过教育部本科教学工作水平评估,确定了学校的本科办学主体,成功获批硕士学位授权单位,提升了学校的办学层次。这两件大事,凝聚了人心,振奋了士气,将永载学校发展史册,为学校“十二五”时期乃至未来的发展打下了良好基础。

1. 各专项规划目标得以实现,“十一五”规划任务圆满完成。

一是学科建设方面,经国务院学位办批准,我校成为硕士学位授权单位,3个学科成为硕士学位授权学科点,获批3个北京市重点建设学科和1个北京市重点实验室,市级重点建设学科达到6个,市级科研机构达到4个,学科布局趋向合理,重点(建设)学科建设等完成了规划任务。

二是本科教育方面,调整了16个本科专业,教育教学质量稳步提升。国家级和北京市级的特色专业建设点、人才培养模式创新试验区、实验教学示范中心等“质量工程”一期建设项目取得了历史性突破。2009、2010年全部实现了线上录取,2010年2个专业在7个省份实现了一本线录取。

三是高等职业教育方面,调整了52个高职专业,高职教育逐步集中,多所学院停办高职,学院办学层次更加清晰。学校成立了高职处,统筹管理学校高等职业教育。

四是师资队伍建设方面,专任教师中拥有硕士、博士学位以及高级专业技术职务的比例超额完成了规划任务。

五是校园建设方面,通过并入两所中专校、建设特殊教育学院新校园、购置19号学生公寓楼、实施抗震加固工程等方式扩充建筑面积9万平方米。

六是科学技术工作方面,教职员工科研意识普遍增强,学校科研经费积累达到2.35亿元。

七是信息化建设方面,多校区网络基础及应用系统建设、校园一卡通等主要工程顺利完成,数字校园的框架基本实现。信息化建设促进了办学水平和管理效益的提高。

2. 增强了学校集约化发展能力。撤销了机电学院顺义校区,回迁了廊坊校区,在东方信息技术学院、网通软件职业技术学院及国际语言文化学院的基础上合并组建了应用科技学院,广告学院改制并迁入昌平校区,调整了特殊教育学院的管理体制,学校办学结构进一步优化,办学效益进一步提升。

3. 增强了学校整体凝聚力。一是以学科建设为龙头的思想逐渐为更广大的教职员工所接受;分类指导、分层培养、因材施教、突出特色的育人理念初步得到贯彻。二是"同一个联大"的思想建设和制度建设取得进展。统一了招生工作,理顺了财务管理的运行机制,教育、教学信息化系统统一平台建设取得较大进展,在组织、宣传、人事、科研、学生管理等方面建立了全校统一的管理规章制度。三是人心更加凝聚,士气更加高涨,师生员工对未来充满信心。

(二) 存在的问题。"十一五"期间学校仍有许多困难和问题没有得到很好解决,办学水平离人民的要求还有很大差距。主要表现在:

1. 办学地点分散、办学资源严重短缺这一瓶颈问题没有得到有效缓解,尤其是学生宿舍严重不足。

2. 学院间学科、专业重复设置,学科边界不明晰,学院办学特色不鲜明等问题仍然存在。

3. 人才培养质量有待进一步提高。在市属高校中,部分可比的教育教学指标还处于较低水平。

4. 师资队伍结构有待进一步优化。高水平的学科、专业带头人紧缺,正高级专业技术职务人员缺口较大。师资队伍的职称结构不合理,各学院师资队伍状况不平衡。高等职业教育教师队伍特色不明显、结构不够优化。

5. 管理科学化水平有待提升,管理队伍的整体素质有待提高。管理机制还不够完善,责、权、利不够清晰,管理理念还不够先进,管理手段还比较落后。

6. 学校还处于应用型大学的建设阶段。应用性人才培养特色和优势尚未得到有效凸显,应用型大学的人才培养模式还需不断探索创新,理论教学体系、实践教学体系的内涵研究和实践尚不深入。

二、学校"十二五"时期发展面临的环境

(一) 面临的机遇

1. 2011—2015 年,是首都全面实施"人文北京、科技北京、绿色北京"发展战略、加快推进世界城市建设的关键时期,国家及北京市经济与社会发展第十二个五年规划纲要都指出要优先发展教育。从现在起到 2020 年,我国高等教育总规模将从 2900 多万增加到 3550 万,高等教育毛入学率从 24.2%提高到 40%,20—50 岁主要劳动年龄人口的受高等教育的比例会从现在不到 10%提高到 20%。未来 10 年,北京市 10 万人口中在校大学生数要达到 6700 名,高等教育需求仍处于高位平台。

2.《规划纲要》为高等学校下一步的改革和发展确定了方向。《规划纲要》全面谋划了教育体制改革的新思路、新方向,指出要通过建立高等教育的分类体系,实行分类管理,开展分类评价,引导不同层次、不同类型的高校能够合理定位,各安其位、各展所长,办出特色。这些都为学校确定办学定位、提高人才培养质量、提升科学研究水平、增强社会服务能力、文化传承创新指明了方向。

(二) 面临的挑战

1. 首都经济社会发展对高水平应用性人才提出了更高的要求。"三个北京"及"世界城市"建设要求高等教育提供更加优质和高效的人才支撑、科技支撑、社会服务和文化传承创新。

2. 高等教育的竞争更加激烈。高校生源数量不断减少,京外高校、国(境)外高校、高职院校生源争夺进一步加剧。

3. 人们接受优质高等教育的需求不断增加。随着高等教育事业的发展,人们对接受优质高等教育的要求进一步提高,社会对学校声誉的评价决定着学校发展的机遇和空间。

三、学校"十二五"时期的指导思想和发展目标

(一) 指导思想

以邓小平理论和"三个代表"重要思想为指导,深入贯彻落实科学发展观,全面贯彻落实全国教育工作会议、《规划纲要》精神,以科学发展为主题,以加快发展模式转变为主线,以学科建设为龙头,以队伍建设为核心,以专业建设为基础,以提升人才培养质量为重点,以深化改革为动力,以实施教学品质提升计划为抓手,以提升管理科学化水平为保障,全力建设和谐的、人民满意的应用型大学。

(二) 办学定位

北京联合大学是以本科教育为主体的市属综合性普通高等院校,学校立足北京、服务首都、辐射全国,着力培养适应经济社会发展需要的高素质应用性人才。

(三) 发展目标

稳定办学规模,做强本科教育、优化高职教育、发展研究生教育、推进教育国际化、拓展继续教育;努力为各类学生提供优质的教育,为师生员工创造和谐的生活,为社会发展奉献出色的服务;整体办学水平得到社会广泛认可,学校社会声誉明显提高,早日建设成为高水平、有特色的应用型大学。

1. 校区建设方面:统筹校区、学院建设,完成小营校区综合实训楼、体育活动中心、学院路校区综合科技楼、北苑校区综合大厦等约 10 万平方米以上教学基本建设工程,以及全校 5 万平方米以上的学生宿舍楼建设计划,基本上解决办学资源短缺的瓶颈问题,努力把校区建设成环境优美、宜教宜学的精品校园。

2. 学科建设及研究生教育方面:逐步形成结构合理、特色鲜明、优势互补、协调发展的学科体系。新增至少 2 个一级硕士学位授权学科点，建成至少 5 个硕士专业学位授权点，建立 1～2 个联合培养博士的学科点。2～3 个学科达到市属高校的领先水平，“十二五”末在校研究生达到 500 人左右。

3. 教育教学品质提升方面：教风、学风明显改善，教学质量稳步提升，建成 2～3 个在北京市乃至全国有重要影响的品牌专业（专业群），新建至少 5 个北京市级及以上特色专业（专业群）、10 门精品课程、10 本精品教材；新建至少 2 个北京市级及以上校外人才培养基地；获得至少 5 项北京市级及以上教育教学成果奖；搭建 100 门优质课程网络教学资源共享平台。

4. 科研水平提升方面：到“十二五”末，当年到账科研项目经费不少于 5000 万元；拥有高级职称和博士学位的专任教师在 SCI、SSCI、A&HCI 及 EI 期刊发表论文人均多于 1 篇；获得至少 1 项国家重大项目，40 项国家级项目，5 项省部级及以上政府科研奖项。学校的学术水平、科研能力、研究成果和为社会服务的综合能力在市属同类院校中处于中等水平。

5. 人才队伍建设方面：在国家级平台培养和引进 10 名左右国内知名学者或市级以上教学名师，新增 5 个左右市级及以上优秀教学团队；在市级平台及一级学科引进和培养 20 名左右领军人物，新增 4 个左右市级及以上学术创新团队；培养 100 名左右具有创新意识、素质精良、发展潜力的中青年骨干人才。专职教师中具有博士学位、高级专业技术职务的教师比例力争达到市属院校的中等以上水平。

6. 教育国际化与信息化建设方面：到“十二五”末，本科生、研究生中有出国经历的比例以及外籍教师占全体专职教师的比例和管理人员有 1 个月及以上国（境）外学习、工作经历的比例均达到 5%，教师中具有三个月以上国外研修经历的比例达到 15%—20%，专业教师中具有半年及以上行业企业实践经历的比例达到 80%。建成联合培养硕士项目、区域合作项目，继续保持我校国际化发展的速度和水平。提升信息网络基础环境水平，突出信息化应用、服务和效益，以信息化建设提高教学、科研和管理的效益和效率，提升学校的核心竞争力，提高师生校园文化生活的幸福指数，将学校建设成为市属院校中的数字校园建设示范校。

7. 学校文化建设方面：从精神文化、学术文化、制度文化和形象文化四个方面组织实施一批校园文化建设项目。强化办学理念，建立学校统一形象标识；结合学校特色，凝练并弘扬“联大精神”，建设和谐校园；规范学术道德，营造学术氛围；加强阵地建设，学习身边榜样。

8. 党建与思想政治工作方面：加强校院领导班子建设，优化干部队伍结构，到“十二五”末，全校处级干部数量控制在 400 人以内，其中 35 岁以下的处级干部占 10%以上、45 岁以下的处级干部占 45%左右，硕士及以上学位的处级干部占 80%以上。采取有效措施，大力提升管理干部队伍的整体素质，提升学校管理与服务的水平和能力。加强基层党组织建设和发展党员工作，20% 以上的党支部达到学校“十佳党支部”建设标准，在校本科生中的党员比例达到并保持在 12% 左右。进一步完善惩治和预防腐败体系，全面提升学校党建和思想政治工作科学化水平。

9. 师生健康幸福建设方面：以“关心师生、理解师生、服务师生、发展师生”为目标，加强师生健康教育，做好师生员工健康幸福的引导和服务，积极开展师生“健康幸福工程”。到“十二五”末，使我校师生养成良好的锻炼、工作和生活习惯，掌握必备健康知识，科学有效的健身、营养和舒缓压力的方法，提高师生健康幸福指数。推进“平安校园”建设，为师生健康幸福提供和谐环境。

四、学校“十二五”时期的主要任务

（一）实施校区建设工程。明确各校区的学院布局和功能定位，科学规划各校区建设，切实提高各校区资源的利用率。统筹规划“一中心、多校区”建设，即抓紧推进“一中心”——小营校区建设，围绕中心区，推进多个校区建设。

集中精力建设好小营中心区。重点推进小营校区综合实训楼、体育活动中心等项目建设，把小营校区建设成一个功能齐备、设施优良的精品校园；把握住中关村科学城建设契机，抢占滩头，加大学院路校区建设，完成综合科技楼（第二教学楼）的建设计划；整体推进北苑校区建设，完成能够支撑 4000 人左右教学需要的综合大厦改扩建工程。加大各校区环境整体规划与建设力度，努力成为环境优美宜人、宜教宜学的精品校园。

立足整合，充分挖掘校区内土地资源，加大各校区学生宿舍楼建设力度，进一步改善学生住宿条件，满足全部在校学生的住宿需求。

挖掘资源潜力，统筹规划盆儿胡同、成寿寺、什刹海、丰盛胡同等教学辅助校区的建设。

（二）实施学科与研究生教育创新工程。以“突出优势、支持重点、扶持新兴、加强应用”为指导思想，实施学科及研究生教育创新工程。

确立合理的学科体系。根据社会发展需求和北京市的特点，以学科的结构性调整为主线，注意培植新的学科生长点，强化一级学科建设，努力推进学科交叉与融合。到“十二五”末，力争解决学科队伍、研究力量、研究方向分散以及同一学科方向在不同学院重复设置问题。

进一步凝练学科方向。支持并引导教师、科研人员对本学科的发展前沿、地区实际需要、学校发展特色进行综合分析，论证并确定本学科的研究方向，逐步形成相对稳定的研究方向和较明显的学科特色。

分三个层次(市级、校级、院级)进行学科建设,重点建设北京市重点建设学科及一级硕士学科点。依托我校北京市重点实验室和北京市哲学社会科学基地等市级科研机构,加强跨学科平台建设,并积极探索和建设适应现代服务业、区域经济的跨学科平台。

完善研究生管理的体制与运行机制,创新研究生教育体制。改革以单向知识传授为主的传统培养模式,全面推进综合素质教育。发挥研究生在科研中的作用。规范导师队伍管理,确保导师遴选质量。鼓励以第一导师身份进行联合培养博士研究生的工作。

(三)实施教学品质提升工程。以"分类指导,分层培养,因材施教,突出特色"的人才培养理念为指导,以"整合、优化、凝练、提升"为工作思路,实施教学品质提升工程。

实施专业整合优化计划。采用"大类整合、逐步优化、突出优势、凝练特色、提升水平、树立品牌"的思路,对专业或专业群进行大类整合,重点建设若干在北京市属高校中具有优势或特色的专业。

实施人才培养模式创新计划。面向北京市支柱和新兴产业,跨学科、跨专业培养复合应用性人才;通过分流培养、分级教学等方式,满足学生个性化发展需求;构建高职、高职升本科一体化的现代职业教育体系,推进职业教育等级制试点;大力加强教育教学研究与改革,为人才培养模式改革与创新提供理论支撑和实践指导。

实施课程体系建设优化计划。采用"系统设计、分类建设、突出重点"的策略,结合 2011 版人才培养方案制订与实施,梳理并建立科学合理的课程体系;大力加强通识教育课程、学科大类平台课程以及专业核心课程建设;积极推进网络学堂建设与使用,引进和自主开发特色突出的优质教学资源库,建立健全网络教学与运行管理机制。

实施实践教学效能提升计划。采用校内外相结合、统筹与分散相结合、软硬件相结合的方式,加强实践教学环境和课程体系建设,积极推进实践教学管理创新,努力培养学生的创新精神和创业意识,切实提高学生的实践能力。

实施教师执教能力提升计划。建立教师发展促进中心,通过研修培训、学术交流、教师职业生涯发展指导等方式,帮助教师增强课堂教学能力,提高课堂教学质量和效果。通过企业定期实践制度,提升教师专业实践经验、实践能力和社会服务能力,推动教学内容、教学方法和教学手段改革。

实施学生学习效能提升计划。强化学生全程辅学导学督学机制,鼓励实行导师制或班导师制;完善第二课堂建设,重视学生创新创业教育,搭建学生课外科技活动平台;完善学业考核办法,加强学习过程监控,充分调动学生学习积极性。

实施招生就业质量提升计划。创新招生工作机制,改进招生工作策略,不断提高生源质量;加强就业工作指导,重视学生职业生涯规划教育,设立创业教育基金,提高学生就业竞争力。

实施教学管理效能提升计划。加强学习培训,提高教学管理队伍业务水平;完善教务管理信息系统,提高教学管理的科学化水平;增强服务意识与能力,提高服务质量;完善教学质量评价机制,加强教学质量监控。

整合继续教育资源,稳定学历教育规模,提高继续教育教学质量。依托学校优势学科、专业,积极拓展非学历教育培训市场,努力打造继续教育培训品牌。

(四)实施科研水平提升工程。以"组建团队、建设平台、提升水平、加强应用"为指导,实施科研水平提升工程。

突破学院界限,创新组织模式,充分发挥校内外学术委员的作用,以市级科研机构及重点建设学科、一级学科硕士点为主体,以争取国家项目为目标,建设第一梯次科研团队;以校级重点学科为基础,创建在全国有影响、在北京有特色的第二梯次科研团队;围绕如"物联网""云模式""绿色发展"等战略性新兴产业,以促进培育区域需要的新兴、交叉学科为目标,建设第三梯次科研团队。以点带面,推动全校科研团队全面发展。

加强重点科研创新基地与科技创新平台建设,支持现有市级科研机构争创市级优秀科研机构,并积极申报教育部和国家级科研机构。争取新增市级重点实验室、哲社基地或工程技术中心 1～2 个,教育部重点实验室 1 个。以现有校级科研机构为基础,重点培育 5～10 个具有自我生存能力、持续成长潜力、符合学校科研总体发展目标的重点科研机构。

开展竞争性项目支持计划,争取国家重点(攻关)项目、国家级项目;鼓励多出高水平科研成果;形成一批具有国际视野、在北京市有一定影响、在国内同类院校中有一定地位的优势研究、特色研究、交叉研究和前沿研究。加强"政产学研用"合作,发挥大学科技园的作用,加强科技成果的应用和转化。

(五)实施人才队伍建设工程。加强全校人才队伍整体建设,力争"十二五"末,全校在职教职工总数控制在 3000 人以内。逐步建设一支在北京地区具有较强竞争力和影响力的高水平学科、专业带头人队伍;培养一支师德高尚、业务精湛、结构合理、充满活力、具有较强创新力和实践能力的高素质专业教师队伍;依托学校重点实验室和重点学科建设一批高水平的学术创新团队,依托学校特色专业建设一批高水平的优秀教学团队;建设一支规模适度、结构合理、政治坚定、综合素质较高的管理干部队伍。

实施人才引智计划，分类规划和指导各类人才布局，拓展人才引进范围，提高人才引进待遇，努力实现高端人才建设的重点突破；实施人才提升计划，完善人才资助和激励措施，构建优秀人才脱颖而出的途径和渠道，有效提升中青年骨干教师队伍的整体素质；实施人才培育计划，分层次、分类别建立青年教师的培育体系，为青年教师搭建快速成长的平台，切实提高青年教师教学和科研能力；实施团队扶持计划，建立和完善校级创新团队的管理办法，探索建立团队岗位设置和绩效考核管理机制，强化对市级团队的培育，促进学校团队建设水平的整体提升。

建立教师发展促进中心，加强教师的师德修养和职业生涯指导。进一步完善教师培训制度和参加行业企业实践的管理制度，形成包括教师学历进修、学术研修、教学实践能力和社会服务能力提高等全方位培训体系，全面提升教师执教能力，“十二五”末，学校专职教师中具有硕士及以上学位的比例达到90%以上，教师（不含外国语言文学类、艺术类、体育类、思想政治教育教师和专职从事高等职业教育教师）中具有博士学位比例达到50%左右。

加强兼职教师队伍建设，完善客座教授、讲座教授、兼职教师等管理办法，通过多种方式拓宽教师来源渠道，使来自行业企业的高水平兼职教师占教师编制总数的10%—30%（高等职业教育为主体的学院可达到30%）。

引进有学术背景的高水平管理人才，继续推进管理干部国内外高校挂职锻炼和培训力度，建立健全优秀管理干部与教师轮岗交流制度，形成一支视野开阔、能打硬仗、素质较高的管理干部队伍。

（六）实施教育国际化与信息化建设工程。以“优化资源、突出特色，注重学术、强调科研，建设品牌”为指导思想，建立以学院为主体，以学术交流、合作科研为导向的国际交流与合作模式。一是实现教学课程体系国际化。出台相关政策，通过学术交流、合作科研建设国际化学科、专业特区。开展国际化专业建设试点工作，在部分专业基本上形成具有学科特色的开放式、国际化的教育教学体系。二是实现师资队伍国际化。在进一步拓展本校教师国际化素质培养基础上，试行师资和研究人员的国际招聘，以试点学科、专业为龙头，建立高水平国际化教学团队，团队成员由高学历外籍教师（30%）、具备海外执教经验且具有海外高学历的中方人才（30%）、具备海外留学经验且高学历的中方人才（40%）共同组成。三是实现学术、科研国际化。以市级重点建设学科、硕士点为基础，深入开展国际学术研究与交流活动，通过多种方式建设具有国际化研究能力的优秀学术团队，提升学术水平，扩大学术影响力。

以“统筹规划、整合资源”为指导思想，推进学校信息化建设，实现内涵发展。一是对现有教育模式和培养方式进行创新，将信息化建设的成果体现在教学上，让学生受益，在人才培养质量上显成效。制定引导性政策，鼓励教师开发具有学校自身特色的课程资源库等信息资源，并尝试通过定制服务共享、区域联盟共建等形式，确保数字教学资源建设的充分可持续发展。鼓励教师探索新型教学模式，开展网络教研，提高教育技术应用能力。二是提高信息管理运行效率和大学的治理水平。彻底消除信息“孤岛”，有效整合现有以及未来的业务系统的数据，加快学校管理信息化进程，促进学校管理标准化、规范化。加快学校数据资源中心建设，规范、有序、灵活的数据挖掘分析，实现全校运行状况的动态监测，为宏观决策提供科学依据。三是整合服务，拓展、便捷网络服务信息领域。以服务对象为中心，实现用户信息服务个性化，提升公共信息服务的能力与水平，为学校所有群体提供一体化、全方位、智能型的信息服务，提升校园文化生活的幸福指数。

（七）实施学校文化建设工程。以营造良好的育人和学术环境为切入点，实施学校文化建设工程。努力建设内容丰富多彩、格调健康向上，既充满生机活力，又有深厚底蕴和鲜明特色的大学文化。

凝练办学理念、培育学校精神。总结30多年办学经验和优良传统，进一步凝练既符合学校办学实际又富有时代特点的办学理念；对“学以致用”的校训进行完善与充实；在校区分散的状况下，通过进一步凝练“联大精神”，起到统一思想、和谐共进的作用。

加强校园人文环境建设。建立学校形象识别系统，在公共场所建校训碑、学术墙，布置体现联大特色的人文景观雕塑，加强对学生的“爱祖国、爱首都、爱科学、爱创新、爱联大”的五爱教育。

建立校园文化建设的保障机制。成立校园文化建设组织机构，设立专项建设经费，充分调动各学院和以校友为代表的社会力量的积极性，共同支持学校文化建设。

（八）实施党建与思想政治工作工程。以“围绕中心抓党建，抓好党建促中心，检验党建看发展”的工作理念为指导，实施党建和思想政治工作工程。

加强党的思想理论建设，坚持用马克思主义中国化的最新成果武装党员干部和师生头脑，保持、巩固学习实践科学发展观活动成果，扎实推进创先争优活动。加强领导班子和干部队伍建设，推进干部的年轻化，提高干部的学历层次，通过开展培训、挂职、交流轮岗等方式，大力提升管理队伍的整体素质，不断提升办学治校能力和管理水平。完善干部选拔任用工作体系和考核评价体系，加大对后备干部和基层干部的培养力度。建立健全基层党组织工作考核评价体系,做好党支部工作评议和党员民主评议工作。落实基层党支部书记的待遇。持续组织开展"十佳党支部"创建活动。改进党组织的活动方式,增强党组织的服务功能,推进党内民主建设,完善党员教育培训体系。落实党风廉政建设责任制,推进学校反腐倡廉建设,营造风清气正的良好氛围。

加强对思想政治工作的统一规划、组织协调和督促检查。围绕学校事业发展做强宣传,不断提升学校的影响力和凝聚力。加强师德建设,完善师德考核评价办法。强化思想政治理论课建设和马克思主义理论学科建设,在市级教学、科研建设项目上取得突破。构建应用型大学德育工作体系,完善多校区大学德育工作模式。提升辅导员专业化水平,争取培养出2—3名专家型辅导员。建立大学生成长服务中心,促进大学生全面发展和个性发展的统一。加强统战工作,充分发挥党外代表人士在学校事业发展中的作用。进一步完善学校工会工作体制,充分发挥教代会的作用,创建"北京市模范教职工之家"。推进共青团工作评价体系建设,探索实施团学工作项目管理和量化管理。创新离退休党组织的活动形式,增强服务功能。

做好统战、群团、离退休及校友会等工作,充分发挥学校党建研究会和思想政治教育研究会等社团组织的平台作用,积极推进党建理论研究,争取在北京高校党建和思想政治工作创新成果奖评选中获得突破。

(九)实施师生健康幸福工程。落实关于"人均期望寿命逾80岁"的北京"十二五"健康规划,以"科学健身、强健体魄、合理膳食、享受健康"为目标,实施师生健康幸福工程。让每一位教职工和学生提高自我身心保健意识,打造一支德艺双馨、身心健康的教职工队伍,让教职工"体面劳动","生活得更加幸福、更有尊严";培养一批政治坚定、思想上进、品学兼优、身心健康的高素质学生,促进学校和谐发展。

做好师生员工健康幸福的引导和服务。建立师生健康档案,每年公布在职及离退休教职员工和学生健康状况报告,定期为教职员工进行体检,为学生进行体质健康测评。加强师生健康状况的分析和排查工作,做好师生常见病防治;根据师生身体状况做好健康饮食、体育锻炼、心理干预等引导、管理和服务工作。实施人文关怀,适度开展增进师生身心健康的各种知识讲座和有益身心的休闲娱乐活动,提高健康水平和心理素质。成立学校师生健康工作领导小组,通过5年跟踪分析、引导和服务,使师生养成良好的锻炼、饮食、工作和生活习惯,促进学生体育教育教学的改革,丰富校园文化生活,提高师生健康幸福的自我调控能力和指数,使我校师生常见病率下降。

加强科技创安与综合治理,深入推进"平安校园"创建工作,初步建立促进校园安全稳定的长效机制,不断完善校园安全保障体系建设。

五、学校"十二五"规划的保障措施

(一)制度保障

1. 坚持党委领导下的校长负责制。完善党委领导、校长负责、民主管理的学校领导体制,做到决策科学、规划民主、程序公正。

2. 健全教代会制度,充分发挥广大教职员工在民主管理中的根本作用。

3. 充分发挥校学术委员会的作用,保障教授在教学、科研和学科建设中的学术主导作用。

4. 发挥群团组织和各民主党派在学校建设和发展中的积极作用。

(二)组织保障

1. 努力建设学习型领导班子,进一步提高校院两级领导班子的办学治校能力。逐步建立和完善干部选拔、任用、培养、管理、考核、监督的配套机制,提升学校的管理效率和管理水平,建设一支敬业务实协作创新的高素质管理队伍。

2. 充分发挥党组织的政治核心作用和党员的先锋模范作用,提高基层党组织的活力。加强思想建设、组织建设、作风建设、制度建设和反腐倡廉建设。

3. 贯彻《国家中长期人才发展规划纲要(2010—2020年)》及《首都中长期人才发展规划纲要(2010—2020年)》,落实我校人才强校四项计划,培育形成一支高层次的人才团队。

4. 建立和完善校院两级考核管理体系,将主要办学指标纳入学院绩效考核范畴,形成以学院(部门)为主体的考核机制,充分调动学院(部门)积极性,实现目标管理和过程监控的有机结合,促进学校整体办学效益的提升。

(三)经费保障

1. 积极争取市级财政的支持,保证对我校财政投入有较大的增长。

2. 开拓资源渠道,充分利用校内外一切资源,努力优化我校财务总体构成,在争取政府资源的同时,努力实现办学经费来源多样化。

3. 规范财务管理,杜绝铺张浪费,提高资金使用效率,充分发挥预算管理委员会作用,科学预算,严格执行,不断提高绩效管理水平。

关于印发《北京联合大学党风廉政宣传教育联席会议制度》的通知

（京联党〔2011〕42 号）

各学院党委，校机关和直属单位党委，广告学院、北苑校区党总支，国际交流学院直属党支部：

经校党委第 310 次常委会（2011 年 5 月 20 日）通过，现将《北京联合大学党风廉政宣传教育联席会议制度》印发给你们，请遵照执行。

中共北京联合大学委员会

2011 年 6 月 17 日

北京联合大学党风廉政宣传教育联席会议制度

为了加强学校党风廉政宣传教育工作，充分发挥各有关部门的优势，形成工作合力，增强廉政宣传教育的整体成效，根据中共北京市纪委、中共北京市委宣传部、北京市监察局、北京市文化局、北京市广播电影电视局、北京市新闻出版局共同发布的《关于进一步深化廉政文化建设的实施意见》（京纪发〔2011〕6 号）的精神和《2011 年北京联合大学党风廉政建设和反腐败工作主要任务分工》（京联党〔2011〕20 号）的要求，特制定本制度。

一、组织领导

学校党风廉政宣传教育工作在校党委的统一领导下，由校纪委组织协调、牵头开展。党风廉政宣传教育工作联席会议（以下简称联席会议）实行领导小组负责制。联席会议领导小组组长由纪委书记担任，成员单位由校纪检监察办公室、党委组织部、党委宣传部、学生工作部（处）、团委、研究生处、人事处、工会、党校办、科研处、机关党总支组成，各单位负责人为领导小组成员。联席会议领导小组办公室设在纪检监察办公室，纪检监察办公室负责人兼任主任。

二、工作职责

（一）联席会议领导小组工作职责

1. 按照上级和学校党委的要求，研究部署学习贯彻上级有关文件、会议精神和学校党风廉政宣传教育工作；

2. 研究制订学校年度党风廉政宣传教育工作计划，并对计划落实过程中发现的问题，进行研究并提出解决办法；

3. 通报交流党风廉政宣传教育工作开展情况，总结和推广好的经验和做法；

4. 研究、部署其他相关事项。

（二）办公室工作职责

1. 根据领导小组要求，组织协调全校党风廉政宣传教育活动和安排；

2. 起草学校年度党风廉政宣传教育工作计划，督促和检查学校党风廉政宣传教育计划的落实；

3. 定期召集联席会议，加强与成员单位的日常联系，编发信息和简报；

4. 协调解决有关联席会议和成员单位的其他事宜。

（三）成员单位工作职责

1. 按照任务分工的要求，抓好组织落实责任范围内的党风廉政宣传教育工作；

2. 各成员单位之间在日常工作中要加强联系与合作，工作中要互相支持与配合；

3. 各成员单位要报告任务分工中已经完成或正在完成的工作情况。

三、任务分工

为了更有效地对广大党员干部和师生开展党风廉政宣传教育，包括理想信念教育、廉洁从政教育、党纪政纪教育、先进典型教育、案例警示教育、廉洁诚信教育、师德师风教育，根据各成员单位的职能特点，将对任务进行分工，明确责任范围：

（一）纪检监察办公室

主要负责廉洁从政教育、党纪政纪教育和案例警示教育。1. 开展领导干部廉洁自律规定的宣传教育，实行廉政谈话教育；2. 对个别廉政方面存在苗头性、倾向性问题的干部及时认真进行警示谈话和诫勉谈话，做到防微杜渐，真正起到教育和爱护干部的作用；3. 开展纪律条规和案例警示教育；4. 加强校园廉政文化建设；5. 督促廉政风险防控高风险单位做好对本单位的重点岗位、关键人员的岗位教育和警示教育。

（二）党委组织部

主要负责与干部培训和民主生活会有关的廉政教育，以及干部的党性教育。1. 把党风廉政宣传教育工作纳入年度干部培训计划之中，落实课程安排；2. 在领导干部的培养、选拔、管理、使用全过程中要贯穿廉政教育；3. 大力宣传评选出的先进典型；4. 组织召开处级领导班子廉政专题民主生活会。

(三) 党委宣传部。主要协助党委落实校党委理论中心组党风廉政教育专题学习活动，负责落实每年校园廉政专题宣传月宣传氛围的营造。1. 坚持每半年安排一次校党委理论中心组廉政专题学习；2. 严把廉政专题学习内容，确保学习效果；3. 充分利用新闻网、校报、电视台、宣传橱窗等校园宣传媒介，做好廉政宣传教育宣传报道工作；4. 充分利用校园新兴宣传媒介做好正面宣传，及时报道学校、学院相关工作动态，宣传此项工作中涌现的先进团队、个人和优秀集体。

(四) 学生工作部(处)、团委、研究生处。主要负责学生的廉洁诚信教育，将廉洁诚信教育工作融入大学生思想教育之中，推进廉洁教育进校园、进课堂、进学生头脑。1. 通过大学生思想道德修养与法律基础课、诚信教育主题班会等形式，开展以"诚信、廉洁、守法"为主要内容的道德和法制教育；2. 通过新生入学教育、期末考试月诚信教育，开展"感谢父母养育之恩、回报学校培育之情"为主要内容的感恩教育和诚信教育，增强学生的社会责任感；3. 通过毕业教育，开展"文明、节俭、自律"为主要内容的专题教育，引导毕业生做诚信、责任、守法的公民；4. 利用校园媒体，组织廉洁诚信主题宣传教育活动，营造恪守诚信、崇尚廉洁、以廉为荣的集体风尚和氛围；5. 以党、团学生组织为载体，开展廉洁诚信学习实践活动，发挥基层党组织和学生党员的先锋模范作用。

(五) 人事处、工会、党校办、科研处、团委。主要负责师德教育。1. 宣传贯彻学术道德行为规范和教师师德规范行为规范，营造树立高尚的师德师风、维护学术道德、严明学术纪律、规范学术行为、鼓励学术创新、促进学术发展的良好氛围；2. 宣传贯彻国家法律、法规和学校的规章制度，督促和检查全校各单位和教职工遵守各项管理规章制度，按照岗位职责要求完成各项工作任务；3. 进一步树立先进典型，发挥模范榜样作用，加大宣传力度，营造良好的师德师风；4. 组织优秀辅导员和我最爱的教师评选活动，促进师生间的沟通和交流，继承和发扬师生和睦、教学相长的良好风气；5. 组织开展"三育人"评选活动。

(六) 机关党总支。主要负责牵头抓好廉政文化进机关工作。以党员领导干部为重点，与转变机关作风、提高行政效能、服务师生群众紧密结合，组织开展各类符合机关干部特点的廉政文化活动，弘扬廉洁从政主旋律，教育引导党员干部做到"为民、务实、清廉"。

四、会议管理

(一) 联席会议由纪检监察办公室召集，纪委书记主持，根据具体情况，可召集全体成员或部分成员出席。

(二) 每次联席会议要有记录。根据会议内容或工作需要，由联席会议研究确定是否形成纪要和印发文件。需形成会议纪要的，由纪检监察办公室承办，经校领导审定后，分送联席会议成员；需印发文件的，由牵头单位承办，并经相关部门领导会签后印发。

(三) 纪检监察办公室负责联席会议会务工作和催办、收集、汇总、通报联席会议商定的有关事项办理情况。

关于成立校志编纂暨校史展陈工作领导小组的通知

(京联党〔2011〕43 号)

各学院党委，校机关和直属单位党委，广告学院、北苑校区党总支，国际交流学院直属党支部：

为加强对校志编纂和校史展陈工作的领导，经校党委第 303 次常委会(2011 年 3 月 25 日)研究决定，成立校志编纂暨校史展陈工作领导小组，领导小组下设工作小组。现将领导小组和工作小组人员通知如下：

一、领导小组

组　长：徐永利　柳贡慧

副组长：张　楠　周志成　黄海洋　孔繁敏

组　员：各学院、北苑校区书记和院长(主任)，校机关和直属单位主要负责人。

二、工作小组(下设办公室)

组　长：张　楠　周志成　黄海洋　孔繁敏

副组长：杜鸿燕　范宝祥　张　奕

组　员：各学院、北苑校区办公室主任，校机关各部门和各直属单位确定一位具体工作人员，校档案(校史)馆的部分工作人员。

小组办公室设在校档案(校史)馆。

特此通知。

中共北京联合大学委员会

2011 年 6 月 21 日

关于印发《北京联合大学教职工健康幸福工程实施方案》的通知

（京联党〔2011〕45 号）

各学院、北苑校区，校机关各部门、各直属单位：

为认真贯彻落实中华人民共和国第 560 号国务院令《全民健身条例》的精神，落实学校“十二五”时期改革和发展规划，营造和谐健康的校园环境，经校党委第 316 次党委会（2011 年 7 月 8 日）研究决定，现将《北京联合大学教职工健康幸福工程实施方案》印发给你们，请遵照执行。

中共北京联合大学委员会

北京联合大学

北京联合大学工会

2011 年 9 月 5 日

北京联合大学教职工健康幸福工程实施方案

为了落实学校“十二五”时期改革和发展规划，进一步提高我校全体教职工的健康水平和幸福指数，帮助广大教职工树立健康理念，养成良好健康习惯，掌握缓解工作压力的方法，以健康的体魄、愉悦的心情投入到我校的改革和发展中，特制订本方案。

一、工作目标

本着以人为本的原则，以构建和谐校园为目标，以“关心教职工、理解教职工、服务教职工、发展教职工”为宗旨，积极开展教职工健康幸福工程，使学校每一位教职工树立自我身心保健理念，掌握适合自己的 1—2 项锻炼技能和排解心理压力的方法，养成健康的生活和工作习惯，进一步增强教职工幸福感，从而打造一支师德高尚、业务精湛、健康快乐的教职工队伍，促进学校和谐发展。

二、具体措施

（一）健康服务方面

1. 学校每年 4—5 月份组织教职工进行健康体检，各单位要认真组织，确保绝大多数教职工能按时参加体检。校门诊部及各二级法人学院医疗机构根据前一年体检结果反映出来的问题确定新一年的体检项目。体检结束后，分析体检结果，起草体检结果分析报告，完善教职工个人健康档案的建立，将当年的个人健康体检结果汇总存入个人健康档案。按照健康问题的不同程度划分等级，并与前一年体检结果进行对比分析，组织教职工讲解体检报告，有针对性地做好健康管理。

2. 采取多种形式开展健康知识宣传，进行健康指导和健康教育工作。校门诊部针对不同的健康问题，发放相应的书籍和宣传材料，举办保健和慢性病的预防、诊断、治疗知识讲座。建立咨询门诊，进行健康问题个别指导，努力提高教职工的健康知识水平，增强教职工的健康意识。

（二）餐饮保健方面

1. 校后勤服务公司及有教工食堂的各学院后勤服务部门要在现有的配餐基础上，根据健康饮食标准和每年体检后教职工健康状况分析，调整制订《教职工膳食指导计划》，依据春夏秋冬不同季节的不同需求，将全年的菜谱进行细化，引导教职工合理安排膳食，增强身体素质，预防疾病的发生。

2. 改善办公条件，建设符合健康要求的办公室灯光、饮水机、卫生间、食堂餐具等设施，保障教师的办公环境和就餐、饮水健康。

（三）文体活动方面

1. 校体委积极协助校工会根据教职工的健康状况和需求，制订适合教职工的健康指导计划。要充分利用学校的体育场地、设施，开展内容丰富、形式多样、有针对性的健身活动。通过开展评选体育活动之星活动，鼓励更多的教职工获得健康体验，调节身心，提高健康素质。

2. 校工会要充分发挥各种文体协会的作用，与校体委共同帮助教师培养文体活动兴趣，力争做到每名教职工都具有一个以上的文体项目爱好，养成终身锻炼的好习惯。校工会要通过组织两年一次的教职工合唱节、教职工趣味运动会等丰富多彩的活动活跃校园文化生活。各种文体活动要尽可能做到参与面广，让每一名教职工都能亲身体验到文体活动带来的快乐，并从中获得美的享受，提高教职工幸福指数。

3. 教授群体是学校教学科研工作的引领者，平时教学、科研任务重、压力大，学校将在五年内每年分批组织教授健康疗养，使其身心得以放松，压力得以缓解,同时促进感情交流,搭建轻松地学术交流平台。

(四) 心理健康方面

1. 建立沟通机制。各级干部要经常深入基层,与教职工谈心,了解教职工的酸甜苦辣,听取教职工的合理化建议。利用教师座谈会、问卷调查等多种形式了解教师思想、情感、工作、生活中面临的困惑、困难和问题,尽最大努力加以解决。

2. 加强心理健康教育培训。聘请有关专家定期给教职工进行心理健康和幸福人生的讲座,提供心理咨询,让教职工能够正确处理人与人之间的关系,辩证地看待自己,看待身边的人,看待工作和压力,保持健康心态、阳光心态。

3. 关心教职工的家庭。通过举办关于婚姻家庭、子女教育方面的讲座,开展家人参加的联谊活动,帮助教职工营造一个幸福和谐的家庭,使其减少烦恼,增添快乐,安心工作。

4. 以人为本,根据不同年龄教职工需求,开展“三十而立话责任”生日会、新婚教职工联谊会、单身青年联谊会、表彰三十年教龄教职工及教授联谊、老教师联谊等活动,关心教职工成长需要,进一步增强教职工的幸福指数,构建和谐校园。

三、方法步骤

(一) 组织筹划阶段(2011 年 3 月—2011 年 9 月)

主要任务是制定健康幸福工程实施方案;组织涉及健康幸福工程建设的单位进行专题研讨;校工会、门诊部、后勤服务公司等部门制定实施细则;各学院、直属部门工会根据学校的健康幸福工程实施方案制订本单位的具体建设方案,并成立领导小组,制订本单位实施方案,工作办公室设在各学院、直属部门工会。

(二) 宣传启动阶段(2011 年 9 月—2011 年 10 月)

利用校园网、宣传栏、标语等形式广泛宣传实施健康幸福。

工程的目的和意义;教师节期间举行工程启动仪式;按照实施方案,明确任务,明确时限,明确人员,在全校迅速开展;校门诊部及学院医疗机构根据教职工体检情况,对教职工的健康状况进行全面分析。

(三) 实施调整阶段(2011 年 11 月—2012 年 11 月)

按照方案要求,组织实施健康服务、餐饮保健、文体活动等各项活动。根据每年 10 月份爱心互助基金帮扶情况,对重大疾病职工进行走访,对他们的病因、治疗措施、成效等健康状况进行分析,适当调整健康幸福工程实施方案,切实保证实施质量。

(四) 检查推进阶段(2012 年 11 月—2012 年 12 月)

在方案实施一周年之际,各单位要进行科学、全面、客观地总结,校健康幸福工程领导小组将组织检查,推广先进模式和经验,巩固和深化实施成果,建立健全促进全体教师健康的长效机制,推进此项工程持续向更深层次迈进,使全体教职工健康指标显著提高。组织工作研讨,评选“健康之星”“健康幸福班组”等活动,促进此项工作提高。

(五) 完善提高阶段(2013 年 1 月—2015 年 12 月)

每年按照计划对教职工进行健康幸福方面的引导、服务、跟踪分析和干预,组织促进教职工身心健康的各种讲座和娱乐、体育、休养等有益的活动。通过 5 年循序渐进地努力,使我校教职工养成良好的锻炼、饮食、工作和生活习惯,全面提高教职工健康锻炼和管理健康的能力,同时丰富校园文化生活。

四、组织领导

为加强组织领导,保证工程的顺利实施,学校成立教职工健康幸福工程领导小组,成员如下:

组　长:付晨光

副组长:冯　虹　古红梅　周志成

成　员(按姓氏笔画排序):

毕玉兰　曲学利　张　奕　张俊玲

范宝祥　范清惠　杨　敏　滕长建

办公室设在校工会。

联系人:李秀婷　张　斌

联系电话:64900636

邮　　箱:ldgh@buu.edu.cn

关于调整学校党政领导班子成员工作分工的通知

(京联党〔2011〕46 号)

学校各单位:

为进一步促进工作,经校党委第 315 次常委会讨论通过,决定对学校党政领导班子成员工作分工进行调整。调整后,校领导班子成员分工如下:

徐永利同志:负责党委全面工作,分管党委、校长办公室;联系应用文理学院、信息学院、人民代表大会制度研究所。

柳贡慧同志:负责行政全面工作,分管国际交流合作处、港澳台办公室；联系旅游学院、机电学院、国际交流学院。

付晨光同志：分管组织部（统战部）、离退休人员工作处、人事处、工会；联系商务学院、关工委、老教协。

周志成同志：分管宣传部、保卫处（部）、人文社科部、学生处（部）、团委、后勤服务公司；联系师范学院、北苑校区。

张楠同志：分管纪监办、机直党委（机关总支）办公室、审计处、国有资产管理处、档案（校史）馆；联系生物化学工程学院。

冯虹同志：分管财务处、体育部（体委）、图书馆、学报编辑部；联系管理学院、台湾研究院、北京学研究所。

张连城同志：分管基建处、信息网络中心；联系特殊教育学院。

黄先开同志：分管教务处、招生就业处（招生）、高职处、培训中心、外语部、基础部；联系应用性高等教育发展研究中心。

鲍泓同志：分管科研处、研究生处、实验实训基地；联系应用科技学院、广告学院、自动化学院，功能食品科学技术研究院。

古红梅同志：分管经济管理与合作办学办公室、招生就业处（就业）、行政管理处、门诊部；联系继续教育学院。

附件：学校党政领导班子成员工作分工表

中共北京联合大学委员会

北京联合大学

2011 年 7 月 1 日

学校党政领导班子成员工作分工表

姓名	徐永利	柳贡慧	付晨光	周志成	张楠	冯虹	张连城	黄先开	鲍泓	古红梅
职务	党委书记	校长	党委副书记	党委副书记	纪委书记	副校长	副校长	副校长	副校长	副校长
全面	负责党委全面工作	负责行政全面工作								
分管	党委、校长办公室	国际交流合作处	组织部（统战部）	宣传部	纪监办	财务处	基建处	教务处	科研处	经济管理与合作办学办公室
		港澳台办公室	离退休人员工作处	保卫处（部）	机直党委（机关总支）办公室	体育部（体委）	信息网络中心	培训中心	研究生处	招生就业处（就业）
			人事处	社科部	审计处	图书馆		招生就业处（招生）	实验实训基地	行政管理处
			工会	学生处（部）	国有资产管理处	学报编辑部		高职处		门诊部
				团委	档案（校史）馆			外语部		
				后勤服务公司				基础部		
联系单位	应用文理学院	旅游学院	商务学院	师范学院	生物化学工程学院	管理学院	特殊教育学院	应用性高等教育发展研究中心	应用科技学院	继续教育学院
	信息学院	机电学院	关工委	北苑校区		台湾研究院			广告学院	
	人民代表大会制度研究所	国际交流学院	老教协			北京学所			自动化学院	
									功能食品科学技术研究院	

关于印发《北京联合大学党务公开实施方案》的通知

(京联党〔2011〕53 号)

各学院党委,校机关和直属单位党委,广告学院、北苑校区党总支,国际交流学院党支部:

经校党委第 316 次常委会研究决定,现将《北京联合大学党务公开实施方案》印发给你们,请遵照执行。

中共北京联合大学委员会

2011 年 7 月 12 日

北京联合大学党务公开实施方案

为了贯彻中共中央在党的基层组织实施党务公开的指示精神,根据《北京市关于党的基层组织实行党务公开的意见》和《北京市关于党的基层组织实行党务公开的意见实施细则》的文件精神,特制订我校党务公开实施方案。

一、指导思想

高举中国特色社会主义伟大旗帜,以邓小平理论和"三个代表"重要思想为指导,深入贯彻落实科学发展观,坚持围绕中心、服务大局,坚持党要管党、从严治党,尊重党员主体地位,保障党员民主权利,推进我校党内基层民主建设,增强党基层组织工作的透明度。不断提高党的基层组织的创造力、凝聚力、战斗力,为推动我校科学发展、为全面落实国家和北京市中长期教育改革和发展规划纲要,建设和谐的、人民满意的应用型大学提供坚强保证。

二、工作目标

(一) 近期目标。在全校范围内实行党务公开,2011 年年底前达到"公开形式标准化、公开内容规范化和公开工作制度化"的基本目标。

(二) 远期目标。使"党务公开真正成为党的基层组织的一项基本制度"。党的基层组织要不断巩固成果、完善制度、深化拓展、提高成效,经过一段时间的努力,使党务公开工作成为我校党的基层组织的一项基础性、常规性、长期性的工作制度和工作任务。

三、领导体制和工作机制

建立健全学校党委统一领导、学校党委办公室牵头、职能部门各负其责、党员群众广泛参与、纪委监督检查的工作机制。成立学校党务公开工作领导小组,负责党务公开工作的组织、协调和推进。领导小组办公室设在校党委办公室,负责日常工作。办公室成员单位由校党委办公室、党委组织部、党委宣传部、纪检监察办公室、人事处、信息网络中心组成(附件 1)。

四、具体方法步骤和时间安排

(一) 动员部署阶段(6 月)

1. 利用报刊、网络等多种媒体,在全校开展宣传教育,提高认识,统一思想,营造积极良好的工作氛围。组织有关部门干部学习中央和北京市关于实行党务公开工作精神。

各级党的基层组织是本级组织实行党务公开的责任主体,主要负责人是第一责任人。要亲自动员、亲自部署,并提出具体工作要求,落实各项具体工作,按时、按质完成各阶段任务。

2. 各级党的基层组织要结合实际,制订出切实可行的党务公开实施方案。

(二) 循序渐进、整体推进阶段(7—10 月)

1. 7 月底之前,学校完成党务公开栏(橱窗)、电子触摸屏、信息网络等载体的制作。公开栏(橱窗)版面规格一般不少于 8m(长)×1.2m(高),材质耐用,室外的要有雨棚。电子触摸屏应选在开阔醒目位置,规格一般不少于 6 平方米。各学院根据各自情况完成相应的党务公开栏(橱窗)、电子触摸屏、信息网络等载体的制作。

2. 学校党委确定出北京联合大学党务公开目录,各学院参照此目录执行。

3. 8 月按照北京市和我校确定的党务公开目录实行公开,并逐步完善公开的内容和形式等。

(三) 检查评估阶段(11—12 月)

1. 对实行党务公开进行经验总结,探索建立党务公开实行的考核制度,将考核工作与领导班子和党员干部年度考核、党风廉政建设责任制考核等结合进行。

2. 12 月准备迎接上级专项检查评估。

五、工作要求

推进党务公开是发展党内民主的重要基础;是落实党内监督的关键环节;是保障科学发展的重要举措。

(一) 各级党的基层组织要把党务公开作为推进党内民主的一项重要工作,高度重视,统筹安排,精心组织,从实际出发,积极主动做好党务公开工作。

(二) 要把加强宣传作为推进党务公开的先导,充分运用校内报刊、广播、电视、校园网等媒体，大力宣传推进党务公开的重要性、必要性和紧迫性，宣传各级党组织推进党务公开的做法、经验和成效。

（三）要把加强制度建设作为推进党务公开的基础，建立健全信息反馈、责任考核等制度，着力构建推进党务公开工作的长效机制，不断推进党务公开的科学化、制度化、规范化建设。

附件：

1. 北京联合大学党务公开工作领导小组及办公室成员名单
2. 北京联合大学党务公开实施办法
3. 北京联合大学党务公开目录
4. 北京联合大学党务公开审批表

附件1：

北京联合大学党务公开工作领导小组及办公室成员名单

一、领导小组成员

组　长：徐永利

副组长：付晨光　周志成　张　楠

二、领导小组办公室成员

办公室主任：范宝祥

办公室成员：贾　方　张　奕　欧阳媛　曲学利　张文杰　岳江红

领导小组办公室设在校党委办公室，负责日常工作。

附件2：

北京联合大学党务公开实施办法

为了贯彻落实中共中央关于党的基层组织实行党务公开的工作要求，明确对全校各级基层党组织党务公开工作的具体要求，保障党务公开的经常性，构建我校党务公开工作的完整体系，将党务公开与校务公开统筹安排，整体推进我校党务公开工作，现根据我校实际情况，制定本实施办法。

一、不断完善党务公开的具体内容

凡属《中国共产党党内监督条例（试行）》《中华人民共和国高等教育法》《中国共产党普通高等学校基层组织工作条例》等法律法规要求公开的内容，凡是学校党员、群众关注的重大事项的决策、部署和重要工作的开展、落实情况，只要不涉及党和国家秘密，都应依法在适当范围以适当方式，适时予以公开。基本内容是：

（一）全局工作方面。主要包括党组织贯彻落实党的路线、方针、政策和上级党组织的决议、决定及工作部署的情况；研究制定涉及学校改革发展和群众利益的重大决策、重要政策措施、重要工作部署的情况；党组织任期目标、年度计划及完成情况等。

（二）思想建设方面。主要包括党组织思想建设的决定、意见和措施；重大活动安排及落实情况；组织理论学习、专题宣传教育活动情况等。

（三）组织建设方面。主要包括学校各级党组织的设置、主要职责、机构调整情况；干部选拔、任用、教育、管理、奖惩情况；领导班子召开民主生活会和领导班子成员职责分工、议事规则和决策程序等情况；党组织及党务部门的设置、职责分工等基本情况；党组织换届选举、党员发展、党费收缴使用、评优表彰、评估检查等情况。

（四）作风建设方面。主要包括贯彻“两个务必”的情况，党员干部在思想作风、学风、工作作风、领导作风和生活作风方面的情况，特别是深入基层调查研究、联系师生员工、服务党员群众，听取采纳党员群众意见和建议、接待来信来访、排查化解矛盾纠纷的情况；办理涉及党员群众切身利益重要事项等方面的工作情况，以及集中整顿、专项纠风等工作的情况等。

（五）制度建设方面。主要包括改革和完善党内民主选举、民主决策、民主监督、民主管理制度，特别是民主集中制和“三重一大”制度的贯彻执行情况；完善党委议事规则、干部人事管理办法等规章制度的情况；保障党员行使权利、履行义务及制定和落实党员责任目标的情况；党务工作流程以及党务工作者日常行为规范等。

（六）反腐倡廉建设方面。主要包括落实中央关于《建立健全惩治和预防腐败体系实施纲要》等党风廉政建设制度的情况，特别是落实党风廉政建设责任目标的情况，领导干部述职述廉、执行廉洁自律规定的情况，党员领导干部违纪违法案件查处情况等。

（七）党员群众关注的其他方面。党员群众认为有必要公开、不涉及党和国家秘密、符合有关法律要求的其他事项。

二、规范党务公开基本程序

（一）学校党委根据《北京市党的基层组织党务公

开目录》制定《北京联合大学党务公开目录》，对于党务公开的内容、形式、范围、时限和责任单位等进行规范。

（二）学校党委应重点健全和完善党内情况通报制度、情况反映制度（也称党内情况和社情民意制度）、重大决策征求意见制度、决策的专家咨询、论证制度和党委新闻发言人制度等基本制度，充分发挥和尊重党员群众的参与和监督作用。

（三）校、院党务部门党务公开应按照提出、审核、公开和反馈的基本程序办理。对照学校党务公开目录，对属于本部门的公开事项，应主动提出公开的内容、时限和形式等，填写《北京联合大学党务公开审批表》分别报学校党委办公室和学院党政办，再由校党委办公室统一汇总。如有目录外需要公开的事项，校、院党务部门应制订工作方案，报学校党委审核同意后进行公开。党务公开内容的真实性、可靠性，由提供公开内容的部门负责。

（四）学校党委办公室根据公开的具体内容报相关校领导审核，重要事项需由学校党委（常委）集体研究决定。党务公开的实施由学校党委办公室协调有关部门具体落实。

（五）学校党委办公室应通过各种渠道收集党员群众反映的意见和建议，并反馈给学校有关领导及党务部门。校、院党务部门对党员群众提出的问题应做出必要的解释和负责任的答复，并将处理和落实情况予以公开，并将结果以适当方式反馈，接受党员群众监督。

（六）学校党委按照档案管理的要求，对党务公开的有关信息资料及时登记归档，并做好管理利用工作。

对于师生员工提出需要公开的事项，可按以上程序进行。

三、明确党务公开的方式和时限

（一）公开方式。适宜在党内公开的，可通过党内有关会议、文件和局域网等形式进行公开。畅通信息交互渠道，及时公布党内信息。开展领导班子和党员干部述职述廉、党内事务问询和党员定期评议等活动。

适宜在党外公开的，可通过党务公开栏、电子显示屏、电子触摸屏、校园网、监督电话、校园广播、学校电视台等形式进行公开。党务公开栏、电子显示屏和电子触摸屏应设置在各校区醒目位置，便于公众查询。

（二）公开时限。按工作内容性质分为长期公开、阶段公开和即时公开。对于具有长期性、稳定性的工作，需在长时间内对党员群众公开的，如党组织的机构设置和主要职责、党的政策规定等，应长期公开，每年公开一次。对于阶段性工作或一定时期内相对稳定的常规性工作，如党组织的重要会议、重要工作落实情况等，应阶段公开，每季度公开一次。对于动态性、临时性、应急性的工作，如领导活动和讲话、干部考察预告、任前公示等，应即时公开，根据情况每月公开一次或随时公开。

四、严格规范党务公开的考核评价

要将党务公开工作情况作为党组织领导班子及其主要负责人年度工作考核和党建工作考核的重要内容，纳入党风廉政建设责任制的考核内容。每年年底，对学院领导班子及其主要负责人实行党务公开情况进行检查考核，并在适当范围通报检查考核情况；对照党务公开目录，对职能处室实行党务公开进行全面检查。

五、建立健全党务公开监督检查制度

（一）针对党务公开的内容是否全面真实、公开形式是否可行有效、公开程序是否规范有序、公开时限是否及时到位、公开信息反馈是否及时处理等情况，党的各基层组织要认真开展自查。同时校党委将对下级党组织实行党务公开情况进行定期检查或随时抽查。

（二）要把强化监督作为推行党务公开的一项重要任务，充分发挥纪委和党员群众的作用，对推进党务公开的情况进行全过程、全方位的监督检查。学校和学院要不断探索监督检查的方式，多渠道多角度检查了解情况。

（三）通过监督检查发现好的典型要及时总结和推广。发现问题的要及时提出处理意见，进行整改完善，确保党务公开的各项工作落到实处。

附件3：

北京联合大学党务公开目录

一级目录	二级目录	公开形式	公开范围	公开时限	责任单位
一、基本情况	校党委，学院（校区）党委（总支、支部）；校机关和直属单位党委领导机构、工作机构设置情况，领导班子构成及职责分工	网站、公开栏	校内外	年度	党办、学院（校区）党政办公室

续表

一级目录	二级目录	公开形式	公开范围	公开时限	责任单位
二、全局工作	贯彻落实上级党组织决定、决议等情况	文件、会议、公开栏	校内	即时	党办、学院（校区）党政办公室
	校党委，学院（校区）党委（总支、支部）；校机关和直属单位党委确定的全局性工作、阶段性工作及落实情况	文件、会议、网站、公开栏	校内	即时	党办、学院（校区）党政办公室
	学校改革发展目标、规划等重大决策	文件、会议、网站、公开栏	校内	即时	党办
	重大项目投资、建设等决策情况	文件、会议、网站、公开栏	校内	即时	党办
	与师生切身利益相关事项的重大决策	文件、会议、网站、公开栏	校内	即时	党办、学院（校区）党政办公室
	学校编制、机构调整等重大决策	文件、会议、公开栏	校内	即时	校党委组织部、人事处
	党委职能部门年度计划与年度总结（党办、组织、宣传、纪检）	文件、会议、网站	校内	年度	党委各职能部门
三、思想建设	校院党委中心组和中层干部学习计划及落实情况	文件、会议、公开栏	校内	年度	党办、学院（校区）党政办公室、校（院）党委组织部、校（院）党委宣传部
	文明单位创建活动的检查、验收及优秀单位评选情况	文件、会议、公开栏	校内	即时	校党委宣传部
	先进典型、优秀事迹的宣传报道	文件、会议、网站、公开栏	校内外	即时	校党委宣传部
	校院领导班子民主生活会意见收集、整改落实情况	文件、会议	校内	即时	校党委组织部
四、组织建设	换届选举情况	文件、会议、网站、公开栏	校内外	即时	校党委组织部
	发展党员情况	文件、会议、网站、公开栏	校内	即时	校党委组织部
	党员民主评议情况	文件、会议	校内	年度	校党委组织部
	党费、党务工作经费管理和使用情况	文件、会议	校内	年度	校党委组织部
	基层党组织、党员创先争优和公开承诺等情况	文件、会议、网站、公开栏	校内外	年度	校党委组织部
	干部选拔任用、考核奖励、职称评定等情况	文件、会议、公开栏	校内	即时	校（院）党委组织部
	党员和积极分子教育培训计划及落实情况	会议、文件	校内	年度	校党委组织部
	保障党员权利情况	文件、会议	校内	年度	校纪监办
五、作风建设	教职工、学生普遍关注的重点、热点、难点问题的落实情况	网站、公开栏	校内	即时	党办
	校领导班子成员帮扶困难教职工、学生的措施及效果	网站、公开栏	校内外	即时	党办
	专项治理工作情况	文件、网站、公开栏	校内	即时	校纪监办
六、制度建设	校（院）党委常委会议议事规则和决策程序	文件、会议、公开栏	校内	年度	党办、校（院）党委组织部
	党内民主选举、民主决策、民主监督、民主管理及加强党组织建设的制度和规定等	文件、网站、公开栏	校内外	即时	校党委组织部
	校（院）领导班子成员执行民主集中制的情况	文件、会议	校内	年度	校（院）党委组织部

续表

一级目录	二级目录	公开形式	公开范围	公开时限	责任单位
七、党风廉政建设	领导班子成员“一岗双责”任务分解及落实情况	网站、公开栏	校内外	年度	校纪监办
	贯彻落实《廉政准则》情况	文件、会议、网站、公开栏	校内外	年度	校纪监办
	领导班子成员述职述廉情况	文件、会议、公开栏	校内	年度	校纪监办、党委组织部
	党内监督各项制度的落实情况	网站、公开栏	校内外	年度	校纪监办
	违纪违法案件查处情况	文件、会议、公开栏	校内	即时	校纪监办
	开展廉洁教育和廉洁文化建设情况	网站、公开栏	校内外	年度	校纪监办
	惩治和预防腐败体系建设情况	文件、会议、网站、公开栏	校内外	年度	校纪监办
八、其他事项	经校党委研究决定或上级要求公开的事项	文件、会议、网站、公开栏	校内或校内外	即时	党办

附件 4:

北京联合大学党务公开审批表

申请单位		
序号	公开内容	公开形式
审批意见		
备　　注		

党委、校长办公室制表

北京联合大学 2011 年上半年工作总结

（京联党〔2011〕57 号）

2011 年上半年，全校按照《北京联合大学 2011 年工作要点》部署，继续深入开展创先争优活动，纪念中国共产党成立 90 周年。以加快发展模式转变为主线，编制了学校“十二五”时期改革和发展规划。进一步加强了教学及科研管理，教学质量和科研水平得到提升。提高绩效工资标准，实现了教职工收入的普遍增长。学校各项事业开展顺利，主要完成了以下工作：

一、以科学发展为主题，学校内涵发展得到稳步推进

（一）继续学习贯彻国家及北京市中长期教育改革和发展规划纲要，制定并实施了《2011 年北京联合大学教职工理论学习计划》，通过新闻网专栏、橱窗、校报等宣传阵地，加深了教职员工对纲要的理解和把握，将学习成果转化为促进学校事业科学发展的能力。

（二）认真分析面临的机遇与挑战，突出科学发展这一主题，实现发展模式转变这一主线，通过召开座谈会、网上征求意见等多种形式，调动全校教职员工的积极性，群策群力，编制了《北京联合大学“十二五”时期改革和发展规划》，并报送市委教育工委、市教委批复。

（三）积极推进基建工作，努力改善办学条件。取得了小营校区（旅游学院）综合实训楼工程、应用文理学院学生宿舍楼工程的立项批复，启动了小营校区综合实训楼二期工程和应用文理学院第二教学楼的立项申报工作。取得了体育中心综合楼工程(一期)地下部分的立项核准和小营校区南区总体规划的批复,完成了特殊教育学院改扩建工程的主体分项验收工作和园区环境改造,完成了盆儿胡同校区改造方案。编写了《北京联合大学工程建设管理办法》。

(四)信息化建设不断完善。继续推进学校内、外网一体化管理的网站群建设,为全校各职能部门信息化工作提供技术支持,提升信息化服务水平。完成了旅游学院、特殊教育学院网络职能并入校本部工作,"校本部及部分学院 UPS 系统升级改造工程"接受北京市教委、市财政专家现场绩效考评,取得优异成绩。

(五)学校内涵发展得到进一步推进,在充分调研的基础上,通过细致工作,与平谷区政府顺利达成协议,停办了平谷学院,各项相关后续工作进展平稳有序。

二、教学改革不断深化,教育教学质量进一步提高

(六)深入实施教学品质提升计划。出台了《北京联合大学教学品质提升计划实施方案》,组织完成了2011 年教学品质提升计划本科及综合类自主建设项目建设评审工作。制定了专业合格评估指标体系及评分细则,形成专业合格评估评分统计。完成了本科、高职、高职升本专业 2011 版培养方案初稿和 2011—2010 学年第一学期开设的课程大纲及简介,完成了全校通识教育必修课程的教学大纲及简介。组织召开了校级以上精品课程建设研讨会,完成了"十二五"教材建设规划初稿。完成了 2011 上半年学院路教学共同体校际选修课相关工作,申报了下半年校际选修课。

(七)校级教学改革项目管理进一步规范。组织完成了各教学单位 2009 年校级教改结题验收、2011 年校级教改立项及"十二五"教改立项规划的初稿制定工作。

(八)实践教学改革进一步推进。完成了 2009 年北京市实验室专项绩效检查工作,组织实施了大学生创新实践基地建设项目,初步建立了 12 个大学生创新实践基地。实施了教学资源共享建设项目,支持建设数学、计算机、外语等基础类课程网络教学平台,改建了 2 间教室为外语自主学习中心。组织学生参加北京市级电子设计等 7 项学科竞赛。主办了"怀柔杯"国际大学生公益广告大赛,启动了我校承办的"联通杯"北京市大学生计算机应用大赛暨京港澳台大学生计算机应用大赛。

(九)继续强化教学质量监控。完成了 2011 届校级优秀毕业设计(论文)评优及摘要汇编工作,对校级优秀毕业设计(论文)进行抄袭检测系统(PMLC)检测,举办了优秀毕业设计(论文)成果展。对集中实践教学环节组织了检查,统一使用教务系统评教。组织完成了首届高职毕业综合实践报告的展示活动。

(十)进一步完善教学规章制度,规范了教学管理。出台了《北京联合大学学生学业考核管理办法》《北京联合大学学士学位授予补充规定》等 12 个校级教学管理文件。完善教务管理信息系统,辅助下达教学任务、排课、选课、考试等教学运行管理工作,推进教学辅助决策平台、家长督学系统建设,启动了移动教育管理信息化平台建设工作。

(十一)高职教育改革得以推进,课程建设进一步强化。启动了 23 门高职教育专业核心课程建设,组织了首届高职学生实践能力提升计划项目验收,以及校级第二届高职实用口语大赛。启动了校级职业教育等级分级改革试点专业建设,确定应用科技学院电子信息工程与动画设计与制作专业为首批试点专业并进行论证,推进高职创新实验班的建设与研究。完成高职和高职升本科专业培养方案,修订了校级公共基础课程教学大纲,强化高职英语课程建设,启动了高职英语的统考工作。

(十二)招生工作进展顺利。改版了《北京联合大学 2011 年报考指南》,通过举办校园开放日、参与京内外相关招生咨询、召开中学校长联谊会等多种方式,进一步加大招生宣传力度,圆满完成普通本科、高职以及高职升本科的招生计划,增加了江西和湖南两个一本招生省份。完成了艺术特长生、高水平运动员、艺术类专业测试和残疾考生、师资本科、高职单招工作。

(十三)以示范性就业中心建设为契机,积极促进我校学生就业。认真落实"一把手"工程,举办校园招聘会 9 次,充分利用就业信息网,吸引用人单位 1500 多家,与青岛等地人才机构签订就业实习合作意向书。举办了大学生"村官"考前系列培训,引导和鼓励毕业生到基层就业,开发建设大学生创业网站,举办了优秀创业项目征集大赛。建立毕业生就业动态信息库,及时了解、掌握特殊群体毕业生就业情况,发放就业帮扶基金 10 万元。

(十四)整合成人教育资源,教育教学质量不断提高。完成了教育部对我校全国重点建设职业教育师资培训基地的评估考察工作。整合了部分学院成人学位英语报考工作,开展了成人教育教学调研,加强了教学计划执行、教学过程规范管理。在高等教育自学考试主考专业中增设了"电子政务"专业。拓展非学历教育培训市场,与市委组织部专家联谊会合作举办了"国际高级人力资源管理师培训班"和"领导心理学培训班",开办了公共选修课《现代服务业与现代商务》进行服务外包培训。

三、科研水平有所提升,研究生工作进一步规范

(十五)学科建设管理工作不断加强。经国家学位委员会批准,我校增列历史学、计算机科学与技术、食品科学与工程、工商管理4个一级学科硕士学位授权点。完成了2011年全国硕士研究生入学统一考试工作和本年度硕士研究生招生计划。修订了《北京联合大学硕士研究生指导教师资格审定办法》,进行了新增硕士生导师资格遴选。完成了2008级研究生硕士学位授予工作。

(十六)完善科研管理机制,进一步拓宽了科研项目申请和立项渠道。举办了4场"强化科研意识、凝聚科研队伍、提升科研能力"为主旨的系列培训会。建立了"科研与学科工作联席会"制度。制定了《2011年度北京联合大学科研竞争性项目申报指南》并评审通过了7项竞争性项目予以资助,经费共计530万元。组织申报了国家社科基金39项、国家自然科学基金43项、教育部人文社科项目54项、2011年度教育部新世纪优秀人才支持计划项目1项、全国艺术单列社科规划课题3项、市教委科研计划项目29项、2012年度国家科技计划预备项目2项、特殊教育学院国家语委项目1项、台湾研究院获批国务院侨办委托课题1项,校本部横向课题立项43项,项目经费232万元。申请职务专利62项,授权专利35项,转化专利成果2项。

(十七)科研管理工作不断加强。起草了《北京联合大学申请职务专利管理暂行办法》《北京联合大学科技成果转化管理暂行办法》《北京联合大学科学研究成果奖励办法》《北京联合大学教师参加学术团体管理暂行办法》。

四、队伍建设不断加强,工作能力与水平得到提升

(十八)干部队伍建设得到加强,结构更加合理。对旅游学院副院长等7个处级职位进行公开竞聘上岗,轮岗交流6名处级干部,选派7名处级干部到兄弟院校挂职交流,接收1名处级干部到我校挂职锻炼。深化干部培训,举办了党务政工和工会干部专题培训班,全校111名党务政工和工会干部报名参加。组织全校申报了2011年北京市优秀人才培养资助项目。

(十九)师资队伍建设工作进一步加强。开办教师培训学校,聘请校内外教学名师、知名专家,围绕"青年教师教学技能"进行专题讲座,共培训教师118人。开展了学校2010年度新世纪百千万人才工程人选培养跟踪、2011年骨干教师参加国外访学、双语教师培训及国家留学基金资助等项目的遴选和推荐工作。遴选参加国外访问学者项目13人、参加国外双语培训项目6人、申请国家留学基金资助项目5人,选派赴美短期培训考察9人;遴选参加北京市属高校教师发展基地研修10人。开展了2011年度留学人员择优资助、留学人员创新创业特别贡献奖及第五批海外高层次人才申报、选拔工作。完成了第四批双师素质教师资格认定工作,共认定35人,遴选出10名青年教师参加校级青年优秀教师教学培育计划。

(二十)人才引进工作不断加强。办理非京应届毕业生11人、博士后出站3人、京内调动5人、留学回国2人。其中博士学位10人,占新进人员总数的36%,教师队伍的学历、学缘、职称结构比得到了优化。在北京市人力社保局2011年国内引进人才专项计划中,我校共上报25个岗位,批准2个岗位。

(二十一)"人才强教"工作进展顺利。组织各单位开展了2009年"人才强教深化计划"项目的绩效考评和2010年"人才强教深化计划"项目的阶段性总结工作,落实2011年"人才强教深化计划"6个子项目,涉及经费1500多万元,涉及讲座教授2人、高层次人才3人、创新团队11个,组织2874人次完成行业企业实践等项目。

五、德育工作进一步加强,素质教育得以推进

(二十二)完成了2011版思想政治理论课教学大纲的编制,通过召开"社科部第六届执教能力论坛"和"全校思想政治理论课教学改革研讨会"制定《马克思主义理论学科建设课题立项资助办法》《北京联合大学人文社科部马克思主义理论学科期刊分类》等文件,邀请校外专家指导等一系列有效措施,积极推进了思想政治理论课建设和马克思主义理论学科建设。

(二十三)开展了2010—2011学年优秀辅导员评选工作。完成了首都大学生思想政治研究中心课题2010年结题、2011年开题及2012年申报工作。开展党史知识竞赛、"党旗在我心中"征文、"红色1+1"党支部共建、"青春领航 知行奋进——高举团旗跟党走"等丰富的主题教育活动,加深了学生思想政治教育。加强心理素质教育课程建设,开展心理健康节系列活动,参加北京市相关活动,荣获最佳参与奖。制订学习效能提升计划方案,推进博学讲堂,开展"共创无烟校园、优化学习环境"活动,助力学风建设。

(二十四)共青团北京联合大学第四次代表大会胜利召开。共青团基层组织建设稳步推进,开展了"达标创优"竞赛、"十佳团支部""十佳团干部"和"十佳团员"评选答辩活动,组织开展团干部培训。继续完善学生创新创业教育体系,启动了"启明星"学生课外科技创新活动平台,举办了第四届"挑战杯"学生课外学术科技作品竞赛、智能汽车竞赛、大学生(文科)计算机设计大赛,7件作品获得北京市级奖项。共计资助学生科研项目317项,其中投入校级资助经费20万元,立项152个。举办了第十一届大学生科技文化艺术节等文体活动,推动了校园文化建设。

(二十五)开展阳光体育健身活动,举办了北京联合大学校本部第三届运动会、"联大杯"篮球赛和首届羽毛球比赛、乒乓球比赛。组织学生参加各类竞赛活动并取得了好成绩:获得北京高校网球团体赛团体第三名；2011 年首都大学生阳光体育体能挑战赛体质健康标准测试赛甲组一等奖、热力操比赛甲组二等奖；北京高校沙滩排球联赛女子第一名、男子第四名；健美操队获得 2011 年全国健美操锦标赛大众徒手操冠军、器械操亚军；2011 年北京市健美操比赛男子单人操冠军。深化体育教育教学改革，体育教学质量进一步提高，积极推进《拓展》课程建设，加强校级体育精品课程建设，增加了瑜伽等课程的网络视频教学内容。完成了《学校体育工作条例》评估自查自评工作，召开了学校体育工作会。

六、加强国际交流与合作，国际化办学进程稳步推进

（二十六）根据“按需派出”原则，全面实现了我校外事因公派出团组统筹申报工作。派出出访团组 52 个、学术团组 45 个，接待 30 余个外国访问团组，落实出访及接待所涉及的国际合作项目，进一步提高出访及来访接待效益。加大因公出国团组公示力度，做好因公出访情况进行经常化、制度化的出访前监管和出访后检查，强化预算和经费控制管理，构建完善的反馈机制，建立专门的监督机制。

（二十七）拓展国（境）外交流平台，积极开展港澳台工作，推进学生国（境）外交流项目。拓展国（境）外合作院校，与美国威斯敏斯特学院、英国谢菲尔德哈勒姆大学，高雄应用科技大学，布鲁塞尔自由大学签订了合作协议。与英国威斯敏斯特大学、美国加州州立大学弗莱斯诺分校及西班牙纳瓦拉大学签订进一步交流与合作的学术合作协议，海峡两岸交流项目进一步扩大，共选派了交换生 56 名，其中赴台交流生 39 名。

（二十八）本学期我校来华留学人数达到 794 人次，其中学位生 396 人。制定了《全日制外国来华留学生教育学士学位授予工作实施办法》，做好来华留学学历生毕业资格审查工作，有 38 名学历生通过论文答辩，获得我校本科学历学位证书。做好国际会议统筹工作。

（二十九）引智工作不断加强，我校长期外国专家 13 名，短期外国专家 14 名，为各学院部门讲授英语、金融学、经济学等多门课程，通过合作项目，拓展外专来源，特聘英国安格利亚鲁斯金大学教师 1 名为学生讲授 2 门专业课程，外国专家为在校生举办主题讲座 52 场。

七、管理和服务水平进一步提高，安全稳定得到维护

（三十）为深化人事分配制度的改革，推进学校整体快速发展，按照北京市关于调整事业单位 2011 年绩效工资精神和学校党委的要求，完成了我校 2011 年绩效工资调整工作，实现了全校绩效工资的统一标准。

（三十一）财务管理进一步规范。本着保证正常运行，压缩办公、出国、招待等一般性支出，支持学校重点项目建设的原则，进行全校预算分配。成立了预算管理委员会，提高预算管理的科学化水平，召开了全校预算管理会，大部分项目资金按照执行情况良好，提高了资金使用效益。接受了北京市审计局对我校 2010 年预算执行和决算草案审计、2007—2010 年财政专项资金使用情况调查等。引进无现金支付系统、预约报账系统，卡务中心工作不断完善。

（三十二）建立资产清查长效机制，不断规范招标、评标工作。启动了修订全校国有资产管理办法工作，完成了北京市属高校资产动态管理系统的上线运行，开展了 2011 年资产清查工作，对近 4 年项目采购设备入账情况进行了检查。修订了《北京联合大学招标投标管理办法》，开展招标代理机构遴选，建立招标、评标专家库，做好项目招标文件的审核及项目评标工作，建立了预算与资产配置挂钩机制，组织、协调项目采购实施，2011 年财政部门批复我校财政专项项目 102 个，批复金额 7982.264 756 万元。做好进口仪器设备论证和住房补贴、产权证办理等房产工作。

（三十三）大学“科技园”建设工作进展顺利，确定了科技园“能量微芯片转化研究院”和“北京大学生创业集合体孵化中心”项目，落实科技园建设计划，汇集专利 27 项。召开了学校经济管理委员会工作会议。国内第一家导聋犬训练基地“北京联合大学导聋犬训练基地”落成，与市残联首创的“残疾人信息无障碍信息研究中心”揭牌。规范了全校经营性商户的经营活动。

（三十四）树立科学审计观念。修订了《北京联合大学基建、修缮工程项目审计办法（试行）》，制定了《北京联合大学大额支出审计办法（试行）》和《北京联合大学基本经费安排的基础设施改造项目预算审计暂行办法》，发挥审计“免疫系统”功能，落实学校审计工作关口前移的指导意见，完成工程结算审计 6 项、经济责任审计 13 项、科研项目结题审签工作 27 项，试点开展了工程项目预算审计工作。对 13 位处级干部离任经济责任审计出具了审计报告和管理建议书，开展 2009 年预算执行与决算审计发现问题的整改工作，提高了审计结果的利用效能。

（三十五）维护了校园的安全稳定，启动安全管理长效机制建设工作。成立了专项维稳工作领导小组，制定了《2011 年全国两会期间北京联合大学专项维稳工作预案》，修订了配套的工作预案，加强值班巡查工作。组织进行了各项安全检查工作，建立了安全情况会商制度，分析排查各项安全隐患，制定了硬件设施整改措施，完善安全管理制度。成立了安全教育工作小组，制定学生安全教育课程大纲，开展安全教育培训，增强师生安全防范意识。

（三十六）后勤建设进一步规范，规范了应用文理学院、特殊教育学院的食堂管理工作，征求了广大师生的意见和建议，为师生提供了更加优质的服务。召开

2011 年上半年后勤工作会。召开了首届后勤职工健身运动会，加强了凝聚力。制定了《2011 教职工膳食指导计划》，为教职工健康营养饮食提供科学依据。

八、以建党 90 周年为契机，加强了党建和思想政治工作

（三十七）通过开展优秀共产党员座谈会、民主党派代表座谈会、理论研讨会、征文等系列活动，纪念建党 90 周年。开展了基层党组织建设调研暨“十佳党支部”创建工作中期检查和 2009—2011 年“十佳党支部”、先进基层党组织、优秀共产党员、优秀党务工作者的评选和表彰工作。学校 2 人获得北京高校优秀共产党员荣誉称号，1 人获得北京高校优秀党务工作者荣誉称号。

（三十八）进一步完善学校党委理论中心组学习制度，围绕社会热点、国际国内形势、学校工作重点等学习内容，开展党委理论中心组学习（扩大）会 8 次，学习人数 2500 余人次。邀请中国人民大学、中共党史研究室、市委教育工委等领导来校举办专题讲座，强化了学习效果。关注社会热点、发布主题报道，加强党和国家政策的宣传，发挥舆论引导力和影响力，实现对外宣传报道从报“会议”向报“工作”“成果”的转变。校园网信息更新趋于正常。完成党建和思想政治教育课题第五批结题和第六批立项相关工作。组织开展学校 2009—2010 年度党建和思想政治工作优秀成果申报工作。

（三十九）抓好党风廉政建设责任制分解，制定了《北京联合大学 2011 年党风廉政建设和反腐败工作任务分工》。开展党风廉政宣传教育月活动，制定了《北京联合大学党风廉政宣传教育联席会议制度》。深入学习《中国共产党党员领导干部廉洁从政若干准则》，在全校副处级以上干部中开展了网上测试活动，纵深推进廉政风险防范管理工作，开展“回头看”活动，对校机关相关部门落实学校工作计划的情况进行了中期检查。完成教育收费、“小金库”、公务用车、工程建设领域突出问题等专项治理任务，对政府采购等常规工作进行行政监察 83 次。

（四十）工会工作有序开展。对二级法人学院工会的财务账户进行了清理。组织了“北京市工人先锋号”“教育先锋”先进集体和个人的评选，起草了《北京联合大学教职工健康幸福工程实施方案》，启动了爱心基金捐款活动，共资助 123 人，金额 32.8 万元。举办了“青年基本功练功月”活动，开展了广播操、太极拳培训、“唱红歌温党史”合唱比赛和教职工书法、绘画、摄影作品展等教职工文化体育活动。

在总结成绩的同时，还应看到我们的工作中还有很多不足，主要表现为：部分职能部门服务意识和工作水平有待进一步提高；部分单位及部门的执行力及相互配合仍需进一步加强；教学改革需要进一步深入；科研水平需要进一步提高；办学资源需要进一步优化，管理水平需要进一步提高等，这些不足和问题都需要学校党政领导与全校教职员工更加努力地去解决。

中共北京联合大学委员会
北京联合大学
2011 年 9 月 2 日

北京联合大学 2011 年下半年重点工作

（京联党〔2011〕58 号）

2011 年下半年，全校要按照《北京联合大学 2011 年工作要点》的部署，继续深入贯彻落实科学发展观，积极宣传并组织实施《北京联合大学“十二五”时期改革和发展规划》，围绕加快发展模式转变这一主线，以质量为核心，提高教学及科研质量；以人才为抓手，提高各类队伍的能力和水平；以素质为重点，提高育人质量；以服务和保障为出发点，提升学校管理的科学化水平，全力维护校园安全稳定，努力完成全年工作任务。

一、以胡锦涛总书记“七一”讲话为指导，切实落实学校“十二五”时期改革和发展规划

（一）继续深入学习贯彻落实胡锦涛总书记在庆祝中国共产党成立 90 周年大会以及清华大学建校 100 周年庆祝大会上的重要讲话精神，贯彻落实全国及北京市教育改革和发展规划纲要，促进学校事业科学发展，增强学校内涵实力。

（二）大力宣传学校“十二五”时期改革和发展规划，为规划的顺利、有效实施奠定坚实的思想和群众基础。制订具体实施方案，落实责任制，确保规划的有效落实，切实推进学校内涵发展。

（三）继续改善办学条件。做好小营校区（旅游学院）综合楼一期工程、体育中心综合楼以及应用文理学院宿舍楼的开工与建设工作。做好小营校区综合楼二期工程、应用文理学院第二教学楼的立项申报工作，争取早日取得立项。做好北苑校区规划，为立项做好准备。力争年内完成盆儿胡同校区改造任务。根据批复情况，统筹安排开展各校区抗震加固工作。

（四）加强学校信息化建设。提升信息网络基础环境水平，完善网络信息安全防控体系；构建虚拟化存储，搭建云服务框架，推进数据中心建设；突出信息化应用、服务和效益，为师生提供广泛的信息服务。

（五）加强校园文化建设。进一步探讨多校区文化建设的有效模式，从精神文化、学术文化、制度文化和形象文化四个方面组织实施一批校园文化建设项目。进一步凝练学校文化，提炼联大精神。

二、提升教学管理效能，推动人才培养模式改革

（六）深入实施教学品质提升计划，努力提升教学管理效能。组织开展全校中青年教师执教能力比赛和全校教学优秀奖评审工作。继续开展教学管理规章制度梳理与制修订工作，完善教学服务中心各种工作流程，继续修改和完善教务系统相关模块功能。

（七）组织制定2011版普通本科、高职、高职升本培养方案、课程大纲及课程简介；完成本科、高职、高职升本专业校内评估；推动我校人才培养模式改革的创新与实践。力争完成20门公共基础类课程和学科大类平台课程网上教学资源建设任务，启动与重点建设专业相适应的2～3个系列特色教材建设工作。

（八）深化实践教学改革，优化实践教学环境。加强实验教学中心和校外人才培养基地的建设与管理，加强国家级人才培养模式创新实验区建设和其辐射带动作用，迎接国家级实验教学示范中心检查验收。以实践教学改革为抓手，切实推动应用性人才培养模式的创新与改革。

（九）以北京市职业教育分级制专业试点工作为契机，创新职业教育人才培养模式。以工作过程为导向，加强高职专业核心课程和特色教材建设。建立高职教学质量状态数据库，发挥多重管理功效。

（十）继续整合成人继续教育资源，完善成人教育管理制度和工作流程，提高教育教学质量；加强高等教育自学考试主考专业建设，依据北京市经济社会发展需要调整专业和课程；加强"全国重点建设职教师资培养培训基地"建设，完成教育部下达的培训任务；针对在校学生需求开展培训，促进学生提高职业能力。

（十一）做好新生及毕业生数据统计、分析工作。做好招生、就业的总结研讨工作。积极开拓京外就业市场，力争建立8～10个校院就业基地。加强大学生职业生涯规划和就业指导课的建设。

（十二）做好2012年招生宣传的准备工作，策划宣传方案，开展招生宣传材料收集活动。进一步规范特殊类型的招生工作。

三、加强学科建设，提升科研水平，扩大研究生教育规模

（十三）提高科研和学科工作服务与管理的效率和水平，修订并公布"科研成果奖励"及"科研工作量"文件。升级科研信息管理系统并进一步加强科研信息管理队伍。继续开展增强科研意识的培训工作。积极筹备召开学校科研工作会。力争实现竞争性科研经费年增长15%。

（十四）鼓励应用性科研成果向社会推广，产生效益。推进与重点大学的科研合作工作。联合相关部门共同推进学生科技创新工作。

（十五）完善学科建设工作管理机制，建立一级硕士学科分委员会。扩大研究生教育的规模，努力争取2012年招生指标有较大增长。理顺研究生管理机制，完善研究生培养的规章制度及培养方案，重新编写研究生培养手册、研究生手册和研究生教学大纲。

四、加强队伍建设，提高职业素质与业务能力

（十六）大力加强领导班子和干部队伍建设。进一步规范干部挂职锻炼管理制度，规范干部竞争上岗工作，推进单位及干部考核评价制度改革。加强干部作风建设，大力提升干部的执行力。

（十七）加强带头人和骨干教学教师队伍建设。继续加强教师专业实践能力建设。进一步加强学科专业骨干教师、新进教师培训工作。

（十八）制定人才队伍建设工程具体实施方案并做好实施准备。实施学校人才强校"四个计划"，结合学校硕士点和学科建设，制订人才引进具体工作分解方案，实施责任制。做好教师职业发展中心的组建和试运行工作。

（十九）加强"人才强教"工作。完成2010年"人才强教"深化计划项目成果验收工作。加紧落实2011年"人才强教"未执行完毕的项目。根据北京市教委部署开展2012年"人才强教"计划的遴选工作。

五、提升德育工作品质，进一步推进素质教育

（二十）探索学风建设评价体系，切实推动学风建设。实施学生学习效能提升计划，启动学生发展状况调研，完善学生奖励体系。试行优秀学生导师制。筹备召开德育工作会。

（二十一）围绕2011版人才培养方案，在2011级学生中实施新版思想政治理论课教学计划和考核方式，落实入学教育、毕业教育、军事技能训练、军事理论、心理素质教育、公益劳动以及大学生志愿服务课程化实施方案，探索建立素质教育学分体系。

（二十二）制定基层团支部、团委工作量化考核评价体系。积极开展学术实践和创新创业教育。成立北京联合大学艺术素质教育中心。

（二十三）继续组织好全校学生《国家学生体质健康标准》的测试工作，争取测试率达到98%以上。在科学分析学生身体健康数据基础上，制订《北京联合大学学生健康幸福工程实施方案》并加以实施。继续深入贯彻落实《学校体育工作条例》。开好全校第二届新生运动会。

六、提高国际交流与合作层次，稳步推进国际化办学进程

（二十四）努力提高国际交流合作层次。以学院为主体，拓展国（境）外合作院校。进一步开拓在校学生国（境）外交流项目，规范管理，优化国际合作资源。

（二十五）切实做好引智工作，提高引智层次。聘请资深专业教师，建立年轻教师随班学习制度，实现引智工作效益最大化。

（二十六）规范统筹管理全校来华留学生出入境签证管理、学位授予等方面的工作，开拓校际交流渠道，大力发展来华留学生学位教育，推进我校国际化进程。

（二十七）严格执行自组团组因公出国的公示制度和因公派出计划，进一步落实因公出访团组回国后总结及成果落实工作。

七、强化服务意识，提高管理水平，维护校园安全稳定

（二十八）做好2011年财务决算工作和2012年财政预算申报工作，研究制定全校预算政策，建设系列项目库以及完成基础数据采集工作。进一步制定完善学校财务制度，理顺卡务中心工作机制。做好2011年全员绩效工资改革的后续工作和总结工作。

（二十九）统一全校国有资产管理办法，启动资产动态管理系统运行，开展固定资产使用绩效考评机制及考评办法调研，完成2011年资产清查工作，进一步强化和落实国有资产管理责任制；进一步梳理政府采购和招投标有关政策法规及规章制度，督促政府采购项目实施进度。做好学校办公用房房屋产权登记工作。

（三十）加快大学科技园建设。规范学校产业活动，理顺学校经济管理委员会、学校资产运营公司和大学科技园管理层次关系。继续做好昌平校区租赁协议执行保障及相关事项协调工作。继续做好北京第三开关厂稳定工作。规范导聋犬基地建设。

（三十一）做好大额支出审计、基建和修缮工程审计等重点工作。加强审计工作制度建设，修订《北京联合大学科研经费审签办法(暂行)》和《北京联合大学处级领导干部经济责任审计实施办法(试行)》。完善相关业务流程。

（三十二）创新服务理念，提高服务水平，使后勤工作逐步实现“精细化管理，规范化操作”。继续完善后勤管理各项规章制度。建设学习型后勤，做好培训工作。做好商务学院饮食服务中心管理运行平稳过渡工作。

八、落实上级“三项工程”，加强党建和思想政治工作

（三十三）落实上级领导干部“领航工程”、基层党组织“聚力工程”、共产党员“先锋工程”，以“三项工程”为载体，扎实推进创先争优活动，继续开展“十佳党支部”申报创建活动。开展学习型党组织建设，贯彻落实《2009—2013年北京高校党员教育培训工作规划》。

（三十四）深入推进理论武装工作，凝聚发展共识，形成发展合力。发挥党委理论中心组学习的引领作用，进一步开展宣传思想工作实效性研究。建立舆情调研机制，倾听教职工的意见，掌握教职员工的思想动态。做好校史展览各项准备工作，使教职工深入了解学校改革发展成果。

（三十五）认真落实党风廉政建设责任制，重点围绕领导干部廉洁自律开展反腐倡廉宣传教育活动。继续纵深推进廉政风险防控，开展对制度及制度执行情况的监督检查。做好教育收费、招生监督以及重点领域关键环节的行政监察工作。发挥监督检查职能，推进党务公开工作。

（三十六）深入开展“平安校园”创建，促进校园安全长效机制的建设，起草制订《北京联合大学创建“平安校园”工作达标实施方案》。做好各项安全防范工程建设的监管工作。建立健全安全教育责任制。

（三十七）筹办北京联合大学第四次学生代表大会。落实《北京联合大学教职工健康幸福工程》，完成任务分解，为教职员工创造和谐生活。做好统战、离退休人员、老干部、工会、关工委等工作。

中共北京联合大学委员会
北京联合大学
2011年9月2日

关于印发《关于加强和改进辅导员队伍建设的补充规定》的通知

（京联党〔2011〕79号）

各学院党委，校机关和直属单位党委，广告学院、北苑校区党总支，国际交流学院直属党支部：

经校党委第319次常委会（2011年9月14日）通过，现将《关于加强和改进辅导员队伍建设的补充规定》印发给你们，请遵照执行。

中共北京联合大学委员会
2011年10月20日

关于加强和改进辅导员队伍建设的补充规定

根据中央、北京市和我校有关辅导员队伍建设的相关政策，为切实做好学生德育工作，经校党委通过，就我校辅导员建设相关问题作出以下补充规定：

一、辅导员资格认定

符合教师岗位基本条件的辅导员可以申报教师资格，其专业技术职务评聘在本人自愿申请的基础上，可根据其专业背景、工作岗位以及教学科研情况纳入学生思想政治教育系列。

二、辅导员岗位补贴

在院系从事学生工作的专职带班辅导员均享受辅导员岗位补贴，其具体数额可依据所带学生人数由学院进行确定。

三、辅导员教学与考核

辅导员本人在自愿申请和符合条件的基础上可以承担一定量的思想政治教育、心理健康教育及学生党课的课程教学工作或实践教学工作，参加相关教学科研活动。课程教学主要有：大学生思想道德修养与法律基础、形势与政策、心理素质教育、职业生涯规划、军事理论、党课等。实践教学工作主要包括：军事技能训练、社会实践、心理咨询、第二课堂指导等。

承担教学工作的学生辅导员，每学期可承担 32 学时至 64 学时的教学工作量，并发放课时酬金，高于 64 学时的部分不发放课时酬金；实行教师岗位和管理岗位职责双考核，以管理岗位考核为主。

四、新进专业教师兼做学生工作

为提高教学针对性，加强辅导员工作，提高学校办学效益，按照《关于北京联合大学辅导员队伍建设的实施意见》（京联党〔2009〕24 号）的要求，对于学校每年接受的应届毕业生中聘为专职教师的，应兼职做学生工作提出以下要求：第一，新进专业教师要先兼职从事至少两年的学生工作（在签订《新入校人员协议书》中明确），其学生工作量（即所带班级数量）根据学院实际情况，由学院确定（其中，兼做辅导员的专职教师一般应是中共党员）。第二，兼职做学生工作的工作量核算及工作考核由校学生处负责，并将结果报人员所属教学单位，学生工作量合格等同于相应教学工作量合格。

五、专职辅导员兼做助教

为促进教学相长，加强学风建设，本着有利于辅导员职业生涯发展的原则，对专职辅导员兼做助教做出以下规定：第一，工作满两年且考核合格之后，本着自愿申请的原则，结合本人专业背景，具备硕士及以上学位；第二，本人申请兼做助教后，要经过所在学院批准同意，助教范围限定在本人所负责的班级内选择一个班级、一门课；第三，助教职责主要有：随堂听课与课堂管理、批阅作业与答疑辅导、监考阅卷与登记成绩、习题课与实习课的指导等；第四，助教的培训与考核，坚持“谁使用谁负责”的原则，进行学期考核；第五，助教期间考取博士研究生的，根据岗位设置需要可优先转入专业教师系列。

关于印发《干部任免票决制的实施办法》的通知

（京联党〔2011〕82 号）

各学院、北苑校区，校机关各部门、各直属单位：

经校党委第 322 次常委会（2011 年 10 月 24 日）通过，现将《干部任免票决制的实施办法》印发给你们，请遵照执行。

中共北京联合大学委员会

2011 年 11 月 8 日

干部任免票决制的实施办法

为了更好地贯彻民主集中制原则，进一步推进组织工作科学化，完善干部选拔任用决策机制，提高选人用人公信度，根据《党政领导干部选拔任用工作条例》《中国共产党普通高等学校基层组织工作条例》《中共北京市委组织部关于全面推行干部任免票决制的意见》和《中共北京市委教育工作委员会关于全面推行干部任免票决制的意见》（京教工〔2011〕50 号）的有关规定，特提出本办法。

一、票决适用范围

学校党委按照干部管理权限讨论任免处级干部、副局级法人学院党委按照干部管理权限讨论任免副处级干部均应采用无记名投票（票决）方式作出决定。但以下任免事项仍可沿用口头表决或举手表决方式：

1. 到龄免职退休事项；

2. 军转干部安置事项;

3. 以其他单位为主管理的双重管理单位干部任免事项;

4. 接收上级安排的挂职干部事项;

5. 向上级组织提出干部任免建议人选的事项。

二、票决工作程序

学校党委票决干部实行常务委员会票决制,由校党委书记主持,须有三分之二以上党委常委到会,以超过半数应到会常委同意形成决定。非党委常委的班子成员可以发表意见但不参加投票。

副局级法人学院党委票决干部实行党委会票决制,由学院党委书记主持,须有三分之二以上党委委员到会,以超过半数应到会委员同意形成决定。非学院党委委员的班子成员可以发表意见,但不参加投票。

票决按照以下程序进行:

1. 汇报人选情况。分管干部工作的领导成员或者组织部门负责人,逐一介绍拟任免人选的提名、推荐、考察和任免理由等情况。

2. 讨论审议。与会成员对拟任免人选充分发表意见。对审议中提出的有关问题,由组织部门负责人作出说明。对意见分歧较大或者有重大问题不清楚的,应暂缓表决。对有影响作出决定的问题,会后应当及时查清,避免久拖不决。

3. 指定监票人。投票表决设监票人 1 名,由会议主持人在与会成员中指定。

4. 进行无记名投票表决。党委常委(委员)以无记名方式,填写表决票,表明同意、不同意、弃权等意见,但不能另提他人。缺席成员不得委托他人投票,也不另行投票。表决未获通过的拟任人选,一般不再提名为同一职位人选。确需再次提名为同一职位人选的,必须提交另一次会议表决。两次未获通过的,不得再提名为同一职位人选。票决未通过的职位,不得临时动议另提他人进行票决。

5. 现场计票。计票工作由列席会议的组织部门工作人员承担,在监票人的监督下进行。监票人和计票人实行公务回避。

6. 监票人报告拟任免人选或推荐人选的得票情况。

7. 会议主持人宣布票决结果。监票人和计票人在表决结果统计表上签字,存档备查。

三、票决工作纪律和要求

学校党委和副局级法人学院党委要高度重视干部任免票决制工作,切实加强领导,组织部门要在党委的领导下,认真组织实施。各单位组织部门要严格按照干部选拔任用工作程序和有关要求,扎实做好沟通酝酿、民主推荐、组织考察等干部基础工作,准备翔实、准确的上会材料,为党委提供高质量的干部任免方案。党委讨论任免干部时,主要领导成员要树立民主作风,认真听取意见,集思广益,服从集体领导。其他领导班子成员应开诚布公地发表意见,充分反映自己的真实想法,表达自己的真实意愿,维护集体决定的权威。

讨论审议干部任免事项,涉及与会人员本人及其亲属的,本人必须回避。审议后,回避的成员参加投票表决。与会人员要严格遵守保密纪律,不准泄露提名、讨论、投票等情况,对违反规定的,根据具体情况追究责任。

四、附则

本办法自发布之日起实施,由校党委组织部负责解释。

各副局级法人学院党委实行干部任免票决制中遇到问题请及时向校党委汇报。

关于聘请北京联合大学党风廉政监督员的通知

(京联党〔2011〕83 号)

各学院党委,校机关和直属单位党委,广告学院、北苑校区党总支,国际交流学院直属党支部:

经校党委会第 324 次常委会决定,聘请以下 15 名同志(按姓氏笔画排序)为北京联合大学党风廉政监督员,聘期三年。

刘瑞祥	信息学院
孙　莉	校经济管理与合作办学办公室
孙秀芳	机电学院
苏秀丽	自动化学院
李宇红	应用科技学院
张丽娟	旅游学院
邵　军	商务学院
尚显彪	继续教育学院
茹秀华	应用文理学院
姜黎霞	校基础部
姚铁力	特殊教育学院
黄小葳	生物化学工程学院
黄金龙	师范学院
韩　莉	管理学院
虞思旦	应用性高等教育研究发展研究中心

特此通知。

中共北京联合大学委员会

2011 年 11 月 10 日

关于印发《北京联合大学“平安校园”创建工作实施方案》的通知

（京联党〔2011〕84 号）

各学院党委，校机关和直属单位党委，广告学院、北苑校区党总支，国际交流学院直属党支部：

经校党委第 324 次常委会（2011 年 11 月 14 日）通过，现将《北京联合大学“平安校园”创建工作实施方案》印发给你们，请遵照执行。

中共北京联合大学委员会

2011 年 11 月 16 日

北京联合大学“平安校园”创建工作实施方案

为全面贯彻落实首都高校“平安校园”创建工作部署会议和《关于深入推进高校“平安校园”创建工作的意见》（京教工〔2011〕32 号，以下简称“《意见》”），深入推进我校“平安校园”创建工作，根据中共北京市委教育工委、北京市教育委员会《关于印发首都高校“十二五”期间深化“平安校园”创建工作方案的通知》（京教工〔2011〕56 号）的要求，对学校“平安校园”创建工作提出以下实施方案：

一、指导思想

以邓小平理论、“三个代表”重要思想和科学发展观为指导，以建设平安和谐校园为目标，按照“以人为本，安全发展”的理念，建立和规范校园安全工作机制，落实安全管理的措施和责任，切实维护学校及周边治安秩序，全面提升学校的安全防范水平，为学校各项事业又好又快发展营造安全、稳定的校园环境。

二、创建目标

通过“平安校园”创建活动的开展，使学校法制、安全、心理健康等教育工作形成制度，师生员工的法制观念、安全防范意识和心理素质不断提高。保卫机构和人员按要求配备，重点部位视频监控系统和治安防控网络体系完善有效。管理制度健全，工作措施落实，经常开展以消防安全、校园治安、交通安全、危险品管理安全、涉密材料安全、重要设施安全、饮食卫生安全和施工工地安全等为主要内容的安全隐患整治，不发生重大责任安全事故。及时排查处置校园不稳定、不安全因素，建立应急管理预案，能有效处置各类突发公共安全事件。积极开展校园及周边治安整治，不发生严重影响学校和社会稳定的群体性、突发性事件以及严重干扰正常教学活动和侵害师生的治安、刑事案件。通过以上各项措施的有效落实，努力实现《意见》中提出的“大事不出，小事减少，管理有效，秩序良好”的工作目标。

三、组织领导

成立北京联合大学“平安校园”创建工作领导小组，由主管安全稳定的校领导任组长，主管行政管理工作的校领导、各法人学院主管安全稳定工作的院领导任副组长。领导小组的成员单位有各学院、北苑校区，党委（校长）办公室、党委组织部、党委宣传部、保卫处、人事处、教务处、学生工作部、研究生处、行政管理处、工会、团委、图书馆、信息网络中心、后勤服务公司。

领导小组下设办公室，由校保卫处长任主任。办公室成员有校保卫副处长、法人学院保卫处长、校本部直管学院主管安全稳定的院领导。同时由校保卫处一名副处长兼任办公室信息员。

各学院（校区）要成立相应的创建工作组织机构，根据本《实施方案》和《“平安校园”创建工作任务分解表》制定本单位的工作任务，形成以校创建领导小组总揽全局，各单位积极参与，各司其职，密切配合的工作格局。

四、时间安排

第一阶段（2011 年 11 月—2012 年 6 月）：宣传动员阶段。学校（院）召开动员大会，按照《实施方案》和《北京联合大学“平安校园”创建工作任务分解表》明确责任分工，发放宣传教育材料，营造创建氛围，引导师生积极参与创建活动，确保创建知晓率达 100％ 。

第二阶段（2012 年 7 月—2013 年 6 月）：单位创建。各单位对照《首都高校“平安校园”创建基本标准（试行）》和《北京联合大学“平安校园”创建工作任务分解表》进行自查，凡不符合标准的单位，要制订整改方案，限期落实整改。6 月 30 日前，各相关部门和各单位要完善相关管理制度，完成材料的收集整理。

第三阶段（2013 年 7—12 月）：校内预评估阶段。完成预评估报告，校“平安校园”创建工作领导小组组织人员进行预评估，各单位对预评估中发现的问题及时进行整改。

第四阶段（2014 年上半年）：迎接考评阶段。完成学校自评报告，做好迎接市委教育工委和市教委检查组考核验收的各项准备工作。

五、创建工作重点

在“平安校园”创建工作中要按照《意见》的要求重点抓好六大体系建设：即“整合优化学校组织领导体系，强化对安全稳定工作的领导和统筹；健全完善学校维护稳定工作体系，巩固和发展校园持续稳定的局面；建立涉校矛盾纠纷排查化解体系，全力化解各种矛盾和问题；建设校园综合防控体系，不断提高整体防控水平；完善校园安全教育、管理和服务体系，最大限度减少不安定因素；健全完善校园应急处置体系，提高突发事件现场处置能力”。为推进六大体系建设要着力做好如下工作：

（一）健全管理制度，全面落实安全责任制

校安全稳定工作领导小组结合学校“十二五规划”的要求，制定“十二五”期间学校安全稳定工作规划，作为学校推进“平安校园”建设的指导性文件。各单位也要根据学校安全管理和创建平安校园的规划要求，建立健全各项管理制度、工作预案和安全责任制。做到有章可循，遵章办事，任务明确，责任到人，使全校师生员工共同担负起学校安全稳定工作的责任。

（二）开展宣传教育，着力提高师生法制意识和安全意识

各单位要利用各种宣传工具和渠道，以创建平安校园为主要内容，宣传创建平安校园的指导思想、目标任务和工作要求等，以做到“人人皆知、积极参与”；要加强对学生的心理、法制和安全防范意识教育，积极开展心理健康教育，引导、规范学生行为举止；帮助学生增强法制观念、提高学生遵纪守法的自觉性；开展“珍爱生命、关注安全”主题宣传教育活动，提高学生自我防范意识和技能。

（三）加强安全防范设施建设，切实做好隐患排查和整治

提高安全主体意识，加强内部防范，落实岗位责任制和隐患定期检查上报制度，按照《创建工作标准》建立起完善有效的人防、物防、技防、制度防“四位一体”的安全防范体系；认真贯彻执行《高等学校消防安全管理规定》，加强人员密集场所、重要基础设施和各类工程施工现场等场所的消防和人员的安全管理；完善日常安全管理措施，确保危险品的安全保管与使用；严格执行《食品卫生法》的规定，制定学校食品卫生安全制度，履行各项食品卫生程序，严防食品中毒。

（四）服务学校发展，努力维护校园政治稳定

从学校改革发展稳定的大局出发，认真负责地解决师生员工反映的问题和实际困难；健全维护安全稳定工作机制，提高应对突发公共事件的快速反应和应急处理能力；完善信息报送工作机制，确保信息畅通；建立学校重大事项风险评估机制，积极预防和妥善处理各类矛盾纠纷和不稳定事端，及时掌握影响校园稳定的苗头性、倾向性问题，做到早发现、早报告、早控制、早化解，切实维护校园稳定。

（五）保护师生权益，加强校园及周边环境治理

开展“优化治安环境，共建平安校园”为主题的校园及周边治安环境整治活动，认真排查影响校园及周边治安秩序的突出问题，会同有关部门开展综合治理。开展校园交通秩序治理整顿，规范车辆行驶、停放，严格车辆准入制度，防止发生交通事故，切实维护校园安全。

（六）加强网络管理，营造健康文明的网络环境

高度重视网络安全管理工作，健全网络安全管理制度。加强对师生的思想政治教育，规范上网行为，倡导文明上网。

（七）重视涉外工作，加强留学生安全管理

进一步加强留学生的管理，建立健全留学生安全管理制度，加强留学生安全教育，妥善处理各种矛盾纠纷。

（八）加强保密教育，认真执行保密工作的制度要求，做好涉密文件资料的保管和涉密场所的安全防范工作。

六、工作要求

（一）提高认识，加强领导。开展“平安校园”创建活动是贯彻落实科学发展观，构建和谐社会的具体表现，是保障学校安全稳定的重要举措。各单位要高度重视，加强组织领导，确保创建活动的深入开展。

（二）精心组织，有序推进。各单位要健全创建组织，分解工作任务，落实工作责任；要突出创建重点，明确创建要求，周密组织，全面有序推进创建工作；要充分调动广大师生员工的参与热情，齐创共建。

（三）协调配合，齐抓共管。在创建过程中各单位要密切配合，充分发挥各自作用，形成整体合力，围绕工作难点问题，探索新思路，研究新办法，创造性地开展工作，务求创建工作取得实效，真正建立起科学、系统、规范的安全工作体系和长效机制，确保学校安全稳定。

关于规范处级及以上干部外出请假报备制度的通知

（京联党〔2011〕85 号）

各学院党委，校机关和直属单位党委，广告学院、北苑校区党总支，国际交流学院直属党支部：

党政领导干部外出和请假报备，是加强干部管理的重要工作制度，2011年10月，中共北京市委办公厅和北京市人民政府办公厅联合下发了《关于严格执行请假报备制度的通知》(京办字〔2011〕19号)，重申了有关事项。根据文件精神，结合我校实际，现就处级及以上领导干部执行请假报备制度提出以下要求：

一、处级及以上领导干部因公、因私外出(在京离校3天及以上)，寒、暑假期间离京的，要按照干部管理权限提前3天履行请假手续，填写《北京联合大学领导干部请假报告单》，按规定报批、报备。

二、处级及以上领导干部请假报备要以书面形式说明原因、地点、离岗和返岗日期。离岗期间要保持联络畅通，如有特殊原因不能如期返岗，要及时报告。

三、各副局级学院党委要严格按照《中共北京市委办公厅北京市人民政府办公厅关于领导干部外出报备有关事项的通知》(京办字〔2011〕1号)的要求，明确责任部门，认真做好报备工作。

四、校党委组织部具体负责领导干部请假报备工作。

联 系 人：张　瑾

联系电话：64900084

传　　真：64900074

电子邮件：ldzzb@buu.edu.cn

特此通知。

附件： 1. 北京联合大学领导干部请假报告单

2.《北京联合大学领导干部请假报告单》有关情况说明

中共北京联合大学委员会

2011年11月22日

附件1：

北京联合大学领导干部请假报告单

填表日期：　　年　　月　　日

姓　名		所在部门及职务	
外出地点		外出单位	
请假时间	年　月　日　至　年　月　日		
外出事由及外出期间工作安排：	随行人员：		
本单位 意　见	年　月　日	主管校领导 意　见	年 年　年　月　日
党委书记 或校长 意　见	年　月　日		
销假时间	年　月　日 经办人签名：		
备　注			

附件2：

《北京联合大学领导干部请假报告单》有关情况说明

一、局、处级干部因公、因私外出(指在京离校3天及以上或离京)，需事先履行请假手续，填写《北京联合大学领导干部请假报告单》(以下简称《请假报告单》)。法定节假日和寒暑假期间离京，应同样履行。

二、局、处级干部履行请假手续，需按照干部管理权限报批、报备：

1. 校机关和直属单位的部门负责人、党政正职干部外出请假，需经主管校领导签字同意后，党务部门报校党委书记审批，教学或行政部门报校长审批，逐级报请有关领导签字同意后，连同会议通知等相关材料复印件一同交校党委组织部备案。

2. 校机关和直属单位的部门副职外出请假，需经部门负责人签字同意后，报主管校领导审批，签字同意后，连同会议通知等相关材料复印件一同交校党委组织部备案。

3. 各学院领导班子成员外出请假，党政正职、局级干部由联系学院的校领导审批后，报校党委书记或校长审批，报校党委组织部备案；学院领导班子中的处级干部经学院正职及联系学院的校领导审批后,报校党委组织部备案。

4. 副局级学院班子成员之外的处级干部外出请假,参照校机关和直属单位部门负责人的审批程序,在学院履行完请假手续后,报校党委组织部备案;副局级学院副处级干部外出请假,在学院党委组织部报批、报备。

三、《请假报告单》一般至少应提前3天报批。本表格可从校党委组织部网页下载,统一用A4纸打印。

四、局、处级干部经准假离开岗位,离岗前应将自己的去向和联系方式告知本单位,并保证手机每天24小时开通,保持信息畅通。

五、请假期间,必须落实好工作安排并确定代理岗位职责负责人。各单位应避免党政正职同时请假,尤其在举行重大活动、开展重要工作及开学、毕业生离校等关键时期,应尽量避免外出,不要请假。

六、因临时性、突发性情况,外出前来不及办理请假手续的,可先电话或口头请假,返校后需补办书面请假和销假手续。

局级干部需向校党委书记口头请假,正处级干部需向学校分管干部工作的党委副书记及本学院党委书记口头请假,校本部副处级干部需向分管校领导及本单位正职口头请假,同时将《请假报告单》发至校党委组织部专用邮箱:qingjia@buu.edu.cn。

七、领导干部返校后需进行销假,按期返校的可电话销假,延期返校的需向主管校领导和校党委组织部说明情况后,进行销假。

关于印发《北京联合大学教职工代表大会工作规程》的通知

(京联党〔2011〕87号)

各学院党委,校机关和直属单位党委,广告学院、北苑校区党总支,国际交流学院直属党支部:

经第三届教职工代表大会暨工会会员代表大会讨论通过,现将《北京联合大学教职工代表大会工作规程》印发给你们,请结合实际,认真贯彻执行。

中共北京联合大学委员会

2011年12月8日

北京联合大学教职工代表大会工作规程

为进一步完善和规范我校教职工代表大会制度,不断推进学校民主建设,依据《中华人民共和国工会法》《高等学校教职工代表大会暂行条例》《北京高等学校教职工代表大会工作规程(试行)》,制定本规程。

总　则

一、教职工代表大会的性质和地位

教职工代表大会(以下简称教代会)制度是我校管理体制的重要组成部分,是在校党委领导下,教职工依法行使民主权利,实行民主管理、民主决策、民主监督的基本制度和形式,也是学校党政领导班子广泛听取教职工意见,促进决策科学化、民主化的重要渠道。教代会每届5年。无特殊原因,每学年至少召开一次会议。

二、教代会的职权

听取和讨论校长工作报告,对学校的办学指导思想、发展规划、重大改革方案、财务年度工作报告及其他有关学校发展的重大问题提出意见和建议;讨论通过学校提出的校内教职工聘任、奖惩、分配等改革的原则和办法及其他与教职工权益有关的重要规章制度;审议学校提出的教职工福利费管理使用的原则和办法,以及其他有关教职工生活福利的事项;参与民主评议领导干部,参与民主推荐学校领导人选;制定、修订、废止本级教代会的文件。教代会在学校党委领导下行使职权,尊重和支持校长及行政系统行使职权。

三、校党委、行政和工会在教代会制度建设中的责任

校党委领导教代会工作。党委要支持教代会按《高等学校教职工代表大会暂行条例》规定的职责范围开展工作,教育各级干部增强民主意识,定期研究教代会工作,协调、解决教代会工作中出现的重要问题,为教职工参与民主管理、民主决策和民主监督创造良好的条件和氛围。

校长要支持和保证教代会在其职权范围内行使职权，定期向教代会报告工作，认真听取意见和建议，落实教代会及常设主席团在其职权范围内作出的决定、决议，责成有关部门认真处理好教代会代表的提案，自觉接受教代会的监督，为召开教代会和有关活动提供经费支持，为学校民主管理创造良好的环境。

工会要承担起教代会工作机构的任务。教育教职工在党委、行政领导下，认真贯彻执行党的教育方针，积极参与学校的改革，紧紧围绕学校中心工作和根本任务献计献策，积极支持并参加教代会的活动；做好教代会的筹备和闭会期间的工作，检查、督促教代会决议、提案的落实。

教代会的筹备与召开

一、教代会的筹备

教代会的筹备在校党委领导下进行，由教代会常设主席团及工会委员会负责大会筹备的具体工作。筹备工作的主要任务是：

（一）换届时，制订正式代表、特邀代表、列席代表的名额分配、代表条件、选举办法、代表团划分等方案。对代表资格进行审查并公布代表名单。

（二）征集大会提案，并对提案进行归纳、整理、审查、立案。

（三）由工会委员会提出大会议题，经学校党政领导同意后，报教代会常设主席团审议通过。

（四）提出专门工作委员会组成方案。

（五）拟定大会日程、议程，制定会议经费预算。

（六）提出大会主席团成员推荐名单和选举办法。

（七）将需要提交大会讨论、审议、通过或决定的文件，于会前印发给代表，在广泛征求代表意见的基础上进行修改完善。

（八）教代会常设主席团负责人向党委会报告教代会筹备工作情况。

（九）党委下发召开教代会的通知。

（十）将召开教代会报告及有关文件材料上报市教育工会。

会议的其他准备工作。

二、教代会的代表

教职工代表由各二级单位教代会或教职工大会选举产生。代表的构成既要有学校各方面人员，又要充分体现学校各项工作以教学为中心，以教师为主体。教师代表应占代表总数的60%以上，其中高级职称者应占半数以上，青年教师应占一定比例。教代会代表实行任期制，任期5年，可以连选连任。

（一）代表的选举

1. 由校工会提出选举方案，与党委负责人沟通后，征求教代会常设主席团意见并报党委审定。方案内容包括：代表人数、组成比例、代表条件、选区划分、代表名额的分配、选举办法等。列席代表一般是未被选为正式代表的校、院（处）党、政、工、团主要负责人，人大代表、政协委员等。特邀代表一般是离退休干部中的原校级党政领导及有影响的教职工等。

2. 根据有关规定，代表名额可按教职工总数的6%～10%确定。以基层工会为单位划分选区，代表名额的比例，应根据实际情况确定。学校党、政、工、团主要负责人和有关领导一般应是教代会代表，其代表名额另行分配到有关基层工会参加选举。

3. 各基层工会根据所分配名额和结构比例，通过酝酿提出代表候选人名单，按照差额（不低于10%）选举的原则采取不记名投票的方式选举产生。候选人获得应出席人数半数以上赞成票方能当选。

4. 各基层工会将选举结果报校工会后，由代表资格审查委员会对代表资格进行审查。审查的主要内容：是否符合规定的代表条件，是否符合所分配的代表结构和比例，是否符合民主选举程序等。

（二）教代会代表的调整和增补

1. 代表在任期内有下列情况，作相应调整：

（1）教职工调离本校，自正式办理离校手续起，停止其代表资格。校内调动一般应予保留。

（2）教职工自正式退休之日起，其代表资格即行停止。

（3）教职工受开除公职、留用察看或因违法受刑事拘留以上处分的，其代表资格自处分之日起即行停止。

（4）因各种原因一年以上不能参加教代会活动的，其代表资格一般不予保留。

（5）失去群众信任的代表。

2. 因各种原因造成代表缺额的，可按以下程序进行补选：

（1）原选举单位按缺额数和代表性向校工会提出申请。

（2）校工会初审，报校教代会常设主席团研究同意后，由原选举单位按选举程序组织选举并将选举结果报校工会。

（3）校教代会常设主席团审查、批准后，填写代表登记表。并向下次教代会报告其增补情况。

（三）教代会代表的培训

代表的培训工作由校教代会常设主席团负责，校工会负责具体实施。培训内容与方式由常设主席团决定。

三、教代会的提案

教代会提案是教代会代表和教职工群众就学校改革发展、管理、教学科研、规章制度、人事分配制度改革方案、生活福利、教职工队伍建设等方面提出的议案。

（一）提案的征集

1. 教代会召开前一个月左右，由教代会提案工作委员会或工会发出征集提案通知。

2. 代表在广泛听取教职工意见的基础上填写提案表,提交提案工作委员会。提案应一事一案、一案一表。提案由一人提出后,须有五名以上代表附议。

(二) 提案的审查、立案

1. 提案工作委员会收到代表提案后,应及时进行审查、登记、分类、整理。内容相同的进行并案处理,原提案人作为共同提案人。

2. 立案的原则

(1) 符合党和国家的方针、政策、法律法规的有关规定;

(2) 属于学校权限范围内能处理的问题;

(3) 符合学校实际且具有实际价值或作用;

(4) 对有争议的提案,提交常设主席团确定是否立案。

3. 凡未立案的提案,应作为意见转有关部门处理并告知提案人。

4. 重大提案应提交校党委或校长办公会讨论研究,确需教代会讨论、决定的问题应列入大会议题。

(三) 提案的办理

1. 提案工作委员会将提案处理意见表送交主管校领导。

2. 主管校领导召开有关会议,逐条落实到承办部门(或个人)。

3. 承办部门根据提案提出的问题制订实施方案,不能落实的应说明原因。

4. 主管校领导对承办部门的实施方案进行审核。

5. 承办部门按实施方案进行落实,落实结果应及时报送主管校领导。

(四) 提案的检查与反馈

1. 提案工作委员会和工会对提案的处理情况进行检查、督促。

2. 由提案工作委员会和工会向提案人反馈提案办理结果、征求提案人的意见并在提案表内签注意见,及进行满意、基本满意、不满意的调查。

3. 提案工作委员会在教代会上报告上次教代会提案的落实情况。

四、教代会大会主席团

教代会大会主席团是大会的领导机构,在党委领导下开展工作,实行常任制。

(一) 主席团的职责

1. 审议大会议题并提请大会通过。

2. 组织、主持会议。

3. 听取和讨论各代表团对各项议案的审议意见。

4. 草拟大会决议和决定。

5. 处理大会期间其他重要问题。

(二) 主席团成员的产生

1. 由常设主席团根据《高等学校教职工代表大会暂行条例》的要求和实际需要,提出下届主席团人数、构成、建议人选等,报党委审查。主席团成员中应有学校党、政、工、团主要领导和教师及其他代表性人员,高级职称教师应占较大比例。主席团成员必须是教代会正式代表,人数应是代表人数的10%左右。

2. 大会主席团可设团长1人、秘书长1人、副秘书长1人。秘书长一般由工会负责人担任。

3. 大会主席团成员推荐名单提交教代会预备会议通过。

五、教代会预备会议主要议程

预备会议由上届常设主席团负责人主持,全体正式代表参加。

(一) 大会主席团负责人向大会报告本次教代会筹备情况,提出大会议程和议题的建议。

(二) 通过代表资格审查委员会关于代表资格审查报告。

(三) 作关于代表增补情况的说明(有增补情况时)。

(四) 通过大会议题和议程。

(五) 通过大会主席团、执行主席和秘书长名单。

(六) 通过大会选举办法。

(七) 通过、决定大会其他事项。

(八) 党政领导讲话。

预备会议通过的事项,一般采取举手表决的方式进行。

六、教代会会议主要议程

(一) 校长工作报告(每学年一次)。

(二) 学校财务工作报告(每学年一次)。必要时,学校行政有关负责人作专题报告。

(三) 由工会负责人或教代会常设主席团负责人、秘书长和教代会提案工作委员会负责人分别就上次教代会决议的落实及提案的处理等情况向大会作工作报告。

(四) 各代表团就会议报告、议案进行讨论、审议。

(五) 教职工代表作大会发言。

(六) 换届时按选举办法选举常设主席团,并宣布选举结果。

(七) 对决议、决定进行表决等。

七、教代会的决议、决定

凡属教代会职权范围内的问题,都应提交教代会讨论、审议,并作出相应的决议或决定。

(一) 决议、决定的内容

一般包括:决议、决定的时间,教代会届次及事项,决议、决定事项的意见和表决结果等。

(二) 决议、决定的形成

一般须经过的主要程序：

1. 大会主席团（或常设主席团）根据对议题的审议情况起草决议、决定草案。

2. 召开大会对各项决议、决定分别进行表决。

3. 由教代会主席团主席宣布各项决议、决定表决结果。

对未获通过而又确需实施的议案，可以在广泛征求意见修改后，进行复议，也可以提交临时代表会议或下次教代会再议。

（三）决议、决定的实施

1. 教代会决议、决定，经学校颁布后，各部门要认真执行。

2. 教代会专门工作委员会是决议、决定执行情况的检查督促者。每次检查后，应对决议、决定实施情况和存在问题，向主管校领导汇报并提出整改意见。

3. 教代会决议、决定的执行情况，应在下次教代会上进行报告。

（四）决议、决定的修订

教代会在其职权范围内决定的事项，不经教代会同意不得修改。在执行过程中，情况发生变化，确需修改时，必须经过下列程序：

1. 由校长或承办部门向教代会提出修改决议、决定的建议；

2. 召开教代会常设主席团会议，对修改的建议进行研究，并作出相应决定；

3. 对涉及面广、与教职工切身利益关系重大的问题，在三分之一以上代表同意的情况下，可召开教代会临时会议进行讨论，并就修改内容进行表决，同时作出新的决议或决定。

教代会的组织领导机构

一、大会期间的领导机构是教代会大会主席团（见上述教代会大会主席团）

二、教代会闭会期间的领导机构

教代会闭会期间的领导机构为教代会常设主席团。常设主席团由大会选举产生。常设主席团要坚持民主集中制，实行集体领导。

（一）常设主席团职责

1. 负责大会的各项筹备工作。

2. 组织、主持会议及处理大会闭会期间的重要问题。

3. 协商处理教代会闭会期间临时出现的属于教代会职权范围内的其他重大问题。主要内容是：

(1) 听取关于学校的建设、改革与发展等有关校务公开的情况通报，反映代表意见。

(2) 根据上级的部署，在教代会内组织民主评议、推荐或者民主选举干部。

(3) 根据教代会授权，对教代会原则通过议案中的个别条文提出修改，或者协商处理教代会决议、决定在执行过程中需要修改补充和解释的事项。

(4) 听取专门工作委员会的工作汇报。研究处理专门工作委员会的意见或建议。

（二）教代会常设主席团的成员及产生

1. 常设主席团成员必须是教代会正式代表，应由学校党、政、工、团主要领导和教师及其他代表性人员组成，高级职称教师应占较大比例。人数为代表总数的10%左右。

2. 换届前，由本届常设主席团根据《高等学校教职工代表大会暂行条例》的要求和实际需要，提出下届常设主席团人数、构成、建议人选等，报党委审查。

3. 将常设主席团组成人员推荐名单提交教代会预备会议通过并由大会无记名投票差额选举产生。

4. 根据需要，常设主席团可设主席1人、副主席3～4人。

（三）常设主席团会议每学期至少召开一次。

三、教代会专门工作委员会

专门工作委员会是在教代会领导下，处理教代会专门业务的工作机构。

（一）专门工作委员会的机构设置

根据教代会工作的需要，可设教学科研、职工福利与生活保障、民主管理与监督、提案工作等常设性专门工作委员会。根据实际情况还可以成立其他专门工作委员会。

（二）专门工作委员会人员组成

专门工作委员会一般由5～9人组成，其负责人一般应由常设主席团成员或教学、科研、管理第一线的资深教职工担任，对口行政业务部门的负责人可担任副职。

为便于开展工作，各委员会中对口行政业务部门的负责人如岗位变动，可以进行调整，应由相应的新任负责人接替。提案工作委员会一般可由党校办、工会等部门负责人和教师代表组成；教学科研工作委员会一般可由教务、科研、人事、学生处和研究生部等部门负责人和教师代表组成；职工福利与生活保障工作委员会一般可由后勤、人事、财务、工会负责人和教师代表组成；民主管理与监督工作委员会一般可由纪检、工会负责人和教师代表组成。

（三）专门工作委员会的产生

1. 工会根据教代会授权提出专门工作委员会机构设置、组成方案与行政进行协商，报党委审定。

2. 提交教代会全体会议通过。

3. 各专门工作委员会召开会议，推选主任、副主任。

（四）专门工作委员会职责

1. 会议期间收集、整理代表对与本委员会业务有关的议案的意见、建议并进行调查论证。

2. 审议准备提交教代会讨论与本专门工作委员会业务有关的议案，提交大会主席团作为修改议案、决议、决定的依据。

3. 对教代会做出的与本专门工作委员会有关的决议、决定的贯彻执行以及提案的落实进行督促、检查，并将检查情况向常设主席团汇报。

4. 保持与学校有关行政业务部门的经常性联系，参与重大问题的讨论并提出建议。

5. 根据需要向大会或常设主席团报告工作。

6. 办理教代会交办的其他工作。

7. 专门工作委员会任期与本届教代会相同。

教代会文书档案

一、建档原则

(一) 教代会存档的文书资料要具有参考价值，并保持其本来历史面貌。

(二) 文书资料齐全、完整。

(三) 按先后顺序，分门别类。一般把一个届次的文书资料组合成卷。并建立相应的电子文档。

二、建档范围

(一) 涉及教代会工作的上级文件、批复、讲话稿。

(二) 代表登记表。

(三) 教代会的组织机构，成员及出席大会的人员名单。

(四) 教代会的会议通知、文件、讲话资料、记录等。

(五) 教代会的决议、决定。

(六) 民主评议、推荐、选举行政领导干部的资料。

(七) 提案及提案处理落实情况记录。

(八) 常设主席团会议的决议、决定及协商处理重要问题的情况及会议记录、纪要。

(九) 专门工作委员会检查、质询等日常民主管理活动的记录。

(十) 报送的有关教代会的请示、报告、文件。

(十一) 代表来信、来访的资料及处理结果。

(十二) 与教代会有关的其他资料。

三、档案管理

确定专人管理和建立收存、查阅、移交制度。

本规程由校工会负责解释。

关于印发《北京联合大学关于贯彻落实〈北京市离退休干部工作领导责任制〉实施细则》的通知

(京联党〔2011〕102 号)

各学院党委，校机关和直属单位党委，广告学院、北苑校区党总支，国际交流学院直属党支部：

经校党委第 326 次常委会(2011 年 11 月 29 日)通过，现将《北京联合大学关于贯彻落实〈北京市离退休干部工作领导责任制〉实施细则》印发给你们，请结合实际，认真贯彻执行。

中共北京联合大学委员会

2011 年 12 月 12 日

北京联合大学关于贯彻落实《北京市离退休干部工作领导责任制》实施细则

为深入贯彻落实科学发展观，切实落实党的十七大和十七届四中全会关于“全面做好离退休干部工作”的要求，进一步加强和改进我校离退休干部工作，促进离退休干部工作规范化、制度化，根据《北京市离退休干部工作领导责任制》《北京高校贯彻落实〈北京市离退休干部工作领导责任制〉指导意见》等文件精神，结合我校实际，特制定本实施细则。

一、切实加强党委对离退休干部工作的领导

领导重视是做好离退休干部工作的关键。校党政领导班子要高度重视离退休干部工作，认真贯彻落实党中央、国务院及市委、市政府关于离退休干部工作的各项方针政策。

(一) 校党委要把离退休干部工作列入重要议事日程，每年至少听取一次离退休干部工作汇报，研究解决离退休干部工作中遇到的问题。每年检查离退休干部领导责任制贯彻落实情况，并将检查结果向离退休干部通报。

(二) 建立健全校离退休干部工作领导小组，负责统筹协调指导离退休干部工作。领导小组由党委书记任组长，党委副书记任副组长，成员由相关校领导、离退休干部代表、党校办、党委组织部、党委宣传部、人事处、财务处、工会、门诊部、行政管理处、学生处和离退休人员工作处等部门的负责同志组成。形成各部门各负其责、齐抓共管的工作机制。领导小组要每年召开一次会议，审议离退休干部工作全年计划、经费预算和执行情况，协调解决工作中的困难和问题，指导学院离退休干部工作，每年检查离退休工作领导责任制贯彻执行情况并向学校党委汇报。离退休工作领导小组下设办公室，办公室设在校离休退休人员工作处。在领导班子换届和调整时，要及时调整充实离退休干部工作领导小组成员。

（三）坚持领导干部联系离退休干部制度。校党政领导班子成员要至少联系一名离退休干部，重大节日期间要带队走访慰问离退休干部。新任校领导干部任职一个月内要与离退休干部见面，交流思想，听取意见建议。重视做好离退休干部信访工作。

（四）与处级干部任职谈话时要提出重视支持离退休干部工作的要求，要将离退休干部工作方针政策列为干部教育培训的重要内容，增强在职领导干部对离退休干部工作的了解和有关政策的把握。

（五）党委在考核领导班子和考核领导干部时，要把重视离退休干部工作，尊重和关心离退休干部工作作为考核的一项内容。

二、认真落实离退休干部政治待遇和生活待遇的各项规定

（一）校领导每半年向离退休干部通报一次学校改革发展情况。及时传达党中央、国务院及市委、市政府的重要文件、会议精神。坚持按规定组织离退休干部阅读文件。

（二）学校的重要政治活动、重大庆典和有关重要会议等，请离退休干部代表参加。在研究制定重大决策和重要改革措施时，注意听取离退休干部的意见和建议。

（三）加强离退休干部党支部建设。要把离退休干部党支部建设纳入党建工作总体规划，做到与在职人员党支部建设工作一同部署、规划、考核和表彰。

（四）加强和完善离退休干部活动室建设，配备必要的活动设施，保证活动室的正常开支。

（五）结合离退休干部的实际开展健康讲座等活动。每年为离退休干部组织一次体检。按政策规定组织离退休干部的健康休养。

三、切实加强对离退休干部工作部门的指导和支持

（一）要加强对离退休干部工作部门的管理和指导，保持工作机构的相对稳定、人员配备与所承担的服务性工作相适应。

（二）重视离退休干部工作队伍建设，按照政治素质好、工作能力强、作风过得硬、离退休干部信得过的标准选好配齐离退休工作部门领导班子和工作人员，重视对他们的培养和交流使用，关心他们的工作和发展。

四、各负其责，齐抓共管，为全面做好离退休工作提供保障

各有关单位在离退休干部工作中的主要职责是：

（一）离休退休人员工作处

1. 贯彻执行中央和北京市关于离退休干部工作的方针政策，结合学校实际，提出具体实施办法、细则。

2. 积极筹划开好学校离退休干部工作领导小组会议，在了解情况、掌握政策的基础上，主动提出议题；督促、检查领导小组会议决定的落实情况并向领导小组汇报。

3. 认真落实政策规定的离退休干部政治待遇和生活待遇，做好离退休干部传阅文件、通报情况、参加重要会议和活动、参观工农业建设成果、健康休养和健康体检等具体组织工作。

4. 配合组织部门抓好离退休干部党支部建设和离退休干部思想政治建设，开展主题实践活动，创建“五好支部”。

5. 联系、指导涉老组织和老年文体社团，充分发挥自我教育、自我管理、自我服务的骨干作用；组织离退休干部按照自愿量力的原则，为学校建设发展和育人工作承担力所能及的任务；宣传“老有所为”的先进事迹和典型人物。

6. 及时探望、慰问生病住院和有特殊困难的老同志，努力帮助他们解决实际困难；与学校有关部门共同建立、完善解决离退休干部特殊困难的帮扶机制。

7. 协调学校有关单位，统筹资源，办好校内离退休干部活动室，组织开展有利于老同志身心健康的文体娱乐活动。主动配合所在社区，为老同志就近学习、就近活动、就近得到关心照顾、就近发挥作用搭建平台，创造条件。

8. 编制离退休工作公用经费、活动经费和专项经费计划、离退休党组织建设的使用计划，报财务、组织、人事部门审核，按规定管理与使用。

9. 会同有关单位办理离退休人员丧葬及善后事宜。

10. 负责离退休工作队伍自身建设和基础工作。定期培训专兼职工作人员；建立完善基于管理服务的离退休干部信息系统和事物管理系统；维护好离休干部信息系统；办好工作刊物和网页，做好工作信息的编发上报工作；认真受理离退休干部信访工作。

11. 负责学校离退休工作领导小组办公室的日常工作。

（二）学校党政办公室

1. 收集、安排和协调有关需提交校党委常委会议和校长办公会议研究的离退休干部工作议题。

2. 统筹安排校级领导干部看望慰问离退休干部、参加离退休干部的重要活动。

3. 及时向离退休干部工作部门提供离退休干部应阅读的相应文件。

4. 认真做好离退休干部的来信来访接待、汇报和批转工作。

5. 学校重大庆典、重要活动、春节团拜会等,妥善安排离退休干部代表参加。

(三) 党委组织部

1. 将离退休干部党建工作纳入学校党校工作总体规划,做到与在职人员党建工作同规划、部署、考核和表彰。

2. 指导离退休干部党总支和离退休工作部门做好离退休干部党员的发展、培训和教育管理工作,培训支部书记,宣传表彰先进党组织和优秀党员。

3. 指导离退休干部党总支做好换届选举工作,优化组织设置,召开学校党员代表大会时,应有一定比例离退休干部党员代表参加。

4. 按照规定保证离退休干部党支部收缴党费的50%返还支部用于开展活动,合理安排学校党建经费,支持离退休干部党支部工作。

5. 在干部选拔任用考核和培养过程中,按照干部管理权限注意听取离退休干部的意见和建议。

6. 在干部教育培训时要适当安排离退休干部工作方针政策内容,增强在职领导干部对离退休干部工作的了解和政策把握。

7. 按照政策规定和干部管理权限牵头做好离退休干部提高待遇的组织协调和审核上报工作。

(四) 党委宣传部

1. 与离退休工作部门协调配合,组织离退休干部开展形势政策教育和理论学习。

2. 利用校内宣传阵地大力宣传党和国家的离退休干部工作的方针政策,宣传离退休干部为党和国家为学校做出的突出贡献和老有所为的崇高风范,宣传校内尊老敬老助老爱老的先进事迹。

3. 充分利用校内宣传媒体和现代技术手段为离退休党组织丰富活动内容、创新活动载体提供支持。

(五) 人事处

1. 及时办理离退休费及各种补贴的调整、编制和审批手续,负责相关政策的咨询解释。

2. 及时办理教职工退休手续,并与离退休工作部门和干部原单位做好交接工作,配合各单位开好欢送会。

3. 配合离退休干部原单位和离退休工作部门共同做好去世离退休干部的丧葬抚恤工作。

4. 与校财务处、校工会和离退休工作部门共同提出福利费用于解决离退休干部特殊困难的计划。

5. 制定符合实际的返聘政策,充分发挥离退休干部在学校建设发展中的积极作用。

(六) 财务处

1. 及时发放离退休干部的离退休费、生活补贴,及时报销离退休人员医药费。

2. 审核、编制离退休公用经费和专项经费预算,保证符合政策规定的离退休经费足额列入预算、足额拨付使用。

(七) 门诊部

1. 执行国家和学校的医疗管理规定,落实好离退休干部看病、转院、住院、报销等相关规定。

2. 按规定及时做好变更离退休干部享受医疗待遇、医药费报销比例、就近医院登记等规定。

3. 及时审核、报销离退休干部医药费,配合有关部门向老同志通报医改新政策,耐心解答老同志提出的问题,在政策许可范围内尽力为老同志提供便利服务。

4. 根据学校安排完成离退休干部健康体检,创造条件开展健康咨询和指导。

5. 对学校组织的离退休干部参加各项活动提供医疗保证。

(八) 行政管理部门

1. 做好学校离退休干部活动场所的日常维护保养,保证场地、设施的安全有效运行。

2. 根据要求为学校组织离退休干部集体活动提供用车、饮食等后勤服务。

(九) 团学组织

1. 倡导团学组织、大学生志愿者与离退休党组织、离退休干部建立“1加1”共建对子,为老同志提供力所能及的服务。

2. 利用重阳节等节日,在大学生中开展尊老敬老爱老助老宣传教育,营造和谐校园氛围。

(十) 各法人学院

应成立离退休工作领导小组,协调解决离退休干部工作中的重要问题;每年向老同志通报学院的改革发展情况;配备离退休干部专兼职工作人员;定期组织离退休干部开展学习和参观活动,重大节日多种形式慰问离退休干部;及时看望重病住院、有特殊困难的离退休干部,帮助解决实际困难,做好去世人员的后事料理和遗属抚慰;根据工作需要安排老同志自愿量力承担教学、科研、管理及大学生思想教育工作。配合学校离退休工作部门组织校内外大型活动。

(十一) 校本部离退休人员原单位

协助学校离退休工作部门共同做好离退休工作。每年向老同志通报学院(单位)的改革发展情况,配合离退休人员工作处做好重大节日走访慰问、新年团拜工作;要主动关心本学院(单位)的离退休老同志,发挥老同志的专业特长,努力为他们发挥作用搭建平台;协助离退休工作部门做好老同志善后事宜;校本部各学院党委、党总支，要做好关工委工作，在校关工委机构的基础上设置院关工委机构，明确关工委主管领导，保证关工委基层工作的顺利开展。

五、本实施细则自印发之日起执行，原《关于贯彻落实〈北京市老干部工作领导责任制〉的实施意见》（京联党〔2003〕23号）同时废止。本实施细则解释权归校离休退休人员工作处。

关于成立北京联合大学德育工作指导委员会的通知

（京联党〔2011〕109号）

各学院党委，校机关和直属单位党委，广告学院、北苑校区党总支，国际交流学院直属党支部：

为进一步贯彻落实上级有关文件精神和工作要求，适应国家、北京市中长期教育改革发展以及我校改革、发展、育人的需要，增强学校学生德育工作的针对性和实效性，经校党委第330次常委会通过决定，成立北京联合大学德育工作指导委员会，现将委员会成员名单通知如下：

主　任：徐永利

副主任：周志成（常务）　黄先开　古红梅

成　员（按姓氏笔画排序）：

马振龙　王　鹤　尹福斌　曲学利
齐再前　李九丽　李　湛　杨　鹏
张文杰　张　伟　张松岩　张　奕
张俊玲　杜　煜　赵艳霞　范宝祥
范清惠　范　蓓　郭　堃　姜素兰
贾　方　唐少清　谢飞雁　焦　阳
韩　强　滕长建　潘宏波

德育工作指导委员会的主要职责是：

1. 学习、贯彻上级文件精神，研究学校德育工作计划和队伍建设。

2. 指导学院及相关部门完成学校德育工作的基本任务，做到教书育人、管理育人、服务育人、环境育人。

3. 部署开展德育活动，使德育成为学校育人系统的有机组成部分，确实落实“育人为本、德育为先”的要求。

4. 指导德育研究会理事会工作，探讨德育问题，开展德育科研。

委员会下设秘书处，负责日常工作，秘书处设在校学生工作（部）处。秘书长由学生工作（部）处（部）处长兼任。

中共北京联合大学委员会
2011年12月20日

关于公布北京联合大学德育研究会第十三届理事会组成人员名单的通知

（京联党〔2011〕110号）

各学院党委，校机关和直属单位党委，广告学院、北苑校区党总支，国际交流学院直属党支部；各学院、北苑校区，校机关各部门、各直属单位：

经我校德育研究会第十二届理事会推荐，第十三届年会全体参会人员表决通过，现将北京联合大学德育研究会第十三届理事会成员名单公布如下：

理 事 长：周志成

副理事长：郭　堃　赵艳霞　李九丽　张文杰

秘 书 长：张文杰

副秘书长：张　奕　孟宪东　潘宏波

名誉理事：王达品　寇红江

理　　事（按姓氏笔画排序）：

马振龙　王　玮　王　鹤　王小满
王达品　牛爱芳　尹福斌　冯丽霞
许　峰　孙冰玉　孙桂生　杜　煜
严宗泽　冷新宇　祁春利　李九丽
汪明俊　张　伟　张　奕　张文杰
张松岩　范　蓓　杨奇红　赵　辉
赵艳霞　周志成　孟秀霞　孟宪东
姜素兰　郭　堃　唐少清　韩　强
焦　阳　寇红江　谢飞雁　翟金忠
潘宏波

特此通知。

中共北京联合大学委员会
2011年12月21日

京联发

关于印发《北京联合大学校本部经费审批权限管理暂行办法》的通知

(京联发〔2011〕1 号)

各学院、北苑校区,校机关各部门、各直属单位:

经 2011 年第 1 次校长办公会通过,现将《北京联合大学校本部经费审批权限管理暂行办法》印发给你们,请遵照执行。

北京联合大学

二〇一一年一月十日

北京联合大学校本部经费审批权限管理暂行办法

为了更好地适应学校教育事业发展,进一步加强资金管理,在加强内部控制的基础上,本着简洁、高效的原则,根据实际情况,特制定北京联合大学校本部经费审批权限管理暂行办法。

一、人员经费、公用经费审批权限

根据学校批准的年度预算中已经安排、有明确的项目支出内容及支付额度的人员及公用经费,由部门负责人签批。其中人员经费包含在职、离退休、临时工工资及保险、学生副食补助及勤工助学费用等;公用经费包含学校的水、电、气、暖、车辆运行等费用。

二、教学运行及办公经费审批权限

(一) 各学院、北苑校区审批权限

包含特殊教育学院、信息学院、机电学院、自动化学院、管理学院、广告学院、应用科技学院、国际交流学院、北苑校区。

1. 2 万元(含)以下由院长(主任)审批;

2. 2 万元以上至 5 万元(含)由学院(北苑校区)领导集体讨论决定,院长(主任)签批。支出时必须附“大额资金使用申报表”。

3. 5 万元以上至 10 万元(含)由主管校领导审批。

4. 10 万元以上至 30 万元(含)由主管财务工作的校领导审批。

5. 30 万元以上至 50 万元(含)由校长审批。

6. 50 万元以上至 100 万元(含)经校财务工作领导小组审议后报校长办公会审批。

7. 100 万元以上经校财务工作领导小组审议后报校党委常委会审批。

(二) 校机关和直属教学单位审批权限

直属教学单位包含基础部、实训基地、社科部、体育部、外语部。

1. 5000 元(含)以下由部门主要负责人审批。

2. 5000 元以上至 10 万元(含)由主管校领导审批。

3. 10 万元以上至 30 万元(含)由主管财务工作的校领导审批。

4. 30 万元以上至 50 万元(含)由校长审批。

5. 50 万元以上至 100 万元(含)经校财务工作领导小组审议后报校长办公会审批。

6. 100 万元以上经校财务工作领导小组审议后报校党委常委会审批。

三、校内专项及其他校外经费(非财政专项)审批权限

校内专项及其他校外经费,除有特殊授权外,参照第二条教学运行及办公经费审批权限执行。

四、科研课题经费审批权限

由校外取得的经校科研处认定的横项、纵项科研课题经费由课题负责人负责审批,严格执行相应的管理办法,按照课题项目预算内容支出。

五、财政专项经费审批权限

根据不同性质,可由主管校领导及主管财务工作的校领导签批“专项经费授权启动书”后由项目负责人负责。

六、提高资金使用的透明度

各单位应定期向本单位公布单位资金的使用情况,做到资金使用公开、透明。

七、二级法人学院的审批权限和标准,结合学院的具体情况制定相应的管理办法。

八、本办法自发布之日起执行,原《北京联合大学经费审批权限及标准(试行)》(京联发〔2007〕14 号)同时废止,由校财务处负责解释。

关于调整学校财务工作领导小组组成人员的通知

（京联发〔2011〕2 号）

各学院、北苑校区，校机关各部门、各直属单位：

根据工作需要，经 2011 年第 1 次校长办公会研究决定，对学校财务工作领导小组组成人员进行调整。学校财务工作领导小组由校长、主管财务的副校长、纪委书记，校财务处、纪检监察办公室、审计处负责人组成，办公室设在校财务处。

财务工作领导小组主要研究学校重大的财务、审计政策，研究学校的年度预算分配方案，以及 50 万元以上的资金使用情况，为学校党委和行政提供相关的政策和建议。研究的重大事项涉及主要部门时，相应主管部门的校领导及部门参加会议。

现将学校财务领导小组组成人员通知如下：

组　长：柳贡慧

副组长：冯　虹　张　楠

成　员：毕玉兰　欧阳媛　张晓华　肖富宁

特此通知。

北京联合大学

二〇一一年一月十日

关于印发《北京联合大学 2011 年住房补贴发放工作实施方案》的通知

（京联发〔2011〕3 号）

各学院、北苑校区，校机关各部门、各直属单位：

经 2011 年第 3 次校长办公会通过，现将《北京联合大学 2011 年住房补贴发放工作实施方案》印发给你们，请遵照执行。

北京联合大学

二〇一一年一月二十四日

北京联合大学 2011 年住房补贴发放工作实施方案

根据市财政局和市房改办联合下发的《关于下达市级机关事业单位住房补贴发放计划的通知》（京房改办〔2010〕270 号）的精神，结合我校实际情况，特制订本实施方案。

一、发放范围

根据上级主管单位工作部署精神，本次住房补贴发放范围包括：2007 年 10 月上报的在职无房、在职未达标、退休未达标职工、未达标新职工、退休无房职工；2009 年 7 月上报的在职无房职工。其他漏报、未报职工不在本次发放范围。

二、发放时点

补贴按照当时申报时间，在职无房职工住房补贴发放截止到 2008 年 12 月 31 日；在职未达标职工职级标准的核定以 2006 年 12 月 31 日为准。

三、工作流程及时间安排

（一）成立北京联合大学 2011 年住房补贴发放工作领导小组，负责对本次住房补贴发放工作的集体领导。领导小组由主管校领导牵头，由房产管理部门、财务部门、人事部门、纪检监察部门、老干部管理部门负责人及各二级法人学院主管院领导组成。财务部门负责用于住房补贴资金到账及分配情况的审核及保障；房产管理部门负责对职工住房情况的复核以及职工住房补贴账户开户工作；人事部门负责职工有关人事信息的审核；纪检监察部门负责对住房补贴发放工作的监督；老干部管理部门负责对老干部的宣传、政策解释及核实信息确认工作的组织；各二级法人学院负责本学院职工住房补贴的信息核对、公示、核对结果确认并配合学校完成对职工的住房补贴开户各环节的宣传、政策解释和组织落实工作。

领导小组成员名单如下：

组　长：冯　虹

副组长：张　楠

成　员（按姓氏笔画排序）：

王　颖　刘允新　刘明连　孙桂生

毕玉兰 闫健美 张宝秀 张祖明
欧阳媛 罗晓惠 赵振江 耿晓东
曹长兴 傅桂禄

领导小组下设办公室,办公室设在校国有资产管理处。

(二) 全校动员及工作部署(1 月 10—12 日)。

(三) 领导小组组织全校各级单位对北京市住房资金管理中心返回的补发明细进行复核审查(1 月 13—2 月 17 日)。

(四) 对复核审查结果进行公示,公示期 10 天,由校纪监办负责受理公示期间的举报情况(2 月 18—28 日)。

(五) 公示结果上报学校讨论。

(六) 学校通过后,由校国有资产管理处对信息核对准确的职工办理住房补贴账户的开户手续,对信息核对有误或有异议的职工,由校国有资产管理处登记造册,报市房改办办理变更手续。

四、遗留问题的处理

(一) 住用公寓房的军转干部,本次补贴先按原申报补贴额发放,待再次布置重新申报后补发追加部分。

(二) 在职无房职工 2009 年 1 月 1 日至 2010 年 12 月 31 日的住房补贴待再次布置统计后上报补发。

(三) 其他漏报、未报职工的住房补贴补报工作再行布置申报补发。

根据北京市统一安排,上述三类人员的住房补贴,待此次已报职工补贴发放后,再行安排。目前相关部门正在起草文件、开发软件,待相关工作准备就绪后即开会部署各单位统计、上报,经审核确认后即刻发放。

五、工作要求

(一) 加强组织和领导。本次住房补贴发放工作时间紧,任务重,信息复核及补贴发放工作力求严谨、准确,全校各级单位应加强组织领导,坚持集体决策、专人负责,工作细致有序,按时按要求完成相关任务。

(二) 各单位应做好本单位全体职工政策规定和实施步骤的宣传、解释工作,使广大职工积极配合,顺利完成此项工作。

(三) 其他未尽事宜由校住房补贴发放工作领导小组负责解释。

关于对自动化学院等学院部分专业进行调整的通知

(京联发〔2011〕5 号)

各学院、北苑校区,校机关各部门、各直属单位:

为进一步整合学校资源,优化学科专业结构,提高办学效益,经 2011 年第 6 次校长办公会研究决定,从 2011 年起,拟对自动化学院等 5 所学院部分专业和招生进行调整,现将相关工作事项通知如下:

一、专业调整

(一) 自动化学院停招建筑电气与智能化本科专业(含本专业的各个方向);楼宇智能化工程技术高职专业。

(二) 生物化学工程学院停招自动化本科专业、材料科学与工程本科专业及生物医学工程本科专业。

(三) 商务学院停招会展经济与管理本科专业。

(四) 应用文理学院停招生物技术本科专业。

(五) 旅游学院停招市场营销本科专业;停招应用韩语、应用法语两个高职专业。

二、教师与学生管理

(一) 停招专业的专业教师,是否调入相关学院,由相关学院协商确定。

(二) 停招专业的在读学生,原则上应在原学院完成学业。如需随专业调整并入相关学院,由相关学院协商确定。

三、专业教学仪器设备

停招专业的专业教学仪器和实验设备,根据所在专业在校生教学需要,由相关学院协商确定是否划拨转入相关学院。

若涉及专业教师调动、学生变动、学籍管理、教学安排以及专业教学仪器设备划转等相关工作,2011 年 4 月底前,由校人事处、学生处、教务处、高职处、校国资处牵头,分别负责做好各项工作。

北京联合大学

二○一一年三月十五日

关于成立北京联合大学预算管理委员会的通知

（京联发〔2011〕7 号）

各学院、北苑校区，校机关各部门、各直属单位：

为进一步提高学校财务预算管理水平，强化内部控制，使学校预算管理工作更加科学化，确保预算执行的高效性，经 2011 年第 8 次校长办公会决定，成立北京联合大学预算管理委员会。现将有关事项通知如下：

一、预算管理委员会主要职责

（一）根据学校的年度发展目标，确定学校的预算分配方针、程序和要求，提出预算重点项目。

（二）评议各部门申报的年度预算，并提出修订意见。

（三）编制预算草案，提交校党委常委会审议、批准。

（四）定期检查各部门预算执行情况，并将存在的问题及解决方案报校长办公会。

二、预算管理委员会成员

主任由校长担任，副主任由主管财务工作副校长担任，办公室主任由校财务处处长担任，成员由各学院院长、校党委宣传部、人事处、财务处、基建处、教务处、高职处、学生处、招就处、科研处、研究生处、行管处、国资处、审计处、工会、图书馆、网络中心、后勤服务公司负责人及校内外熟悉财务预算管理的专家组成。

预算管理委员会办公室设在校财务处。

现将预算管理委员会组成人员通知如下：

主　任：柳贡慧

副主任：冯　虹

成　员：张宝秀　薛立军　顾志良　张恩祥
范　蓓　单金成　李哲英　毛智勇
方建军　杨　宜　许家成　孔昭林
支芬和　杨亚军　张　奕　曲学利
毕玉兰　李志祺　杨　鹏　齐再前
张文杰　张　伟　方德英　熊黑钢
王惠明　刘明连　张健民　张俊玲
王恒刚　岳江红　滕长建　曲喜和

各二级法人学院及校本部各学院根据实际情况，参照成立相应的预算管理委员会。

特此通知。

北京联合大学
二〇一一年三月二十三日

关于成立校学术诚信调查评判委员会的通知

（京联发〔2011〕8 号）

各学院、北苑校区，校机关各部门、各直属单位：

根据工作需要，经 2011 年第 1 次校长办公会研究决定，成立校学术诚信调查评判委员会，负责受理对学术不端行为的举报或者投诉。

校学术诚信调查评判委员会由 5～7 人组成，设立主任 1 人，由校学术委员会副主任委员、校党委副书记付晨光教授担任；设立秘书长 1 人，由校学术委员会委员、校研究生处处长熊黑钢教授担任。其他委员根据实际工作和专业领域需要，在校学术委员会委员中产生。

特此通知。

北京联合大学
二〇一一年四月八日

关于印发《北京联合大学会议费管理办法》的通知

（京联发〔2011〕9 号）

各学院、北苑校区，校机关各部门、各直属单位：

经 2011 年第 10 次校长办公会通过，现将《北京联合大学会议费管理办法》印发给你们，请遵照执行。

北京联合大学
二〇一一年五月三日

北京联合大学会议费管理办法

第一条 为贯彻落实北京市财政局《北京市市级行政事业单位会议费管理办法》(京财预〔2009〕2181号)和市委、市政府关于制止奢侈浪费行为、精简会议的有关规定,集中财力完成学校重点工作目标,结合我校实际情况,特制定本办法。

第二条 我校各单位(以下简称各单位)使用办公经费、教学运行经费、校内专项经费、校级管理运行经费、教学质量提高经费、科研水平提升经费等召开的各类会议,适用于本办法。本办法所称会议,也包括使用上述类别经费举办的各种培训。

第三条 各单位应当本着实事求是、厉行节约、精简高效、充分挖掘本单位资源的原则合理安排会议费。在安排年度工作计划时,应对会议费的使用进行严格控制,尽量使用本单位内部资源召开会议。小型会议(30人以下)原则上一律不得外出召开,大型会议(30人以上)以及其他确实需要外出召开的会议,应按照学校会议费审批程序,严格执行会议政府采购的要求,到政府采购定点会议场所召开。

第四条 各单位召开各类会议时,须提前一周向主管校领导提交会议申请,经批准后到校财务处办理相关手续。召开会议的预算额度超过主管校领导审批权限的,应按照学校财务审批权限的规定执行。

第五条 使用教学质量提高经费、科研水平提高经费召开会议,会议费的比例控制在项目经费总额度的10%以内。校内其他管理办法中会议费比例规定与本办法规定不相一致的,以本管理办法为准。

第六条 各单位应严格按照真实需要安排本单位的会议,不得虚构会议名目和虚报会议人数。外出召开会议应尽量压缩会议天数,不得在召开会议时以各种形式发放与会议无关的物品。

第七条 本管理办法在全校范围内执行,各二级法人学院参照本管理办法制定本学院的会议费管理办法,加强会议费支出管理。

第八条 本办法自发布之日起执行,由校财务处负责解释。

关于印发《北京联合大学教学品质提升计划实施方案》的通知

(京联发〔2011〕12号)

各学院,校机关有关部门、各直属单位:

现将《北京联合大学教学品质提升计划实施方案》印发给你们,请遵照执行。

北京联合大学

二〇一一年五月十一日

北京联合大学教学品质提升计划实施方案

为贯彻落实《北京联合大学关于实施教学品质提升计划的意见》相关精神,保障教学品质提升计划的实施效果,特制订本实施方案。

一、实施原则及方式

"十二五"期间学校将围绕教学品质提升计划,组织进行各项教学工作。教学品质提升计划主要以项目为依托,按照校院(部)两级分层次、有重点、稳步推进的原则组织实施。教学品质提升计划按照项目的组织及实施主体分为统筹建设项目和自主建设项目。

统筹建设项目是指由学校各相关职能部门牵头组织实施的项目。重点包括围绕教学品质提升计划所进行的顶层制度设计,指导意见和考评办法制定,以及统筹设计并组织实施的带有全局性的项目等。

自主建设项目是指各教学单位围绕教学品质提升计划,结合本单位教育教学改革实际,自主设计并组织实施具有本单位特色的项目,以及根据本单位在教学品质提升过程中亟须解决的课题设计的项目。

二、经费资助方式

按照项目的类别,教学品质提升计划的经费资助分为学校统筹资助和竞争性资助两种方式。统筹建设的项目,由学校根据项目建设的实际需要统筹划拨相关建设经费。自主建设项目由学校根据项目申报及专家论证情况,实行竞争性资助方式。

学校每年将单列不低于500万元的专项经费,用于资助自主建设项目。

三、项目申报及建设原则

学校统筹建设项目具体实施事宜执行学校相关职能部门的具体工作安排及要求。

自主建设项目,各单位要围绕教学品质提升计划科学规划、合理设计,优先申报围绕本单位教学品质提升过程中影响面比较大、亟须解决的课题设计的项目。申报项目的成果要可预期,并能通过可量化的指标来考核。原则上每个单位每年限报一个项目,重点解决好一件事情。相近建设内容的项目要整合申报,同一项目不允许重复申报。

项目建设过程中要充分调动教师和学生的积极性。原则上,项目建设周期为一年。项目建设期满之后,各单位要及时总结,并从制度、运行机制等方面不断完善,保证项目建设的长效性。

四、项目实施程序

(一)项目申报

每年12月份,校教务处、高职处、人事处、学生处、团委、招生就业处等相关职能部门,将本单位下年度围绕教学品质提升计划拟统筹建设的项目,以及自主建设项目申报指南报教学品质提升计划领导小组办公室。领导小组办公室汇总整理后予以公布,其中普通本科及综合类归口校教务处负责,高职"升本"和高职类归口校高职处负责。

每年1月份,领导小组办公室统一组织进行自主建设项目的申报。各教学单位根据申报指南以及本单位实际,自主设计本单位本年度重点建设项目、实施方案、建设目标及经费预算。领导小组办公室根据申报情况,组织专家对申报项目进行论证。根据专家论证结果确定经费资助额度。

(二)项目验收

对于学校统筹建设项目,建立淘汰退出机制,规定相关称号的有效期,定期进行检查验收,对建设进度迟缓、整改不力的项目进行警示、通报批评、撤项或取消称号等处理,对优秀项目予以表彰、奖励或追加建设经费并推广应用。

对于各单位自主建设项目,每年1月份各单位要对上年度建设项目提交成果报告和绩效分析。领导小组办公室将组织考评小组通过实地考评等方式进行考评,考评结果将作为下一年度资助申报新项目的主要参考依据。对于效果明显且具有推广价值的项目,学校将给予一定奖励性资助。

(三)项目的宣传及推广

每年4月份,领导小组办公室统一组织教学品质提升计划专题研讨会、经验交流会、成果汇报会、现场观摩、经验汇编等活动,多层面、多角度进行宣传、推广、应用。

关于印发《北京联合大学学术不端行为处理暂行办法》的通知

(京联发〔2011〕13号)

各学院、北苑校区,校机关各部门、各直属单位:

现将《北京联合大学学术不端行为处理暂行办法》印发给你们,请遵照执行。

北京联合大学

二〇一一年五月十一日

北京联合大学学术不端行为处理暂行办法

第一章 总则

第一条 为规范学术行为、维护学术道德,惩治学术不端行为,树立良好的学术风气,进一步提高我校学术水平,根据《国务院学位委员会关于在学位授予工作中加强学术道德和学术规范建设的意见》(学位〔2010〕9号)、《教育部关于严肃处理高等学校学术不端行为的通知》以及《北京联合大学学术道德行为规范》(京联科〔2006〕3号)的有关规定,特制定本办法。

第二条 本办法适用于学校全体教职员工、学生以及以北京联合大学名义进行学术活动的兼聘人员、访问学者及进修教师等。

第三条 学术不端行为是指违背学术道德的行为,主要包括:

(一)抄袭、剽窃、侵吞他人学术成果;

(二)篡改他人学术成果;

(三)伪造或者篡改数据、文献,捏造事实;

(四)伪造注释;

(五)未参加创作,在他人学术成果上署名;

(六)未经他人许可,不当使用他人署名;

(七)由他人代写学位论文或者学术论文;

(八)伪造学术经历、学术成果、成绩单等证明材料;

(九)一稿多投或者重复发表研究成果;

(十)其他学术不端行为。

第二章 调查和处理程序

第四条 查处学术不端行为应遵循合法、客观、公正,教育和惩处相结合的原则。

第五条 校学术委员会是学术不端行为的最高学术调查评判机构。学术委员会下设校学术诚信调查评判委员会,负责受理对学术不端行为的举报或投诉,校学术诚信调查评判委员会根据实际工作和专业领域需要,在与调查事件不存在直接利益关系的学术委员中推选 3—5 人，与校学术诚信调查评判委员会主任及秘书长组成评判专家组调查评判事件，必要时可以吸纳校外专家参与评判。

第六条　校学术诚信调查评判委员会负责对举报内容进行查实，形成调查报告和处理意见提交校学术委员会。学术不端行为影响重大的，可以举行听证会。

第七条　所有调查评判活动必须有校纪检监察办公室、工会负责人参与监督。

第八条　校学术诚信调查评判委员会对学术不端行为做出评判意见前，应当听取学术不端行为人的陈述和申辩。

第九条　校学术委员会根据校学术诚信调查评判委员会的调查意见，对学术不端行为做出评判，提交校长办公会。

第十条　校长办公会依据校学术委员会提出的评判意见，对学术不端行为人(以下简称当事人)做出处罚决定。

第十一条　处罚决定送达当事人后，若当事人对处罚决定有异议，可以在 10 个工作日内向校学术委员会提出申诉，校学术委员会应在接到申诉书后组织复核并在 30 个工作日内将复审结果通知当事人。

第十二条　调查评判过程中应依法保护举报人和被举报人的名誉权和隐私权。在有关举报未被查实前，调查机构和参与调查的人员不得公开有关情况。未经鉴定专家同意不得透露鉴定专家的信息，保护鉴定专家的隐私权。

第三章　处理措施

第十三条　教师个人学术不端行为的处理将采取暂停、终止科研项目，并追缴已拨付的项目经费、不承认其获得的学术奖励和学术荣誉，以及在一定期限内取消其申请科研项目和学术奖励资格；同时根据情节轻重给予以下处理：

(一) 书面警告；

(二) 内部通报批评；

(三) 行政处分；

(四) 违犯国家法律法规的，移送司法机关处理。

第十四条　学生学术不端行为，根据情节轻重给予批评教育、撤销奖励、延缓答辩、退学、取消学位，警告、严重警告、记过、留校察看、开除学籍等处理。

第十五条　学术不端行为发生后，当事人有下列情形之一的，给予减轻处理：

(一) 一般过失性违规；

(二) 主动承认错误并积极配合调查的；

(三) 主动挽回损失或有效阻止危害结果发生的；

(四) 经批评教育确有悔改表现的。

第十六条　学术不端行为发生后，当事人有下列情形之一的，加重处理：

(一) 伪造、销毁、藏匿证据的；

(二) 阻止他人举报或提供证据的；

(三) 干扰、妨碍调查核实的；

(四) 打击、报复举报人的；

(五) 其他影响恶劣的。

第十七条　对经查证核实，没有学术不端行为、受到不正当举报或投诉的人员，要采取措施加以澄清、正名。对举报人捏造事实、故意陷害他人的，要进行严肃处理。

第四章　其他

第十八条　本办法自公布之日起实行，有关规定与本办法不一致的以本办法为准。

第十九条　本办法由校学术委员会负责解释。

关于印发《北京联合大学高职生医疗保险实施办法(修订)》的通知

(京联发〔2011〕16 号)

各学院，校机关各部门、各直属单位：

现将《北京联合大学高职生医疗保险实施办法(修订)》印发给你们，请遵照执行。

北京联合大学

二〇一一年五月三十日

北京联合大学高职生医疗保险实施办法(修订)

根据北京市政府《北京市城镇居民基本医疗保险办法》(京政发〔2010〕38 号)的精神及北京市市人力资源和社会保障局制定的《北京市城镇居民基本医疗保险办法实施细则》，我校高职学生参加北京市城镇居民基本医疗保险实施办法如下：

一、参保范围

（一）具有本市城镇户籍，在我校就读的全日制学历教育在册高职学生都可以参加学生儿童大病医疗保险；

（二）具有本市农业户籍，在我校就读的全日制学历教育在册高职学生可以自愿参加。

二、缴费标准

城镇居民基本医疗保险基金由个人缴费、政府补助、社会捐助等资金构成。缴费标准为每人每年100元。

三、参保方式

城镇居民基本医疗保险年度为每年1月1日至12月31日。符合参保条件的学生应于每年9月1日至11月30日持本人户口簿，在校（院）一次性缴纳100元城镇居民基本医疗保险费，自次年的1月1日起享受城镇居民基本医疗保险待遇，保期一年。

有下列情形的，免缴个人应缴纳的大病医疗保险费，在办理参保缴费手续时，除持本人户口簿外，还应当分别提交下列相关证件：

（一）享受本市城市居民最低生活保障的人员提交《北京市城市居民最低生活保障金领取证》；

（二）享受本市城市居民生活困难补助待遇的人员提交《北京市城市居民生活困难补助金领取证》；

（三）残疾程度为一级、二级、三级的精神残疾人和智力残疾人，残疾程度为一级、二级的肢体残疾人和视力残疾人提交《北京市无固定性收入重残无业人员生活补助金审核发放证》；

（四）城镇优抚对象提交《北京市优抚对象医疗减免证》；

（五）民政部门负责管理的见义勇为人员提交《见义勇为证》。

四、医疗机构的选择

参保学生按照“就近就医、方便管理”原则，可在全市定点医疗机构范围内就近选择3所医院和1所社区卫生服务机构作为本人的定点医疗机构，除选定的医疗机构外，目前本市定点医疗机构中的专科医院、中医医院和A类定点医院可直接就医。具体医疗机构信息可在北京市人力资源和社会保障局（http://www.bjld.gov.cn/）的公众查询栏目中查询。需要变更定点医疗机构的，于每年的9月1日至11月30日办理变更手续。

五、保险待遇

（一）报销范围

参保学生发生符合本市基本医疗保险和学生儿童大病医疗保险药品目录、诊疗项目目录、医疗服务设施范围的医疗费用，由城镇居民基本医疗保险基金按规定支付。包括：

1. 门（急）诊医疗费用，参保人员缴费一年以上且继续连续缴费的可享受门（急）诊医疗费用报销待遇；

2. 住院治疗的医疗费用；

3. 恶性肿瘤放射治疗和化学治疗，肾透析，肾移植、肝移植（包括肝肾联合移植）后服抗排异药，血友病，再生障碍性贫血的门诊医疗费用（以下简称“特殊病种”）。

（二）不予报销的费用

1. 在非本人定点医疗机构就医的，但急诊除外；

2. 因交通事故、医疗事故或者其他责任事故造成伤害的；

3. 因本人吸毒、打架斗殴或因其他违法行为造成伤害的；

4. 因自杀、自残、酗酒等原因进行治疗的；

5. 在国外或者我国香港、澳门特别行政区以及台湾地区治疗的；

6. 按照国家和本市规定应当由个人负担的。

（三）报销的标准

参保学生发生的符合本市基本医疗保险和学生大病医疗保险规定的门（急）诊医疗费用纳入支付范围，报销起付标准为650元。起付标准以上部分由城镇居民基本医疗保险基金支付50%，在一个医疗保险年度内累计支付的最高数额为2000元。

参保学生发生的符合本市基本医疗保险和学生大病医疗保险规定的住院医疗费用纳入支付范围，第一次及以后住院的起付标准均为650元。起付标准以上部分由城镇居民基本医疗保险基金支付70%，在一个医疗保险年度内累计支付的最高数额为17万元。

六、就医结算

参保的学生在校（院）领取社会保障卡或《北京市学生儿童大病医疗保险手册》。看病时，需要携带就医。参保学生住院治疗以90天为一个结算期。不超过90天按实际住院天数结算；超过90天的，按每90天为一个结算期结算，结算后视为第二次住院。

七、在校（院）内就医规定

学生在校（院）内的医疗机构就医时，一切费用自负。

八、附则

（一）本办法由校学生处负责解释。

（二）本办法自通过之日起执行，原《北京联合大学高职生医疗保险实施办法》（京联发〔2008〕28号）同时废止。

关于调整部分学院系级(教学)机构的决定

(京联发〔2011〕18 号)

在《关于部分学院系级(教学)机构设置的决定》(京联发〔2010〕3 号)的实施过程中,由于专业调整等原因,经相关学院申报,并经 2011 年第 13 次校长办公会研究,现对部分学院系级(教学)机构调整如下:

一、应用文理学院

设置:法律系、新闻与传播系、历史文博系、城市科学系、食品科学系、档案系、应用文科综合实验教学中心、基础教学部、应用文理实践教学中心、培训中心。

二、师范学院

设置:电气信息系、语言文化系、艺术设计系、艺术教育系、心理学系、经济贸易系、应用生物技术系、基础教学部、培训中心。

三、商务学院

设置:国际商务系、国际经济系、电子商务系、会展经济与管理系、经贸实验教学中心(东校区)、基础教学部、培训中心。

四、生物化学工程学院

设置:信息与控制工程系、生物医药系、经济管理系、工程艺术系、工程管理系、公共基础课教学部、体育教学部、生物化工实践教学中心、培训中心。

五、旅游学院

设置:旅游管理系、旅游经济系、国际旅游系、酒店管理系、餐饮管理系、通识教育中心、旅游实践教学中心、培训中心。

六、信息学院

设置:通信工程系、电子工程系、计算机工程系、软件工程系、工程技术应用中心。

七、自动化学院

设置:电气与控制工程系、物流系、交通工程系、电子技术教学部、实践教学中心。

八、管理学院

设置:工商管理系、信息管理与电子商务系、金融与会计系、实践教学中心。

北京联合大学

二〇一一年六月十三日

关于印发《北京联合大学全日制普通高等教育学生学籍管理规定(修订)》的通知

(京联发〔2011〕19 号)

各学院,校机关各部门、各直属单位:

经 2011 年学校第 16 次校长办公会审批通过,现将《北京联合大学全日制普通高等教育学生学籍管理规定(修订)》印发给你们,请遵照执行。

北京联合大学

二〇一一年六月十五日

北京联合大学全日制普通高等教育学生学籍管理规定(修订)

为维护学校正常的教学秩序,保障学生合法权益,确保教育教学质量全面提高,培养富有创新精神、社会责任感和实践能力的合格人才,适应社会经济发展对人才的需要,依据《中华人民共和国高等教育法》和教育部《普通高等学校学生管理规定》(中华人民共和国教育部令第 21 号),结合学校具体情况,特制定本规定。

第一章　入学与注册

第一条　按国家招生规定录取的新生,持我校录取通知书,在规定时间到学校办理入学报到手续。因故不能按期入学报到者,应履行请假手续,假期一般不得超过两周。未请假或者请假逾期未办理入学报到手续者,除因不可抗力等正当事由以外,视为放弃入学资格。

第二条　新生入学后,由学校招生部门在三个月内按照国家招生规定进行复查。复查合格者予以注册,取得学籍。由学校按教育部普通高等学校新生学籍电子注册办法和北京市教育委员会相关要求进行新生学籍电子注册。复查不合格者，由学校招生部门区别情况予以处理，直至取消入学资格。凡属弄虚作假、徇私舞弊取得学籍者，无论何时发现，一经查实，取消学籍。情节恶劣的，报请有关部门查究。

第三条 新生在入学健康状况复查中，发现患有疾病，经学校指定的二级甲等以上医院（下同）诊断不宜在校学习，由学生本人申请，经学校招生部门审核后，可保留入学资格一年。同意保留入学资格的学生应在审核后10个工作日内办理离校手续，学校退还其已交学费。未按期办理离校手续或不离校者，不再保留入学资格。

保留入学资格者不具有学籍，不享受在校生和休学生待遇。在保留入学资格期内治疗康复的，应在保留入学资格期满前一个月，持学校指定的医院诊断证明，向学校招生部门申请入学。经医务部门复查合格后，对符合学校规定的入学体检要求的，经学校招生部门批准，可重新办理入学手续。复查不合格或者逾期不办理入学手续者，由学校招生部门按规定为其办理取消入学资格手续。

第四条 每学期开学时，学生应按学校规定办理注册手续。不能如期注册者，必须履行请假和申请暂缓注册手续。未按学校规定缴纳学费或者其他不符合注册条件者，不予注册。无正当事由未请假或请假未准逾期两周（含两周）不注册者，视为放弃学籍，按自动退学处理。

确因家庭经济困难无法按时缴纳学费者，可按学校相关规定申请缓缴学费；获准缓缴学费者，应在规定时间内持学校证明材料申请暂缓注册；缓缴期满前，学生应持缴费证明补办注册手续；逾期不补办者按自动退学处理。

第二章 学制与修业年限

第五条 学校按照学分制管理机制，实行弹性修业年限。

第六条 本科学生修业年限为3～6年；高职专升本学生修业年限为2～4年；高职专科学生修业年限为3～5年。以上修业年限均含休学。特殊教育类专业另行规定。

第三章 课程学习、免修、先修及辅修

第七条 学校全面落实“分类指导，分层培养，因材施教，突出特色”的人才培养理念。学生在校期间，按时参加专业培养方案规定的各类课程及教学环节的学习，经考核取得规定学分，方可毕业。

第八条 凡专业培养方案规定的各类教育教学环节，均要进行考核。考核合格方能取得该门课程的学分，其考核成绩及学分载入学生个人成绩单，并归入本人档案，作为发放学历、学位证书及相关学籍处理的依据之一。

课程考核与成绩记载执行《北京联合大学学生学业考核管理办法》（京联教〔2011〕13号）。

第九条 原则上本科第七学期、高职专升本第三学期、高职专科第五学期学籍处理后，审核学生进入毕业环节的资格。学生应向所在学院提出书面申请，学院应对学生能否进入毕业环节进行资格审核。学生累计不及格学分大于等于22学分，不得进入毕业环节。

第十条 提前完成专业培养方案规定的所有教学环节并取得规定的各类学分的本科学生，经学院审核、校教务处批准允许提前毕业。拟提前毕业的学生应于第六学期开学第一周内以书面形式向学院提交提前毕业申请。

第十一条 学生不能按时参加学习，应事先请假并获得批准。未经批准而缺席者，由学校根据有关规定给予批评教育，情节严重者给予纪律处分，达到退学条件者，按退学处理。

第十二条 学生经过自学达到教学大纲要求的课程，可在本课程开课前申请课程免修考试，并填写学生免修考试申请表，免修考试成绩达到85分以上者，准予免修，免修考试成绩作为该门课程的学习成绩。

第十三条 学生学有余力，无补考记录和不及格课程，可申请先修高年级课程，并填写学生修课申请表，一般情况下，学期修读课程总学分应控制在30学分以内。学生随高年级听课，并完成该课程的实践教学环节，参加高年级该门课程考核，考核合格可获得该课程的相应学分。

第十四条 学生学有余力，符合学校规定条件者，可根据学校安排和本人兴趣爱好，选择辅修专业、第二专业或双学位课程，具体办法学校另文规定。

第十五条 学生取得与所学专业相关的科研成果、代表学校参加相关学科专业竞赛或技术技能竞赛获奖，取得与专业相关的技术等级证书或职业资格证书，可根据所在专业培养方案和学校的相关规定，按选修课程取得学分。

第十六条 非英语专业的本、专科学生所修读的各级英语课程均组织期末考试。修读完大学英语四级的本科生还应参加学校统一组织的全国大学英语四级考试（CET-4）。其他类外语按有关规定执行。

第十七条 非体育专业的学生应按国家规定的大学生体育合格标准和要求，参加学校规定的体育课程和锻炼；体育课程为必修课程，原则上不能免修。

少数学生确因身体情况不宜参加正常体育活动，经二级甲等及以上医疗单位证明，学校医务部门复核，体育部（教研室）审核同意，学校教务部门批准，可安排上保健体育课。

第十八条 学生毕业时，《国家学生体质健康标

准》测试成绩达不到 50 分者，按结业处理。因病或残疾学生，可向学校提交免于参加测试的申请，经二级甲等及以上医疗单位证明，学校医务部门复核，体育部(教研室)审核同意，可免测试。

第十九条　高水平运动员的体育教学要求，执行学校高水平运动员学籍管理规定。

第四章　学业警示与试读

第二十条　所有学生累计不及格课程(不含通识教育选修课)超过 16 学分者，由学院教务部门在每学期初给予学生书面“学业警示”。

第二十一条　所有学生累计不及格课程(不含通识教育选修课)超过 22 学分者，将受到“试读警告”。受到试读警告的学生，允许其申请试读一年。

(一) 试读处理统一安排在每学期初补考结束后进行。试读学生应编入低一年级相应班级。学生在试读期间，应随低年级重学相关不及格课程，也可先修高年级课程，所修课程均纳入学籍处理。

(二) 学生在试读期满后，累计不及格课程(不含通识教育选修课)小于等于 16 学分，学校将解除其“试读警告”，恢复正常学习。

(三) 学生在试读期满后，累计不及格课程(不含通识教育选修课)大于 16 学分，学校将给予第二次“试读警告”。若在第二次试读期满后，累计不及格课程仍大于 16 学分，则予以退学处理。

第五章　退学

第二十二条　学生有下列情形之一，应予退学：

(一) 连续两次试读不成功的；

(二) 在学校规定的最长修业年限内(含休学)未完成学业的；

(三) 休学期满，在学校规定期限内未提出复学申请或者申请复学经复查不合格且不符合持续休学条件者；

(四) 经学校指定医院诊断，患有疾病或者意外伤残无法继续在校学习的；

(五) 未请假离校连续两周未参加学校规定的教学活动的；

(六) 超过学校规定期限未注册而又无正当事由的；

(七) 本人申请退学的。

第二十三条　对学生的退学处理，按学校相关规定执行。各学院按规定时间和规定要求将退学学生审批材料报校教务处，由校教务处审核并汇总后报退学审批校长会议或校长办公会议研究决定。

对退学学生，由学校按规定程序出具退学决定书，学院按照学校退学审批工作细则，结合学院实际情况，确定本院学生退学决定书的具体送达程序，及时送达退学决定书，并上报北京市教育委员会备案。

第二十四条　退学学生，须按学院规定期限办理退学手续离校，档案、户口退回其家庭户籍所在地。学费退还执行学校学生学费收退工作相关管理办法。

第二十五条　学满一学年以上退学的学生，学校发给肄业证书。

第二十六条　学生对退学处理有异议的，在接到退学决定书之日起 5 个工作日内，可向学院提出书面申诉，由学校按学生申诉管理办法，在 15 个工作日内做出复查决定，并告知申诉人。

学生对学校申诉处理复查决定有异议的，在接到复查决定书之日起 15 个工作日内，可向上级部门提出书面申诉。

每名学生同一事件申诉以一次为限。从退学决定书或复查决定书送交之日起，学生在申诉期内未提出申诉的，学校不再受理其申诉申请。具体申诉事宜执行学校学生申诉工作相关管理办法。

第六章　休学与复学

第二十七条　学生可分阶段完成学业。学生在最长修业年限(含休学)内，有下列情况之一者，应予休学：

(一) 因病经学校指定的二级甲等以上医院诊断，须停课治疗，休养占一学期总学时三分之一以上者；

(二) 根据考勤，一学期请病假累计缺课超过该学期总学时三分之一者；

(三) 因其他特殊原因须暂时中断学业者。

第二十八条　学生休学以一年为期，学期结束前开始休学者，该学期按休学计算。凡参加过期末课程考核的学生，须待学籍处理完毕后才能办理休学。按学籍管理规定达到退学条件的，不能办理休学，应予退学。

办理休学手续后，休学期未满即返校者，不予注册。

第二十九条　休学学生应按学校规定办理学费退还等休学手续后离校。学生休学期间保留学籍，在最长修业年限内，经学院批准可继续休学，并报校教务处备案。休学期限累计不得超过两年。

第三十条　学生休学期间，不享受在校学习学生待遇。

第三十一条　学生休学期满，应于期满前的学期末向学院教务部门提交复学申请或持续休学申请。经学院审核同意后，可办理复学或持续休学手续，并报校教务处备案。休学学生复学后均应降级编入原专业，当降级无后续相同专业时，可转入相近专业。因病休学的学生申请复学时，还须提供学校指定的二级甲等以上医院开具的、经学校医务部门审核签署的病愈可恢复正常学习的证明。学生应按学校规定补交学费后方可办理注册手续。

第三十二条 学生应征参加中国人民解放军(含中国人民武装警察部队),学校退还其当年所交学费及相关费用并保留其学籍至退役后一年,具体执行学校相关规定。

第七章 转专业与转学

第三十三条 学生一般应在被录取学院和专业完成学业,满足如下条件之一者,经转出和转入学院同意,报校教务处批准,可申请转专业:

(一)具有某方面特殊才能,转专业更能发挥其特长者;

(二)在本专业内成绩优秀者;

(三)在本专业学习确有特殊困难,不转专业则无法继续学习,但尚未达到退学条件者。

第三十四条 申请转专业的时间一般安排在第一学年第二学期最后一周,需经转出学院同意、转入学院考核同意后,报校教务处审批。

每学年第二学期期中学院公布拟接受的专业、学生数及其转入条件。一般在第二学年第一学期初完成转专业手续。

第三十五条 学生一般应在录取学校完成学业。如患病或者确有特殊困难,无法继续在本校学习的,可申请转学。

学生有下列情形之一,不得转学:

(一)入学未满一学期的;

(二)由招生时所在地的下一批次录取学校转入上一批次学校、由低学历层次转为高学历层次的;

(三)招生时确定为定向、委托培养的;

(四)应予退学的;

(五)其他无正当理由的。

转学申请报批手续集中安排在每年5月或11月,其他时间原则上不予受理。

第三十六条 北京市其他高校北京生源的学生申请转入我校或我校北京生源的学生申请转入北京市其他高校,须经学生本人申请,我校和转出(入)学校同意,并由转出学校报北京市教育委员会批准后,方可办理转学手续。

外省市高校北京生源的学生申请转入我校学习,须经转出学校和我校同意,并由转出地省级教育行政部门商北京市教育委员会,按转学条件获得批准后方可办理转学手续;申请转入本校的外省市高校学生应符合北京市户籍政策规定,须转户口的由北京市教育委员会将有关文件抄送我校所在地公安部门。

我校学生申请转入外省市高校学习,须经转入学校和我校同意,并由北京市教育委员会商转入地省级教育行政部门,按转学条件获得批准后方可办理转学手续。

第三十七条 经批准转学或转专业的学生,应按学校相关规定办理学费及其他费用收退调整手续。

第八章 出国留学、出境旅游与探亲

第三十八条 学生申请参加学校组织的中外合作办学项目出国(境)留学,必须符合学校规定的参加此类项目的条件,获准出国(境)留学的在校生,其学籍保留在学校,保留学籍时间长短、成绩与学分互认办法按学校与境外合作教育机构签订的相关合作协议和学校中外合作办学项目学生学籍管理规定执行。

第三十九条 学生在校期间自行申请出国(境)留学,应由本人提交书面申请,说明要去的国家(地区)、学校和学习期限,同时提交入学录取通知书及有关材料复印件及中文副本、家长对自费出国(境)留学的意见等附件,办理申请休学手续,经学校批准后,可在休学期内为其保留学籍。休学期满不办理复学手续者,执行退学相关条款。

第四十条 在校生申请出境旅游或探亲,只能在寒、暑假或国家规定的法定节假日期间进行,应提前两周提出书面申请,并提交家长对其出境的意见及相关材料。逾期不归者,按相关规定处理。

第九章 毕业、结业与学位

第四十一条 学生在学校规定年限内,修完所在专业培养方案规定的内容并取得规定的学分,德、智、体达到毕业要求,准予毕业,由学校发给毕业证书。

本科毕业生符合学校学士学位授予条件者,经校学位评定委员会学士学位评定组审查通过,颁发与所学专业相应的学士学位证书。具体执行学校学士学位授予相关规定。

第四十二条 学生在学校规定年限内,修完所在专业培养方案规定的内容,但累计不及格课程学分超过22学分者,在最长修业年限内,应重修不合格课程,随低年级参加学历与学位资格审核。

第四十三条 学生在学校规定年限内,修完所在专业培养方案规定的内容,未取得毕业学分,可申请延期毕业,重修不合格课程,随低年级参加学历与学位资格审核;也可先结业,由学校发给结业证书。结业生在最长修业年限内,可申请回校随低年级修读不合格课程,考核合格后,于每年6月或12月回校申请换发毕业证书。符合学士学位授予条件者,可申请补授学位。

第四十四条 学生离校前留校察看期不满一年者,在最长修业年限内,可申请随低年级参加学历与学位资格审核;也可先办理结业手续,一年后回校申请换发毕业证书。

第四十五条 因平均学分绩点未达到学位授予标准的本科毕业生,在最长修业年限内,可回校修读相关课程,符合学校学士学位授予条件者,于每年6月或12月回校申请补授学士学位。

第四十六条 延期毕业学生需按学校规定缴纳学

费;结业和毕业离校学生再回校修读相关课程,需按学校规定缴纳重修费。

第四十七条 学历证书遗失或损坏,学校不再补发,经学生本人申请,学院核实,学校可出具相应证明书。证明书与原证书具有同等效力。

第四十八条 对违反国家招生规定入学者,学校不发给学历、学位证书;已发的学历、学位证书,学院应尽力追回,并报北京市教育委员会宣布证书无效。

第十章 附 则

第四十九条 本规定适用于 2011 级及以后的学生。

第五十条 高水平运动员的学籍管理,按本规定和学校高水平运动员学籍管理相关规定执行。

第五十一条 参加学校组织的中外合作项目学生的学籍管理,按本规定和学校中外合作办学项目学生学籍管理规定执行。

第五十二条 残疾人大学生学籍管理的特殊部分,由特殊教育学院参照本规定制定实施细则,经学校批准后执行。

第五十三条 委托代培和定向培养的学生申请休学、转专业、出国留学、旅游或探亲、退学等,应首先取得委托单位和定向培养地区有关部门同意,方可申请办理相关手续;按学校相关规定应予退学处理者,除应按本规定履行报批和告知手续外,还应书面通知委托单位和定向培养地区有关部门。

第五十四条 原《北京联合大学全日制普通高等教育学生学籍管理规定(试行)》(京联发〔2009〕32 号)适用于 2008、2009、2010 级学生。

第五十五条 本规定由校教务处负责解释。

关于印发《北京联合大学学士学位授予规定(修订)》的通知

(京联发〔2011〕20 号)

各学院,校机关各部门、各直属单位:

经 2011 年学校第 16 次校长办公会审批通过,现将《北京联合大学学士学位授予规定(修订)》印发给你们,请遵照执行。

北京联合大学

二〇一一年六月十五日

北京联合大学学士学位授予规定(修订)

第一条 依据《中华人民共和国学位条例》和《中华人民共和国学位条例暂行实施办法》的有关规定,结合我校实际情况,特制定本规定。

第二条 我校学士学位按经济学、法学、教育学、文学、历史学、理学、工学、管理学、艺术学、医学等学科门类授予。

第三条 具有我校正式学籍的本科毕业生,同时达到下列条件时,经学院和学校学位评定委员会学士学位评定组审查通过,授予学士学位,颁发学士学位证书:

(一) 达到本科毕业要求;

(二) 在校期间所学课程(不含通识教育选修课)的平均学分绩点≥2.0;

(三) 达到学校规定的学位外语标准:

1. 非外语或非艺术类专业的学生,全国大学英语四级(CET4)考试成绩达到 390 分;

2. 英语专业学生,全国高校英语专业四级(TEM4)考试成绩达到 60 分;

3. 艺术类专业、非英语外语专业、高水平运动员和残疾人学生,其授予学位外语标准由学院设定后,报校教务处批准备案执行;

4. 参加学校组织的中外合作办学项目,在英语国家接受学历学位教育一学年以上(含一学年),规定所修课程成绩全部合格者,其大学英语成绩可视为达到授予学士学位的英语成绩标准;

5. 全日制外国来华留学生教育本科毕业生,获得国家新汉语水平考试 HSK5 合格证书及以上者。

第四条 在校期间有考试作弊等学术不诚信行为者,取消学士学位授予资格。因考试作弊等取消学士学位授予资格的在校学生,从取消学位授予资格至毕业(或达到最长修业年限)时无再次考试作弊或其他学术不诚信行为,而且满足以下条件之一,可申请恢复学士学位授予资格:

(一) 在校期间所学课程(不含通识教育选修课)平均学分绩点≥3.0;

(二) 达到全国硕士生统一录取标准(须提供成绩单和录取单位证明或录取通知)。

第五条 毕业或结业离校未取得学士学位的学

生，在最长修业年限内按照学校规定修读专业培养方案中课程并通过后，符合学校学士学位授予条件，可申请补授学士学位。

第六条 学位证书遗失或损坏，学校不再补发。经学生本人申请，学校核实后可出具相应证明书，证明书与原证书具有同等效力。

第七条 本规定适用于2011级及以后的学生。

第八条 原《北京联合大学学士学位授予规定》(京联发〔2009〕33号)适用于2008、2009、2010级学生。

第九条 本规定由校学位评定委员会负责解释。

关于调整我校上课及上下班时间的通知

（京联发〔2011〕21号）

各学院，校机关各部门、各直属单位：

为进一步规范管理，特别是解决学生中午错峰就餐等问题，经在全校教职工中征求意见，并经2011年第17次校长办公会通过，决定自2011—2012学年起，调整我校上课及上下班时间，现将具体事宜通知如下：

上下班时间

上午8:00—12:00，下午13:00—16:30(星期五13：00—16：00)。12:00 —13:00为午餐时间。

上课时间(见下表)

上课时间分为三个时间段：上午、下午和晚间。学生每天理论课上课不超过6节，教师每天理论课授课不超过6节。第5节课与第6节课不同时排课。各校区可根据校区情况按上述原则排课。

北京联合大学上课时间表

	节 次	时 间
上午	预 备	7：55
	第一节	8：00—8：45
	第二节	8：50—9：35
	第三节	9：55—10：40
	第四节	10：45—11：30
	第五节	11：35—12：20
下午	第六节	13：00—13：45
	第七节	13：50—14：35
	第八节	14：50—15：35
	第九节	15：40—16：25
晚间	第十节	16：40—17：25
	第十一节	17：30—18：15
	第十二节	18：20—19：05
	第十三节	19：10—19：55

特此通知。

北京联合大学

二〇一一年六月三十日

关于印发《北京联合大学印章管理规定》的通知

（京联发〔2011〕22号）

各学院、北苑校区，校机关各部门、各直属单位：

经校党委第313次常委会(2011年6月11日)通过，现将《北京联合大学印章管理规定》印发给你们，请遵照执行。

北京联合大学

二〇一一年六月二十八日

北京联合大学印章管理规定

第一章 总则

第一条 为了进一步规范学校印章管理,完善印章刻制、使用手续,按照《国务院关于国家行政机关和企业事业单位社会团体印章管理的规定》(国发〔1999〕25号)和《北京市人民政府贯彻国务院关于国家行政机关和企事业单位社会团体印章管理规定的通知》等法律法规规定,结合我校实际,特制定本规定。

第二章 印章的规格样式

第二条 学校党委、行政印章,各单位印章一律为圆形。印章所刊汉字应当使用宋体字和国务院公布实行的简化字。

第三条 学校党务系统印章直径4.2厘米,中央刊党徽,党徽外刊机构名称,自左而右环行。

第四条 学校各局级单位行政印章直径4.2厘米,中央刊五角星,五角星外刊名称,自左而右环行。

第五条 学校各处级行政单位印章直径4.0厘米,中央刊五角星,五角星外刊局级单位名称,自左而右环行,下方横排处级单位名称。

第六条 学校科级(或相当于科级)行政单位须刻制印章的,印章直径不大于4.0厘米,中央刊五角星,五角星外刊局级单位名称,自左而右环行,下方横排科级单位名称。

第七条 学校各单位,因工作需要用于专项业务工作的专用印章,可以有其他样式,以公安机关相关规定为准。

第三章 印章的刻制、启用与销毁

第八条 学校各局级单位党委印章的刻制由中共北京市委教育工委批准,凭成立的文件和中共北京市委教育工委的介绍信,在公安机关办理刻章登记备案手续后,到经公安机关批准并指定的刻章单位刻制印章。

第九条 学校各局级单位行政印章的刻制由北京市政府批准,凭成立的文件和北京市政府的介绍信,在公安机关办理刻章登记备案手续后,到经公安机关批准并指定的刻章单位刻制印章。

第十条 校内党务系统印章的刻制,持该党组织成立的文件和上级党组织介绍信,在公安机关办理刻章登记备案手续后,到经公安机关批准并指定的刻章单位刻制印章。

第十一条 学校各处级单位行政印章的刻制

(一)因新设、更名、合并等情形须刻制印章的,持单位成立的文件、学校人事处开具的介绍信,到北京市教委开具刻章介绍信。凭北京市教委刻章介绍信及公安机关要求备案的相关材料,在公安机关办理刻章登记备案手续后,到经公安机关批准并指定的刻章单位刻制印章。

(二)因印章磨损、印章样式改变须刻制新印章的,须向党委、校长办公室提出刻制印章的申请,经两办主任审批后,持公安机关要求备案的相关材料及原印章,在公安机关办理刻章登记备案手续后,到经公安机关批准并指定的刻章单位刻制印章。

第十二条 学校处级单位的科级机构确有刻制印章必要的,须经局级主管领导同意,按照隔级审批的原则,参照处级单位印章刻制程序执行,并报党委、校长办公室备案。

第十三条 各单位印章应由党委、校长办公室保留印模备案并行文公布启用后方可使用。

第十四条 印章启用内容包括启用印章的文件依据,启用印章的名称、时间、印模等。

启用新印章的同时,声明旧印章作废。

第十五条 因各单位名称变更、机构撤并等原因停用的印章,须将旧章登记造册,注明废止日期,交档案(校史)馆归档。

第四章 印章使用的范围与程序

第十六条 学校各级各类印章是学校及各单位在职权范围内进行公务活动、依法行使职权的重要标志。各单位要根据工作需要和职权的范围,依法使用。

第十七条 学校党委印章、行政印章、学校钢印、学校党委办公室印章、学校校长办公室印章,由党委、校长办公室统一管理,党委、校长办公室指定专人按规定保管和使用,严格用印手续。

第十八条 以学校党委、行政名义发出的公文,按照学校公文处理规定审批用印。

第十九条 各类合同、协议、意向书、备忘录、鉴定结论书等法律文书,须经单位负责人审核文书内容,学校法律顾问审核法律条款并报分管校领导审批用印。

法律文书涉及重大问题的,须报党委常委会或校长办公会讨论通过后方可用印。

第二十条 以学校名义颁发的下列证书:

(一)毕业证、学位证、结业证须凭校学位评定委员会审查通过的毕业生名册、结业生名册和学位授予名册,分别由校研究生处和教务处专人负责用印;

(二)学生证须经校教务处审核无误后,由教务处专人负责用印;

(三)工作证、退休证、专业技术职务聘书、继续教育登记手册等,须经校人事处审核无误后,由人事处专人负责用印;

(四)毕业证明书、学位证明书、结业证明书须经校档案(校史)馆审核无误后,由档案(校史)馆专人负责用印。

第二十一条 以学校名义出具的下列材料,须经主管部门审核,报分管校领导审批同意后方可用印:

(一) 政治审查、党员证明材料、推荐表等各类党务材料;

(二) 教学、科研、人事、财务、基建、国有资产、综合统计等各类报表、申报材料;

(三) 各类奖状、荣誉证书。

对于一些经常发生的同类用章事项,分管校领导可授权该部门负责人审批,印章管理人员须查看校领导亲笔手签授权书后方可用印。

各部门也可将年度常规性用印项目造册,经部门负责人审核,报分管校领导审批,到党委、校长办公室备案后用印。

第二十二条 教职员工和在校学生出国、出境材料:

(一) 因公出国(境),须持有关文件,由党委组织部和国际交流合作处按规定办理;

(二) 因私出国(境),所在单位出具证明,单位负责人签字,在校学生经教务处审核,教职员工经人事处审核,报分管校领导审批后,方可用印。

第二十三条 须经学校党委常委会或者校长办公会审议决定的事项,需要用印的,按照相关会议精神用印。

第二十四条 凡涉及学校重大利益,对学校发展有影响的其他特殊情况,须经校党政主要负责人审批后,方可用印。

第二十五条 下列情况之一,印章管理人员不得用印:

(一) 未经主管领导审阅或签发批准的文件、材料;

(二) 内容有误或批准权限不当的文件、材料;

(三) 涉及个人财产、经济、法律纠纷等方面的文件、材料;

(四) 与本校工作、业务无关的文件、材料;

(五) 空白介绍信、空白证件、空白奖状等空白文书。

第二十六条 校内各单位可参照上述规定,经所在单位负责人批准,使用单位印章。

第五章 印章的保管纪律与盖章规范

第二十七条 印章管理人员要坚持原则,严格照章用印。做到遵纪守法,不徇私情,秉公办事,尽职尽责。

用印前必须审核用印内容,检查审批手续,发现用印内容不符合本规定、审批手续不全、批准权限不当等情形的,应拒绝用印。

第二十八条 使用学校印章应严格履行登记手续,登记项目包括:顺序号、用印日期、文件名称、内容摘要、审批人、用印单位、承办人、用印数量以及留存材料等项。

所有用印材料,均应保留校领导签批的原稿或复印件存档备查。

第二十九条 印章存放地点要求安全保险,谨防丢失和盗用。

若印章丢失应及时向学校、上级主管部门及所属地公安机关报告,及时登报声明作废,刻制新印章按本规定重新申请。

印章原则上不得带离存放地点。校级印章如因特殊情况需在党委、校长办公室以外使用,须由用印单位提出书面申请,报分管党委、校长办公室工作的校领导批准后,方可带离印章存放地点,印章管理人员应在用印现场监章。

第三十条 严格控制学校印章的使用范围,凡使用各单位印章和有关专用章可以办理的事项,不得使用学校印章。

第三十一条 各单位要指定政治素质高、工作责任心强的同志专人保管和使用印章,不宜由单位负责人亲自保管。

印章管理人员要坚持原则,严格照章办事。若保管人外出,应由本单位负责人暂行代为管理并须履行交接手续,不得将印章交由无关人员保管。

第三十二条 盖章位置要恰当,印迹端正、清晰,便于识别。印章名称要与印件落款一致,代用印章要注明“代章”二字。钢印的使用范围只能用于证书、证件。

第三十三条 凡因印章使用或保管不当而出现严重事故者,将追究保管者和单位负责人的责任。

凡因非法、越权使用本单位印章给学校造成声誉毁损、经济损失和法律纠纷的,学校将视其情节轻重依法对该单位主要责任人和直接责任人员追究行政责任、经济责任直至法律责任。

第六章 附 则

第三十四条 本规定自发布之日起施行,此前颁发的相关文件与此规定不一致者,以此为准。

第三十五条 本规定由党委、校长办公室负责解释。

关于调整北京联合大学学位评定委员会组成人员的通知

(京联发〔2011〕23 号)

各学院,校机关各部门、各直属单位:

依据《中华人民共和国学位条例》和《中华人民共和国学位条例暂行实施办法》的有关规定,经 2011 年学校第 17 次校长办公会研究决定,对北京联合大学学位评定委员会组成人员进行调整。现将调整后的成员名单通知如下:

主　席:柳贡慧

副主席:徐永利　鲍　泓(常务)　黄先开(常务)　付晨光　周志成　冯　虹　张　楠

委　员(共 47 人,按姓氏笔画排序):

孔昭林　支芬和　方建军　方德英
毛智勇　王　彤　王美萍　付晨光
冯　虹　宁泽群　刘在云　许家成
齐再前　劳凤学　吴中平　张　伟
张　楠　张文杰　张宝秀　张明贤
张恩祥　李启隆　李哲英　杨　宜
杨　鹏　杨亚军　沈　洪　肖　芳
单金成　周志成　欧阳媛　范清惠
姜招峰　柳贡慧　徐永利　顾志良
盛　宏　黄玉丽　黄先开　程　光
谢职安　韩建业　楚　天　鲍　泓
熊黑钢　薛立军　魏绍谦

北京联合大学学位评定委员会下设硕士学位评定组和学士学位评定组,两组组成人员如下:

一、硕士学位评定组

组　长:鲍　泓(兼)

硕士学位评定组成员如下(共 26 人,按姓氏笔画排序):

孔昭林　支芬和　方建军　方德英　毛智勇
付晨光　冯　虹　宁泽群　许家成　张　楠
张宝秀　张恩祥　李哲英　杨　宜　杨　鹏
杨亚军　欧阳媛　姜招峰　柳贡慧　徐永利
顾志良　黄先开　韩建业　鲍　泓　熊黑钢
薛立军

硕士学位评定组办公室设在校研究生处,负责日常工作,办公室主任由校研究生处处长熊黑钢担任,秘书由满东升担任。

二、学士学位评定组

组　长:黄先开(兼)

学士学位评定组成员如下(共 32 人,按姓氏笔画排序):

方德英　王　彤　王美萍　付晨光　冯　虹
刘在云　齐再前　劳凤学　吴中平　张　伟
张　楠　张文杰　张明贤　李啟隆　杨　鹏
沈　洪　肖　芳　单金成　周志成　欧阳媛
范清惠　柳贡慧　徐永利　盛　宏　黄玉丽
黄先开　程　光　谢职安　楚　天　鲍　泓
熊黑钢　魏绍谦

学士学位评定组办公室设在校教务处,负责日常工作,办公室主任由校教务处处长杨鹏担任,秘书由张建敏担任。

特此通知。

北京联合大学

二〇一一年六月二十九日

关于表彰 2009—2011 学年度优秀教师和优秀教育工作者的决定

(京联发〔2011〕26 号)

近两年来,我校的广大教师、教育工作者以良好的精神状态、高尚的职业道德、过硬的业务能力,勤勤恳恳、默默奉献,把自己的聪明才智献给钟爱的教育事业。在这其中涌现出一批值得我们学习的先进典型,他们具有责任感和使命感,在各自的工作岗位上爱岗敬业,为人师表,展示了新时期人民教师和教育工作者的良好形象。经 2011 年学校第 21 次校长办公会决定,在教师节到来之际对孙爱萍等 31 位优秀教师和董媛等 30 位优秀教育工作者进行表彰。

希望受表彰的优秀教师和优秀教育工作者在教育改革、推进素质教育、实施教育创新等方面发挥更大作用,取得更大成绩。

此次通过表彰优秀教师、优秀教育工作者,从而展示我校教师的良好形象,进而引导广大教师学习先进、振奋精神、扎实工作,提高社会对教育的满意度;通过奖励优秀教师、优秀教育工作者,努力营造尊重教师、重视教育的良好环境,鼓励广大教师为我校的教育事业发展做出更大贡献。

附件:1.2009—2011 学年度校级优秀教师名单

2.2009—2011 学年度校级优秀教育工作者名单

北京联合大学

二〇一一年九月六日

附件 1:

2009—2011 学年度校级优秀教师名单

应用文理学院	孙爱萍 闫文杰 李宝明 戴 红
师范学院	曾玲琴 刘 莹 耿 燚 张 威
商务学院	钱春丽 张宇馨
生物化学工程学院	陈福祥 李俊林 张景胜
旅游学院	肖轶楠 宁泽群
特殊教育学院	曲 欣
信息学院	张 姝 杜 煜
机电学院	程 光
自动化学院	王秀英 张益农
管理学院	王晓红 龚秀敏
广告学院	郭钟永
应用科技学院	王廷梅
国际交流学院	朱伟娟
校直属教学单位	贾少英 王海菊 孙丰田 梁 军 范清惠

附件 2:

2009—2011 学年度校级优秀教育工作者名单

应用文理学院	董 媛 聂延平 李 健
师范学院	李爱国 刘京萍
商务学院	沈晓平 刘 静
生物化学工程学院	于 深 钱 芳
旅游学院	王 静 汪艳丽
继续教育学院	郭志青
特殊教育学院	边 丽
信息学院	许立群
机电学院	昝 华
自动化学院	苏秀丽
管理学院	尹庆民
广告学院	张 赫
应用科技学院	刘 洋
北苑校区	杨建萌
校机关和直属单位	王文杰 仲计水 方德英 安 宁 王 翎 焦 婧 高志平 高 翔 邓秉华 王 晶

关于印发《北京联合大学校园网信息管理规定》的通知

（京联发〔2011〕27 号）

各学院、北苑校区，校机关各部门、各直属单位：

经 2011 年学校第 21 次校长办公会通过，现将《北京联合大学校园网信息管理规定》印发给你们，请遵照执行。

北京联合大学

二〇一一年九月七日

北京联合大学校园网信息管理规定

一、总则

第一条 北京联合大学校园网是为全校教学、科研和行政管理建立的计算机信息网络，是学校形象建设的重要阵地，其目的是利用计算机技术和网络通信技术，实现校内计算机互联和信息交流，并通过互联网实现对外宣传交流与合作。为了加强校园网主页的信息管理，特制定本规定。

第二条 北京联合大学校园网络的工作人员和连入校园网络的所有用户必须遵守《中华人民共和国计算机信息系统安全保护条例》《中华人民共和国计算机信息网络国际联网管理暂行规定》和国家有关法律、法规，并严格执行本规定。

二、运行管理

第三条 校信息网络中心是校园网建设与管理工作的常设机构，总体负责校园网的技术支持与保障，包括校园网的光缆、主服务器、网络交换机、路由器等设备的管理，负责校园主干网的运行维护、用户管理和信息安全及相应的应用系统建设等。各有关单位和用户应积极配合、协助信息网络中心开展相关工作。

第四条 校党委宣传部总体负责网络安全教育工作，并定期对网上信息进行安全审查。各有关单位和个人用户应积极支持配合。

第五条 学校中文网站由校党委宣传部设专人负责；英文网站由校国际交流合作处设专人负责。网站运行经费纳入部门年度预算。

第六条 各学院（北苑校区）、校机关及直属单位联入校园网的计算机子网和单机，由本单位使用、管理和维护。各单位应明确一名负责人分管计算机网络管理和网络安全工作，并配备相应的网络管理员，具体负责本单位计算机网络的管理、维护以及网络信息的维护、更新工作，并接受校信息网络中心、党委宣传部和国际交流合作处的业务指导。

三、信息资源管理

第七条 本规定所指校园网信息资源包括：通过校园网网络与国内及国际互联网接入的资源，包括我校主页所有内容、新闻网、各学院（北苑校区）、机直单位网络的内容。

第八条 校园网信息内容由校党委宣传部、国际交流合作处总体负责监察，校园网的所有工作人员和用户都必须接受监督检查，并对学校采取的必要措施给予配合。

第九条 校园网信息采取分级负责制，信息内容审核严格执行“信息来源单位负责制”，坚持“谁主管、谁负责”的原则，各单位分管领导负责本单位信息员管理、本单位及下属单位网站的内容审核和管理。各单位应及时更新本单位所辖范围的网络内容。

第十条 各单位校园网发布信息按如下流程进行管理：

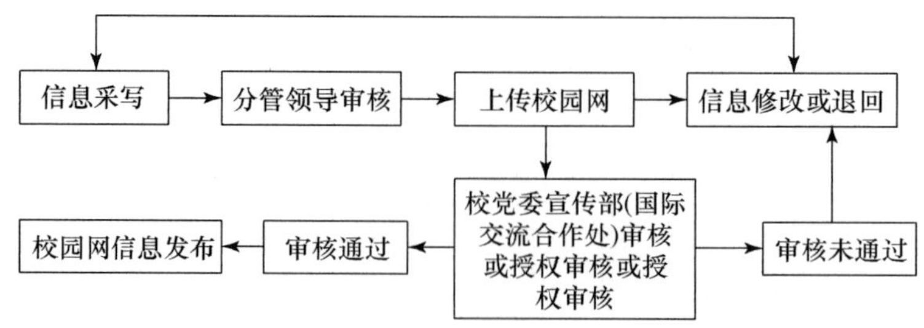

第十一条 校党委(校长)办公室负责定期组织相关部门监督检查各单位校园网信息内容的更新情况。

四、附则

第十二条 本规定自发布之日起实施。

关于增补韩强教授为第二届校学术委员会委员的通知

(京联发〔2011〕30 号,164 字)

各学院、北苑校区,校机关各部门、各直属单位:

经 2011 年第 23 次校长办公会通过,增补校人文社会科学教学部韩强教授为第二届校学术委员会委员。

特此通知。

北京联合大学

二〇一一年九月二十三日

关于调整北京联合大学教学指导委员会成员的通知

(京联发〔2011〕31 号)

各学院、北苑校区,校机关各部门、各直属单位:

因部分委员工作调整,为保证学校教学指导委员会的正常运行,充分发挥其在学校教学建设与改革中的作用,经学校研究决定,对学校教学指导委员会成员进行调整。现将调整后的委员会组成人员通知如下:

主　　任:黄先开

常务副主任:杨　鹏

副 主 任:齐再前　曲学利　张　伟　张文杰

委　　员(按姓氏笔画排序):

王　彤　王美萍　邓秉华　刘　东

劳凤学　李启隆　杨　冰　吴中平

沈　洪　张明贤　范清惠　周华丽

庞　明　黄玉丽　盛　宏　韩　强

程　光　谢职安　楚　天　魏绍谦

秘 书 长:牛爱芳

教学指导委员会下设分委员会,在教学指导委员会的指导下开展相关工作。

特此通知。

北京联合大学

二〇一一年九月二十七日

关于印发《北京联合大学人才强校计划实施方案》的通知

(京联发〔2011〕32 号)

各学院、北苑校区,校机关各部门、各直属单位:

经校党委第 315 次常委会(2011 年 7 月 1 日)通过,现将《北京联合大学人才强校计划实施方案》印发给你们,请遵照执行。

北京联合大学

二〇一一年十月十七日

北京联合大学人才强校计划实施方案

为了贯彻学校《关于进一步加强人才工作的意见》的精神,实现"建设有特色、高水平的应用型大学"的战略目标,根据我校人才队伍的实际情况和今后发展需要,特制订"十二五"时期北京联合大学人才强校计划实施方案。

一、指导思想

以邓小平理论和"三个代表"重要思想为指导,深入贯彻落实科学发展观,按照国家《人才发展纲要》的精神,以人为本、以人才为本、按照人才资源是第一资源的重要思想,实施人才强校战略,通过政策保障和各项投入,在"十二五"期间,加大人才引进力度,打造一支高水平学科、专业带头人队伍,建设一支素质较高的管理干部队伍;培养和提升一批在教学、科研上取得突出成绩、有发展潜力的优秀人才和具有潜质的骨干教师和管理干部,推进学校学科、专业整体水平和管理水平的提升;进一步加大对青年教师,特别是具有博士学位的优秀青年教师的培养和培育,为学科、专业队伍的梯队建设培育一大批后备人才;积极扶持和努力打造一批适应北京经济社会发展的高水平学科、专业团队,特别是国家级特色专业和市级学科团队。

二、主要目标

培养较大规模、结构合理、素质优良的人才队伍,在市属院校中形成人才竞争比较优势,人才队伍结构和水平达到市属市管院校的中上等水平,为建设高水平、有特色的应用型大学奠定人才基础。

三、主要内容

(一)《人才引智计划实施方案》

(二)《人才提升计划实施方案》

(三)《人才(青年教师)培育计划实施方案》

(四)《优秀团队扶持计划实施方案》

四、人才强校计划实施方案的管理与考核

成立人才强校四项计划实施工作小组,由校人事处、党委组织部、教务处、科研处、研究生处、高职处等相关职能部门组成,学校主管领导担任组长,小组的日常管理工作由校人事处负责。

建立和完善人才强校四项计划实施的配套文件,从体制、机制、政策、资金等方面强化落实措施。

建立四项计划实施的阶段性检查、督导工作,每学期工作小组要对计划的实施情况进行检查和总结,向学校提出情况报告;每年末要对各个计划项目进行考核,各项计划要有年度实施情况和总结,并提出下一年度计划实施的方案。对没有完成计划实施方案的项目要进行警示并提出改进措施,计入相关单位或部门的年度考核成绩。

附件: 1. 人才引智计划实施方案

2. 人才提升计划实施方案

3. 人才(青年教师)培育计划实施方案

4. 优秀团队扶持计划实施方案

附件 1:

人才引智计划实施方案

一、计划目标

通过政策支持、制度保证和科学有效的人才规划及管理,以引进高层次人才、优秀人才为重点,优先保证我校国家级特色专业和北京市级以上重点建设学科和专业、硕士点学科的人才需要,满足国家级创新实验区和北京创新试验区、文科实验中心对人才的需求,重点考虑我校拟发展的新兴学科和专业,兼顾重点学科的学术梯队人才、特色专业人才以及紧缺的高等职业教育高层次专业人才的补充,使各类、各层次人才的引进适应我校学科、专业的发展需求和办学特色,为我校学科、专业建设提供人才和智力支持,争取近几年内使我校人才引进在市属院校中达到较高水平,真正实现人才强校战略。

二、主要思路

大力实施人才强校战略,充分利用海内外人才资源,坚持"积极引进、拓宽渠道、加强统筹、细致有效"的原则,按照学校应用型办学宗旨,从学校本科和高等职业教育教学需求、学科专业建设需求、管理需求等不同角度出发,细分人才需求类型,分类规划和指导各类人才布局,拓宽人才引进范围,加大各类人才引进力度,提高引进人才待遇,吸引各类优秀人才加盟我校。

三、主要任务

(一)引进高层次人才

根据学校学科、专业发展规划,提前做好高层次人才需求预测与规划,以我校现有市级以上重点建设学科和专业、硕士点学科为依托,积极努力加快高层次人才引进,挖掘引进海内外著名专家、知名学者担任我校国家级特色专业、市级重点建设学科带头人或专业带头人,争取在"十二五"期间引进 4—6 名高层次人才,利用其在相关学科领域和学术界的影响力组织领导学科建设。

(二)引进各类优秀专业技术人才

1. 结合市级以上重点建设学科和专业、一级学科硕士点的梯队建设需求,有重点的吸引优秀人才,从相关学科、专业排名前 5 的国家重点院校入手,力争在"十二五"期间引进 5—10 名在相关领域取得较为突出业绩、具有较强创新能力的中青年教学科研骨干,完善梯队建设。

2. 结合二级学科硕士点和校级重点建设学科、重点专业的发展需求,从京内外"985""211"等重点院校和科研院所入手,力争在"十二五"期间引进 10 名左右具有学术、教学发展潜力的优秀青年人才,充实师资队伍。

3. 结合我校应用型办学特色较为明显的专业需求,确保在"十二五"期间引进 15 名左右具有一定行业背景、实践经历且取得一定业绩或省部级奖励的专门类型人才。

4. 结合我校发展职业教育的办学需求，争取在“十二五”期间为每个高职重点专业从国内外著名企业、研发机构引进1—2名实践经验丰富、具有高层管理经历的优秀高技能型人才，成为我校职业教育师资队伍的领军人物。

（三）引进高水平管理人才

加大有学术背景的高水平管理人才的引进工作，普通岗位的管理干部可以从校内或北京市公开招聘，重要岗位的管理干部（如院长、直属教学部主任等）可以从全国公开招聘，在“十二五”期间每年引进2名以上高素质、高水平管理人才。

四、保障措施

依据《北京联合大学高层次人才引进工作实施办法》的相关规定，落实引进人才的各项政策，为引进人才进一步发挥潜力营造良好的环境，将人才引智工作落到实处。

（一）进一步加强学校对人才引进工作的组织领导和统筹管理，成立学校人才引进工作领导小组，对各单位人才需求统筹考虑；建立用人单位引进人才工作目标考核机制，确保按时完成学校下达的引进人才计划；对缺失的学科（专业）带头人、负责人岗位要及时采取各种措施进行补充，建立分层次人才引进体系，并对拟引进人才学术水平、业务能力以及进校后考核实行统一评价和管理；建立引进高层次人才档案，对引进的高层次人才进行跟踪考评，给出发展预测；制定考核奖惩办法，加强对引进人才的管理，及时总结经验。

（二）继续加大对人才引进工作的投入，每年拨出400万元以上的经费，作为师资队伍建设和人才引进工作专项资金；人才引进工作专项资金主要用于支付引进人才开展科研工作启动经费、住房补贴等。为引进人才配备科研助手，并在团队建设等方面给予政策支持。同时，为引进人才落实各项待遇（住房、购房补贴、科研启动费、办公、实验条件、设备等）提供积极、高效的服务，解决引进人才的后顾之忧，创造人才发挥作用的环境，使他们尽早地全身心投入到工作中。

（三）根据学校学科建设规划，围绕人才引进及师资队伍补充等方面的需求，搭建政策平台，认真修订和完善现有的政策、办法；制定利于人才引进、发展和培养的政策和制度，分类指导并统筹学校人才引进工作，加大人才引进力度和政策方面的宣传。

（四）进一步拓宽引进人才的渠道和形式。搭建资源平台，通过调查、搜集各类优秀人才的信息，建立各学科专家库，企业、社会中各种专业人才库等；本着“不求所有，但求所用”的原则，建立柔性人才引进的政策和多种使用制度，采取长期聘用和短期聘任相结合等灵活的用人方式，引进特聘和讲座教授、客座教授、兼职教授、学院名誉院长、来校短期讲学或指导硕士生的著名专家学者、行业企业专家指导等，指导和带动我校学科、专业建设发展，提升影响力。

（五）搭建人才引进的服务平台，首先是建立学校为各学院和单位提供各种人才引进的各种服务制度和各种服务措施，包括：建设好学校的人才招聘网站，及时提供人才引进的信息；及时更新学校发展和建设的情况，宣传学校人才引进的优惠政策和良好条件与待遇；积极关心和解决引进人才在工作生活方面的问题，建立建言献策的制度等。

完成人才引智计划的关键是转变理念，打破过去传统“以管为主”观念的限制和束缚，树立现代人才资源“以人为本”的理念，加大学校对引进人才工作人力、物力的投入，拓宽引进人才的渠道和范围，用政策吸引人才，以制度激励人才，以氛围凝聚人才，为实施人才强校战略，汇聚一批高层次的学科带头人以及具有创新能力和发展潜力的中青年学术带头人、教学骨干，形成一批优秀创新团队，带动我校教师队伍整体素质的提升，进一步优化我校人才资源配置。

附件2：

人才提升计划实施方案

为进一步提高我校办学效益和水平，有效促进一批在教学、科研上取得突出成绩、有发展潜力的优秀人才和具有潜质的骨干教师和管理干部得以快速提升，特根据学校加强人才工作的相关意见，特制订本实施方案。

一、计划目标

根据学校发展建设需要，在“十二五”期间，每年在重点建设学科、专业（课程）以及重要管理岗位中遴选一批（30—40名左右）有突出成绩和较强发展潜力的优秀人才给予重点扶持和跟踪培养，促进他们进一步提高教学科研或管理水平，逐渐成长为学校学科专业的领军人物或骨干力量，为落实学校人才强校战略发挥示范作用，并带动学校专业技术人员整体水平的提升。

二、主要思路

以设立专项资助的形式逐步建立学校学科、专业（课程）带头人（负责人）后备梯队、骨干教师、教学骨干、管理骨干等优秀人才遴选机制，形成优秀人才资源库，并通过修订和完善现有管理文件，围绕着进修培训、职务晋升、教学科研奖励等方面有针对性地将对优秀人才的支持措施以制度的形式加以规定,形成全方位重视优秀人才能力提升的工作体系。

三、主要任务

依据学校不同层次学科、专业、课程群建设发展需要,分层次设立各类优秀人才资助项目,加速培养造就一批具有较高学术水平和较强科研能力的学科带头人、骨干教师、教学骨干和管理骨干,进而促进我校专业技术人员队伍整体水平的提升。

(一) 设立优秀学科专业带头人培养资助项目

在市级以上重点建设学科和特色专业、硕士点学科、北京市级及以上重点建设实验室、创新实验区、研究基地等设立优秀学科、专业带头人培养资助项目,每年遴选5～10名左右工作在教学和科研第一线,具有副高级及以上专业技术职务,学术水平较高、有突出创新能力、发展潜力和管理协调能力的优秀教师给予经费资助,连续资助期3年,资助经费额度为自然科学类10万元/人·年,人文社会科学类5万元/人·年。支持其开展创新性研究工作,承担省部级及以上科研项目或教学质量工程项目,争取通过三年的资助取得在北京地区有较强影响的研究成果,也为进入北京市级及以上各类人才培养工程储备力量。

(二) 设立骨干教师培养资助项目

在校级及以上重点或重点建设学科、骨干专业、实验室、研究基地等设立骨干教师培养资助项目,每年遴选8～10名具有中级及以上专业技术职务且具有显著创新能力和学术发展潜力的教师作为骨干教师给予重点资助,连续资助期3年,资助经费额度为自然科学类5万元/人·年,人文社会科学类3万元/人·年。支持其开展有创新性构想并且立论充分的基础研究项目和具有良好发展前景的应用研究项目,为培养其成为学术带头人或竞争高一层次人才搭建平台、创造条件。争取通过三年的资助取得在北京市属高校范围内有较强影响的研究成果。

(三) 设立教学骨干培养资助项目

1. 对于已经获得校级及以上教学名师称号的教师,除按照《北京联合大学教育教学奖励暂行办法》(京联发〔2010〕30号)规定给予相应奖励外,再配套拨付同等额度的经费,用于资助其开展课程改革、教学建设、教学研究等工作,并在申报高一层次的精品课程、教学名师、教学团队、申报国家留学基金和学校公派出国留学项目以及赴国内外高水平大学做访问学者等方面享有优先推荐权。

2. 围绕教学名师的培养、精品课程和教学团队的建设,在公共基础课程、校级及以上骨干专业和特色专业、优秀教学团队中每年遴选10名坚持在教学第一线工作、教学质量评价为优良、积极参加教学改革和课程建设并取得显著成绩的教师给予经费资助,连续资助3年,资助经费额度为自然科学类3万元/人·年,人文社会科学类2万元/人·年,用于支持他们参加教学研究、进修培训、发表论文、出版教材、参加各类学术会议等,争取通过三年的资助使其在申报高一层次的名师、精品课程、精品教材、优秀团队方面有所突破。

3. 针对高等职业教育的需求,按照专业群遴选教学质量评价优良、应用能力较强的双师素质教师(每个专业群遴选1—2名)按照2—3万元/人的标准给予经费资助,连续资助3年,支持其开展教学建设、产学研合作、企业实践等,进一步提高实践应用能力。争取通过三年的资助使其在职业教育教学改革和建设方面取得在北京地区有较强影响的研究成果。

(四) 设立管理骨干培养资助项目

在学校(院)重要的管理岗位设立管理骨干培养资助项目。每年遴选5～10名左右具有中级及以上专业技术职务、管理能力强且在教学或科研方面有较强发展潜力的管理人员给予1～2万元的经费支持,资助其进修培训、发表论文、开展项目研究等,进一步促进他们管理水平和研究能力的提高,以适应学校事业发展的需要。

上述资助项目的评选办法和评审程序将由校人事处会同教务处、科研处、研究生处及高职处另行制定。对于获得资助的优秀人才按照项目内容和工作目标实行年度考核制度,由师资队伍建设领导小组委托相应职能部门组织实施。对于年度考核不合格者,将给予警告,保留1年资助资格,连续2年考核不合格者,取消资助资格,三年内不能申请各种项目、奖励,进修培训等。

四、保障措施

为促进人才提升计划能够顺利实施并取得成效,学校将围绕着进修培训、考核管理、职务晋升、激励机制等方面修订和完善现有管理文件,为优秀人才成长与发展提供有力的政策保障。

(一) 修订和完善相关培训制度,在攻读博士、出国进修、学术休假等方面加大对优秀人才的经费支持和政策倾向力度。同时,在重点学科专业带头人和骨干教师中选择部分人员试点实施学术休假制度,支持他们潜心开展学术研究和教学研究,以取得在北京市乃至全国范围内具有较高水平和较大影响的成果,提高学校声誉。

(二) 修订和完善专业技术职务晋升制度和破格条件,通过加强分类指导、加大高级职务岗位投放数量等措施为在学科、专业、课程等建设方面确实取得突出成绩的优秀人才构建快速晋升的绿色通道。

(三) 进一步建立健全绩效考核制度,针对不同岗位制定教学业绩与研究业绩的替代办法，确保不同类型教师能够充分发挥自身特长，在相应的岗位上潜心研究教学和科研工作，促进优秀人才脱颖而出。

（四）研究制定相应的激励措施，除经费奖励和资助外，通过减免工作量、增加开课系数、增加超课时酬金等方式，支持教学名师帮助和指导青年教师，促进青年教师快速提高教学水平和研究能力。

（五）通过优先上岗、增加高级职务岗位职数、经费资助等措施，促进教学质量优秀的教授和高水平教师在校内各学院（教学单位）之间的流动，实现校内人才优质资源共享，扩大优秀人才的辐射作用，进而带动教师整体水平的提高。

（六）结合团队扶持计划，研究建立有利于团队成长发展的政策制度（如对获得市级及以上称号的团队可试点探索团队岗位设置及聘任、绩效考核和工资分配机制，确保团队带头人在人员调配、绩效考核等方面享有更多的支配等），鼓励优秀人才充分发挥示范作用，依托重点学科（实验室）、新兴交叉学科、特色专业、重大科研项目等创建高水平学术创新团队和优秀教学团队，进而提升学校的整体办学水平和声誉。

（七）进一步修订和完善管理人员进修培训、挂职锻炼等制度，对骨干人员的进行学习、轮岗交流、到国内外高水平大学挂职锻炼等方面给予优先支持；鼓励符合条件的机关人员从事一定的教学科研工作，以研究促进管理水平的提高。同时，建立优秀教师和优秀管理人员的双向交流机制，增强干部工作活力，为管理队伍构建多样化的成长渠道。

附件 3：

人才(青年教师)培育计划实施方案

一、计划目标

按照分层次、突出重点的原则加强青年教师的培育工作，为青年教师成长搭建平台，形成鼓励优秀青年教师脱颖而出的培育机制，全面提升我校青年教师的职业素养、专业素质和教育教学和科研水平，努力建设一支政治合格、业务优秀、结构优化、素质良好、相对稳定、充满活力和富有创新精神的高素质青年教师队伍，推进我校事业的发展。

二、主要思路

通过青年教师培育计划的实施，规范新进校青年教师的培养教育方案，帮助新进校的青年教师更好地适应学校的教育教学工作，进一步提高执教能力；通过青年突出人才培养工程、优秀青年教师专项资助及出国培训等项目，进一步加大对青年教师、特别是具有博士学位青年教师的培养和锻炼，使我校的青年教师具有良好的师德修养，较强的实践教学能力和科研能力，培养出一批具有较强发展潜力的青年梯队人选，更好地适应学校事业发展的需要。通过青年教师队伍建设，带动学校整体师资队伍建设。

三、主要任务

（一）加强对新进校青年教师的培育

1. 规范教育培训

以教师培训学校为主体、采取校院两级培训的形式，从适应应用型办学和国际化办学的要求入手，进一步规范统一全校新教师培训的内容、方式和要求，增加培训内容，分成校（6 个单元）院（4 个单元）两级培训，学期初 9—10 月集中时间统一完成。

2. 实施助教制

青年教师入校第一年实施助教制，主要任务是选准发展方向、拟订见习计划和实施方案、跟随主讲教师听课、参与辅导答疑、批改作业、撰写教研论文、备课、阅读参考书等。坚持试讲制，每名新教师新开课前要进行试讲，实行教研室、系（部）二级试讲过关，规范教学行为、强化育人意识；坚持听课制，以教研室为主体，开展青年教师观摩课活动；坚持督导制，教学督导委员会要对青年技师的授课情况跟踪调查，加强指导，帮助青年教师提高执教能力。

3. 深化导师制

深化青年教师导师制，指定具有丰富教学及科研经验的副教授以上职称的教师做导师，用 2 年的时间对青年教师的教学、科研等进行全面细致的指导，帮助青年教师尽快适应教学环境、发展教学技能、培养科研能力。

第一年主要侧重于教学方面的指导，协助导师参与课程的教学，承担课程的辅导、答疑、批改作业、实验课、课堂讨论的组织等工作，帮助青年教师熟悉教学各环节的要求。试讲合格后，并经教务处批准承担课程的讲授。在导师的指导下，撰写教案，独立组织教学活动。第二年通过科研立项资助的形式（设立苗圃工程）在导师的指导下帮助新教师提高科研能力。加强对导师制工作的过程管理和考核，努力完善配套措施。新教师第二年要参加学校的“教学基本功大赛”，要完成相应的科研立项成果。通过青年教师导师制帮助与指导青年教师树立良好的教风，提高教学、科研等技能，更好地适应学校发展的需要。

4. 加强社会实践

要求专业教师入校两年内完成为期半年的社会(企业、行业)实践。实践可采取半脱产方式进行(实践时间为每周不少于三天),通过实践熟悉社会各种活动及生产、经营、开发和管理等环节,加深对专业知识的理解,提高专业实际应用能力。鼓励教师在实践期间积极参加社会管理服务、技术开发、技术转化、技术更新、技术服务等活动,促进自身社会管理服务、技术开发和技术应用能力的提高。青年教师应按实践主题和任务开展实践活动,每周填写实践工作周志。实践结束后应完成一份与社会实践相关的调研报告,并在本单位作一次工作汇报。由实践人员所在单位会同接受实践的社会单位共同确定考核方式并对实践人员任务的完成情况进行考核。

(二)青年教师素质提升计划

1. 加强师德教育

加强青年教师的师德培养,倡导教书育人、严谨求实的良好师德师风。结合青年教师的特点,利用青年教师喜欢的载体和形式,开展形式多样的师德教育活动。定期举办青年教师师德论坛、组织青年教师参加校内外实践等。在学校"师德先进个人""教师育人先进"等表彰中,给出一定比例,表彰教学能力强、科研水平高、思想素质好的优秀青年教师,并在评先评优、晋职晋级、学习进修等方面予以优先考虑。强化师德监控,加强对青年教师的制度化、规范化管理。

2. 设立专项资助项目

继续实施中青年骨干教师、校级创新人才、创新团队突出人才培育项目。针对我校青年教师的实际情况,在35岁以下,中级及以下职称、具有博士学位的优秀青年教师中设立专项资助项目(3000元/年·人)采取激励与约束相结合、滚动淘汰的管理办法,用于青年教师的科研立项、发表高水平论文、社会实践、进修培训等,为优秀青年教师的发展搭建新的平台,提高其教学、科研水平,树立争先创优的良好氛围,进而带动青年教师整体水平的提升。

3. 设立突出人才培养工程

建立优秀青年人才库,制定相关规定,从严遴选,每个市级以上重点学科(专业)选拔2—3名35岁以下具有发展潜力的青年教师进入青年突出人才培养工程,三年一批,结合市"人才强教"项目,以校级教学研究立项的形式连续资助3年,每年资助2万,积极参与学科、专业建设,特别是加强重点学科(专业)的梯队建设。

4. 设立出国培训项目

积极应对教育国际化的新形势,建立师资交流制度。积极开展与国外大学的交流与合作,采用"走出去、请进来"等多种方式,拓宽青年教师的国际视野。"十二五"期间选派100名青年骨干教师赴国外大学进行三个月以上进修学习,学习国外先进的教育教学理念,吸收和消化国外优质的教学资源,了解本学科专业的前沿,促进教学、研究与国际接轨。同时多渠道地聘请外籍教师来校开展多种形式的讲学和学术交流。

四、保障措施

(一)加强领导,全员重视

青年教师的培养教育工作是目前人才队伍建设中的一项重要战略任务,要充分认识青年教师培养教育工作的重要性、必要性和紧迫性,加强学校的统筹规划,制定和修订配套管理文件,建立校、院、系(部)分层管理体系,定期研究青年教师培养建设中存在的问题,采取有效措施加以解决,形成各级领导重视,校院齐抓共管,师生员工关心和各部门、各单位通力协作、全员参与的工作机制,为青年教师培育计划的实施提供有力的组织保证,为青年教师搭建成长的平台,鼓励青年优秀人才脱颖而出。

(二)加大经费支持力度

加大对青年教师培育项目经费的支出,学校设立青年教师培养专项经费,为青年教师的成长发展提供经费保障,有关经费的资助根据具体的培养方式按相关规定执行。各学院(部)可根据实际情况安排青年教师培养专项经费,用于学院(部)教师的培养。

(三)"传、帮、带"相结合

通过经验丰富老教师和教学科研团队的"传、帮、带"作用,加强对青年教师思想政治、业务进修、教学科研的指导和帮助,从思想、教学、科研等方面对青年教师全面指导和多方帮助,为青年教师的培育提供大力支持和有力保证。

(四)指导青年教师做好职业生涯规划

筹备成立教职工发展中心,建立青年教师职业发展的平台和机制,发挥教学名师和教授中具有一定教学经验且担任青年教师导师人员的作用,关注青年教师的职业发展,帮助青年教师制定出切实可行的职业生涯规划。学校负责对教师培养进行总体规划,根据青年教师职业生涯规划的调研,制定相关政策,从理念、制度、方法等层面对教师加以引导、保证和支持。各学院(部)指导每位青年教师制订发展计划和培养方案,确定发展方向,建立个人培养档案。青年教师的培养工作要与教师的发展计划结合起来,引导青年教师个人职业生涯规划与学校发展的融合,帮助教职工实现个人发展与组织发展的有机结合,最大限度地实现青年教师的个人价值以及学校的师资培养目标,使青年教师和学校获得双赢。

附件 4:

优秀团队扶持计划实施方案

一、计划目标

通过优秀团队扶持计划的实施，培养和造就一批国内领先的带头人，并带动一批优秀后备人才快速成长；通过优秀团队扶持计划的实施，使优秀团队基本具备进入国家、北京市优秀创新团队的必要条件，具备承担国家科研项目和北京市(部)级重大科研项目的能力，同时，争取获得国家及北京市(部)级教学科研成果奖项，推出一批具有影响的教学科研成果。

二、主要思路

“优秀团队扶持计划”以科学发展观为指导，旨在注重发挥团队整体效益，扶持学校优秀创新团队的建设，以团队形式开展教学改革、科研创新和管理创新。

通过扶持计划实施，按照优势互补、动态发展、目标管理、优胜劣汰的原则，大力引进、选拔、培育一批由不同年龄层次的优秀带头人领衔挂帅，具有创新与攻关能力，结构合理的创新团队进行重点扶持和培育，发挥优秀团队的示范和辐射作用。

三、主要任务

优秀团队扶持计划，包括学术创新团队扶持计划、优秀教学团队扶持计划和管理创新团队扶持计划。每三年受理一次。每批选拔 5～10 个优秀团队。

(一) 学术创新团队扶持计划一般应以国家、市部级重大科研项目，结合国家级重点学科、北京市重点学科、北京市重点建设学科、我校重点学科、重点建设学科和新兴交叉学科(含重点实验室、研究基地)为依托，承担重大科研任务，具备良好的工作氛围和环境条件。

(二) 教学创新团队扶持计划一般应以国家级、北京市级或市属高等学校各类重大的教学改革项目，以及校级通识阶段平台课程、学科基础或专业课程(群)、实验实践教学环节(实践教学、学科竞赛等)、中外合作办学课程为依托，以教学工作为主导，以专业建设、课程建设、教学基地建设等为重点，大力推进教学研究和教学建设的创新，提高高等学校人才培养质量。

(三) 管理创新团队扶持计划应立足北京市高等教育发展和学校应用性办学定位的要求，根据学校多校区办学的实际，以提高校(院)党政职能部门的管理和服务水平，完善学校管理体制机制为目标，规划学校管理队伍的建设与发展，提升学校的管理能力和竞争能力。

四、保障措施

(一) 优秀团队的运行机制

优秀团队扶持计划实行学院、科研机构、学校机关职能部门领导下的带头人负责制原则。团队应完成所在单位的工作。

学校对团队的管理由校人事处具体负责，包括组织审核团队的研究计划、检查年度工作进展、组织评估验收等。各依托的单位对团队的工作应予以重视，要积极协助和支持优秀团队做好日常管理、年度考核和聘期总结等工作，处理好教学与科研、团队与所依托单位的关系等，学校将把对优秀团队的管理成效纳入相关依托单位年终目标考核范围。

(二) 扶持经费与使用

1. 扶持经费专款专用，主要用于优秀团队的业务活动、开展国际国内学术交流等。任何单位或个人不得挪用扶持经费。

2. 扶持经费数额 50 万元，分三年资助。

3. 扶持方式：扶持期限为三年。采用“2＋1”滚动扶持方式。两年后开展中期评估，根据中期评估结果，确定是否给予继续扶持。

4. 经学校推荐，入选国家、北京市优秀团队的，学校不在经费上重复资助，但仍给予其他政策扶持。

(三) 对团队的其他扶持措施

1. 在教师职务聘任和岗位设置的结构比例上，给予政策倾斜。

2. 在编制和调配等方面给予一定的自主权，所在单位和校(院)人事处要给予支持。

3. 学校对团队成员在外出研修、参加高水平学术交流等方面给予重点支持和政策倾斜。

(四) 优秀团队的考核

学校组织校内外专家组对团队扶持计划任务目标完成情况进行中期考核和期终考核，考核结果分优秀、合格、不合格三个等级，并以适当方式在一定范围内进行公示。

1. 中期考核。优秀团队扶持计划期满 2 年，将进行中期考核，考核结果为优秀者和合格者，学校继续资助，考核结果为不合格者，学校将视情况做出重新选拔团队带头人或停止资助的决定。

2. 期终考核。学科(术)团队扶持期满 3 年，将进行期终考核，考核结果为优秀者，学校将继续资助，并优先推荐申报国家、北京市优秀创新团队，对申报国家、北京市优秀创新团队成功的团队给予一定的配套经费支持；考核结果为合格者，可以参加下一批“优秀团队扶持计划”的申请；考核结果为不合格者，将不能参加以后批次“优秀团队扶持计划”支持团队的申请。

关于公布北京联合大学硕士学位授权一级学科点学科带头人二级学科点学科负责人的通知

(京联发〔2011〕33 号)

各学院、北苑校区,校机关各部门、各直属单位:

经 2011 年 9 月 29 日北京联合大学第二届学术委员会第二次全体会议评审,并经校党委第 321 次常委会(2011 年 10 月 10 日)讨论通过,我校新增 5 个硕士学位授权一级学科点学科带头人和 1 个硕士学位授权二级学科点负责人。现将新增设的学科点带头人名单公布如下:

一、硕士学位授权一级学科点学科带头人

序号	学科点名称(代码)	学科带头人
1	考古学(0601)	韩建业
2	计算机科学与技术(0812)	李哲英
3	食品科学与工程(0832)	姜招峰
4	软件工程(0835)	鲍　泓
5	工商管理(1202)	冯　虹

二、硕士学位授权二级学科点学科负责人

序号	学科点名称(代码)	学科负责人
1	专门史(060105)	顾　军

特此通知。

北京联合大学

二〇一一年十月二十一日

关于印发《北京联合大学教学优秀奖评选办法(试行)》的通知

(京联发〔2011〕34 号)

各学院,校机关各部门、各直属单位:

经校党委第 322 次常委会(2011 年 10 月 24 日)通过,现将《北京联合大学教学优秀奖评选办法(试行)》印发给你们,请遵照执行。

北京联合大学

二〇一一年十月二十六日

北京联合大学教学优秀奖评选办法(试行)

第一章　总则

第一条　为充分调动广大教师教学积极性和创造性,促进教师执教能力的提高,确立教学工作在学校的中心地位,进一步提升学校教学品质,提高人才培养质量,学校决定设立北京联合大学教学优秀奖,鼓励在教学改革和教书育人工作中做出突出贡献的一线教师。为规范教学优秀奖的评选,特制定本办法。

第二条　教学优秀奖设一等奖和二等奖。每学年评选一次,每学年评选不超过 20 名(本科教育 14 名,高等职业教育 6 名),其中一等奖一般不超过 5 名(本科教育 4 名,高等职业教育 1 名),二等奖 15 名左右(本科教育 10 名,高等职业教育 5 名)。

第三条　学校成立由主管教学工作的校领导任组长,校教务处处长任副组长,校高职处、人事处、学生处处长为成员的教学优秀奖评选工作领导小组，办公室设在校教务处，具体负责组织评选工作。各学院院长及相关教学单位负责人为本单位教学优秀奖评选的负责人。

第四条 评奖的基本原则：

（一）突出重点的原则，重点奖励在教学第一线从事各类教学活动，且教学效果好、受益面较大、深受学生欢迎的教师。

（二）示范性的原则，所评选的教师能带动其他教师教学能力和水平的提高，具有示范性。

（三）公开、公平、公正的原则，兼顾各类教师公开选拔、公平公正获奖，不同教学单位、不同授课层次的教师，只要教学表现突出均应有获奖机会；评审程序及评审结果公开公正。

（四）适当倾斜的原则，适当向基础课教师倾斜，鼓励青年教师积极参加申报。

（五）宁缺毋滥的原则，严格执行相关规定，择优评定，宁缺毋滥。

第二章 申报条件

第五条 申报教学优秀奖的教师，其师德与教学态度应该满足下列要求：

（一）热爱教育事业，教书育人，师德高尚，为人师表，在思想作风、治学态度、言谈举止等各方面做学生的表率，积极承担班主任或班导师工作。

（二）积极主动承担学校、学院（直属教学单位）分配的各项教学任务；积极参加教育教学研究与改革，积极参加教研室或教学研究活动。

（三）认真研究教育教学规律，努力钻研教学业务，关心学生的学习，帮助学生进步，认真授课，认真批改作业，积极进行课外辅导和答疑。

第六条 教学内容与教学方法应符合如下要求：

（一）教学内容符合人才培养方案和课程教学大纲的要求，有较强的科学性和系统性，信息量大，重点突出，材料充实，观点明确。

（二）理论联系实际，理论教学与实践教学相结合，不断改革和更新教学内容，注意扩大学生的知识面，努力吸收本学科的新成果。

（三）注重教学方法的改革与创新，因材施教，教学形式多样，课堂气氛活跃，重视培养学生分析问题和解决问题的能力。

（四）有效运用网络学堂、现代教育技术手段，全面提升教学效果。

第七条 在教学业绩方面满足以下条件：

（一）近三年完成规定的教学工作量，年度考核合格，本学年每学期均应承担课堂教学（含实验课）任务。

（二）近三年教学质量评价均为良及以上，且至少有一次为优秀。

第八条 从事普通本科或高等职业教育教学工作且满足上述条件的在编专任教师均可报名参评。为扩大教学优秀奖的覆盖面，凡已获得学校教学优秀一等奖的教师五年之内不再参加评选，获得校级教学优秀二等奖的教师需隔年参评。

第九条 在近三年教学工作中出现下列情况之一者，不得申报：

（一）学年度考核不合格或受党纪、政纪处分者；

（二）不服从本单位教学任务统筹安排或其他工作安排者；

（三）发生过教学违纪或教学事故者。

第三章 评选程序

第十条 评选具体程序如下：

（一）每学年初，领导小组办公室下发工作通知，并根据各教学单位专任教师人数下达提名人指标。

（二）符合申报条件的专任教师自愿报名参评，填写《北京联合大学教学优秀奖申请表》，并提交能反映教学水平、教学特点的材料。各教学单位初审汇总后在下达指标内上报领导小组办公室。

（三）领导小组办公室对各教学单位上报的名单进行资格复审，并公布符合申报条件的教师名单及上课时间、地点。

（四）领导小组办公室组织成立由校领导、相关职能处室负责人、校级督导专家、相关课程领域同行专家以及学生代表组成的评审工作组。评审采取分散与集中相结合的方式。分散评审方式由评审工作组成员在评选学期内随机到课堂对参评教师听课打分，每位成员至少对参评教师听课达到 1 学时。

每学年末，对分散评审阶段综合排名前 30 名的教师，组织专家对其采取集中讲授公开课的评选方式，选出教学优秀奖获得者。

（五）将教学优秀奖获得者名单在校园网上进行公示。任何单位和个人对公示的获奖人如有异议，可在公示之日起 5 个工作日内向领导小组办公室提交书面意见及必要的证明材料。领导小组办公室负责复查，报领导小组做出结论。

（六）公示期结束后，评选结果报教学工作指导委员会审议；最后由校长办公会审批确定最终的获奖名单，并发文公布。教学优秀奖有效期为五年。

第四章 表彰、奖励与义务

第十一条 学校对获奖教师以多种形式进行宣传，并颁发荣誉证书和奖金。具体奖励额度为一等奖 2 万元，二等奖 1 万元。

第十二条 鼓励获得校级教学优秀奖一等奖的教师多授课，并优先安排教学任务，其超过学校规定教学工作量的教学任务给予超课时补贴。凡在获得称号的有效期限内，获得教学优秀奖一等奖教师的超课时课酬按原有标准的1.2系数计发。

第十三条 市级教学名师奖从教学优秀奖获得者中优先推选。

第十四条 学校将获奖情况计入获奖者的人事档案,作为职务晋升与岗位聘任的重要依据。

第十五条 获得教学优秀奖一等奖的教师,须担任青年教师导师,且在获奖的五年内每个开课学期至少举行1次公开课,其他相关课程的任课教师可随堂进行观摩学习。

第十六条 获得教学优秀奖的教师在有效期内,若出现第九条所列情形之一者,取消其称号及相应待遇。

第五章 附则

第十七条 本办法自发布之日起实行,由校教务处负责解释。

关于成立北京市信息服务工程重点实验室的通知

(京联发〔2011〕36号)

各学院、北苑校区,校机关各部门、各直属单位:

为进一步规范和加强我校北京市级重点实验室建设与管理,根据《北京地区普通高等学校北京市级重点实验室认定管理办法》(京教研〔2001〕1号)、《北京市重点实验室认定与管理暂行办法》(京科发〔2010〕411号)及北京市教育委员会和北京市科学技术委员会《关于增补北京地区普通高等学校北京市重点实验室的通知》(京教研〔2010〕16号)的要求,经校党委第322次常委会(2011年10月24日)研究决定,成立我校北京市信息服务工程重点实验室(以下简称重点实验室)。现将有关事项通知如下:

一、机构名称

中文名称:北京市信息服务工程重点实验室(北京联合大学)

英文名称:Beijing Key Laboratory of Information Service Engineering (Beijing Union University)

二、机构设置

(一)综合办公室:1个;

(二)研究中心:4个(按申报时的4个方向设置)总计5个。设立重点实验室学术委员会。

三、学科设置

(一)计算机应用技术(北京市重点建设学科);

(二)软件工程(一级硕士学科)。

四、人员编制

(一)行政编制:3—4人(管理岗位);

(二)研究人员:10人(暂定,根据实验室发展和经费动态控制),科研为主型教师/教学科研型教师;

(三)外聘人员:根据项目需要聘任。

编制人员:13—14人。

五、岗位设置

(一)管理人员

1. 重点实验室主任:1人,由学校聘任,报市教委、市科委同意后备案。

2. 重点实验室副主任:2—3人,由研究人员兼任,具有副高(含)以上专业技术职务;除兼任办公室主任的副主任外,其余无行政级别。

3. 综合办公室主任(副处级):1人,重点实验室副主任兼任,协助重点实验室主任做好重点实验室日常业务和行政管理工作。

4. 综合办公室管理岗(科员级):2—3人,负责重点实验室行政事务性工作,办公室人员要制定相关的岗位职责。

(二)研究人员

按学校全员聘任有关文件精神及学校核定的机构、人员编制数进行聘任。

六、运行机制

按照北京市科委有关《北京市重点实验室认定与管理暂行办法》中关于北京市重点实验室要"具备完善的组织体系、管理体制和运行机制""建立岗位聘用与竞争上岗相结合的双向流动机制""实行依托单位领导下的主任负责制""开展研究业务方面相对独立,经济上实行内部独立核算。科研用房相对集中,科研仪器设备能统一管理""应重视和加强运行管理,建立健全内部规章制度,积极创新管理体制和运行机制"等相关规定,重点实验室的运行机制如下:

(一)重点实验室是相对独立的科研实体,处级机构;重点实验室各研究方向(中心),以信息学院等相关学院和部门为支撑,并有独立的师资队伍和办公地点,学校有关职能部门负责重点实验室相关工作事项的督办。

(二)学校对重点实验室的人员编制单独核算,按需设置,由固定人员和流动人员两部分组成,固定人员由行政人员(3—4人)和专职科研人员(按50万元项目经费/人·年核编或按研究生生师比核编,经费包括专项经费和各类科研项目经费)组成。

流动人员由校内人员和校外聘任人员组成。校内人员作为各研究中心人员,由重点实验室主任(或各研究中心)根据需要按聘期进行聘任,原则上应为科研为主型教师，主要任务是在各研究中心进行项目研究，也可适当在教学单位兼课，但教学工作量按照学校科研为主型教师进行要求并考核。校外聘任人员可根据研究工作需要和承担课题的实际情况由各研究中心主任推荐，重点实验室主任批准，并按学校有关规定签订劳务合同(或用工协议)，聘任数量报校人事处审核并备案，人员经费各研究中心自行解决。

（三）重点实验室要制定具体的管理办法，包括运行管理、人员管理、项目管理、经费管理等，报校科研处审核，经学校审批后执行。

特此通知。

北京联合大学

二〇一一年十一月三日

关于增补叶晓为校学术委员会委员、秘书长的通知

（京联发〔2011〕37号）

各学院、北苑校区，校机关各部门、各直属单位：

经校党委第323次常委会(2011年10月31日)研究决定：

叶晓同志任北京联合大学学术委员会委员、秘书长职务，方德英同志不再担任校学术委员会委员、秘书长职务。

特此通知。

北京联合大学

二〇一一年十一月七日

关于印发《北京联合大学2011年科技工作会专项奖励方案》的通知

（京联发〔2011〕41号）

各学院、北苑校区，校机关各部门、各直属单位：

《北京联合大学2011年科技工作会专项奖励方案》经校党委第327次常委会审议通过，现予公布。

北京联合大学

二〇一一年十二月二日

北京联合大学2011年科技工作会专项奖励方案

为提高我校科学研究和学科建设的整体水平及学术地位，促进教师争取高层次的研究项目，取得高质量的科研成果，通过奖励调动教师的积极性与创造性，努力实现我校“十二五”科研和学科建设目标，决定对2007年12月16日至本次大会期间新增或升级的科研、学科平台，高层次的科研项目，科研管理组织先进集体和个人给予奖励。为此设立2011年科技工作会专项奖，奖励标准和方案参照市属同类高校奖励标准，并结合我校实际情况，具体方案如下：

一、学科与科研平台建设奖

凡取得省部级(含)以上重点实验室、工程中心、研究基地，重点学科、重点建设学科以及硕士(含)以上学位授权点科研与学科平台的组(筹)建人员，在平台正式批准之后，给予奖励。具体各级别、类别奖励额度如下：

学科(万元/项)					
级别/类别	新增一级学科硕士点	对应调整后的一级学科硕士点	二级学科升级为一级学科硕士点	北京市重点建设学科	博士点或项目(万元/项)
奖励额度	20	15	10	8	30

科研平台(万元/项)			
级别/类别	北京市重点实验室或北京市哲社基地	教育部重点实验室或教育部哲社基地	国家重点实验室或国家哲社基地
奖励额度	15	20	30

二、高层次科研项目奖

(一)由我校人员主持获准立项的省部级及以上各类纵向科研项目,且项目纳入学校(法人学院)科研处管理,经费纳入学校(法人学院)财务处管理,除按现行办法可申请配套经费,本次科技工作会给予立项奖励。

(二)科研项目以校(法人学院)科研处登记的项目申请书和任务书(或合同书)为准。

(三)尚未结项的项目,奖励金额按50%给予发放,其余50%待其正常结项后再行发放。

(四)各级各类项目具体奖励方案见下表:

	自科(万元/项)		社科(万元/项)	
	结题	未结题	结题	未结题
国家重点	5	/	/	/
国家面上	2	1.5	1.5	0.8
国家青年	1.5	0.8	/	/
省部1级	2	1.5	1.5	0.8
省部2级	1.5	0.8	0.8	0.5

三、组织奖

(一)为推广先进集体的先进经验和做法,发挥先进个人的骨干和模范作用,决定设立组织奖,奖励我校科研组织工作先进集体和科研管理先进个人。

(二)各学院科研管理部门、校直属教学单位、校级校管科研机构可申报先进集体,上述单位中处级(不含)以下人员可申报先进个人。

(三)科研组织工作先进集体奖励名额为8个,每个先进集体奖励3000元;科研管理个人奖励名额为7个,每个先进个人奖励1000元。

四、公示

(一)将统计与审核结果在全校公示一周。

(二)在公示期内任何部门或个人如对统计与审核结果持有异议,须以书面形式向校科研处提出(写明异议理由、依据和异议者的真实姓名)。

(三)如发现任何人在奖励的申报工作过程中弄虚作假、营私舞弊,则取消其相应奖项的奖励资格,对相关人员视情节轻重,按“学术不端行为”做出相应处理。

五、奖金发放

(一)科研与学科平台建设奖、科研项目奖、科研管理组织先进集体奖的奖金分配办法由各平台建设单位或学科、项目(课题)组、科研管理组织先进集体根据实际情况自行确定,负责人(学科带头人)奖励金额原则上不低于总奖金的30%。

(二)科研项目奖金分立项、结项两次,各按50%发放。未按期结项的科研项目不再发放结项部分;逾期一年未结项且未办理正常延期手续的,追回立项部分的奖金。

(三)科研奖励收入的所得税由受奖励者个人承担。

六、附则

(一)对于已获得科研奖励的,如发现有弄虚作假,经查明属实,由科研处提请校长办公会研究决定后,撤销奖励、追回奖金,并交学校按“学术不端行为”处理。

(二)本方案由校科研处负责解释。

京联党办

关于使用推广学校新标志的通知

(京联党办〔2011〕4号)

各学院党委,校机关和直属单位党委,广告学院、北苑校区党总支,国际交流学院党支部:

为进一步完善学校标识系统、加强大学文化建设,经校党委第292次常委会(2010年12月6日)研究决定,在全校范围内推广使用新标志。

特此通知。

附件: 1. 学校新标志样本

2. 学校新标志含义

中共北京联合大学委员会办公室

2011年1月18日

附件 1：

学校新标志样本

印章效果图

附件 2：

学校新标志含义

（1）标志正中的"麦比乌斯圈"组合形成英语字母 BUU，表示北京联合大学。

（2）"麦比乌斯圈"的内涵是用一个面组成一个立体图形。有创新之意，将两个面的图形通过麦比乌斯的缠绕形成一个面的立体图形，传达出创新的意义；有团结之意，把两个面合成一个面的立体图形，传达出团结的意义；有发展之意，在"麦比乌斯圈"上运动可四通八达、发展无限，传达出永恒、无限发展的意义。

（3）整体轮廓为一个圆的形状，代表了"团结、和睦、美好、和谐、统一、完备、全面"等理念，准确地传达了我校师生团结一心，携手共进，奋发图强，共创联大辉煌明天的信心与决心。

（4）标志采用蓝色，以红色为辅助色用于庆典系列活动，蓝色是理智的象征，代表着天空、海洋、执著与希望，象征着联大师生对美好未来的憧憬；红色是太阳的颜色，是中国的颜色，是北京的颜色，代表着喜悦、和谐、活力与激情，更代表着联大师生当下的努力与拼搏。

注：登陆 OA 网可下载标志及 PPT

关于调整校本部福利委员会成员的通知

（京联党办〔2011〕5 号）

特殊教育学院、信息学院、机电学院、自动化学院、管理学院、应用科技学院党委，校机关和直属单位党委，广告学院、北苑校区党总支，国际交流学院直属党支部：

由于人员工作变动，经校党委第 297 次常委会（2011 年 1 月 17 日）研究决定，对校本部福利委员会成员调整如下：

主　任：冯　虹

副主任：张俊玲　张祖明　肖富宁

委　员（按姓氏笔画排序）：

王希庆　王爱民　冯　虹　吕淑惠

李庆平　闫丽君　闫健美　肖富宁

何天增　张俊玲　张祖明　贾　方

谢飞雁　黄　标

特此通知。

中共北京联合大学委员会办公室

2011 年 1 月 20 日

关于印发《北京联合大学值班管理规定》的通知

(京联党办〔2011〕7号)

各学院党委,校机关和直属单位党委,广告学院、北苑校区党总支,国际交流学院党支部;各学院、北苑校区,校机关各部门、各直属单位:

现将《北京联合大学值班管理规定》印发给你们,请遵照执行。

中共北京联合大学委员会办公室
北京联合大学校长办公室
2011年3月14日

北京联合大学值班管理规定

为进一步加强对值班工作的领导和规范管理,进一步规范值班人员行为,确保值班工作的有效进行和学校校园的安全稳定,特制定本规定。

一、值班方式、职责和工作要求

(一)值班方式

学校值班可采取行政值班和保卫值班单独安排的分设值班方式,也可根据学院(校区)的规模采取行政值班和保卫值班统一安排的综合值班方式(即由学院和保卫部门干部混合排班,同时承担所在校区行政值班和保卫值班的职责)。

校本部小营校区采用分设值班方式,其他校区一般情况下仅安排保卫值班,重要和敏感时期根据学校要求由各学院(校区)安排党政干部承担专项值班工作。在仅安排保卫值班的校区中,昌平校区、盆儿胡同校区保卫值班工作由保卫部门办公室人员承担;北苑校区、白家庄校区保卫值班由中控室人员承担,重要和敏感时期根据校保卫处的要求由该校区保卫科办公室人员承担;蒲黄榆校区暂时由该校区保卫科办公室人员和特殊教育学院机关管理干部承担。

二级法人学院可以根据自身的实际情况确定值班方式。

(二)值班人员的职责和工作要求。

1. 行政值班

(1)OA办公网上每月公布《值班表》安排值班人员。值班人员要坚守岗位,对值班期间发现的问题,要及时处理。当时无法及时处理的,要作好记录,通知有关部门及时处理,并于交接班时,明确交付下一位值班人员。

(2)负责接听值班电话、收发传真,对收到的传真文件和电话通知作好详细的登记记录,并及时转交有关人员处置。

如收到北京市教委电话传真网的传真,按照以下流程处理:接到上家——首都师范大学的电话传真后(传真文件上会注明"按电传网往下传"),接着传给下家——北京第二外国语大学,传完后,要打电话确认是否收到并记录接收人员姓名。

首都师范大学传真:68450169

电话:68902217,68902214

第二外国语学院传真:65761909,65778458

电话:65778005,65778596

二级法人学院仍按照市委教育工委、市教委电传网顺序接收和下传相关电话和传真的通知。

(3)对各种重大事件、案件、事故及自然灾害等突发事件,如实作好记录,第一时间通知带班校领导和学校主要领导,同时配合相关部门按照预案做好各项应急处理工作,并按要求准确及时上报。

2. 保卫值班

(1)负责工作日下班时间和节假日期间校园第一线的安全保卫工作,协调处理各类涉及校园安全稳定的事件,根据要求及时向上级报送校园安全稳定信息。

(2)值班人员通过值班室电话、对讲机与中控室、保安队随时保持联系,协调处理值班期间发生的各类涉及校园安全稳定的事件。

(3)遇有突发事件和重要事项时,值班人员要第一时间通知带班领导、分管安全稳定工作的领导、保卫部门、学生部门和其他相关部门,并立即组织相关人员赶赴现场,根据事件性质立即选择启动以下专门工作处置预案:

①《消防工作预案》;

②《治安事件处置预案》;

③《突发事件处置预案》;

④《突发公共事件应急预案》。

全面开展处置工作。

与此相关的联系电话见《值班室处理相关事件联系电话表》。

二、值班工作的管理

采取分设值班方式的值班管理(值班人员安排和日常监督检查)工作分别由校(院)长办公室和保卫处负责,采取综合值班方式的值班管理工作由所在校区院长办公室牵头并和保卫部门共同负责。

值班室应在显著位置放置专用电话机、对讲机、《值班管理规定》、处置突发事件的各项工作预案、《值班室处理相关事件联系电话表》和值班记录本。

三、值班纪律

(一)严格按照规定时间值班,不得迟到、早退或擅离职守。

(二)当日不能值班者经值班负责人批准可提前自行调换,并由值班负责人报带班领导。未经批准,不得擅自顶班替岗。

(三)及时妥善处理值班期间的各类问题,对突发事件不得迟报、漏报、瞒报。

(四)确保通讯联络畅通,严禁利用值班电话闲聊。

(五)作好值班记录,对重要事件必须详细记录发生和处理情况,并向有关领导报告。

(六)做好交接班工作,值班期间未尽事宜需要接班人员处理的,必须交接清楚并作好记录。

(七)值班人员违犯值班规定的,扣发值班补贴并按照学校有关规定处理。

四、值班时间

(一)工作日夜班:下班时间至次日上午 8:00

(二)节假日(含周末和寒、暑假)

1. 白班:上午 8:00 至下午 4:30

2. 夜班:下午 4:30 至次日上午 8:00

五、相关规定

各单位负责人和保卫干部均应 24 小时开机,与本单位值班室保持通讯联络畅通。

京联办

关于建立昌平校区联席办公会的通知

(京联办〔2011〕3 号)

应用科技学院、广告学院,校机关各部门、各直属单位:

为统筹、协调昌平校区学院之间、学院与校本部有关部门之间的工作,经学校研究决定,自 2011 年上半年开始建立昌平校区联席办公会(以下简称办公会),现将有关事项通知如下:

一、办公会职责

统筹、协调昌平校区内涉及两学院之间,两学院与校党委宣传部、保卫处、教务处、高职处、行管处、国资处、经合办、信息网络中心、门诊部、后勤服务公司等部门之间的工作联系,决定校区的有关事项,提高管理效率,促进工作开展。

二、参加会议人员

主 持 人:鲍　泓

联 络 员:王淑颖

参会人员:根据议题情况确定每次会议具体参会人员。人员范围包括:应用科技学院、广告学院的书记、院长及相关院领导;党委、校长办公室、党委宣传部、保卫处、教务处、高职处、行管处、国资处、经合办、信息网络中心、门诊部、后勤服务公司等部门负责人;应用科技学院、广告学院综合办主任及其他列席人员。

三、工作方式

(一)时间:每星期二上午 9:00

(二)地点:昌平校区主楼一层会议室

(三)会议组织:办公会由党委、校长办公室负责,具体工作由两学院办公室轮换负责组织,轮换周期为一学期,本学期以应用科技学院为主,下学期以广告学院为主,以此类推。组织内容包括提供场地、会议用品,通知人员候会、汇报等。

(四)报送议题:每周由组织会议学院征集议题,并于每星期五将议题情况报送至党委、校长办公室,由党委、校长办公室交由主持会议的校领导审定。

(五)会议纪要:由组织会议学院负责会议记录,撰写会议纪要,纪要草稿报送至党委、校长办公室,由党委、校长办公室交由主持会议的校领导签发。纪要所决定办理的事项由党委、校长办公室负责督办。重大事项报送校党委常委会或校长办公会,会议材料由组织会议学院负责整理归档,由党委、校长办公室统一编号。

特此通知。

北京联合大学校长办公室

二〇一一年三月七日

2011年校发文件目录

1. 京联党文件(111个)

文　号	题　名
京联党〔2011〕1号	关于进一步加强和改进我校教代会工会工作的意见
京联党〔2011〕2号	关于李哲英等两位同志职务任免的决定
京联党〔2011〕3号	关于朱明跃同志任职的决定
京联党〔2011〕4号	关于汪选明等两名同志任职的决定
京联党〔2011〕5号	北京联合大学2010年下半年工作总结
京联党〔2011〕6号	北京联合大学2011年工作要点
京联党〔2011〕7号	关于调整北京联合大学安全稳定工作领导小组的通知
京联党〔2011〕8号	关于公布北京联合大学第三届工会委员会换届选举结果的通知
京联党〔2011〕9号	关于王恩江同志职务任免的决定
京联党〔2011〕10号	关于潘宏波等六名同志任职的通知
京联党〔2011〕11号	关于张健民同志职务任免的决定
京联党〔2011〕12号	关于林强同志职务任免的决定
京联党〔2011〕13号	关于我校生物化学工程学院培训中心违规合作办学问题的通报
京联党〔2011〕14号	关于印发《北京联合大学庆祝建党90周年纪念活动方案》的通知
京联党〔2011〕15号	关于刘朝生同志职务任免的决定
京联党〔2011〕16号	关于李晓理同志挂职的通知
京联党〔2011〕17号	关于平谷学院终止办学后相关工作安排的原则意见
京联党〔2011〕18号	关于张晓华同志职务任免的决定
京联党〔2011〕19号	关于成立二级法人学院工会财务账户清理工作小组的通知
京联党〔2011〕20号	关于印发《2011年北京联合大学党风廉政建设和反腐败工作主要任务分工》的通知
京联党〔2011〕21号	关于评选表彰2009—2011年度先进基层党组织和优秀共产党员优秀党务工作者的通知
京联党〔2011〕22号	关于石美玉同志任职的决定
京联党〔2011〕23号	关于张明祖同志职务任免的决定
京联党〔2011〕24号	关于楚天同志任职的决定
京联党〔2011〕25号	关于张艳秋同志任职的决定
京联党〔2011〕26号	关于史文瑞同志任职的决定
京联党〔2011〕27号	关于学习贯彻胡锦涛总书记在庆祝清华大学建校100周年大会上重要讲话精神的通知
京联党〔2011〕28号	关于张松岩、吕淑惠两位同志职务任免的决定
京联党〔2011〕29号	关于魏绍谦同志免去兼任职务的决定
京联党〔2011〕30号	关于调整北京联合大学依法治校工作领导小组的通知
京联党〔2011〕31号	关于张明贤同志职务任免的决定
京联党〔2011〕32号	关于赵振江同志职务任免的决定
京联党〔2011〕33号	关于李印伟同志职务任免的决定
京联党〔2011〕34号	关于于水波同志职务任免的决定
京联党〔2011〕35号	关于赵卓同志任职的决定
京联党〔2011〕38号	关于印发《北京联合大学公务用车问题专项治理工作方案》的通知
京联党〔2011〕39号	关于2011年教职工绩效工资岗位津贴调整的意见

续表

文　号	题　名
京联党〔2011〕40 号	关于报送《北京联合大学"十二五"时期改革和发展规划》的报告
京联党〔2011〕41 号	关于表彰北京联合大学"纪念中国共产党建党 90 周年"征文活动获奖征文的决定
京联党〔2011〕42 号	关于印发《北京联合大学党风廉政宣传教育联席会议制度》的通知
京联党〔2011〕43 号	关于成立校志编纂暨校史展陈工作领导小组的通知
京联党〔2011〕44 号	关于表彰我校 2009—2011 年度先进基层党组织和优秀共产党员优秀党务工作者的决定
京联党〔2011〕45 号	关于印发《北京联合大学教职工健康幸福工程实施方案》的通知
京联党〔2011〕46 号	关于调整学校党政领导班子成员工作分工的通知
京联党〔2011〕47 号	关于刘明连同志职务任免的决定
京联党〔2011〕48 号	关于王惠明、黄巍两位同志职务任免的决定
京联党〔2011〕49 号	关于耿芾博等三位同志职务任免的决定
京联党〔2011〕50 号	关于肖富宁同志职务任免的决定
京联党〔2011〕51 号	关于学习贯彻胡锦涛总书记在庆祝建党 90 周年大会上重要讲话的通知
京联党〔2011〕52 号	关于韩强同志任职的决定
京联党〔2011〕53 号	关于印发《北京联合大学党务公开实施方案》的通知
京联党〔2011〕54 号	关于徐永利等三位同志兼任职务任免的决定
京联党〔2011〕55 号	关于报送《突出重点 长远规划 稳步推进廉政风险防范管理工作》的报告
京联党〔2011〕57 号	北京联合大学 2011 年上半年工作总结
京联党〔2011〕58 号	北京联合大学 2011 年下半年重点工作
京联党〔2011〕59 号	关于召开 2011 年北京联合大学庆祝教师节大会的通知
京联党〔2011〕60 号	关于王颖同志职务任免的决定
京联党〔2011〕61 号	关于满东升同志职务任免的决定
京联党〔2011〕62 号	关于刘在云同志职务任免的决定
京联党〔2011〕63 号	关于牛彤同志职务任免的决定
京联党〔2011〕64 号	关于吴雪疆同志任职的决定
京联党〔2011〕65 号	关于杨冰同志职务任免的决定
京联党〔2011〕66 号	关于孔军同志职务任免的决定
京联党〔2011〕67 号	关于李红梅同志任职的决定
京联党〔2011〕68 号	关于肖富宁同志职务任免的决定
京联党〔2011〕69 号	关于杜煜同志任职的决定
京联党〔2011〕70 号	关于张建敏同志职务任免的决定
京联党〔2011〕71 号	关于印发《北京联合大学小营校区 2011 年区人大换届选举工作实施方案》的通知
京联党〔2011〕72 号	关于校党风廉政监督员换届的通知
京联党〔2011〕73 号	关于我校研究生处丢失一研究生档案的通报
京联党〔2011〕74 号	关于方德英、叶晓两位同志职务任免的决定
京联党〔2011〕75 号	关于岳江红同志职务任免的决定
京联党〔2011〕76 号	关于刘东同志职务任免的决定
京联党〔2011〕77 号	关于苏幼香同志职务任免的决定
京联党〔2011〕78 号	关于许贵才同志免职退休的决定
京联党〔2011〕79 号	关于印发《关于加强和改进辅导员队伍建设的补充规定》的通知
京联党〔2011〕80 号	关于印发《北京联合大学 2011 年落实党风廉政建设责任制推进惩防体系任务完成情况检查工作方案》的通知
京联党〔2011〕81 号	关于孟燕同志职务任免的决定

续表

文　号	题　名
京联党〔2011〕82 号	关于印发《干部任免票决制的实施办法》的通知
京联党〔2011〕83 号	关于聘请北京联合大学党风廉政监督员的通知
京联党〔2011〕84 号	关于印发《北京联合大学"平安校园"创建工作实施方案》的通知
京联党〔2011〕85 号	关于规范处级及以上干部外出请假报备制度的通知
京联党〔2011〕86 号	关于印发《迎接北京高校落实党风廉政建设责任制推进惩防体系任务完成情况检查的工作方案》的通知
京联党〔2011〕87 号	关于印发《北京联合大学教职工代表大会工作规程》的通知
京联党〔2011〕88 号	关于印发《北京联合大学干部校内挂职锻炼实施办法(试行)》的通知
京联党〔2011〕89 号	关于范蓓同志职务变动的决定
京联党〔2011〕90 号	关于王美萍同志职务变动的决定
京联党〔2011〕91 号	关于梁磊同志职务变动的决定
京联党〔2011〕92 号	关于张逸薇同志职务变动的决定
京联党〔2011〕93 号	关于穆洁华同志职务变动的决定
京联党〔2011〕94 号	关于张殿恩同志职务变动的决定
京联党〔2011〕95 号	关于宁泽群同志职务变动的决定
京联党〔2011〕96 号	关于王小满同志职务变动的决定
京联党〔2011〕97 号	关于王政同志职务变动的决定
京联党〔2011〕98 号	关于汪竹青同志职务变动的决定
京联党〔2011〕99 号	关于谈文同志职务变动的决定
京联党〔2011〕100 号	关于孙爱萍同志职务变动的决定
京联党〔2011〕101 号	关于张景秋同志职务变动的决定
京联党〔2011〕102 号	关于印发《关于贯彻落实,〈北京市离退休干部工作领导责任制〉实施细则》的通知
京联党〔2011〕103 号	关于王梦珠同志职务变动的决定
京联党〔2011〕104 号	关于王长军同志职务变动的决定
京联党〔2011〕105 号	关于陈华同志职务变动的决定
京联党〔2011〕106 号	关于潘雪同志职务变动的决定
京联党〔2011〕107 号	关于王树兰同志职务变动的决定
京联党〔2011〕108 号	关于顾军同志职务变动的决定
京联党〔2011〕109 号	关于成立北京联合大学德育工作指导委员会的通知
京联党〔2011〕110 号	关于公布北京联合大学德育研究会第十三届理事会组成人员名单的通知
京联党〔2011〕111 号	关于刘宏哲同志职务变动的决定

2. 京联发文件(42 个)

文　号	题　名
京联发〔2011〕1 号	关于印发《北京联合大学校本部经费审批权限管理暂行办法》的通知
京联发〔2011〕2 号	关于调整学校财务工作领导小组组成人员的通知
京联发〔2011〕3 号	关于印发《北京联合大学 2011 年住房补贴发放工作实施方案》的通知
京联发〔2011〕4 号	关于表彰 2010 年校级高等教育教学成果奖的决定
京联发〔2011〕5 号	关于对自动化学院等学院部分专业进行调整的通知
京联发〔2011〕6 号	关于认真做好 2011 年春季教育收费自查工作的通知

续表

文　号	题　名
京联发〔2011〕7号	关于成立北京联合大学预算管理委员会的通知
京联发〔2011〕8号	关于成立校学术诚信调查评判委员会的通知
京联发〔2011〕9号	关于印发《北京联合大学会议费管理办法》的通知
京联发〔2011〕10号	关于修订《北京联合大学校务管理信息标准(V 1.3)》和《北京联合大学自定义编码规范(V 1.3)》部分内容说明的通知
京联发〔2011〕11号	关于颁发《北京联合大学校务管理信息标准(V 1.4)》以及《北京联合大学自定义编码规范(V 1.4)》的通知
京联发〔2011〕12号	关于印发《北京联合大学教学品质提升计划实施方案》的通知
京联发〔2011〕13号	关于印发《北京联合大学学术不端行为处理暂行办法》的通知
京联发〔2011〕14号	关于印发《北京联合大学公共场所禁止吸烟的暂行规定》的通知
京联发〔2011〕15号	关于印发《北京联合大学2011年"小金库"专项治理工作实践方案》的通知
京联发〔2011〕16号	关于印发《北京联合大学高职生医疗保险实施方案办法(修订)》的通知
京联发〔2011〕17号	关于更换"控制理论与控制工程"学科带头人的通知
京联发〔2011〕18号	关于调整部分学院系级(教学)机构的决定
京联发〔2011〕19号	关于印发《北京联合大学全日制普通高等教育学生学籍管理规定(修订)》的通知
京联发〔2011〕20号	关于印发《北京联合大学学士学位授予规定(修订)》的通知
京联发〔2011〕21号	关于调整我校上课及上下班时间的通知
京联发〔2011〕22号	关于印发《北京联合大学印章管理规定》的通知
京联发〔2011〕23号	关于调整北京联合大学学位评定委员会组成人员的通知
京联发〔2011〕24号	关于2011年规范教育收费工作的意见
京联发〔2011〕25号	关于做好印章清理工作的通知
京联发〔2011〕26号	关于表彰2009—2011学年度优秀教师和优秀教育工作者的决定
京联发〔2011〕27号	关于印发《北京联合大学校园网信息管理规定》的通知
京联发〔2011〕28号	关于开展2011年秋季教育收费自查自纠工作的通知
京联发〔2011〕29号	关于聘任张凌云为我校旅游学院副院长的通知
京联发〔2011〕30号	关于增补韩强教授为第二届校学术委员会委员的通知
京联发〔2011〕31号	关于调整北京联合大学教学指导委员会成员的通知
京联发〔2011〕32号	关于印发《北京联合大学人才强校计划实施方案》的通知
京联发〔2011〕33号	关于公布北京联合大学硕士学位授权一级学科点学科带头人二级学科点学科负责人的通知
京联发〔2011〕34号	关于印发《北京联合大学教学优秀奖评选办法(试行)》的通知
京联发〔2011〕35号	关于印发《北京联合大学基本经费安排的基础设施改造项目预算审计暂行办法》的通知
京联发〔2011〕36号	关于成立北京市信息服务工程重点实验室的通知
京联发〔2011〕37号	关于增补叶晓为校学术委员会委员、秘书长的通知
京联发〔2011〕39号	关于召开2011年科技工作会议相关事宜的通知
京联发〔2011〕40号	关于学校开展成人继续教育合作办学检查及统计的通知
京联发〔2011〕41号	关于印发《北京联合大学2011年科技工作会专项奖励方案》的通知
京联发〔2011〕42号	关于奖励2011年北京联合大学科技工作会专项奖获得者的决定

3. 京联党办文件(18 个)

文　号	题　名
京联党办〔2011〕1 号	关于召开中共北京联合大学第三届委员会第二十次全体委员(扩大)会的预通知
京联党办〔2011〕2 号	关于召开中共北京联合大学第三届委员会第二十次全体委员(扩大)会的通知
京联党办〔2011〕3 号	关于公布 2010 年度校本部管理关键岗考核结果的通知
京联党办〔2011〕4 号	关于使用推广学校新标志的通知
京联党办〔2011〕5 号	关于调整校本部福利委员会成员的通知
京联党办〔2011〕6 号	关于印发《2011 年全国两会期间北京联合大学专项维稳工作预案》的通知
京联党办〔2011〕7 号	关于印发《北京联合大学值班管理规定》的通知
京联党办〔2011〕8 号	关于《北京联合大学 2011 年工作要点》任务分解的通知
京联党办〔2011〕9 号	关于组织各学院在职局级干部健康体检的通知
京联党办〔2011〕10 号	关于召开校党委三届二十一次全委(扩大)会的通知
京联党办〔2011〕11 号	关于做好《北京联合大学 2011 年上半年工作总结》和撰写《北京联合大学 2011 下半年重点工作》的通知
京联党办〔2011〕12 号	关于做好暑假安全工作的通知
京联党办〔2011〕13 号	关于召开中共北京联合大学第三届委员会第二十二次全体委员(扩大)会的预通知
京联党办〔2011〕14 号	关于召开中共北京联合大学第三届委员会第二十二次全体委员(扩大)会的通知
京联党办〔2011〕15 号	关于召开 2011 北京联合大学庆祝教师节大会的预通知
京联党办〔2011〕16 号	关于成立 2011 年区县人大换届选举工作领导小组的通知
京联党办〔2011〕17 号	关于做好《北京联合大学 2011 年工作总结》和撰写《北京联合大学 2012 年工作要点》的通知
京联党办〔2011〕18 号	关于召开中共北京联合大学第三届委员会第二十三次全体会议的通知

4. 京联办文件(30 个)

文　号	题　名
京联办〔2011〕1 号	关于 2010—2011 学年寒假放假安排的通知
京联办〔2011〕2 号	关于做好《北京教育年鉴 2011 卷》编写工作的通知
京联办〔2011〕3 号	关于建立昌平校区联席办公会的通知
京联办〔2011〕4 号	关于清明节放假安排的通知
京联办〔2011〕5 号	关于开展青年教师教学基本功“练功月”活动的通知
京联办〔2011〕6 号	关于调整北京联合大学公费医疗管理委员会成员的通知
京联办〔2011〕7 号	关于调整北京联合大学红十字会组成人员的通知
京联办〔2011〕8 号	关于组织校本部、旅游学院教职工及退休人员进行健康体检的通知
京联办〔2011〕9 号	于“五一”放假安排的通知
京联办〔2011〕10 号	关于转发《关于认真学习贯彻北京市教育工作会议精神全面实施北京市中长期教育改革和发展规划纲要的通知》
京联办〔2011〕11 号	关于开展彩钢板建筑治理工作的紧急通知
京联办〔2011〕12 号	关于开展清理废止文件工作的通知
京联办〔2011〕13 号	关于端午节放假安排的通知
京联办〔2011〕14 号	关于开展校园网信息更新情况检查的通知
京联办〔2011〕15 号	关于参加全国职业教育师资培训基地评估工作会议的紧急通知
京联办〔2011〕16 号	关于举办校志编纂工作专题报告会的通知
京联办〔2011〕17 号	关于举办校志编纂工作专题培训班的通知
京联办〔2011〕18 号	关于加快我校网络信息更新的通知

续表

文　号	题　名
京联办〔2011〕19 号	关于报送《关于我校校友会开展“小金库”专项治理工作的总结》的报告
京联办〔2011〕21 号	关于 2010—2011 学年暑假放假安排的通知
京联办〔2011〕22 号	关于印发《2011 年迎新工作方案》的通知
京联办〔2011〕23 号	关于报送在昌平校区工作总结的通知
京联办〔2011〕24 号	关于中秋节放假安排的通知
京联办〔2011〕25 号	关于国庆节放假安排的通知
京联办〔2011〕26 号	关于调整北京联合大学职业教育师资培训基地领导小组的通知
京联办〔2011〕27 号	关于元旦放假安排的通知
京联办〔2011〕28 号	关于成立校志校史顾问组、专家组校史展陈文案组的通知
京联办〔2011〕29 号	关于 2011—2012 学年寒假放假安排的通知
京联办〔2011〕30 号	关于做好报送《北京教育年鉴(2012)》材料工作的通知

·机构与队伍·

校级领导

党 委 书 记：徐永利
校　　　长：柳贡慧（任职至 2011 年 8 月 9 日）
党委副书记：付晨光　周志成
纪 委 书 记：张　楠
副　校　长：冯　虹（任职至 2011 年 12 月 27 日）　张连城　黄先开　鲍　泓　古红梅

党委委员

委　员（按姓氏笔画排序）：
付晨光　冯　虹　曲学利　张　楠　张连城　张宝秀　周志成　周明珠　柳贡慧　顾志良　徐永利　黄先开　鲍　泓

常　委（按姓氏笔画排序）：
付晨光　冯　虹　张　楠　张连城　周志成　柳贡慧　徐永利　黄先开　鲍　泓

纪委委员

纪 委 书 记：张　楠
纪委副书记：欧阳媛
委　员（按姓氏笔画排序）：
李庆平　张　楠　张立珊　欧阳媛　郭　堃　程雨琴

（组织部提供）

常设专门委员会

1. 北京联合大学学术委员会

主　任：柳贡慧
副主任：徐永利　鲍　泓（常务）　付晨光　黄先开
委　员：孔昭林　支芬和　方德英　付晨光　冯　虹　宁泽群　刘　东　刘　红　曲学利　许家成　张恩祥　李红星　李哲英　杨　宜　杨　飒　杨　鹏　周小华　林　强　范清惠　姜招峰　柳贡慧　赵平勇　赵亚平　徐永利　黄玉丽　黄先开　谢职安　韩建业　鲍　泓　熊黑钢　薛立军
秘书长：叶　晓

2. 北京联合大学学位评定委员会

主　席：柳贡慧

副主席：徐永利　鲍　泓(常务)　黄先开(常务)　付晨光　周志成　冯　虹　张　楠

委　员(按姓氏笔画排序)：

孔昭林　支芬和　方建军　方德英　毛智勇　王　彤　王美萍　付晨光　冯　虹　宁泽群　刘在云　许家成　齐再前　劳凤学　吴中平　张　伟　张　楠　张文杰　张宝秀　张明贤　张恩祥　李启隆　李哲英　杨　宜　杨　鹏　杨亚军　沈　洪　肖　芳　单金成　周志成　欧阳媛　范清惠　姜招峰　柳贡慧　徐永利　顾志良　盛　宏　黄玉丽　黄先开　程　光　谢职安　韩建业　楚　天　鲍　泓　熊黑钢　薛立军　魏绍谦

硕士学位评定组

组　长：鲍　泓(兼)

成　员(按姓氏笔画排序)：

孔昭林　支芬和　方建军　方德英　毛智勇　付晨光　冯　虹　宁泽群　许家成　张　楠　张宝秀　张恩祥　李哲英　杨　宜　杨　鹏　杨亚军　欧阳媛　姜招峰　柳贡慧　徐永利　顾志良　黄先开　韩建业　鲍　泓　熊黑钢　薛立军

硕士学位评定组办公室设在校研究生处，负责日常工作，办公室主任由校研究生处处长熊黑钢担任，秘书由满东升担任。

学士学位评定组

组　长：黄先开(兼)

成　员(按姓氏笔画排序)：

方德英　王　彤　王美萍　付晨光　冯　虹　刘在云　齐再前　劳凤学　吴中平　张　伟　张　楠　张文杰　张明贤　李启隆　杨　鹏　沈　洪　肖　芳　单金成　周志成　欧阳媛　范清惠　柳贡慧　徐永利　盛　宏　黄玉丽　黄先开　程　光　谢职安　楚　天　鲍　泓　熊黑钢　魏绍谦

学士学位评定组办公室设在校教务处，负责日常工作，办公室主任由校教务处处长杨鹏担任，秘书由张建敏担任。

3. 北京联合大学校务公开领导小组

组　长：柳贡慧

副组长：孙　权

成　员：张　伟　平爱华　兰荣林

4. 北京联合大学教学指导委员会

主　任：黄先开

常务副主任：杨　鹏

副主任：齐再前　曲学利　张　伟　张文杰

委　员(按姓氏笔画排序)：

王　彤　王美萍　邓秉华　刘　东　劳凤学　李启隆　杨　冰　吴中平　沈　洪　张明贤　范清惠　周华丽　庞　明　黄玉丽　盛　宏　韩　强　程　光　谢职安　楚　天　魏绍谦

秘书长：牛爱芳

教学指导委员会下设分委员会，在教学指导委员会的指导下开展相关工作。

5. 北京联合大学德育研究会第十三届理事会

理 事 长：周志成

副理事长：郭　堃　赵艳霞　李九丽　张文杰

秘 书 长：张文杰

副秘书长：张　奕　孟宪东　潘宏波

名誉理事：王达品　寇红江

理　　事(按姓氏笔画排序)：

马振龙　王　玮　王　鹤　王小满　王达品　牛爱芳　尹福斌　冯丽霞　许　峰　孙冰玉

孙桂生　杜　煜　严宗泽　冷新宇　祁春利　李九丽　汪明俊　张　伟　张　奕　张文杰
张松岩　范　蓓　杨奇红　赵　辉　赵艳霞　周志成　孟秀霞　孟宪东　姜素兰　郭　堃
唐少清　韩　强　焦　阳　寇红江　谢飞雁　翟金忠　潘宏波

6. 北京联合大学高等职业教育教学领导小组

组　长：黄先开

副组长：唐少清(常务)　王　洪　鲍　洁

成　员：支芬和　牛爱芳　王美萍　王惠明　刘在云　何小莉　佟建新　张宝秀　张俊玲　李启隆
杨　飒　肖　芳　陈军科　单文谦　周华丽　岳江红　罗晓惠　范　蓓　郑　坚　高　桥
滕祥东　薛立军

秘　书：张公鹏

7. 北京联合大学科学技术工作指导委员会

主　任：鲍　泓

副主任：姜招峰

委　员：王　洪　王美萍　冯　虹　平爱华　田景文　刘　东　许家成　张立珊　张俊玲　李哲英
汪明骏　陈　冬　单文谦　林　强　范清惠　姜招峰　唐少清　梁　怡　黄玉丽　程　光
韩建业　谢职安　董　焱　熊黑钢　滕祥东

秘书长：汪明骏

8. 北京联合大学依法治校工作领导小组

组　长：徐永利　柳贡慧

副组长：付晨光　周志成　张　楠　冯　虹　张连城

成　员(按姓氏笔画排序)：

王惠明　方德英　毕玉兰　刘明连　曲学利　李　湛　李静文　张　奕　张文杰　张健民
张俊玲　杨　鹏　范宝祥　欧阳媛　贾　方　潘宏波

领导小组办公室设在党校办，办公室主任由范宝祥兼任。

9. 北京联合大学学术诚信调查评判委员会

主　任：付晨光

秘书长：熊黑钢

委员根据实际工作和专业领域需要，在校学术委员会委员中产生。

10. 北京联合大学公费医疗管理委员会

主　任：古红梅

副主任：杨　敏　毕玉兰

委　员(按姓氏笔画排序)：

闫健美　运会喜　张文杰　张祖明　张俊玲　范宝祥　赵淑琴　秦卫新　崔　芸　曹纯孝

11. 北京联合大学德育工作指导委员会

主　任：徐永利

副主任：周志成(常务)　黄先开　古红梅

成　员(按姓氏笔画排序)：

马振龙　王　鹤　尹福斌　曲学利　齐再前　李九丽　李　湛　杨　鹏　张文杰　张　伟
张松岩　张　奕　张俊玲　杜　煜　赵艳霞　范宝祥　范清惠　范　蓓　郭　堃　姜素兰
贾　方　唐少清　谢飞雁　焦　阳　韩　强　滕长建　潘宏波

委员会下设秘书处，负责日常工作，秘书处设在校学生工作(部)处。秘书长由学生工作(部)处(部)处长兼任。

12. 北京联合大学红十字会

主　任：张连城

副主任：王惠明

成　员：唐小恒　傅桂禄　唐少清　赵艳霞　范　蓓　耿晓冬　张松岩　姜素兰　焦　阳　李九丽
董　焱　毛连生　马振龙　吴中平　潘宏波　杨　敏

办公室设在校团委，办公室主任由潘宏波兼任。

13. 北京联合大学职业教育师资培训基地领导小组

组　长：黄先开

成　员：田建敏　齐再前　肖　芳　杨　鹏　周华丽　徐英俊　相关学院主管教学工作的副院长

下设基地办公室，负责基地日常工作。办公室主任：田建敏；副主任：梁　葳。

14. 北京联合大学安全稳定工作领导小组

组　长：徐永利　柳贡慧

副组长：付晨光　周志成　张连城

成　员（按姓氏笔画排序）：

于水波　王　玮　尹庆民　平爱华　丛　森　许贵才　孙建京　闫健美　刘长金　曲学利
李洪飞　李　湛　李静文　肖　芳　陈志刚　张文杰　张　奕　张建林　张俊玲　范宝祥
周明珠　岳江红　杨亚军　高玉培　贾　方　曹长兴　滕长建　滕祥东　熊黑钢　潘宏波

领导小组办公室设在校党委、校长办公室。办公室主任：周志成（兼）；办公室副主任：范宝祥、李湛；办公室成员：张文杰、熊黑钢、曲学利、肖芳。

15. 北京联合大学老干部工作领导小组

组　长：徐永利

副组长：付晨光　张　楠

成　员：张玉如　范宝祥　贾　方　曲学利　张俊玲　毕玉兰　闫健美　周　运　杨　敏　李承锋

16. 北京联合大学体育运动委员会

主　任：张连城

副主任：高　东

顾　问：张　铃

委　员：唐小恒　郭　堃　范宝祥　王　玮　赵　鹏　赵振武　耿晓东　张　龙　张立珊　刘明连
顾志良　吴中平　姚　立　匡志盈　王　辉　陈　华　刘长金　牛　彤　石明培　尹福斌
兰荣林　肖　芳　张　奕　范清惠

17. 北京联合大学教师职务聘任工作领导小组

组　长：柳贡慧　徐永利

副组长：孙　权

成　员：冯　虹　唐少清　姜招峰　滕祥东

18. 北京联合大学教师职务聘任委员会

主　任：柳贡慧　徐永利

副主任：孙　权

委　员：高　东　冯　虹　韩宪洲　张连城　孔繁敏　张宝秀　薛立军　顾志良　张恩祥　赵　鹏
许家成　鲍　泓　孙建京　杨　宜　方　新　林　强　滕祥东　姜招峰　唐少清　梁　怡
谢职安　黄立凡

监察委员会成员：黄海洋　平爱华　兰荣林

19. 北京联合大学第三届工会委员会

委　员：王希庆　王建远　王爱民　毛连生　孔繁潮　付晨光　白　桦　闫丽君　刘宝妹　李　伟
李宇红　李纪春　李秀婷　李沁芳　张俊玲　张艳杰　林　晨　孟　燕　赵艳霞　茹秀华
洪　宇　高润泉　郭　堃　黄　标　谢飞雁

20. 校志编纂暨校史展陈工作领导小组

组　长：徐永利　柳贡慧

副组长：张　楠　周志成　黄海洋　孔繁敏

组　员：各学院、北苑校区书记和院长（主任），校机关和直属单位主要负责人。

办公室设在校档案（校史）馆。

21. 北京联合大学财务工作领导小组

组　长：柳贡慧

副组长：冯　虹　张　楠

成　员：毕玉兰　欧阳媛　张晓华　肖富宁

22. 北京联合大学预算管理委员会

主　任：柳贡慧

副主任：冯　虹

成　员：张宝秀　薛立军　顾志良　张恩祥　范　蓓　单金成　李哲英　毛智勇　方建军　杨　宜　许家成　孔昭林　支芬和　杨亚军　张　奕　曲学利　毕玉兰　李志祺　杨　鹏　齐再前　张文杰　张　伟　方德英　熊黑钢　王惠明　刘明连　张健民　张俊玲　王恒刚　岳江红　滕长健　曲喜和

23. 北京联合大学《北京联合大学学报》编辑委员会

主　编：柳贡慧

副主编：冯　虹(常务)　周小华

委　员(按姓名笔画排序)：

王维国　支芬和　毛智勇　方德英　邓秉华　冯　虹　宁泽群　刘　东　刘　红　许家成　孙建京　宋志伟　张宝秀　张恩祥　杨亚军　杨　宜　杨　鹏　林　强　范清惠　周小华　孟宪东　姜招峰　柳贡慧　赵平勇　赵亚平　顾志良　韩建业　谢职安　鲍　泓　熊黑钢　薛立军

(党委、校长办公室提供)

党群机构设置及负责人

序号	机构名称	负责人
1	党委、校长办公室	范宝祥
2	组织(统战)部	贾　方
3	宣传部	张　奕
4	纪检监察办公室	欧阳媛
5	学生工作(武装)部(处)	张文杰
6	离休退休人员工作处	闫健美
7	保卫部(处)	李　湛
8	工会	张俊玲
9	团委	潘宏波
10	机关和直属单位党委办公室	平爱华

行政机构设置及负责人

序号	机构名称	负责人
1	人事处	曲学利
2	财务处	毕玉兰
3	基建处	李志祺
4	教务处	杨　鹏
5	高职处	齐再前
6	招生就业处	张　伟

续表

序号	机构名称	负责人
7	科研处	方德英(任职至 2011 年 10 月 10 日) 叶　晓(自 2011 年 10 月 10 日任职)
8	研究生处	熊黑钢
9	国际交流合作处、港澳台办公室	庞　明
10	行政管理处	王惠明(任职至 2011 年 7 月 1 日) 黄　巍(自 2011 年 7 月 1 日任职)
11	国有资产管理处	刘明连(任职至 2011 年 7 月 1 日) 肖富宁(自 2011 年 7 月 1 日任职)
12	审计处	张晓华(任职至 2011 年 3 月 18 日) 张健民(自 2011 年 3 月 11 日任职)
13	经济管理与合作办学办公室	李静文

直属机构设置及负责人

序号	机构名称	负责人
1	图书馆	刘坚力(党总支书记)　王恒刚(馆长)
2	信息网络中心	岳江红(任职至 2011 年 10 月 10 日) 刘　东(自 2011 年 10 月 10 日任职)
3	培训中心	肖　芳
4	学报编辑部	周小华
5	档案(校史)馆	杜鸿燕
6	门诊部	刘　庄(党支部书记)　杨　敏(主任)
7	后勤服务公司	滕长建
8	北京学研究所(北京学研究基地)	张宝秀
9	应用性高等教育发展研究中心	周华丽
10	台湾研究院	谭文丛
11	人民代表大会制度研究所 (北京市政治文明建设研究中心)	席文启(任职至 2011 年 7 月 13 日) 徐永利(自 2011 年 7 月 13 日兼任)
12	北京市信息服务工程重点实验室	刘宏哲(自 2011 年 12 月 19 日任职)
13	功能食品科学技术研究院	姜招峰

学院(北苑校区)、直属教学部设置及负责人

1. 学院设置及负责人

序号	学院	负责人
1	应用文理学院	张连城(兼院党委书记,副局级) 张宝秀(院长,副局级)
2	师范学院	陈志刚(院党委书记,副局级) 薛立军(院长,副局级,任职至 2011 年 12 月 27 日) 顾志良(院长,副局级,自 2011 年 12 月 27 日任职)
3	商务学院	张建林(院党委书记,副局级) 顾志良(院长,副局级,任职至 2011 年 12 月 27 日)

续表

序号	学院	负责人
4	生物化学工程学院	周明珠(院党委书记,副局级) 张恩祥(院长,副局级)
5	旅游学院	曹长兴(院党委书记,副局级) 黄先开(兼院长,副局级)
6	继续教育学院	李洪飞(院党委书记,副局级) 单金成(院长,副局级)
7	信息学院	许贵才(院党委书记,任职至2011年10月10日) 岳江红(院党委书记,自2011年10月10日任职) 李哲英(院长)
8	机电学院	王　玮(院党委书记) 毛智勇(院长)
9	自动化学院	孙建京(院党委书记) 方建军(院长)
10	管理学院	尹庆民(院党委书记) 杨　宜(院长)
11	特殊教育学院	滕祥东(院党委书记) 许家成(院长)
12	广告学院	高玉培(党总支书记) 孔昭林(院长)
13	应用科技学院	丛　森(院党委书记) 支芬和(院长)
14	国际交流学院	杨亚军(院长兼党支部书记)
15	北苑校区	于水波(党总支书记,任职至2011年6月3日) 赵振江(党总支书记,自2011年6月3日任职) 孙桂生(管委会主任)

2. 直属教学部设置及负责人

序号	直属教学部	负责人
1	基础课教学部	邓秉华(主任) 任伟宁(党总支书记)
2	电子信息技术实验实训基地	刘　东(任职至2011年10月10日) 苏幼香(党支部书记,自2011年10月10日任职) 高润泉(自2011年10月10日主持工作)
3	人文社科教学部	韩　强(主任,自2011年7月8日任职) 孟宪东(党总支书记)
4	体育教学部	范清惠(主任) 李　伟(党支部书记)
5	公共外语教学部	谢职安(主任) 李建忠(党总支书记)

(组织部提供)

·主要工作·

教育教学

1．本科教育

【概况】 2011 年，以教学品质提升计划的实施为主线，以专业建设、课程建设、教材建设为核心，以 2011 版普通本科培养方案及教学大纲制定、专业评估、精品课程网络教学资源建设、教改立项、教学品质提升计划、自主建设项目实施及教学管理制度建设为重点，扎实推进学校教学建设与改革的各项工作：以 2011 版普通本科培养方案及课程大纲的制定及验收工作为重点，贯彻落实学校人才培养理念；以专业合格评估为重点，优化专业结构，引导专业加强内涵建设；以精品课程网络教学资源建设为重点，以提高网络教学资源辅助教学的效果为目标，加强课程建设；以精品教材的评选为抓手，以“十二五”教材建设规划的制定为重点，加强教材建设与管理；以“十二五”校级教改立项规划制定为重点，以 2011 年校级教改立项申报为切入点，不断加强我校教学建设与改革工作；以教师执教能力的提升为目标，以教学优秀奖评选为手段，加强教师队伍建设；以 2011 年自主建设项目申报为着眼点，全面推进教学品质提升计划实施；以校级实验班建设为抓手，稳步推进学校人才培养模式的改革与创新；以规范教学管理为目标，继续开展教学管理规章制度的梳理和修订；组织“强手拉大手活动”，与北京科技大学开展全面合作交流；开展校外人才基地建设；组织实施 2011 年实验室建设专项；建成“家长促学系统”。

（徐静姝）

【专业设置】 根据北京地区产业（行业）布局调整优化专业布局，将学校传统工科类专业逐步调整为与都市型工业、生物医药和生产性服务业等相适应的轻型化专业，大力发展与现代服务业、文化创意产业等相关的专业，立足“面向大众，服务首都；应用为本，争创一流”的办学定位，以“分类指导，分层培养，因材施教，突出特色”的人才培养理念为指导，以实施“教学品质提升计划”为抓手，努力构建适应首都经济社会发展需要、符合学校定位的学科专业体系。目前全校本科专业的设置涵盖文学、理学、工学、法学、经济学、教育学、管理学、历史学、医学 9 大学科 59 个专业。详细情况见下表。

北京联合大学 2011 年本科专业设置一览表

序号	专业名称	专业代码	学科门类	二级学科
1	经济学	020101	经济学	经济学类
2	国际经济与贸易	020102	经济学	经济学类
3	金融学	020104	经济学	经济学类
4	法学	030101	法学	法学类
5	学前教育	040102	教育学	教育学类
6	特殊教育	040103	教育学	教育学类
7	汉语言文学	050101	文学	中国语言文学类
8	英语	050201	文学	外国语言文学类
9	日语	050207	文学	外国语言文学类
10	新闻学	050301	文学	新闻传播学类
11	广告学	050303	文学	新闻传播学类
12	音乐学	050401	文学	艺术类
13	绘画	050404	文学	艺术类
14	艺术设计	050408	文学	艺术类
15	表演	050412	文学	艺术类
16	历史学	060101	历史学	历史学类

续表

序号	专业名称	专业代码	学科门类	二级学科
17	信息与计算科学	070102	理学	数学类
18	生物技术	070402	理学	生物科学类
19	资源环境与城乡规划管理	070702	理学	地理科学类
20	地理信息系统	070703	理学	地理科学类
21	电子信息科学与技术	071201	理学	电子信息科学类
22	环境科学	071401	理学	环境科学类
23	应用心理学	071502	理学	心理学类
24	材料科学与工程	080205Y	工学	材料类
25	工业设计	080303	工学	机械类
26	过程装备与控制工程	080304	工学	机械类
27	机械工程及自动化	080305Y	工学	机械类
28	汽车服务工程	080308W	工学	机械类
29	自动化	080602	工学	电气信息类
30	电子信息工程	080603	工学	电气信息类
31	通信工程	080604	工学	电气信息类
32	计算机科学与技术	080605	工学	电气信息类
33	生物医学工程	080607	工学	电气信息类
34	电气工程与自动化	080608Y	工学	电气信息类
35	建筑环境与设备工程	080704	工学	土建类
36	建筑电气与智能化	080712S	工学	土建类
37	化学工程与工艺	081101	工学	化工与制药类
38	制药工程	081102	工学	化工与制药类
39	物流工程	081207W	工学	交通运输类
40	交通工程	081202	工学	交通运输类
41	食品科学与工程	081401	工学	轻工纺织食品类
42	包装工程	081403	工学	轻工纺织食品类
43	食品质量与安全	081407W	工学	轻工纺织食品类
44	生物工程	081801	工学	生物工程类
45	针灸推拿学	100502	医学	中医学类
46	信息管理与信息系统	110102	管理学	管理科学与工程类
47	工业工程	110103	管理学	管理科学与工程类
48	工程管理	110104	管理学	管理科学与工程类
49	工商管理	110201	管理学	工商管理类
50	市场营销	110202	管理学	工商管理类
51	会计学	110203	管理学	工商管理类
52	财务管理	110204	管理学	工商管理类
53	人力资源管理	110205	管理学	工商管理类
54	旅游管理	110206	管理学	工商管理类
55	电子商务	110209W	管理学	工商管理类
56	酒店管理	110218S	管理学	工商管理类
57	公共事业管理	110302	管理学	公共管理类
58	会展经济与管理	110311S	管理学	公共管理类
59	档案学	110502	管理学	图书档案学类

(冯爱秋)

【教学品质提升计划】 制订《北京联合大学教学品质提升计划实施方案》(京联发〔2011〕34 号),以项目为依托,按照分层次、有重点、稳步推进的原则组织实施教学品质提升计划。组织完成 2011 年教学品质提升计划本科及综合类自主建设项目建设评审等相关工作。

(冯爱秋)

【2011 版普通本科培养方案及课程大纲】 完成全校

本科专业2011版培养方案初稿的制订工作，并组织校内外专家进行审定。举办各学院教学院长、教务处长（教科办主任）、各专业负责人、学科大类必修课程工作组组长等参加的培养方案制订工作系列研讨会、培训会、交流会、协调会。到应用文理学院等11个本科学院以及基础部等5个直属教学单位进行调研，听取制（修）订本科培养方案及课程教学大纲的问题及建议，发布《关于对2011版普通本科培养方案制订过程中相关问题的答复》。

出台《北京联合大学关于制（修）订普通本科课程教学大纲的规定》（京联教〔2011〕8号）及《北京联合大学关于制定普通本科课程简介的规定》（京联教〔2011〕9号）。完成全校本科专业学科大类必修课程设置工作；完成同名专业学科大类限选课程、专业核心课程设置工作；组织校内外专家完成通识必修课程大纲审定工作；完成2011—2012学年第一学期开课的非通识教育必修课程教学大纲制订及校内外专家审定工作。召开课程教学大纲制订及教学设计理论培训会，北京师范大学教学设计专家刘美凤教授作专题报告；召开2011版普通本科经管类相关专业培养方案及主要课程教学大纲论证会，聘请教指委、高校及行业等各方面共16位校外专家对9个经管类本科专业的培养方案及主要课程大纲进行校级层面的论证；召开2011版普通本科培养方案及主要课程大纲的校级论证会，聘请北京地区30多所高校95位知名专家对44个普通本科专业培养方案及主要课程大纲进行逐一论证。

（冯爱秋　肖章柯　张建国）

【专业建设】 3月，教育部审批同意设置交通工程本科专业。4—6月，制定北京联合大学普通本科专业合格评估的指标体系，并对全校73个布点的普通本科专业进行合格评估。8月12日，召开申报2012年新办专业评审会，从申报的6个专业推荐了2个专业即软件工程专业、国际商务专业上报北京市教委，申办新专业。召开专业建设及评估研讨会，邀请首都师范大学教务处长王德胜教授就专业建设及专业评估作专题报告。

（冯爱秋　肖章柯　张建国）

【课程建设】 制定《北京联合大学关于普通本科通识教育选修课程管理的暂行办法》（京联教〔2011〕30号）。召开校级及以上精品课程建设研讨会，北京科技大学市级精品课程负责人尹常治教授作专题报告；召开网络学堂课程教学资源建设与规范的培训会。协调信息网络中心完成网络学堂9000多门网络课程的清理和规范工作。委托北京志腾新诺科技有限公司对各级精品课程的网络教学资源进行分类上传等规范化建设。

（肖章柯　张建国）

【教材建设与管理】 制定《北京联合大学"十二五"普通高等教育本科教材建设的规划》（京联教〔2011〕31号）。组织2011年校级及推荐北京市级精品教材评审会，评选出校级精品教材26本（本科18本，高职8本），并从中推荐18本（本科12本，高职6本）参评市级精品教材。

北京联合大学2011年校级精品教材一览表

序号	精品教材名称	级别	学院/单位	主编
1	网络数据库技术（第2版）	校级	应用文理学院	逯燕玲
2	合同法学	校级	应用文理学院	王晓明
3	高等院校展示设计系列教材	校级	师范学院	赵平勇、赖亚南
4	实用商务英语教程	校级	师范学院	张东昌
5	Visual Foxpro简明教程	校级	师范学院	魏绍谦
6	国际贸易：理论、案例与分析	校级	商务学院	赵亚平
7	产品设计表现技法	校级	生物化学工程学院	张慧姝
8	Visual FoxPro程序设计实用教程	校级	生物化学工程学院	刘　丽
9	制药工艺学	校级	生物化学工程学院	林　强、霍　清
10	旅游调查研究的方法与实践	校级	旅游学院	李　享
11	厨房管理实务	校级	旅游学院	王　美
12	大学生心理素质训练	校级	旅游学院	汪艳丽
13	计算机网络基础教程	校级	信息学院	杜　煜
14	智能建筑系统集成	校级	自动化学院	杜明芳
15	现代音响工程（修订版）	校级	自动化学院	孙建京
16	客户关系管理理论与实践	校级	管理学院	刘在云
17	商业银行业务管理	校级	管理学院	杨　宜
18	证券投资学	校级	管理学院	杨　宜
19	智力落后儿童的特点与教育纲要	校级	特殊教育学院	刘全礼

续表

序号	精品教材名称	级别	学院/单位	主编
20	基于Rup的软件测试实践	校级	特殊教育学院	姚登峰
21	实用公共事业管理	校级	广告学院	孔昭林
22	市场营销实践教程	校级	应用科技学院	李宇红
23	实用日语视听说1	校级	应用科技学院	刘希玲
24	C语言程序设计	校级	实训基地	崔武子
25	界面设计与Visual Basic(第2版)	校级	实训基地	崔武子
26	计算机基础实践导学教程	校级	实训基地	付　钪

(陈蓉　张建国)

【教学建设与改革】 完成2009年校级本科教改立项项目结题验收工作。制定《北京联合大学"十二五"期间普通本科教育教学研究与改革项目申报指南》(京联教〔2011〕25号)、《北京联合大学教学优秀奖评选办法》(京联发〔2011〕34号)。发布《关于公布2011年校级本科教育教学研究与改革项目评审结果的通知》(京联教〔2011〕28号),完成2011年度教育教学研究与改革项目的申报立项工作。共评出校级教育教学研究与改革项目70项,其中重点项目10项,一般项目60项(含青年项目23项)。完成2005—2008年北京市级教改立项项目结题材料报送工作。

(白梅　肖章柯　冯爱秋)

【校级实验班建设】 9月,北京联合大学自2011级开始组建3个校级人才培养实验班。12月,制定《北京联合大学关于校级实验班管理的暂行办法》(京联教〔2011〕32号)。

召开创新人才培养报告会,邀请北京大学教务部副部长兼元培学院副院长卢晓东教授为全校师生作《试答"钱学森之问"——高等学校创新人才培养的四项改革》专题报告。

(陈蓉　冯爱秋)

【教学运行】 安排全校2011—2012学年两个学期教学任务下达及认领工作,教务处直接负责校本部443个班级的教学任务下达及认领工作和校本部小营校区191个班级的排课工作。教务处完成校本部2011届毕业生594门课程3650人次的毕业补考工作。

6月起,旅游学院、特殊教育学院并入全国大学英语四、六级考试北京联合大学1 1067考点,本考点报考学院达10个之多,报考总人数6436名。

自2011—2012学年开始实施部分公共基础课程全校统考,顺利完成全校2010级本科生高等数学、微积分和大学英语课程的统考工作。

修订完成《北京联合大学考试管理规定》(京联教〔2011〕6号)、《北京联合大学学生学业考核管理办法》(京联教〔2011〕13号)的工作,并制定《北京联合大学课程统考管理办法(试行)》(京联教〔2011〕11号)。

(鲍桂莲　骆吕俊子)

【学籍管理】 制定《北京联合大学全日制普通高等教育学生学籍管理规定(修订)》(京联发〔2011〕19号)、《北京联合大学学士学位授予补充规定》(京联教〔2011〕14号)、《北京联合大学学士学位授予规定(修订)》(京联发〔2011〕20号)

完成2011届毕业生资格审查,应用文理学院、师范学院、商务学院、生物化学工程学院、旅游学院、信息学院、机电学院、自动化学院、管理学院、特殊教育学院、广告学院、应用科技学院等12个学院,本科(含专升本)学生毕业6083人,获毕业证人数5791人,毕业证获取率95.20%;获学位5517人,学位证获取率90.70%;师范学院、生物化学工程学院、旅游学院、特殊教育学院、机电学院、自动化学院、广告学院、应用科技学院、平谷学院等9个学院,毕业2485人,获毕业证2309人,毕业证获取率92.92%。

完成7981名2011级新生基本信息核对。

(刘春玲)

【成绩管理】 制定《北京联合大学学生成绩管理办法》(京联教〔2011〕7号),对课程考核、成绩评定、成绩录入时间、成绩认定等方面作出明确规定,并对出境留学学生和参加批准的教学改革创新项目学生的成绩认定进行了规定。

(刘春玲)

【实践教学】 5月,经过学院自查和校级抽查,完成"2009年北京市实验室专项"绩效检查工作,涉及15个学院及单位的北京市财政专项实验室建设项目67项,总项目经费7043.5万元。针对近年来相关校区专业调整情况,将生物化学工程学院2个专业实验室项目调整到自动化学院。

组织实施2011年实验室建设项目。大学生创新实践基地建设项目,项目经费266万元,初步在全校建立12个大学生创新实践基地。教学资源共享建设项目,项目经费94.1万元,项目支持建设数学、计算机、外语等基础类课程网络教学平台并在旅游学院新建2间自主学习中心。

在校本部、旅游学院、昌平校区建设自主学习中心。其中,校本部教学楼一层1001、1003自主学习中心已正式投入使用。中心以学生管理为主,面向大一、大二学生免费开放。校外语部、校基础部充分利用自主学习中心对学生进行相关培训。

组织应用文理学院、旅游学院、应用科技学院等部门进行 2011 年中央财政支持地方高校专项的申报工作,最终批复 600 万元。

北开电气有限责任公司校外人才培养基地等 10 个校外人才培养基地被评为 2011 年校级校外人才培养基地。至目前学校校级校外人才培养基地已达到 32 个。

为对学校实习工作进行规范管理,制定《北京联合大学实习经费管理办法》,规定校本部各学院从教学运行经费中按标准列出实习经费,作为学生实习的专项经费专款专用以切实保证实习环节的正常实施及质量。

承办"北京联通杯"2011 年北京市大学生计算机应用大赛。大赛首次将参赛范围扩展到了港澳台地区。大赛 6 月 2 日启动,11 月 6 日举行决赛答辩,共评出一等奖 10 队、二等奖 22 队、三等奖 27 队。

(钟丽)

【毕业设计(论文)】 在信息学院、应用文理学院试点使用正方系统毕业设计模块,利用正方系统进行毕业设计(论文)部分过程管理、成绩输入。根据 2011 届正方教务系统毕业设计模块试用情况,试点工作扩展到应用文理学院、信息学院、管理学院、自动化学院、旅游学院、商务学院共 6 个学院。继续开展毕业设计(论文)中期检查和答辩抽查,加大毕业设计(论文)过程管理力度。

完成 2011 届校级本科优秀毕业设计(论文)评优工作。对各学院推荐的 117 篇校级优秀毕业设计(论文),首次使用"中国知网"大学生论文抄袭检测系统(PMLC)检测,淘汰 13 篇文字重复率超过 30%以上的毕业设计(论文)。对其余的 104 篇,经由校内外专家组成的专家组进行公开答辩,最终评出 83 篇校级优秀本科毕业设计(论文),学校对获奖学生和指导教师进行表彰和奖励。完成 2011 届校级优秀毕业设计(论文)摘要汇编;首次开展优秀毕业设计(论文)成果展,在校本部教师休息室进行展示,并在各校区进行巡展。

(钟丽)

【质量监控】 组织"强手拉大手活动",与北京科技大学签订本科教学全面合作协议。聘请七位优秀的北京科技大学教师为学校青年教师指导导师,开展走进北京科技大学优秀课堂现场观摩学习活动,近 310 名教师走进北京科技大学 100 多个优秀课堂学习。组织开展校外名师讲学计划,全校共聘请近百位外校名师以及企业优秀人才来校讲学。

2011 年 3 月,启动首届中青年教师执教能力比赛。

开展教学运行检查,组织 2010—2011 学年第二学期和 2011—2012 学年第一学期开学教学检查、期中教学检查、期末教学检查共计 6 次。根据《关于聘请 2011 届北京联合大学教育教学督导员的通知》(京联教〔2011〕3 号),聘请王惠连等 14 位同志为 2011 届北京联合大学教育教学督导员,聘期 2 年。

依托正方教务信息系统,2010—2011 学年第二学期,完成对全校 12 个学院、5 个直属教学部及其他部门的 1677 名专兼职教师的教学质量学生评价工作,有效评价课程 3641 门次。

(张菊玲)

【网络教学管理与建设】 开始按照 2011 版培养计划中通识教育必修课、学科大类平台课、专业核心课程等分批进行引导建设,加强网络学堂建设。全年完成精品课拍摄 13 门次,累计学时 359 学时,其中包括市级及以上级别精品课程录制 7 门次,共计 164 学时。

首次利用现有教务系统数据规范多媒体管理、核准相关数据。开展 2011 年精品课录播教室专项建设,使用资金近 160 万元,完成生物化学工程学院、商务学院、师范学院、应用文理学院、广告学院共 5 间全自动高清录播教室的建设和本部现代教学技术中心 1 套移动式录播主机的购置。部分校区已经使用新建系统开展课程录制工作,构建了多校区共同开展精品课录制及建设的局面。12 月 2 日,组织召开北京联合大学第三届影像制作与多媒体管理工作会,邀请校内外专家作专题发言 11 个,内容涵盖多媒体教室建设规范、课件制作与评比技巧、精品课制作规划落实情况、资源平台整合方案与进展、后一阶段多媒体教学系统建设规划等多个方面。

完成对商务学院、旅游学院、昌平校区多媒体教室的改造和建设工作,使用资金 121 万元。完成对校本部教学楼的教学基础设施改造工程,使用资金 126 余万元引进 32 套电子白板和短焦投影机,用于替换教学楼 2 层、3 层及 4 间基础实验室的原有多媒体演示设备。首次得到 25 万专项资金批复,用于校本部所辖 200 多间多媒体教室的投影设备的维护与耗材保障。

(安宁)

【获奖与荣誉】 承接北京市哲学社会科学研究基地 A 类科研项目,制作完成纪录片《运河古今——北京通惠河》,先后荣获 2011 年度北京市高教学会电化教育研究会金烛奖二等奖、第十五届北京科技声像作品三等奖。拍摄完成《工程测量实训》课程,荣获 2011 年度北京市高教学会电化教育研究会金烛奖二等奖。拍摄完成《应用为本,服务首都》纪录片,荣获 2011 年度北京市高教学会电化教育研究会金烛奖二等奖。

(安宁)

【召开 2010 年教学工作总结暨表彰大会】 1 月 20 日下午，2010 年教学工作总结暨表彰大会在校本部南院报告厅举行。大会由鲍泓副校长主持，学校各级党政领导、获奖代表、教师代表等近 320 人出席了大会。

会上，黄先开副校长对学校 2010 年教学工作进行了总结，并介绍了 2011 年学校教学工作思路。柳贡慧校长在讲话中要求 2011 年着力做好以下工作：一是做好学校"十二五"发展规划制定和实施，为"十二五"开好局，起好步；二是以校内专业评估为手段，优化学科专业结构，加强重点学科和特色专业建设；三是以 2011 版培养方案制订与实施为契机，全面落实"分类指导、分层培养、因材施教、突出特色"的人才培养理念；四是以"二期"质量工程建设为契机，以人才培养模式改革为核心，深入推进"质量工程"建设，全面推进学校内涵建设；五是以院系办学效益评估为核心，促进学校均衡优质发展；六是继续做好规范化建设，在规范的基础上进行创新。他强调：大学的教育创新和人才培养是一个长期积累的过程，我们要以改革创新为动力，进一步增强做好工作的责任感、紧迫感和危机感，抓住机遇，乘势而上，深化改革，全面提升办学质量和水平，在新一轮高等教育竞争中谋取先机！

会上，对 2007—2009 年间在教育教学工作中获得市级及以上质量工程项目的集体和个人，以及学生学科竞赛中取得市级及以上奖项的指导教师给予了表彰，共有 100 多名获奖代表上台领奖。2007—2009 年间，学校共获得国家级质量工程项目 15 项，国家级学科竞赛奖项 9 项；此外还获得市级质量工程项目 43 项，市级学科竞赛奖项 56 项。学校共拿出 300 余万元对上述在教育教学工作中取得突出成绩的个人或集体进行了奖励，这是学校有史以来金额最大的一次奖励，个人获得奖金最多达 11.1 万元。会上，质量工程项目获奖代表张宝秀教授和学科竞赛指导教师获奖代表张静副教授分别进行了发言。

(冯爱秋　徐静姝等)

2. 学位与研究生教育

【概况】 研究生处是具体负责全校学科建设、研究生招生和培养的职能部门。2011 年工作思路是：增强学科意识，以"凝练学科方向、汇聚学术队伍、构筑发展平台"为中心进行学科建设，提高学科建设的质量；加强现有学科建设，整合优势资源，解决 1 点 2 院、3 院的现状，优化重点学科和特色学科建设；调整和优化队伍结构，提高学科队伍素质；适度扩大研究生教育的规模，力争实现一级学科硕士点建设"零"的突破和专业学位点建设"零"的突破；确保导师遴选的质量，规范导师队伍的管理，提高研究生教育管理水平；适度增加联合培养博士研究生的数量和学科分布，继续鼓励以第一导师或副导师的身份进行联合培养博士研究生的工作。

(秦霞)

【学科体系】 2011 年，学校有 5 个硕士学位授权一级学科点和 1 个二级学科点。6 个北京市重点建设学科、10 个校级重点学科、19 个校级重点建设学科和 2 个校级培育学科。学校已初步形成了结构优化、布局合理、特色初显、多学科协调发展的学科体系。

北京联合大学 2011 年北京市重点建设学科

序　号	学科名称	代码	学科带头人	批准时间
1	经济法学	030107	杨积堂	2002 年
2	特殊教育学	040109	许家成	2008 年
3	人文地理学	070502	张宝秀	2008 年
4	计算机应用技术	081203	鲍　泓	2002 年
5	食品科学	083201	姜招峰	2002 年
6	旅游管理学	120203	宁泽群	2008 年

北京联合大学 2011 年校级重点学科

序　号	学科名称	代码	学科带头人	批准时间
1	经济法学	030107	杨积堂	2010 年
2	特殊教育学	040109	许家成	2010 年
3	专门史	0602L3	韩建业	2010 年
4	人文地理学	070502	张宝秀	2010 年
5	通信与信息系统	081001	李哲英	2010 年
6	计算机应用技术	081203	鲍　泓	2010 年
7	生物化工	081703	林　强	2010 年
8	食品科学	083201	姜招峰	2010 年
9	企业管理学	120202	冯　虹	2010 年
10	旅游管理学	120203	宁泽群	2010 年

北京联合大学 2011 年校级重点建设学科

序　号	学科名称	代码	学科带头人	批准时间
1	金融学	020204	杨　宜	2007 年
2	国际贸易学	020206	赵亚平	2007 年
3	中外政治制度	030202	刘　红	2007 年
4	马克思主义理论	030205	☆梁　怡	2010 年
5	职业技术教育学	040108	黄先开	2007 年
6	应用心理学	040203	☆曾美英	2007 年
7	英语语言文学	050201	谢职安	2010 年
8	传播学	050302	☆孔昭林	2004 年
9	艺术设计学	050404	☆赵平勇	2004 年
10	新闻学	050301	☆张娅娅(退休)	2004 年
11	机械制造及其自动化	080201	张恩祥	2004 年
12	电路与系统	080902	李金平	2007 年
13	控制理论与控制工程	081101	李红星	2004 年
14	环境科学	083001	赵　卓	2007 年
15	管理科学与工程	1201	方德英	2007 年
16	档案学	120503	孙爱萍	2007 年
17	信号与信息处理	081002	田景文	2010 年
18	模式识别与智能系统	081104	方建军	2010 年
19	生物医学工程	0831	杭和平	2010 年

注：带☆号的为学科建设项目负责人

北京联合大学 2011 年校级重点培育学科

序　号	学科名称	代码	学科负责人	批准时间
1	区域经济学	020202	郑海霞	2010 年
2	针灸推拿学	100512	刘东明	2010 年

（刘红）

【北京市重点建设学科简介】　食品科学学科：以研究“生物活性物质与人类健康关系”为特色，以“生物活性物质—功能食品—人类健康关系”为主线，以生物活性物质制备、功能分析、功能评价方法及毒理学研究为主要内容，以第三代功能食品和新型药物的研发为目标，致力于将研究明确的生物活性物质产业化以获得第三代功能食品，乃至于具有医疗效果的新型药品。学科以生物活性物质与功能食品北京市重点实验室为依托，经多年发展建设，已具备明显的学科优势。主要研究方向有：生物活性物质制备及生理功能研究、功能食品的功能评价方法研究、生物活性物质的毒理学研究、天然活性高分子物质的研究。

经济法学学科：以经济法领域为研究重点，在财税法学、金融法学、银行法和经济法基本理论研究方面取得了系列成果。主要研究方向有：经济法、财税法、金融法、首都有关领域的法制建设。

人文地理学学科：结合北京城乡建设和发展的实际需要，注重城市与区域综合研究，综合运用地理学科的理论与方法，重点研究经济、社会制度转型背景下北京城市空间结构演变与城市发展的相互作用，探讨城市与区域人口、经济、社会、文化与资源环境协调发展的路径。主要研究方向有：区域开发与持续发展、城市化与城市发展、历史与文化地理。

计算机应用技术学科：1995 年，被北京市高教局评为重点建设学科（B 类）；2002 年，被北京市教育委员会评为北京市重点建设学科；2003 年，经北京市教育委员会批准，成为北京市重点建设学科（2003—2007）；2006 年，经国务院学位委员会批准为硕士学位授权学科点；2008 年，北京市教育委员会验收良好，进入新一轮建设（2008—2012）。主要研究方向有：网络与分布式计算研究、信息系统工程研究、多媒体应用技术研究、嵌入式系统研究。

旅游管理学学科：依据北京市旅游产业规划和发展的需求，利用综合性大学的多学科优势，积极开展与其他相关学科（特别是与自然科学学科）的交叉领域的研究，以应用研究和应用基础研究为主要特点，重点研究北京市旅游的可持续发展问题，为北京市社会经济发展服务。是国家二级学会“中国休闲哲学专业委员会”的副主任单位和学术处挂靠单位。主要研究方向有：旅游信息化服务研究、旅游目的地开发与管理、旅游公共服务与管理研究、旅游接待业管理。

特殊教育学学科：在支持性教育理论与实践研究、高等特殊教育理论与实践研究、基础特殊教育理论与实践研究、学前特殊教育理论与实践研究等研究方面取得显著成果。特殊教育学学科有北京市特殊教育创新团队、北京市优秀教学团队、北京市特色建设专业,所支撑的特殊教育学本科专业创建于2000年。主要研究方向有:发展性障碍儿童研究、残疾人高等教育研究、残疾人沟通与辅助技术研究。

(刘红)

【硕士点基本情况】 学校原有专门史、计算机应用技术、食品科学3个二级学科硕士授权点。2011年,根据北京市学位委员会转发的国务院学位委员会《关于下达2010年审核增列的博士和硕士学位授权一级学科名单的通知》(京学位〔2011〕2号),学校增列4个一级学科硕士授权点,分别是历史学、计算机科学与技术、食品科学与工程、工商管理。

根据国务院学位办下达的《学位授予和人才培养学科目录》进行学位授权点对应调整的通知,学校对现有学位授权点进行了对应调整申请。8月,经国务院学位委员会学科评议组审议,学校原"计算科学与技术"一级学科授权点调整为"计算机科学与技术"和"软件工程";"历史学"一级学科授权点调整为"考古学",原"历史学"一级学科学位授权点自动取消;"专门史"保留二级学科授予权。经北京联合大学第二届学术委员会第二次全体会议评审,并经校党委第321次常委会讨论通过,学校新增5个硕士学位授权一级学科点学科带头人和1个硕士学位授权二级学科点负责人。

北京联合大学2011年硕士学位授权学科点一览表

序号	学科点名称	代码	学科点带头人	类别
1	考古学	0601	韩建业	一级学科点
2	专门史	0602L3	顾军(负责人)	二级学科点
3	计算机科学与技术	0812	李哲英	一级学科点
4	食品科学与工程	0832	姜招峰	一级学科点
5	软件工程	0835	鲍　泓	一级学科点
6	工商管理	1202	冯　虹	一级学科点

(王玮)

【招生和培养】 硕士研究生招生:2011年,完成3个二级学科招生。专门史12人、计算机应用技术12人、食品科学15人,共招收39人攻读硕士学位研究生计划。

课程教学:春季计划开设34门课程,秋季计划开设26门,全年共实际完成60门研究生课程的教学安排工作。

培养方案制(修)订:组织完成计算机科学与技术、食品科学与工程、考古学、专门史、软件工程、工商管理学科硕士培养方案的制订与修订。

培养环节管理:组织各学科完成25名2010级研究生中期考核和开题报告,39名2011级研究生培养计划制订等培养环节工作。在2010级研究生中期考核中,合格率为100%。

学位授予:5—6月,首次利用"学位论文学术不端行为检测系统"对申请答辩的研究生学位论文进行检测。2011年7月1日,组织召开校学位评定委员会硕士学位评定组会议,共授予硕士学位36人,评选出3篇优秀硕士论文。

(秦霞)

【其他工作】 6月,组织开展硕士研究生指导教师遴选工作,增选导师74人,认定导师23名,副导师10人。

根据国务院和北京市学位委员会精神,推荐旅游学院和食品科学研究院申报"授予博士学位的服务国家特殊需求人才培养项目试点工作"。

(秦霞)

3. 高职教育

【概况】 校高职处统筹全校高职和专升本教育教学工作,下设综合办公室。是北京市高等教育学会高职研究会秘书处单位。2011年,学校紧紧围绕"优化高职"战略思想,围绕专升本教育纳入高等职业教育体系的战略部署,创新人才培养模式,在专业建设、课程建设、教育教学改革、实践教学、学生竞赛等方面开展一系列工作。

构建高职和专升本一体化人才培养体系,加大注重人才培养改革力度。组织制订2011版高等职业教育(含高职和专升本)人才培养方案、课程教学大纲和制定课程简介。

创新高等职业教育人才培养模式。积极参加北京市职业教育分级制度改革试点工作;市场营销和旅游管理两个专业为首批北京市职业教育分级试点专业。建立校级"高职创新实验班",深入探索高职、专升本一体化的人才培养模式。鼓励引导高职学生参加各种知识技能竞赛,成绩良好。

加强实践教学建设。实施第二届高职(含专升本)实践能力提升计划,开展高职优秀毕业综合实践报告评选暨毕业作品成果展的活动,组织申报2012年北京市财政预算项目,改善高等职业教育办学条件。

在北京市职业教育教师素质提高工程评选中,我校获得职教名师1名、专业带头人2名、特聘专家1名、创新团队1个、骨干教师3名。另外启动高等职业教育(含专升本)校级教改项目34项。

以高职说课活动带动教师执教能力提升。积极推进课程建设进程,开展专业核心课程建设。

加强教学管理制度建设,发布教学管理文件10份,明确教育教学主要关键环节工作内容、程序和责任。

整合学校高职教学资源,以高职处为牵头单位,相关职能处室、旅游学院、广告学院、应用科技学院组成工作组,2011年5月31日,圆满完成平谷学院的停办交接工作。

承担完成北京高职研究会的部分工作。2011年建立高职院校教学信息员制度,定期将各高职院校的教学动态报送高职研究会,每月出版1期《北京市高职动态信息》,发送上级主管部门和相关高职院校,促进北京各高职院校教育教学沟通与交流。启动了"深化高职课程内涵建设"为主题的征文活动,征集论文256篇。2011年11月,成功举办北京市高职教育论坛。

2011年,师范学院、生物化学工程学院、旅游学院、特殊教育学院、机电学院、自动化学院、广告学院、应用科技学院、平谷学院9个学院,高职毕业学生2485人,其中2309人获得毕业证,毕业证获取率92.92%。

(罗映霞　赵晓宇　刘晓宇)

【专业设置】 优化高等职业教育的专业结构和专业设置,整合教学资源。高职处发布《关于对自动化学院等学院部分高职专业与招生进行调整的原则意见》(京联职〔2011〕6号),对部分学院高职专业进行调整。其中:

自动化学院的音像技术高职专业停止招生,楼宇智能化工程技术专业举办权转入生物化学工程学院;

机电学院仅保留2个高职专业(汽车检测与维修技术和数控技术),物流管理专业的举办权转入应用科技学院;

广告学院的营销与策划、艺术设计、视觉传达艺术设计等3个高职专业的举办权转入应用科技学院,表演艺术高职专业停止招生,广告设计与制作、信息传播与策划2个高职专业仍保留在广告学院;

平谷学院停办,各专业举办权划归到应用科技学院;

旅游学院的应用法语、应用韩语2个高职专业举办权转入应用科技学院。

2011年,全校共有33个高职专业招生,分布在7个学院。主要包括财经、电子信息、文化教育、艺术设计传媒、旅游、制造等专业门类。专升本招生专业27个,分布在11个学院,以独立编班为主要教学模式。

北京联合大学2011年高职专业一览表

序　号	专业名称	学　院
1	金融保险	应用科技学院
2	财务管理	旅游学院
3	会计	生物化学工程学院
		应用科技学院
4	国际商务	应用科技学院
5	市场营销(市场营销、医药)	应用科技学院
6	电子商务	应用科技学院
7	计算机应用技术	特殊教育学院
8	计算机多媒体技术(动漫技术、影视技术)	应用科技学院
9	计算机信息管理	应用科技学院
10	软件技术	应用科技学院
11	电子信息工程技术	应用科技学院
12	数字媒体技术	师范学院
13	酒店管理(酒店管理、全聚德集团订单培养、中法项目)	旅游学院
14	烹饪工艺与营养	旅游学院
15	园林技术	特殊教育学院
16	服装设计	师范学院
17	药物制剂技术	生物化学工程学院
18	楼宇智能化工程技术	生物化学工程学院
19	应用日语	旅游学院
20	应用法语	应用科技学院
21	商务英语	应用科技学院
22	商务日语	应用科技学院

续表

序　　号	专业名称	学　　院
23	应用西班牙语	应用科技学院
24	文秘	师范学院
25	听力语言康复技术	特殊教育学院
26	视觉传达艺术设计	特殊教育学院
		应用科技学院
27	电脑艺术设计	应用科技学院
28	广告设计与制作	广告学院
29	信息传播与策划(现代传播)	广告学院
30	音乐表演	师范学院
		特殊教育学院
31	数控技术	机电学院
32	汽车检测与维修技术	机电学院
33	计算机控制技术	生物化学工程学院

北京联合大学 2011 年高职专升本本科专业一览表

序　　号	专业名称	学　　院
1	法学	应用文理学院
2	英语	旅游学院
		师范学院
3	日语	旅游学院
4	新闻学	应用文理学院
5	广告学院	广告学院
6	音乐学	师范学院
7	艺术设计	师范学院
		广告学院
		特殊教育学院
8	表演	广告学院
9	生物技术	应用文理学院
10	机械工程及自动化	机电学院
11	电子信息工程	信息学院
12	计算机科学与技术	信息学院
		特殊教育学院
13	电气工程与自动化	自动化学院
14	建筑环境与设备工程	生物化学工程学院
15	信息管理与信息系统	管理学院
16	工业工程	机电学院
17	档案学	应用文理学院
18	国际经济与贸易	商务学院
19	金融学	商务学院
20	工商管理	管理学院
21	市场营销	商务学院
22	会计学	生物化学工程学院
		管理学院
23	人力资源管理	生物化学工程学院
24	旅游管理	旅游学院
25	电子商务	管理学院
26	酒店管理	旅游学院
27	学前教育	特殊教育学院

(罗映霞)

【专业建设】 开展高职示范建设专业中期检查，对2009年和2010年立项的17个专业进行2010年度建设成效检查。根据检查结果，决定对烹饪工艺与营养等10个专业予以重点资助建设。

市场营销、旅游管理两个高职专业列入“十二五”北京市职业教育分级制度改革试验项目，并通过北京市分级制试点专业论证，完成职业教育1—5级标准的制定、课程体系构建及评价标准制定等工作，在2011级新生中开展分级制试点工作。旅游管理和市场营销专业分别与全聚德集团有限公司、用友集团深度合作，签署分级制改革校企全面合作协议。9月13日，北京市教委委员孙善学、职业教育与成人教育处处长邵和平等一行6人到我校检查指导旅游学院旅游管理高职专业分级改革试点情况。

启动电子信息工程和多媒体艺术设计两个校级分级制改革试点专业，完成分级制的整体框架构建和1—5级标准制定工作，推进职业教育分级制深入发展。

（罗映霞　赵晓宇）

【人才培养】 在应用科技学院组建“高职创新实验班”，探索“3+2”高职、高职升本一体化人才培养模式。

组织2011版高等职业教育人才培养方案的制订工作。对全校2011级36个高职专业点、26个独立编班的高职升本专业的人才培养方案进行论证，针对人才培养目标、课程体系搭建、课程设置、课程编码以及规范性等方面进行指导和落实。

（罗映霞）

【课程建设】 统筹全校高职英语、数学、计算机基础课程建设工作，成立英语课程、数学课程和计算机基础课程教学指导小组。统一课程教学与考试要求，组织开展高职英语全校统考工作。

开展高职校级及以上36门高职精品课程网络教学资源建设的规范和检查工作。对现存的全校20门校级高职精品课程进行结题验收。对市级（含）以上精品课程部分负责人进行变更调整，避免由于专业与课程和课程负责人分离而影响课程建设的现象发生，也为进一步调整课程建设方向，加强特色课程建设预留了建设空间。

围绕2011版人才培养方案中课程体系要求，启动高等职业教育专业核心课程建设。2011年，共确立高职14门专业核心课程、专升本9门专业核心课程进行重点建设，明确课程建设目标和具体要求。

组织学校63种“十一五”规划教材选题项目结题验收工作。

（罗映霞）

【教学执行计划】 组织全校2011级的36个高职专业点和26个专升本专业的第一、二学期教学执行计划审核和课程编码的梳理。

对2011级高职3—6学期、专升本3—4学期教学执行计划的课程进行了系统的核查，保证高职教学得以顺利运行。

（罗映霞　刘晓宇）

【教学队伍建设】 组织开展学校第二届高职教师说课活动，评选出一等奖3名（高职2名、专升本1名）、二等奖11名（高职7名、专升本4名）、三等奖17名（高职8名、专升本9名）。通过说课评选，着力引导教师自觉夯实业务功底，善用教育教学基本理论，把握高职教学基本规律和学生特点，明确课程目标，不断提高教学水平。

组织参评北京市职业院校教师素质提高工程建设项目，获得市级职教专业带头人2名、市级职教创新团队1个、市级职教名师1名、市级特聘专家1名、市级职教骨干教师3名。

开展北京联合大学高等职业教育优秀教研室评选，最终评出6个高等职业教育优秀教研室。

（罗映霞　赵晓宇）

【教学研究与改革】 启动学校“十二五”期间首批高等职业教育教学改革立项工作。制定高等职业教育“十二五”项目指南，开展项目的立项评审工作。共确立教改课题34项，建设周期为2年。

对2010年的14项委托课题进行了结题验收，其中，结题验收优秀的课题3项，合格9项，不合格2项。

组织学校2010—2011年高职教研工作量统计与审核。

（罗映霞）

【教学管理制度】 出台《校级及以上高职精品课程网络教学资源建设的基本要求》（京联职〔2011〕2号）、《北京联合大学高职毕业综合实践管理办法（试行）》（京联职〔2011〕3号）、《北京联合大学高等职业教育专业核心课程建设项目实施办法》（京联职〔2011〕4号）、《关于高职学生参加全国大学英语三级和四级考试的相关规定》（京联职〔2011〕9号）等管理文件。修订并完善《北京联合大学关于推荐高等职业教育（专科层次）优秀应届毕业生进入本科阶段学习的暂行规定》（京联职〔2011〕12号）、《关于公布高职升本科专业考试科目的通知》（京联职〔2011〕17号）。

（罗映霞　刘晓宇）

【高职学生竞赛】 组织北京联合大学第二届高职实用英语口语大赛，评出非英语专业组一等奖3名、二等奖5名、三等奖12名，英语专业组最佳风采奖1名。

组织北京联合大学首届高职人文知识竞赛，评出一等奖1名，二等奖3名，三等奖3名，优秀奖4名。

组织2011年北京联合大学首届高职人文知识竞赛中10名优秀的学生组成2个代表队，参加2011年北京市大学生人文知识竞赛（高职组），其中一个代表队获三等奖。

(赵晓宇)

【北京市专项】 2011年,高职处共负责8个项目申报北京市教委2012年预算项目评审,批复总金额1187.56万元。

在实验室建设方面,支持《应用科技学院计算中心建设》和《现代电子测量综合实验室建设》。

在分级制改革建设方面,由北京市直接下达6个项目:《教育教学——职业教育校企合作教学资源建设》《市教委委托项目—职业教育分级制度改革课程开发》《旅游管理职业教育等级分级改革试点专业建设》《软件技术分级制改革试点专业建设》《市场营销分级制试点专业建设》和《数字展示分级制改革试点专业建设》,为深化北京职业教育分级制改革提供经费保障。

(刘晓宇)

【高等职业教育学生实践能力提升训练计划项目】 开展第二届高等职业教育学生实践能力提升训练计划项目,总项目数为54个。其中,重点支持项目17项,一般支持项目37项。

(刘晓宇)

【毕业综合实践】 组织专家组对各学院推荐的35篇毕业综合实践报告进行评审,共评出2011届校级高职优秀毕业综合实践报告30篇。

(刘晓宇)

4. 继续教育

【概况】 北京联合大学培训中心(原名北京联合大学成人教育处)是学校继续教育的办学与管理部门。中心在北京联合大学成人教育工作委员会和主管校长的领导下开展工作,为学校的成人与继续教育改革提供总体方案和发展规划并组织实施。负责组织全校9个办学单位的成人夜大学等成人学历教育招生、学籍管理、教学计划、毕业生资格审核和学位审核工作,协调教学计划落实和教学日常管理工作;负责成人非学历继续教育培训项目开发和运行、社会化考试考证,承担北京市高等教育自学考试部分专业的主考组织协调和自考助学工作。中心下设办公(财务)室、成人教育办公室、考试培训办公室、自学考试办公室、项目管理办公室和全国重点建设职业教育师资培训基地办公室。其中,全国重点建设职业教育师资培训基地办公室和考试培训办公室为合署办公。中心共有员工17人,全部本科以上学历,其中,硕士学位以上6人,中共党员8人。

2011年,在培训中心领导下开展继续教育工作的单位有应用文理学院、师范学院、商务学院、生物化学工程学院、旅游学院、继续教育学院、机电学院、特殊教育学院和校成人教育办公室等9个办学单位。其中,应用文理学院、师范学院、商务学院、生物化学工程学院、旅游学院、继续教育学院和特殊教育学院设有民办学校办学许可三级法人资质的培训中心。

(李霓虹)

【成人学历招生与学籍管理】 招生:2011年市教委下达招生计划1870人,实际录取2124人,其中专科1406人,本科718人,超额完成2011年招生计划的113.5%。

学籍管理:根据教育部、北京市教委、北京市学位办关于学籍、学位管理数字化网络化的要求,2011年学历注册共计1676人,其中专科968人,本科125人,专升本583人;授予学位142人;2011年注册新生(2010年录取2011年入学)1511人,其中专科895人,本科616人;在校生共计3424人,其中专科1884人,本科1540人,办理学生休学、复学、退学、转学、转专业及信息修改99人次。

专业设置:成人学历教育(夜大学)有9个办学单位,专业设置管理、艺术、计算机、旅游、针灸推拿等多个领域。学习形式业余,分三个层次即专科、本科、专升本。37个专业,其中专科18个,高起本3个,专升本16个。

(张晓岚)

【成人学位英语考试】 根据北京教育考试院相关文件的要求,整合了校内考生人数不足300人的考点。共有夜大学生706人参加考试,共设考场24个,聘请监考教师48人。

(姜南)

【自学考试】 2011年负责在北京地区主考的网络技术应用、广告学、广告学(独立本科段)、电子商务、电子商务(独立本科段)、装饰装修工程、餐饮管理、餐饮管理(独立本科段)、饭店管理、酒店管理(独立本科段)、中文导游、电子政务(独立本科段)12个专业主考工作。承担除电子政务外笔试79门课程共10 076份试卷的阅卷任务,组织各类非笔试、实践课考试及论文评审2903人次,网上审定、授予学位57人。全年共派出88位教师参加命题,共完成命题45科次。

受市自考办委托,开设电子政务(独立本科段)专业。组织完成该专业7门课程的大纲编写、确定教材,该专业于2011年10月正式开考。

获北京市高等教育自学考试(质量评估)一等奖;获得北京教育考试院颁发的"北京市高等教育自学考试制度建立三十周年先进主考学校"。11位同志获优秀工作者称号,7位同志获优秀命题教师称号。

(孟岩)

【非学历继续教育】 2011年,全校非学历教育培训涉及27个项目,培训人次达到10 360人次,包括知识普及型4项,502人次;服务型培训7项,7170人次;专业技能型培训10项,1214人次;高层次继续教育培训6

项,1474 人次。其中,承接北京市委组织部专家联谊会委托的“第九、十期国际高级人力资源管理师培训班”以及“第二期领导心理学培训班”,近 300 人;承接北京市政工职称英语、计算机培训人数总计 1100 人次;面向在校生及社会开展 AutoCAD 工程师培训与认证;面向服务业开办中国手语能力测试培训班 2 期;开设高职专接本考前辅导班参培人数达到 5000 余人;承接全国电子商务职业教育教学指导委员会 3 年培训计划,完成首届全国高校电子商务师资培训班工作。

(李霓虹)

【合作办学】 1 月,根据《北京市教育委员会关于开展高等学校成人高等学历教育在京设置校外函授教育辅导站等普查工作的通知》要求,启动对全校成人学历教育在京校外办学点的自查。11 月,开展对全校成人继续教育学历与非学历合作办学的检查与统计,合作项目共计 29 项,其中学历教育 22 项,非学历教育 7 项。

(李霓虹)

【师资培训基地】 5 月 30 日至 6 月 1 日,教育部全国重点建设职业教育师资培养培训基地评估工作专家委员会对北京联合大学师资培训基地近 10 年来从事职业教育教师培养培训等各方面工作进行整体评估考察。专家组按照教育部评估指标体系要求,从管理工作、培训条件、培训及培养工作、特色创新等方面入手,考察校内外实习实训基地,召开学校领导、基地管理人员及授课教师座谈会,查阅历年基地培养培训档案资料,并对基地往期培训学员进行电话回访。评估取得合格的成绩,达到教育部提出的以评促建、以评促改要求。

(田建敏 屈文超)

【现代远程教育】 北京师范大学现代远程教育北京联合大学校外学习中心依托北京师范大学优质的教育教学资源,利用网络等现代技术手段,面向北京市开展网络学历教育。2011 年在校生 609 人,新招学生 97 人,毕业生 123 人;开设高中起点专科、专科起点本科和高中起点本科 3 个层次共计 16 个专业,累计毕业学生数 1366 人。

学习中心荣获 2011 年度“北京师范大学现代远程教育优秀学习中心”的称号,学习中心管理干部张娟同志被评为 2011 年度“北京师范大学现代远程教育先进个人”。在教育部举办的“庆祝中国现代远程教育十周年”庆典活动中,学习中心获得北京师范大学颁发的“远程教育特别贡献奖”。

(姜红)

5. 招生与就业

【概况】 在校党政的高度重视以及学校招生工作领导小组和学校毕业生就业工作领导小组的统一领导下,通过全体招生就业工作人员的共同努力和各学院、部门的积极配合,顺利完成 2011 年招生就业工作。至 9 月 30 日,全校共报到新生 6112 人,其中普通本科 4210 人,高职 1902 人,计划完成率达到 97.79%。2011 届毕业生共计 8470 人,其中本科生 5954 人,高职生 2481 人,研究生 35 人。至 8 月 31 日,全校就业率为92.51%,其中本科生就业率 93.10%,高职生就业率 91.46%,研究生就业率 68.57%。

(权力)

【招生计划】 2011 年,北京联合大学高考招生计划 6250 人,其中本科计划 4250 人,高职计划 2000 人,较 2010 年高职计划减少 250 人。2011 年,高职升本科招生计划 1887 人。

(权力)

【生源质量】 北京生源保证在北京市二批本科控制线上录取。

2011 年,一批本科招生省份增至 9 个,新增湖南省和江西省 2 个省份,招生专业增加旅游管理专业,同时招生规模也有所增加。录取分数基本超出当地一本线 20 分以上,学校根据各个省份的生源情况,在部分省份适当的增加计划,吸引更多的优质生源。

京外招生人数 2011 年比 2010 年增长 347 人。京外二批本科基本上都能在各省市二批本科控制线 30 分以上的第一志愿考生中录取完成计划。

北京联合大学 2010 年与 2011 年京外录取人数对比

层次	2010 年	2011 年	增长情况
本科	1364 人	1726 人	362 人
高职	163 人	148 人	−15 人
总数	1527 人	1874 人	347 人

(权力)

【招生宣传】 采取各种方式走出去请进来,充分利用电视、广播、报纸、网络等多种形式进行全方位、多角度的招生信息发布与宣传。在北四环校区实验楼、学院路校区教学楼、红领巾桥校区综合楼显著位置悬挂大型宣传横幅,公布学校招生计划。组建 30 多人的招生咨询宣传队伍,深入北京市 82 所中学及 9 所高校进行广泛宣传。

4 月 24 日,举办 2011 年校园开放日暨高招咨询活动,全校13所学院及北京工业大学、首都师范大学、朝阳科技大学(台湾)等24所兄弟院校及阳光招生网、北京考试报等单位参加。召开中学校长联谊会,北京市东城区、西城区、崇文区、宣武区、海淀区等19个区县考试中心主任和北京市第八十中学、第一零九中学、第二十七中学、第十五中学、第三中学、八一中学、月坛中学、日坛中学等42所中学校长参加,黄先开副校长和周志成副书记分别在会上介绍联大办学方向、办学优势及重点专业,听取了中学校长希望与联大专业对接的建议,实现直接与高中学校建立长久的联系。

在北京新闻广播教育面对面栏目、腾讯网、中国高校教育网、阳光高考网、北京教育在线等新闻媒体进行现场直播或录制网络视频。在《北京考试报》《北京高考志愿填报辅导读本》《专业与就业》等报刊、读本上整版刊登北京联合大学学校介绍。2011年实现北京市高考志愿填报网站首页图标链接、高考网址导航等网站突出显示学校名称。利用新浪网北京联合大学招生办官方微博、官方微群,腾讯网官方微博有的放矢地进行网上宣传。

(权力)

【特殊类型招生】 招收港澳台侨生20人,西藏内地班8人,新疆内地班9人,艺术特长生42人,高水平运动员16人,残疾生146人,2010年少数民族预科生转入26人,高职升本科新生1883人。

(权力)

【就业工作】 3月31日,召开北京联合大学毕业生就业工作会,各学院院领导签订就业工作目标责任书,进一步明确就业责任制。学校开展"2011级新生和2011届毕业生滚动调查""北京联合大学往届生调查""毕业生对学校就业工作满意度调查""用人单位对学校就业工作满意度调查""用人单位对毕业生人才培养素质调查"等一系列调查研究,经对调查数据统计分析,毕业生就业工作扎实见效,毕业生、用人单位满意度均达90%以上。与麦克思数据有限公司合作,对2010届毕业生进行跟踪调研并形成社会需求与培养质量年度报告。

2011年,全校共有140名毕业生奔赴京郊大地,成为首都社会主义新农村的建设者。

(常海斌)

【职业发展教育与就业教育】 编写完成"职业发展与就业指导"本科生通识教育课和"就业指导"高职生基本素质教育课教学大纲,并组织了全校"职业发展与就业指导"课教师培训。学校组织校、院创业教育工作负责人,校机关部门就业创业相关工作人员,就业指导教师,学生辅导员,院系党总支有关人员,以及其他讲授或计划讲授创业相关课程的教师,共计30人,参加由共青团中央、全国青联与国际劳工组织合作的KAB创业教育(中国)项目并顺利取得结业证书。

举办北京联合大学就业指导课程教学大赛,为"安博杯"首届全国高校就业指导课程教学大赛北京地区选拔赛推选优秀参赛教师。通过校内外专家的评审,全校共评选出获奖教师12人,其中一等奖3名、二等奖4名、优秀奖5名。本次比赛选拔的生物化学工程学院唐邦勤老师获得北京地区高校就业指导课程教学大赛决赛二等奖。

为"第二届全国大学生职业生涯规划大赛北京地区选拔赛"推选优秀参赛选手,举办北京联合大学第二届大学生职业生涯规划大赛。本次大赛共评出一等奖3名、二等奖5名、三等奖12名。本次比赛选拔的管理学院汤金龙同学荣获北京地区选拔赛三等奖。

(常海斌)

【创业教育】 邀请教育部创业指导专家、行业公司负责人等为创业基金申请项目团队人员进行培训;组织北京市科协专家、创业导师、行业公司负责人等创业培训专家为学校有志于创业的学生进行培训。

组织校外专家开展2011年北京联合大学创业基金项目评审活动。项目涉及网络、影像视频制作、物流、家装、建材等多个行业,涉及创业人员10余人。经评审,共有4支大学生创业团队经过面试答辩获得2011年度的创业基金支持,共发放创业基金20万元。

8月30日,建设完成国内高校第二个、京内高校首个专门针对在校学生的大学生创业网——"北京联合大学创业网",获得北京市教委相关指导部门的高度肯定。

9月10日,成为"北京高校大学生创业培训服务基地"建设校。该基地经北京高校毕业生就业指导中心评估认定挂牌,是以从事大学生创业培训教育、创业辅导或创业支持服务为主的专业培训机构或就业服务机构。

北京联合大学申报的北京市教育科学"十二五"规划课题——"北京地区高校大学生创业教育机制及对策研究"已经通过立项并已开题。

(常海斌)

【就业服务】 为加强学校与京外各省市就业主管部门的联系,拓宽京外毕业生就业渠道,招生就业处组成调研团首赴山东调研。2011年京外毕业生达到1238人。学校还为2010名困难毕业生发放10万元帮扶金。

2011年共举办大型招聘会(参会单位50家以上)1次,综合类招聘会(参会单位10家以上)20次,网络视频招聘会1次,专场招聘会26场,参会企业400余家,提供岗位5000多个。在学校就业信息网上注册的招聘企业超过1300家,是2010年同期的129%。就业信息质量明显提高,知名国有企业、大型上市公司超过

200家。邀请到中国北方工业公司、中国国际航空股份有限公司、中国邮政储蓄银行、索尼(中国)有限公司、北京外企人力资源服务有限公司等200余家单位为应届毕业生提供涉及机电类、金融类、管理类、医药类、计算机、自动化、广告设计等几十个专业领域的千余个就业岗位。来自12个学院的5000人次毕业生参加招聘会。“北京市人保局大学生就业市场”“北京市中关村软件协会”分别携众多国有企事业单位和20余家计算机行业上市公司到北京联合大学举办专场招聘会。学校还与麦当劳公司签署毕业生实习就业基地合作协议。

(常海斌)

北京联合大学2011届毕业生就业进展情况统计汇总表

统计日期：2011年8月31日　　制表单位：招生就业处

学院名称	排序	生源人数				就业人数				就业率				签约率
		合计	研	本科	高职	合计	研	本科	高职	合计	研	本科	高职	
商务学院	1	656	0	656	0	647	0	647	0	0.00%	98.63%	0.00%	98.63%	97.26%
应用文理学院	2	844	26	818	0	803	18	785	0	69.23%	95.97%	0.00%	95.14%	94.08%
自动化学院	3	538	0	369	169	510	0	354	156	0.00%	95.93%	92.31%	94.80%	92.75%
生物化学工程学院	4	973	0	747	226	920	0	709	211	0.00%	94.91%	93.36%	94.55%	92.60%
机电学院	5	438	0	209	229	412	0	194	218	0.00%	92.82%	95.20%	94.06%	93.61%
应用科技学院	6	716	0	54	662	670	0	53	617	0.00%	98.15%	93.20%	93.58%	90.64%
师范学院	7	849	0	568	281	780	0	517	263	0.00%	91.02%	93.59%	91.87%	90.81%
管理学院	8	758	0	758	0	695	0	695	0	0.00%	91.69%	0.00%	91.69%	89.71%
旅游学院	9	735	0	447	288	673	0	413	260	0.00%	92.39%	90.28%	91.56%	87.07%
信息学院	10	674	9	665	0	616	6	610	0	66.67%	91.73%	0.00%	91.39%	89.02%
广告学院	11	832	0	557	275	755	0	497	258	0.00%	89.23%	93.82%	90.75%	78.85%
平谷学院	12	252	0	0	252	209	0	0	209	0.00%	0.00%	82.94%	82.94%	82.94%
特殊教育学院(健全)	13	82	0	53	29	68	0	44	24	0.00%	83.01%	82.75%	81.70%	61.00%
特殊教育学院(残疾)		123	0	53	70	78	0	25	53	0.00%	47.16%	75.71%	64.75%	11.00%
总 计		8470	35	5954	2481	7836	24	5543	2269	68.57%	93.10%	91.46%	92.51%	88.78%

注：

1. 按就业率从高到低排序
2. 就业率包括签就业协议、出国、升学、单位用人证明、签劳动合同、自主创业等
3. 特教学院分为健全生和残疾生

6. 高教研究

【概况】 北京联合大学应用性高等教育发展研究中心成立于2004年12月，下设应用性高等教育研究所和高等技术与职业教育研究所。应用性高等教育研究所研究内容涉及应用性人才培养模式、课程体系、双证书教育、实践教学研究等；高等技术与职业教育研究所以中微观研究为主，研究方向主要围绕高等技术与职业教育的课程与教学规律研究，教师教育研究，质量与评价研究，比较与发展战略规划研究等。

2011年，应用性高等教育发展研究中心有专职研究人员8人，其中，副研究员3人，助研5人。

(虞思旦)

【课题申报成果】 获得2011年国家级教育科学“十二五”规划课题5项，包括教育部重点资助项目4项，青年专项资助项目1项，详见下表。

项目名称	负责人	工作单位	课题类别	项目类别
残疾人高等教育院校教师专业化特色研究	滕祥东	特殊教育学院	教育部重点课题	高等教育
地方本科高校文科专业群综合实践教学研究	张宝秀	应用文理学院	教育部重点课题	高等教育
世界城市建设背景下旅游类高职学生核心能力培养研究	王美萍	旅游学院	教育部重点课题	职业技术教育
残疾青少年学生思想行为特征及思想政治教育对策研究	宋志强	人文社科部	教育部青年专项	高等教育
职业教育分级标准建构个案研究	李宇红	应用科技学院	教育部重点课题	职业技术教育

获得北京教育科学“十二五”规划课题5项，其中包括青年专项资助项目1项，一般课题4项，详见下表。

课题名称	负责人	研究领域	课题类别
北京地区高校大学生创业教育机制及对策研究	古红梅	高等教育研究	一般课题
台湾地区四技教育与大陆应用性本科教育课程发展的比较研究	梁　燕	职业教育与成人教育研究	青年专项
艺术设计专业学生参与企业设计实践项目模式研究	张　威	职业教育与成人教育研究	一般课题
高等职业教育公共英语课程体系改革与实践研究	张洪颖	职业教育与成人教育研究	一般课题
基于网络体验模型的教学方式研究	焦　婧	教育信息化发展研究	一般课题

获得北京高等教育学会立项课题 1 项,该课题同时被推荐申报中国高教学会课题,详见下表。

课题名称	负责人	单位	年度	研究领域
北京市属高校综合性实践课程设置现状调研	梁　燕	应用性高等教育发展研究中心	2011	高等教育

(虞思旦)

【学术研究】 中心研究人员 2011 年承担全国教育科学规划课题 1 项和北京市教育科学规划课题 2 项、北京市教委人才强教深化计划中青年骨干项目 2 项、校级教育科学和教学改革立项项目 2 项,详见下表。

课题名称	负责人	课题类别
海峡两岸高等技职教育评价制度比较研究	周华丽	全国教育规划课题
北京地区"高职升本科"招生制度实施成效的研究	虞思旦	北京市教育规划课题
台湾地区四技教育与大陆应用性本科教育课程发展的比较研究	梁　燕	北京市教育规划课题
地方高校学生创新创业教育调查研究	王莉芳	人才强教深化计划——中青年教师骨干
地方普通高校应用性本科专业人才培养方案调研	周华丽	才强教深化计划——中青年教师骨干
地方普通高校创业教育课程设置研究	罗　尧	校级教育规划课题

3 月,组织以教育教学质量为核心的学院办学绩效评价方案设计研究。

6 月,进行国内外综合性大学设置依据的调查研究并完成研究报告。

7 月,组织美国、我国台湾及香港、国内重点高校、国内地方高校学院设置状况调研,撰写研究报告,提供校领导参考。

9 月,组织国内外高校教师发展研究与实践现状的调研并完成调研报告,为学校教师发展中心设置提供了依据。

2011 年,应用性高等教育发展研究中心研究人员共发表学术论文 11 篇,其中核心期刊论文 3 篇。

(虞思旦)

【学术交流】 4 月,组织 2010 年立项的教育科学规划课题的开题及研讨。

4 月,组织北京教育科学规划课题申报评审及交流研讨。

5 月,组织全国教育科学规划课题申报评审及交流研讨。

5 月,组织在研教育科学规划课题的中期检查及课题研讨。

6 月,参与第三届中国服务贸易大会人才论坛服务贸易(服务外包)人才培养国际峰会的筹备和服务工作。

7 月,组织校级重点建设学科——职业教育学的学科研讨会。

(虞思旦)

科学研究

【概况】 2011 年,学校制定《北京联合大学"十二五"时期科研水平提升规划》,提出"十二五"时期提升科研水平工作的指导思想、发展目标、主要任务及主要措施,力争通过 3—5 年的努力,使北京联合大学的学术水平、科研能力、研究成果和为社会服务的综合能力在国内同类院校中处于中等水平。学校举办"强化科研意识、凝聚科研队伍、提升科研能力"系列培训会,强化教师的科研意识,提高教师申报高级别科研课题(项目)的技能,申报各类省部级(含)以上项目的数量和质量达到明显提高。制定《2011 年度北京联合大学科研竞争性项目申报指南》(京联科〔2011〕1 号),首次设立校内科研竞争性项目,制定《北京联合大学学术不端行为处理暂行办法》。

2011 年,北京联合大学共有市级科研机构 4 个;

校级科研机构36个，其中校级校管4个，校级院管32个。北京联合大学共申请各类职务专利及其他知识产权158项，授权职务专利及其他知识产权112项。成功转让科技成果1项，即机电学院孙建东老师的专利"同轴式凸轮无极脉动变速器"，受让方为北京纺机所装备技术有限公司。

（张波）

【科研项目】

各类科研项目经费到校情况　　　　单位：万元

项目类型	科技部	国家自然科学基金	国家社科基金	国家部委其他项目	北京市项目（教委\市规划办\市自然科学基金）	横向课题	校院级课题	其他课题	合计
金额	17.49	285.60	12.00	117.00	800.50	1011.00	—	348.81	2592.40

2011年立项科研项目（社会科学部分）

序号	科研项目名称	项目编号	负责人	项目来源
1	现行盲文隐性标调问题研究	11BYY095	钟经华	国家社科基金项目
2	新媒体环境下大学生党建信息立体化平台建设研究	11JDSZ3006	吴巧慧	教育部人文社科项目
3	生物技术背景下植物育种创新的知识产权保护研究	11YJC820055	李菊丹	教育部人文社科项目
4	和谐社会建设时期群体性劳资冲突事件的演化及其应对体系构建研究	11YJCZH051	何　勤	教育部人文社科项目
5	"90后"大学生人际价值观与行为模式教育研究	11YJC880023	高　蕾	教育部人文社科项目
6	流域保护政策有效性及其影响效应研究——以京津冀都市圈海河流域为例	11YJC790300	郑海霞	教育部人文社科项目
7	西周世族研究	11YJC770082	张　经	教育部人文社科项目
8	人口承载力理论研究与政策应用——基于发展方式角度	11YJC840027	刘　洁	教育部人文社科项目
9	《中国节日志》子课题《清明》	JRZ2011011	张　勃	文化部重大项目子项目
10	台湾籍华侨华人社团及其对美国之"公共外交"研究：以台湾人公共事务会为个案	GQBZ201103	陈文寿	国务院侨办重点
11	残疾人高等教育院校教师专业化特色研究	DFA110214	滕祥东	教育规划教育部重点项目
12	地方本科高校文科专业群综合实践教学研究	DIA110276	张宝秀	教育规划教育部重点项目
13	世界城市建设背景下旅游类高职学生核心能力培养研究	DJA110290	王美萍	教育规划教育部重点项目
14	残疾青少年学生思想行为特征及思想政治教育对策研究	EIA110389	宋志强	教育规划教育部重点项目
15	北京城中轴线保护研究	11LSA001	张宝秀	北京市哲社规划办项目
16	北京学研究报告2011	11CSA001	张宝秀	北京市哲社规划办项目
17	基于北京文化创意产业的社会服务与实践社区互动支持体系研究	11JGC107	季　皓	北京市哲社规划办项目
18	元大都出土瓷器与大都的商业交通研究	11LSC017	宋　蓉	北京市哲社规划办项目
19	北京市服务外包产业知识协同与演化发展研究	11JGB039	陈建斌	北京市哲社规划办项目
20	阳光法案的功能定位与风险对策	11FXB006	崔英楠	北京市哲社规划办项目
21	北京旧石器时代文化研究	11LSB004	冯小波	北京市哲社规划办项目
22	首都核心功能区旅游发展新模式研究	11JGB041	宁泽群	北京市哲社规划办项目
23	北京市高端产业园区企业网络化成长行为研究	11JGB040	陶秋燕	北京市哲社规划办项目
24	北京"五个之都"建设功能区布局优化及实施对策研究	11CSB005	张景秋	北京市哲社规划办项目

续表

序号	科研项目名称	项目编号	负责人	项目来源
25	北京中小企业融资担保业监管机制研究	SZ201111417026	杨 宜	北京市哲社规划办项目、北京市教委重点项目
26	我国老年人旅游需求及其实现与服务优化研究	11TABK002	曹福荣	国家旅游局规划项目
27	中国旅游大辞典——旅游购物辞条	DCD009	石美玉	国家旅游局规划项目
28	《城市旅游目的地的划分与评定》旅游行业标准制定	/	张凌云	国家旅游局规划专项
29	外国专家来华工作多元因素与跨文化适应问题研究	20110002011	郭素红	国家外国专家局
30	国家通用盲文标准修订	/	钟经华	国家语委、中残联重大项目
31	网络环境下的语言文字效应及对策研究	/	吴云霞	国家语委、中残联自筹项目
32	职业教育分级标准建构个案研究	GJA114003	李宇红	教育规划教育部重点项目
33	首都设计产业提升计划——北京近现代优秀建筑保护机制推广的多媒介聚合展示设计	/	孙海垠	北京市科委项目
34	国外马克思主义中国化研究评析	11FKS005	梁 怡	国家社科基金后期资助项目

2011 年立项科研项目(自然科学部分)

序号	科研项目名称	项目编号	负责人	项目来源
1	布朗运动在随机过程理论发展中的作用与影响	11101034	杨 静	国家自然科学基金
2	对称图与正则地图的构造与分类	11101035	李艳涛	国家自然科学基金
3	食用紫红曲降压活性成分分离、鉴定及其机理研究	31171669	尚小雅	国家自然科学基金
4	基于 Agent 的景区游客游憩行为仿真建模研究	41101111	黎 巎	国家自然科学基金
5	城市办公空间格局演化对轨道交通发展的响应机理	41101144	朱海勇	国家自然科学基金
6	转型期中国城市居民职住关系：演变、机制及政策启示	41171136	孟 斌	国家自然科学基金
7	新疆天山北坡人类活动影响下绿洲水盐耦合关系与环境效应	41171165	熊黑钢	国家自然科学基金
8	基于有机溶胶——凝胶法的超滤炭膜制备及孔结构控制研究	51172027	魏 微	国家自然科学基金
9	建筑遗产的游憩价值评估方法研究	8123042	刘 敏	北京市自然科学基金
10	在微分方程边值问题中变分法的应用	1122016	黄先开	北京市自然科学基金
11	基于脉动无级变速的斜齿轮轴向啮合传动的研究	3123036	孙建东	北京市自然科学基金
12	北京地区森林类型自然保护区旅游活动与生态退化响应及优化研究	8122019	石金莲	北京市自然科学基金
13	四种植物化学物质细胞毒性比较及其作用机制的探讨	KZ201211417041	赵晓红	北京市自然科学基金
14	期权定价与对称网络图的最优化研究	zk201001x	李艳涛	校级项目
15	利用荷叶开发天然食品保鲜剂及其应用研究	zk201002x	闫文杰	校级项目
16	问题解决中自我调节学习的眼动研究	zk201003x	徐 娟	校级项目
17	基于本体的概念相似度计算	zk201004x	魏 威	校级项目
18	模糊随机调度问题的研究	zk201005x	程贞敏	校级项目
19	无线传感器网络监测系统的研究	zk201006x	马栋萍	校级项目
20	可食用生物降解型聚多糖薄膜的研究	zk201007x	谢 飞	校级项目
21	新型抗菌肽的基因克隆、表达与功能研究	zk201008x	陶凤云	校级项目
22	基于开放资源的社会故事自动构建的研究	zk201009x	李晗静	校级项目
23	动态环境下基于主体 Agent 的游憩行为仿真模型研究	zk201010x	黎 巎	校级项目
24	微分方程周期边值问题解的存在性及其应用	zk201011x	张 莉	校级项目
25	我国自然保护地功能分区及其游憩管理研究	zk201012x	黄丽玲	校级项目

续表

序号	科研项目名称	项目编号	负责人	项目来源
26	基于延迟满足的流媒体资源调度策略研究	zk201013x	肖 琳	校级项目
27	基于OTP的移动商务身份认证机制的研究	zk201014x	王 秦	校级项目
28	异构移动网络中无线资源管理系统的算法研究	zk201015x	许菁菁	校级项目
29	CMOS运算放大器低功耗设计技术研究	zk201016x	修丽梅	校级项目
30	基于模板的Web信息抽取技术研究	zk201017x	徐光美	校级项目
31	基于条件随机场模型的服务外包信息平台的研究	zk201018x	彭 涛	校级项目
32	视频文字信息提取系统的研究与实现	zk201019x	浦剑涛	校级项目
33	基于LaBVIEW的图像采集分析系统开发	zk201020x	李永霞	校级项目
34	可重配置开放式数控系统结构体系研究	zk201021x	张建成	校级项目
35	不同结构支架对人脑动脉瘤血液动力学的影响	zk201022x	付文宇	校级项目
36	驾驶员行为特性研究	zk201023x	田 娥	校级项目
37	基于逆向工程大型螺旋锥齿轮修配技术探索	zk201024x	雷保珍	校级项目
38	高安全性嵌入式实时视频文件系统的研究	zk201025x	梁爱华	校级项目
39	UPQC电压跌落与电流补偿技术研究	zk201026x	肖丽平	校级项目
40	借助虚拟现实技术的软梯体能训练方法研究	zk201027x	崔铁成	校级项目
41	校园网运行监控管理平台研究与实践	zk201028x	岳江红	校级项目

（张波）

【科技协会】 2011年10月，柳贡慧教授不再担任北京联合大学科学技术协会主席职务，由徐永利教授担任。常务副主席由主管科研与研究生教育工作的副校长鲍泓教授担任。秘书长由校科研处处长叶晓教授担任。

由北京联合大学科学技术协会推荐提名，经校人事处和校组织部审核通过，选举产生北京市科学技术协会第八届委员会委员候选人徐永利同志，第八次代表大会代表魏微同志。

组织教师申报2011年学术交流综合性论坛项目、金桥工程种子资金项目、第十一届北京青年优秀科技论文及“我与科协”主题征文活动。其中学校基础部王云志老师的论文《实时监控激光全息干版的稳定度》荣获第十一届北京青年优秀科技论文评选鼓励奖。

（张波）

【服务社会】 5月28日，由学校科技技术协会和大屯街道团委协办，校团委主办的北京联合大学第十一届科技文化艺术节系列活动之“科技进社区”活动成功举办。此次活动以“科技创新、低碳环保”为主题，通过展示科技创新成果，宣传低碳环保理念，服务百姓、回馈社会。

8月23日，与北京汽车集团签署“人才培养战略合作协议”，共同搭建汽车产业人才培养平台。根据协议，双方将结合企业发展和学校教学科研的实际需要，以北汽集团产品研发、技术攻关和学校的优势学科为基础，重点开展汽车研发和工程技术领域等关键技术的研究和相关产品开发合作。

5月14日，学校导聋犬训练基地采用非营利模式运营。当天，捐赠了第一批导聋犬，并同北京市残疾人联合委员会举行“残疾人信息无障碍信息研究中心”的揭牌仪式。中央电视台、北京电视台、《人民日报》《环球时报》等47家新闻媒体进行多方位的宣传报道，宣传北京联合大学的公益形象。

（张波）

【学报建设】 2011年，《北京联合大学学报（人文社会科学版）》来稿800余篇，达700多万字；《北京联合大学学报（自然科学版）》来稿200余篇，达120多万字。《北京联合大学学报（人文社会科学版）》全年用稿90篇，用稿率为5%；《北京联合大学学报（自然科学版）》全年用稿83篇，用稿率为40%。《北京联合大学学报（人文社会科学版）》发表的文章被《新华文摘》《高校文科学术文摘》《人民大学复印资料》转载的数量持续增加，据《光明日报》发布的2010年度“复印报刊资料”转摘学术论文指数排名，《北京联合大学学报（人文社会科学版）》在“复印报刊资料”转摘率上，位于全国高校学报排名的第26位。

2011年《北京联合大学学报》网站全面升级，在中国高校科技期刊研究会举办的首届中国高校科技期刊优秀网站评比中，《北京联合大学学报》网站被评为优秀网站。

（张波）

【市级科研机构——生物活性物质与功能食品北京市重点实验室年度研究情况】 生物活性物质与功能食品北京市重点实验室成立于2001年，以研究食品与人类健康关系为主要内容，以研究食品保健功能为重点，组成实验室特色。2011年实验室主任姜招峰教授，学术队伍44人。其中教授17人，副教授16人；博士 27 人,硕士 10 人。现有实验室 4000 余平方米,拥有多台大型、先进的仪器设备,总计价值 4000 余万元(50 万元以上大型仪器设备 18 台)。

2011 年,重点实验室承担国家自然科学基金项目 1 项,国家林业局项目 1 项,北京市自然科学基金项目 2 项,北京市属市管高等学校人才强教深化计划"创新团队项目"1 项,北京市属市管高等学校"高层次人才计划"项目 1 项,市教委科技发展计划面上项目 3 项。

2011 年,共发表科研论文 65 篇,其中 CSCD 论文 40 篇,核心期刊 10 篇。

(张波)

【市级科研机构——北京学研究基地年度研究情况】 北京学研究基地是 2004 年 9 月获批的首批北京市哲学社会科学研究基地之一,是以成立于 1998 年的北京联合大学北京学研究所为核心,整合校内外研究力量,以"立足北京、研究北京、服务北京"为宗旨,以"地域性、综合性、应用性、开放性"为特色的市级跨学科研究平台。主要研究方向是:北京文化与城市精神内涵挖掘、北京文化遗产保护与传承研究、北京城乡发展与建设研究。2008 年 6 月,张宝秀教授接任张妙弟教授,担任基地主任。北京学研究基地每年举办一次北京学学术年会、一次国际或全国性学术研讨会,每年出版一部《北京学研究报告》和《北京学研究》文集,并负责《北京社科年鉴》"北京学"栏目的编写。此外,还与北京社会主义学院、北京经济社会发展研究会、北京地理学会等兄弟单位合作举办"北京文化论坛"等其他学术活动。

2011 年,北京学基地共承担国家自然科学基金项目 2 项,国家社科基金特别委托项目子项目 1 项,北京市哲学社会科学规划项目 3 项,北京市委组织部优秀人才培养资助项目 4 项,北京市教育委员会社科计划面上项目 2 项,北京市旅游发展委员会项目 1 项,北京市社会科学界联合会青年社科人才资助项目 1 项。

2011 年,共发表学术论文 77 篇,其中 CSSCI 论文 8 篇,CSCD 论文 3 篇,核心期刊 3 篇,会议论文 27 篇。

(张波)

【市级科研机构——北京市政治文明建设研究中心年度研究情况】 2004 年 4 月,学校与北京市人大常委会联合成立国内首家人民代表大会制度的专门研究机构——人民代表大会制度研究所。2006 年,依托人民代表大会制度研究所建立北京市政治文明建设研究中心。现有专职研究人员 6 名,其中正高职称人员 4 名,副高职称人员 1 名,博士学位人员 4 名。同时聘有高层专家、学者、实际工作者担任顾问、特约研究员和特约观察员。2011 年 3 月,徐永利教授接任席文启教授,担任中心负责人。

2011 年,北京市政治文明建设研究中心承担北京市哲学规划办公室项目 1 项,北京市社科规划办项目 1 项,北京市人大理论研究会项目 2 项,北京市人大项目 1 项,北京市人大常委会理论研究会项目 1 项,北京市教委人才强教项目 1 项。

2011 年,共发表学术论文 19 篇,其中 CSSCI 论文 4 篇。

(张波)

【市级科研机构——北京市信息服务工程重点实验室年度研究情况】 北京市信息服务工程重点实验室被北京市教育委员会和北京市科技委员会于 2010 年 9 月联合认定为市级科研机构,实验室主任鲍泓教授。重点实验室下设"信息技术研究所""微电子应用技术研究所""可靠性检测与传感网技术研究所""可靠性检测与传感网技术研究所"以及"互联网应用创新平台示范基地""数字化技术创新基地""数字化技术创新基地""网络虚拟实验技术中心"等多个研究所和研究平台。实验室专兼职人员包括教授 16 人,副教授 30 人,主要依托北京联合大学信息学院、自动化学院、实训中心等,拥有可用于研究生教学与培养的实验室总面积 2000 平方米,仪器设备总值 1500 万元,其中,万元以上仪器设备 117 台(件)。2011 年,北京市信息服务工程重点实验室共承担北京市教委面上项目 2 项《基于语义相似度的领域数字资源即时集成技术研究》《概念语义相似度和相关度计算研究》,发表 SCI 论文《Concept Vector for Similarity Measurement based on Hierarchical Domain Structure》等多篇高水平学术论文。

(张波)

国际交流与合作工作

【概况】 国际交流合作处是北京联合大学执行涉外政策,协调国际交流与合作事务的职能部门,主要职责是:负责学校与国外高校在校际层面的日常接触和沟通,并根据学校的教学与科研需要,和国外大学探讨合作事宜;策划、协调并安排国外代表团来访事宜的校际交流协议的起草和协商;校际交流协议框架下的教员、学生交流;校级代表团出访的联络和安排事宜;相关国际会议的筹备;外专外教的聘请工作及规划指导全校留学生工作。

2011年，共有来自5个国家和地区的9个校级团组共计23人次来访；院校级因公出国(境)、因公赴台团组38个，153人次；新(续)签协议13个；共招收来自37个国家的长短期留学生1678人次，其中在读本科生780人次，长期语言生475人次，短期语言生423人次；共招收来自2个国家和地区的9名孔子学院奖学金获得者；聘请长期外专7人，短期外专11人次；通过各种校际交流渠道，共派出108名交换生赴3个国家或地区进行学习。

（王安琪）

【校、院级因公出国(境)、因公赴台情况】

序号	出访团组名称	出访人数	出访目的	在外停留天数
1	北京联合大学赴美国小组	4	参加三国会议并宣读论文	6
2	北京联合大学赴加拿大、美国小组	4	随团执行“美国国际教育工作者协会(NAFSA)第63届年会”任务	10
3	特殊教育学院赴香港小组	1	参加行政长官卓越教学奖顾问评审团会议	3
4	特殊教育学院赴希腊小组	1	参加特奥会，并对特奥会项目及其科研进行观摩研究	5
5	北京联合大学赴比利时、德国、英国小组	4	访问合作院校，商讨教育交流合作项目	12
6	北京联合大学赴法国、西班牙、葡萄牙小组	5	校际交流，商讨教育交流合作事宜	12
7	北京联合大学赴瑞典、瑞士小组	5	校际交流，商讨教育交流合作项目	10
8	旅游学院赴香港小组	4	就旅游高等院校职业分级教改模式等内容进行深入研究	4
9	应用文理学院赴马来西亚小组	1	参加农业研讨会，并为邀请方在自然肥料、杀菌剂等方面做技术指导	6
10	旅游学院赴日本小组	5	参加第十三届多曼南卡文化节的活动	6
11	北京联合大学赴美国、墨西哥小组	4	随团参加21世纪中国高等教育展	12
12	北京联合大学赴英国小组	5	参加荣誉博士授予仪式，商讨两校进一步的合作事宜，并看望学生	6
13	北京联合大学赴德国小组	4	校际交流，商讨研究生项目评估事宜等	6
14	北京联合大学赴俄罗斯、捷克小组	6	校际交流，商讨教育交流合作项目	10
15	北京联合大学赴韩国小组	6	访问，商讨教育交流合作事宜	6
16	北京联合大学赴澳大利亚、新西兰小组	4	校际交流，商讨教育交流合作事宜	10
17	广告学院赴香港小组	4	就文化与创意艺术系学科建设与专业课程设置情况等进行交流	6
18	旅游学院赴瑞士小组	4	进行酒店专业职业分级教育的调研及交流活动	6
19	北京联合大学赴蒙古小组	4	校际交流，商讨教育交流合作事宜	4
20	北京联合大学赴柬埔寨、菲律宾小组	5	校际交流，商讨教育交流合作项目	8
21	文理学院赴台湾小组	1	参加会议并发言	6
22	生化学院赴台湾小组	1	访问学者	150
23	旅游学院赴台湾小组	8	校际交流	11
24	北京联合大学赴台湾小组	6	校际交流	10
25	北京联合大学赴台湾小组	8	校际交流	12
26	北京联合大学赴台湾小组	4	学术交流	12
27	旅游学院赴台湾小组	1	参加会议并发言	8
28	生化学院赴台湾小组	1	带学生交流	15
29	信息学院赴台湾小组	1	学术交流	8
30	北京联合大学赴台湾小组	1	讲学	20
31	管理学院赴台湾小组	2	学术交流	30
32	北京联合大学赴台湾小组	1	校际合作	8
33	北京联合大学赴台湾小组	15	校际交流	12
34	北京联合大学赴台湾小组	9	学术交流	12
35	特教学院赴台湾小组	1	随团参会	9
36	文理学院赴台湾小组	1	随团参会	7
37	北京联合大学赴台湾小组	10	参加会议	8
38	管理学院赴台湾小组	2	交流研修	30

（王晓婷　张占婷）

【外事接待情况】

序号	来访时间	来访单位及人员	来访人数	来访目的	参与接待人员
1	6月14日	英国西苏格兰大学校长	5	商务学院与英国西苏格兰大学第一届国际学术交流会	付晨光、顾志良等
2	9月16日	美国西藤山大学校长	2	商讨教师交换项目和远程教学项目	柳贡慧等
3	10月13日	西班牙纳瓦拉公立大学副校长	4	商讨合作培养学士、硕士项目以及教师交流项目	徐永利、支芬和等
4	11月21日	英国安格利亚鲁金斯大学副校长	2	商讨双方就专业认证、课程匹配	付晨光、杨鹏等
5	11月21日	英国西苏格兰大学副校长	2	商讨国际培训中心1+1项目、联合培养硕士项目及中外合作办学项目	鲍泓、张建林等
6	11月21日	台湾建国科技大学校长	2	商讨教师互派、深层次学生交流、合作科研项目	黄先开等
7	11月25日	台湾建国科技大学副校长	1	商讨合作科研，开展合作教学项目	付晨光等
8	12月14日	美国纽约州立大学韩国分校副校长	2	商讨交换学生、硕士层次联合培养以及博士合作项目	周志成、李哲英等
9	12月22日	韩国首尔市立大学副校长	3	商讨科研、高等次学生培养项目	徐永利等
共计9个团组，23人次					

（王晓婷）

【与8个国家的13所院校签署新的协议】

序号	签约院校名称	时间	国别	合作领域	签约人
1	威斯敏斯特大学	3月15日	英国	备忘录	Professor Geoffrey Petts（校长）、柳贡慧
2	首尔市立大学	4月2日	韩国	学术合作、学生交换	Nahm Keebom(副校长)、黄先开
3	布鲁塞尔自由大学	4月27日	比利时	合作协议	Prof. dr. P. De Knop(校长)、柳贡慧
4	谢菲尔德哈勒姆大学	5月25日	英国	备忘录	Prof. Cliff Allan(副校长)、柳贡慧
5	纳瓦拉公立大学	6月20日	西班牙	合作协议	Javier Casali Sarasibar（副校长）、徐永利
6	萨拉戈萨大学	7月27日	西班牙	意向书	Jose Antonio Mayoral Murillo（副校长）、徐永利
7	长冈大学	9月10日	日本	合作协议	原阳一郎(校长)、柳贡慧
8	加州州立大学弗雷斯诺分校	6月15日	美国	备忘录	John D. Welty(校长)、William Covino(副校长)、柳贡慧、黄先开
9	埃弗里特社区大学	10月11日	美国	转学分	David Beyer(校长)、黄先开
10	威斯敏斯特学院	10月17日	美国	备忘录	Dr. George B. Forsythe（校长）、Dr. Carolyn Perry(副校长兼教务长)、柳贡慧、黄先开
11	高立德大学	11月18日	美国	合作协议、备忘录	Dr. T. Alan Hurwitz(校长)、徐永利
12	圣彼得堡国立服务与济大学	11月18日	俄罗斯	合作协议	А. Д. Викторов(校长)、徐永利
13	南山大学	12月26日	日本	留学生推荐协议	ミカエル.カルマノ(校长)、徐永利

注：统计数据不包括港澳台

（王安琪）

【学生交流】 2011 年，同国（境）外多所院校开展学生交换项目，共派出学生 26 人次。

北京联合大学 2011 年春季交换生情况汇总（除港澳台）

序号	派出学校	国别	人数
1	首尔市立大学	韩国	4
2	建国大学	韩国	4
3	恩波利亚大学	美国	3
总计	3 所院校	2 个国别	11

北京联合大学 2011 年秋季交换生情况汇总（除港澳台）

序号	派出学校	国别	人数
1	首尔市立大学	韩国	3
2	建国大学	韩国	2
3	加州大学河滨分校	美国	4
4	恩波利亚大学	美国	6
总计	4 所院校	2 个国别	15

（王安琪）

【引智工作】 引智工作是学校的重点工作之一，外国专家已经成为学校课程设置改革、英文版本课程设置的制定与修改以及对外交流合作的拓展工作等的重要力量之一。2011 年，学校聘请的 12 名外国专家，为学校各院系开设了 12 门专业课程，包括 DSP 技术、网络工程、软件设计、国际营销、消费者心理学、西方经济学、国际金融、电子工程等，同时兼顾语言教学。学校的国家级服务外包人才培养试验区，得到了外国专家的大力支持，本年度有 6 名专家投身于试验区工作，取得了很好的成绩。

北京联合大学 2011 年聘请外国专家一览表

序号	专　家	专业领域	国　籍	备　注
1	Marilia Borges Costa	语言学、翻译	巴西	长期外专
2	Colin Osland	金融学	英国	长期外专
3	Hannah Boughston	语言学、翻译	美国	长期外专
4	Florian Benz	经济学	德国	长期外专
5	Thomas Karlsson	语言学、翻译	瑞典	长期外专
6	Aaron Sherwood	文学	美国	长期外专
7	Julian Mintzis	经济学	美国	长期外专
8	Michael Smith	计算机科学	英国	安格利亚鲁斯金大学短期外专
9	Allen Brown	网络技术	英国	安格利亚鲁斯金大学短期外专
10	Atila Alvandpour	ADC 设计技术	瑞典	林雪平大学短期外专
11	Hemani Amed	DSP 技术	瑞典	瑞典皇家理工学院短期外专
12	Don Chisholm	营销学	英国	威斯敏斯特大学短期外专
13	Ciarán ó Catháin	旅游管理	爱尔兰	阿斯隆理工大学短期外专
14	James Roche	制药技术	爱尔兰	阿斯隆理工大学短期外专
15	Backlund James David	心理学	美国	克特兰社区大学短期外专
16	Nicholus Dunn	语言学	美国	天普大学短期外专
17	Mark Buck	语言学	英国	剑桥大学短期外专
18	Mike Thorne	教育学	英国	安格利亚鲁斯金大学短期外专

（刘璟）

【组织参与国际会议】 学校与韩国建国大学、美国加州州立大学弗雷斯诺分校每2年举办1次三国会议，共同商讨3方关心的学术和社会问题。三国会议在中美韩三国已经有了一定的影响，其学术和社会价值已得到社会的广泛承认，并成为学校展示国际形象的重要舞台。

学校每年召开1次北京学国际研讨会，邀请各国家、地区专家商讨城市研究、文化遗产保护等重要问题，为地方学的研究做出了贡献。

学校积极推动教师和学生参加各类型学术会议，与参会学者专家进行交流和沟通，提升师生的国际视野，进一步促进学校的国际化。

(张占婷)

【港澳台事务】 合作学校：学校与港澳台地区高校的往来日益密切，逐步与港台多所高校签署合作协议，开展形式多样的交流合作。

北京联合大学2011年港台合作院校一览表

序号	院校名称	地区	合作内容
1	台北科技大学	台湾	教师互访;合作科研;海峡会
2	高雄师范大学	台湾	教师互访
3	云林科技大学	台湾	学生交流;教师互访
4	华夏技术学院	台湾	教师互访
5	朝阳科技大学	台湾	学生交流;教师互访;合作科研;海峡会
6	岭东科技大学	台湾	教师互访
7	龙华科技大学	台湾	学生交流;教师互访;合作科研;海峡会
8	大华科技大学	台湾	学生交流;教师互访
9	高雄餐旅大学	台湾	学生交流;教师互访
10	中原大学	台湾	学生交流;教师互访;合作科研
11	建国科技大学	台湾	学生交流;教师互访;合作科研;海峡会
12	高雄应用科技大学	台湾	教师互访
13	香港城市大学	香港	学生交流;教师互访
15	香港浸会大学	香港	学生交流
16	香港岭南大学	香港	学生交流

学生交流：学校2006年开始派遣3名交换生赴台湾建国科技大学交流学习，成为大陆高校赴台交流学生的首批高校之一。北京联合大学2011年港澳台在校生51人，其中香港30人、澳门6人、台湾15人。

北京联合大学2011年赴台交流学生一览表

序号	院校名称	人数
1	建国科技大学	34
2	朝阳科技大学	16
3	云林科技大学	9
4	中原大学	5
5	龙华科技大学	15
6	大华科技大学	3
总计82人		

同时每年学校也录取十几名港澳台侨学生，入读学校各个专业。

海峡两岸高等职业(技职)教育学术研讨会：自1999年开始，学校与上海第二工业大学、深圳职业技术学院以及台湾台北科技大学共同发起了海峡两岸高等职业(技职)教育学术研讨会，至2011年年底举办了13届。

历届海峡两岸高等职业(技职)教育学术研讨会承办情况一览表

历届会议	主　　题	承办单位
第一届 1999 北京	面向 21 世纪的高等职业(技职)教育改革与发展	北京联合大学
第二届 2000 台北	技职(高等职业)教育的永续经营与改革	台北科技大学
第三届 2001 深圳	全球化、信息化、高科技背景下的高职(技职)教育的发展	深圳职业技术学院
第四届 2002 上海	合作、变革、发展——现代化进程中的高职(技职)教育	上海第二工业大学
第五届 2003 北京	国际化、现代化、社会化发展中的高等职业(技职)教育	北京联合大学
第六届 2004 彰化	探讨技职教育问题,塑造技职教育新愿景;交流技职教育研究成果;提升技职教育品质	建国科技大学
第七届 2005 深圳	合作与互动:两岸高等技术与职业教育发展的新愿景	深圳职业技术学院
第八届 2006 上海	全球视野 两岸行动——大众化教育进程中高职教育新愿景	上海第二工业大学
第九届 2007 台中	卓越昂扬——两岸技职教育的创新与展望	朝阳科技大学
第十届 2008 北京	挑战与应对——新形势下的两岸应用性(技术与职业)高等教育	北京联合大学
第十一届 2009 深圳	合作与进步——两岸应用性(技术与职业)高等教育的新发展	深圳职业技术学院
第十二届 2010 台北	创新、创意与创业	龙华科技大学
第十三届 2011 上海	变革与发展——全球化趋势下的两岸应用性(技术与职业)高等教育	上海第二工业大学

(张占婷)

【来华留学生教育】 北京联合大学积极引进国外合作院校先进教育资源和国际先进教育教学经验和做法,实施教育国际化和教育本土化有效融合,并通过聘请外国教学专家、本土优秀双语教师开展双语或全英语教学,让学生在校内即可接受到先进的国际化教育。2011 年有留学生 1678 人次在北京联合大学就读。其中,在读本科生:春季 396 人、秋季 384 人;长期语言生:春季 267 人、秋季 208 人;短期语言生:春季 131 人、秋季 292 人。

(杨晓麟)

【孔子学院】 至 2011 年年底,学校与英国威尔士三一圣大卫大学合作的孔子学院共建孔子课堂 2 个。共外派威尔士三一圣大卫大学孔子学院院长 1 人,汉语教师 4 人次。

2011 年,学校共招收孔子奖学金获奖者 9 名,其中 7 名越南留学生,入读学校国际交流学院汉语言文学专业攻读本科;2 名意大利留学生,来学校国际交流学院学习 1 年的汉语。

(杨晓麟)

管理与服务

(王文杰　刘伟光)

1. 校务管理

【概况】 学校校务管理工作主要由党委校长办公室承担。党委校长办公室是校党委、校行政的综合办事机构。下设 5 个科室。工作人员 15 名。

(范宝祥)

【政务服务】 召开了 4 次党委全体委员(扩大)会议。其中第三届二十次全委(扩大)会、第三届十二次全委(扩大)会为寒暑期例行会议,第三届二十一次全委(扩大)会专门通过《北京联合大学"十二五"时期改革和发展规划(报送稿)》、第三届二十三次全委会专门审议表决上报市委教育工委的十八大代表候选人初步人选。召开党委常委会 38 次,涉及议题 189 项。召开校长办公会 23 次,涉及议题 109 项。印发党委常委会《会议纪要》38 期,校长办公会《会议纪要》23 期。会议采用无纸化办公系统,节约会议成本、提高会议效率。

【文书机要工作】 编制印发文件 734 件(带发文字号文件 634 件),其中校党委发文 109 件,学校发文 41 件,党委办公室、校长办公室发文 47 件。全年收非机要文件材料 2019 件,其中校内请示文件 1289 件,上级文件 730 件,年终对公文流转工作做了分析,供校领导了解一年校内请示件的办理和落实情况。负责学校教代会共计 50 件"意见""提案"公文转呈办理工作。收发机要文件 840 件,送领导传阅 4000 次,清退机要文件 46 份,销毁 2011 年机要文件、内部刊物等 1.03 吨。完成 2010 年度行政文件立卷归档 38 卷,共 3384 页。

(刘凤娥　李静　李珊珊)

【信息调研工作】 编辑校内信息刊物 4 种,其中新闻性刊物 2 种,内参性刊物 2 种。围绕学校中心工作,采集、整理信息,及时发布学校事业改革和发展情况,开展调查研究,刊印有问题、有分析、有建议的内参性刊物。全年共制发《联大信息》88期,《北京联合大学简报》21期,《参阅资料》55期,《北京联合大学简报(增刊)》编发33期。上述刊物校领导批示11期。及时向上级有关单位报送相关信息,《北京教育信息》刊登学校信息2条,分别是"我校与对外经贸大学签署战略合作框架协议""我校多举措促进产学研合作"。参阅资料发放范围扩大至学院党政领导一把手。

(王文杰　荣芳倩　李静)

【校友工作】 5月,为应届毕业生制作下发8800个校友联系卡和毕业纪念章。7—8月暑假期间,校友会联手各学院学生工作部门组织在校生对毕业10年和20年校友进行访谈,访谈校友89人,访谈报告登载于学校校友会网站上;自动化学院制作了《恰同学少年》的校友访谈录。

为纪念建校33周年,10月18日学校在北四环校区举办主要由毕业10年和20年校友代表参加的座谈会,13名校友到会;校党委书记、校友会会长徐永利,校党委副书记、校友会常务副会长周志成,副校长、校友会秘书长张连城出席座谈会。除了座谈会,校友会办公室还写了《母校为你骄傲》的祝福信,通过邮局和电子邮箱寄送给100余位重要校友。

接受捐赠:接受北京SMC教育基金会捐赠6000元,按捐赠方意愿用于机电学院开展资助品学兼优、家庭困难的学生完成学业;接受北京昌平中小企业信用促进协会捐赠3万元,按捐赠方意愿用于校学生工作部门资助家庭经济困难新生。

(刘朝生　白瑞霞)

【信访工作】 接待信访118件,包括来信、来访、书记校长信箱邮件等,其中转出信访件8件,已完结72件,接待群体上访8次,重访缠访17件,安排校领导信访接待日38次,已完结案件占信访总量65%。

(王淑颖　孔庆来)

【印信管理与使用】 全年共加盖校级印章22 471份。新刻制"北京联合大学北京市信息服务工程重点实验室"印章,更新"北京联合大学学生处""中国共产主义青年团北京联合大学委员会"印章,发布公章启用通知2份。发布《北京联合大学印章管理规定》,在全校范围内开展印章清理整顿工作,进一步明确印章管理标准,将责任落实到人,增强印章管理的风险防范意识,维护学校利益。按规定做好法人证书、组织机构代码年检工作,发放法人证书及组织机构代码证复印件322份,为相关人员出具介绍信91份。

(王淑颖　孔庆来)

【综合事务】 安排42个周次的校领导工作安排,近1400项工作;统筹安排会议室使用1200余次;主办或协调组织安排新年团拜会、新生运动会等大型会议和活动20余场次;接待兄弟院校、企业、政府机关、事业单位来访共计近40场次;安排校24小时行政值班,假期及敏感期安排实行多重值班,即值班室值班、校领导带值班、学校办公室人员值班、学生或后勤等部门视情况值班;完成2011/2012学年初高等教育学校统计报表和中专报表的组织填报和工作;对学校礼品管理入库清点、登记领取、及时转账、适时更新;编制新版《北京联合大学通讯手册》。

(王淑颖　孔庆来　张赫　刘凤娥)

【法务及公开工作】 总结"五五"普法期间学校法制建设工作,北京联合大学获由中共中央宣传部和中华人民共和国司法部联合颁发的国家级奖励——"2006—2010年全国法制宣传教育先进单位"。向市教委《北京教育法治动态》投稿,共被其收录法宣动态7条。接受市司法局和市教委委托,组织"青春船长·法制起航"学生志愿服务活动的志愿者报名、选送工作。编辑制作《北京联合大学法制培训(2011)——著作权法》培训手册。举办北京联合大学"12.4"法制宣传日系列活动之著作权法培训讲座。配合学校有关部门处理各类诉讼、劳动仲裁案件10起。接待、解答各类法律咨询45次,涉及校内外人员200余名。按照上级工作部署,积极推进党务公开、校务公开工作,发布《北京联合大学党务公开实施方案》(京联党〔2011〕53号)及相关配套文件。

(王淑颖　王石磊)

2. 人事管理

【概况】 人事处下设人事科、师资科、劳资科、综合科4个科室,分别负责人事日常管理、师资队伍建设、薪酬和处内外工作的综合协调等工作。2011年,人事处认真贯彻落实学校2010年人才工作会议精神,坚持人事工作为教学服务,为教职工服务,为学校大局服务的方针,从人事调配、师资队伍建设、合同管理、薪资保险制度改革等方面,做好人事管理工作,进一步加强师资管理建设,不断提高人事工作的科学性。

(刘欣)

【机构设置】 校机关设置机构20个:党委(校长)办公室、组织部(统战部)、宣传部、纪检监察部办公室、学生处(武装部)、离退休人员工作处、教务处、人事处、科研处、财务处、审计处、经管与合作办、保卫处、国际交流合作处、行政管理处、基建处、国有资产管理处、招生就业处、研究生处、高职处。

党群团组织3个:机关直属党委(机关总支)办公室、校工会、校团委。

设置学院(校区)16个:应用文理学院、师范学院、商务学院、生物化学工程学院、旅游学院、继续教育学院、信息学院、机电学院、自动化学院、管理学院、特殊教育学院、广告学院、应用科技学院、国际交流学院、北苑校区、平谷学院。

直属教学单位 5 个：人文社科部、基础课教学部、公共外语课教学部、电子信息技术实验实训基地、体育教学部(体委合署)。

直属非教学单位 5 个：图书馆、信息网络中心、学报编辑部、培训中心、档案(校史)馆。

校管科研机构 6 个：人民代表大会制度研究所(北京市政治文明建设研究中心)、北京学研究所(北京学研究基地)、应用型高等教育发展研究中心、台湾研究院、功能食品科学技术研究院、北京市信息服务工程重点实验室。

附属单位 2 个：后勤服务公司、门诊部。

(刘欣)

【人员聘用】 至 2011 年 12 月 31 日，学校在编教职工人数为 3296 人，离退休人员为 2235 人。其中专任教师为 1670 人，在专任教师中博士 290 人，硕士 705 人，本科 652 人，专科及以下 23 人。

2011 年新调入 315 人。其中公开招聘 105 人，政策性安置 7 人，企事业单位调入 67 人。新进教职工进入专业技术岗位 241 人，新调入管理岗位 102 人，新调入工勤岗位 1 人。

对全校编制外人员聘用情况进行了摸底统计和情况分析，制定《关于聘用离退休人员的管理办法》(京联人〔2011〕10 号)、《北京联合大学编制外聘用人员管理办法》(京联人〔2011〕14 号)等文件。

(刘欣)

【人员调配】 制定《校本部人事调配管理办法(修订)》(京联人〔2011〕14 号)，对拟调入的人员，规定了教授的年龄在 55 岁以下，副教授的年龄在 40 岁以下。进一步明确学校调入的各类人员的政治、思想品德方面的考察由人事处负责；业务考核以用人部门为主；其中处级干部的考察由组织部负责，人事处协助进行。

根据学校发展建设需要，对部分学院(系部)教学机构进行了调整；根据学校学科专业调整文件要求，对涉及管理学院、应用文理学院、广告学院的 4 个专业 11 名教职工进行了调整；对生物化学工程学院部分人员进行了调剂。

2011 年，校人事处为 13 人办理离职手续。为 7 人办理退休返聘手续。为 21 人办理岗位变动的相关手续。完成涉及 15 个部门 63 人聘用合同的签订、续签、变更、解除与终止工作。

(刘欣)

【师资队伍建设】 人才引进：加强人才队伍建设，制定《北京联合大学人才引进工作实施办法(征求意见稿)》。为学校社科部引进学科带头人，指导二级学院的人才引进，并与旅游学院共同做好旅游学科带头人的引进工作。为引进人才办理审批、落户、兑现待遇等相关工作。

人才培养：对入选市级新世纪百千万人才工程人选的优秀教师在 2010 年开展的专业技术工作、取得科研成果、专业业绩、培训进修和学术技术交流活动等情况进行了梳理和总结；推荐 38 名骨干教师参加国内外访学、双语教师培训。遴选 10 名青年骨干教师到清华大学、北京外国语大学、北京师范大学、人民大学等重点高校的教师发展基地参加研修。完成第四批双师素质教师资格认定工作，经过专家评审，共有 35 人被认定为具有双师素质资格的教师。至 2011 年 12 月，全校双师素质教师已达到 260 余名。

人才强教计划：2011 年，56 名教师获得市教委人才强校计划人才资助项目。同时，完成 2009 年批准资助的 8 支校级创新团队，7 名校级创新人才，46 名校级中青年骨干教师的结题验收工作。

师资培训：依托教师培训学校，组织校(院)机关职能部门正科级干部共 100 名参加培训；对 118 名青年骨干教师加强培训力度；完成 2011 年新进教师的系列培训工作。强化青年优秀教师教学培育计划实施力度，以立项的形式为全校青年教师教学基本功大赛选出的每名优秀培育对象配备指导教师 2 名，首批遴选出的 10 名青年教师均已配备了导师。

留学资助：全年推荐 56 人参加留学人员择优资助、留学人员创新创业特别贡献奖以及第五批海外高层次人才申报和选拔工作。

(刘欣)

【专业技术职务晋升】 2011 年，制定《北京联合大学专业技术职务晋升聘任必备条件补充意见》(京联人〔2011〕11 号)和《专业技术职务晋升聘任实施方案》(京联人〔2011〕12 号)。学校新增教授 27 人，研究员 3 人(不含教育管理)，教育管理岗位研究员 2 人，正高级职务比例由 2010 年的 10.1% 提升至 2011 年的 12.1%。

(刘欣)

【工资福利】 工资改革：根据学校绩效工资改革的思路，提出学校新的绩效工资方案并进行详细的测算，制定《北京联合大学关于 2011 年教职工绩效工资岗位津贴调整的意见》，在保持绩效工资项目的构成体系、绩效工资岗位津贴级差比例、绩效工资的发放规定不变的前提下，调整各个岗位津贴的标准，全校各副局级学院绩效工资岗位津贴实行统一标准。

工资晋升：根据国家工资政策规定，依据考核结果完成在职 3000 多人的薪级晋升工作，以及新参加工作人员转正定级、新聘人员岗位工资确定等工作。

福利发放：制定《关于提高昌平校区郊区津贴的意见》(京联人办〔2011〕2 号)，提高昌平校区教职工的郊区津贴，同时加强对应用科技学院、广告学院内的所属人员的考勤与日常工作管理、加强了昌平校区学院干部值班制度的落实。

(刘欣)

【离退休与社会保险工作】 根据国家政策规定，学校认真执行有关退休政策，按时办理56人到龄退休的相关手续，对新退休人员的工资待遇情况解释到人，切实保障退休职工对工资的知情权。依据上级要求，按时完成退休人员1102人增加补贴的工作。完成工资年报、劳动用工年报、财务处预算与决算等各相关统计报表工作。

根据北京市劳动和社会保障局、朝阳区社保中心的安排，对全体教职工和临时人员2200人进行了2010年工资收入统计、计算工作，按时完成2011度社会保险基数的核定工作。及时调整农民工养老保险缴费基数。组织并完成全校在职人员1615人与退休人员1102人参加2012年医疗保险的信息采集工作。加强与下属用人单位联系，及时掌握编外人员异动情况，及时为其缴纳社会保险并办理相关手续。

(刘欣)

【编制外人员管理】 加强编制外人员用工管理。在全校试行劳务派遣编制外用工管理方式，对132位编制外人员进行劳务派遣。

(刘欣)

【档案管理与年度考核】 对2011年新入职人员档案共73卷进行分类、装订，对2010年已经整理分类但未编号的87名入职人员档案进行续装订。同时，对至2010年，涉及902名干部和156名工人的散材料入档装订。梳理并接收特殊教育学院222位教职工的合同档案。

2011年，教职工参加考核人员3241人，其中获得优秀等次为427人，合格等次为2814人。未参加考核为55人。

(刘欣)

3. 财务管理

【概况】 财务管理工作主要包含学校预算资金管理、校园卡充值管理。校财务处负责管理全校的预算资金运行、校本部财务核算工作、指导副局级学院财务具体运行业务。

学校财务处下设校级资金管理科，主要负责全校的预算资金运行管理；设立卡务中心，主要负责全校校园卡发行、商户接入、资金结算等工作；设立核算一科、二科、预决算管理科、综合科。2011年末财务人员34人，其中在职人员30人，外聘人员4人。主要负责校本部预算资金管理及会计核算工作。依据《事业单位财务规则》《高等学校财务制度》的有关规定，实行“统一领导、分级核算、集中决算”的财务管理体制。2011年重点加强了学校的财务制度建设、预算资金管理、财务服务环境等方面工作，并取得了一定的成效。当年，特殊教育学院财务并入校本部，财务处配合完成校长离任审计工作。

(毕玉兰)

【财务收支状况】 2011年学校事业收入总额121 225.81万元，比2010年增加13 550.10万元，增长幅度为12.58%。2011年学校事业支出总额115 050.06万元，比2010年增加10 629.88万元，增长幅度为10.18%。2011年末学校固定资产总额为151 699.29万元，比2010年增加6490.17万元，增长幅度为4.47%。

(毕玉兰)

北京联合大学2011年总收入结构对比分析表　　单位：万元

收入项目	2011年	占总收入比重	2010年	占总收入比重	本年比上年增减额	本年比上年增减百分比(%)
运算栏次	1	2	3	4	5=1−3	6=5/3
收入合计	121 225.81	100.00%	107 675.70	100.00%	13 550.10	12.58%
一、财政拨款	97 536.12	80.46%	85 448.08	79.36%	12 088.04	14.15%
其中：基本经费	74 051.48	61.09%	63 643.20	67.52%	10 408.28	16.35%
项目经费	23 412.68	19.31%	17 938.70	9.01%	5473.98	30.51%
其中：教育事业费支持的基本建设经费	7255.00	5.98%	—		7255.00	100.00%
基本建设经费	71.96	0.06%	3866.18		−3794.22	−98.14%
二、事业收入	19 318.24	15.94%	18 824.22	17.48%	494.02	2.62%
其中：学费	15 879.99	13.10%	15 809.99		70.00	0.44%
住宿费	1886.91	1.56%	1357.90		529.01	38.96%
三、经营收入	3479.65	2.87%	2814.67	2.61%	664.98	23.63%
其中：横向科研收入	1093.53	0.90%	571.46		522.07	91.36%
四、附属单位缴款	86.99	0.07%	57.36	0.05%	29.63	51.66%

北京联合大学2011年总支出结构对比分析表 单位：万元

支出项目	2011年	占总支出比重	2010年	占总支出比重	本年比上年增减额	本年比上年增减百分比(%)
运算栏次	1	2	3	4	5=1−3	6=5/3
支出合计	115 050.06	100.00%	104 420.18	100.00%	10 629.88	10.18%
一、基本支出	97 062.12	84.37%	78 723.33	75.39%	18 338.79	23.30%
(一）人员支出	62 958.46	54.72%	54 664.76	52.35%	8293.69	15.17%
1. 工资福利支出	35 629.33	30.97%	32 468.93	31.09%	3160.40	9.73%
2. 对个人和家庭的补助支出	27 329.12	23.75%	22 195.83	21.26%	5133.29	23.13%
(二）公用支出	34 103.66	29.64%	24 058.57	23.04%	10 045.09	41.75%
1. 商品服务支出	29 119.50	25.31%	19 406.81	18.59%	9712.68	50.05%
2. 其他资本性支出	4984.16	4.33%	2190.91	2.10%	2793.25	127.49%
3. 债务利息支出	0.00	0.00%	2460.84	2.36%	−2460.84	−100.00%
二、项目支出	14 159.52	12.31%	22 679.82	21.72%	−8520.30	−37.57%
1. 工资福利支出	0.00	0.00%	0.00	0.00%	0.00	0.00%
2. 对个人和家庭的补助支出	123.81	0.11%	33.40	0.03%	90.41	270.69%
3. 商品服务支出	9300.18	8.08%	12 312.57	11.79%	−3012.40	−24.47%
4. 其他资本性支出	3885.94	3.38%	4007.09	3.84%	−121.14	−3.02%
5. 债务利息支出	0.00	0.00%	0.00	0.00%	0.00	0.00%
6. 基本建设	849.59	0.74%	6326.76	6.06%	−5477.17	−86.57%
7. 其他支出	0.00	0.00%	0.00	0.00%	0.00	0.00%
三、经营支出	3479.65	3.02%	2814.67	2.70%	664.98	23.63%
其中：横向科研支出	659.67	0.57%	378.46	0.36%	281.21	74.30%
四、对附属单位补助支出	0.00	0.00%	0.00	0.00%	0.00	0.00%
五、专款支出	348.77	0.30%	202.36	0.19%	146.41	72.35%

【财务制度建设】 为贯彻落实市委、市政府关于制止奢侈浪费行为、精简会议的有关规定，出台了《北京联合大学会议费管理办法》。为了适应学校管理需要，修订了《北京联合大学校本部经费审批权限管理暂行办法》。

（李淑芳）

【预(决)算管理工作】 3月，完成并下达学校预算方案。2011年财政预算在总盘子不变的前提下，优化正常经费和项目经费结构，压缩了项目经费额度，适当提高了生均定额拨款标准以及教学、科研提高经费的拨款定额标准；2011年财政供养的车辆费用由单拨经费改为费用并入到生均定额中。2011年，学校校级预算总体上保持以往预算分配的基本格局，全校统筹经费比例维持在24%。在总体经费缩减的情况下，全校预算精简节约，保证运转，办公经费原则不增、校内专项经费原则上不新增项目，用结余资金安排学校的重大发展项目、集中财力办理关乎民生、关乎学校发展的大事。

7月，组织2012年财政专项申报工作；10月，完成2012年部门预算申报工作；12月，组织2011年学校财务决算编报工作；完成2009年4个财政项目的绩效考评工作，全部获得优秀。

（毕玉兰）

【会计核算工作】 加强服务意识、创新服务方式、提高财务运行效率。为便于师生员工清晰财务相关规定及流程，出台了校本部《财务报账手册》；为提供高效、快捷的服务手段，开通了“网上预约报账系统”和“无现金报账系统”，同时将天翼财务系统升级到4.2版本，细化财务核算工作。

（张艳秋）

【收费管理工作】 规范学校收费管理，严格执行收费政策，梳理学校学费、住宿费标准执行情况，将特殊教育学院、昌平校区的住宿费纳入学校收费管理范围、完成新办专业学费收费备案工作；完成了非税票据年检及收费检查工作。

（李淑芳）

【校园卡卡务管理工作】 2011年，校卡务中心进一步理顺工作机制，在特殊教育学院完成并入校本部工作后，配合信息网络中心一卡通平台建设，将特殊教育学院纳入全校一卡通结算系统管理。在2009年校本部圈存机试点的基础上，2011年下半年正式启动了全校圈存机部署工作，分别在各法人学院、机电学院白家庄校区以及昌平校区布设共计20台圈存机,为学生提供便利的充值条件,进一步推动全校一卡通建设。同时,为提升服务能力,自2011年起,卡务中心利用暑假期间自行完成对新生校园卡的制作,确保新生在入学报到时就能领取并使用校园卡。

(王颖)

【获奖情况】 在2010年决算编报工作中被市教委评为先进单位。2011年,在市属高校预算编制评价中得分90.58,获第一名。

(李淑芳)

4. 资产管理

【概况】 国有资产管理处内设招投标管理办公室、资产管理办公室、采购中心3个科级部门,在岗在编13人。主要负责对全校资产、房产、采购招投标工作进行管理和监督,并制定完善相关具体管理办法和规定;校本部资产购置审批工作、校本部零星采购的审批、审核、采购等日常管理工作;校本部房屋、土地、职工宿舍的产权登记等日常管理,以及校本部教职工住房补贴、教职工住房公积金、供暖费和物业费报销的管理。

7月,原国有资产管理处处长刘明连调任师范学院国资处处长;原财务处副处长肖富宁调任国有资产管理处处长。

(贾艳飞)

【资产清查工作】 3月,召开全校资产清查工作会,在全校各单位开展2011年资产清查工作。至2011年12月31日,全校在账固定资产总值15.17亿元,其中房屋构筑物5.8亿元,仪器设备7.6亿元。2011年新增固定资产9640.3万元,报废固定资产2818.82万元。

(贾艳飞)

【采购招标工作】 至2011年11月底,全年采购立项项目91个,预算金额10 048.905万元。有效招标项目77个,预算金额8651.68万元,中标金额8308.2817万元,资金利用率96%。

(贾艳飞)

【房产管理工作】 完成2011年住房补贴发放工作,完成3212名职工的数据审核工作,补贴资金约1.8亿元,同时完成全校补报汇总工作5066万元,1480人次。完成住用部队住房职工的住房情况复核工作并上报。

解决康居房历史遗留问题,收集准备资料,筹备为南湖东园102号楼20套、石佛营西里44号楼4套、常秀家园小区17套职工住宅康居房办理房产证。

(贾艳飞)

【资产动态管理系统上线】 9月,完成北京市教委统一部署的北京市属高校资产动态管理系统的上线运行,对全校的系统管理员和资产管理员进行系统技术培训,并按教委进度要求在新系统中进行业务操作,系统建设进入"财务系统对账"功能模块实现阶段。

10月,完成财务VPN专网搭建,并根据市教委统一安排,完成网闸设备的部署,实现动态资产管理系统与财务系统对接,完成资产动态管理系统对账功能模块的调试。

(贾艳飞)

5. 审计工作

【概况】 审计处是学校执行内部审计监督的职能部门,共有审计人员13名,其中专职人员4名,学院兼职人员9名。其主要职责是依据国家法律、法规对学校及所属单位财务收支、经济活动的真实、合法和效益进行独立监督与评价。2011年开展的主要工作包括工程项目预算和结算审计、领导干部经济责任审计、科研审签、配合审计单位审计等。

(李丹)

【工程预结算审计】 完成工程预算审计26项,送审金额5927万元,审减金额480万元;完成工程结算审计25项,送审金额2045万元,审减金额152万元。

(牛彤)

【经济责任审计】 完成以前年度遗留的13名处级干部经济责任审计,将审计意见反馈给被审计人员及原所在单位和部门。12月6日,召开经济责任审计联席会议,组织部、纪检监察办公室、审计处、财务处、国资处负责人参加会议。会议听取了审计处关于学校2011年处级干部经济责任审计工作情况及近期执行的经济责任审计结果的汇报,并讨论了经济责任审计相关文件的修订稿。

(张健民　李丹)

【业务调研和交流】 3月9日,校纪委书记张楠率审计处赴北京大学学习调研;4月22日,市审计局教育审计处曾晓冬处长应邀来校作题为"做好高校内部审计工作的几个关键问题"的专题讲座;5月20日,审计处组织召开工程项目全过程跟踪审计座谈会,市教委审计处曹永模处长、北京工业大学、首都师范大学、北京工商大学、北京信息科技大学、首都医科大学、北京服装学院、首都经济贸易大学、首都体育学院审计工作负责人和校审计处人员参加座谈会;11月11日,召开2011年审计意见整改落实经验交流会。

(李丹)

【柳贡慧校长任期经济责任审计】 9月22日至11月18日,配合市教委完成柳贡慧同志任北京联合大学校长期间经济责任审计。12月26日,市教委审计处处长曹永模、审计组联络员张未同志一行来校召开柳贡慧校长经济责任审计结果反馈会。

(李丹)

6. 经济管理与合作办学

【概况】 经济管理与合作办学办公室根据市教委和学校的方针政策和工作部署，对学校校办企业、学校经营活动进行指导管理，同时作为学校经济管理委员会、学校大学科技园管委会的下设办公室完成其相关工作，做好昌平校区对外协调服务工作和创收人员管理工作。

（李静文　徐慧）

【校办产业管理】 至2011年年底，北京联合大学校办产业有10家企业。其中由经济管理与合作办学办公室直接管理的6家，包括北京科兴企业管理中心、北京育慧苑商贸中心、北京市佳荣源工贸中心、北京市第三开关厂、北京北联科兴科技孵化器中心5家控股企业及北京汉通科技有限责任公司1家参股企业；由学院管理4家，包括北京新奥都规划设计咨询有限责任公司、北京市旅游书刊服务部、北京千景方圆旅游咨询有限公司、北京联合大学应用文理学院保健食品功能检测中心。校办企业整体运营正常。

学校资产运营公司——北京科兴企业管理中心推进校办、院办企业的规范化建设，完善企业的财务制度、内控制度等规章制度。11月，在经济管理与合作办学办公室、校办企业中开展了“小金库”专项治理全面复查工作。

（徐慧　郑春明）

【创收人员管理】 共有创收人员13人。完成创收任务催收、催缴及服务工作，研究创收人员管理政策。

（王春梅）

【经营活动管理】 规范学校商户的经营活动，管理校本部3家商户，加强消防安全宣传力度，每逢节假日前均对学校经营商户进行消防安全大检查，针对检查发现的安全隐患，提出限期整改建议，同时与商户签订《北京联合大学商户安全管理责任书》。

（孙莉）

【昌平校区工作】 完成昌平校区租赁谈判协议的签订，处理协议执行中出现的各种问题，做好租赁协议执行保障、租赁协议的补充约定和方案及相关事宜协调工作；协调解决学校同昌平校区出租方之间的问题，做好昌平校区的安置与协调服务工作。协调解决昌平校区学院之间、学院与校本部有关部门之间、学校同智慧园之间的工作。2011年4月，北京联合大学同北京涉外经济专修学院签订昌平校区《补充协议》。

（李静文）

【大学科技园】 11月，注册成立科技孵化公司——北京北联科兴科技孵化器中心，作为学校科技园管理公司。在学校经济管理委员会的指导下进行企业化运作，办公地点设在应用文理学院。

作为中关村国家自主创新示范区股权与分红权激励改革试点单位，中关村国家自主创新示范区股权激励改革试点工作组同意北京联合大学的股权与分红权改革试点方案，以科技成果收益分成方式对做出突出贡献的科技人员进行激励。这标志着科技园建设工作又向前迈了一大步。

（李静文　刘琳）

【经济管理委员会】 为推进学校经济管理规范化及产业规范化建设，加强对学校经营性资产的统筹和管理，强化学校企业风险管控，加强廉政风险防范，学校经济管理委员会于2011年11月9—10日召开工作会议，讨论新一届经济管理委员会的职责、性质和如何落实北京市教委相关文件。

（李静文）

7. 基本建设

【概况】 学校基本建设管理工作由基建处承担，基建处下设规划预算科和工程管理科。主要工作有制定基建制度、基建工程项目立项申报、组织工程项目招投标、工程实施管理、竣工验收等管理职能。校长助理李志祺兼基建处处长。

（李志祺）

【学校总体规划】 依据“市规函〔2011〕792号”文件和“京教函〔2010〕683号”开展北四环校区校园规划和建设工作。重点为根据批复的总体规划，推进北四环校区综合楼一期（旅游学院综合实训楼）、体育中心综合楼项目实施。依据市规划委“2011规复函字0111号”，推进应用文理学院学生宿舍楼建设和第二教学楼的立项申报。

（李志祺）

【体育中心综合楼工程开工】 2011年9月，北京联合大学建校以来的第一座体育馆建筑破土动工，项目总面积约1.8万平方米，总投资规模约9000万元，集篮球馆、网球馆、体育教学用房、生活福利设施于一体。该项目分两期建设，地下一期工程立项批准文号“朝发改〔2011〕245号”、规划许可证号“2011规（朝）建字0094号”。地上二期工程立项批准文号“朝发改〔2012〕241号”。该项目由北京筑诚天元建筑设计有限公司设计、北京建工双兴建筑工程有限公司施工、鑫城建设监理公司监理。

（李志祺）

【北四环校区综合楼一期工程（旅游学院综合实训楼）开工】 2011年10月，联大建校以来单体面积最大的一栋建筑——北四环校区综合楼一期工程（旅游学院综合实训楼）动工建设。项目总面积3.5万平方米，总投资额约1.8亿元，全部为教室、实习实训室。

项目立项批准文号“京发改〔2011〕983号”，规划许可证号“2011规（朝）建字0121号”。项目由清华大学建筑设计院有限公司设计、中铁建设集团北京公司施工、北京京盛工程监理公司监理。该项目是北京市2010—2012三年高校基建规划首批14个项目之一，也是14个项目中规模最大的一个。

(李志祺)

【盆儿胡同校区改造项目开工】 2011年8月初开始进行联大盆儿胡同校区改造。该校区之前闲置多年，一直未能为联大教学工作发挥较大作用。此次改造，累计投资约2800万元(含市财政抗震加固专项经费1800万元)，改造校舍约1.2万平方米，改造后，其将成为一个功能基本齐备、设施完善的校区。

(李志祺)

【北京联合大学特殊教育学院改扩建项目竣工】 该项目于2009年10月动工建设，至2011年5月基本竣工。该项目由政府全额投资，总投资1.3亿元。项目实施历经约2年，总建筑面积28 140平方米，包括综合实训楼一栋，约1.9万平方米；宿舍楼一栋，约9000平方米。项目实施后，特教学院所在的蒲黄榆校区成为联大众多分校区中首个全面改善了办学条件的校区。

项目规划许可证号“2009规建字0169号”。

项目由清华大学建筑设计院有限公司设计、北京城建建设公司施工、北京蔷薇工程监理公司监理、泛华建设集团公司代建。

(李志祺)

8. 后勤管理

【概况】 行政管理处2011年有职工19人，其中事业编制在职人员10人，事业编制内退人员8人，非在编合同制1人。下设校园管理科、工程管理科，另设后勤党总支。主要工作内容：校园修缮改造、资源调配、计划生育、控烟工作、公务用车问题治理、党建及其他工作。

(黄巍　黎松炎)

【修缮改造】 2011年，共完成小营校区食堂改造、小营校区实验楼防水工程、昌平校区篮球场建设、白家庄校区学生宿舍改造、蒲黄榆校区食堂及部分基础设施建设、校本部教授用房改造及家具配置工程等83项工程。

(黄巍　王怀军)

【资源调配】 协助完成自动化学院物流专业实验室改造，将实验楼1001房间和自动化学院北A楼和北D楼两个房间置换；解决校组织部挂职锻炼干部住宿的问题；改造北A楼309房间，解决校工会和基建处用房紧张问题；协调解决蒲黄榆校区司机班用房问题；协调解决基础部办公用房问题。

(叶继萱)

【计划生育】 2011年，计划生育率、晚婚晚育率均达到100%；全年计划生育日常接待500余人次，发放独生子女父母一次性奖励81 600元，发放独生子女费、奶费583人，始发托补52人，停发托补41人，办理教职工婚育证明76份，办理学生婚育证明166份，上报大屯计生办、市教委计生部门相关计生报表12份；组织签订全校计划生育责任书；全面统计各学院计划生育兼职人员、校本部计划生育宣传员基本情况；全面整理清查校本部育龄人员的基本情况，形成动态管理机制；规范教职工入校、离校计划生育手续，规范领取生育服务证、领取独生子女证、独生子女奖励等各项计划生育工作程序，简化学生离校计划生育证明手续。

(黎松炎)

【控烟工作】 制定《北京联合大学公共场所禁止吸烟的暂行规定》(京联发〔2011〕14号)，出台了《北京联合大学参与“控烟行动”创建“无烟校园”实施方案》，成立控烟工作领导小组，联合相关部门开展校园控烟巡查，组织学院及相关部门接受北京市无烟学校督导组先后3次检查，在2011年12月的市控烟工作效果评估检查中小营校区、昌平校区分别获得100分、97分的优异成绩。

(叶继萱　黎松炎)

【公务用车】 制定《北京联合大学校本部公务用车管理办法》(京联行〔2012〕1号)，出台《北京联合大学公务用车问题专项治理工作方案》，成立北京联合大学公务用车问题专项治理工作领导小组，汇总、核实并上报了全校123辆公务用车详细报表及相关情况说明，撰写了公务用车问题小结。

(黎松炎)

【党建工作】 2011年收缴党费19 899元，发展党员4人，预备党员转正6人，党组织关系转入11人，转出7人，上报机直党委相关报表6份；组织总支全体党员按时完成12学时的在线学习任务；组织总支全体党员积极参加学校“唱红歌、温党史”活动，获得三等奖；组织总支全体党员和积极分子赴西柏坡和狼牙山接受革命传统教育和爱国主义教育；组织党员开展反邪教教育活动；组织党员参加“共产党员献爱心”活动，共向北京市献爱心捐款2533元，向学校教职工爱心互助基金会捐款3977元。

(周运　黎松炎)

【其他工作】 献血：组织自动化学院学生献血，共有500名同学报名，经体检后，有248名身体合格的学生进行了献血。

新生接站：2011年8月底由行管处老师带队，组织学生志愿者分别到北京西站、北京站、北京南站接送新生约2000人次。

车票订购：2011年办理火车票优惠卡充次约5000人，为学生订火车票2104张。

电梯维保：加强全校特种设备管理，组织维修保养单位对在用的26部电梯进行维护保养，确保电梯安全运行，并顺利通过了一年一度的质监局特种设备年度检验。

空调维保：组织维保单位对校本部所在校区2000余台分体空调和4套中央空调系统进行维护保养，全年维修5000余台次，保养率达到100%，维修保养合格率达到95%。

防汛：制定北京联合大学2011年安全迎汛责任书和迎汛应急预案，成立防汛工作领导小组，并开展了防汛工作自查，及时排除隐患，确保汛期安全。

山区绿化：根据2011年绿化任务指标，组织门头沟区樱桃沟村以资代劳义务植树50 688人/日/次，成活率达到94%，动用人员11 000人，按时完成今年绿化任务；2011年，行政管理处处长黄巍被评为门头沟区全民义务植树先进个人。

（周运　李健　王怀军）

9. 离退休人员服务管理

【概况】　离退休人员工作处负责全校离退休人员服务与管理工作，对校机关、直属单位及处级学院离退休人员进行直接管理，对副局级学院离退休人员进行统筹管理。

2011年，离退休人员工作处深入贯彻落实科学发展观，认真组织政治理论学习，以创先争优活动为契机，开展丰富多彩的主题实践活动，进一步加强离退休干部党支部建设和思想政治建设，不断提高部门服务质量和管理水平。至2011年12月，全校离退休人员共2700人(党员1192人)，其中离休干部124人(党员110人)，退休人员2576人(党员1082人)。党支部数59个(其中离休党支部11个，退休党支部47个，离退休混编党支部1个)。

1月，校本部信息学院、管理学院、自动化学院、机电学院、应用科技学院、广告学院、国际交流学院、行政管理处、北苑校区离退休人员约610人并入校离休退休人员工作处，党组织关系、人事关系一同转入，校本部离退休人员实现了集中管理。校离休退休人员工作处办公室调整，下设两个办公室即：离休工作办公室、退休工作办公室。工作人员由原来的5人调整为8人。9月，特殊教育学院离退休人员104人并入校离休退休人员工作处，党组织关系、人事关系一同转入。离退休人员工作处的工作人员由原来的8人调整为9人。

（闫健美）

【离退休人员服务管理】　4月14日，18—27日，校本部离退休人员共800余人参加了体检。

5月10—11日，校本部退休人员近600余名老同志到怀柔黄花城水长城参加春游活动。

5月29日—6月2日，离休干部及家属47人到平谷教工疗养院休养。期间组织离休干部练唱红色歌曲，游览了金海湖，组织了健康长走活动。

9—12月，对校本部1000余名离退休人员医保信息进行统计、录入、打印及医保卡下发工作。

10月19日，组织校本部离休干部约30余人参观游览了京杭大运河。

10月21—22日，组织校本部退休人员600余人到北宫森林公园秋游。

12月12日，学校制定并下发了《关于贯彻落实〈北京市离退休干部工作领导责任制〉实施细则》(京联党〔2011〕102号)

（李承锋）

【党建工作】　3月23—24日，离休干部党总支在三元香山商务会馆举办党总支委员、支委培训班，主要内容：讨论工作计划；主题党日活动光盘制作；建党90周年系列活动安排。

3月15日，离休干部40人到校活动，校党委副书记付晨光向老同志通报学校情况。

3月31日，校本部退休党总支召开总支扩大会，大会号召退休全体党员认真学习杨善洲同志的先进事迹。

4月20日，离休干部党总支举办“颂党恩抒豪情、讲奉献乐晚年”主题党日活动，离休干部36人参加活动。

5月3日，校本部退休党总支召开学习胡锦涛总书记在庆祝清华大学建校100周年大会上的讲话精神座谈会。

5月24日，召开校本部退休人员校情通报会，校党委副书记付晨光作报告，200余人参加。

5月25日，校离退休人员工作处、离休干部党总支组织离休干部到国家博物馆参观“复兴之路”主题展览。离休干部及家属约35人参加了此次活动。

5—7月，校本部离休干部党总支组织开展“七个一”活动，即：开展创先争优活动评选一次先进基层党组织和优秀共产党员；搞一次专题党日活动——“颂党恩抒豪情、摆亮点学先进”；举办一次老党员风采展；参观一次国家博物馆——复兴之路展览；举办一次书画展；召开一次纪念大会；为每人拍一张纪念照片。

6月13—15日，校本部退休党总支举办退休党总支委员、支部书记培训会，并赴西安等地参观。

6月28日，离休退休人员工作处、离休干部党总支共同举办离休干部纪念中国共产党建党90周年大会，校本部30余名离休干部到校参加活动。校党委副书记付晨光、校纪委书记张楠出席大会并讲话。

6月30日，校本部退休党总支举办“庆祝建党90周年”知识竞赛活动，有200余名退休党员参加了此次活动。

7月1日，校本部退休党总支组织召开退休局级干部纪念建党90周年座谈会。

9月9日，退休局级支部召开庆祝教师节座谈会。校党委书记徐永利、党委副书记付晨光参加了座谈会。

11月15—17日，离休干部党总支在景明园举办党员培训班，总支副书记胡静萍同志做学习动员。

11月25日，召开校本部退休党总支支部书记、支委培训会。

12月，离休干部党总支组织的“颂党恩抒豪情、摆亮点学先进”主题活动光盘荣获北京教育系统离退休干部党支部优秀主题党日评选活动三等奖。

(闫健美)

【关工委、老教协工作】　3月25日，校关心下一代工作委员会(简称：关工委)召开《老兵心声》赠书仪式。北京大学关工委副主任岳素兰代表北京市教育系统关工委出席并发言。

5月，离退休人员工作处、校老教育工作者协会(简称：老教协)参加市委教育工委举办的“浓墨重彩颂党恩”北京教育系统老同志庆祝建党90周年书画展。校老教协荣获最佳组织奖。

6月20日，校离退休人员工作处、校关工委、校老教协及各学院老教协分会共同举办联大退休教职工知党、爱党、颂党、坚决跟党走，纪念建党90周年暨“纵情欢歌唱给党”演唱会。

6月24日，管理学院的姚书华、特教学院的李正深被评为北京市委教育工作委员会“关心下一代优秀特邀党建组织员”。

6月28日，在校老干部活动室举办“浓墨重彩颂党恩”联大离退休教职工书画展活动，共有34人参展，展出作品42件。

12月30日老教协夕阳红演出小分队到朝阳区北皋北京东方综合养老院慰问演出。

(陶静怡)

10. 机关党务

【概况】　机关和直属单位党委负责机关和直属单位的思想建设、组织建设、作风建设、制度建设和党风廉政建设。至2011年12月31日，机关和直属单位党委共有9个党总支、4个直属党支部、85个基层党支部、1162名党员以及12名预备党员。

2011年机直党委在学校党委的领导下，以邓小平理论、“三个代表”重要思想和科学发展观为指导，以提高自身建设为动力，以贯彻落实学校中心工作为重点，依靠机直各总支(直属支部)、各支部、各单位和各部门的共同努力，积极开展纪念建党90周年系列活动以及创先争优活动，不断推进机关和直属单位的党的建设。

(王艳平)

【创先争优活动】　校党委创先争优活动启动后，机直党委召开专题会议，传达会议精神，进行具体部署。建立组织机构，提出具体实施方案，明确党总支、党支部书记为第一责任人。

各支部采取集中学习、分组讨论、个人自学等多种形式，认真学习领会活动实施意见和活动方案，并以多种形式组织开展“创先争优，从我做起”主题实践活动。如组织部党支部围绕“提高工作效率，提供优异服务”，召开说感想、谈认识主题支部会，对加强和改进当前工作作风、方法等问题进行深入的讨论。国资处、行管处、经合办党支部赴北京市腐乳科普展馆进行参观，联合开展“传承文化、科技创新”主题党日活动。图书馆党总支开展共产党员“五个一”活动，取得了良好成效。体育部党支部结合体育部体优生难管理的问题，开展了党员一对一帮扶体育特长生的活动。门诊部党支部通过健康教育、讲座、健康指导、健康咨询等方式开展“健康幸福工程”服务月活动，受到教职工和师生的普遍欢迎。基础部党总支针对中青年教师多的特点，结合期中教学检查工作，组织开展了基于“听、查、谈、赛、奖、建”六字方案的教学练兵项目，展示了青年教师的风采，促进技能和素质的提高。离退休党总支积极开展“颂党恩抒豪情、添光彩乐晚年”主题活动，“颂党恩抒豪情、摆亮点学先进”优秀主题党日活动。

机直党委通过树立典型，学习宣传身边先进人物的模范事迹。组织党员收听收看“为你而歌”电视片；组织学习北京大学高松同志以及西坝河社区叶如陵同志等优秀共产党员的先进事迹，做好网上投票的工作并开展“学先进、谈体会”专题活动；召开以“贯彻胡锦涛总书记七一讲话精神”为主题的表彰大会，对在教学、管理、服务工作中做出了积极贡献的先进集体和个人进行了表彰。评选出校“十佳党支部”2个；先进基层党组织4个；优秀共产党员11名；优秀党务工作者4名。其中1人获市级优秀共产党员称号，1人光荣入选北京市“双先双百”先进人物，1人获市级教育先锋服务育人先进个人。在基层党组织中形成了学习先进、崇尚先进、争当先进的良好风气和生动局面，并激发了教职工的工作热情。在为爱心互助基金捐款、“共产党员献爱心”等送温暖活动中，多数群众、统战人士也踊跃参与，奉献爱心，共捐助7万余元。

(王艳平)

【作风建设】　9月，机直党委开展机关作风建设调研活动，通过发放调查问卷，召开专题会议、座谈会、研讨会等形式对机关作风状况进行调研。12月1日，机直党委召开机关作风建设工作会议，通报机关作风调研情况。财务处、教务处、党校办、人事处、国有资产管理处、行政管理处党支部先后就今年本支部作风建设情况进行汇报。

各党支部、各部门各单位都以“效率为先、质量为先”为主旨，以增强责任意识、创新意识、系统意识3个意识为抓手，以把握好思想武装和提高教职工积极性为重点。围绕学校“十二五”规划，制定具体的工作思路和举措，通过优化流程、完善制度、提高科研业务水平、转变服务态度等方式进一步提高工作效率和工作质量。招生就业处支部实现网上预报到，减少人力、物力投入；以新生数据管理系统为重点开展招生管理工作流程优化工作。教务处成立教学服务中心，为教师、学生和家长提供“一站式”服务，并实行“首问负责制”；在教学楼一层改造和装修教师休息室，使教师在上课之余，感受到温馨的氛围和学校的关怀；开发建设家长促学系统，充分发挥家长的监督作用。党校办鼓励创新思维，结合工作实际，针对具体问题进行探讨和研究，人人有课题，人人搞科研，大大促进了业务水平的提升等。

（王艳平）

【组织建设】 开展基层党组织建设调研：3月，通过召开座谈会、工作研讨会、调查问卷等形式开展基层党组织建设调研。认真分析党建工作中存在的重点薄弱环节与问题，结合实际提出加强和改进党建工作的有效措施。做好基础部党总支物理党支部和离休党总支“十佳党支部”创建支部中期检查工作。

指导党支部换届：为便于工作，切实发挥支部战斗堡垒作用，对基层党组织作进一步调整、充实、健全和完善，指导合并调整5个党支部，新建4个党支部。

做好发展党员工作：2011年发展党员10名，14名预备党员转正。组织12名入党积极分子党课学习，并为其颁发结业证书。

（王艳平）

【其他工作】 认真做好老干部工作；及时了解和掌握民主党派成员、无党派人士思想动态，召开统战人士座谈会，为学校“十二五”规划的制定建言献策；做好政工职称评审，党员组织关系转接，党费收缴、管理和使用，党内半年统计等常规工作。

（王艳平）

11. 信息网络

【概况】 学校信息网络中心作为校公共服务体系的重要组成部分，全面负责学校网络基础设施和信息化规划、建设、管理、运行及技术支持与服务，下设网络部、信息部及数据资源中心3个科级单位。

2011年，北京联合大学信息化工作坚持以对教学与科研服务为核心，着力强调服务意识，以关注细节为有力抓手，重点完成了校园网升级拓展，网络信息安全防控体系构建，网站群系统建设，数据资源中心建设，规范制度流程等工作。突出信息化应用、服务和效益，提升信息网络管理服务水平。

（薛鹏）

【校园网建设】 基础网络专项建设：陆续完成特教学院园区网建设项目、校园网绿色上网工程项目、双清校区园区网建设及骨干光缆扩容、昌平校区新建实训楼网络系统建设工程，提升网络基础设施的总体服务与管理水平。此外，完成市教委对学校UPS系统升级改造工程项目绩效考评，申报2012年财政专项——继续教育学院校区园区网建设工程。

“一卡通”服务拓展：3—12月，特教学院“一卡通”系统、双清校区“一卡通”系统、商务学院及文理学院教工食堂售饭系统先后建成。同时部署特教学院图书馆“一卡通”快速通道系统、协助校园卡服务中心和图书馆等部门完成校园卡应用系统建设。

网络服务：应用针对多种会议环境进行的“一卡通”松耦合，且用C/S结构方式陆续完成会议考勤系统完善升级；以FTP平台为契机，继续推进分级式管理模式，强化资源建设，使用效果良好。

（曹东亚　王晓震　金培莉）

【网络信息安全防控】 信息系统安全等级保护：依照上级精神，陆续完成学校信息系统安全等级保护全面自查、定级系统差距比对与整改、拟订学校信息安全规划等事项。10月，细致筹备信息系统安全等级保护汇报，并于11月2日顺利通过了市公安局与市教委联合检查。

绿色上网工程：8—10月，启动并完成学校绿色上网工程，抑制企图对学校校园网络的恶意攻击，为正常浏览访问和邮件传递提供保障，使校园网正常连通运行。

信息资源安全：改进新进人员上网账号的开通登记、存储备份、日常维护与备份、机房监控与视频会议系统维护等。9月，在信息网络中心办公系统中建立“资源需求申请”和“数据恢复申请”两个工作流程，并于11月引入学校审计处办公流程中。

（曹东亚　王晓震　薛鹏）

【信息化应用服务】 校院间网络信息整合：3—9月，先后完成旅游学院上网认证系统升级且并入学校统一管理；旅游学院信息平台纳入学校OA办公信息管理系统等系列工作，实现学校所有学院校内信息平台集中化管理。

校园网络服务周：9月19日起，采用信息网络中心网络部牵头、其他部门协助的运作方式开展了历时一月有余的网络服务周活动。服务周活动采用现场解疑、校园网服务满意度调查问卷等多种形式。活动覆盖校本部、旅游学院、昌平校区、蒲黄榆校区、白家庄校区、应用文理学院、商务学院、师范学院共计8个校区。活动期间现场处理用户网络故障上百件，有详细记录并经确认的70余件；发放问卷6379份，回收5954份；采集活动照片304张，视频光盘1张，撰写新闻稿件

7篇。

内外网一体化网站群建设：3月起，信息网络中心分批完成学校职能部门及部分学院共计53个站点建设、学校中英文主页建设、国际交流学院英文版网站建设等。在此成果上，2011年11月启动信息聚合平台建设项目。

网络学堂应用：为提高网络学堂使用效率，与教务处联合组织各教学部门完成课程的科学梳理；在网络学堂中开设专栏支持学校通识教育30门必修课程的网络化建设；实施网络学堂与正方教务系统、点播系统的整合开发，提升资源利用率与价值。至11月底，学堂访问量近40万次、上传课件容量已达366GB。与纪检监察办公室合作，建设廉洁从政在线知识学习及测试的平台，完成试题的导入和初始化配置，支持400多名副处以上领导干部的在线答题，并导出整理答题结果。

信息门户平台建设：在信息门户平台平稳应用基础上，持续挖掘服务师生的多种路径：增加班车路线、校历、电话表等日常信息查询，教师、学生等各类报表的统计分析，以及"我的信息"模块等。

业务系统服务：支持正方教务系统的建设，提供网络资源和必要的服务器运行环境；支持学工系统的建设，协助学生处进行系统升级工作，提供硬件服务器资源等；协助审计处开发审计项目管理系统；参与自主研发新生报到系统等。同时，新增托管网站共计12个，且确保了各业务系统的正常运行。

搭建负载均衡设备：12月，测试负载均衡设备，并进行功能比较等选型工作。对购买的A10负载均衡设备，进行上架安装调试工作，实现对多个应用服务的负载均衡，包括：网络学堂、网站群、信息门户平台。

新生入学宣传片：完成新生教育短片脚本编撰。从制定讲稿到录音、视频宣传片的编辑及合成、特效与渲染，最终制成长度为10分钟的宣传短片。片中介绍了关于学校基本校园网络环境、入网须知、申请邮箱、校园"一卡通"、网络学堂等内容。

(白丽媛　焦婧　薛鹏)

【数据资源服务】 数据资源中心建设：完成数据资源中心一期建设总体方案设计；实现与教务、人事、科研数据的同步和数据申请处理的科学化管理。确保数据完整性、一致性、有序性、共享性及可管性。

数据资源专项：实施两个专项建设工程。一是校园网数据中心存储扩容升级改造工程实现对存储资源统一管理，动态分配，且对存储的重要数据实时保护。二是校园网运维服务器更新改造工程，项目完成后将提高设备利用率，为信息化建设构建节能高效、可用可扩展的虚拟化平台，形成校园内部"云计算"基础平台，为各个应用系统按需提供资源，为校园信息化应用底层系统应用提供弹性服务。这两个项目均为示范校项目。

新生预报到数据服务：自4月启动学校新生预报到服务。服务共处理2011级新生数据8432条，涵盖招生库数据转换、数据分发编学号、数据回收转入预报到、汇总预报到数据分发到各部门、汇总各部门返回数据结果供新生网上查询及现场迎新等。对2011级新生数据进行统计，制作"2011年新生预报到情况统计""2011年新生报到意愿及住宿申请统计"报表等。

(李亚文　于春生　刘丹阳)

【其他工作】 制度流程建设：建立多项涉及网络、信息、数据管理等制度措施，基本实现"每一项业务都能找到可遵循规范"目标。针对重复性高、部门内涉及的协作内容，建立内部管理和师生服务2类共19项流程，增强规范化和专业性水平。

交流学习：2011年，信息网络中心参与技术研讨会议10余次。前往对外经济贸易大学、北京科技大学，清华大学、北京大学以座谈、会议、参观等形式系统地学习调研，搜集积累有价值素材。围绕IT运维、网站群系统、网络学堂等展开培训学习；承担两项北京市一般课题；参与校级教育教学研究与改革项目《基于Bb平台的网络辅助教学过程管理研究》；公开发表论文多篇、与兄弟院校合作出版《教育装备学导论》精品教材。

(薛鹏)

12. 档案管理

【概况】 2011年，北京联合大学档案(校史)馆有工作人员9人，设馆长1人，档案科5人，史志科3人。全馆有3间办公室共89.1平方米，1个文书档案库房92平方米，1个会计档案库房71.5平方米，1个阅档室12平方米，另有1个面积为276平方米的校史展馆(厅)。校本部68个立卷部门，兼职档案员共68人。

档案(校史)馆地下文书、会计档案库房全部采用密集架，人事档案库房使用五节铁皮档案柜；各类库房均配有壁挂式空调机和柜式空调机、自动气体灭火器、温湿度记录仪、感烟探测报警器、安全门禁、防盗监视器、防盗门窗、除湿机、除尘器等安全、清洁设备、设施。档案办公室配备照相机、摄像机、档案专用扫描仪(带软件)、计算机、复印机、传真机等办公设备。

档案(校史)馆统一管理学校各类档案。包括党群、行政、教学、科研、外事、基建、出版物、财会、声像等各种门类和载体档案。至2011年年底，馆藏文书档案43 267万卷(件)(其中永久档案10 475卷，长期档案19 730卷)，会计档案22 469卷，照片档案7978张，光盘档案90盘，校本部撤销单位(部门)的废旧公章440枚。

2011年，档案(校史)馆接收文书档案1489卷。

其中，永久档案 558 卷，长期档案 675 卷；光盘档案 16 盘；提供查（借）档服务 1448 卷次，1340 人次；查（借）阅会计档案 1908 卷次，55 人次；复印档案材料 293 页，编制档案全引目录 13 册。

（张琳）

【档案工作规章制度】 2011 年，档案（校史）馆对原有的校办综合档案室的档案规章制度进行全面清理，针对档案馆建制和档案工作出现的新情况、新特点，淘汰旧的规章制度，修改和新制订 23 项制度，规范 7 项档案工作流程。

（张琳）

【档案搬迁、移库工程】 2011 年，根据学校部署，档案（校史）馆完成文书档案、会计档案移库、搬迁和接收工作。2011 年 1 月，完成近 4 万卷文书档案移库、搬迁工作。4 月、6 月、9 月先后与学校财务部门进行 2 万多卷财会档案的清点、交接工作以及 100 节财务档案柜的搬迁、移库工作。完成全部文书档案和会计档案的上架工作。协助学校人事部门完成人事档案库房 42 组五节柜和全部干部人事档案的移库、搬迁工作。

（张琳）

【档案馆库建设】 档案（校史）馆强化新馆库建成后的馆库硬件建设。2011 年，档案库房安装配置消防系统、监控系统、门禁系统、温湿度控制设备等设施。购置密级架、库房登梯、大型复印机、吸尘器、台式电脑、手提电脑、除湿机、碎纸机、打孔机、划纸器、移动硬盘、光盘、档案装具、录音笔、照相机、劳保用品、档案库房防虫、防霉药剂及其他办公用品。

根据文书、财务档案库房布局，对馆藏档案进行整理、排架，张贴明显的馆藏指示标志和安全标识。

定期开展各类档案库房清洁、整理，及时对库区安全隐患（如库区厕所漏水、堵塞，洗手池管道漏水，库房空调漏水等情况）与学校有关部门进行协调，采取有效措施进行修缮和补救。

（张琳）

【编史修志工作】 2011 年 5 月 9 日，完成北京市档案局《北京档案志》的《北京教育志》（初稿）第二轮修志北京联合大学资料的编撰和报送工作，全文撰写 3.3 万字。

5 月 25 日，召开“校志编纂暨校史展陈工作启动会”，全面启动北京联合大学校志编纂和校史展陈工作。

（张琳）

【学习交流】 1 月 18 日，校纪委书记张楠率领学校档案（校史）馆和法人学院档案校史工作人员一行 10 人，赴北京交通大学交流学习。6 月 10 日，北京市地方志办公室副主任、北京史研究会副会长、北京社科规划历史学科专家组成员谭烈飞编审应邀作题为“新方志的编纂”的报告。11 月 22 日，邀请北京教育志编纂委员会办公室主任李晓秋就编修校志的意义及方法作报告；邀请北京交通大学档案馆原馆长张其坤围绕修志的基本知识、篇章设计、资料收集与资料长编作报告。

（张琳）

13. 图书馆

【概况】 2011 年，北京联合大学校本部图书馆馆舍 1.59 万平方米，总馆藏 1 129 342 册。共有职工 64 人，其中在编职工 63 人。具有副高级专业技术职务 3 人。学校图书馆馆长王恒刚、总支书记刘坚力、副馆长王建远。副馆长苏幼香 2011 年 10 月调出。特殊教育学院图书馆 2010 年 11 月并入、广告学院和应用科技学院图书馆 2010 年 12 月并入校本部图书馆，并入后增设蒲黄榆校区图书馆、昌平校区图书馆。此外，图书馆设有流通部、阅览部、采编部、技术部、咨询服务部、资源建设部、办公室、机电分部图书馆等部门。图书馆全年共解答读者咨询近 850 次，完成 100 126 册图书的外借工作，到馆约 20 余万人次。

（蔡虹　陈几香）

【信息服务】 全年制作 2 期电子杂志《阅读汇》。通过生动新颖的画面、图文并茂的形式、丰富灵活的内容组合，宣传图书馆资源、介绍图书馆服务、发布图书馆动态。开展原文传递、馆际互借、虚拟咨询等新型读者服务。通过电子邮件向读者介绍新书、介绍数字资源、推广新型信息服务和信息获取手段。

11 月，首次利用中国知网建设“北京联合大学学科文献信息服务平台”，平台以联大重点学科为一级框架，揭示本校学科文献需求、知名专家学者、科研项目、科研水平等信息，提升了图书馆信息服务的专业性。

（赵源　解燕虹　张宇杰）

【读者服务】 通过推送书目、举办书展等多种形式，开展宣传、推介出版新书的活动，同时采取多种方式开通读者荐书的渠道，包括网上推荐、电子邮箱服务、书目选书、现场选书、直接推荐、电话服务等形式。

为校本部、商务学院、生物化学工程学院师生组织中国知识总库、Springer 期刊全文 、美国《工程索引》等数据平台的专题培训。开展新生入馆教育和为旅游学院老师举办信息资源利用专题讲座。

在 4 月 23 日“世界读书日”，组织策划以“读书·感悟·成长——共享书香、快乐阅读”为主题的服务月活动。设计：“百种好书”推选活动、“喜迎新学期、走进图书馆”有奖猜谜活动、与读者学生社团国学社晨读“国学经典”活动、图书捐献、新书展、馆员培训、读者培训、读者座谈、读者调查、图书漂流、专题沙龙等活动 10 余项，并制作 30 余块宣传展板，发送了 10 余条网络信息和 5000 余封邮件，以提升广大师生对图书馆的认知度。

(高翔　赵源　杨静)

【馆际交流合作】　参加 Emerald 图书馆工作研讨会。分别参观工业大学图书馆和对外经贸大学图书馆并进行工作交流。

举行两场 BALIS 馆际互借现场注册活动。同时还举行了"2011 年度 BALIS 馆际互借/原文传递特色资源与特色服务巡展"活动。

(赵源　沈鑫)

【文献资源建设】　纸质文献资源建设：2011 年，图书采购金额148.7万元，总计入库新书 47 104 册，外文图书 51 册，包括外文期刊 56 种，中文期刊 956 种，报纸 111 种。

电子资源建设：完成 2011 年"教学质量提高项目：图书馆建设——北京联合大学文献资源库建设"的招标采购。招标金额 158.331 5 万元，购买中外文 13 个数据库，其中，KUKE 数字音乐数据库、读秀学术搜索为新增数据库。

举办新书展：4 月，在校本部图书馆举办了"中文图书新书展"和"外文图书荐书展"；9 月 15—27 日，在白家庄校区、蒲黄榆校区、昌平校区，与西单图书大厦联合举办中文新书推荐巡展，共有 2085 种图书展出，请师生现场荐购所需要的图书。

受赠图书：图书馆接收各方面捐赠图书并进行整理和入藏。共接收赠书 136 册。

文献整理：2011 年，学校与诺贝广告艺术培训学校解除合作办学后，对图书进行了资产分割。由诺贝广告艺术培训学校投资购置的 39 294 册，计 72 711 元图书从广告学院资产账中调减。平谷学院图书搬迁，剔除平谷学院账目 18 876 册，78 408.39 元；北苑搬迁报废图书 48 957 册，454 684.05 元；系统注销图书 3840 册，特教学院转入图书 111 481 册。

(高翔　赵源　杨静)

【图书馆自动化建设】　暑期进行核心机房的升级改造工作，改善机房的整体环境，确保业务系统的高效稳定运行，提高电子资源的利用率，提升图书馆的服务水平。扩充存储系统，较好地解决图书馆本地资源存储空间不足的问题，重新安装本地镜像的电子资源。升级 OPAC 检索系统，安装短信平台服务，为读者提供基于手机的图书馆信息服务。升级图书馆自动化系统与一卡通的接口程序，实现了用户数据的自动同步。

(杜建萍)

【队伍建设】　本年度共有 13 人参加"国家图书馆""中国科学院图书馆"组织的培训学习。10 月，全馆召开"综合性大学图书馆学科服务"研讨会。

在 BALIS 馆际互借宣传月总结评选大会上，图书馆荣获了 BALIS 馆际互借集体三等奖，个人二等奖；原文传递宣传月集体三等奖，个人二等奖。

北京高校图工委课题 BGT2010411《服务与公平——高校图书馆为特殊教育群体服务研究》项目结题，评审结果为良好。

(王建远)

14. 后勤服务

【概况】　后勤服务公司下设办公室、财务室 2 个职能部门，按照行业整合的原则设立饮食服务、学宿管理服务、动力维修服务、运输服务、绿化保洁服务、育慧苑商贸 6 个中心。为满足特殊教育学院的需求，特别设立蒲黄榆校区后勤运行服务中心。2011 年，正式接管蒲黄榆校区后勤和应用文理学院食堂；8 月，接管商务学院食堂，在饮食服务中心下设饮食服务中心红领巾桥分中心。

为迎接建党 90 周年，开展"迎接建党 90 周年文明服务月"活动。公司制订出《2011 年教职工膳食指导计划》，在小营、北苑、昌平、白家庄以及学院路等校区食堂，举办以迎"三八"食品展销活动为序幕的美食周活动。

后勤服务公司加强队伍建设，对部分经理、副经理岗位，在校本部范围内严格按照程序进行竞聘，2011 年有 7 名同志竞聘上岗。1 人被北京市教育委员会授予"教育先锋"先进个人荣誉称号；1 人被北京市教育委员会授予北京高校后勤思想政治先进个人荣誉称号；1 人被北京市人民政府首都绿化委员会授予 2011 年度首都绿化美化活动积极分子荣誉称号。

(闫华)

【饮食服务中心】　设办公室、人事部、采购部、食品验收及卫生部。主要负责小营、白家庄、昌平、北苑、蒲黄榆、学院路、双清路、红领巾桥八个校区，共计 11 个食堂的管理服务工作，保证全校近 3 万名师生员工每日三餐的制作和服务。2011 年被评为北京联合大学"十佳党支部"和"先进党支部"，2011 被评为"北京高校后勤先进党组织"。

(闫华)

【学生宿舍管理服务中心】　学校现有公寓 14 栋，分布在小营、北苑、昌平和白家庄 4 个校区，宿舍使用面积 43 834 万平方米，员工 140 余人，为学校 12 000 余名学生提供住宿服务。

(闫华)

【动力维修服务中心】　现有 90 名员工，正式员工 30 名，非在编员工 60 人，党员 11 名，全面负责小营校区及白家庄校区，北苑校区、昌平校区的各项动力设施的管理、运行、养护、维修工作及水电保障和日常维修服务。同时还负责各校区节能管理及日常用水，用电数据统计以及电话的日常维护和维修工作。

(闫华)

【运输服务中心】　对学校机动车辆进行管理，负责车辆的维护保养、运营安全等工作。运输服务中心现拥有大、中、小型机动车 60 余辆，驾驶员近 50 人，主要负责北京联合大学校本部、北苑校区、昌平校区、白家庄校区、蒲黄榆校区等 5 大校区 21 路班车的运营工作，并承担各校区教学、科研以及各项大型活动的用车任务。

（闫华）

【绿化保洁服务中心】 员工 53 人，主要负责北京联合大学校本部、北苑、昌平 3 个校区的绿化保洁服务工作。负责 3 个校区 135 210 平方米的公共环境保洁；负责校本部、北苑两个校区 36 900 平方米绿地、花草、树木的养护；负责校本部、昌平校区 174 间教室、昌平校区 1 个剧场、教工宿舍、招待所的日常保洁，教室开关门及粉笔、黑板擦的配备；负责学校 10 个会议室、2 个报告厅的会议服务及保洁；负责双休日、节假日全校的收发工作。

（闫华）

【蒲黄榆校区后勤运行服务中心】 蒲黄榆校区后勤运行服务中心成立于 2011 年 2 月，隶属北京联合大学校本部后勤服务公司，现有员工 38 人。其服务对象主要是特殊教育学院的广大师生，范围包括宿舍管理、水电运行维修、校园环境保洁、绿化养护等。下设宿舍管理部、运行保障部、校园管理部、综合办公室 4 个部门。

宿舍管理部为校区 800 多名学生提供住宿服务，其中 60％为残障生。运行保障部负责校区 3.5 万多平方米建筑内的水电、各项动力设施的运行管理、维护检修维修工作，浴室用水、用电的保障，电铃、电话管理和维护以及日常维修服务。校园管理部负责校区综合楼、实验楼、宿舍楼及公共环境 32 500 多平方米的卫生，21 间教室的日常保洁、开关门及粉笔、板擦的配备以及 6000 平方米绿地、树木花卉绿植的养护。综合办公室负责中心固定资产管理、宣传、非在编员工人事管理等工作。

（闫华）

【育慧苑商贸中心】 北京联合大学育慧苑商贸中心创办于 1997 年。是独立经营核算，营业执照、税务登记证、卫生许可证齐全，各项规章制度健全，有商品部职责、文明服务制度、考核奖励制度、财务制度的独立核算单位。主要服务于 8 个校区的师生员工，店员 20 人。营业面积 500 多平方米，分设商务学院超市、文理超市、双清超市、昌平店和食堂一层店 5 个门店；以零售业为主，经营商品包括食品饮料、烟酒副食、文体办公用品、日用百货杂货、卫生用品、季节性商品、洁具等。

（闫华）

【其他工作】 后勤服务公司首届职工健身运动会于 4 月 30 日上午在北苑校区运动场举行，校党委书记徐永利、党委副书记兼工会主席付晨光、副校长张连城、古红梅出席本届运动会，公司近 600 名员工参加运动会。

参加校工会组织的庆建党 90 周年红歌赛，《咱们工人有力量》演唱节目荣获本次大赛三等奖。

（闫华）

15．医疗服务

【概况】

北京联合大学门诊部是一所非营利性质的综合门诊部，是北京市医疗保险定点医疗机构，担负全校师生员工日常医疗、预防保健服务及突发公共卫生事件的应急处理工作。门诊部建筑面积 779.45 平方米，现有职工 28 人，其中卫生技术人员 23 人（包括主任医师 2 人、副主任医师 5 人、检验师 2 人、主管药师 2 人、主治医师、主管护师 10 人、医师 1 人、护师 1 人）；其他行政管理及专业技术人员 5 人。门诊部设有内科、外科、中医科、口腔科、妇科、急诊科、预防保健科、西药房、检验科、B 超室、公费医疗办公室等业务科室，全年开展普通门诊、急诊、护理、检验、B 超等医疗技术服务工作。

2011 年，门诊部 22 名医护人员均完成国家级继续医学教育课程的学习并通过年终审核注册，共发表医学论文 5 篇。通过了朝阳区卫生局、朝阳区疾病控制中心、朝阳区防疫站等各种上级业务主管部门组织的各项绩效考核。

（高燕）

【日常医疗服务】 2011 年，门诊部总诊疗人次数为 26 609 人次，护理治疗各类患者 1994 人次。防控传染病例 5 例，隔离疑似水痘病人 4 例。承担 2011 年毕业生体检 4640 人，新生体检 4780 人；承担大一新生 6000 多人军训期间的医疗保障服务工作；配合体检机构完成教职工健康体检 2528 人。

（高燕）

【预防保健和健康教育】 提出门诊部健康管理工作方案。10 月，开展健康幸福工程服务月活动，组织讲座 1 场，中医专家出诊 2 次，到各校区健康咨询服务 4 次，现场为师生健康咨询 100 余人次，测量血压 200 余人次，完善并新建健康档案 1582 份。门诊部免费为教职工举办各种健康知识宣教 5 次。

（高燕）

【公费医疗工作】 2011 年，全校教职工和本科生继续实行“公费医疗”就医政策，高职学生实行“社会医疗保险”政策。2011 年门诊部继续落实药品零差价出售的优惠政策，把实惠让利于师生员工。

（高燕）

党群工作

1. 组织工作

【概况】 至2011年年底,校党委下设二级党委13个,党总支2个,直属党支部1个;共有党总支50个,党支部340个,其中在职教职工党支部187个,教师、学生混合党支部13个,本科生党支部64,研究生党支部3个,混合学生党支部15个,离退休党支部58个。

全校共有党员5518人,其中正式党员4158人,预备党员1360人。在职教职工党员1954人,占在职教职工总数的56.25%,其中35岁以下青年教师党员比例为70.97%;学生党员2310人,占学生总数的8.40%,其中本科生党员2095人,占本科生总数的10.13%,研究生党员32人,占研究生总数的32.65%;离退休党员1219人,其他35人。

全年共发展党员1021人。发展教职工党员40人,发展学生党员981人,其中本科生839人,研究生12人。去年共发展入党积极分子5138人,其中教职工150人,学生4988人。全年共出党3人,取消预备党员资格3人。全校共办理组织关系转出1727人次,转入818人次。

全校共有处级以上干部431人,其中局级干部22人,处级干部409人。处级干部中,正处级163人,副处级246人;女干部202人,占处级干部数的49.39%,45岁以下的164人,35岁以下37人;民主党派15人,无党派33人,党外干部占处级干部数11.74%;具有博士学位的处级干部有51人,具有硕士学位的有166人,具有正高职称的有69人,副高职称的有147人。

2011年,学校组织工作全面贯彻党的第十七届四中、五中、六中全会以及第十九次全国高校党建工作会精神,紧紧围绕学校改革发展的大局,以提高组织工作科学化水平为主线,以纪念建党90周年为契机,深入开展创先争优活动,进一步加强领导班子和干部人才队伍建设。

(李霞)

【继续深入开展创先争优活动】 继续推进"十佳党支部"创建工作,成立两个由校创先争优活动检查指导组、组织部、学生处等相关部门工作人员组成的调研组,3月15—23日,对全校16个二级党组织的基层组织建设进行调研,同时对22个"十佳党支部"创建支部的创建情况进行中期检查。发现问题,总结经验,形成长效机制,启动第二批创建申报工作。组织起草学校"十二五"时期改革和发展规划的党建和思想政治工作部分;10月29日召开创先争优活动第三阶段部署暨组织工作研讨会,总结交流2011年各二级党组织开展创先争优活动情况,对深入开展"提高办学质量促发展、服务人民群众树形象"活动进行部署。

出台《北京联合大学深入开展"提高办学质量促发展、服务人民群众树形象"活动的实施方案》。活动以"服务首都,服务群众"为着重点,与"十佳党支部"创建活动及"健康幸福工程"紧密结合,引导全校各级党组织和广大党员围绕提高办学质量的核心任务、立足"教书育人、管理育人、服务育人"的本职岗位创先争优,进一步提升服务社会、服务师生、服务群众的意识、能力和水平,加快推进首都高等教育事业科学发展,为国家和首都经济社会发展做出更大贡献。

11月9日,市教工委组织处领导到学校调研创先争优活动开展情况给予充分肯定,并对学校今后创先争优工作的开展,特别是"提高办学质量促发展、服务人民群众树形象"活动的开展,给予指导性意见和建议;北京教育系统创先争优办公室刊发专题简报,介绍学校深入开展创先争优活动的做法;入选北京高校入党积极分子"精品一课"2门,党委组织部获得优秀组织奖。

(李霞)

【纪念建党90周年活动】 开展2009—2011年"十佳党支部"、先进基层党组织、优秀共产党员、优秀党务工作者评选表彰活动,共评选出12个"十佳党支部"、27个先进基层党组织、50名优秀共产党员、21名优秀党务工作者,推荐北京高校先进基层党组织、优秀共产党员、优秀党务工作者、北京市优秀基层党建工作创新项目评选,获评北京高校优秀共产党员2名、北京高校优秀党务工作者1名,商务学院《强化学生党支部建设,充分发挥其先进表率作用》荣获北京市优秀党建创新项目;召开纪念建党90周年表彰大会,对评选的先进集体和个人进行表彰;深入开展"双学双比双提高"集中活动周,积极参与百万党员寄心语活动;开展"共产党员献爱心"活动,全校共有2346名共产党员、140名入党积极分子、366名群众、1名民主党派人士进行了捐款,共计向北京市捐献人民币85 466.2元。

(李霞)

【干部人才队伍建设】 出台《干部任免票决制的实施办法》(京联党〔2011〕82号)、《关于规范处级及以上干部外出请假报备制度的通知》(京联党〔2011〕85号)和《北京联合大学干部校内挂职锻炼实施办法(试行)》(京联党〔2011〕88号)等文件,开展竞争上岗1次,5位同志走上处级领导岗位;全年共交流任职处级干部27人,其中提任交流7人;选派7名处级干部到兄弟院校挂职,接收3名校外干部挂职;举办党务政工和工会干部专题培训班,全校111名党务政工和工会干部参加培训，组织15名党务干部赴台湾有关高校考察学习；推荐申报2011年北京市优秀人才培养资助项目个人项目73个，其中有A类项目1个，B类项目3个，C类项目2个，D类项目64个，E类项目2个；开展思想政治工作专业职务资格评审工作，中级评审委员会评审政工师5人，并向高评委推荐高级政工师5人，获批3人。

（李霞）

2. 宣传工作

【概况】 2011年，学校宣传思想文化工作紧密围绕学校改革发展战略大局，以创新宣传思想工作的方式方法为途径，着力营造有利于学校事业和谐发展的舆论氛围；以推进学校的精神文化建设为抓手，着力推进学校核心竞争力的提升；以基础建设为保障，着力打造一支理论素养好、专业化程度高的宣传员队伍；以文化建设为突破，深度打造宣传品牌，全面推进学校宣传思想文化工作上新水品。

党委宣传部是学校党委主管宣传思想文化工作的职能部门。宣传部设2个科室：新闻宣传科和思想教育科，共有在编在职人员7人，其中部长1人，副部长2人，思想教育科1人，新闻宣传科3人。

（史文瑞）

【理论学习】 在校党委直接领导下，本年度校党委中心组共完成15次集中学习（扩大）会，编印《中心组学习参考》4期，依托校报3版开辟的《中心组学习之声》栏目，实现学习前有引领，学习中有收获，学习后有交流的多渠道、立体化的学习模式，全年参与人数达4500余人次。编辑出版《北京联合大学宣传思想工作研究成果》系列丛书，将校院领导的学习心得收录其中，将学习心得成果化、系统化，创造进一步推广和借鉴的条件，实现精神产品实体化。以研修学习为契机，提升学校教职工的理论素养。组织学校教职工积极参加2011年北京高校哲学社会科学教学科研骨干研修班的学习，完成12期共计38人次的组织报名及研修学习工作。组织完成党建和思想政治教育研究课题第五批结题和第六批的立项申报及评审相关工作。共有11项课题结题，15项课题批准立项。完成学校2009—2010年度党建和思想政治工作优秀成果、创新成果申报及评审相关工作。

（史文瑞）

【思想教育】 加强对全校教职工思想状况的收集与分析，把握群众的思想脉搏，把工作做在前头，把矛盾解决在萌芽状态；利用校园网BBS监测系统做好信息收集、矛盾化解和工作引导，抓住"两会"、清华百年校庆、建党90周年、十七届六中全会等契机，以座谈会、邀请专家学者建言评论的形式做好全校教职工的舆论引导工作，全年形成6篇书面报告呈交学校党委和市教委教育工委。在校园网搭建"联大先锋榜""教学科研大家谈""联大新闻直通车"等平台，将思想教育工作联通课堂、实验室和宿舍，使思想工作更加贴近校园、贴近师生、贴近实际。

（史文瑞）

【新闻宣传】 2011年，围绕"发挥好专家学者在学校宣传工作中的优势"的新思考，尝试性开展三项工作：一是抓好观点新闻，在校报、中心组学习参考和校园网上广泛宣传校内专家教授的观点与思想；二是抓好人物访谈，围绕党和国家大政方针和社会热点事件，对学校相关领域的专家学者进行专题访谈，扩大社会影响力；三是依托学科专业优势和文化研究机构的研究优势，注重对文化建设成果转化的宣传报道，重视交叉学科对学生综合素质提升作用的深度挖掘。2011年新闻网全年新闻量3080条，浏览量达到473 241次。

校报刊发多篇特色与深度报道《高校宣传思想文化工作的坚守与创新》《直面文化传承创新的社会使命》《创造条件实现图书馆服务的人性化》《加快学科建设步伐 提高人才培养质量——我校副校长鲍泓就四个一级学科硕士点获批答记者问》《问渠哪得清如许 为有源头活水来——记学校第五届青年教师教学基本功大赛》《大类招生 分级教学 学生自主 多元发展——管理学院经管类人才培养模式创新试验区纪实》《聚焦首都现代服务业 我校大力培养特色专业人才》《规范管理 凸显质量——我校首次校级本科优秀毕业设计（论文）评选公开答辩纪实》《走创新之路 铸"金"字招牌——我校金融学专业"特色"成就核心竞争力》《大力发展研究生教育 奠基联大学科建设》《为了新的跨越》《用我的燃烧 点亮你的未来——走近我校优秀学生辅导员》《绿色军营励青春：我校2011级新生军训纪实》等拉近了新闻报道与师生的距离，实现从"表态式的报道"到"解读式报道"的升华。校宣传部刘永俊撰写的《社区里来了大学生》获得北京高校校报好新闻一等奖、中国高校校报好新闻三等奖。

（史文瑞）

【文化建设】 在认真学习领会《中共中央关于深化文化体制改革、推动社会主义文化大发展大繁荣若干重大问题的决定》和对教育系统提出的工作任务和要求基础上，拟定下发《关于认真学习贯彻党的十七届六中全会精神的通知》，掀起全校学习热潮。通过座谈会、网络等方式广泛征求意见，起草形成《北京联合大学"十二五"时期改革和发展规划文化建设工程实施方案（征求意见稿）》。组织召开学校文化建设研讨会，营造群策群力，探寻学校文化建设有效途径的良好氛围，全力落实好学校"十二五"规划中关于文化建设的具体目标，增强师生员工文化自觉、文化自信和文化自强意识。

(史文瑞)

【建党90周年纪念活动】　学校制订下发《北京联合大学庆祝建党90周年纪念活动方案》,以学习党史助推学校的创先争优活动,推进学校事业发展。组织开展纪念建党90周年主题征文比赛、网络博文比赛和理论研讨会。编辑出版《永远的旗帜——北京联合大学纪念建党90周年论文集》。校党委宣传部最终荣获"北京市纪念建党90周年宣传工作先进集体"荣誉称号。

(史文瑞)

3. 纪检监察工作

【概况】　2011年,学校党委、行政坚持标本兼治、综合治理、惩防并举、注重预防的方针,全面落实党风廉政建设责任制,认真贯彻《中国共产党党员领导干部廉洁从政若干准则》(以下简称《廉政准则》),深入推进廉政风险防控管理,扎实开展各项监督检查,以完善惩防体系为重点的反腐倡廉建设取得新成效,为学校顺利实施"十二五"规划、加快高水平有特色应用型大学建设提供了有力保证。

(欧阳媛　宋秦)

【落实党风廉政建设责任制】　制定学校《2011年党风廉政建设和反腐败工作主要任务分工》,11大类、46项具体任务分解到每位校领导和具体职能部门。11月,组织校党委书记和校长与学院党政"一把手"签订《党风廉政建设责任书》。

11月1—2日,学校党委对党风廉政建设责任制落实情况进行专项检查。在全校自查的基础上,由校党委书记徐永利、党委副书记付晨光、党委副书记周志成、纪委书记张楠任组长,校纪委委员、校有关职能部门负责人和校党风廉政监督员组成的4个检查组,分别对应用文理学院、师范学院、商务学院、生物化学工程学院、旅游学院和继续教育学院6所副局级学院进行了重点抽查。

12月16日,市委教育工委、市教委党风廉政建设责任制领导小组第二检查组来学校检查落实党风廉政建设责任制、推进惩防体系建设任务完成情况。检查组人员有:组长、市委教育工委常务副书记刘建;副组长北京林业大学党委副书记、纪委书记陈天全;北京教育考试院纪委书记张泉利;北京体育大学纪委副书记邢尚杰;成员中国人民大学监察处副处长石德才。学校领导班子全体成员出席会议。检查组召开座谈会,听取相关职能处室负责人和院系领导、教职工和党外人士代表意见和建议,并仔细查阅学校相关工作的文件、制度及档案等支撑材料。检查结束后,检查组向学校主要领导反馈了检查意见。

(欧阳媛　宋秦)

【贯彻执行《廉政准则》】　5月,组织全校副处级及以上领导干部对兼职及从事其他营利性活动情况进行自查,没有发现违规兼职取酬现象。9月,按照市教育纪工委关于《廉政准则》贯彻执行情况专项检查工作要求,全校副处级及以上党员领导干部围绕遵守"八个严禁""52个不准"进行自查自纠。没有发现违规收受礼金问题,违规多占和买卖住房问题,利用职权委托理财或获取内幕消息谋取不正当利益等领导干部廉洁自律方面的突出问题。全校25名局级干部和392名处级干部填写了《北京市党员领导干部遵守〈廉政准则〉承诺书》。11月,学校党委对6个学院学习贯彻执行《廉政准则》的情况进行重点督查。

(欧阳媛　宋秦)

【推进廉政风险防控】　4月26日,校纪委召开廉政风险防控管理工作"回头看"座谈会,纪委书记张楠主持会议,校机关"十大领域"涉及的16个职能处室的负责人到会,就前阶段各部门推进廉政风险防控管理工作的做法、经验和建议进行交流。组织部、基建处、国资处、招就处做重点发言。6月,校纪委对校机关落实学校重大决策部署情况及制度建设执行情况进行检查。11月30日,纪检监察办公室组织6所副局级学院就廉政风险防控管理工作开展的情况和取得的成绩进行汇报和交流。12月15日,校党委理论中心组召开学习(扩大)会,邀请中国石油大学纪委书记刚文哲作题为"高校廉政风险防范管理工作探索与实践"的主题报告

(欧阳媛　宋秦)

【党风廉政宣传教育】　学校制定《党风廉政宣传教育联席会议制度》,通过联席会议平台,校纪检监察办公室、党委组织部、党委宣传部、学生工作部(处)、团委、研究生处、人事处、工会、党校办、科研处、机关党总支等11个单位共同开展党风廉政宣传教育活动。

校纪委以"制度执行年"为主题,在5—6月开展党风廉政宣传教育月活动。结合公务用车、庆典论坛、公款出国(境)、领导干部兼职等方面的党纪政纪要求,纪检监察办公室编印了《廉政准则》学习材料下发,在橱窗张贴"52个不准"挂图。纪检监察办公室与学校网络中心合作在全校处级干部中开展廉洁从政专题学习活动,通过校园网在线答题进行统一测试。351名副处级及以上干部完成了网上测试。纪检监察办公室还与宣传部配合,制作学校党风廉政建设工作成果展橱窗。

(欧阳媛　宋秦)

【重点专项督查】　纪检监察办公室共参与政府采购、基建项目招投标、招生考试、科研、学术、聘任等工作的监察152次。①春季和秋季两次对教育收费情况进行全面自查。4月2日,由冯虹副校长和张楠书记分别担任组长,由校财务处、审计处、纪检监察办公室的同志组成2个检查组,分别对商务学院、继续教育学院以及校本部培训中心、经济管理与合作办学办公室、后勤

服务公司、体育教学部，共2所学院、4个部门的收费项目标准及执行情况进行了检查。②5月，按照上级工作安排，学校制定《北京联合大学2011年“小金库”专项治理工作实施方案》。纪检监察办公室配合校财务处，对“小金库”情况进行全面的复查，要求各部门各单位签订《关于“小金库”治理工作的承诺》。③督促配合其他部门完成上级开展公务用车问题的专项治理任务。④开展庆典、研讨会、论坛过多过滥问题的专项治理，对各学院、各部门举办庆典、研讨会、论坛活动进行统计。⑤7月20日，市纪委、市教委2011年高考招生监督检查工作组检查指导招生录取工作。检查组成员有市纪委常委、市监察局副局长杨小兵，市纪委监察局执法监察室副主任陈继红，特约监察员王玉梅，市教委监察处副处长滕继辉、马光，市纪委监察局执法监察室干部王征。工作汇报会由副校长黄先开主持，校党委书记徐永利，招生就业处处长张伟、副处长权力和校纪委副书记、纪检监察办公室主任欧阳媛参加会议。

（欧阳媛　宋秦）

【信访办理】 全年办理群众信访举报41件，完成3个上级督办信访案件的调查处理上报工作。在市纪委和市教育纪工委领导的指导和支持下，对2位信访人控申的问题进行调查，并答复本人。完成校党委交办的其他调查工作。

（欧阳媛　宋秦）

【其他工作】 9月14日，朝阳区“检校联席”物资采购领域预防职务犯罪工作座谈会在学校召开。朝阳区所属12所高校物资采购、监察部门负责人同朝阳区人民检察院职务犯罪预防处处长武彬就物资采购领域预防职务犯罪进行了交流和研讨。市教育纪工委正处级纪检员谢金松和朝阳区“检校联席”领导小组组长、北京工业大学纪委书记龚裕出席会议并做了重要发言。会议由纪委书记张楠主持。

12月27日，学校党风廉政监督员聘任仪式及离任党风廉政监督员欢送会举行。会议由校纪委副书记、纪检监察办公室主任欧阳媛主持，纪委书记张楠为15名新任监督员颁发了聘书。

（欧阳媛　宋秦）

【队伍建设】 3月17日和9月7—8日，2次召开全校纪检监察工作会议，校纪委委员、各学院主管纪检监察工作的院领导和专兼职纪检监察干部参加会议。全年组织专职纪检监察员参加招投标法律、法规培训，信访工作培训等专项培训共14人次。

（欧阳媛　宋秦）

4. 学生工作

【概况】 2011年，在校党委、校行政的领导下，北京联合大学学生工作深入贯彻落实科学发展观，紧紧围绕学校中心工作，以迎接建党90周年为契机，着力构建学生思想政治教育工作平台；以落实2011版人才培养方案和学习效能提升为抓手，大力推进学风建设；以全面推进学生工作规范化、科学化和精细化建设为目标，着力完善基础制度建设和信息化建设，为提高育人质量提供强有力的支持和保障。

（李娜）

【思想政治教育】 组织学习胡锦涛总书记建党90周年讲话、给北京大学第十二届研究生支教团成员回信精神；开展主旋律电影进校园活动；组织学院开展汶川地震灾后恢复重建主题展览参观工作；组织参观中国国家博物馆《复兴之路》基本陈列；校本部学生赴北京大学参加红色经典音乐会。邀请专家和学者开展形势政策专题报告会，帮助大学生深刻领会党的十七届五中、六中全会精神、全国加强和改进大学生思想政治教育工作座谈会精神。

开展“学党史、颂党魂、创先锋”系列党建活动，通过“党旗在我心中”征文、“党在我心中”党史知识竞赛活动、党史擂台赛、座谈会等多种形式在学生中间宣传党的光辉历史和伟大历程，近万人参加系列活动；举办学生预备党员培训班，邀请中央党校刘海涛教授作首场报告“中国特色社会主义理论体系”；举办首届学生党支部书记培训班；开展“红色1＋1”党支部共建活动，共组织28个学生支部报市委教育工委，并从中遴选出10个支部重点支持，2个支部被评为北京高校红色“1＋1”示范活动三等奖。以新生入学教育为切入点，举办“党在百姓心中”高校巡讲团报告会，大力开展引航工程。

今年全校共有62人获得国家奖学金，914人获得国家励志奖学金；4612人荣获校级奖学金，522名校级三好学生，215名校级优秀学生干部，62个校级先进班集体；同时，33人获新生入学奖，172名毕业生考取研究生。与2010年相比，考研率增长31％；继续开展“十百千万”工程评选活动，共评选出10个学习型学生党支部、63个优良学风班、889个优良学风标兵。商务0801班获北京市“我的班级我的家”学习型优秀班集体评比50强“示范班集体”称号。

通过学生人数清查及辅导员工作进宿舍等措施，建立健全信息报告制度；组织学生学习《北京日报》署名文章《自觉维护社会和谐稳定》和开展主题班会，落实社会突发事件和敏感时期中的安稳工作，建立健全学生危机排查和突发事件的应急处理机制，确保学生安全稳定。

重新修订《学生评优奖励办法》（京联学〔2011〕82号）；重新修订《学生违纪处分条例》（京联学〔2011〕83号），组织召开了学生违纪处分及解除工作；继续加强学生工作信息通报，及时报道了校院学生工作进展和亮点，被《联大信息》采用35篇，《联大简报》4篇；启用学生工作管理信息系统,组织了学院学工系统使用人员培训会。

修订《高职学生医疗保险管理办法》,完成高职生医疗保险参保工作,同时做好学生社保卡发放、二次信息采集、变更医院等医疗保险的相关工作;举行新疆籍少数民族学生饮食工作座谈会,积极与后勤等部门沟通,妥善解决少数民族饮食等方面问题;举行"相聚联大,共迎中秋"外地新生座谈会;为全校2500余名外地新生送中秋节礼物。

召开德育研究会2011年年会,并组成新一届理事会;成立北京联合大学第一届德育工作指导委员会,明确德育工作的领导机构和运行机构。开展调研,对未来5年学校德育工作进行系统谋划。

到5所兄弟高校学习考察;到北京化工大学宣传学校辅导员队伍建设,北京征兵工作会宣传征兵工作;接待北京服装学院、中央电大来校学习交流。开展大学生思想状况调查、学生思想状况与行为特点调查、大学生发展状况调查、大学生宗教价值观调查工作。开展小营校区学生图书馆借阅率调查。

围绕2011版人才培养方案,制订学习效能提升计划以及入学教育、毕业教育、军事技能训练、军事理论、心理素质教育、公益劳动六门课的教学大纲和课程简介,从2011级开始实行。在生物化学工程学院、信息学院、应用科技学院等开展优秀学生导师制试点工作。把新生入学教育月、优良学风月、考风考纪宣传教育月作为学风教育的基础环节和常规工作,科学统筹新生报到工作,加强新生入学教育及毕业教育环节。大力推进"博学讲堂",共举办100多场讲座,与北京学研究基地合作召开8场专题讲座,与国际交流合作处共同举办32场外教英语讲座,与门诊部联合召开健康讲座。隆重召开2010—2011学年学生表彰大会。组织了第五届学生规章制度知识竞赛,广泛开展"共创无烟校园、优化学习环境"活动,制定学校禁烟暂行规定和控烟实施方案,顺利迎接市教委与爱卫会对无烟校园的督导检查。

(宋杰)

【奖助学金工作】 开展资助工作业务培训,规范细化评奖评优的各项程序和报表;注重加强科研能力,2011年,各学院资助管理人员共撰写19篇资助论文。

制定《北京联合大学家庭经济困难学生认定工作的实施办法》(京联学〔2011〕80号);统一规范师范学院、特殊教育学院师范生生活物价补贴标准,制定《北京联合大学学生生活物价补贴管理办法》(京联学〔2011〕81号)。

开通新生入学通道,新生录取通知书中寄送国家资助政策手册介绍相关政策;通过"电话绿色通道"为新生家庭解答疑惑;有421名家庭经济困难新生通过绿色通道办理入学手续,并为146名家庭特别困难新生现场发放价值约3万元的爱心礼包;为197名家庭经济特殊困难新生代付教材费8万余元;与中国联通北京公司合作为全校困难新生免费发放校园天翼手机1300部和价值13万元的充值卡,为218名新生发放冬衣补贴4.36万元。

召开助学贷款合同签署工作会,2011年全校294名学生办理生源地信用助学贷款,564名同学申请校内助学贷款。开展"助学贷款祝你成才"征文活动,评选出75篇优秀征文。

全校评出国家奖学金、国家励志奖学金、国家助学金5742人,资助金额达1958.72万元;今年金隅奖助学金、融信大学生"彩虹"助学金、爱心成就未来助学金共资助170名学生,资助金额达43万元;其他国家专项补贴如一次性伙食、洗澡、饮用水、电话费补贴等,覆盖7382名困难学生共计200.20万元;新疆维吾尔自治区教育厅为学校30名新疆籍少数民族学生发放补贴1.84万元;校内勤工助学总金额超过150万元;加强校爱心超市建设,共有342名家庭经济特殊困难学生凭爱心卡免费领取了生活和学习用品。2011年共有18个资助项目,资助家庭经济困难学生18750人次,平均每名困难学生可以享受3次以上不同的资助项目,人均年资助额4889元。

(尹雪云)

【心理健康工作】 组织开展第九届心理健康节系列活动,邀请北京师范大学心理咨询中心聂振伟举办恋爱专题讲座,先后举办趣味心理定向赛、趣味心理运动会、"首都高校百万大学生阳光心语传递"活动、心理健康主题板报评比活动、主题征文、笑脸征集摄影比赛等宣传教育活动。荣获"北京高校2011年心理健康节"活动最佳参与奖。

完善发展型咨询与障碍性咨询相结合,集体排查、个体咨询、电话咨询、团体辅导相结合的心理咨询与心理辅导体系。完成2次全体学生心理危机排查,排查中共确定150余名重点关注对象,与往年基本持平。中心全年接待来访560余人次,与前3年平均水平相近。

组织编写修订本、专科学生《大学生心理素质教育》课程大纲和课程简介。《大学生心理素质教育类课程体验式教学的研究与实践》荣获北京联合大学优秀教学成果一等奖,"全面推进课程建设,落实心理素质教育主渠道"被评为第二届首都大学生思想政治教育工作实效二等奖,心理素质教育教研室荣获学校高等职业教育优秀教研室,《大学生心理素质训练》评为校级精品教材。完成《大学生心理素质训练》教材第一次修订。组织网络学堂建设培训,为《大学生心理素质教育》课程的网络学堂建设打好基础。

健全"测评—筛查—访谈—干预—跟踪"体系，建立健全学生动态心理档案，全面掌握学生心理状况。全年对20余名心理危机学生成功进行危预，对近6000名新生实施心理健康和人格测试，施测率为100%，畅通班级心理委员—辅导员—心理健康素质教育中心—校医院—专业精神卫生机构的快速危机干预通道。

组织120余人次参加香港大学何敏贤主讲的《积极心理学本土治疗工作坊》、美国艾克曼教授主讲的《心理健康教材使用培训》等培训项目。横向课题结题1项，申请成功2项；申请校级教改课题2项；出版专著1部；发表论文15篇，其中核心9篇，较去年同期增加近一倍。

（晏宁）

【国防教育工作】 学校5700余名新生在北京昌平盛华人才培训中心接受军事技能训练，首次实现全体新生在同一时间、同一个军训基地集中训练；军训首次引入主题化军训，以"我的军人梦"为主题开展了包括征文活动、军歌比赛、演讲比赛、情景演练、国防知识讲座等一系列富有意义的活动；军训还提出了"同心协力育英才"的育人理念。

武装部按照学校2011版培养方案制定了《军事理论》课程大纲，建立《军事理论》课程网络学堂，规范军事理论课教学方案。组织开展校本部7学院及旅游学院、4100人的军事理论课教学，并组织完成了军事理论课考试工作。

选拔出55名学生应征入伍。学校获得北京市"2010年度高校征兵工作先进单位"荣誉称号。

（景琪）

【辅导员队伍建设】 学校从实际出发，出台《关于加强和改进辅导员队伍建设的补充规定》（京联党〔2011〕79号），基本完善了队伍建设的五个发展平台，建立分层次多形式的培训体系。学校联合首都大学生思想政治教育研究中心，邀请著名专家、资深学工部长从宏观理论层面到微观实际操作层面对学校学工队伍进行了系统深入的培训，参与人员达120人。组织近30名辅导员到怀柔红螺湖参加素质拓展培训。学校还选派4人参加教育部思想政治工作司举办的第二十四期全国高校辅导员骨干培训班。组织26人参加了北京市委教育工委举办的辅导员专业化培训班。组织3名新入职辅导员参加市级新入岗辅导员培训，参加首都大学生思想政治教育研究中心科研培训1人。鼓励德育工作者在职进修提高，有2人考取相关专业博士学位。

由学校德育研究会组织申报的5项课题获准2012年度首都大学生思想政治教育课题立项。完成了2010年度首都大学生思想政治教育研究中心的两项支持课题的结题验收，同时通过了2011年度首都大学生思想政治教育研究中心3项支持课题的开题。

学生处从125篇辅导员深度辅导工作案例选出65篇获奖文章，其中一等奖5篇，二等奖10篇，三等奖20篇，优秀奖30篇。

辅导员各团队发表论文共计48篇论文，其中包括10篇核心期刊的论文。另有3本著作出版，1项教育部课题立项，2项校级课题获批，2项横向课题立项。开展团队培训交流活动，思想政治教育团队进行"学习十七届六中全会精神"考察研讨并组织团队成员考察学习中国信息化建设最新成就；大学生职业生涯规划团队组织团队成员参加了KAB创业教育（中国）项目的培训；心理素质教育团队先后3次邀请国（境）内外专家为团队，累计培训人次超过100人次。

（宋杰）

5. 统战工作

【概况】 至2011年年底学校共有民主党派成员136人，覆盖除台盟以外的7个民主党派。其中在职民主党派成员94人。6个民主党派基层组织为民盟联大校本部支部、民盟联大机电学院支部、民盟联大师范学院支部、民盟联大生物化学工程学院支部、民进联大商务学院支部、民进联大师范学院支部。党外高级知识分子328人，其中正高级职称48人，副高级职称280人。

各民主党派人数统计表

民革	民盟	民建	民进	农工党	致公党	九三	合计
9	63	7	26	5	4	22	136

（勇天奇）

【参政议政】 11月，在北京市区县人大换届选举中，学校产生的6名区人大代表，有3名为党外人士担任朝阳区人大代表，分别为师范学院教师、民盟盟员曾泓，机电学院教师、民盟盟员雷红，商务学院教师邵军。

11月，经中国人民政治协商会议北京市海淀区第八届委员会常务委员会第三十八次会议通过，学校电子信息技术实验实训基地副主任、民革党员袁家政为中国人民政治协商会议北京市海淀区第九届委员会委员。

（勇天奇）

【组织召开座谈会】 6月29日，校党委组织召开纪念中国共产党建党90周年党外人士建言献策座谈会。

全校15名党外人士代表参加了座谈。校党委书记徐永利,党委副书记付晨光、周志成,纪委书记张楠出席了会议。与会代表围绕学校"十二五"时期事业发展规划和关于民主党派和无党派代表如何在学校发展中发挥作用两个主题展开座谈。从教学工作、科研工作、学风建设、学校管理等方面提出了意见和建议。校党委书记徐永利在总结讲话中指出校党委要充分认识学校发展面临的形势,要立足学校实际,研究学生,研究教师,解决好学校发展面临的问题。学校党政领导班子要加强内部建设,建设好领导班子队伍,广泛听取党外人士意见,促进学校管理的公开、公正、公平,努力提高教育教学质量和办学水平。

(勇天奇)

【组织外出考察】 7月,为充分发挥统战对象作用,为推动学校统战工作发展,搭建民主党派建言献策共谋学校发展的平台,学校组织民主党派和无党派代表人士赴甘肃联合大学和青海民族大学进行了学习考察。通过考察,了解了两校在民主党派和统一战线工作上好的做法和先进经验,对学校今后加强统战工作将起到很好的推动作用。

(勇天奇)

【其他】 10月,北京市人大代表、九三学社社员、机电学院退休教师李敬去世,校院两级筹备了李敬的遗体告别仪式及相关后事。李敬生病期间,校院领导和统战部门多次探望慰问。

(勇天奇)

6. 保卫工作

【概况】 2011年,安全保卫工作由校党委副书记周志成分工负责,由学校保卫处组织落实。学校保卫处设有治安技防科、消防安全教育科、户籍政保科,并在白家庄校区、昌平校区、北苑校区设置保卫科。2011年2月,特殊教育学院保卫科并入保卫处,组建蒲黄榆校区保卫科。保卫处设有处长1人,副处长4人(其中1人兼任旅游学院保卫处长),科长、副科长11人。截至年底,保卫处保卫人员总数为48人(其中在编职工39人)。北四环校区20人(监控室人4人),昌平校区9人(监控室4人),白家庄校区5人(其中监控室2人),北苑校区7人(其中监控室4人),蒲黄榆校区7人(其中监控室4人)。2011年,学校扎实做好创建平安和谐校园及治安综合治理,完成了"两会"安全保卫工作任务,不断加强制度建设,增强服务意识,提高工作效率,为学校教学、科研和生活提供安全保障。保卫处获得北京市公安局集体嘉奖,常京雨、邱卫军、李赞跃获得个人嘉奖。学校国家安全工作荣获"2011年度首都国家安全工作先进集体",周琨同志荣获"2011年度首都国家安全工作先进个人"。

(陈贵喜)

【维稳工作】 年内学校8次召开安全稳定工作会议,及时传达上级安全稳定会议精神,部署学校安全稳定工作任务。2月20日,学校安全稳定工作会议上部署,针对"茉莉花"革命执行安稳信息"零报告"制度,同时下发《"两会"召开期间学校安全稳定工作预案》。

3月,校、院领导签订安全稳定工作责任书。4月,开展师生基础信息采集和校内不稳定因素及安全隐患的摸排工作,建立防范工作台账。为防范"茉莉花"革命、占领华尔街、南海问题等事端引发师生相关问题,积极加强学校安全防范工作,落实保卫值班工作制,适时启动校内等级防范,维护了校园稳定秩序。

5月29日,传达5月26日北京市首都学校及周边综合治理暨首都高校"平安校园"创建工作动员部署会议精神和6·4敏感期稳定工作会议精神。在前期调研和研讨的基础上,11月,制订下发《北京联合大学"平安校园"创建工作实施方案》(京联党〔2011〕84号)。此外,配合有关部门妥善处置集体上访等事件4起。

(陈贵喜)

【治安防范】 组织开展重点部位和安全防范情况摸底调查,熟悉学校贵重设备资产分布状况;2次开展校内外聘人员、暂住人口大清查,建立、健全工作台账;实施校内高层建筑楼顶平台管控。2月,完成实验楼、办公楼楼顶平台门的维修,落实了锁具专人管理。4月,昌平校区与十三陵派出所配合,在该校区学生中开展禁带管制刀具的教育和清查工作。保卫处组织落实直管校区教育和清查工作。9月,针对新生入学,积极开展防范各类诈骗的教育活动。结合新生报到,组织完成各校区新生入学综合安全教育工作,发放北京市公安局关于预防和打击电信诈骗宣传材料3400余份。加强学生安全防范教育,检查每月结合文保警情通报和学校案发情况,在教学楼、学生宿舍粘贴安全告示。结合宿舍安全隐患排查,实施警示教育进宿舍、进自习室,开展学生贵重物品管理防范面对面警示教育,对宿舍无人贵重物品乱丢乱放的,下发安全保管警示通知单105人。针对学校发案特点,组织实施案件多发部位、多发时间段的治安防范巡查,强化门卫执勤和治安巡逻力度。积极维护学校重大和大型活动的安全秩序,如组织完成教师节庆祝大会(9月9日在国际会议中心召开)、2011级新生报到、2011级新生运动会(10月15日在朝阳体育中心召开),以及例行的英语四、六级等级考试、研究生入学考试等大型活动的安全保卫工作。

10月17日上午,女生宿舍8号楼5024房间(管理学院大一新生)发生重大盗窃案件,丢失笔记本电脑4台(宿舍居住7人,其中3人将电脑锁入铁皮柜内未丢失),经调阅监控录像,发现嫌疑人为一名女生模样校外女子。保卫处实施长期监控，并对学生持有贵重物品安全防范专项检查和教育。

继续加强和深化校园科技创安工作，学校投资140万元，分别完成旅游学院、应用文理学院和校本部小营校区实验楼、教学楼和北院D楼视频监控设备更新和补充。依托视频监控，查获2起盗窃电动自行车案件，为师生查找并发还笔记本电脑2台，手机3部，书包、衣物等40件。

5月26日，组织小营校区、昌平校区、旅游学院保安队技能观摩赛。昌平校区保安队获得第一名。

（陈贵喜）

【消防管理】 5月，完成校院逐级消防安全责任书的签订工作。组织开展全校性的春、秋季消防安全大检查，认真整改火险隐患。保卫处坚持定期检查和经常巡视检查共38次，发现隐患及时督促整改。收缴违规使用电热器具27件。

5月7日，市教育工委、市教委来校开展安全检查，检查组先后检查师范学院、商务学和小营校区消防安全情况，并听取学校汇报。检查组对学校的消防安全管理工作给予充分肯定。

6月，根据上级部署，组织开展全校平安行动和“清剿火灾隐患”专项行动，开展彩钢板建筑排查和专项治理，开展消防设施与器材的标识标牌检查，建立了各校区灭火器配备及维修台账。

9月25日，在盛华新生军训基地，组织开展2011级新生消防安全教育和消防疏散演练活动。

11月，组织开展清剿火患战役暨平安二号行动，进一步深入排查火灾隐患，结合“11·9”消防宣传教育活动，各校区结合自身特点，采取多种形式，系统宣传消防安全知识，检查整改火灾隐患，组织学生宿舍疏散演练，进一步提高师生防范意识和自救能力。广告学院举办消防专题文艺晚会，各校区普遍组织了学生宿舍疏散演练。

继续加强技术防范系统建设，学校投资131万元，完成小营校区实验楼、北A楼、继续教育学院、应用文理学院图书馆、双清路学生宿舍、旅游学院女生宿舍消防自动报警系统建设。投资143万元完成小营校区和白家庄校区综合防雷工程建设，组织监控室值班人员业务知识培训，考核通过率达到100%，实现了值班岗位持证上岗要求。

（陈贵喜）

【交通管理】 2011年开始，教职工机动车入校收费制度停止执行。学校严格机动车入校盘查制度，严控无证车辆进入校园。

（陈贵喜）

【户籍管理】 2011年，学校因新生入学和教职工调入，办理师生入户1003人，因教职工调出、学生毕业户籍转出478人，因丢失补办身份证、购房、结婚等事宜办理户口卡借用手续630人次。

（陈贵喜）

【国家安全和保密工作】 学校加强意识形态领域管理和防范，积极组织开展反邪教宣传教育活动。保卫处积极配合学生部门对师生开展警示教育和引导，举办2次教育讲座，播放教育工委下发的教育光盘，为学生下发宣传教育材料3000余份。

校园网加强值班和监控，及时发现、封堵和删除有害信息。强化“法轮功”防范机制，对在册重点人员实施单位领导帮教责任制。积极开展涉密人员的保密教育，完善涉密重点部门（部位）的安全防范设施建设，涉密部位均安装有防盗门窗、视频监控系统，学校2个保密室存放涉密试卷期间，实施24小时保卫干部值班制度。

（陈贵喜）

【教育培训】 7月18—23日，为推动学校平安校园建设，学习创建工作先进经验，组织各学院保卫工作负责人到吉林大学学习考察；7月26—30日，根据国家安全局部署，2人赴兰州参加国家安全局会议和工作培训。

11月22—26日，组织平安校园创建工作领导小组办公室成员赴江苏省“平安校园”创建工作先进单位南京林业大学和苏州大学考察学习。为更好地推动工作，进一步明确各科室及各岗位工作职责，校保卫处完善了工作考核机制，进一步规范保卫值班、安全检查、隐患台账、工作预案；组织在职干部业务学习培训，6人参加市局保卫干部上岗业务培训，并获得结业证书。

（陈贵喜）

7. 工会、教代会工作

【概况】 2011年，校工会认真贯彻中国工会十五大精神，以维护职工合法权益为核心，本着围绕中心、服务大局的工作宗旨，不断改进、不断提高的工作原则，抓住重点、突破难点、展现亮点，努力促进工会工作整体水平的提高，积极开展工会工作。启动教职工健康幸福工程，通过组织开展系列活动，提升教职工幸福指数；倡导互爱互助的优良传统和美德，继续开展爱心互助基金工程，通过送温暖献爱心活动，增强学校内部凝聚力；努力维护教职工合法权益；加强二级工会的建设和管理，完善二级工会、教代会制度，做好二级工会换届选举和补选指导工作，进一步理顺体制，对二级工会开展活动积极给予经费支持，推进二级工会建设职工之家工作；加强师德建设、积极开展女教职工、青年教师活动，通过组织教学基本功比赛，为青年教师成长搭台、铺路；继续加强学校民主管理，完善校务公开，学校出台了党务工作校务公开的实施细则；大力弘扬先进，促进教职工队伍建设；通过举办丰富多彩的文体活动，丰富教职工的文化生活;继续加强工会自身建设,为教职工提供更多更好的服务。校工会获北京市教育工会“2011年工会工作先进单位”奖。

(庞卫祥)

【教职工“健康幸福工程”和爱心互助基金工程】 2011年,学校启动教职工健康幸福工程。校工会以“关心教职工、理解教职工、服务教职工、发展教职工”为宗旨,在全校提出“健康幸福工程”,制订“健康幸福工程”实施方案,并在教师节大会上正式启动并向全体教职工发出倡议。这一工程已列入学校“十二五”发展规划“十大”工程。

3月,校工会组织女教师参加在北京市卫戍区礼堂举行的“相约绿色军营,牵手最可爱的人”交友联谊会,为教职工幸福生活牵线搭桥。

10月,聘请健康教育专家、北京现代阳光健康体检中心院长耿莉莉在北院报告厅举办健康讲座;首都师范大学心理咨询中心主任蔺桂瑞教授为学校教职工作题为“教师压力管理与心理健康”知识讲座。

11月,来自全校12个单位的30多名青年教工参加“三十而立话责任”主题生日会;12月,组织新婚教职工联谊会等活动,为凝心聚力,促进校园和谐起到了积极作用。继续开展爱心互助基金工程。据统计,至2011年12月5日,当年共募集爱心捐款202 792.70元,支出353 883.40元。

(李秀婷　王希庆)

【工会组织工作】 3月3日,学校召开工会三届二次委员(扩大)会。校党委副书记、工会主席付晨光主持会议。会议通过校工会第三届女教职工委员会委员和主任、副主任人选建议名单,同意适时进行女工委员会换届工作。

3月17日,召开北京联合大学工会第三届女教职工委员会第一次会议,换届选举产生校工会第三届女教职工委员会领导成员,校工会副主席李秀婷任第三届女教职工委员会主任,应用文理学院工会常务副主席白桦任第三届女教职工委员会副主任。召开学校工会经费审查委员会二次会议,对工会2010年经费进行了审计。

11月,应用文理学院、师范学院、生物化学工程学院、商务学院、旅游学院、继续教育学院6个副局级学院工会的法人资格证书注销。

(王希庆　李秀婷)

【组织教工活动】 1月20日,以“同唱一首歌”为主题的北京联合大学2011年教职工新春联欢会暨爱心互助基金捐款答谢会在应用文理学院礼堂隆重举行。这是学校成立以来第一次举办全校性的新春联欢会,校领导及校机关各部门主要负责人、各学院主要负责人、各学院直属部门工会主席及工会全体工作人员及各学院教师代表700多人参加,110余名教职工参加演出。

3月8日,为庆祝“三八”国际劳动妇女节,学校26个分工会在节日期间组织了跳绳、踢毽子、登山、手工艺展、餐饮现场实操讲座、丝巾搭配展示等活动。

5月21日,在2011年京东高校“运河杯”春季桥牌联谊赛中,学校教师戈西元、王信峰等桥牌爱好者获得亚军,市教育工会主席张青山为获奖选手颁奖。

为庆祝建党90周年,学校教职工于5月27日在应用文理学院礼堂举行了“唱红歌温党史”合唱比赛,来自全校23个分工会组成18支参赛队1000多名教职工参加。

6月24日,北京联合大学纪念建党90周年系列活动之教职工书画摄影展在北四环校区综合楼开幕。展览以“承红色传统,绘锦绣山河”为主题,此次展共收到来自全校17个分工会推荐的200余幅书法、绘画、摄影作品。校党委书记徐永利出席开幕式并为展览剪彩。一年来各协会积极组织开展了网球比赛、羽毛球比赛、足球比赛,开展以“沐浴阳光,享受健康”为主题的工会干部秋季健身长走活动,开辟校机关健身阳光平台,组织教职工学打太极拳,推广第九套广播体操。通过这些活动进一步贯彻《健康北京“十二五”建设发展规划》,落实学校教职工健康幸福工程,促进教职工以饱满的热情和健康的体魄投入工作。

(李秀婷)

【评优表彰工作】 3月中旬,校工会组织开展了“北京市工人先锋号”和“首都教育先锋”的遴选工作。推选的旅游学院酒店与餐饮管理系获得“北京市工人先锋号”称号,应用文科综合实验教学中心和应用科技学院经济管理系获得“首都教育先锋”先进集体称号,3人获得了“首都教育先锋”先进个人称号,其中1人还获得“教育先锋”标兵称号。

9月9日下午,北京联合大学2011年庆祝教师节大会在北京国际会议中心隆重召开。会议表彰一年来获得全国、北京市先进集体和先进个人,表彰学校一年来涌现出的先进集体和先进个人,并对30年教龄的教师颁发荣誉证书。北京市教育工会主席张青山出席大会。近千名教职工参加了表彰大会。

11月30日至12月1日,学校召开先进分工会和工会创新成果评审会。校党委副书记、工会主席付晨光到会并讲话。校工会常务副主席张俊玲主持了评审会。本次共15个二级工会申报先进分工会,2个单位申报创新成果。

(王希庆)

【培训工作】 4月29日上午,校党政及工会干部培训班邀请北京市教育工会主席张青山和北京大学工会主席孙丽为工会干部作专题培训。校工会委员会委员、教代会常设主席团成员、工会专职干部160多人参加培训。自12月初，校工会、校体委在全校推广普及第九套广播体操，分批进行培训。

（王希庆）

【工会调研】 校工会撰写的《北京联合大学教职工思想及工作状况调查分析报告》获2011年度北京市教育工会工会理论调研工作成果调研报告类二等奖；管理学院何勤老师撰写的“应用型大学教师业绩考核评价体系的构建研究”和师范学院郭堃老师撰写的“关于应用型大学师德建设的理论与实践”2篇论文获论文类二等奖。

（张俊玲）

【举办第五届青年教师教学基本功比赛】 4月9日，北京联合大学举行第五届青年教师教学基本功比赛。本次比赛分为文史类和理工类两大类别，共有21名文史类、8名理工类选手经过院系选拔、推荐参加了学校的预赛。4月16日，经过学校第五届青年教师教学基本功大赛决赛的激烈竞争，旅游学院肖轶楠、基础课教学部冯远福两位老师获得大赛一等奖。这两位一等奖获得者与特殊教育学院曲欣老师3人代表学校参加北京市高校第七届青年教师教学基本功比赛。

（王希庆）

8. 共青团工作

【概况】 共青团北京联合大学委员会（以下简称“校团委”）下设组织宣传科和文体实践科，人员编制6人，其中书记1人，副书记2人。全校有12个学院分团委，1个公寓团委。

2011年，按照“抓基础、重建设、分层次、出精品”的工作思路，推进学校共青团思想引领工程、组织建设生命力工程、精品校园文化建设工程、综合素质拓展工程和实践服务能力提升工程。

（李淼）

【基层组织建设】 1月22日，召开共青团北京联合大学第四次代表大会，大会的主题是：高举中国特色社会主义伟大旗帜，以邓小平理论、“三个代表”重要思想为指导，全面贯彻落实科学发展观，深入学习领会党的十七大、团的十六大、全国教育工作会议和人才工作会议精神，认真落实“两个全体青年”的目标要求，切实履行组织青年、引导青年、服务青年和维护青年合法权益的职能，在建设高水平应用型大学的进程中牢记使命，扎实工作，凝心聚力，塑造品牌，用青春和智慧谱写学校共青团工作的新篇章。大会选举潘宏波为共青团北京联合大学第四届委员会书记，卜晨光、廖琪丽、肖琳（兼职）、王华明（兼职）、刘缨（兼职）、潘松（兼职）为副书记，委员为卜晨光、孙丽娟、曹海娟、王玉、肖琳、詹丽琴、王华明、张有、廖琪丽、冯丽霞、范晓微、潘宏波、冯玮、周广军、潘松、刘川、晏强、刘缨、唐昊。

4月8日，校团委组织开展上半年团干部培训，团委干部30余人赴中国人民大学进行共青团工作交流。5月4日，开展“达标创优”、五四红旗团支部评选活动，选送参加首都“先锋杯”优秀团支部、优秀基层团干部、优秀团员。10—11月，校团委举办北京联合大学新生团校（第一期），共招收、培训300名新生团学干部。11月4日，新华通讯社记者王申应邀为新生团校进行讲座。11月19日，开展“学理论·知团情·力争先·共奋进”新生团校团情团务知识竞赛。12月23日，校团委组织召开校院两级学生会干部座谈会。

（李淼）

【思想政治教育活动】 以“青春领航　知行奋进——高举团旗跟党走”为主题，开展纪念建党90周年党史宣传系列活动，举办纪念建党90周年大型演出系列活动。以“健康生活，美好明天”为主线，加强学生心理素质教育，开设《大学生心理素质教育》课程，举办心理健康讲座。4月12日，外交部领事司黄屏司长莅临北京联合大学，为师生作了题为“树大国形象展中华风采”的主题形势报告。

组建菁英学堂，2011年招收学生骨干22人。开展北京联合大学名家讲堂，如6月4日，邀请中国科协书记处书记冯长根教授为学生作题为“大学生学习成长中的几个理念”的报告。

（李淼）

【艺术教育活动】 北京联合大学艺术团包括学生管乐团、舞蹈团、曲艺团、民乐团、合唱团、残疾人艺术团6支大学生艺术团。艺术团共有成员300余人，主要由艺术特长生和热爱艺术的普通在校生组成。艺术团聘请于建芳、王文长、于海、陈丹等著名艺术家担任顾问和指导教师。

5月4日合唱团参与“经典旋律、唱响中国”大型歌会演出；5月23日民乐团举办“民族之韵　经典之声”器乐专场音乐会；10月26日曲艺团参加“十年庆典之曲韵校园”专场演出；10月14日管乐团参加北京大学生艺术团赴西昌慰问专场演出；12月13日管乐团举办新年音乐会等。12月18日，市教委体美处副处长王军、市学生活动管理中心副主任张京华一行来学校调研大学生艺术团建设工作。

在2011年10月27日第三届北京市大学生艺术展演舞蹈组比赛中，北京联合大学舞蹈团原创现代舞《给你一束光》获得北京市一等奖，管乐团在管乐比赛中也取得一等奖。

（李淼）

【社会实践】 6月下发《关于组织开展北京联合大学2011年暑期社会实践工作的通知》和《北京联合大学2011年暑期社会实践校级重点项目选拔实施方案》，开展以“高举团旗跟党走，铭记使命献佳绩”为主题的暑期社会实践。

全校组建400支社会实践团队,其中社会调研类团队144支,青年马克思主义者培训类团队48支,科普宣传类团队42支,科技实践类团队39支,交流考察类团队28支,公益服务类团队63支,就业创业类团队36支,覆盖学生10564人,新建社会实践基地3个,获得市级以上报刊和电视、网络媒体报道13次。

(李焱)

【北京联合大学学生会】 北京联合大学学生会是在校党委领导下、校团委指导下的学生自治组织。校学生会下设办公室、组织部、公关部、文艺部、学习部、女生部、宣传部、生活维权部、新闻网络中心和礼仪队共10个部门。

4月20日,北京联合大学学生会举办第二届"学生文化节"开幕式。学生文化节包括"联大华音"第十届校园歌手大赛、第七届校园辩论赛、"关心女生、服务女生、展示女生"第一届女生节、第三届跳蚤市场、第四届"show time"艺术大赛等活动。

4月14日,北京联合大学学生会女生部开展"学习有效沟通,开展阳光社交"讲座,邀请赵永忠老师为到场同学们做心理辅导,帮助同学们建立阳光社交。

6月,学生会编辑制作了第一版《联大攻略》,将学校周边的交通、饮食、购物、医疗等信息统合整理,帮助新生在入学时能够尽快融入到大学生活之中。

12月10日,在校党委、北京市学生联合会和校团委的亲切关怀和大力支持下,学校第四次学生代表大会胜利召开。本次大会的主题是:科学发展,知行合一,担当使命,共创和谐,在建设高水平应用型大学的进程中贡献青春与力量。

(李焱)

【社团组织和品牌活动】 学生社团联合会是对校、院两级学生社团进行科学管理、全面协调、联合运作的学生组织。2011年,北京联合大学共有170支学生社团,其中新成立社团15支、注销8支,分思想政治、学术创新、文化艺术、环保公益、体育健康五大类。各社团团员合计1万余人,开展活动千余次。

学生社团联合会常规活动。新生文化节包括主持人大赛、迎新晚会和表彰大会,社团文化节包括社团文化巡礼、街舞大赛、精品社团答辩会、最佳进步社团答辩会和辩论赛。

(李焱)

【北京联合大学学生科技协会】 北京联合大学学生科技协会是校团委领导下的全校性的学生群众组织。4月22日,校团委举办"启明星"学生课外科技创新活动平台的启动仪式。北京联合大学以"启明星"整合校内各项科技赛事,为学生搭建集培训、交流、竞赛、成果转化为一体的学生课外科技创新活动平台。

4月27日,北京联合大学第三届智能汽车竞赛决赛在学生活动中心成功举行。5月28日,开展十一届科技文化艺术节系列活动之"科技进社区"活动,以"科技创新、低碳环保"为主题,通过展示科技创新成果,宣传低碳环保理念,以实际行动服务百姓、回馈社会。9月,参与举办北京联合大学暑期社会实践颁奖会;9月24日,北京市科普演讲比赛中,校科协同学进入决赛并获得优异成绩;11月,完成北京联合大学2011年学生科技立项结题及北京联合大学2012年"启明星"大学生科技创新项目立项评审相关工作。

在第六届"挑战杯"首都大学生创业计划大赛中,北京联合大学荣获二等奖1项、三等奖6项,学校获优秀组织奖。年内,在"挑战杯"全国大学生课外学术科技作品竞赛获全国三等奖1项,在"挑战杯"全国大学生创业计划竞赛中获全国铜奖1项。

在第六届全国信息技术应用水平大赛中,北京联合大学荣获一等奖1项、三等奖3项、优秀奖29项,先进组织个人2名、最佳指导老师4名、优秀指导老师4名。

在2011年(第四届)中国大学生文科计算机大赛中,北京联合大学获二等奖3项、三等奖1项。

在第六届全国大学生"飞思卡尔"杯智能汽车竞赛(华北赛区)中,北京联合大学获一等奖2项、二等奖2项、三等奖1项、优胜奖1项。在8月17—20日的全国总决赛中,生物化学工程学院的Haste队荣获摄像头组全国二等奖,自动化学院的木牛流马队荣获电磁组全国二等奖。

(李焱)

【北京联合大学青年志愿者协会】 北京联合大学青年志愿者协会(以下简称校"青协")是由志愿从事社会服务事业的学生组成的校级学生组织。校青协下设组织部、宣传部、外联部、办公室、项目研究中心、网络中心等部门。建立志愿者服务队60余支,加强与志愿服务基地的对接和合作,开展日常志愿服务活动,服务领域涉及农村扶贫、社区建设、生态环境保护、大型活动服务等,开展农民工子弟学校支教、帮助城市拾荒者看护子女、敬老助残、学校迎新志愿服务等项目。

2011年1—2月,组织2011年铁路春运志愿服务活动;4月27日,在校本部组织开展2011届北京联合大学校园开放日暨高招咨询会志愿服务活动;5月15日校青协会会长带领15名学生干部参加在中国传媒大学举办的"志愿·成长·使命——第二届北京高校青年志愿者组织主题论坛";6月5日校青协会会长带领12名学生干部参加在中关村举办的第二届北京大学生社团峰会暨青年领袖领导力论坛;7月,组织志愿者参加平西王府暑期支教志愿服务活动;8月27—31日,在北京站、北京南站、北京西站3个站组织迎接新生志愿服务活动;8月30日—9月1日,组织校园内的迎新志愿服务活动；9月28日—10月7日，参加首届环北京职业公路自行车赛志愿服务活动；12月29日，在校本部南院报告厅承办由北京市志愿者联合会与北京铁路局团委举办的2012年铁路春运志愿者培训会，邀请了“北京市十大志愿者”“北京市群众心目中的好党员”叶如陵为学校志愿者进行了以“弘扬志愿精神，展现青年风采”的主题讲座。

（李焱）

【北京联合大学红十字会学生分会】 北京联合大学红十字会成立于2005年5月13日，简称联大红会。联大红会分为教工分会和学生分会，其中学生分会是联大共青团委员会直属的校级学生组织之一，直接受校团委的领导，同时受北京市红十字会学生工作委员会的监督。

学生分会设会长1名，副会长2名，会长助理1名，各部部长1名，副部长各2名。现有6个部门，分别是办公室部、外联部、组织部、培训部、宣传部、志愿者部，志愿者部暂由1名副会长监管。其中，办公室部细化为财务组、档案组、会务组，2个副部长分别管理财务组与档案组，会务组暂由部长监管。

学生分会的组成成员主要来自校本部的各大院系，所有红会成员统一称为红十字青少年志愿者或者会员，第八届183名在职会员中，以大学一年级的会员居多。

4月，北京联合大学红十字会学生分会组织了面向全校学生的急救培训活动，参加大四学生体检志愿者。12月，组织红十字会艾滋病主题周宣传活动，开展会内大型急救知识培训活动。11月29日—12月5日，北京联合大学红十字会学生分会开展了大型主题教育活动，让“防艾”知识走进校园、深入同学。

（李焱）

【北京联合大学公寓团委】 学校第一个楼宇团组织——北京联合大学校本部学生公寓团委成立于2009年9月。

2011年，学生公寓团委设书记1名，副书记1名，委员20名，其中由校团委老师担任书记，其余职务全部由学生担任；下设学生公寓自治委员会，以及文秘部、组织部、文艺部、宣传部和外联部共5个职能部门。

4月7日，举办宿舍文化节之十字绣大赛和魔方大赛，拉开宿舍文化节的大幕。4月13日晚，由北京联合大学学生公寓团委主办，信息学院英语协会共同承办的“My Dormitory”英语演讲比赛。4月22日晚7点，宿舍文化节活动“水果拼盘大赛”举行，40个小组近250名选手参加比赛。9月，在新生入学之际，举办“故乡人　联大情”中秋迎新晚会。12月，组织开展第二届“假面魅影　舞韵联大”岁末联谊舞会。

（李焱）

学院、直属教学部

1. 应用文理学院

【概况】

学院英文名称：College of Applied Arts and Science

学院网址：http://www.cas.buu.edu.cn

副校长兼院党委书记：张连城；院长：张宝秀。

2011年，学院设有本科专业11个（当年招生专业）：法学、汉语言文学、英语、新闻学、历史学、信息与计算科学、资源环境与城乡规划管理、地理信息系统、食品科学与工程、食品质量与安全、档案学，覆盖法学、文学、历史学、理学、工学、管理学等6大学科门类；设有硕士学位授予学科点3个：食品科学与工程、考古学、专门史。

学院拥有北京市重点实验室1个：生物活性物质与功能食品实验室；北京市重点建设学科3个：经济法学、食品科学、人文地理学；校级重点学科4个：经济法学、食品科学、人文地理学、专门史；校级重点建设学科2个：档案学、新闻学；国家级实验教学示范中心建设单位1个：北京联合大学应用文科综合实验教学中心；国家级特色专业建设点1个：资源环境与城乡规划管理；北京市级特色专业2个：资源环境与城乡规划管理、历史学；校级骨干（建设）专业3个：新闻学、档案学、法学。

截至2011年12月31日，学院有教职工370人，其中教师182人，教授29人，副教授56人，具有博士学位的66人。学院占地面积41 317平方米，校舍总建筑面积51 129平方米。学院固定资产总值1.67亿元，其中教学科研仪器设备资产0.84亿元，图书馆现有藏书44.12万册。

2011年有在校生2933人。毕业生823人（其中含结业生3人），其中本科生627人（其中含结业生3人），高职升本科生196人；招收新生780人，其中本科生575人，高职升本科生205人。

（原迪　程惠丽）

【机构设置】 学院进一步优化学科专业结构，将原8个系调整为6系1部，设食品科学系、城市科学系、历史文博系、法律系、新闻与传播系、档案系和基础教学部，再有应用文科综合实验教学中心、应用文理实践教学中心、培训中心、图书馆共11个教学教辅部门，设有人居研究中心、文化遗产研究所、首都法治研究中心等8个校级研究院所,经济法研究院等9个院级研究机构;设有党政办公室、组织宣传部、教务处、科研处、学生处、人事处、财务处、行政管理处、保卫处、国际交流合作处10个党政机关部门及团委、工会2个群众团体。

(原迪　程惠丽)

【学科建设】 硕士点建设实现新突破,食品科学与工程和考古学被国务院学位办批准为一级学科硕士学位授权学科点,同时保留专门史二级学科硕士学位授权资格。学院新遴选硕士生导师14人,1名教授被聘为首都师范大学博士生指导教师。24名应届研究生顺利通过论文答辩并获硕士学位,1名硕士研究生考取中国科学院博士研究生。

依托学科举办学术会议,考古学科主办"文化上'早期中国'的形成和发展学术研讨会"。食品学科形成"功能食品与功能因子应用基础研究"服务国家特殊需求博士人才培养项目论证报告,经由国家食品药品监督管理局推荐,向国务院学位委员会提出申请试点建设博士点项目。

(黄培　赵卓)

【教学工作】 学院深入落实教学品质提升计划,扎实推进2011版培养方案制订,强化教学过程管理,提升教师执教能力,加强校内实践教学环境建设,拓展校外实践教学基地,重点提升学生实践能力和创新精神。

张宝秀教授获得第七届北京市高等学校教学名师奖,"城乡规划信息管理"校外人才培养基地被评为校级校外人才培养基地,《网络数据库技术(第2版)》《合同法》两部自编教材被评为校级精品教材,其中《网络数据库技术(第2版)》被评为市级精品教材;获校级高等职业教育实践能力提升计划项目5项,获全国教育科学"十二五"规划2011年度教育部重点课题1项,校级教育教学研究与改革项目10项。

积极开展中青年教师执教能力培训,不断提升教师执教能力。3名教师分别获校青年教师教学基本功比赛二等奖、三等奖和优秀奖,2名教师获第二届高等职业教育教师说课评选专升本组三等奖。

依托应用文科综合实验教学中心平台,实施实践教学改革,在文科类专业设置《人文北京建设综合实践》必修实践课程,为实施跨学科多专业集中实践教学建立统一平台;面向全体学生设立和实施创新性实验项目,设立项目27项。积极组织参加"全国首届国家级文科综合类实验教学中心建设理论与实践研讨会",提交论文8篇,组织教师在核心期刊《实验技术与管理》杂志发表论文6篇。

12篇本科毕业论文(设计)被评为校级优秀毕业论文(设计);学生参加英语演讲比赛等多项学科竞赛,获第四届中国大学生(文科)计算机设计大赛国家级二等奖1项,获北京市大学生英语演讲比赛市级二等奖1项,北京市大学生模拟法庭竞赛市级二等奖1项,北京市大学生人文知识竞赛市级三等奖1项。

(刘守合　逯燕玲)

【科研工作】 学院鼓励教师积极承担各级各类纵向和横向应用性科研课题,开展竞争性项目支持计划,在国家级和省部级科研项目立项上实现进一步突破,重点提升高层次科研课题的申报率和立项率。2011年学院承接国家级项目水平大幅度攀升,科研经费明显增加。以学院为第一承担单位申报并获准立项的项目中,国家自然科学基金项目6项;省部级项目7项,分别是教育部人文社科项目2项、北京市自然科学基金项目1项、北京市规划办项目4项;局委办级项目6项,分别是北京市教委项目4项,科研及研究生教育财政专项2项;另有校级竞争性项目1项。全年到院科研经费合计346.892万元,其中纵向项目经费200.892万元,横向项目经费146万元。

在学校对2007—2011年新增或升级的科研、学科平台、108项高层次的科研项目以及科研管理单位和个人进行科研专项表彰及奖励中,学院食品科学与技术、考古学、人文地理学学科以及35项高层次科研项目获得表彰及奖励,奖励金额达到66万,占全校奖励金额的1/3,学院的整体科研实力和竞争力进一步得到体现。

全年第一作者发表的EI、SCI等国际四大检索期刊论文18篇,核心期刊论文97篇,出版学术著作21部,授权发明专利和软件登记7项。高级别论文的增长和近年来相比基本持平,学术著作出版数量和质量有了显著提高。教师教学和研究更注重理论与实践相结合,发明专利的获批数量也有了增加。

(陈婷婷　赵卓)

【人才队伍】 教职工总数370人,专职教师182人,其中教授29人,副教授56人,博士66人。高级职称人员占教师队伍比例从43.68%提高到46.70%,具有博士学位人员占教师队伍比例从31.58%提高到36.26%。

学院教学机构由11个调整为10个,计算科学系、外国语言文化系、人文社科部、体育教研室中的公共课教师调整至新成立的基础教学部,专业课教师随专业调整至城市科学系及新闻与传播系,形成了"六系一部"的教学机构主体。培训中心划为教学机构。新进教师5人,其中2名博士后。广告系、金融系教师全部完成校内调动。4人晋升正高级专业技术职务;8人晋升副高级专业技术职务;2人完成了副教授的认定和转系列评聘。另有2人晋升为高级工、1人晋升为中级工。1人赴美进行国外访学培养,1人获得首次高校教师发展基地研修项目资助。新增市教委人才强教深化计划项目7个,其中赵卓老师作为负责人获批创新团队项目,6人获批中青年骨干教师项目,将连续资助3年。该项目年度到账经费为3 903 266.00元。14个校级人才培养项目获得资助,其中创新人才项目2个,优秀学科带头人、专业负责人项目2个,骨干教师项目3个,青年博士项目7个。6人获得了教师资格证。

(李志刚　董媛)

【学生工作】 深入落实《辅导员工作条例》《班主任(班导师)工作条例》和《班级助理工作暂行办法》;成立学生事务管理辅导员研究团队,承担并完成校级课题《大学生文化价值观调查研究报告》。

组织开展"学党史、颂党魂、创先锋"纪念建党90周年系列活动。1个党支部被评为校级"创先争优"十佳党支部和"十百千万"工程"学习型学生党支部"。在2010—2011学年本科生评优表彰中,8人获国家奖学金、71人获国家励志奖学金、8人获校金隅奖助学金、62人获校级三好学生。全年发放国家助学贷款25.1万元,发放国家助学金131.97万元,发放各类补贴等共计27.476万元,发放勤工助学劳务23万余元。

学院获校级暑期社会实践先进单位。在"达标创优"竞赛活动中,2个团支部获校级十佳团支部,1名学生获校级十佳团干部,1个团支部获校级五四红旗团支部,15个团支部获校级优秀团支部,8名学生获校级优秀团干部,29名学生获校级优秀团员,3名学生获市级优秀团干部,2名学生获市级优秀团员,4个党支部获市级优秀团支部。

2011届毕业生就业率为95.14%,其中本科生95.97%,研究生69.23%;全院签约率为94.08%。其中本科生95.35%,研究生53.85%;就业中心被评为2011年校就业工作先进集体。

(刘航　祁春利)

【党群工作】 学院有党员789名,其中教工党员213名,离退休党员153名,学生党员423名(其中研究生31名);下设党总支(含直属党支部3个)16个,党支部41个,其中教工党支部21个,本科生党支部14个,离退休党支部4个,落实研究生属地管理,成立2个研究生党支部。

深入学习贯彻胡锦涛总书记"七一"重要讲话和十七届六中全会精神,举办纪念建党90周年系列活动,创先争优活动取得成果,评选表彰先进基层党组织和优秀共产党员。深入学习贯彻《中共中央关于深化文化体制改革、推动社会主义文化大发展大繁荣若干重大问题的决定》,围绕文化大发展、大繁荣战略,进一步凝练学科专业方向,寻求发展的突破点和切入点。

开展2009—2011年先进基层党组织、优秀共产党员评选表彰,1人被评为北京高校优秀共产党员,1个学生党支部被评为校十佳党支部,3个党支部被评为校级先进基层党组织,6人被评为校优秀共产党员,2人被评为校级优秀党务工作者。

构建立体化、递进式学生党校入党积极分子培训模式,举办第18、19期初级入党积极分子培训班,培训学员461名;举办第7、8期高级入党积极分子培训班,培训学员259名;重视毕业生党员教育,224名毕业生党员走上工作岗位。全年共发展党员186名,《授之以渔——应用文理学院学习型学生业余党校路径探索》获校级党建和思想政治优秀成果三等奖。

严格干部选拔程序,3名干部走上副处级岗位,选拔推荐34名处级后备干部;27名干部完成岗位调整,选派1人赴北京工业大学交流学习,接收1名新疆昌吉干部来院挂职交流。加强人才队伍建设,7名教师获北京市优秀人才培养资助项目,1人获高级政工师。

(刘清平　张咏铃)

【对外交流】 加强对外交流与合作,全年共派遣教师、管理人员赴国(境)外访学、参加国际会议、考察交流、签署合作协议等24人次,接待国外大学代表来访60余人次。出国(境)学生39名,5名学生获校出国(境)奖学金。

全年接受外国留学生224名,春季学期14名留学生获得毕业证书和学士学位证书,秋季学期10名留学生通过论文答辩。5名港澳台侨学生顺利毕业,新招收7名港澳台侨学生。8名港澳台侨学生获北京市教委奖学金。1名香港籍学生获北京市大学生英语演讲比赛二等奖。

(安亚男　李岩)

【管理服务】 提高服务意识和管理水平,全力推进平安校园建设,加强学生宿舍安全管理;完成2010年度财务决算及分析,制定学院2011年财务预算,加强固定资产管理和招投标工作,完成大额经费支出、科研经费及基建工程审计。

大力改善师生办公环境和住宿条件,改造办公楼架空层为500平方米教工餐厅,改造增加476.2平方米的办公用房,更换办公楼楼梯,改扩建卫生间,建立"教授工作室";完成双清校区1700平方米学生宿舍新楼建设,改扩建成86个喷头的标准化学生浴室,翻新扩建学生餐厅;开通双清校区通勤快车。将办公楼五层、六层办公室改造成21间男生宿舍,改造丰盛校区教学楼四层,扩大学生宿舍面积。

制发学院《教职工健康幸福工程实施方案》,充分发挥工会、教代会的作用,召开了第三届教代会第六次会议,凝聚共识,共同谋化学院发展大计。

(程惠丽　董媛)

2. 师范学院

【概况】

学院英文名称:Teachers' College

学院网址：http://tc.buu.edu.cn

院党委书记：陈志刚；院长：顾志良。

师范学院占地面积 12 985.3 平方米，建筑面积 42 231.62平方米。2011 年设有应用心理学、汉语言文学、英语、艺术设计、会计学、音乐学、电子信息工程、计算机科学与技术等本科专业，设有服装设计、音乐表演、文秘、数字媒体技术等高职专业。建有校级重点学科应用心理学、艺术设计学 2 个。至 2011 年年底，有教职工 304 人，专任教师近 200 人，其中教授 19 人，副高级职称 71 人。有全日制在校生 2724 人，其中本科生 2186 人，高职生 538 人；录取新生 774 人，毕业学生 838 人。夜大学生 300 人，在读留学生 20 人。学院建有创意媒体实验中心、艺术设计(数字媒体、视觉传达、服装设计、环境设计等方向)实验教学中心，两个中心的设备配置在北京市属高校中居于先进地位，并建有计算机房、信息控制技术实验室、电子技术实验室、基础心理学实验室、脑功能与认知实验室、语言实验室、音乐舞蹈教学等一批高水平的校内实验、实践场地。学院与 60 多家企业和中小学建立良好合作关系。学院与企业共建的“歌华文化创意产业中心校外人才培养基地”2011 年获批校级校外人才培养基地。

2011 年，学院实验室建设经费总投入 180 万元，其中上级拨款 44 万元，学院自筹 136 万元。新建(扩建)了创意媒体实验中心、大学英语体验中心和计算机辅助设计实验室、琴房等。

(成洁　薄芯)

【机构设置】 学院的党政机构设置：党政办公室、组织宣传部、人事处、教务处、学生处、科研处、财务处、国有资产管理处、行政管理处、保卫处。

教学机构设置：语言文化系、电气信息系、艺术教育系、艺术设计系、经济贸易系、心理学系、基础教学部、培训中心。

党群团体设置：教育工会和团委。

科研机构设置：北京联合大学职业技术教育教师教育研究所、北京联合大学艺术设计研究所、学院职业技术教育研究所。

非属教学单位设置：图书馆。

(成洁　薄芯)

【学科建设】 召开两次学科建设研讨会，推进艺术设计学、应用心理学、职业技术教育教师教育(研究方向)校级重点建设学科建设。以产学研合作为途径，构建侧重于交叉学科增长点的科研平台，继续深化创新人才培养模式，凝练提升师范、艺术两个特色专业群的人才培养特色，为首都文化科技和教育领域培养具有一定跨学科知识、能力，综合素质较高的专业人才和教育师资。

为加强学科专业建设，2011 年，学院在马列教研室、思想政治理论教研室和学院直属体育教研室的基础上组建了学院基础教学部；在应用心理学教学部和学院直属教育学教研室基础上组建了心理学系。

(成洁　薄芯)

【教学工作】 组织开展“2011 版各专业指导性培养方案”的制修订工作。9 月，2011 级新生的英语教学开始试点实施分级教学。

学院获得北京市教育科学规划项目 2 项，北京市高教学会教育科学规划项目 2 项，校级 2011 版普通本科网络教学资源建设立项课程 5 项，校级高等职业教育专业核心课程立项课程 1 项，校级教育教学研究与改革项目 5 项，校级第二届高职(含高职升本)学生实践能力提升计划项目 8 项。

组织召开 2011 年度“学院实践教学基地建设合作委员会”年会。“歌华文化创意产业中心校外人才培养基地”被正式批准为校级校外基地。

2011 年，全院 5 个系 11 个专业共招生 774 人，普通本科 512 人，高职 132 人，专升本学生 130 人。2011 年毕业生共 849 人，其中，本科毕业生 568 人，高职毕业生 281 人，有 542 人获得学士学位。

成人学历教育共有专科、本科、专升本三个培养层次，设有视觉传达设计、环境艺术设计、幼儿艺术教育、音乐学和音乐表演五个专业，在校生 300 人，其中专科 139 人，本科 161 人。学院 2011 年成人教育春季毕业学生 51 人，获得学士学位学生 3 人，补授学位学生 11 人。夏季毕业学生 108 人，获得学士学位学生 5 人，补授学位学生 15 人。

(李爱国　薄芯)

【科研工作】 2011 年，学院有艺术设计学、应用心理学、职业技术教育学教师教育研究方向 3 个校级重点建设学科(艺术设计专业 2006—2008 年为市级品牌专业)，以及汉语言文学、外国语言学、计算机科学与技术、电子科学与技术、音乐与舞蹈学、马克思主义理论 6 个学科。学院获得省部级、局、委、办级科研课题 8 项，横向课题 20 项，全院科研经费 215.1 万元，发表科研论文 191 篇，核心期刊 71 篇，出版专著和译著 4 部，已授权专利 1 项。

学院着力打造创意媒体跨学科研发平台。为支持创意媒体科研平台建设，学院与歌华集团、北京可持续发展促进会、北京电影学院动漫学院等合作建设了重点合作基地。2011 年创意媒体横向研发经费 122 余万，是 2010 年的三倍。

(安雪飞　薄芯)

【学生工作】 围绕庆祝建党 90 周年，在学生中开展“学党史、颂党魂、创先锋”系列活动，加强学生形势政策教育，增强学生党员的党性修养。

继续加强学风建设。召开奖学金表彰工作会，共表彰各级各类优秀学生个人 1232 人次，先进集体 30 个班次，评选 2 个学习型学生党支部，7 个优良学风班，83 名优良学风标兵，10 名学生十佳党员。

开展以纪念“一二·九运动”为主题的各种学生活动及学生社团活动，积极组织参加“希望杯”“挑战杯”“启明星杯”等丰富多彩的科技文化活动。开展以“亲近你我，给力幸福”为主题的学院第十届大学生心理健康教育周活动。组织学生参加无偿献血，全年献血 79 人，获“2010 年度北京市无偿献血工作先进单位”荣誉称号。

继续完善落实辅导员相关制度文件，加大了辅导员培训力度。

继续加强贫困生资助工作。完成 567 名家庭经济困难学生的认定工作，困难生比例占在校生人数的 21%。2011 年，3 人获国家奖学金，106 人获国家励志奖学金，487 人获北京市国家助学金、16 人获爱心成就未来助学金、6 人获金隅奖助学金。3 名学生分别获得北京联合大学“助学政策，助我成才”征文比赛一、二、三等奖。

学院 2011 年毕业生 838 人，其中本科生 571 人，高职生 267 人；京外生源 124 人，师范生 139 人。2011 年组织毕业生参加校内外双选会 60 场，提供就业信息 300 条、就业岗位 3000 余个。截至 2011 年 9 月，2011 届毕业生就业率为 91%。

（薄芯　窦秀明　王欢）

【宣传工作】 制订并落实教职工理论学习计划。全年累计参加校级理论中心组扩大学习 15 次，组织院级集中学习 3 次。做好舆情调研工作，撰写教职工思想动态调研报告。全年共设计制作校园宣传橱窗主题展 15 期近百块展板，设计制作纪念日节日等的氛围营造户外喷绘 5 期，广播 70 余集，专题采访 3 期，更新电子屏百余次，条幅数十条。做好校园文化建设各项工作。

（张利东　薄芯）

【共青团工作】 学院团委下设语言文化系、电气信息系、艺术教育系、艺术设计系、心理学系、经济贸易系、应用生物技术系 7 个共青团总支部委员会（以下简称团总支），包括 97 个学生团支部以及 1 个教工团支部。团委设书记 1 名，常设机构包括组织部、宣传部、实践部、科技部和办公室。

学院共有共青团员 2644 人，其中女团员 1892 人，少数民族团员 802 人，申请入党团员 2166 人，推荐优秀团员作党的发展对象 377 人，团员入党 125 人，发展新团员 25 人。评选出校级优秀团支部 5 个，优秀团干部 8 人，优秀团员 28 人。

学院有学生社团共 24 个。学生参与民族敬老院的志愿服务、民族团结进步教育和创建活动共计 140 余次，参与学生 1500 余人次，服务老人 5300 余人次。

在 2011 年的暑期社会实践中，共有 42 支团队、927 名学生参与，总计 1827 人次。5 支团队被评为“北京联合大学社会实践优秀团队”；1 人被评为北京联合大学 2011 年暑期社会实践优秀指导教师；4 人被评为“北京联合大学社会实践先进个人”，其中“十佳”社会实践标兵 1 人；另有 10 名教师、40 余名同学被评为学院“社会实践先进个人”。

学院团委开展“第 9 届希望杯”学生科技作品大赛。学院学生李蕊获得“2011 年北京联合大学英语演讲比赛”一等奖，并推荐其代表学校参加“外研社杯北京市大学生英语演讲”。学院获“2011 年北京联合大学人文知识竞赛”一等奖 1 名，二等奖 1 名，三等奖 3 名。9 名同学分获“2011 年高教社杯全国大学生数学建模竞赛”北京赛区甲、乙组二等奖。

（唐昊　薄芯）

【对外交流】 2011 年，学院接收外国留学生 70 人次，其中本科生 2 人次，长期语言生 33 人次，短期语言生 36 人次；选派中国学生 23 人次，分别赴美国、韩国、中国台湾等国家和地区进行短期培训或参加学期交换学习项目。

学院共有 7 个出访团组出访国外院校；学院接待来自瑞典、韩国、俄罗斯、澳大利亚、美国等国家和地区的外事团组共计 6 个。

（全京　薄芯）

【党建工作】 2011 年年底，师范学院共有党员 568 人，其中在岗教工党员 184 人，离退休党员 94 人，学生党员 290 人。学院共 5 个党总支，24 个党支部，其中教工党支部 12 个，离退休党支部 3 个，教工学生混合党支部 2 个，学生党支部 7 个。2011 年新申请入党人员 291 人，共发展党员 146 人，转正党员 110 人。3 月成立艺术设计系党总支。学院党校举办第 24 期党校初级班，第 37 期、38 期党校高级班。

2011 年，电气信息系党总支教工党支部和语言文化系学生党支部获得校级先进基层党组织称号，4 人获校级优秀共产党员称号，1 人获校级优秀党务工作者称号；共有 6 个基层党组织获院级先进基层党组织称号；20 人获院级优秀共产党员称号，4 人获院级优秀党务工作者称号。完成了基层党组织创先争优活动立项结题总结工作；申报了 3 个支部为新一轮“十佳党支部”创建支部。

组织开展纪念建党 90 周年系列活动。开展“共产党员献爱心”捐款活动，捐款 10 097 元，向学校爱心互助基金捐款活动，捐款 21 695 元。7 月，召开党建与思想政治工作研讨会，邀请北京建筑工程学院理学院党总支书记傅钰和首都师范大学外国语学院党委书记朱平平作专题报告。

2011 年,新提拔任用副处级干部 4 人,调配处级干部 8 人,退休处级干部 2 人。选送 2 名干部赴首都师范大学挂职。制定《关于处级干部外出请假的规定》(京联师党〔2011〕18 号)并实施。截至 2011 年年底,学院共有 51 名处级干部,其中正处级干部 19 人,副处级干部 32 人;平均年龄 46 岁;35 岁以下干部 5 人,占 9.8%;硕士学位的 26 人,博士学位的 2 人,硕博比例占 54.9%;正高级职称 9 人,副高级职称 24 人,高级职称比例占 64.7%。

截至 2011 年 12 月 31 日,有民主党派人士 21 人,包括三个民主党派,其中,民主促进会支部 1 个,民主同盟联合支部 1 个。电气信息系副教授朱喜福同志经学院推荐被选为朝阳区第十四届人大代表。艺术教育系副教授曾泓同志经学院推荐被选为朝阳区第十五届人大代表。

组织申报了 18 项市委组织部优秀人才资助项目,其中,董琦琦老师的项目《人文书写与地缘景观:20 世纪中国文学中的北京印象》获得资助。

学院党委《推行量化管理模式,提高学院党建工作实效性》荣获校 2009—2010 年度党建和思想政治工作优秀成果三等奖,并获优秀组织奖。

(牛桂荣　薄芯)

【管理与服务】 开展"平安校园"创建工作。加强安全教育培训,增强师生安全防范意识。实施"健康幸福工程",按照传统节日向教职工进行慰问。开展各类文体活动,评选出 80 位"最受学生欢迎的老师",举办学院第十五届青年教师教学基本功比赛。组织 2841 名师生参加区县人大代表换届选举活动。

完成"创意媒体实验中心"改建和校门改造、办公室装修、实验室改造等多项工程建设和项目改造,改善了办学条件。

2011 年,共采购图书 2356 种,5220 册,金额 285 877.25元;订购中文期刊 273 种,外文期刊 11 种,报纸 38 种,金额 53 199.46 元。2011 年,获得北京高校网络图书馆虚拟参考咨询工作三等奖。

(甄旭)

【其他工作】 1 月 28 日,市委常委、组织部长吕锡文,市委组织部常务副部长史绍洁,市委教育工委常务副书记刘建,市委组织部部务委员、干部调配处处长李世新,市委教育工委委员、干部处处长刘勇等一行在校党委书记徐永利,院党委书记陈志刚的陪同下,亲切看望了学院退休教师秦摩亚。秦摩亚是我党早期领导人博古的女儿,长期在学院任教。

5 月 7 日,由北京改革和发展研究会主办并由学院协办的"2011 中国改革论坛暨《中国改革报告 2011》首发式"在学院举行。北京改革与发展论坛研究会的专家学者和学院师生计 120 余人参加了会议。

10 月 21 日,学院召开 2011 年校友座谈会,北京尚潮创意纪念品开发公司总经理胡朝晖、海洋出版社编辑吕允英等毕业 20 年、10 年校友代表参加。

11 月 2 日,中国高教学会秘书学专业委员会和北京联合大学师范学院联合举办的"中国秘书学本科学科建设座谈会"在学院召开。会议主要邀请了京津等地开设秘书学专业或计划开设秘书学专业的高校领导和专家、教授参加,陈志刚、傅桂禄、魏绍谦等院领导出席会议。中国高教学会秘书学专业委员会领导郭长宇、路振文分别介绍了申办秘书学专业"专升本"工作的情况,给与会者带来了宝贵的经验。语言文化系系主任张东昌对秘书学本科学科建设进行了主题发言。

12 月 14 日,北京市教委副主任罗洁在市教委发展规划处处长周彤、基础教育处处长李奕、市教科院基础教育教学研究中心书记赵宝军的陪同下,到学院调研。校党委书记徐永利、副校长黄先开,院领导陈志刚、薛立军、郭堃及校、院相关职能处负责人参加了调研会。罗洁一行参观了学院实验实训室和创意媒体实验中心,听取了学院领导关于为普通中学"通用技术""综合实践"课程师资培养情况的汇报。

(成洁　薄芯)

3. 商务学院

【概况】

学院英文名称:Business College

学院网址:http://www.bc.buu.edu.cn

院党委书记:张建林;院长:顾志良(任职到 2011 年 12 月 27 日)。

2011 年,北京联合大学商务学院设有教学系 4 个:国际商务系、国际经济系、电子商务系、会展经济与管理系;校级研究所 3 个:北京联合大学会展经济研究中心、北京联合大学管理科学与应用研究所、北京联合大学服务经济与贸易研究所;院级研究机构 4 个:国际商务研究所、企业理财研究所、马克思主义中国化研究所、北京现代服务业发展研究院;校级重点建设学科 2 个:国际贸易学、管理科学与工程;校级骨干专业 1 个:财务管理;硕士学位授予学科点 1 个:工商管理一级学科硕士学位授予点;本科专业 8 个:工商管理(国际商务管理)、财务管理、会展经济与管理、市场营销(国际物流)、国际经济与贸易、金融学、电子商务、信息管理与信息系统。

本年毕业学生 947 人,其中本科生 643 人、成人教育学生 304 人。招生 926 人,其中本科生 678 人、成人教育学生 248 人。在校生 2955 人,其中本科生 2188 人、成人教育学生 767 人。

学院有教职工 231 人,其中专任教师 133 人。专任教师中,具有正高级职称 8 人、副高级职称 44 人、中级职称 72 人。(截至 2011 年 8 月 31 日)

学校占地面积 19 471.10 平方米，校舍建筑总面积 22 781.03 平方米。图书馆藏书 15.6 万册，固定资产总值 0.76 亿元，2011 年学院高考录取线：本科理科 435 分、文科 481 分。

（陈恒）

【机构设置】 2011 年，学院设置党群及教学机构 21 个，其中党群机关 12 个：党政办公室、组织宣传部、人事处、教务处、科研处、学生处、财务处、国际交流合作处、行政管理处、保卫处、工会、团委；教学单位 9 个：国际商务系、国际经济系、电子商务系、会展经济与管理系、基础教学部、经贸实验教学中心、图书馆、信息网络中心、培训中心。

（陈恒）

【学科建设】 2011 年，学校工商管理一级学科获得硕士点授权资格，作为支撑学院之一，积极配合参与工商管理一级学科硕士点学术分委员会筹备、专业课考试命题、招生管理等方面的工作。

成立“北京现代服务业发展研究院”。该研究院依托学院学科资源，联合政府主管部门、社会团体、行业企业和专家学者等社会资源，以北京现代服务业前瞻性研究为宗旨，服务于北京市有特色世界城市建设和“北京服务、北京创造”品牌创造。

（陈恒 陈建斌）

【教学工作】 完成 2011 版人才培养方案的制订工作，构建以培养学生应用能力为重的课程体系，市场营销高职升本科专业“1＋1”的人才培养方案得到校内外专家的充分肯定。在搭建学科大类课程基础上，设计商务决策、商务分析方法、商务研究方法系列学院平台课程，加强对学生商务基本应用能力的培养。建立专业选修模块，实现“分类指导、分层培养”的人才培养理念。

2011 年度通过《创新课程教学管理模式 提升课堂教学效能》项目申请到学校教学品质提升计划自主性建设项目建设经费 23 万元，创新了现有课程教学管理模式，提升了课堂教学效能。借鉴和吸收西苏格兰大学课程协调人运行机制的经验，制定《学院课程负责人制度实施管理办法（试行）》（京联商〔2011〕26 号），遴选出第一批试行课程负责人制度的 7 名课程负责人和 7 个课程教学团队。

2011 年度，学院网络学堂建设与使用在学校内已初步形成特色与亮点，承办了学校网络学堂辅助教学经验交流会。

2011 年，组织完成 8 项校级教学建设与改革项目验收工作，成功申报国际商务新办专业，7 个本科项目、1 个高职升本科项目获得 2011 年校级教育教学研究与改革项目立项资助。

2011 年，录取普通本科新生 411 人（京内 304 人，京外 107 人），录取高职升本科新生 267 人。首次按经济学大类招生，效果明显，实现全院各专业无调剂线上录取。理科录取分数线 435 分，文科录取分数线 481 分。一志愿率达 65.94％。

（陈恒 沈晓平）

【科研工作】 2011 年完成 2 个实际委托项目：“北京市朝阳区外贸转型升级服装产业国家级示范基地”申报工作和“朝阳区服务外包电子交易平台设计方案”，在北京市商务委员会获得立项。受北京纺织控股有限公司委托，完成《纺织控股集团品牌发展规划报告》。

科研工作的国际合作取得实质性进展。主办第一届 BCBUU-UWS 国际学术交流会，来自西苏格兰大学的 7 位教授、博士，学校 20 多位教师参加会议。会议共收到论文 19 篇，现场交流 15 篇。西苏格兰大学商学院托马斯博士（Thomas Keegan）作为访问学者来学院进行学术交流。

2011 年，全年教师发表论文 188 篇，其中核心期刊以上论文 74 篇，其中 CSSCI/CSCD 两项合计 23 篇；出版专著、译著、编著 4 部；获批省部级以上课题 3 项，市教委课题 3 项；全年科研经费累计 142 万元，其中横向课题经费 60 万元，纵向课题经费 82 万元。

（陈恒 陈建斌）

【对外交流】 2011 年，学院以联合培养学生 3＋1、2＋2、交换生、短期交流、暑期赴美带薪实习等多种方式共派出了 140 余名学生赴国（境）外学习交流。其中，选派 52 名学生赴西苏格兰大学留学，选派 8 名学生赴加拿大温尼伯大学以及美国爱治伍德学院留学。

2011 年，学院来华留学生人数达到 51 人，1 名留学生通过论文答辩获得学士学位。23 名留学生参加“汉语口语测试”全部顺利通过，其中 6 名留学生获得高级证书，15 名留学生获得中级证书。2011 年共接待国内外各类访问团组 21 个。

（陈恒 张玲娜）

【党群工作】 2011 年，学院共有党员 440 人，其中教工党员 148 人，学生党员 203 人，离退休党员 89 人。全年发展党员 109 人，其中教工 5 人（其中 1 名 73 岁高龄退休教职工），学生 104 人。党委下设党总支 5 个（含离退休党总支），党支部 26 个（含学生党支部 9 个，离退休党支部 4 个）。

根据《国家中长期教育改革和发展规划纲要》，结合学校“十二五”规划的思考，在广泛征求各方面意见、建议的基础上，研究制定学院“十二五”发展规划方案草稿。“十二五”期间学院建设的基本思路是：以人才培养为根本任务，以提升学院办学水平为目标，以提高人才培养质量为核心，以拓展办学资源为第一要务，以学科专业建设为龙头，以人才队伍建设为关键举措，以体制机制建设为保障，以深化国际合作为动力，加快学院的内涵发展、特色发展、区域发展和快速可持续发展,提高学院的社会服务能力和社会声誉。

学院坚持每月一次的干部通报会制度,及时通报学校、学院的重点工作进展情况、当前的主要工作和存在的问题,保证学院工作的有序开展。坚持“三重一大”制度,并按要求保证“三重一大”问题的科学化、民主化和制度化程序,召开领导班子民主生活会,通过开展批评与自我批评,分析领导班子存在的问题,寻找解决途径。

2011 年,以庆祝建党 90 周年为契机,继续推进创先争优第二、三阶段活动。开展“学习党史,坚定信念”主题活动,在职教工党员及部分学生党员撰写《党员心声》。2011 年,获校级十佳党支部 2 个,先进基层党组织 3 个,优秀共产党员 4 人,优秀党务工作者 2 人,育人标兵和成才表率各 1 人。学院申报的《充分发挥留学生党支部的先锋表率作用》项目获北京市基层党建优秀创新项目。

学院每年一次的全体党员集中学习培训采用新的培训方式,即由组织宣传部提前编写、发放学习材料,全体党员自学并书写学习心得和体会,大家以随机抽签的方式组成学习小组进行学习研讨和交流,按照本组抽取的汇报题目由 5 人集体采取丰富多彩的形式(如:三句半、朗诵、现场采访等)代表小组上台汇报,并评选出本次学习培训的学习笔记优秀奖和专题汇报优秀奖。

组织处级领导干部自由组合开展课题申报。全院党员完成了 12 学时的在线学习、所有处级领导干部完成了 40 学时的在线学习。组织处级干部和学科专业负责人赴 CBD 参观学习;学院党委书记、院长分别带队组织系党总支委员、教工党支部书记和党员代表分赴江西、西安等高校和井冈山、延安开展考察活动。

2011 年,采取部门内部民主推荐、组织考察、党委会讨论票决、公示、正式任命等程序提拔使用副处级干部 1 名,协助学校提拔副处级干部 2 名。对去年新提任的 6 名正处级干部和 7 名副处级干部进行了任职试用期一年期满的转正考察。年终工作考核中试行了部门考核,以提高领导干部的团队领导能力。

学院党委注意加强对民主党派的政治领导,注意充分发挥好他们的应有作用。关心他们的学习工作与生活,支持和协助民主党派搞好基层组织建设和外出考察活动。2011 年,学院有民主党派人士(民进、民盟)8 人。

2011 年,学院的纪检监察工作本着改善工作方式、创新工作形式,化解矛盾、解决问题,调动师生员工参与廉洁文化建设的积极性等原则,做到在教育中影响、在服务中帮助、在过程中约束。组织开展了学院“十大领域”廉政风险防范管理工作“回头看”活动。

(陈恒　赵振武)

【就业工作】 学院通过签订就业目标责任书,聘任“1＋1 就业帮扶先锋”,建立实习就业基地等措施,不断提升就业质量,2011 年学院就业率达 98.63%,签约就业率为 97.26%,到国内外读研、到国家机关、国企、事业单位、外企工作的毕业生比例占毕业生总数的 53.20%。

(陈恒　赵辉)

【学生工作】 2011 年度共有 1500 余人次获各类奖学金和荣誉称号,5 人获出国“3＋1”奖学金,先后发放 40 多万奖学金。其中学生获国家奖学金 8 人、国家励志奖学金 66 人。国贸 1081 班尹一舟同学获 2011 年全国大学生英语竞赛北京赛区决赛(C 类)一等奖,教务处获最佳组织奖;信息 0801 班孙济州等 3 人在电子商务系李玉霞老师的带领下,获第四届全国大学生文科计算机大赛全国二等奖;金融 0801 班彭宇等同学在国际商务系于苗老师的指导下获首都大学生第六届“挑战杯”科技作品大赛北京市三等奖。

2011 年,学生党校共举办第 25 期入党积极分子培训班、第 3 期发展对象培训班、第 3 期新生党员及预备党员培训班、第 2 期学生党支部书记,支委培训班等五期不同层次类型的培训班,参加培训 590 人次。2 名学生党员获学校“十佳学生党员”荣誉称号,金融本科学生支部和信息学生支部 2 个支部评为学校“十佳学习型”党支部。

继续推进心理健康教育工作,成功组织家长心理工作坊,《北京晨报》对活动予以报道。188 名学生在无偿献血活动中成功献血。国际经济系国贸 1081 班陈强、国际商务系营销 1101S 班李博、韩彦军 3 名同学经过层层选拔,光荣成为学院今年第一批入伍学生。

学院在宿舍加装用电识别器保证学生住宿用电安全,并推行无烟宿舍挂牌及奖励制度,2011 学年评选出先进宿舍一等奖 44 个;二等奖 44 个;三等奖 49 个。

2011 年,学院共青团系统完成市级本科生科研计划项目结题报告 19 篇,校级科技作品立项的结题 16 篇,其中一篇以学生为第一作者发表在学术期刊上;15 个项目获 2012 年“启明星”科技创新活动项目市财政资助,其中理工科 2 项,资助金额为 10 000 元/项,文科类 13 项,资助金额为 5000 元/项;2011 年,21 名同学组成团队参加为期 3 个月的赴美带薪实习暑期社会实践活动,6 名同学参与宁波诺丁汉大学科研项目的研发等。学生的社会实践活动走向国际化。成立“共青团北京联合大学商务学院学生公寓总支委员会”,并建立学生公寓自管委员会,充分发挥学生党员、学生干部在宿舍管理过程中自我管理、自我教育、自我服务、自我提高的作用,健全学生自我管理网络。

(陈恒　赵辉　吴庆)

【师资队伍建设】 本着引进与培养相结合的原则，调整、优化师资结构，提升师资的质量。2011 年共引进教师 10 名，其中 9 名博士(4 名博士后)、1 名英语硕士副教授。

2011 年，9 名教师获得北京市“中青年骨干人才”4 万元科研项目经费的资助；共接受“人才强教深化计划”项目资助 50 余万元。11 名青年教师到国外进修培训或参加国际学术交流活动。

2011 年，学院积极与纺织控股集团公司、朝阳区商务委员会和朝阳区发展和改革委员会等合作，建立教师企业(行业)实践基地，为青年教师挂职锻炼搭建平台。5 名青年教师在纺织控股集团下的北京雪莲集团有限公司、北京铜牛集团有限公司等公司及朝阳区商务委员会进行企业(行业)实践，有 16 名教师参与了相关的企业(行业)实践。

(陈恒 王颖)

【管理与服务】 2011 年，学院工会组织爱心基金捐款 22 130 元，11 名教职工(其中退休职工 8 名)领到了爱心互助补助款。走访慰问新婚、生育子女、因病住院、亲属去世、光荣退休的教职工及其家属共 46 人次，支付慰问金等相关费用 10 627 元。积极开展阳光体育活动，在教职工中普及第九套广播操。

2011 年，在学校专项的支持下，学院信息网络中心成功实施“基线网络管理系统”“互联网上网行为监控系统”，完成学院专项“网页防篡改系统”的实施。将放在清华赛尔机房托管的 WEB 服务器迁移到学校服务器机房，撤销学院自有的邮件服务器，将全体教职工的电子邮箱归入学校统一电子邮件系统。

2011 年，共收集 2010 年档案 533 卷。协助学校完成校史校志的第一阶段撰写工作。

为了更好地服务于师生，在流通书库原有架位布局的基础上进行调整，开辟了新书专架，集中直观地向读者展示图书馆新进的图书，方便了师生选书阅读。开展“读书之星”评选活动，分别评选出专业类图书借阅排名前 10 名和综合类图书借阅排名前 15 名的学生，授予 2011 年度商院“读书之星”称号。

2011 年，学院增建五间教授办公室，充分体现学院“重学术”“重交流”的主流思想，为学院营造更浓更深的学术氛围奠定了空间和环境基础。完成 200 平方米的教工餐厅的扩建工作，极大改善了教工的饭菜质量和就餐环境，同时缓解了就餐高峰期学生就餐区座位拥挤的压力。

(孔繁潮 刘锦东 庞昊勇 梁玉勇)

【其他工作】 完成朝阳区第十五届人民代表大会代表换届选举工作。

(陈恒)

4. 生物化学工程学院

【概况】

学院英文名称：College of Biochemical Engineering

学院网址：http://www.bec.buu.edu.cn

院党委书记：周明珠；院长：张恩祥。

2011 年，学院以提高办学质量，走内涵式发展为核心，规范教学管理，保证教学秩序；在受抗震加固工程影响和实际招生班级人数的变化的情况下，通过加强过程管理，适时、合理地调整了理论和实践教学工作安排，利用各种可用的资源和条件，保证学院理论和实践教学的正常运行。

2011 年，学院全日制招生有：建筑环境与设备工程、生物工程、制药工程、人力资源管理、工业设计、包装工程(包装设计)、工程管理(工程项目管理)、工程管理(投资与造价管理)、建筑电气与智能化、会计学共 10 个本科专业(方向)；建筑环境与设备工程、人力资源管理、会计学共 3 个专升本专业；计算机控制技术、药物制剂技术、会计、楼宇智能化工程技术共 4 个高职专业。另有 3 个夜大学专科招生专业：商务管理、影视动画、工业分析与检验；1 个专升本招生专业：化学工程。

至 2011 年年底，学院有教职工 458 人，其中教师 184 人，教授 13 人，副教授 64 人；其中具有博士学位的教师 23 人，具有硕士学位的教师 130 人。2011 年学院共毕业学生 973 人，其中本科毕业生 747 人，高职毕业生 226 人，招收新生 792 人，在校学生 2788 人。学院占地面积 74 870.24 平方米，校舍总建筑面积 53 429平方米。图书馆现有藏书 29.5 万册，固定资产总值1.899 4亿元，其中教学科研仪器设备资产0.875 2 亿元。

(孟燕 陈雄鹰 李敬)

【机构设置】 2011 年，学院设信息与控制工程系、生物医药系、经济管理系、工程艺术系、工程管理系、公共基础课教学部、体育教学部、实践教学中心、中专科、培训中心共 10 个教学部门；制药工程研究所(校级)、生物工程研究所(院级)、人力资源管理研究所(院级)、测控技术研究所(院级)共 4 个研究所；党政办公室、党委组宣部、人事处、教务处、科研处、学生工作部(处)、财务处、国资处、保卫处、行政管理处共 10 个党政机关；数字校园中心、图书馆、医务室共 3 个直属非教学单位机构；团委、工会共 2 个群众团体。

(孟燕 陈雄鹰 李敬)

【学科建设】 学院借助国家“加快发展专业学位研究生教育”的机遇，并利用学校已有硕士点的相关学科建设成果和成熟条件，努力创建和完善符合工程硕士专业学位授权点的条件。在生物工程、建筑与土木工程、工业设计工程、工程管理四大工程领域，积极调整学院的学科专业布局，将制药工程的学科研究方向与生物工程整合在生物制药方向，带动学院生物工程等相关学科建设，努力完善符合硕士专业学位授权点的条件，建立以教授科研团队为龙头，面向生物工程、建筑与土木工程、工业设计工程、工程管理四大工程领域的学科平台，加强产学研合作，促进科技成果转化，积极探索和完善硕士专业研究生培养模式。

2011 年，学院承担培养的食品工程专业 3 名硕士研究生毕业，并获取硕士学位。

（张建敏）

【教学工作】 2011 年，学院逐步推进教学品质提升计划项目的开展；加强教学管理制度的执行力度；加强教研室建设、认真组织开展教研室活动；积极组织申报教育教学改革项目；狠抓基础课分层教学、沟通与表达能力提升训练工作，推进卓越应用性人才成长。配合学校以专业为单位，组织完成了 2011 培养方案的制订工作。

根据《北京联合大学生物化学工程学院全日制本科生导师制管理办法（试行）》（京联生化教〔2011〕82 号文），学院公共基础课教学部全面实行课程导师制。

学院新增校级教育教学研究与改革项目 9 项，校级高等职业教育专业核心课程建设立项项目 4 项，校级精品教材 3 项；自动化教研室获得校级高等职业教育优秀教研室称号；3 人在高等职业教育教师说课比赛中获奖。

42 件作品获 2012 年本科生科学研究计划项目市级资助，共获得资助经费 36.5 万元，其中理工科 21 项，每项获资助经费 1 万元；文科（艺术、管理类）11 项，每项获资助经费 5 千元。学院立项数量占全校立项总量的 28%。

在 2012 年"启明星"大学生科技创新项目（校级）立项评审中，学院获校级立项 35 个，资助金额 4.25 万元。此次，学院共收到 93 件申报作品。由于今年学院项目申报数量和质量高于往年，共有 77 件项目获得资助，立项率为 82.8%。

2011 年，学院获得多项市级、国家级竞赛名次：北京市大学生数学建模与计算机应用竞赛市级二等奖 1 项，北京市大学生电子设计大赛市级三等奖 1 项，第四届全国大学生节能减排社会实践与科技竞赛国家级三等奖 1 项，第六届全国大学生"飞思卡尔杯"智能汽车竞赛国家级二等奖 1 项、华北赛区一等奖 1 项，第六届"挑战杯"首都大学生课外学术科技作品竞赛市级二等奖 1 个、市级三等奖 2 个。

（张建敏　张春菊）

【科研工作】 2011 年，学院科研到账经费 491.1 万元，其中横向课题 11 项，到账经费 96.05 万元，市教委科研计划项目 5 项，到账经费 39 万元，市自然基金项目 1 项，到账经费 3.85 万元，国际合作项目 1 项，到账经费 43 万元，教育部人文社科项目 1 项，到账经费 3.2 万元，校级计划、校级竞争及校级学科项目 9 项，到账经费 191 万元，院级自筹项目 13 项，经费额度为 15 万元。

获得新授权专利 33 项，其中，发明专利 13 项，实用新型 20 项。2011 年新申请专利 32 项，其中，新申报发明专利 22 项，实用新型 9 项，计算机软件登记 1 项。

发表论文共计 206 篇，SCI 收录 6 篇，EI 收录 18 篇，ISTP 收录 4 篇。

7 月，邀请来华访问的美国北卡罗来纳大学生物物理学博士柯衡明教授来学院作"美国大学科研管理体制和如何做好项目申报"的学术报告。

（于深　罗旭东）

【实验室建设】 2011 年实践教学环境建设主要是更新了 1 个语音室，共计用资 34.2 万元。

学院于 4 月 8—9 日召开教授科研团队实验室建设研讨会。会议的主题是研讨学院教授科研团队建设与科研实验室建设。

（张建敏）

【党建工作】 截止到 2011 年年底，学院共有党员 574 人，其中教工党员 243 人，学生党员 240 人，离退休党员 91 人。共设 7 个党总支，2 个直属党支部，45 个党支部，其中教工党支部 34 个，学生党支部 5 个，离退休党支部 6 个。全年发展党员 92 名，其中学生 84 名，教师 8 名；转正党员 139 名。

学院共评选院级先进基层党组织 3 个，院级优秀共产党员 16 名，院级优秀党务工作者 3 名。共有 2 个党支部被评为校级先进基层党组织，5 名共产党员被评为校级优秀共产党员，2 名党务工作者被评为校级优秀党务工作者。

学院坚持党委中心组（扩大）学习制度，单独组织 10 次中心组集中学习活动，并扩大到全院中层干部。

学院以纪念建党 90 周年为契机，开展"学习党史、坚定信念"主题教育实践活动。组织开展"学习党史，坚定理想信念"党史知识竞赛活动和"党旗在我心中——庆祝建党 90 周年征文活动"。组织参观"一切为了人民——北京市纪念中国共产党成立 90 周年展览"、首都博物馆《复兴之路》展览。组织参与全市"共产党员献爱心"捐献活动。开展走访老党员、老干部活动。工会、团委组织全院师生开展集体唱红歌、书画摄影比赛等活动。

推进创先争优活动，在全院基层党组织和党员中组织开展了"提高办学质量促发展、服务师生树形象"主题实践活动。各党总支和党支部组织党员进行学习，讨论制订活动计划，按照活动要求做出具体承诺并践行。

完成 125 410.10 元党费的收缴、管理和使用工作，并认真落实党员教育培训经费，学院还设立党建专项资金，用于组织党支部书记培训、党员教育培训等大型活动。2011 年，学院党委以党组织活动立项方式鼓励基层党组织开展“创先争优作表率、我为党旗添光彩”主题党日活动，以参观爱国主义教育基地、革命传统纪念地、博物馆、展览，组织集体野外拓展训练，欣赏戏剧、电影、音乐会，开展工作研讨等多种形式组织党员开展集体学习教育活动，并带动师生群众开展学习教育和创先争优。2011 年，学院用于基层党组织的党组织活动经费和党费接近 9 万元，覆盖到了所有党总支和党支部。学院以领导班子作风建设和党员领导干部党风党性党纪教育为重点，开展党风廉政建设宣传教育活动。

加强广大教职工和学生的思想政治工作，通过开展学习实践科学发展观等，广大党员干部在更深层次上把握了科学发展观的深刻内涵，提高了政治理论水平，增强了教书育人、管理育人、服务育人、推进学院事业发展的意识和能力。印发《学习文选》摘录上级领导、教育专家学者、校院领导讲话等学习材料。

利用《和谐》院报、《学习文选》、橱窗展板、广播、校园网等宣传阵地开展思想政治教育工作。大力宣传学院的先进典型事迹、先进集体和先进个人，加强对各个部门信息员和学生通讯员队伍的培训。2011 年，学院共出版《和谐》院报 7 期(25—31 期)，《学习文选》8 期(18—25 期)；共编辑制作宣传橱窗约 85 块，宣传横幅 26 条，网络新闻近 190 余条。围绕产学研合作、师资队伍建设、专业建设、实验室建设等方面的工作进行对外宣传，提升学院的知名度。

2011 年，学院在职和离退休教职工民主党派成员 24 人。其中民盟 8 人，九三 6 人，民进 4 人，民建 2 人，民革 2 人，致公党 1 人，农工党 1 人。党外高级知识分子 55 人，党外正处级领导干部 2 人、副处级领导干部 3 人。

(程雨琴　录华　朱香敏)

【学生工作】 2011 年，学院在认真贯彻以大学生思想教育为主线，以素质教育为核心，以深入开展“创先争优”活动为载体，以学风建设为保障，坚持“学生工作要为学院发展建设服务，要为学生成长和成才服务”的宗旨，克服了因学院宿舍楼、食堂抗震加固给工作带来的诸多不便，顺利地完成了本年度的学生思想政治教育工作。

学院共有辅导员 15 人，其中专职辅导员 14 人，兼职辅导员 1 人。

完善学院困难学生档案库，2011 年年底在库共有 723 名学生。共发放助学金 126.11 万元，爱心助学款 2.4 万元。学校又为其中特别困难的学生每人发放 2000 元的特困生补助。2011 级新生报到后，评选出一等助学金获得者 199 名，二等助学金获得者 298 名；16 名同学获得爱心助学金；2 名同学获得金隅集团助学金；41 名同学获得国家助学贷款。

评选出 433 名校级奖学金获得者，其中校级特等奖学金获得者 3 名；获得国家奖学金 6 名；获得国家励志奖学金 99 名；获得金隅集团奖学金 2 名；Haste 团队获校长特别奖。

坚持日常的宿舍检查，积极探索学生宿舍的信息化管理，开发了学生宿舍智能信息化管理软件，并已经开始试运行。全面细致地制订抗震加固期间学生宿舍搬迁方案，确保 2500 余学生顺利入住加固后的学生公寓。

在 2011 年北京联合大学第十届大学生心理健康节活动中，学院参加了北京市大学生心理健康节之主题为“我和父母：说出你的爱”的征文比赛，2 名同学获得优秀奖。学院还举办了“心理定向越野，迈出你的步伐”定向越野活动、趣味心理知识有奖问答活动、“亲近你我　给力幸福”大学生阳光心语横幅签名传递活动以及“呵护心灵，从我做起”大学生团体心理辅导等。

6 月 22 日和 23 日，学院分别召开了第四次团员代表大会和第四次学生代表大会。

2011 年，学院共毕业学生 973 人，至 2011 年 8 月 30 日，学院毕业生就业人数 920 人，其中签约 853 人，考研 10 人，出国读研 8 人、出国升本 4 人，1 人出国读语言学校，专接本 23 人，单位用人证明 19 人，参军入伍 2 人。

(孙冰玉　范娟　刘立平)

【对外交流】 2011 年，学院派出 8 名学生参加交换生项目，6 名学生参加台湾夏令营项目，12 名学生参加赴美带薪实习项目，4 名学生参加学校留学项目。学院领导和教师赴国外考察 12 人，教师赴国外进修学习 2 人。邀请外籍专家举办学术讲座 4 次。2011 年 5 月，学院正式设立了学院国际/境外交流项目奖学金。2011 年 12 月，来自 5 个系的 16 名同学分别获得了一、二、三等奖学金。

(陈雄鹰　和亚玲)

【管理服务】 为配合学校教务处提出的精品课程建设要求，学院于 2011 年 7 月底开始着手建设精品课录播教室。由数字校园中心配合承建方北京坤腾世纪科技有限公司完成对录播教室的电路网络改造、增建演播室、室内装修及更换教室桌椅等工作。10 月 8 日，学院精品课录播教室建成并投入使用。

10 月，学院南院食堂修缮完成正式投入使用，改善了全院师生就餐环境，提高了就餐质量。

学院党委根据校党委的要求，结合学院实际，制订了《中共北京联合大学生物化学工程学院委员会关于深入开展“提高办学质量促发展、服务师生树形象”活动的实施方案》(京联生化党〔2011〕68号),活动时间自2011年11月至2012年7月,活动内容包括“提高办学质量促发展”“服务师生树形象”两部分,旨在引导学院各级党组织和广大党员围绕提高办学质量的核心任务,立足“教书育人、管理育人、服务育人”的理念,通过在本职岗位上创先争优,加快推进学院科学发展,提高服务社会的贡献率和师生群众的满意率。

全院开展爱心助学捐赠活动,共捐赠书籍225本,学习用品149件,衣服154件、生活用品14件 。

(孟燕　李敬)

5. 旅游学院

【概况】

学院英文名称:Tourism College

学院网址:http://www.ti.buu.edu.cn

院党委书记:曹长兴;院长:黄先开(兼任)。

2011年,旅游学院设有旅游管理、酒店管理、财务管理、市场营销、英语、日语、会展经济与管理7个本科专业,酒店管理、财务管理、电子商务、应用日语、烹饪工艺与营养5个高职专业。

至2011年12月31日,学院有教职工272人,其中教师143人,教授10人,副教授42人,具有博士学位的40人。学院占地面积48 700平方米,校舍总建筑面积19 230.88平方米。固定资产总值110 024 641.87元,其中教学科研仪器设备资产3 075 444.54元。本年度毕业学生735人,其中本科生447人,高职学生288人。招生667人,其中本科生283人,高职升本科学生151人,高职学生233人。

(梁磊　汤湛　黄莉　何文竹　李华山)

【机构设置】 2011年,旅游学院设旅游管理系、旅游经济系、国际旅游系、酒店管理系、餐饮管理系、通识教育中心、旅游实践教学中心、培训中心8个教学部门,现代休闲方式与旅游发展研究所、餐饮科学研究所2个校级研究机构,旅游学刊编辑部1个附属机构,党政办公室、组织宣传部、教务处、科研处、学生处、人事处、财务处、行政管理处、保卫处、国际交流合作处10个党政机关部门,团委、工会2个群众团体。

(张驰)

【教学工作】 完成2011版培养方案制修订工作。组织制订了6个本科专业、1个博雅实验班、4个高职专业和3个专升本专业共计14个专业培养方案;组织了本科专业主干课50门,高职专业主干课20门,及28门任选课和13门实践板块课程大纲的编写工作。按照“1门课程至少配备两名授课教师、1名教师至少能讲授两门主干课程”的原则,完成了“教师与课程”及“课程与教师”的配置工作。

进一步加强专业建设。餐饮管理专业获得北京市教委职业教育分级制改革试点项目;落实酒店管理专业高职校级“高技能人才培养模式创新实验区”建设;进一步打造日语专业“异文化体验之旅+短期交换留学+‘2+2’国内外联合培养”专业建设模式。

推进精品教材建设。落实2本教材的编写和出版工作,达成了6本教材出版意向;通过狠抓教材质量,推进精品教材建设,在北京市精品教材暨校级精品教材评选工作中,学院3本教材获评校级精品教材,2本教材被推荐参评市级精品教材。

加强教学管理,推动教师执教能力提升。进一步完善教学管理制度,优化教务管理流程,初步建立教师教学考核方案;坚持集体教研活动常态化,开展多种教研活动,获1项全国教育科学规划重点课题,10项校级教改项目;教师执教能力得到明显提升,1名教师被授予北京市级职业教育名师,4名教师获校级教学优秀奖,在第二届高职教师说课比赛中,学院推荐的5名教师全部获奖。

加强实践教学管理与建设。落实学院实践教学方案,巩固、拓展校外各专业实践、实训基地,强化了实践环节质量管理;积极组织学生参加社会服务工作,达到双赢效果。

(王丽)

【科研工作】 整合资源,汇聚力量,打造高端旅游人才培养新平台,积极申报服务国家特殊需求的旅游管理与信息融合发展博士人才培养项目,并获国家旅游局向国务院学位委员会首选推荐。

推动科研工作创新,着力打造科研团队。本年度完成两批科研团队的申报、人员调整、发布等组织工作,成功打造10个科研团队,其中9个A级团队,1个B级团队;聘请知名专家魏小安、李天元、蔡红、陈安泽等为学院的客座教授,以课题引领学院博士团队建设。

组织开展科研论坛、学术年会、科研讲座等活动,积极营造科研氛围。成功主办首届首都旅游发展论坛、中国旅游研究年会;邀请业内知名专家学者卢琦、梁春香、董二为、李博伦、陈安泽等来学院为广大教师进行旅游学科前沿学术讲座,取得了良好的效果。

积极搭建科研平台,提升科研服务水平。维护科研平台和科研管理系统;建设科研对外宣传网,及时发布学院的科研动态;实现电子期刊上网,并尝试建立外文原版资料库。协助创建中国旅游研究院旅游信息化研究基地。

组织完成各级各类科研项目申报工作。成功申报国家级项目1项,省部级项目4项,局委办项目13项,争取到纵向课题经费140万,横行课题经费38万,备案经费共计178万,申请到科研专项经费160万。

(李芳)

【人才队伍】 加大人才引进和接收力度，优化师资队伍结构，提升师资水平。引进和接收18人充实教师队伍，其中高层次人才——旅游教育界知名专家1人，博士17人(含博士后6人)。

加强教师培训工作，认真组织落实教职工培训计划。派出11人参加企业(行业)实践，7人赴国内外高校访学、研修；聘请外教开设英语培训班；组织不同层次的管理人员有针对性地开展岗位技能的进修与培训。

大力推进教师职业生涯规划。以“释放职业潜能，追求卓越教学，提升科研水平”为目标，积极推行教师职业生涯规划，着力打造国内同类院校最具实力教师团队，至2011年年底已完成第一阶段的教师申报、评估和职业生涯定位工作；出台教师职业生涯规划各项目实施细则并启动第二阶段工作。

认真组织实施并顺利完成2011年专业技术职务晋升聘任工作；启动2011年技术工人职业技能鉴定工作；深入调研、多方考察，探索制定学院教职工绩效考核体系。

(李芳)

【学生工作】 做好学生心理健康教育工作。完成2011级新生心理健康普查；以“阳光心灵、关爱自我、和谐发展”为主题，积极开展心理健康月系列活动，受到学生的积极响应，取得了良好的效果。

丰富校园文化生活，提升学生综合素质。完成“5·19”中国首个旅游日志愿者组织工作，参加首届大学生北京旅游线路设计大赛，举办第七届旅游文化节，开展第七届社团文化节展演，组织策划“青春万岁”新生文艺晚会。

大力营造创新与创业教育氛围。开展旅游文化节Logo创意大赛、学生会组织Logo创意大赛、旅游红色线路设计大赛，启动第二届大学生自主创业挑战赛；积极开展学生科技活动，举办旅游学院首届学生科技学术月活动，培养学生科研意识，提升学生的研究能力。

本着公开、公平、公正的原则，完成各级、各类奖学金、三好生、优秀学生干部、优秀班集体的评选和推荐工作；继续开展为贫困生送温暖活动，为20名学生办理了助学贷款，完成298名学生的国家助学金评定。

承办2011年北京联合大学第二届新生运动会。作为此次运动会的承办方，学院领导高度重视，全院师生团结协作，顺利完成运动会开闭幕式的组织筹备、志愿者培训、场地协调等工作，保证运动会成功召开。

(冯丽霞)

【对外交流】 稳步推进国际化办学和留学生教育。坚持国际化办学理念和学生海外学习项目巩固与发展战略，本学期派出因公出境访问团组15个，派出教师48人，学生赴境外学习、交流80人，开展短期交流合作项目6个。完成2011年留学生在校生总数保持100人左右的工作目标。

(高珣)

【校外合作】 继续深化与国家旅游局、北京市旅游发展委员会和各区县旅游局等政府部门以及首旅集团、全聚德集团等大型企业的合作；获得国家旅游局《全国旅游职业信息采集与研究》、海淀旅游局《海淀旅游公共服务方案》等合作项目；选派多名教师到旅游政府部门、旅游企业挂职锻炼，协助推进产学研合作基地建设。

积极拓展继续教育与培训工作。继续教育部与北京市人民政府宽沟招待所共同举办“酒店管理”大专培训班，实现校企合作新突破；国际饭店业培训中心经国家旅游局授权，举办了饭店总经理、人力资源部、公共销售部、客务部、餐饮部、工程部、财务部部门经理岗位培训班共8期，并为阳光酒店集团、华龙酒业集团、远望楼等多家企业开展专项培训；积极开拓新项目，成功举办3期礼仪培训师培训班。

(田彩云)

【管理服务】 按照学校“优化学科专业结构、提高办学效益”的总体要求，深化院内管理体制改革、完善学科专业体系和行政管理体系。结合旅游业和社会经济发展对人才的需求，进一步做强优势学科、打造特色品牌专业，在充分调研、论证的基础上，完成了对学院教学机构及所属专业的调整，形成“五系三中心”的教学组织体系。以提高管理效能为重点，探索教学管理和学生工作新模式，建立以院级为中心、系级为支撑的院系二级管理新机制。

积极推进校园基本建设，努力改善办学条件。进一步整合学院办公资源，改建教学办公用房1000余平方米，添置办公家具150余套，完成3号教学楼内部改造装修工程，改造面积达5300平方米，为教师和学生大力改善办公和学习环境；配合学校保障综合实训楼工程顺利奠基开工。

进一步规范财务管理。完善学院财务管理制度，财务管理水平和工作效率得到有效提升；注重预算执行情况分析，完成2010年学院决算分析工作、2011年院内预算分配工作；完善财务信息化建设，启用培训中心电子账套、酬金系统；以提高工作效率为导向，规范了各类报销手续；加强专项经费管理，积极完成固定资产清查后续工作；坚持办公经费从紧的管理办法，办公经费开支有所节约。

探索创新学院后勤管理与服务新机制，完善后勤服务质量标准和工作标准，进一步规范管理、加强服务，工作人员的服务意识、质量意识明显提高；成功举办“美化校园环境月”活动。

确保校园安全稳定。进一步健全和完善了安全稳定工作的台账制度，明确安全隐患整改过程中的责任机制，落实整改措施；贯彻落实《高等学校消防安全管理规定》(教育部公安部令第 28 号)，通过举行“消防周”宣传活动、消防逃生实际演练，增强全校师生消防意识和防范能力；切实做好敏感期的稳定工作，尤其加强了学生安全工作，确保本年度无重大安全稳定事故发生。

(张驰　朱明跃　肖春林)

【党群工作】 加强党政领导干部思想政治建设。利用中层干部会、党务干部会，以及“市教育工委‘培训班’”，深入学习、贯彻党的十七大和十七届三中、四中、五中、六中全会精神；学习第十九次全国高校党建会议和北京高校党建会议精神；利用暑假时间组织中层干部赴长沙、韶关等地进行以“革命传统精神教育”为主题的教育活动。

深入开展“创先争优”活动。在全院党组织和全体党员中，围绕建党 90 周年，深入开展以“学习党史、坚定信念”为主题的宣传教育活动；开展两年一度的党内评优工作，并于七一前夕召开了庆祝中国共产党成立 90 周年暨“七一”表彰大会，对 2009—2011 年度涌现出的优秀共产党员、先进基层党组织和优秀党务工作者进行表彰。

加强支部建设，提高党的建设科学化水平。针对学院系、部调整，指导各单位做好党总支、党支部换届选举工作，配齐配强党总支和支部领导班子；做好“抓基层、打基础”工作，加强学习型党组织建设；组织开展了支部书记“岗位练兵”(培训)活动，进一步加强党支部书记的能力建设。

深化干部培训，加强干部队伍建设。深化干部培训，以“加强学习，提高认识”“深入实践，改进作风”为目标，开展“干部作风建设专项活动”，通过“动员部署、学习提高、深刻剖析、整改落实”四个阶段，增强干部的大局意识、团结意识、责任意识、创新意识、服务意识、廉洁意识。进一步加强干部队伍建设。

深入贯彻落实党风廉政建设责任制，加强党务、院务、系务公开、推动“十大领域”落实廉政风险防范自查；积极动员、组织领导干部学习《中国共产党党员领导干部廉洁从政若干准则》，围绕“八个禁止”“52 个不准”进行对照检查、自查自纠。

全面提升宣传工作整体水平，实现“对内宣传”有实效，“对外宣传”有突破。坚持抓好学院信息员和通讯员队伍建设，新闻宣传队伍的素质能力得到加强；在校新闻网刊登新闻 110 余篇，《人民网》《光明日报》《中国教育报》《中国旅游报》《搜狐网》《新京报》《首都教育新闻》等媒体报道及刊登学院新闻稿件 50 余篇。进一步扩大了学院知名度和对外影响力。

切实做好统战、离退休干部工作。通过召开党外教职工座谈会等形式做好统战工作；注重加强离退休人员的思想政治工作，认真落实离退休人员的政治待遇和生活待遇，积极开展各项学习、参观与健身活动，努力为离退休人员解决实际困难。

扎实开展工会工作。成功举办第五届教职工康乐节、第六届教职工摄影展，开展工间操、春季登山、秋季长走等活动，丰富教职工文化生活；通过开展“送温暖”、赠送贺卡和生日礼物、爱心捐助等活动，关怀教职工生活，增强全院教职员工的凝聚力。酒店与餐饮管理系荣获北京市总工会授予的“北京市工人先锋号”称号。

(张立纯)

6. 继续教育学院

【概况】

学院英文名称：College of Continuing Education

学院网址：http://jxj.buu.edu.cn

院党委书记：李洪飞；院长：单金成。

继续教育学院有西城区丰盛胡同 13 号和鼓楼大街前海东沿 50 号两个校区，占地面积共 5916.69 平方米，校舍建筑总面积 13 817 平方米。

学院的教学任务包括成人高等学历教育和非学历教育。夜大学本科有英语、艺术设计、工商管理等特色专业，专科以计算机应用、广告摄影、财会等专业为骨干专业。2011 年，学院夜大学共有高中起点本科、高中起点专科、专科升本科 3 个层次，共 9 个专业，在校生 941 人。学院还以中央广播电视大学现代远程教育公共服务体系(即“奥鹏 Open on Line”)学习中心为教育平台，承担多所重点高校的远程高等学历教育。学院与政府部门、行业、企业合作开展各类培训并承接考试项目，全年培训学员 2000 余人次。

学院在编教职工 47 人，其中具有高级职称 1 人、副高级职称 2 人、中级职称 20 人，合同聘用职工 3 人。聘任兼职教师 64 人，其中具有高级职称 4 人、副高级职称 22 人、中级职称 38 人。

学院共有普通教室、多媒体教室、语言实验室、计算机网络教室以及摄影棚、暗房、会计等专业实验室 31 间。

2011 年学院固定资产总值 506.23 万元 。经费投入 1208.72 万元，其中财政拨款 756.23 万元，自筹经费 452.49 万元。

(李纪春　王莹)

【机构设置】 2011 年，学院共有 5 个处级职能部门：党政办公室、人事处、财务处、教务处、行政管理处；直属处级教学培训单位 1 个：培训部；设北京市高校干部培训中心办公室(处级)，工作关系隶属北京市委教育工作委员会；2 个科级机构：保卫科、后海校区综合办公室，隶属行政管理处。

【教学培训】 2011年，学院成人高等学历教育招生计划数为370人，各专业第一志愿报名人数838人，第一志愿上线人数708人，经学校调剂学院共录取新生715人，创继续教育学院夜大学招生历史新高。

学院夜大学2011届本、专科七个专业共有334名毕业生，其中专科毕业生218名，本科毕业生116名，共授学位22名。

为加强管理，学院制定《继续教育学院夜大学招生管理办法》和《继续教育学院校外教学点管理办法》。

学院依托奥鹏教育国家级远程教育公共服务体系，以奥鹏远程教育学习中心形式，为全国多所重点大学远程(网络学习)学历教育提供支持服务。2011年开展合作的高校有5所，启动招生的高校有南开大学、北京大学、北京交通大学、北京航空航天大学、东北财经大学。全年有1650人次参加课程考试。2011年新生报名人数80人，在45家北京奥鹏学习中心中排名居于前十名；教材服务在45家北京奥鹏学习中心中排名第一，获得2011年的"教材支持服务优秀奖"；考务工作在45家北京奥鹏学习中心中排名第14名。2011年在校生有322人，在45家北京奥鹏学习中心中排名第20名。

在非学历教育方面，学院承办了学校新教师培训和科级干部培训，全年培训新教师112人，培训校科级干部98人。此外还承担了会计继续教育培训140人，摄影培训325人，金融理财师资格认证考试180人次，北京市英语口语考试379人。

2011年，北京市高校干部培训中心共组织各类培训班6期。与中共北京市委统战部、北京市委教育工作委员会联合举办"2011年北京高校党外代表人士培训班"和"2011年北京高校统战干部培训班"，组织理论学习和外出考察，参加培训人员共133人；独立举办"北京高校处级领导干部学习贯彻两会精神培训班""2011年北京高校新任处级干部培训班""2011年北京高校高等教育管理培训班""北京高校学习贯彻十七届六中全会精神培训班"各1期，每期培训班均有40余所在京部委和市属院校参加，共培训高校干部516人次。

2011年12月在北京高教学会摄影研究会举办的"北京市高校师生摄影大赛"上，学院李瑞华老师的作品"大学英语四级监考前"、2011级艺术设计专业学生张妍的作品"日出而作"和2011级广告设计与制作专业学生彭勇的作品"客车自燃"均获得三等奖。

(李纪春　车雅军　杨海燕)

【科研工作】 培训部高旺老师在多媒体教学方面，以动漫画的制作为课题，设计多种简单易行的操作技巧用于教学，起到了很好的效果。他撰写的《超级漫画绘制实战手册——场景设计500例》《中文版Photoshop CS5案例课堂》分别由人民邮电出版社和北京希望电子出版社出版发行。

(李纪春　车雅军)

【党群工作】 2011年，继续教育学院共有党员67人，其中在职党员31人，离退休党员34人；有5个党支部，其中4个在职党支部，1个离退休党支部。

2011年学院陆续制定、完善和修改《继续教育学院合同管理办法》《继续教育学院党务公开实施办法》《继续教育学院院务公开实施办法》《继续教育学院培训项目管理办法》《继续教育学院招生管理办法》《继续教育学院校外教学点管理办法》《继续教育学院教职工继续教育管理办法》《继续教育学院基建修缮改造工程管理办法》《继续教育学院教职工年度考核办法》《继续教育学院教职工奖励办法》《继续教育学院关于教职工加班的规定》《继续教育学院办公文具、耗材管理办法》等规章制度。

学院党委在创先争优活动纪念中国共产党成立90周年之际，评选表彰了院级优秀共产党员杨秀岩、牟强、郭志青、尚宝琴、萧天一，院级优秀党务工作者张晚霞，院级先进党支部离退休党支部、教务处支部。同时，学院离退休党支部被评为校十佳党支部、先进基层党组织，杨秀岩被评为校优秀共产党员。

"三八"节之际，学院工会组织全院女教职工到平谷教工疗养院开展以"共话学院愿景、谋划科学发展、立足本职岗位、争创工作佳绩"为主题的庆"三八"系列活动。此外，还召开两个会议(全体女教职工座谈会、女中层干部工作研讨会)；组织两个活动(广播体操的推广和迎接建党90周年文艺节目的筹备)；传达一个文件；安排了一次联欢；提出要"内塑修养、外塑形象，苦练内功、迎接挑战，与时俱进，奋发向上"。达到提升和展现继续教育学院女教职工风采的预期目的。

在党风廉政建设宣传月活动中，学院党委书记李洪飞同志在庆祝七一党员大会上作题为"加强反腐倡廉教育，推进党风廉政建设"的党课宣讲。学院纪检监察员张晚霞老师研究撰写的论文《传统的"内圣外王"与现代的反腐倡廉》和《制度建设是高校反腐倡廉工作的重要基础》分别被校刊《永远的旗帜——纪念建党90周年论文集》(同心出版社出版)和北京市教育纪工委《教育系统廉政探索》第3卷刊登发表。

"七一"之际，学院党委组织各支部党员为校"爱心基金会"和北京市"共产党员七一献爱心"活动进行了募捐。共计50名党员和3名入党积极分子捐赠了7960元。

(李纪春　张晚霞)

【管理与服务】 在办公信息化建设方面，学院进行内部网络改造，由简单的FTP服务器升级为办公自动化信息系统,增加了公告通知、新闻发布、电子邮件、内部短信、即时通讯等功能。

2011 年 7 月中旬完成了丰盛校区楼顶防水工程。

(李纪春　柴永红　张金辉)

7. 信息学院

【概况】

学院英文名称:College of Information Technology

学院网址:http://it.buu.edu.cn

院党委书记:许贵才(任职至 2011 年 10 月 10 日),岳江红(2011 年 10 月 10 日起任职);院长:李哲英(2011 年 1 月 4 日起任职)。

信息学院主要培养信息技术(IT)人才,其前身是 1978 年建立的清华大学分校、北京邮电学院分院等。学院设有四系(计算机工程系、软件工程系、电子工程系、通信工程系)、三所(信息技术研究所、微电子应用技术研究所、可靠性检测与传感网技术研究所)和工程技术应用中心。

学院有计算机科学与技术、软件工程、通信工程、电子信息工程、电子信息科学与技术 5 个本科专业,拥有计算机科学与技术和软件工程 2 个一级学科硕士学位授权点。其中通信工程专业是国家级特色专业建设点及北京市特色专业。计算机应用技术学科是北京市重点建设学科,是北京联合大学首批硕士学位授权学科点之一。信息与通信工程是北京联合大学重点学科,电子科学与技术是北京联合大学重点建设学科。学院是教育部和北京市教委批准的国家级暨北京市"服务外包人才培养模式创新实(试)验区"和"北京市信息服务工程重点实验室"的主体学院。

学院有专任教师和管理人员 120 人,其中教授 8 人,副教授 34 人。学院教师中有全国优秀教师 1 人、北京市高等学校教学名师 2 人、享受国务院政府特殊津贴专家 1 人、教育部课程指导委员会委员 1 人、北京市高层次人才 1 人、北京市优秀教师 2 人、北京市普通高等学校学科带头人 1 人、"北京市跨世纪优秀人才工程"学术和技术带头人 1 人以及一批具有较高学术技术水平的中青年骨干教师。

2011 年,学院分别制订"十二五"前三年计划和后两年计划,以落实完成核心目标任务。核心任务是:以学科建设为龙头,带动学科建设和专业建设。突出队伍建设和基础设施建设。继续深入学院"三大工程"建设即教育教学改革、科技创新和人才队伍建设。为了加强教学改革工作,针对学院发展规划目标,提出了学科建设、本科教学与管理、科研、实验室建设、人才与队伍建设等年度考核目标体系。进一步提升学院深入发展能力。学院围绕以教学为中心的工作任务,开展系列工作,召开了"四个工作会"(教学工作会、实践教学工作会、科研工作会、学生工作会),制订实施方案,抓落实。

(徐建华　王旭)

【教学工作】 学院 2011 年教学工作会确定了本科教学工作指导思想:面向服务外包新模式、面向新技术应用、面向创新应用。学院按照"三率统筹、突出应用、注重过程、多重出口"的原则,制订 2011 版专业培养方案。三率统筹是对就业率、考研率和出国率的需求统筹考虑,主要体现在通识教育、学科基础和专业基础,以及专业技术课程的分类安排上。突出应用是指课程体系以及基本教学要求中明确对知识和技术的应用,要强调技术应用而不是简单的技术训练,在适当的阶段要体现工作经历。注重过程是指课程体系和教学活动的设计中,全部教学环节环环相扣,成为完整体系。多重出口是指考虑不同层次学生的不同毕业需求,在课程中突出核心过程、灵活附加过程。

根据学校 2011 版培养计划的制修订工作要求,结合学院大类培养的发展要求,统筹学院电子信息工程、电子信息科学与技术、通信工程、计算机科学与技术四个专业,成立了"平台课"领导小组,确定了 14 门学院平台课程,并为每门课程配置了主讲教师和助教,利用学校的质量提高经费,组织教师进行课程建设。同时,确定了 5 门学院技术平台课程。

信息学院作为教育部和北京市教委批准的国家级暨北京市"服务外包人才培养模式创新实(试)验区"的主体学院,参与国家级服务外包人才培养模式创新实验区"一体两翼、三三分流"人才培养模式、"两个依托、三个结合、五项计划支撑"的开放式教学体系的制定与建立,北京联合大学国家级暨北京市服务外包人才培养模式创新实(试)验区在第三届中国服务贸易大会上推出"中国高等院校服务外包本科人才培养课程体系建议书"进一步明确 ITO、BPO 和 KPO 类人才培养目标,构建"服务"类课程体系。

学院注重对中青年教师的培养,组织全院中青年教师课堂教学大赛。通过专家和教授听课、指导,评选出一等奖 2 名,二等奖 3 名,三等奖 6 名。学院从一等奖中推选计算机工程系教师徐光美参加学校青年教师教学基本功比赛。在大赛中,徐光美老师荣获理工科二等奖。

学院邀请北京交通大学电子信息工程学院院长、国家电工电子实验中心主任、国家级教学名师陈后金教授为实验班学生授课。4 月 21 日,陈后金教授为学院电子工程系 09 级实验班学生讲授《信号与系统》课程,主要讲授关于《信号与系统》的发展与应用。电子工程系和通信工程系的教师一同聆听了本次课程。课后,陈后金教授与师生们进行了交流,为师生解答疑问。

(马楠　王旭)

【学科建设】 2011年，学院成功申报软件工程新专业，并基本完成学术队伍规划和科研规划。确定了学科布局，学术队伍带头人，学科梯队。提出在现有的二级学科基础上，以扩成一级学科为目标布局和建设规划。

3月31日，学院召开学科建设与科研工作会。鲍泓副校长出席会议并讲话。校研究生工作处处长熊黑钢就学校学科建设与研究生教育的发展思路和重点作了专题报告，校科研处副处长汪明骏就学校在“十二五”期间将重点扶持和着力打造几个高水平的科研团队进行了交流发言。学院的四个学科带头人汇报了本学科的建设情况和今后目标。李哲英院长作了题为“信息学院学科建设的几点意见”的讲话，明确了学院在“十二五”期间的科研和学科建设的设想与思路。

学院努力发展研究生教育，促进学科群建设，成功申报了“软件工程”一级学科硕士点。2011年春季研究生招生名额增至12名，创历史最高。此外，学院积极组织2012年硕士研究生招生宣传与报考动员工作，最终确认有40余名学生报考学院研究生。

（马楠　王旭）

【科研工作】 学院积极组织教师申报各级科研项目。鼓励教师和外校合作，积极联合申报863、国家支撑计划等重大专项及国家自然科学基金项目。通过参与科研和申报科研项目，提升教师科研能力，特别是促使青年教师积极投身于科研。本年度，学院教师发表论文118篇，其中SCI 2篇，EI期刊3篇，中文核心期刊25篇，国际会议21篇，其他论文67篇。

2011年，学院获得国家自然基金项目1项，北京市自然基金项目1项，北京市教委项目4项，横向课题16项，学校科研课题11项，项目总经费281万。其中横向课题经费95万，纵向课题经费176万。在读研究生参与部分项目的研究工作。

学院邀请知识产权局有关人士，进行专利、著作权等知识产权申请常识的讲座。2011年，获得专利等知识产权授权18项，其中发明专利6项，集成电路设计4项，软件著作权登记4项，实用新型授权3项，外观设计1项。2011年，共申报发明专利、集成电路设计、实用新型、软件著作权等知识产权类案卷17项，其中研究生参与申报有6项。

学院邀请知名学者、专家来学院进行学术研讨和学术讲座7次。先后邀请了台湾中原大学、瑞典皇家工学院教授专家来学院讲学、参加学术研讨。

（马楠　王旭　石丽萍　刘瀛溯）

【党建工作】 学院党委提出以建党90周年为契机，进一步深入开展“创优争先”工作。组织全体党员和教职员工赴天津参观“平津战役纪念馆”“周恩来邓颖超纪念馆”，并参观国家博物馆“复兴之路”纪念展览、“高等教育建党90周年纪念展览”，组织学院教职工观看电影《建党伟业》以及组织全院教职员工举办“红歌大赛”等多种形式的参观学习纪念活动。

为加强世界观的改造，提高党员素质，提高党员意识，发挥党员作用，学院党委要求各党支部组织学习《党章》《为人民服务》《论共产党员修养》等文章，并将每位党员撰写的学习心得体会装订成册。学院还组织学习《廉政风险防范管理工作专辑》《中国共产党党员领导干部廉洁从政若干准则》和《关于实行党风廉政建设责任制的规定》，制作《反腐倡廉警示教育》的宣传板，组织党员干部参加“廉洁从政知识测试”，同时请教职工监督学院执行教育部关于“7个严禁”“16个不准”的情况，加强党员干部教育与监督。

经过基层党支部推荐和学院答辩，推荐上报并经上级党组织评选出校级先进党支部1个，校级优秀共产党员2名，校级党务工作者1名。学院党委评选出院级先进党支部7个，先进党总支1个，院级优秀党员教工16名，学生12名，院级优秀党务工作者4名。学院党委于6月30日召开“纪念建党90周年表彰大会”，号召每个党支部和全体党员，进一步发挥党支部战斗堡垒的作用和党员先锋模范的作用。

落实上级要求，组织自查教育乱收费。重新修订《党风廉政建设责任制实施方案》，分解任务，按要求抓好工作落实。

建立困难职工帮扶机制，开展爱心基金送温暖活动。适时慰问病、困教工和退休职工。学院工会坚持“五必访”（生病住院、婚丧喜事、产妇、退休、重大困难必访）制度，关心教职工生活，为教职工办实事、好事，送去温暖和爱心。

（徐建华　王旭）

【学生工作】 组织纪念建党90周年各项活动。3—4月开设初级党校，完成114人培训。组织全体学生党员进行党的理论知识竞赛，全体学生党员和入党积极分子共405人参加，信息学院学生代表队在学校的比赛中获得三等奖。举行全院学生参与的“高举团旗跟党走”红歌赛。

依托职业生涯规划，开展学风建设。组织一次学生干部培训，加强三支骨干力量建设。4月，开展学风建设月活动，活动形式包括组织学生座谈会，考研学生座谈会、师生座谈会以及学风调研、学风活动月征文、学风活动进宿舍等。在学风月活动中，学生自管会的“中国汉字文化”及职业生涯规划大赛吸引了众多同学参与。学生自发组织开展“学风建设月”活动，积极参与计算机应用大赛、数学建模比赛、物理竞赛、电子智能竞赛等活动，提高学生学习积极性。计算机工程系开展竞赛经验交流会，通过获奖学生的经验介绍，引导良好学风。针对2010级普本中高数等基础课的个别学生缺勤严重情况，学院多途径寻求解决对策，2010级的学风状况有较大改善。

配合学校制定的大学国际化的战略，学院着力培养学生国际化视野。举办美国加州大学河滨分校(University of California Riverside，UCR)的交换生项目宣讲会；多部门联手为学生出国留学工作提供优质服务；信息学院英协积极组织同学们学习外语，创造各种学习外语的机会，四级考试前组织3次大型四级模拟考试，每次参加人数均超过百人。学院选派40多名在校生在外求学，占学生总数的2%左右。学生遍布美国、欧洲国家以及韩国、中国台湾等地大学。

学院学生科技协会组织了第二届科技创意大赛，大赛主要包括C语言程序设计大赛、Photoshop平面设计大赛、机器猫制作大赛、打字大赛、DIY模拟装机大赛和Office大赛6个项目；学院英语协会承办了美国友人欢迎会。受国际交流学院邀请，来自美国的34位留学生与教师在这里感受到了中国学生的热情好客并欣赏了中国学生精彩的才艺展示。

积极组织完成5·25心理健康日的各项活动，完成黑板报27块，手抄报31副。组织2支队伍参加学校定向越野活动并获得三等奖，开展“我和我的父母——说出你的爱”征文活动，收到稿件68篇，其中6篇获得学校的奖励，笑脸征集共53幅，各班级开展以心理健康为主题的班会活动。同时组织辅导员参加了一次团体沙盘辅导。完成2011级新生650人的心理健康普查工作，对筛查出的20名需要关注的学生进行了心理约谈。对老生开展心理排查工作，对有特殊问题的学生及时关注。

积极做好学生就业工作。启动2011届毕业生就业工作，每两周举行一次就业工作会，及时传达最新就业政策，答疑解惑；就业工作人员及就业责任人向同学解释相关就业政策，积极联络就业单位，寻找就业资讯，推荐学生就业，除组织学生参加学校招聘会外，学院组织宣讲会20场；联系用人单位50家。按时、保质、保量完成学校布置的各项就业工作；召开家长会，向各位家长解释相关就业政策，动员家长积极行动起来，督促学生就业。3月，各系都召开本系学生的家长会，效果良好。

2012年招生人数：本科530人，专接本139人，共669人；在校生总人数：2485人。共有665名2011届本科生参加本次毕业资格及学位资格审查。其中616名学生(其中专升本学生213名)毕业，本科生毕业率为92.6%；49名学生结业。就业率：88.87%。

评选出校级特等奖学金、一、二、三等奖学金539人，有7位同学获国家奖学金，101位同学获得励志奖学金，校、院级三好学生、优秀干部共285人，校、院级先进班集体共14个，校长特别奖2人；90人获得十百千万优良学风标兵，学院还有近700位同学获得国家或企业等各类助学金。完成困难生认定工作和所有困难生数据入库工作，受理审核81位学生的助学贷款申请。

在第六届全国信息技术应用水平大赛决赛中，刘东熠同学获得大赛个人赛“Flash动画设计”项目一等奖；张博晨、苑振涛、孙芳芳的“灵宇时代”小组和欧阳植彬、杨丹、王天骥的“联大之星”小组荣获大赛团体赛三等奖。

(李超　王旭)

【社会影响】　学院承担了北京市首届大学生计算机应用大赛组织协调工作和各项服务工作。6月3日，在国贸饭店大厦启动了“北京联通杯”2011年北京市大学生计算机应用大赛暨京港澳台大学生计算机应用大赛。

第三届中国服务贸易大会(简称“京交会”)于2011年6月1—3日在北京国贸饭店大厦举行。北京联合大学是这次京交会的唯一一个高校参展单位，学院是学校参与大会的主要承办单位。学院教学科研成果在大会上进行展示。期间，学院教师还参与“人才培养方案与教育改革会议”专题研讨与发言。

(徐建华　王旭)

8. 机电学院

【概况】

学院英文名称：College of Mechanical and Electrical Engineering

学院网址：http://jd.buu.edu.cn

院党委书记：王玮；院长：毛智勇。

学院成立于2002年4月。2011年，设有校级重点建设学科1个：机械制造及其自动化。学院有本科专业4个：机械工程及自动化、工业工程、材料科学与工程(检测与质量管理)、汽车服务工程。其中，机械工程及自动化专业是国家级特色专业建设点和北京市级特色专业，工业工程专业和材料科学与工程(检测与质量管理)专业是校级骨干专业。学院有专接本专业2个：机械工程及自动化和工业工程(物流管理)。学院有高职专业5个：机电一体化技术、数控技术、物流管理、汽车技术服务与营销、汽车检测与维修技术。

学院有校级校外人才培养基地5个：北京京城机电控股有限公司校外人才培养基地、华德液压有限公司校外人才培养基地、奔驰-戴姆勒克莱斯勒汽车有限公司校外人才培养基地、SMC(中国)有限公司校外人才培养基地、北开电气有限公司校外人才培养基地(2011年7月获批)。

学院有校级校内实践教学中心1个：现代制造工程技术实践教学中心。

学院有校级院管科研机构 1 个：北京联合大学传动研究所。学院与企业共建高新技术研发和成果转化基地 1 个：华德液压—北京联合大学高新技术研发及成果转化基地。

至 2011 年 12 月 31 日，学院有教职工 100 人，其中专任教师 46 人。专任教师中，教授 7 人、副教授 26 人，具有博士学位的教师 15 人，在读博士学位的教师 6 人，全院教师（含思政教师）中的博士比例达到 33%。

至 2011 年 12 月 31 日，学院有在校生 1957 人，其中全日制本科生 919 人（含专接本学生）、全日制高职生 558 人、成人学历教育学生 480 人。成人学历教育学生中有 131 人来自合作企业 SMC（中国）有限公司。

2011 年，全院毕业学生（含成人学历教育）578 人，其中本科生 197 人（含专接本学生）、高职生 207 人、成人学历教育学生 174 人。招生 659 人，其中本科生 290 人（含专接本学生）、高职生 132 人、成人学历教育学生 237 人。

（王锐　陈忆育　季红益）

【学科建设】 学院以学科建设带动全面工作上水平，以校、院科技工作会为契机营造学院学术氛围。学院以机械工程为主要学科发展方向，经过全院大讨论，确定了学科发展定位，即“面向大北京地区现代制造业、现代生产服务业，从事机电、汽车、微电子制造领域新技术、新产品的设计研发，质量保证，效益提升的研究”；明确了学科建设方向包含：生产材料运储管理、产品研发设计、制造工艺研究、生产方法研究、产品质量监控、作业条件改善、生产效率提升、生产管理、产品全寿命周期服务等整个制造业链条。

学院积极加强学科队伍建设。2011 年，学科晋升教授 1 人、副教授 2 人，引进博士 1 人。

（王锐）

【教学工作】 学院教学工作的基本思路是“以校企合作为手段、以课程建设为核心、以实践教学为突破口、以招生就业为重点，转变观念、深化改革、科学管理，全面提高教育教学质量，培养符合国家和首都经济建设产业结构调整要求的生产、建设、管理、服务领域的高级工程技术应用型专门人才。”

学院有 6 个教学单位：机械工程及自动化系、工业工程与物流系、检测与质量工程系、汽车服务工程系、工程基础教学部、金工实习中心。

学院 2011 年教学工作会对新版人才培养方案和学科大类平台课程的教学过程管理的建设进行了深入研讨。

2011 年，学院学生获得北京市数学建模竞赛一等奖 1 个，全国电子设计竞赛北京市三等奖 1 个、参赛奖 1 个，北京市大学物理竞赛三等奖 1 个，物理实验竞赛三等奖 1 个，全国工业工程案例大赛三等奖 1 个，全国大学生节能减排社会实践与科技竞赛三等奖 1 个，北京市节能减排征文比赛三等奖 1 个。

2011 年，本科学生科研获市级立项 13 项。

2011 年，学院首次对本科学生按机械大类进行招生。采取这一举措是基于近年来招生形势的变化和外地生源比例的增高，为了稳定新生、提高学生对专业的充分认识、激励学生自主学习的积极性、保证优秀学生就读喜爱的专业，同时为了在各专业之间引入竞争意识，促进各专业的发展。此项工作得到教学管理部门、学生部门、各专业系部的大力支持合作，例如各专业选派优秀教师担任新生班主任工作、各专业和专业基础教学部通力合作搭建大类平台课等，克服了很多过去没有遇到的困难。

2011 年，学院组织完成 2011 版培养方案的各项工作。完成的主要工作有：(1) 2011 版本科前三学期培养方案编制；(2) 机械大类必修课程设置及课程代码编制；(3) 2011 版本科培养方案各专业培养方案初步编制；(4) 2011 级本科第一学期非通识教育必修课课程大纲、简介编制；(5) 2011 级本科培养方案第一学期教学计划录入；(6) 2011 版高职、专接本培养方案各专业培养方案初稿；(7) 2011 版高职、专接本课程大纲编制；(8) 2011 级高职、专接本培养方案第一学期教学计划录入工作。

2011 届的 3 名毕业生的毕业设计论文被评为校级优秀毕业设计论文。2011 届的 3 名高职毕业生参加了学校毕业综合实践的答辩，分别获得一等奖、二等奖、三等奖。

（王锐　李秀彩　孙丽娟）

【科研工作】 2011 年，学院竞争性高水平科研项目获得突破。学院 2 项与企业合作的国家一级课题子课题项目和 1 项 2012 年北京市自然科学基金资助项目（预探索项目，项目编号 3123036）获批，合计到校经费 34 万元。实现了长期以来学院竞争性高水平科研项目“零”的突破。2011 年全院竞争性项目经费为 119.4 万元。

2011 年，学院横向课题 17 项，到校经费总计 99.1 万元；纵向课题 13 项，金额 94 万元；教职工共发表科研、教研论文 61 篇，其中 EI 会议 23 篇、核心期刊 9 篇。

2011 年，全年授权发明专利 7 项、实用新型专利 14 项，专利转让 1 项。学院获得学校 2011 年度专利创新管理奖。

1 月 14 日，学院举行“华德液压——北京联合大学技术研发及成果转化基地”签约仪式。基地的成立是学院多年来坚持产学研合作，不断深化校企合作的新成果，为学院人才培养、科学研究以及服务社会提供了新的平台。

12月5日,学院召开2011年科研工作会。会议对学校新发布的科研相关政策、学院学科建设、科研工作的开展和个人科研规划进行了分组讨论。会议期间学院还组织了多场学术报告会。

(王超　王锐)

【队伍建设】 学院顺利实施2011年度北京市"人才强教深化计划"中的"北京市中青年骨干教师"项目以及"职业技能和职业道德培训"项目。其中,"北京市中青年骨干教师"项目参与人5名,人才强教支付经费总额为20万元;职业技能和职业道德培训项目参与人数总计51人,人才强教支付经费总额为67768元,执行比例均达到100%。

张建成、赵林惠、田娥和谭苗苗4名教师入选学校2011年人才强校工程资助项目。

选派赵林惠博士到北京市属高校教师发展基地(清华大学)进行研修;推荐王淑芳博士赴美国明尼苏达州大学做访问学者。

2011年,选派2名辅导员参加北京市辅导员专业化培训,3名辅导员参加心理训练师培训,2名辅导员参加职业指导师培训,1名辅导员参加全国骨干辅导员培训。在辅导员考核评优中,程永清被评为"北京联合大学十佳辅导员"。

(王锐)

【学生工作】 2011年,共有680人、18个团队参与暑期社会实践活动。学院团委被评为学校2011年社会实践先进单位;4支团队获评优秀团队;2段视频短片获评优秀成果。1支团队获北京高校红色"1+1"党支部共建示范活动三等奖。

积极响应国家在大学生中征兵的政策,共选送9名同学光荣入伍。学院走访了其中7名学生的家庭。

据市教委就业数据平台统计,至2011年8月31日,学院本科生签约率为92.82%,高职生签约率为95.63%。学院获评2011年学校就业先进集体。

(王锐　孙丽娟)

【党建工作】 至2011年12月31日,机电学院共有党员128人,其中教工党员53人、学生党员75人;有正式党员83人,预备党员45人。有11个党支部,其中教工党支部6个,师生联合党支部2个,均为学院党委直属党支部;学生党支部3个,均隶属学生党总支。2011年,新申请入党人员150人,其中含教工1人;发展党员29人,其中教工党员2人,学生党员27人;转正党员51人。

学院召开2011年党建工作会,总结一年创先争优活动的开展情况,并对创先争优活动第三阶段工作进行部署。学院党委制定了《北京联合大学机电学院深入开展"提高办学质量促发展、服务人民群众树形象"活动的实施细则》(京联机办〔2011〕11号)。

(杨帆　唐武　王锐)

【对外交流】 学院2011年加强推进学生出国(境)交流项目。2011年有两个专业2名学生在台湾建国科技大学和龙华科技大学完成交换生学习;2名去美国恩波利亚州立大学交流的学生顺利通过落地考试(其中一人4项考试均通过,属学校首例),完成了选课方案,正在学习阶段;有两个专业3名学生通过了学校的面试,将于2012年2月赴台进行交换学习;2名学生获得了学校首次境外交流项目奖学金。

(王锐)

【其他工作】 学院积极督促学校相关职能部门,完成女生宿舍楼装修装饰改造工程,塑胶操场及跑道翻建工程顺利完工(含两个标准篮球场,两个标准网球场,二百米跑道,五个乒乓球台的球场),在校园东北角和东南角各新建两间平房。至此,白家庄校区校园内的布局基本定型。

配合学校,完成市人大代表李敬老师治丧工作。

(王锐)

9. 自动化学院

【概况】

学院英文名称:Automation College

学院网址:http://zdh.buu.edu.cn

院党委书记:孙建京;院长:方建军。

北京联合大学自动化学院成立于2002年4月。2011年,学院共设有电气工程与自动化、自动化、建筑电气与智能化、物流工程、交通工程、音像技术、楼宇智能化工程技术和计算机应用8个专业。

学院现有教职工101人,其中教师78人(教授10人,副教授24人,讲师44人)。本年度毕业生540人,招生410人。在校生1619人,其中本科生1473人、专科生146人。

(郭欢)

【教学工作】 做好新版教学大纲的修订工作。组织校外专家评审(以通信方式进行)和学院内专家评审,根据专家评审的反馈建议,组织专业负责人反复修改人才培养方案,组织全体教师参与教学大纲的制定。

继续抓好教学质量的监控,提升教学品质。学院落实教学质量监控体系,通过领导听课、举办教师讲课比赛和学生参与等方式,采用专家、各级管理干部、学生、同行听课后综合评价的办法,科学反映教师的授课质量,加强对教学质量的监控。12月,召开全院教学工作会,分析学院教学质量与教学改革工程实施状况,研究学习新版教学培养方案的主要内容,推进质量工程系统化。

强化实践教学要求,完成了实验室建设项目的绩效考评。完成了新专业实验室的初步建设,为下一步工作打下良好基础。

（郭欢）

【科研工作】 继续做好学科建设工作。进一步加强对学科带头人、项目负责人的督促管理。《应用型大学发展与学科专业建设研究》课题通过国家鉴定。

推进学术讲座进程。先后组织两次学科建设讨论会，进一步明确学科发展方向。以学校科技大会为契机，组织开展有计划、有针对性的学术系列讲座，先后邀请知名专家刘玉军、王志良等来院讲学。

（郭欢）

【学生工作】 加强学校文化建设，做好对外新闻宣传。积极拓宽外宣工作思路，围绕学习贯彻落实党的十七届六中全会精神、深入开展创先争优、新专业建设发展等题材，大力宣传学院办学中的亮点与特色、进展与成就。进一步加强与校外新闻媒体的沟通，院长方建军接受了《北京考试报》记者的专访。

鼓励德育队伍加强研究，把握学生特点，有针对性地开展教育。结合深入开展创先争优活动，以主题团日、辩论赛、举办文艺晚会、观看“红色经典”专场演出等形式，开展“爱国、责任、使命”系列教育活动，扎实做好大学生思想政治教育工作。

学生工作进一步规范。开展学风建设和考风考纪宣传教育活动。对部分学生管理制度进行修改完善。评选优秀毕业生。大力开展学生资助政策的宣传，加强贫困生认定和情况调查，完成学生贷款相关工作。努力推动勤工助学工作。关注学生心理健康。制订心理素质教育工作评估准备方案，通过自查自评、互查互评，摸清学院心理素质教育工作的现状，开展心理危机预防与干预工作。广泛开展心理健康宣传教育活动，推进“大学生心理素质教育”课程建设，开展心理咨询与辅导，组织个案分析和团体辅导。

举办各类学生科技文化活动。学生积极参加各类各式的竞赛，在学院教师的指导下获得不错的成绩。2011年，自动化学院学生陆续在全国大学生物理竞赛、全国大学生智能车竞赛、“党在我心中”党史知识竞赛、第六届“挑战杯”首都大学生课外学术科技作品竞赛中获奖。同时，学院积极筹划文化活动，成功举办了乐海放歌文艺晚会、成立了“澄怀文轩”文学社。

贯彻落实《学校体育工作条例》，加强体育工作。广泛开展阳光体育运动，增强学生体质。参加北京联合大学新生体育运动会，获得总分第8名的成绩。

（孟秀霞）

【党建工作】 加强组织建设，开展评优表彰、爱心捐款活动。对先进基层党组织、优秀共产党员进行了评选表彰。认真落实发展党员工作计划，进一步规范并加强毕业生党员的教育和管理。开展爱心资助活动。加强团的组织建设，对基层团干部进行集中培训，召开表彰大会，对2011年优秀团组织、优秀团干部、优秀团员进行了表彰。

结合新形势，做好师生员工的思想工作。加强阵地建设，利用好校园网等有效宣传载体，进一步搭建师生沟通平台。针对师生关注的国际、国内形势，学校改革与发展，和学校文化建设问题开展有针对性的报告及交流活动。

（郭欢）

【交流访学】 深化交流与合作，积极落实出访和接待来访工作。学院有计划地选派有发展潜力的青年骨干教师1人作为访问学者到国外高校交流培训，为青年教师拓宽知识结构、提高科研创新能力提供良好机遇。

（郭欢）

【校企合作】 积极开拓校企合作市场，先后与西藏宏绩集团有限公司、中国北车集团长春轨道客车股份有限公司、北京新兴宏基公司建立初步校企合作意向，为项目开发、科研合作奠定基础。

（郭欢）

【招生就业】 积极宣传优势专业和新兴专业，配合学校做好招生咨询工作，完成招生任务。

创新就业工作机制，加强就业教育，全力做好就业工作。2011年，全院就业签约率92.8%，就业率94.8%，在学校排名第三位。做好2012年就业启动工作，积极筹办用人单位的宣讲会和面试，截止到2011年年底，已搜集用人单位40多家，有效推动就业工作向良性循环方向发展。

（孟秀霞）

【工会工作】 积极筹备学院第一届教职工代表暨工会会员代表大会。筹备工作计划获得校工会批准，成立筹备工作机构，制订工作方案，完成了代表的推荐提名选举工作。以工会小组为单位，各部门推选产生27名代表出席院双代会。

关心教职工健康，积极开展有益身心的各项文体活动，先后组织或参与组织了教职工乒乓球、羽毛球和足球比赛，组织莽山春游和凤凰岭秋游活动，举办教职工摄影展。

（郭欢）

10. 管理学院

【概况】

学院英文名称：Management College

学院网址：http://glxy.buu.edu.cn

院党委书记：尹庆民；院长：杨宜。

管理学院成立于2002年3月。2011年，设有教学系3个：金融与会计系、工商管理系、信息管理与电子商务系；校级研究所4个：北京中小企业研究中心、首都金融研究中心、首都经济与发展研究所、应用经济与管理研究所；院级研究机构4个：创业管理研究所、人力资源开发与管理研究所、服务科学与管理研究所、会计信息及应用研究中心;校级重点学科1个:企业管理学;校级重点建设学科1个:金融学;市级实验教学示范中心1个:经贸实验教学中心;国家级特色专业建设点1个:金融学;北京市专业综合改革试点1个:金融学;校级骨干专业3个:金融学、工商管理、电子商务;校级骨干建设专业1个:信息管理与信息系统;学院设有硕士学位授予学科点1个:工商管理学;本科专业5个:金融学、工商管理、电子商务、信息管理与信息系统、会计学。2011年学院共有758名本科毕业生。

(陈浩)

【学科建设】 学院受学校教务处的委托牵头完成经济学类、管理科学与工程类、工商管理类等5个本科专业、4个专接本专业共15份培养方案和相关课程教学大纲的制定工作,首次在全校范围内统一了经管类专业学科大类平台课和专业必修课,进一步促进了经管类专业的规范性建设。同时,学院国家级特色专业金融学又根据实验班学生的特点,制订完成2011级实验班的培养方案,该方案从金融产业角度出发,侧重金融人才培养目标与培养规格的差异化定位,以创新能力培养为主线整体规划人才培养过程。

学院顺利完成2011级大类学生分级教学工作,制订了2010级大类学生专业分流的具体方案并开始组织实施。

学院依托试验区率先在2008级信息管理与信息系统和电子商务专业开设"电子服务实验班",聘请校内外专家对实验班的人才培养方式、培养目标、教学体系、课程体系、师资队伍、学生选拔、课程置换进行了充分的论证并得到专家一致认可。经过一年的运行,学院与服务外包企业合作共建课程、共建实习基地,在人才培养模式创新、校企合作模式创新、教学管理运行创新等方面都进行了有益的探索,促进了相关专业建设,有利于学生知识、能力和素质的全面提高。

金融学实验班通过创新人才培养方案、聘请教学名师、实施双导师制、支持学生国际交流学习等举措,旨在培养具有国际视野的复合应用型、适合继续深造或高端就业的金融人才。金融学专业以实验班建设为契机,凝练办学特色与亮点,提升北京联合大学金融学教育教学品质。

针对校内2012届毕业生,学院组织硕士点招生宣讲会,并派出部分教师到京外大学进行硕士点招生宣传工作。

(张莉)

【教学工作】 学院高质量完成全年的教学任务。全院40%左右的教师学生评教得分在90分以上,5名青年教师被推荐参加学校青年教师执教能力比赛,4名教师参加学校教学优秀奖励评选,有2名教师获得学校第五届青年教师基本功比赛奖励。同时,2011届毕业生毕业论文(设计)工作顺利完成,8名学生的论文获学校优秀毕业论文(设计)奖。

2011年学校获得"工商管理学"一级学科的硕士学位授予权。学院举办"北京联合大学管理学院工商管理硕士点建设研讨会",起草"企业管理学"硕士点的建设方案、教学计划、招生方案,开展硕士生导师的遴选工作。学院杨宜、陶秋燕、陈琳3位教授成为"企业管理学"硕士点3个研究方向的学术带头人。12月,学院牵头进行本硕士点专业课程的试卷命题工作。

在2011年校级教研项目评选工作中,学院共获得9项校级教育教学改革项目立项,其中重点项目1项,青年项目3项,高职(专升本)项目1项,普通项目4项。

(陈浩)

【科研工作】 完成竞争性项目的申报工作,获得各类科研课题多项,经费总额108.5万元,其中北京市经济信息化委员会的科研课题到账经费40万元。

学院组织教师积极申报纵向科研课题,2011年共申报国家自然科学基金项目3项、国家社科基金项目2项、教育部人文社科项目7项、北京自然科学基金项目3项、教委科研计划项目4项、北京市社哲规划项目9项、北京市教育规划课题1项。获批北京市哲学规划办课题1项和教育部人文社科基金课题2项。

为配合2011年学校科技大会的召开,学院组织多场专题学术讲座,并召开系列座谈会和研讨会,努力提升学院的科研水平。

(张莉)

【实验室和实习基地建设】 12月9日,经贸实验教学中心(北校区)电子商务实验室(1006机房)经过一个月的改造正式完工。

学院与中国中小企业协会企业管理运营服务中心建立校企合作关系,实现双挂牌,开展多元化的教科研以及学生实践实习等校企合作活动。

(张莉)

【学生工作】 在新生中开展安全意识、心理健康和新版《学生手册》宣讲学习活动;举办迎新大会和名师系列讲座来帮助学生认识专业;通过"助理班主任"、新老生座谈会,帮助学生树立目标,增强学习热情;抓好新生军训工作,严格管理,圆满完成军训任务,获"北京联合大学2011级优秀训练奖"。

关注特殊群体,帮助学生共同进步。做好贫困生的贷、助、补工作;做好新疆少数民族学生和有心理障碍学生的工作。

2011年,学院有424名学生获优秀学生奖学金,占参评学生总数的27.99%;获评特等奖和校长特别奖学金1人;校级三好学生43人,校级优秀学生干部15人;校级先进班集体4个。在“十百千万”工程评选中,学院获评1个学习型学生党支部,4个优良学风班,74名优良学风标兵。

2011年,学院共有758名毕业生,就业率达93.14%。

学院根据学生所学专业继续开展以赛带练学生科技活动,举办全国第一届“国泰安杯”投资争霸赛颁奖典礼暨“金融与会计系”学生实践创新计划启动仪式、第二届“全国电子商务三创大赛”表彰暨“第四届e路通电子商务大赛”启动仪式。信息管理与电子商务系代表队获三创大赛北京赛区特等奖和全国三等奖。学生作品在北京联合大学第四届文科计算机设计大赛中获媒体设计三等奖。在北京联合大学第四届“挑战杯”课外学术科技作品竞赛中,学院共申报14件作品,获得校二等奖1个,三等奖3个,获第六届“挑战杯”首都大学生课外学术科技作品竞赛三等奖1个。下半年,学院1项作品被推荐参加北京联合大学“挑战杯”大学生学术科技作品竞赛,9项学生科技创新作品立项。

1463名学生参加以“高举团旗跟党走,铭记使命献佳绩”为主题的学生暑期社会实践活动,组成实践小分队26支(校团委立项资助17支,学院立项资助9支),投入活动经费近1.5万元,完成社会调查、学术论文等科研课题26项。学院5支队伍被评为校级优秀团队,其中,“十佳”社会团队1个,校级优秀指导老师2名,校先进个人5名,校优秀成果12项。

围绕“学会做人、学会做事、学会学习、学会生活”,开展和谐校园系列文体活动。在世界大学生运会上,管理学院学生代表中国队取得了健美操一等奖的优异成绩。以庆祝建党90周年为契机,开展爱国主义主题教育系列活动、“红五月·红歌会”文艺汇演,组织学生参加校园辩论赛,获校级冠军。举行“牢记党史,永远跟党走”专题报告会。组织参加校本部运动会,男女各获团体第三名;学校第二届新生大学生运动会中,学院取得5个单项中的4个团体总分第1名和综合团体总分第1名,并获精神文明奖。举办《创先争优、共建和谐》《学党史、知党情、跟党走》《展示青春风采,弘扬校园文化》三个团日主题活动。

以创建“十佳党支部”为契机,学生工作部门创新性开展“三联系三示范”活动,联系慰问探望贫困生15名;深度重点谈话150余次,深度访谈工作成为学生工作的一大亮点;通过心理咨询治愈35名心理有障碍的问题学生。

学院建立“三联系三示范”育人模式,注重辅导员业务知识的培训学习,提升工作能力。2011年,学院辅导员共参与完成北京市重点课题3项,出版工作研究文集1部。为调动班主任的积极性,学院定期召开班主任工作会议。

严格日常管理,本年度处理31名因旷课、打架违纪的学生、处理13名考试违纪的学生。

(张莉)

【人才队伍建设】 根据学院师资队伍状况,经过面试、试讲等环节,学院调入和引进教师8人、辅导员1人。

学院开展2011年专业技术职务晋升工作,完成对应聘人员申报材料的初审、申报副教授教师代表作的专家鉴定、组织召开学科评议组会议等工作。

(张莉)

【党群工作】 为纪念建党90周年,学院组织教工赴狼牙山开展爱国主义教育、参加学校“红歌”合唱比赛、参观“复兴之路”展览,组织教工党员观看《建党伟业》等影片。

学院在“七一”前召开纪念建党90周年暨表彰大会,对经各支部推荐、答辩、公示,评出的院级先进基层党组织7个,优秀共产党员22名进行表彰。在学院评选的基础上,2个教工党支部获校级先进基层党组织称号,2名党员被评为校级优秀共产党员,1名同志被评为校级优秀党务工作者。

深入开展“创先争优”活动,学院继续开展“十佳党支部”创建工作,对创建支部进行中期检查和期末验收,学工办党支部获学校“十佳党支部”称号。另有3个团支部获得学校“十佳支部”称号,1名学生获校“十佳党员”称号。

学院制订以“三比三评三创”为载体的学院创先争优第三阶段工作方案。根据学校要求,组织了基层党组织开展创建申报工作。学院对近两年党建工作进行了梳理总结,申报党建工作优秀成果奖。

学院每学期制订理论中心组学习及教职工学习计划,认真组织学院党委理论中心组(扩大)学习,配合校宣传部做好校党委理论中心组学习任务的落实。

完成260名党员关系转接工作。2011年共举办入党积极分子培训班3期,发展党员88名,列为重点培养对象的42名,填写入党积极分子考察表的有174名。学院举办了党员业务骨干培训班,使支部工作更加规范有序。加强基层团组织的管理和指导,组织青年志愿者活动60余次。

完成2011年区县人大代表换届选举组织工作,共划分68个选民小组,选民共2248人,选民登记率100%,投票率99.9%。

(张莉)

【校园文化建设】 学院以院庆为契机,以宣传工作为抓手,结合党的十七届六中全会的精神,努力推进学院文化建设再上新台阶。完成院庆方案制订、纪念画册准备,凝练学院文化,推进学院内涵发展,增强学院的凝聚力和向心力,为学院“十二五”发展奠定坚实基础。

根据学校部署,学院参与2000—2010年期间的校志撰写工作,完成校志大纲编写和试写章节的撰写工作(6000字),完成十年大事记汇总和统稿工作。2011年,学院印发信息105期,简报4期。校园网录用36条。

(张莉)

【对外合作】 学院继续与保险行销集团合作举办认证财务顾问师培训班,完成了北京第17期、天津2011年第1期开训典礼及培训相关工作。

学院与顺义区赵全营镇北郎中农工贸集团开展合作,初步完成了品牌推广、电子商务两项合作意向。

落实学校"服务外包人才培养教育教学研究与改革项目",学院召开"服务外包学科基础课与BPO核心课程建设研讨会",全面审视研究目标和成果,检查项目进度,找出差距,把项目建设落实在人才培养上,按期保质保量完成项目任务。

金融学专业积极搭建特色专业建设展示、交流、学习和示范的平台,成功承办了全国金融学特色专业建设研讨会,有效发挥了国家级项目在教育教学改革方面对国内同类型专业和校内其他专业的示范和带动作用。

(张莉)

【其他工作】 2011年,学院为第三届中国服务贸易大会服务外包人才论坛的召开作前期准备,主持撰写在论坛上公开发布的服务外包人才培养蓝皮书、主持制订服务外包人才培养的方案。

落实敏感时期维稳工作安排,制订学院开展清剿火患战役暨消防平安二号行动实施方案;配合学校做好消防演练。完成了学院2011年办公经费、教学运行经费的审核登记和各项经费预算工作。制定了学院"十二五"发展规划。完成了全院教职工申报医疗定点医院各项信息的核对工作。

2011年,学院召开第二届第三次教职工代表暨工会会员代表大会,对教代会代表、常设主席团成员进行了调整、增补,从组织建设上保证民主渠道的畅通。学院积极落实健康幸福工程实施方案,努力提高教职工的幸福指数。

(张莉)

11. 特殊教育学院

【概况】

学院英文名称:College of Special Education

学院网址:http://sec. buu. edu. cn

院党委书记:滕祥东;院长:许家成。

2011年,学院设有教学系3个:特殊教育系、应用技术系、医学系。校级研究所1个:特殊教育研究所。北京市重点建设学科1个:特殊教育学。北京市级特色专业1个:特殊教育。本科专业5个:特殊教育、学前教育、艺术设计(听障生)、计算机科学与技术(听障生)、针灸推拿学(视障生)。高职专业5个,听力语言康复技术、视觉传达艺术设计(听障生)、计算机应用技术(听障生)、园林技术(听障生),音乐表演(视障生)。毕业学生205人,其中本科生106人,专科生99人。招生279人,其中本科生175人、专科生104人。在校生814人,其中本科生532人、专科生282人。2011年高考录取线:本科理科439分、文科481分。

教职工97人,其中专任教师63人。专任教师中,具有正高级职称6人、副高级职称17人、中级职称36人。

2月28日,学院顺利由八大处回迁至蒲黄榆校区,结束八大处周转办学。蒲黄榆校区占地面积25 200平方米,现有总建筑面积3600平方米,其中综合楼21 000平方米、实验楼4000平方米、食堂风雨操场3600平方米、学生宿舍7400平方米。图书馆现有藏书11万册。

(李芳)

【机构设置】 学院自2011年1月1日起取消法人设置并入北京联合大学校本部。4月,学院内设综合办公室、教学科研办公室、学生工作办公室3个科级机构,特殊教育系、应用技术系、医学系3个教学单位,教学资源中心、实践教学中心、北京市特殊教育中心3个教学辅助部门及1个特殊教育研究所(校级院管)。学院设工会、团委。工会与综合办公室合署办公,团委与学生工作办公室合署办公。

人员编制(含聘用人员)为102人,其中学院领导7人,综合办公室(含工会)11人,教学科研办公室10人,学生工作办公室7人,特殊教育系14人,应用技术系25人,医学系11人,北京市特殊教育中心2人,教学资源中心5人,实践教学中心7人,特殊教育研究所2人,其他1人。

(边丽)

【学科建设】 6月24日,许家成教授、钟经华教授、李晗静副教授成功申报学校特殊教育学科硕士研究生导师资格。

7月,完成与首都师范大学联合培养研究生毕业答辩工作,2名研究生顺利完成答辩。

(郝传萍)

【教学工作】 按照学校安排积极组织各本、专科专业开展2011版本、专科专业培养方案的制修订工作。完成了培养方案的制订工作和教学大纲的编写工作。学院申请将学前教育专业由非师范专业改为师范专业并获批。将听力语言康复技术专业学制由2年改为3年。完成了高职示范专业的中期检查工作,园林技术专业继续得到每年8万元的资助,视觉传达艺术设计专业继续得到每年5万元的资助。

完成了本科的校级精品课程的验收工作，刘全礼、刘东明老师的校级精品课程继续得到学校的支持。刘全礼的《智力落后儿童的特点与教育纲要》、姚登峰的《基于RUP的软件测试实践》被评为校级精品教材。

学院对2009年的院级教改项目进行了结题验收工作，对2010年的院级教改项目进行了中期检查，并开展了2011年的院级教改项目的立项工作，共立项重点项目3项，一般项目6项。学院组织完成2009年校级教改项目结题验收，申报成功2011年2项本科校级教改项目，1项青年项目。

组织完成2009年高职委托项目结题验收，申报成功2011年2项高职校级教改项目；立项高职学生实践能力提升项目4项，自主建设项目《面向听障生授课的中青年教师课堂教学能力提升的研究》；组织学生申报校级学生实践能力提升项目，立项4个，其中重点项目1项，一般项目3项。

立项特殊教育专业的实习基地，安华里小学为校级校外实践教学基地。5月21日，“北京联合大学特殊教育学院听障生园林技术专业校外实践教学基地”揭牌。

（刘建平）

【科研工作】 本年度立项国家社科基金项目1项、北京市教委项目2项、校级课题4项、竞争性项目1项。立项纵向科研项目18项，其中国家级课题2项、省部级课题2项、委办局课题6项、校级课题8项；横向课题4项。到账经费146.6万元。

学院教师发表论文78篇，其中核心期刊23篇(CSSCI期刊17篇)、普通期刊31篇、论文集论文20篇、其他4篇；出版著作6部；授权专利9项(发明专利3项)；参与制定国家标准1项。

（郝传萍）

【对外交流】 11月18日，北京联合大学与美国高立德大学举行合作办学签约仪式，北京联合大学的听障大学生可以通过“2+2”的培养模式在高立德大学接受本科层次高等教育。

加拿大维多利亚大学James教授一行五人、日本筑波技术大学中嶋靖雄一行三人、加拿大维多利亚专家Nigel Livingfton教授等一行三人分别访问学院。

许家成院长应邀出席在香港特别行政区政府总部举行的行政长官卓越教学奖的评审活动，应邀赴雅典参加特殊奥林匹克运动会研究和政策工作会议。

（孟凡辉）

【学生工作】 至8月31日，2011年毕业残疾生123人，就业78人，就业率63.4%；健全生82人，就业68人，就业率82.9%。

辅导员和班主任队伍建设得到加强。重新制定并细化了学生工作办公室工作人员、辅导员及班主任岗位工作职责和工作任务完成进程表。辅导员、班主任配置齐全，素质有一定提高。本年度1名辅导员荣获学校十佳优秀辅导员称号；5名班主任荣获学校优秀班主任称号；8名班主任荣获学院优秀班主任称号。

进一步强化学生德智体发展状况的评价和奖励激励机制，全力做好学生各项评优工作，本年度共11个班级荣获学校先进班集体等称号；201名学生荣获学校三好学生、优秀学生干部等称号和国家奖学金及学校奖学金；89名学生荣获学院三好学生、院优秀学生干部等称号。

关注家庭经济困难学生，满怀爱心做好学生各项资助工作。落实了49名学生国家励志奖学金、115名学生国家一等助学金和173名学生国家二等助学金的国家资助项目的评选评定工作。

扎实做好学生党建工作，本年度组建8个学生党课学习小组，加快培养发展进程，提高培养发展质量。本年度发展学生党员20名。

以学生职业生涯发展为着眼点，强化就业指导和服务工作，切实提高学生就业率。本年度就业工作取得显著成效，荣获学校就业工作先进单位称号。

10月，山东省爱聋手语研究中心与北京联合大学合作设立爱加倍聋生助学金社会资助项目。2011—2012学年，8名学生获得学习费用资助。

11月2日，学院“小梨园”京剧社团成立仪式顺利召开。“小梨园”京剧社团特聘请了著名京剧表演艺术家郝寿臣的传人郝天慈教授作为该社团的艺术顾问。

11月9日，北京联合大学残疾人大学生艺术团在昌平校区开展联谊演出活动。11月18日，艺术团又在“北京联合大学特殊教育学院新校园落成暨十年庆典”活动中奉献了两场精彩的演出。

12月18日，学院部分同学参加“全民教育(Education for All)”主题活动。

（卢培勇　刘川）

【人才队伍】 按照学校《关于取消特殊教育学院法人设置并入校本部工作方案》(京联党〔2010〕124号)和《关于特殊教育学院并入校本部后机构设置和人员编制的意见》(京联人〔2011〕4号)文件精神和要求，完成了学院并入校本部后机构和人员设置方案的制订和实施工作，重新梳理了学院各机构的职责范围及各岗位人员的岗位职责。

进一步优化人才结构，2011年共接收博士研究生1人，硕士研究生2人，晋升正高级职称1人，副高级职称1人，中级职称3人。

继续实施“人才强教计划”，组织了市属市管高校教师赴美学习培训，2011年中青年骨干教师国内访问学者、“交通银行特教园丁奖”评选推荐及暑期教师外语培训人员的选拔、推荐及申报工作。

(边丽)

【党群工作】 在学校2009—2011年度优秀党员、优秀党务工作者、先进基层党组织评选中,学院刘国华和吕淑惠两位同志分别当选优秀共产党员和优秀党务工作者,第六党支部当选先进基层党组织。

学院党委于9月16日组织党员、入党积极分子参观了"新唐山",并邀请民主党派的同志参加活动。

11月8日,丰台区人大换届选举进行投票,特殊教育学院被确定为本次区县人大换届选举东铁匠营街道地区分会蒲黄榆第二社区的投票站。学院共有选民549名,其中学生选民451名。1名候选人。投票仪式在学院综合楼一层大厅举行,学院投票率高达98.4%,党委书记滕祥东以92%的高投票率当选丰台区第十五届人大代表。

12月,学院召开了创建"十佳党支部"工作方案汇报会,经参会人员集体投票,推选第一、三、六支部申报创建校级"十佳党支部"。

(华京生)

【管理与服务】 1月14日,学院召开第二届教代会第三次会议,40余名教代会代表参加。

曲欣代表学院参加第五届北京联合大学青年教师教学基本功比赛获二等奖,并代表学校参加北京市第七届青年教师教学基本功比赛(高校)荣获二等奖和最佳演示奖。

9月,学院新版校园外网和OA网正式启用,在广泛征求意见的基础上,对校园网站进行全面的调整和内容的充实,并及时通过网站反映教学科研、对外交流、校园生活等的新发展、新动态,成为外界了解学院的窗口。

(吕淑惠)

【其他工作】 4月16日、23日和5月7日,北京市特殊教育中心举办北京市特殊教育教师基本功通识培训会,聘请专家就特殊教育基本理论、残疾学生心理与教育、特殊教育相关法律法规及特殊儿童心理评估等内容进行讲解培训。来自北京市各特殊教育学校的教学主管领导、教研组组长及骨干教师等240余人参加了培训。

5月8—10日,特殊教育学院作为全国智障专业委员会主任单位,召开"智障教育与康复项目规划专业培训会"。会上就做好支持性就业的合作项目的全国调查工作进行研讨。

5月17—18日,北京市特殊教育中心组织召开北京市特殊教育学校校长培训交流会。全市22所特殊教育学校的校长及老师共计20余人参加,主要就特殊教育教师专业发展趋势以及北京市特殊教育学校教师基本功培训进行了研讨,并对下一步北京市特殊教育教师基本功展示与考核的整体规划做了布置。

5月31日,特殊教育学院和北京市残疾人联合会共同举办"阳光工程"盲人按摩培训班,来自北京和西藏各地区的学员共30多人参加了为期4个月的培训。北京市残联、西藏自治区残联、北京市盲人按摩指导中心的领导参加了开学典礼。

8月19—20日,北京市特殊教育中心组织召开北京市随班就读课堂教学设计及课堂教学评优活动评审会,来自中央教育科学研究所、学院及北京市的专家学者担任评委,对来自全市的72份参评材料进行了两轮匿名评审。

10月11—13日,北京市特殊教育中心组织来自全市的37名中小学教师作了随班就读优秀课堂教学设计现场说课。参加说课的教师来自东城、西城、朝阳、海淀、石景山、大兴、通州、顺义、平谷、密云、昌平、延庆和房山等13个区县,其中中学教师11名,小学教师26名。

11月16—17日,学院承办中国高等教育学会特殊教育研究分会换届大会暨2011年年会。

12月,学院承办全国残疾人中等职业学校盲教育骨干教师培训班。来自全国各地的20多名残疾人中等职业学校从事盲教育的老师参加了为期10天的培训。

(北京市特殊教育中心成立于1991年10月,是北京市教育委员会正式批准的特殊教育师资培训和教研机构,机构设置在北京联合大学特殊教育学院,接受市教委和特殊教育学院的双重领导。中心对内承担特殊教育专业的实践基地与政策咨询,对外主要承担首都基础教育中特殊教育教科研和特殊教育学校及千余所随班就读学校教师的培训工作,辐射面遍及全市三分之二以上的中小学校。中心充分发挥对区域特殊教育的辐射和带动作用,承担开展特殊教育国际、地区间、校际科研交流合作等项目,以此提升特殊教育教学和科研水平,同时对首都特殊教育质量的提升具有重大的推动作用。)

(孙颖 李芳 华京生 郝传萍)

【"全国特殊艺术人才培养基地"揭牌】 5月15日,第二十一个法定"全国助残日"上,校团委、特殊教育学院共同举办了以"感恩·同行"为主题的全国助残日活动,迎接全国助残日并庆祝学校残疾人大学生艺术团成立一周年。中国残疾人联合会教育就业部副主任唐淑芬、北京市教委副主任郑萼和我校柳贡慧校长共同为"全国特殊艺术人才培养基地"揭牌。中国残疾人联合会向学院残疾人大学生代表赠送了学生专用平板电脑;昌平中小企业促进会会长邹怀森代表北京瑞斯福科技有限公司向学院残疾人大学生捐款20万元人民币。中国残疾人联合会、北京市残疾人联合会、北京市教委、北京市残疾人活动中心、丰台街道、社区、昌平中小企业联合会等 11 家单位 40 多位领导出席活动。

（刘川）

【“北京市残疾人体育训练基地”揭牌】 12 月 22 日，“北京市残疾人体育训练基地”揭牌。北京市残疾人联合会副理事长吕争鸣，副校长冯虹出席揭牌仪式并共同为“北京市残疾人体育训练基地”成立揭牌。

（李芳）

【庆祝“北京联合大学特殊教育学院新校园落成暨十年庆典”大会举行】 11 月 18 日，庆祝“北京联合大学特殊教育学院新校园落成暨十年庆典”大会在特殊教育学院学术报告厅举行。中国残疾人联合会副主席、党组成员吕世明，北京市残联副理事长、党组成员郭克利，北京市教委副主任罗洁，美国高立德大学校长胡尔维茨博士，长春大学、滨州医学院、天津理工大学、中州大学、南京特殊教育职业技术学院等兄弟院、校领导，北京联合大学校、院领导及相关部门负责人出席庆典。中国残疾人联合会主席张海迪发来贺信。庆典大会由学院党委书记滕祥东主持，院长许家成作工作报告。300 多名师生、校友、领导及来宾参加大会。大会先后进行新校园落成剪彩仪式、学校与美国高立德大学合作办学签约仪式以及全国残疾人职业教育师资培训基地揭牌仪式等重要内容。

（李芳）

【残疾人大学生在第八届全国残疾人运动会上获奖】 学院共有 39 名学生作为北京代表团成员，参加第八届全国残疾人运动会田径、游泳、盲人门球、聋人篮球、聋人足球 5 个大项的比赛，夺得 5 枚金牌、6 枚银牌、9 枚铜牌以及多项前六名的好成绩。在 9 天的比赛中，学生谢青、朱鹏凯、李潇、杨千里、罗佶发挥出色，为北京代表团夺得 5 金 5 银。其中朱鹏凯一人获得 3 金并打破一项全国纪录，谢青一人获得 2 金 1 银、打破一项全国纪录。除此之外，由学院老师带队的盲人门球、聋人篮球、聋人足球赢得 2 银 2 铜和一个第 5 名。

（李芳）

12. 广告学院

【概况】

学院英文名称：Advertising College

学院网址：http://adc.buu.edu.cn

党总支书记：高玉培；院长：孔昭林。

2009 年 7 月 16 日，广告学院正式纳入北京联合大学，归为北京联合大学二级学院，2010 年暑期搬至北京市昌平区石牌坊路南。学院是以培养广告传媒与艺术专业人才为主的具有鲜明学科特色和专业优势的广告艺术学院，学院成立后围绕广告学专业，逐步派生出艺术设计、绘画专业，再创立表演专业，是一所以培养艺术素养与现代技术在工作实践中完美结合的应用型人才为己任，以文化创意产业应用型人才培养和打造广告艺术人才培养基地为目标的大学。

2011 年，学院设有教学部门 3 个：广告系、艺术系、表演系；校级院管机构 2 个：广告研究所、文化创意创新研究中心；教辅及职能科室 4 个：教科办、学工办、实践教学中心（兼多媒体教室管理）、综合办。有教师（含管理）80 人，正式在编 66 人，高级职称 14 人，教师中博士 5 人。在校生共有 2798 人，其中本科生 1849 人（含专升本 400 人），高职生 949 人。

（王莹）

【科研工作】 2011 年，学院组织申报北京市科委北京市哲学社会科学规划课题、北京市教委科研计划项目及校级等各级各类纵向项目，共立项 14 项，累计到账经费 60 万。其中纵向课题 8 项，省部级 1 项，委办局级 2 项，校级 5 项；横向课题 3 项；另外组织申报院级课题 14 项。

（丁莎）

【教学工作】 学院积极配合学校 2011 版培养方案的修订工作，完成 7 个本科（含 3 个专升本）和 2 个高职专业培养方案的修订工作。配合学校的专业调整工作，广告学院的 3 个高职专业停止招生，接收平谷学院广告设计与制作专业 3 个班的学生。

学院重视师资队伍建设，不断促进教师提升执教能力水平，引导教师积极参与教育教学改革，组织青年教师公开课比赛；在北京联合大学高职青年教师说课比赛中，夏航获得二等奖，刘楠获得三等奖；获得校级本科教改课题一般项目 2 项，高职课题 3 项；孔昭林编写的《实用公共事业管理》被评为校级精品教材。

促进实践教学改革，加强校企合作。学院与 32 家企业建立学院的校外人才培养基地；组织召开两次校企合作的产学研研讨会；成功举办北京联合大学大学生广告艺术大赛；组织了“北京联合大学昌平校区（广告学院）2011 年百场学术系列讲座”；学院和北京市怀柔区联合举办了“怀柔杯——国际大学生公益广告节”，促进联合培养人才模式的创新和发展，扩大了学院在社会上的影响力。

学院学生在毕业设计和学科竞赛中都取得了较好的成绩，获得校级优秀本科毕业设计（论文）5 项；获得校级高职优秀毕业综合实践报告二等奖 2 项，三等奖 1 项；在学科竞赛中获得国家级二等奖 2 名，三等奖 2 名；市级一等奖 1 名，二等奖 7 名，三等奖 9 名。

（杨沛）

【队伍建设】 至 2011 年年底，学院共有教工 80 人，正式在编 66 人，非在编（合同和协议）14 人，副高级以上职称 14 人（教授 1 人、副教授 8 人、其他系列 5 人），中级职称 34 人，初级职称 19 人，教师中博士 5 人。教师分布在：广告系 14 人、艺术设计系 21 人、表演系 11

人。40 岁以下青年教师 34 人,占 43%。

(王莹)

【学生工作】 在学院党政领导和学校直属部门领导下,2011 年广告学院学工办(团委)重点围绕学生思想稳定、学风建设、校园文化、学生管理与服务四个方面开展工作。

开展学生思想动态的摸查,做好学生思想稳定工作。分别在开学、期中、期末召开学生座谈会,了解学生在学习、生活中遇到的困难,听取学生的建议,做好学生思想、情绪的疏导和稳定工作,帮助学生尽快适应新环境。开展新生的入学适应团体辅导活动,组织全体辅导员和新生班主任在 21 个班级的新生中开展主题班会活动。

深入开展"创优良学风班、做文明联大人,从禁烟做起"主题教育活动,开展新生早晚自习活动。15 个新生班利用每个班班级助理组织新生早晚自习活动。开展"文化艺术传承系列讲座"活动,分别安排艺术系、广告系、表演系老师讲座。严抓考勤管理,各系要求各班级记好考勤,及时上报,通报缺勤较多的同学,及时处理。

实施"十百千万"工程,开展十佳学习型党支部、优良学风标兵和优良学风班的评选活动,学院共评出优秀学生党支部 2 个,优良学风标兵 79 名以及优良学风班 5 个。开展三好学生、优秀学生干部、先进班集体、校院奖学金、国家及校级奖助学金、国家励志奖学金等评选活动。共评选出校级三好学生 48 人、优秀学生干部 20 人、优秀班集体 5 个、优秀学生奖学金共 445 人(其中特等 1 人、一等 25 人、二等 155 人、三等 264 人);院级奖项包括:三好学生 79 人、优秀学生干部 55 人、优秀班集体 7 个。经院级、校级两级审核,共有 518 名学生(班级)获得校级奖项、141 名学生(班级)获得院级奖项,其中校级奖学金预计发放金额 34.79 万元。学院获国家奖学金 6 人,国家励志奖学金 61 人,北京市国家助学金 339 人(一等 136 人,二等 203 人),校金隅奖助学金 2 人、爱心助学金 8 人,融信助学金 2 人,7 个资助项目共有 456 人次获得补贴共计 147 万元。召开学生表彰大会,对一年获奖的学生进行表彰,共有学生千余人次获得国内国外、校内和校外的各种奖励奖励。

重新修订就业工作奖励文件,发放就业奖励 31 060元。2011 届毕业生共 940 人,较上一年增长了 13.4%。至年底,完成对全院 21 个班级的就业指导课的教授任务;组织召开 1 场大型校园招聘会,参会单位多达 28 家;组织 3 场用人单位宣讲会,发布就业信息,累计提供就业岗位 400 多个。学院 2011 届毕业生就业率达 91.1%。

继续做好学生管理、学生资助、心理健康教育工作。2011 年 9 月 16—30 日,2011 级 459 名学生,在北京盛华军训基地进行为期 15 天的军事训练。学院派出了 5 名辅导员组成的教师队伍,配合基地教官开展工作。在为期 15 天的军训生活中,459 名参训学生军训成绩合格,99 名学生获得北京联合大学军训先进个人称号,广告学院荣获"我的军人梦"主题展示组织先进单位、军训工作最佳组织先进单位等荣誉称号。

畅通学生资助通道。2011 年共认定了 387 名困难生。向 387 人发放了一次性伙食补贴,共 116 100 元。发放冬衣补贴 12 人,共 2400 元。发放新疆少数民族补贴 2 人,共 800 元。开展 2011—2012 学年贷款工作,经审核共有 77 名符合贷款资格。设置各部门助理、课风督察岗、画室管理员等 7 个勤工助学岗位,65 人通过勤工助学获得补贴,9—11 月发放补贴 1.8 万元。2011 年 11 月 21—25 日统一组织 2011 级新生进行在线心理测试,包含专科及专升本学生在内的 692 人参加测试,参与比例为 97%。

与北京市风筝协会、北京市科协、团市委青少年活动交流中心共同合作,成功举办了北京市第六届大学生风筝比赛暨北京联合大学第六届风筝节。共有 26 所高校代表队参赛。2011 年暑期社会实践工作全面展开。全院共组织校级重点团队 4 支、校级一般团队 17 支、院级团队 21 支,社会实践内容涉及志愿服务、环保宣传、专业调研、学习考察、公益实践等内容,共有 23 个班团支部,412 人以团队的形式参与到社会实践中。在校团委举办的红歌会合唱比赛中,学院荣获三等奖。组织学生参加了北京联合大学第二届女生节活动,周佳云子同学荣获比赛第一名。组织学生参与北京联合大学首届校园主持人大赛,张驭夫同学获第二名。组织参加北京联合大学社团文化节活动,百亭学社荣获"五星级"社团荣誉称号。在学校学生科技课外赛事平台"启明星"标识设计大赛中,广告系米久超同学的作品(经修改后)成为北京联合大学"启明星"学生课外科技创新活动平台推广标识进行正式发布,张腾飞等 9 名同学的 12 件作品分获该项赛事的一、二、三等奖。在北京联合大学第四届文科计算机大赛评出的 25 件获奖作品中,有学院参赛作品 20 件,其中一等奖作品 2 件、二等奖作品 7 件、三等奖作品 11 件。乔红雁老师指导的学生作品《地球的"哭"与"笑"》经学校推荐参加全国比赛,并在比赛中取得二等奖的好成绩,创北京联合大学学生在该项赛事中的最佳成绩。

(晏强)

【党群工作】 2011 年,学院共有党员 230 人,其中正式党员 148 人、预备党员 82 人。学生党员 182 人,教工党员 48 人。设有 7 个党支部,其中 2 个教师支部(机关党支部、教师党支部),5 个学生支部(广告系学生党支部、艺术设计系学生第一党支部、艺术设计系学生第二党支部、艺术设计系学生第三党支部、表演系学生党支部）。

（王莹）

【对外交流】 4月19—23日，艺术设计系教师乔鸿雁及3名学生，赴俄罗斯莫斯科人文大学参加俄罗斯国际学生广告节活动。

6月，张龙副院长及表演系师生一行5人，赴英国威尔士大学圣三一学院交流访问。

6月，俄罗斯莫斯科人文大学广告与大众传播系主任Golovleva Elena Leonidovna教授及该校2名学生，台湾朝阳科技大学视觉传达艺术设计系王桂沍教授及1名学生来访广告学院，参加首届怀柔杯国际大学生广告节颁奖活动及夏令营。

9月2日，日本东海大学国际交流委员张雷教授与艺术工学部长林拓见教授访问广告学院。

10月30日—11月8日，张龙副院长与表演系4名学生赴英国兰彼得威尔士大学孔子学院开展文化交流和文艺演出活动。

10月，英国斯旺西城市大学艺术与设计学院院长Andrea Liggins（安的瑞·里根斯）教授来访广告学院。

12月12—17日，学院组团出访香港教育学院，达成广告学院与该院文化与创意艺术系开展本科生交换项目和教师访学活动意向。

（丁莎）

13．应用科技学院

【概况】

学院英文名称：College of Applied Science and Technology

学院网址：http://yykj.buu.edu.cn

院党委书记：丛森；院长：支芬和。

2008年4月14日，应用科技学院正式挂牌，学院位于北京市昌平区石牌坊路南，专门从事高等职业教育。成立时学院的专业由学校信息学院、管理学院、东方信息技术学院、网通软件职业技术学院和国际语言文化学院的高职专业组成，以IT类、管理类为主，面向北京市加快发展的现代服务业和高新技术产业，培养服务于文化创意产业、商贸服务业、现代物流业和高新技术产业一线的高素质技能型人才或高素质技术服务人才。

2011年，学院设有教学系4个：经济管理系、电子信息系、外语系、媒体艺术设计系；本科（专升本）专业1个，在校生2706人，其中本科（专升本）生44人、高职高专生2662人。教职工117人，其中专任教师90人。专任教师中，具有高级职称者25人，有硕士78人，有博士8人。

（范维 丁昭青）

【科研工作】 2011年，学院组织申报各级各类科研项目共28项，累计到账的科研经费277.5万元，其中横向课题10项，总到账经费36万元，纵向课题18项，总到账经费241.5万元。其中包含北京市自然科学基金项目、全国教育规划课题（《职业教育分级标准建构个案研究》等）、北京市教育规划课题（《高等职业教育公共英语课程体系改革与实践研究》等）以及校级学科项目、院级自筹项目等。

2011年授权专利2项（实用新型）。教职工发表论文共计139篇，其中EI收录12篇，CSSCI收录3篇，CPCI-S(ISTP)收录3篇，CSCD收录4篇。

（范维 刘哲 乔劼 丁昭青）

【教学工作】 学院教学工作的基本思路是以科学发展观为指导，以质量建设为核心，进一步推进教学改革，不断提高教育教学质量，重点培养学生的学习能力、实践能力、创新能力、交流能力和适应能力。逐步推进学生品质能力提升项目开展，加强教学管理制度的执行力度，加强教研室建设，认真组织开展教研室活动。

学院积极配合学校开展国家特色专业点、特色专业建设以及专业综合改革试点等工作，建立了国家、市、校、院级重点专业建设体系，作为北京市级特色专业的市场营销专业及作为改革骨干单位的软件技术专业和视觉传达专业承担了职业五级的专业设计与改革工作。金融保险和国际商务专业作为校级重点建设专业，在学院专业建设中起到示范带头作用。

学院获得市级教学名师奖1项；获得校级教学优秀奖二等奖1人；高职说课比赛二等奖7人，三等奖12人；青年教师教学基本功比赛二等奖6人，三等奖11人。建成市级优秀教学团队1个，有北京市专业带头人2名、北京市职业院校骨干教师3名。学院以精品课程和教材建设为示范和导向，通过加大课程教材建设的经费投入、设立院级建设项目等措施加大了对课程和教材建设的投入，建成市级精品教材1部（《市场营销实务教材》，负责教师：李宇红）。

2011年，学院在各类竞赛中取得好成绩。国家级特等奖3人，一等奖3人；北京市市级一等奖3人，二等奖5人；校级一等奖13人，二等奖5人。

（范维 赵劲松 丁昭青）

【队伍建设】 2011年，有教师（含管理关键岗）90人，高级职称教师25人，教师中有博士学位者8人。其中电子信息专业群（教师17人，学生661人）师生比17∶661；财经专业群（教师25人，学生1232人）师生比为16∶1232；艺术设计专业群（教师11人，学生536人）师生比为11∶536；基础课（教师22人，学生2706人）师生比为22∶2706。

经济管理系专业现有教师25人，其中有高级职称者12人，现有博士2人；电子信息系现有专业教师17

人,其中有高级职称者6人,博士2人;媒体艺术设计系现有专业教师17人,其中有博士1人;外语系现有专业教师15人,其中有高级职称者7人,博士1人;基础课现有专业教师22人,其中有高级职称者5人,博士2人。

(范维　丁昭青)

【学生工作】 应用科技学院有本科生(专接本)44人,1个班级,专科生2662人,87个班。学院共有辅导员12人。在2011年评优表彰中,学生1436人次,班主任6人,辅导员3人,32个班集体获得各类奖项、表彰和荣誉。全年落实助学贷款学生39人,共发放勤工助学经费42 432元,涉及46人次,共安排勤工助学岗位20个,发放助学金897 200元,涉及282人次。

学院凝练出"一个氛围、三个平台、五个结合"的大学生暑期社会实践机制。本年度共组织一、二年级同学6支精干实践团队,百余名同学深入开展了专题调研、就业创业、公益服务、科技实践、理论学习等实践活动,走访企事业、党政机关、社会团体等集体共计5家,走访个人共计300余人,参与比例超过50%。经院团委审核,本次暑期实践团队在活动中共建立实践基地2处。

结合共青团"达标创优"活动中,学院团委举办"五四"晚会,表彰30名优秀团干、团员,8个先进基层团支部,其中1个团支部还荣获校级"五四红旗团支部"(全校近1000个团支部仅有7个荣获),通过表彰先进,发挥模范作用,提升团组织的凝聚力、向心力和战斗力。本年,学院共有学生社团25个,其中学术科技类社团10个,占40%,学术科技类社团的比重较以前有所增加;文化兴趣类社团9个,占36%;体育运动类社团6个,占24%,参与社团活动的同学多达1160人。各社团在院团委"建设专业化、学习型、科技型社团"的倡导下,运用所学知识,积极调动同学们的积极性,开展各项科技类服务和实践活动。

在"5·25"心理健康活动周中,学院办举办了"大学生就业心理调适"讲座,在主教学楼前摆放心理健康知识图文展,播放心理电影《美丽心灵》,条幅签名和"人际交往团体训练"辅导活动。

学院2011届共有716名毕业生,其中北京生源712名,外地生源4名。至8月31日签约率为90.64%,就业率为93.58%,经济管理系被评为就业先进集体,陈艳燕、侯晓丽、刘琨3位老师被评为就业先进个人。

(范维　刘洋　丁昭青)

【党群工作】 2011年,学院共有党员153人,本年度发展党员88人,转出61人。学院共有6个党支部,教工党支部、公共基础部党支部、外语系党支部、电子信息系党支部、媒体艺术设计系党支部、经济管理系党支部;其中教工党员77人,学生党员76人,学生预备党员68人,本科学生党员10人,高职学生党员66人。入党积极分子223人,其中教师6人,学生217人。学院2011年共计收缴党费16 583.38元。

学院学生党员队伍规模有所扩大,本年度第三期业余党校高级培训班共有373名学员报名参加,其中320名同学成绩合格,准予结业。

2011年,学院党委书记丛森被评为北京市高校优秀党务工作者;院长支芬和被评为北京市育人标兵;经济管理系获"首都教育先锋"称号,被评为校级先进基层党组织。

(范维　丁昭青)

【对外交流】 2011年学院共有8名学生出国留学深造。2011年,西班牙驻中国使馆教育处教育顾问Maria Luisa Ochoa Fernandez和Carolina. Gonzalez女士;英国西苏格兰大学校长Paul Martin、国际处处长Marcus Ross先生;丹麦Niels Brock哥本哈根商学院副校长Morten S. Petersen, Stina Vrang Elias (Administrative director of Danish Business Research Academy), Lars Askholm;美国EVERETT社区大学校长David Beyer博士、国际处处长Visakan Ganeson先生到学院访问,为学院国际交流、与国外大学的深度合作奠定了基础。

7月12日,在校网络中心和校图书馆的大力支持下,由学院支芬和院长和EvCC中国办事处李东旭博士主持,学院外语系、经管系、电子信息系和基础部负责人及部分教师参与了两校有关课程合作的视频教学工作会。其间张耘、杨杰和赵纬3位教师分别就所授课程做了答辩和说明,美方对合作课程的准备工作赞许有加。

10月11日,北京联合大学副校长黄先开教授与埃弗里特社区大学校长Dr. David Beyer先生签署合作协议。在两校签约仪式上支芬和院长与Dr. David Beyer校长互赠纪念品。

10月13日,学院与西班牙纳瓦拉公立大学副校长哈维尔代表团一行人座谈,双方在官方硕士、互派教师、交流生等项目上有更进一步的合作并就今后合作的项目进行了细节上的讨论,并确认北京联合大学学生申请就读西班牙纳瓦拉公立大学官方硕士项目和双方互派教师及学生交流项目。

(范维　丁昭青)

14. 国际交流学院

【概述】

学院英文名称:College of International Education

学院网址:http://cie.buu.edu.cn

党支部书记兼院长:杨亚军;副院长:庞明(兼)、吴中平。

2011年,学院共有教职员工22人,其中专任教师

11人。学院设有综合办公室、行政办公室、教学科研办公室等管理部门。综合办公室是学院行政综合办事机构,负责统筹协调、信息枢纽、公文处理、对外联络、留学生招生及签证管理等工作。行政办公室全面负责留学生公寓和外专公寓的管理工作。教学科研办公室是负责学院教学运行、教学管理、教学研究、教学质量监控管理的职能部门。

学院对外汉语教学有语言生、本科生、研究生等多种层次,由学院教研部负责外国留学生的对外汉语教学工作。成绩合格留学生分别获得学校颁发的结业证、毕业证及学位证书。

至2011年年底,学院有在读本科生242人,长期语言生116人,短期语言生228人。

(杨晓麟)

【领导分工】 党支部书记、院长杨亚军:主持学院党政全面工作,全面负责教学、科研、行政管理工作;分管学科建设和专业建设、质量工程、人事、财务,分管党建、组织、统战、纪检监察、信息化建设。

副院长庞明(兼):分管对外交流合作、留学生招生工作。

副院长吴中平:分管教学组织和管理、师资队伍建设、并负责组织对教师的业务考核及工会等工作。

(杨晓麟)

【教学工作】 学院设教研部,负责对外汉语教学工作的规划、组织、实施和检查,包括对外汉语教学的课程设置、教学大纲、教学计划的制订;负责安排课程,保证教学质量的有效落实、教学进度的有序进行。

2011年,学院本科专业主要有国际经济与贸易、汉语言文学、国际商务。汉语言文学专业开设经贸、旅游和师范三个方向的课程。

至2011年年底,学院有在读本科生242人,长期语言生116人,短期语言生228人。

至2011年年底,学院共有专职教师11名,其中40岁以上教师4名,30—40岁教师5名,30岁以下教师2名。拥有博士学位教师4名,硕士学位教师7名。这些教师中具有高级职称的3人,中级职称的8人。

2011年,学院紧紧围绕学校中心工作,规范教学常规管理,以留学生为本,进一步加大课堂教学改革的力度,强化汉语教学工作中的研究,积极、稳妥、有效地深化了汉语课程改革实验,使汉语课堂从低效向高效迈进,全面提高了学生汉语水平。2011年全年整理规范本科培养计划及各级别教学大纲。

定期举办教研活动,教研活动采取研修和备课教研活动相结合的方式,研修基本每月一次,备课活动每2周一次。主要有以下活动:邀请专家前来学术讲座,以促进教师综合素质的提高;采用"研讨与讲座、走出去或请进来"的方式,加强学习,努力营造良好的教学教研氛围,进一步提高教学质量。

(申莉)

【科研工作】 2011年学院申请项目7项,纵向6项,包括省部二级1项,委办局3项,校级2项;横向1项。累计到账经费23.1万元,其中纵向经费21.1万元,横向经费2万元。其中结项2项。

2011年发表论文共28篇,出版著作1部。

(申莉)

【留学生工作】 学院设有留学生管理机构——留学生办公室,负责留学生招生、签证、学籍、教学、公寓管理及其他日常活动管理工作。

(杨晓麟)

【北京市外国留学生奖学金】 北京市教委拨款150万元人民币作为外国留学生奖学金,对学院品学兼优的外国留学生的学费进行资助。

学院本着公平、透明的原则,专款专用,对申请奖学金的留学生进行了全面考核,综合留学生一年来的表现,根据学生出勤、平时成绩、期末考试成绩等,评选出获奖留学生166名并发放奖学金。

本科生:一等奖学金10 000元人民币/人,二等奖学金5000元人民币/人,三等奖学金3000元人民币/人。全勤奖500元人民币/人。

语言生:一等奖学金5000元人民币/人,二等奖学金3000元人民币/人,全勤奖500元人民币/人。

(杨晓麟)

15. 平谷学院(2011年7月撤销)

16. 北苑校区

【概况】 北苑校区党总支书记:于水波(任职至2011年6月3日)、赵振江(2011年6月3日起任职);北苑校区管委会主任孙桂生。

2011年,北苑校区完成原中专校应届毕业生的毕业派遣工作,2008级中专学生全部进入实习或高考补习阶段。至年末校区住宿大学生总计近1300人。伴随着并入工作的推进,校区教职工人数由44人减至20人,机构数由9个减至3个。

(杨建萌)

【2011届中专生毕业离校工作】 7月8日,北苑校区举行原北京市医药器械学校2011届毕业生毕业典礼,校区领导向毕业生代表颁发了毕业证书,同学们与老师们合影留念。

(杨军)

【中专教学任务完成后的机构调整、人员调整】 5月,北苑校区大部分教师完成了课堂教学任务。为做好人员校内转岗工作,北苑校区领导班子于5月下旬召开转岗双向选择交流会。此项工作得到了校本部相关学院和部门的高度关注和大力支持,总计提供空岗需求

42个。北苑校区29名教职工全部参加了双向选择交流会,17名教职工通过交流会进行了岗位的调整。校区根据调整后的人员情况以及新一阶段的工作安排,将部门重新调整为3个,即校区综合管理办公室、就业实习办公室和培训部。

(杨建萌)

【中专生的实习管理工作】 2011年下半年,北苑校区原中专校2008级9个班级333名学生全部处于实习或备考补习阶段,为了确保中专学生实习安全,北苑校区加大实习管理力度,进一步规范完善学生实习安全和风险管理制度,为每一名同学都确定了实习指导老师,形成切实可行的实习生一线管理办法,编印指导性、操作性较强的《实习手册》。2011年11月,北苑校区召开实习就业研讨会暨校区整体工作推进会。

(白瑞霞)

【校园文化建设】 按照学校工作部署,北苑校区经过暑期施工改造,初步完成改善了学生住宿区的整体环境。9月,北苑校区迎来学校专升本新生入住,总计住宿生近1300人。面对新的工作要求,北苑校区努力创建舒适温馨的校园环境,以校园文化建设为突破口,强化环境育人、管理育人。定期召开入住大学生座谈会与学生共同座谈;积极创造条件,培养学生干部队伍,成立了校区住宿学生联合社;开展系列文体活动,组织学生干部进行素质拓展训练,开展乒乓球比赛,充分调动了同学们共同营造积极向上、温馨和谐的生活学习环境的信心和决心。

按照北京联合大学党委关于深入贯彻十七届六中全会精神的要求,北苑校区专题召开校园文化建设研讨会,制定《北苑校区校园文化建设实施意见》(京联北苑党〔2011〕10号)。开设"北苑大讲堂",定期邀请名家名师到校区为学生开展讲座,其中包括:邀请北京师范大学文学院教授、博士生导师,《百家讲坛》名师李山教授主讲《诗经》的魅力;邀请首都经贸大学工商管理学院教授、博士生导师吴冬梅教授主讲《大学生职业规划与学涯设计》;邀请国家行政学院社会和文化部教授李兴国主讲《有效沟通的艺术》。

(孙宇)

17. 基础部

【概况】 基础课教学部是校本部直属教学单位,负责校本部各学院的数学课程和物理课程的教学任务。下设高等数学教研室、工程数学教研室、应用数学教研室、大学物理教研室(下设物理实验室)、行政办公室。2011年,基础课教学部共有教职工59人。其中专职教师50人,实验技术人员3人,干部和行政人员6人。专职教师中数学教师36人,物理教师14人;具有教授职务4人,副教授职务17人;具有博士学位9人,硕士学位36人。

落实学校2011年教学质量提升的10项计划。加强学科建设和实验室建设,进行大学物理实验教学体系改革,高等数学与大学物理2门课被评为校级精品课程。教科研项目申报工作取得较大进展,青年教师申报高级别科研项目取得2项突破性成果。成功申报5项校级教改项目。举办多场讲座,邀请校外知名专家对本部门教学和教科研进行指导。注重青年教师的培养,3位教师在各项校内外的教学比赛中获奖。成功举办大学生高等数学、大学物理竞赛;承办校级大学生数学建模、物理实验竞赛工作。加强基层党组织建设,开展创建优秀党支部活动,物理党支部被评为校级2009—2011年度先进基层党支部。

(王爱琴)

【教学工作】 完成信息学院、自动化学院、管理学院、机电学院、旅游学院、广告学院、特殊教育学院263个行政班级的51门课程的教学任务。组织全校高等数学统考工作。

积极推进教学过程和教学方法改革。推行"3+X"过程化考核,在10门课程中严格进行期中考试和阶段测验,占学期开课总门数的37%。面向2011级新生召开座谈会6场,并通过调查问卷方式,了解学生情况及要求,促进了教学管理及教学方法的改进。

举办校本部高等数学、大学物理竞赛,共有710名学生参加,获奖学生119名,占参赛学生的16.8%。承办全校数学建模竞赛和大学物理实验竞赛工作,举办"名师讲座"8场,共有9个学院137名学生参与竞赛,获奖学生31名,获奖学生占参赛学生的22.7%。开展北京市数学建模竞赛和北京市大学生物理实验竞赛的辅导和培训,选送27名学生参加北京市数学建模竞赛,20名学生参加北京市大学生物理实验竞赛。

(王爱琴)

【学科建设】 组织全校各学院完成2011版数学、物理类通识教育必修课程和选修课程大纲的制(修)订工作和大纲汇编工作。组织全校各学院开展2011版数学物理类通识教育必修课网络资源建设工作,初步完成9门课程的基本教学资源网络建设。

实施2011年教学质量提升的10项计划:全校统考;大学数学试题(试卷)库建设与研究;基于数苑网的大学数学教学资源库的建设与研究;面向服务外包型人才培养的大学数学教学方案的研究与实践;大学物理实验课程考核方法的改革与探索;《大学物理实验讲义》的修订与出版;基于"A++"课堂无线应答系统的大学物理课堂互动教学模式的研究与实践;大学物理精品课程网络教学资源建设;高等数学精品课程网络教学资源建设;教师执教能力培训。

利用大学数学网络学习平台,开展学生网上在线答疑和在线测试工作。在实验班进行学生集中测试2

次，分散测试3次。

陈冬主讲的《高等数学》与姜黎霞主讲的《大学物理》被评为校级精品课程。

（王爱琴）

【实验室建设】 物理实验室于1983年成立，1984年开始独立设置《物理实验》课程，课程学时为48学时。主要承担校本部信息学院、自动化学院、机电学院本科学生的教学任务。每年开设16个实验题目，其中有基础实验，综合性实验，设计性实验。1997年物理实验室通过了北京市合格实验室的评估。

物理实验室共有6个实验室，1个演示实验室，2个仓库，1个办公室，占地面积约为660平方米，可开出33个实验。实验室主要仪器设备1460台套，学生实验为1人1组进行操作，独立完成实验。

2011年，获批校级教改项目《应用型大学物理实验教学体系的改革与实践》，开始实施大学物理实验教学体系改革：1. 建设和开放学生实践园地，培养学生创新能力，根据学生要求，购置了一些小型设备和用具如：AY单片机学习机、可编程单片机，IO型光纤束，Y型光纤束，光纤架，数据采集卡等。2. 开放实验室，充分发挥演示实验室的作用。学生可以预约预习将要做的实验和重复做较难的实验，提高了学生的求知欲和学习主动性。3. 改革物理实验考核方法，突出对学生动手能力的考核，采用平时成绩与期末操作考试成绩综合评定。4. 修订《大学物理实验讲义》，按基础性实验、综合性实验、设计性实验和研究性实验分层。5. 建立网络课堂辅助教学。把每学期实验内容的PPT放在网络课堂上，供学生学习参考。

基础部承办2011年校级物理实验竞赛，从中选出20名学生参加北京市大学生物理实验竞赛，其中有2个队获得北京市市级二等奖，有6个队获市级三等奖。

（王爱琴）

【教研室建设】 制定《基础部提高教学质量的措施》，从教师备课、课堂教学、平时成绩记载、作业批改及课下答疑/质疑等方面制定了提高教学质量的措施。

对基础课教学部教学管理制度进行补充修订，包括备课制度、代调停课制度、科研管理制度、听课制度、教研室管理规章制度等，进一步发挥与完善数学教研室和物理教研室的功能。明确教研室主任权力、职责范畴，发挥教研室在基础课教学管理中的作用。

（王爱琴）

【教科研工作】 制订了基础部支持教师参加学术会议的经费分配方案，为教师参与科研活动提供了制度保障。

完成2009年度基础部校级教育教学研究与改革项目《应用性教育的大学物理教学模式改革》《大学数学试题库（试卷库）建设》《大学物理中量子论教学内容的改革探索》结题验收。

完成市教委2012年度科研计划项目申报工作，玄祖兴老师的《亚纯函数角域内的奇异方向与唯一性理论》项目通过校级评审，报送市教委。

青年教师申报高级别科研项目取得2项突破性成果：2011年国家自然科学基金资助项目：《布朗运动在随机过程理论发展中的作用与影响》申报人杨静，资助金额22万。2011年北京优秀人才项目资助项目：《与信息相关的代数体函数值》，申报人玄祖兴。

5项2011年度校级教育教学研究与改革项目申报成功，获准正式立项，即《〈高等数学〉课程网络教学资源的建设与应用》《应用型大学物理实验教学体系的改革与实践》《〈概率论与数理统计〉教学核心资源建设的研究与实践》《高等职业教育专升本数学课程建设与改革研究》《围绕学习兴趣的高等数学教学研究与实践》。

（唐娟）

【党群工作】 2011年，基础课教学部党总支共有党员35人，下设3个党支部，高数党支部、工数与应数党支部和物理党支部。全年发展预备党员1人，培养入党积极分子1人。

上半年，完成党支部委员会的换届改选工作。本次换届改选，基础部党总支下设3个党支部。积极开展争先创优活动，物理党支部上半年入选“十佳党支部”创建支部。物理党支部被评为校级2009—2011年度先进基层党支部。1名教师和1名党支部书记分获机直党委优秀党员和优秀党务工作者。

为庆祝中国共产党成立90周年，基础部党支部组织全体党员和入党积极分子观看了电影《建党伟业》；组织教师积极参加庆祝建党90周年红歌会活动比赛，所在校直属教学单位联队获比赛二等奖；购置图书《西行漫记》《我的抗战》，开展温党史读书活动。物理党支部组织党员参观李大钊纪念馆和故居。

加强基础部网站建设，及时报道基础部教学科研活动和党建工作情况，使其成为反映基础部工作的窗口和交流平台。

组织教师参加北京联合大学书画、摄影展。组织学校布置的各种募捐活动，为贫困灾区捐赠衣被，为学校贫困学生捐赠书本和文具。组织教师参加桥牌比赛，获得了运通杯桥牌比赛第二名。

组织教职工秋游，并参观位于门头沟区马栏村的八路军冀热察挺进军司令部旧址。组织教师参加联大教职工羽毛球比赛，所在联队获第11届联大教职工羽毛球比赛第二名。

（任伟宁）

18. 电子信息技术实验实训基地

【概况】 2011年，电子信息技术实验实训基地有教职工48人,其中:党员24人,教师26人。办公室1个,5人。教研室3个:计算机基础教研室、程序设计教研室、计算机辅助制图教研室。实验室2个:计算机(机房)实验室、电工电子实验室。领导班子成员:书记1人,副主任(主持工作)1人,副主任2人。

(陈恒荣)

【教学工作】 2011年,全校对计算机公共基础课程进行统一教学,取得明显的成绩,完成2011年教育教学质量提升计划。计算机基础课程群完成2011版本科培养计划的通识教育必修课程计算机基础课程(10门课程)的教学大纲和课程简介修订工作。计算机基础课程群组织指导学生参加学校认定的大学生学科竞赛和课程群内相关课程(如大学计算机基础、C、VB程序设计、Access数据库)的课程竞赛。组织辅导学生参加课外竞赛,《全国软件专业人才设计与开发大赛》获得北京赛区三等奖。参加国家级服务外包实验区工作,完成了北京联合大学和上海商派为管理学院和自动化学院开设的上海商派校园虚拟企业学生培训实践教学工作。

(高润泉)

【实验室建设与管理】 电工电子实验室承担25个班电工和电子工艺实习实训、3个班电工和电子技术实验,共计1056学时的实验实训教学任务;109个班约85 644人学时的实验教学准备和服务工作,检查维修计算机、仪器、设备共计约350台套;26个班约32 208人学时的实训教学准备和服务工作;临时增加自动化学院4个班7056人学时的实训教学准备和服务工作。

2011年共有8名教师分别参加电工实训、电子实训等课程的教学工作。开设4门选修课:电子产品制作30学时×40人=1200人学时;智能车制作30学时×30人=900人学时;智能车制作30学时×30人=900人学时;大学生电子设计应用30学时×30人=900人学时。承担了信息学院和自动化学院17名学生的毕业设计,其中1人获优秀毕业设计。

实验室开放工作:从2011年3月至2011年11月,共接待参加开放实验的学生约1800人次,学生在课余时间根据自己的实际情况到实验室进行实践学习活动。

在实训基地教师的指导下,学生获得多项课外科技活动奖项:

第六届全国大学生飞思卡尔智能汽车竞赛华北赛区光电组二等奖1项,光电组三等奖1项,电磁组一等奖1项,电磁组二等奖1项,全国总决赛电磁组二等奖1项。

2011年全国大学生电子设计竞赛华北赛区智能小车(C题)二等奖1项,基于自由摆的平板控制系统(B题)三等奖1项。

北京联合大学第四届智能车比赛摄像头组一等奖1项,电磁组一等奖1项,光电组一等奖1项,光电组二等奖1项,摄像头组三等奖3项。

(陈恒荣)

【党群工作】 2011年,电子信息技术实验实训基地直属党支部共有党员24人,下设三个党小组。

进一步加强学习型党支部建设。支部委员每月一次交流学习;党支部组织党员和积极分子重点学习了中共中央制定的国民经济和社会发展第十二个五年规划的建议,观看了革命传统题材的爱国主义电影。党政工联合组织部门的党员、关键岗、骨干优秀教师参观了革命圣地井冈山和南昌。结合工作实际组织了座谈会,着重探讨部门发展、实验室建设和课程改革等问题。

开展创先争优活动,公开"创先争优,从我做起"主题实践活动的承诺书,要求全体党员履行承诺并组织进行了个人总结,结合召开民主生活会,征求党员群众意见,做好民主评议和领导点评创先争优工作,针对每一位党员填写了评议意见书,并交党员本人确认。

党员是部门工作的中坚和骨干,在实践教学、课程改革和教材建设等工作中发挥着重要的作用,取得了校级以上多项荣誉。承担校计算机基础课程群负责人的工作,主编北京市高等教育精品教材2种、校级精品教材3种;在2011年第六届"飞思卡尔杯"智能车大赛中荣获国家级二等奖1项及华北赛区二等奖2项、三等奖1项。

解决群众工作和生活中的困难,结合"共产党员献爱心"活动,组织全体人员为部门重病党员捐款,捐得款项共计9700元。

3月,正式建立二级教代会制度,并召开了电子信息技术实验实训基地第一届二级教代会第一次会议。获2011年"北京联合大学先进分工会"

(高润泉)

19. 人文社科部

【概况】 人文社科部作为北京联合大学直属教学单位,担负着思想政治理论课与人文艺术素质课的教学和马克思主义学科建设任务。所辖1个行政办公室和5个教研室:马克思主义基本原理教研室、马克思主义中国化教研室、中国近现代史教研室、思想政治教育教研室、中文艺术教研室。2011年,人文社科部的领导班子得到了完善。5月,王恩江任教学副主任。7月,韩强任主任。在学校整合学院过程中,特殊教育学院和旅游学院的8位教师、管理学院学生辅导员队伍2位老师,加入到人文社科部的教师队伍之中。退休1位教师,调出1位教师。至2011年年底,人文社科部教职工共46人。

(孟宪东)

【教学工作】 开展思想政治理论课建设整体自查与整改:根据市委教育工委《关于开展北京高校思想政治

理论课建设专项督察的工作方案》的要求与工作部署，对照教育部制定的《高等学校思想政治理论课建设标准》，开展全校思想政治理论课建设情况自查工作，成立了学校思想政治理论课自查工作小组，设立了专门办公室，制订《北京联合大学思想政治理论课建设自查工作方案》，组织开展相关专题学习培训活动5场，努力做到全校整体自查工作部署周密、重点突出、科学有序、保证质量。对自查工作中积累的经验进行了总结，对存在的主要问题进行了分析，形成了《北京联合大学思想政治理论课建设自查报告》，并根据市委教育工委、市教委《思想政治理论课建设督查整改意见》形成了《北京联合大学思想政治理论课建设自查整改方案》，实现了整改工作的稳步推进。

强化教学管理效能：一是根据专题教学改革的整体要求，精心编制教学计划，按所开课程科目分组讨论，安排专人负责填写教学进度表。二是定期举行集体备课，以教研室或协作组为单位每月进行一次，探讨教材中的疑难问题和同学们关注的焦点热点问题。三是多方收集资料制作精彩课件。为保证教学质量，充分利用多媒体进行教学。四是积极组织人文艺术类选修课教学工作，一年来共组织50多门次人文艺术类选修课，尤其是赵永忠老师的选修课成功打入了学院路教学共同体，200多名地大、科大、邮电大学、电影学院等部属市属高校学生踊跃参加赵老师的课，造成了一定影响，选修课的成功组织开展，丰富教学资源，实现了预期教学效果。

加强教学基础建设，拓展教学资源：一是在校内外积极开展思政课教学活动调查工作，探求适合学校教学活动的科学教学方案、课程考核方案，大力开展教与学的交流活动以提升教学实效，主要包括：参加学校层面组织的赴中国石油大学、北京工商大学、华北电力大学等院校思政课学习考察活动，形成了赴5所高校思想政治理论课学习参访报告；在首都15所北京高校、1所安徽高校组织开展了思政课专题教学、课程考核、实践教学方面的问卷调查工作，形成了相关调查报告；在校本部学生中举办多场思政课教学实效学生恳谈会，了解学生思政课学习特点、思政课学习中问题与困惑，增强教学针对性，实现教学良性互动。二是开展教学服务、社会服务工作。如为帮助有志参加2012年硕士研究生入学考试的学生做好政治理论考前准备，开设了考研政治提高班公共选修课程(2学分)。提高班紧密结合2012年思想政治理论考试大纲要求，在稳固基础学习的基础上，聘请校外知名考研辅导专家给学生作辅导报告，精讲考点知识；帮助考生深入理解、掌握重点知识，强化梳理学科知识脉络，本部学院176名学生参加了考研提高班。

(王恩江)

【学科建设】 制度化工作进一步推进。为进一步规范马克思主义理论研究和学科建设，2011年3月，首次按照“先发表后立项”的原则组织开展后立项资助工作。制定《马克思主义理论学科建设课题立项资助办法》《北京联合大学人文社科部马克思主义理论学科期刊分类》等规定，对学科论文的发表与奖励、课题立项、专著出版等工作做了详细规定。5月，人文社科部马克思主义理论学科学术委员会召开课题评审会，对2010年度在学科建设中取得良好业绩的16名思想政治理论课教师予以表彰和奖励，重点资助在权威和核心期刊上发表论文的教师。10月，出台《关于人文社科部实施论文发表推荐制度的若干规定(试行)》和《关于人文社科部马克思主义理论学科建设专项资助的规定(试行)》两个配套的新文件。

全力做好课题、专项申报。为学科建设和科研工作提供强大支撑。2011年完成国家社科基金(含重大)、教育部2011年度和2012年度重大、一般课题以及各类专项的申报工作、2011年度教育部哲学社会科学研究后期资助项目申报、2011年北京市教委重点和一般课题的立项工作、全国高校优秀中青年思想政治理论课教师择优资助计划、北京市高校“新起点”计划的申报等工作，还有校级人才资助项目以及其他各类校级项目的申报。申报人数多达11人，创历年之最。2011年10月，成功申报了硕士点建设竞争性经费20万元。梁怡老师主持完成的《国外马克思主义中国化研究评析》在北京市规划办组织的专家匿名评审中被评为“优秀”等级，并通报表扬。这是人文社科部近年来在课题结项中获得的最好评价。

2011年在校党委宣传部组织召开纪念建党90周年征文比赛中，人文社科部获得优秀组织奖，推荐的校本部教师中有10名分获一、二、三等奖。7位教师分获“学习党史，坚定信念”主题教育活动博文征文比赛一、二、三等奖，人文社科部获优秀组织奖。

做好组织协调和服务：1月初，组织各方向学科带头人以及骨干成员召开研讨会重点研究2011年国家社科基金课题申报。6月，召开马克思主义理论学科教授与博士座谈会。11月，召开了学术创新团队总结暨马克思主义理论学科建设研讨会。就学校马克思主义理论学科建设的目标、面临的问题、工作重点以及所采取的具体措施作了专题报告。

搞活学术交流活动：3月，邀请北京大学马克思主义学院林娅教授为研究生和思政课教师作报告。9月，邀请北京工商大学人事处处长、硕士生导师魏中龙教授为全体社科部教师作了一场关于职业生涯规划的报告。11月邀请中国社会科学院学部委员、国务院学位委员会委员兼历史学科评议组召集人、博士生导师张海鹏研究员来学校作关于辛亥革命的学术报告。12

月上旬,组织了"党建科学化与学科化学术研讨会""科研能力提高论坛""哲学社会科学专业期刊编辑与教师座谈会"3个学术研讨会。下半年,校人文社科部韩强教授及梁怡教授应邀在首都图书馆、中国人民抗日战争纪念馆参加学术会议并作专题报告。

（许峰）

【教研室建设】 加强制度建设等教学基础建设,积极组织教学培训:一是加强教研活动制度化建设工作。分析制定教研室工作流程、教学创新奖励制度、加强外聘教师管理制度等基础性制度的总结与制定工作。二是积极组织教学培训工作。组织外聘教师、部门教师规章制度学习培训活动4场;组织5名教师参加在首都师范大学举办的北京高校《思想道德修养与法律基础课》课程培训。

（王恩江）

【教学改革】 以专题教学改革为龙头深入推进思想政治理论课教学质量提升工作。一是做好问题式专题教学改革各项工作,在总结全校教学改革的基础上,综合考虑其他高校专题教学改革、问题式教学改革实践经验,稳步推进了全校问题导入式专题教学改革各项工作。二是继续实施思想政治理论课教学品质提升工程。其一是以教研室为单位深入开展教学研究,开展"优秀教研室"建设工作,重点研究课程建设、课堂教学方法和教师基本功培养等问题,并建立相应工作激励机制;其二开展执教能力提升工程,按学期实施教学示范课(邀请北京市属高校或部分教育部直属高校教学名师)建设工程,先后邀请清华大学、北京科技大学、首都师范大学等高校多位教学名师来学校作教学示范;其三举办了教师执教能力论坛活动,校内外5位教师作提升教学实效的专题发言,有力推动了部门教学质量。三是精心组织教师社会考察工作。加强对教师社会实践与学习考察的引导与管理。制定教师社会实践和学习考察的规划、结合各门课程的不同特点安排相应的社会实践与学习考察、制定社会实践与学习考察的汇报与交流制度。开展了2011年思政课教师社会考察汇报交流活动,编辑了2011年思政课教师社会考察总结报告集。

（王恩江）

【党建工作】 认真抓好理论学习。在上半年,党总支继续抓好党的十七大精神和科学发展观的学习;在下半年,集中学习党的十七届六中全会做出的《推进中国特色社会主义文化大繁荣大发展的重要决定》。社科部组织全体教师认真学习,并融会于学科建设和教学改革之中。

继续抓好"创先争优"活动。以党支部为单位开展了党员评议工作,深化开展党员先进性的教育和党性提高锻炼。社科部党总支组织全体党员和教师,到北京郊区开展学习考察活动,各个党支部普遍加强了组织活动,在活动内容和形式上都得到了丰富和拓展。

做好思想政治工作。通过各种会议和个别谈心等多种形式做好思想政治工作,要求党员发扬先锋模范作用和拼搏奉献精神,自觉做好各项工作,努力为社科部的建设和发展做出自己的贡献。

做好队伍整合与工会活动等其他工作,建设和谐团队。特殊教育学院、旅游学院、管理学院等多名教师转入充实壮大了人文社科部的师资队伍。在全校组织的"纪念建党90周年红歌比赛"中,获得了全校第三名(二等奖)的好成绩。在本年度中继续关心有困难的教师职工。

（孟宪东）

20. 体育部、体委

【概况】 学校体育工作由校体育运动委员会(简称校体委)统一领导,校体育教学部具体实施。2011年,校体委主任由主管副校长冯虹担任,秘书长由校体育部主任范清惠担任,委员由校、院主管领导和体育部、教务处、学生处、团委、工会、后勤、校门诊部负责人组成。

体育教学部既是学校直属处级教学部门,又是校体委挂靠的办公室,在主管校长和体育运动委员会的领导下全面负责学校体育教学和日常体育工作。

2011年,校体委、体育部在校党委的领导下,深化教育教学改革,坚持以"健康第一"理念为龙头,以提高体育教育教学质量为重点,圆满完成学校交给的各项任务。在北京市80多所高校参与的阳光体育联赛中,学校与北大、清华等20所高校获得2011年北京市大学生阳光体育联赛优胜奖;在北京市27所有资格承办高水平运动队的学校中,北京大学、清华大学等7所高校获高水平运动队建设一等奖,学校与中国人民大学、中国农业大学、北京交通大学、北京邮电大学、北京航空航天大学、北京林业大学等获二等奖,首都经济贸易大学、首都师范大学等10所学校获三等奖。

完成《北京联合大学体育部规章制度汇编》,全面启动学校学生"健康幸福工程",制订《北京联合大学学生"健康幸福工程"实施方案(征求意见稿)》,同时校体委开展"健康幸福工程"体育活动月系列活动。完成《学校体育工作条例》评估自评报告。完成《2011年北京市普通高校高水平运动队建设检查评估工作》自评报告。

学校高水平运动队在参加高校各类比赛中多次为学校争得荣誉,组织参加各类比赛9项,赵巳彤在2011年世界大学生运动会上获得健美操项目3块金牌。

广泛开展阳光体育健身活动,各种层次竞技比赛激烈精彩:组织参加北京高校及以上群体竞赛活动28项;组织校级群体活动8项,积极开展全民健身,成功举办校本部第三届运动会和全联大第二届新生运动会。

（范清惠　杨洪志　魏志珍）

【教学工作】 教师执教能力建设：结合北京高校体育教学发展的新形势和学校体育教学实际，组织教师开展拓展、定向越野新兴课程培训。9月2日，组织教师进行太极拳、三路长拳、健美操、广播操和动力梯的技术动作练习和授课经验交流活动。11月5日、10日，组织全体教师进行乒乓球项目和太极扇项目的集体备课活动，对各项目的技术细节认真研讨、扎实练习。

10月11日，聘请北京科技大学高航副教授，来学校对新开拓展课程的教师进行教学培训和指导。11月18日上午，聘请中国地质大学陈津梁老师，对教师进行定向越野课程的教学培训，帮助新开课程教师进行课程建设。

12月9日，邀请首都体育学院社会体育系主任李相如教授作题为"我国高等院校体育工作面临的挑战、困惑与思考——对话北京联合大学体育老师"的报告。

2011—2012学年第一学期体育部首次开设拓展训练课程，教学效果良好，受到学生欢迎和好评，并被学校实验班评为最满意课程。

体育精品课程和网络资源建设工作：根据学校精品课程建设的要求，本学年建设项目组对体育精品课程和网络课堂内容进行了添加、更新和整理。上传2011版体育教学大纲文件10门；转换制作羽毛球教学视频文件（swf格式）17个，篮球教学视频文件（swf格式）10个，并连接到各个教学课程中，提供学生网上直接在线观看学习；新增1个瑜伽教学课堂录像，1个拓展教学课程录像。

2011版体育教学大纲的修订工作：完成学校2011版《大学体育课程》教学大纲、课程简介修订工作。本次修订工作共涉及教师25人，完成了必修课程26门，选修课程10门，残疾人课程8门，共计44门的课程内容，其中课程简介全部增加英文翻译部分。

（范清惠　杨洪志　王光军）

【教学科研】 1月18日，为进一步提高体育教师的教学水平和执教能力，根据北京市大体协关于《在北京高校中积极开展以"说课"形式组织教学研讨活动的通知》精神的通知，校体委组织全校70余名教师举行了说课比赛。本次比赛崔铁成（校本部）、王光军（校本部）、申秋燕（生化学院）获得一等奖，王法涛（文理学院）、郑毅（校本部）获得二等奖，刘继华（商务学院）、赵海（特教学院）、袁海军（师范学院）获得了三等奖。

4月8日下午，两年一度的北京联合大学体育工作会议在校本部北院报告厅举行。校体委主任、副校长冯虹对学校"十一五"以来体育工作取得的成绩给予了充分肯定，并对今后的工作提出了六个要求，校体委秘书长、校体育部主任范清惠教授作大会工作报告，会议还对近两年来学校体育工作中涌现出来的优秀个人和先进集体给予了表彰。

7月4—5日校体委在北京实创西山培训会议中心召开实施学生健康幸福工程研讨会。会议就如何开好第二届新生运动会进行研讨，还重点讨论修改了《北京联合大学第二届新生运动会竞赛规程》。

7月7日，体育部2009年校级教改重点项目《体育在应用性人才培养中的功能开发与利用》、校级教改面上项目《北京联合大学不同类型学生体质差异及其运动处方干预研究》两个项目的结题评审会在体育部会议室召开。本次结题评审会由校体育部聘请北京大学等校外知名专家担任第三方评委进行结题验收。

12月31日，学校召开多校区办学体制下体育教学与管理研讨会。会议由体育部主任范清惠主持。会议主要由主题发言和集体讨论2个环节构成。

（范清惠　杨洪志　安娣）

【体质测试】 根据教育部国家体育总局《关于实施〈国家学生体质健康标准〉的通知》（教体艺〔2007〕8号），学校体育教学部、体委制定北京联合大学实施《国家学生体质健康标准》测试办法。测试对象为学校所有本、专科学生（不含留学生、研究生）。根据学校自身情况选取的测试项目共5项，分别为身高体重标准、肺活量、握力、立定跳远、台阶试验。

由于学校校区分散，以学院临近的校区为测试地点，利用体育课和周末时间进行测试。自9月中旬开始测试到12月1日结束，测试学生总人数为25 686人。12月底上报国家教育部，测试结果如下：

北京联合大学2011年《国家学生体质健康标准》测试成绩统计表

年级		样本数	优秀(%)	良(%)	及格(%)	不及格(%)
大学一年级	男	2598	0.46	21.29	53.77	24.48
	女	3778	0.82	30.62	58.52	10.04
	合计	6376	0.67	26.82	56.59	15.92
大学二年级	男	2636	0.76	25.8	49.73	23.71
	女	3685	1.3	41.09	51.37	6.24
	合计	6321	1.08	34.71	50.69	13.52

续表

年　级		样本数	优秀(%)	良(%)	及格(%)	不及格(%)
大学三年级	男	3113	1.06	30.23	46.23	22.48
	女	4030	1.74	45.21	46.77	6.28
	合计	7143	1.44	38.68	46.54	13.34
大学四年级	男	2333	0.39	24.39	45.91	29.31
	女	3513	0.51	40.45	51.52	7.52
	合计	5846	0.46	34.04	49.28	16.22
全校学生	男	10 680	0.69	25.68	48.86	24.77
	女	15 006	1.11	39.41	51.97	7.51
	合计	25 686	0.94	33.7	50.68	14.68

(范清惠　杨洪志　张宗程)

【群体工作】　2011 年校体委共组织各类培训、讲座、校内群体活动、参与高校群体竞赛等各项活动近 70 项,全年组织比赛近千场。组织参加了北京高校及以上群体竞赛活动 36 项。学校获得 2011 年北京高校排球联赛男队第一名、女队第二名;北京市高校乒乓球比赛女子团体第一名;高校越野登山比赛第二名;全国大学生网球比赛男单第二名,男双、女双项目第五名等优异成绩。

在保持学校篮球、足球、健美操、长跑等传统赛事的基础之上,积极开拓新项目,今年举行了首届学生羽毛球比赛,第二届学生乒乓球比赛。在各校区组织不同社团与集体赛事,在小营校区举行拓展等多项新兴项目的比赛。

4 月 15 日,成功举办校本部第三届运动会和全联大第二届新生运动会。10 月 15 日上午,学校第二届新生运动会在朝阳体育中心举行,刚刚走出军训操场的 2011 级新生迎来步入大学校门的首个体育盛会。

(范清惠　杨洪志　朱超)

【运动训练与竞赛】　在校体委精心组织下,在教练们的辛勤耕耘下,学校高水平运动员的管理和训练又有了新的进步,教练员和班主任密切沟通,使体优生的思想、学习、生活和训练竞赛都取得了丰硕成果。

学生赵巳彤在 2011 年世界大学生运动会上获得健美操项目 3 块金牌。

2011 年全国健美操锦标赛暨第 26 届世界大学生运动会选拔赛(深圳)张强获得精英组男子单人操第六名;贾彬彬、赵巳彤、董红艳、刘丹、林文婷、李想获普及大学组集体轻器械(自选)第二名;贾彬彬、赵巳彤、董红艳、刘丹、林文婷、李想获普及大学组集体徒手(自选)第一名。

学校在 2011 年全国健美操冠军赛获得男子三人操第二名、第三名,混合双人操第四名的优异成绩。同时,本次比赛学校有 3 人获得国家运动健将称号。

学校在 2011 年全国健美操联赛(温州站)的比赛中获得 1 金 3 银 3 铜。同时获得精英组男子六人操冠军;精英组男子单人操亚军、第三名;精英组男子三人操亚军;新人组男子三人操亚军;新人组女子单人操第三名、第五名;新人组混合双人操第三名、第四名;新人组男子单人操第四名、第五名。在广州举行的由教育部主办的第六届中国学生健康活力大赛暨 2012 年世界啦啦队锦标赛中国选拔赛,学校健美操队获得 6 金 2 银 2 铜的好成绩。

(范清惠　杨洪志　朱超)

【党建工作】　2011 年,体育部直属党支部共有党员 21 人,其中,6 月份 2 人由预备党员转为正式党员,3 月份 3 人由特教学院转入,7 月份新入职党员 1 人,党员数占体育部总人数的 60%。

2011 年,体育部直属党支部坚持学习重要理论并结合部门实际,积极开展“十佳党支部”的创建和评优工作,开展以“学习党史、坚定信念”为主题的宣传教育活动,开展“向党说句心里话——百万党员寄心语”活动,组织全体党员和积极分子外出参观周恩来邓颖超纪念馆的实践活动。2011 年,每名党员利用业余时间均完成 12 个学时以上的在线理论学习任务,体育部党支部 1 人获得校级优秀共产党员称号,1 人获得机直党委优秀党务工作者称号。

党支部全力支持和指导工会开展工作,积极争取为教职工办好事、办实事。一年来,体育部工会积极为符合条件的职工申请困难补助,为教职工购买营养品、洗涤用品、购物券,为全体教职工办理京卡,为女教工办理保险,组织教职工体育竞赛、建党 90 周年红歌比赛和新年联欢活动等。

(范清惠　杨洪志　魏志珍)

北京联合大学2011年参加校外体育活动一览表

序号	比　赛	牵头单位	名　次	负责人
1	2011年北京市大学生羽毛球比赛	体育部	无	张宗程
2	北京市高校第二届轮滑比赛		300米第五名 1500米第三名 1000米第七名 1000米第七名 1500米第六名	王光军
3	北京高校网球团体赛	生物化学工程学院	团体第三名	白雪冬
4	北京高校篮球比赛(乙组)	体育部	无	杨洪志
			第四名	冯希杰
5	北京高校沙滩排球联赛	旅游学院	男第四名	张　岩
			女第一名	
6	第三届北京市高校户外团队精英赛	体育部	第八名	张　剑
7	2011年首都大学生阳光体育体能挑战赛	商务学院	热力操三等奖	陈金堂
			健康标准测试三等奖	
8	2011年北京高校校园健身操、啦啦操系列比赛		第三名	
9	2011年北京高校乒乓球锦标赛	应用文理学院	女团第一名	佟长生
			男团第五名	
			女单第一名	
			女单第四名	
10	2011年北京大学生排球联赛	旅游学院	男子第一名	张　岩
			女子第二名	
11	2011年北京高校体育养生比赛	体育部	无	朱　超
12	2011年北京高校跆拳道比赛	生物化学工程学院	第二名	白雪冬
			第三名	
			第五名	
13	首都高等学校第三届体育舞蹈比赛		集体舞第一名	
			单项第一名	
			单项第二名	
			单项第三名	
			单项第四名	
			单项第五名	
			单项第六名	
14	北京市越野攀登比赛	体育部	第二名	郑毅
15	北京高校篮球赛(乙组)		无	杨洪志
16	北京高校拓展挑战赛		无	张剑

北京联合大学2011年校级群体活动成绩一览表

序号	活动名称	举办时间	组	成　绩							
				第一名	第二名	第三名	第四名	第五名	第六名	第七名	第八名
1	北京联合大学篮球赛(春季)	4月	男	特殊教育学院	管理学院	生物化学工程学院	旅游学院	自动化学院	应用文理学院	信息学院	商务学院
			女	特殊教育学院	商务学院	旅游学院	师范学院	广告学院			
2	北京联合大学乒乓球比赛	4月	男	生物化学工程学院	自动化学院	信息学院					
			女	商务学院	师范学院	应用文理学院					

续表

序号	活动名称	举办时间	组	成绩							
				第一名	第二名	第三名	第四名	第五名	第六名	第七名	第八名
3	北京联合大学羽毛球比赛	5 月	男	管理学院	信息学院	商务学院					
			女	特殊教育学院	师范学院	管理学院					
4	北京联合大学第二届新生运动会	10 月		管理学院	商务学院	应用科技学院	应用文理学院	生物化学工程学院	师范学院	自动化学院	特殊教育学院
5	北京联合大学足球赛	11 月		生物化学工程学院	商务学院	自动化学院、信息学院		机电学院、管理学院、应用文理学院、师范学院			
6	北京联合大学篮球赛(秋季)	11 月		生物化学工程学院	管理学院	应用文理学院	机电学院				
7	北京联合大学健美操比赛	11 月		师范学院	应用文理学院	商务学院	信息学院	生物化学工程学院	自动化学院	机电学院	管理学院
8	北京联合大学冬季长跑	12 月		应用文理学院	生物化学工程学院	机电学院	特殊教育学院	信息学院	自动化学院	商务学院	应用科技学院

21. 公共外语部

【概况】 北京联合大学公共外语部是学校直属部门，承担信息学院、管理学院、自动化学院、机电学院、广告学院和特殊教育学院等 6 个学院的大学英语教学工作。外语部根据大学一、二年级两个年级的英语教学，下设第一和第二两个教研室，各设置教研室主任 2 名，负责 6 个学院的英语教学及考试工作的日常管理。

外语部同时负责全校大学英语教学在“三统一”的基础上开展工作，包括统一教材、统一大纲、统一考试，规范了全校的大学英语教学和考试工作。强化师资队伍建设，为英语教师创建提升学术能力的平台，为教师提供多种形式的进修机会。

(何芳)

【教学工作】 外语部落实关于分级教学的指导思想，实施校级实验班的大学英语教学工作，探索新的教学方式方法，加大教学过程管理和考核管理，推进网络学堂自主学习，提升教学内涵，从教学计划到组织实施，全面提升教学品质。

教学管理中，规范教学环节、提高教学质量，组织观摩课或集体说课并发动全体教师就教学内容、方法等进行研讨。树立部内教学典型，进行经验交流。发挥教研室这一基层教学单位的作用，落实每月检查平时成绩的工作，对教学方法和技巧特别是多媒体和网络使用方面进行研讨和交流等。教学过程规范化，规范备课、教案、上课、批改作业、出卷命题、判卷、评分、登分和期末小结等教学过程。在校协作组统领下，进行全校大学英语课程统考工作。

为了让“统一教材、统一大纲、统一考试”做得更加扎实，外语部动员 20 名青年教师重新修改往年使用过的 PPT 课件和 Word 教案。同时利用业余时间重新编制了针对教材的“一课一练”习题共 32 套，为全校的英语本科和专接本教学工作提供了充分的准备。

外语部鼓励教师进一步提高自身的执教能力，落实“分类指导，分层培养，因材施教，突出特色”人才培养理念的工作情况。针对教风学风建设、提高学生学习效能、建立网络学习系统、加强公共基础课程建设、加大教师培训力度、改进教师评估办法等问题展开教学研讨。

外语部在完成常规英语教学的同时，为提高大学英语四级一次通过率、毕业生考研率，共举办 17 次大学英语四级专题讲座及 8 次考研英语辅导讲座。

(何芳)

【教学改革】 为满足学校的国家级暨北京市服务外包人才培养模式创新实(试)验区对学生英语能力培养的需求，外语部首次开设了专门用途英语(English for Specific Purposes)课程《IT 服务外包英语》，并进行系统的课程建设，对“英语＋专业”的专门用途英语教学模式做出了有益的探索。

根据“分级教学”的指导思想，抓好实验班的英语教学工作，派出优秀教师任教，不断探索实验班教学的新方法新模式。为实验班学生安排外教口语课，强化英语听力和口语能力。

(何芳)

【教研室工作】 外语部充分发挥教研室在日常教学工作中的作用，以教研室为单位组织落实各项工作内容。教研室主任负责安排整个教研室的教学任务，做教学计划，规范教学文件，组织监督实施教学，开展教学研讨，进行过程管理，组织期末考试监考、阅卷及登成绩等一系列工作。

(何芳)

【学科建设】 为进一步提升英语教师的整体专业水平和教学质量，加强学科建设，促进学校科研和教学品质的提升，营造良好的学术氛围，外语部聘请校外专家来校进行专题讲座，同时派教师出去学习进修。根据英语语言文学学科的特点，按照语言学、翻译理论与实践以及英美文学等学科分支，开展科研团队建设。全年组织了多个讲座、培训班等，参加人员超过了100人次，最大限度地拓展了受益面。

2011年全年，资助外语部共4位教师参加国外访学或国内访学进修，资助北京联合大学72人次英语教师外出参加北京外国语大学中国教育研究中心同外语教学与研究出版社合办的多个学术研修班。

3—6月，聘请北京外国语大学专家为学校英语教师开办翻译笔译培训班，每周末上课半天，共计10次课，共25位教师参加培训。9—12月，聘请北京外国语大学专家为学校英语教师开办翻译口译培训班，每周末上课半天，共计10次课，共28位教师参加培训。

9月，邀请北京外国语大学中国外语教育研究中心博士后许宏晨来校作关于“外语教学中的数据统计分析”的讲座，全校100余位英语教师参加。

10月，邀请北京外国语大学中国外语教育研究中心韩宝成教授来校作关于“中国英语教育现状”的讲座，外语部30余位英语教师参加。

（何芳）

【党建工作】 外语部深入学习贯彻党的方针政策，按照校党委的部署，做好外语部党建工作，搞好班子建设，在学习和工作上“创先争优”，充分发挥党员在教学中心工作中的先锋模范作用，做好青年教师的组织发展工作。按照校党委的部署和要求，继续开展创先争优活动，不断深化外语教学改革，完成各项政治、业务学习和培训任务。党总支支持并积极参与外语部的教学工作，在思想建设上做了大量工作，有力地强化了外语部全体教职员工师德意识，巩固提高了外语部教师的整体执教能力。

（何芳）

·毕业生名录·

硕士毕业生名录

毕业研究生名单

专门史学科(16 人)

韩小昆　邵天伟　陈　曦　王　成　曹　赛
郭　嘉　王春福　祝思雨　史敬芳　费洪伟
曹　林　齐泽垚　佟晓宇　冯新红　郭庆全
尹俊虎

计算机应用技术专业(9 人)

王迪菲　王雷欧　孙　洋　窦二飞　黄文填
张　南　许加柱　许承福　王真真

食品科学专业(11 人)

林昌君　刘玉梅　王旭颖　李建杰　董安康
李　贞　陈学敏　李金杰　孙　婷　丁　靖
范美音

获得硕士学位的毕业研究生名单

历史学硕士(专门史专业,16 人)

韩小昆　邵天伟　陈　曦　王　成　曹　赛
郭　嘉　王春福　祝思雨　史敬芳　费洪伟
曹　林　齐泽垚　佟晓宇　冯新红　郭庆全
尹俊虎

工学硕士(计算机应用技术专业,9 人)

王迪菲　王雷欧　孙　洋　窦二飞　黄文填
张　南　许加柱　许承福　王真真

工学硕士(食品科学专业,11 人)

林昌君　刘玉梅　王旭颖　李建杰　董安康
李　贞　陈学敏　李金杰　孙　婷　丁　靖
范美音

(研究处提供)

本科毕业生、结业生名录

应用文理学院

本科毕业生 577 人,专升本毕业生 243 人,本科结业生 3 人。

档案学(信息开发、秘书)(本科)

毕业生(55 人)

刘辰秋　田思思　孟　洁　刘爱莲　徐　蕊
赵　奕　周　盼　李　闵　宗　珊　叶濛濛
孔　洁　张家婧　栗　明　何天韵　杨可歆
葛玉珺　赵　妍　刘天姣　郑　昳　郭　靖
吴　倩　刘　妍　许　辰　李新玲　寇　冉
田静雅　徐小辰　赵　琦　王　玮　李雪萌
孙　悦　陈　文　李　岩　邢　珂　吕立杰
纪　然　王玉琪　张　倩　刘琦欢　崔朝立
刘　杭　郭　璇　马媛媛　徐　绚　杨希萌
张杰政　翟燊燊　周金霞　于　文　孙露菲
王　苏　张雪鹏　刘文良　李　强　李晶莹

档案学(信息开发、秘书)(专升本)

毕业生(33 人)

柳晓萌　王冰姿　杜霄萌　冯　奥　尹玉茹
侯轶远　檀　静　匡志鹏　李　萌　焦　媚
王　丹　董琳琳　杨子怡　袁冬颖　夏　青
王　硕　宋　曌　李梦妍　张　鑫　陆　诚
李　妲　范玮玮　张小涵　王　强　冯梓芳
王　超　高　萍　郝建妃　祝锐鸣　李　蒙
郜　妍　周　雯　朱　茜

地理信息系统(本科)

毕业生(19 人)

王晓菲　陈　辰　王　通　穆连征　刘　衎

王凯龙　曹　方　贺一可　夏　越　丁　宁
戴　岳　康　鑫　李成强　赵　旭　谷日轩
闫　伟　徐　超　刘　硕　邵黎萍

法学(本科)
毕业生(44人)
宗于淇　孙　冲　许隆泽　金　蕊　王　丛
邱　晨　袁　洁　张文洁　董　栋　李　享
李沫宜　李　昂　秦大钟　冯　晶　于晓龙
黄　薇　王晨曦　杨梦洁　付佳兴　李延松
李　安　王泽晔　任　毅　祝　晶　卢伟明
于亚楠　谷　雨　连　蕊　周点点　刘春雨
薛浏阳　姚会来　张筠格　孙　谦　祁鑫鹤
丁　咚　王湘君　崔媛媛　常　琳　杜　晨
宋天歌　齐　宸　李　明　宋晓东
结业生(1人)
师会娇

法学(专升本)
毕业生(95人)
艾　威　唐家丽　李玲玲　林川园　李　晓
张金柳　郦晓芸　王丽娟　张　鹏　许　睿
陈　义　金国翠　穆永中　刘云佳　张华伟
焦　焱　信　超　吴　琼　李　娴　吴　岩
赵　颖　李　霄　王学明　孟　辉　王赛男
李　佳　高娜娜　徐　露　高　歌　张佳琪
白　璐　邸　莉　梁　琪　米京京　薛　晶
刘立梅　张　妍　程　瑶　刘　欣　胡艳晶
杨珊珊　郭　峰　高思云　郭　宇　王　琳
张　娟　王晓云　张　利　李　兵　王　译
单玉兰　卢琢峰　逯仲禹　常美玲　司　思
甄　佳　刘丽嫚　祁雅楠　王海艳　李亚芳
王沐曦　孙　澍　任　瑕　杨英杰　孙双双
赵锐锋　魏燕星　张　嫚　王海平　王　意
顾蓓璐　张　婷　石学敏　张洪妍　梁　舟
王　宁　杨　霏　刘希文　贾贺婷　夏　莹
郭　擎　于彭之　黄　浦　高　超　张婷婷
张　琳　肖　娟　张　旭　王雅静　曹　欢
周　寅　张　稳　党　灵　周　飞　王文婷

公共事业管理(文化管理)(本科)
毕业生(24人)
张　旭　金　博　杨京京　张　雪　张　阳
张鹏举　吴京萍　彭　程　朱　芸　王　璇
王　可　张　娟　丁　宁　李梓醵　马　欣
许　艾　赵冉冉　张璐洋　解梦辰　刘　婵
郑　硕　赵海娜　徐春燕　王　玮

广告学(本科)
毕业生(31人)
宋　腾　刘　瑶　李盛博　王　航　姜　雪
卢凤娇　庞红波　杨　晨　关　笛　刘　畅
苏　博　刘　会　赵阳洁　王海超　张　萌
刘偲偲　王　硕　汤晓芳　司仕杰　于　雪
金　铂　崔　然　张晓辰　冯　硕　周宇萌
白　秒　王　菲　孔丹妮　徐　冉　董会辰
杨　彬

广告学(专升本)
毕业生(61人)
赵娜清　刘昕子　韩春蕾　赵　晋　刘学雅
严春妹　张　倩　肖　河　杨勇进　赵文倩
赵湘雯　吕　雪　郭雅婷　王　凯　闫明欣
刘　乐　王文秀　徐静影　王君义　郑文斌
闫　娜　张倚天　郝　爽　赵　娜　崔继平
李　歆　焦妍珏　浦　卉　刘云飞　芦　岩
张　静　何　超　赵　燊　汪　洁　尚　微
胡艳蕊　张　欢　卢　静　刘　可　任媛媛
高睿辰　朱　丹　全维凯　郭晓旭　邓　倩
屈　辰　刘永跃　易　琳　陈婷婷　黄玲玲
赵翎淳　金　媛　张　祺　王连杰　付　丽
张子文　佟心心　蔡伊梦　金　蔷　张　扬
丁天辰

汉语言文学(本科)
毕业生(31人)
金　磊　王　祺　孙　萌　侯　朗　绳昕杭
温　茜　李小冬　代　然　洪　叶　任　凯
杨　帆　代崇玮　李　洋　桑　园　冯　晨
王　翔　李俊龙　张　潇　徐　辰　雷　颖
肖　冲　封维力　林媛媛　宗丽艳　赵　迁
王　月　陈真蕾　徐　妍　牛　静　张赢心
果艳辉

环境科学(本科)
毕业生(23人)
彭秋燕　卞茵佳　王素荣　崔占峰　师　磊
张　辰　冯圃荫　姜　超　何颖函　高　莹
李红斌　徐　婧　冯　轩　李佳宇　李俊超
那天宇　王梓洋　方有莉　李　睿　袁　钧
颜　伟　边海旺　牛　琪

会计学(注册会计师专门化)(本科)
毕业生(34人)
田　川　李　波　高　洁　王　婧　李　晨

张媛媛　杨少川　刘　洋　张　岩　杨　君
李新欣　晋　松　张　辰　魏张玮　乔　曦
李　齐　吴　思　左　铮　李　傲　炼成浩
严　师　谭小龙　兰　娜　王黎冉　赵远哲
肖　羽　凌蕙仪　孟丽君　刘　冬　李唯涬
郭文谚　彭　飞　董玉翠　魏梦婷

金融学(国际金融与财务)(本科)
毕业生(28人)
葛　明　徐　琳　楚　健　王晗凝　李　萌
张　嫣　李婧丽　薛鑫龙　陆　林　张　翀
王静怡　白　琳　李诗洋　谢远哲　蒋　枞
李　玥　田　丰　秦北辰　张思蕊　郭　佳
冯潇依　冯思绪　贾梦妍　刘　璐　贺　梦
赵　薇　韩　绪　董　娜

历史学(文博旅游)(本科)
毕业生(23人)
包新雨　韩　絮　李　冉　安　欣　郭雨龙
要腾麟　赵　璐　乌兰托雅　刘京宇　商宇晨
刘天宇　盛晓开　宋　苹　马　腾　杨玉凤
金恒续　李一明　郑静静　罗　令　贾运波
陈　茜　蔡　维　张　嵩

历史学(文物博物馆)(本科)
毕业生(32人)
高　辰　朱　佳　王　瑶　张红叶　夏琳娜
肖璞韬　杨静姝　梁妍妍　张亚威　于　菲
田夏云　周　薇　张晓蕊　刘　蕊　吴文博
郭鸿斌　陈　鹿　王　凯　张春晖　孙　蕾
程　呈　贺小龙　郑晶晶　杨　哲　刘　溪
戈　岳　陈　静　王依娜　王晓龙　韩　通
李　博　戴力扬
结业生(1人)
王世冬

生物技术(本科)
毕业生(21人)
宁　磊　张　晨　马晓月　闫　延　李元隆
冯　艺　陈　林　赵明月　王　倩　陈　雪
窦慧娟　尹晶晶　李雪松　王　凯　王　喆
马超然　唐文强　张　娜　单　梁　肖乐乐
孙雩莹

生物技术(专升本)
毕业生(54人)
张丽影　宋　达　田行行　黄金霞　王云霞
张清清　张　翠　范　佳　巩　曼　余海如
安慧芬　宁佳妮　于宝胜　魏聪敏　赵唯雯
林孔亮　李　平　缪　维　黄　贺　李　悦
刘　源　周伶伶　贾　丽　葛　然　曹　真
王龙如　黄如川　唐　雪　吴立洁　王石峰
杨　文　王　璐　朱晓妮　张　静　王艳慧
李　宏　张　冰　汪　婧　王宁宁　闫　雪
苏　卿　秦晓培　杨　俊　牛春涛　刘　娇
左常辰　王　峥　吴虹林　何金娜　贾　娜
刘　际　王　雪　张晓雪　于　佳

生物技术(现代食品分析技术)(本科)
毕业生(1人)
高　鑫

食品质量与安全(本科)
毕业生(28人)
任　超　孟　鹏　刘　茜　彭　超　张　媚
刘　震　陈雪银　杨　晨　苗新若　任　秀
程九利　李彤绯　杨　冉　龙　菲　李　萌
薛　冲　冯婧乔　高　娜　徐　媛　高　倩
徐　赛　杜　唱　刘雯佳　田婷婷　高丽敬
王　彬　缪　昊　张　旭

新闻学(本科)
毕业生(35人)
钱　芳　颜长江　王　锋　付　羽　高　义
黄　莹　杨斯阳　高　雪　祝艳飞　赵　阳
胡欣芸　于　杰　冯　莉　杜雪姣　夏雨欣
梁雅群　俞至方　郝　鹏　米　娜　洪　硕
郭瑶瑶　刘晓帆　高　婵　段明利　翟建蓉
袁　双　刘　妍　姚凯彬　赵　妮　孙浚珉
李　礼　王　芃　聂晨燕　王　雄　曹　彤

新闻学(影视传播)(本科)
毕业生(32人)
阎　菲　陈　莹　张杨威　彭晓然　李　楠
相萌萌　黄　一　王玫玥　张梦楠　穆云虹
李　欣　徐　茜　韩越莹　李　蕊　张　宸
曹　烁　关　昊　郭　硕　张雨薇　叶美辰
崔　璨　张　莉　周晓松　邓　兴　黄一棉
孟　涵　王丽娟　韩　旭　石辰宇　赵荣荣
孙　阳　毛嘉雯

信息与计算科学(本科)
毕业生(25人)
孙　雪　马思琪　周　晨　常海权　孙宇航

孙　勃　白　堃　吕印林　李　鹏　景腾龙
马　超　田　爽　杜万莉　邓思思　王　成
刘文凯　田　雷　时海生　常宏媛　王龙哥
张　然　李海娣　刘　洋　苑　萌　张唯伟

英语(国际商务英语、英美文化)(本科)
毕业生(47 人)
吴丹娜　田　源　王明爽　郑　翔　陈　畅
刘　畅　张鹏飞　任　艺　黄　轩　周　鹲
刘莹晨　武梦楠　陈诗冉　宋　澈　刘　隽
杜　鹃　张　硕　庞　瑞　王子秋　李子龙
王萌萌　王丽娜　张云龙　王欣蕊　齐思梦
贾学梅　徐　京　王　硕　陈昊菲　吕　薇
杨　岩　龙九研　王　珊　李春琦　李　烁
牛　蕊　韦　薇　马雪晶　赵长利　徐　杰
王　宁　孙　晶　王博雅　王　欣　蒋晓峥
陈　曦　张亚欧

资源环境与城乡规划管理(本科)
毕业生(44 人)
李　昂　景　珊　唐瀚潮　王嘉毅　刘雁雯
吴　静　孙　杨　袁丽超　刘静娅　赵　健
王　婷　石　芃　冯　力　王　莉　郑佳岚
赵晨嘉　张小洁　张　正　王　靖　孙　源
游良鹏　吴奕楠　李晓航　姚　雪　宋海娇
李昱龙　刘　姝　顾京伟　白大鹏　常　洁
高　伟　晏美玉　杨雅萍　荆　楠　史娜莎
尹玉佳　刘　晶　王佳杰　韩　旭　刘景然
王　芳　吴　磊　夏利玮　宋　悦
结业生(1 人)
魏　丹

师范学院

本科毕业生 426 人,专升本毕业生 140 人,本科结业生 1 人,专升本结业生 1 人。

电子信息工程(本科)
毕业生(20 人)
郑　岩　毛历蕊　刘　华　袁素莉　李　晨
陈美虹　王　月　王　潇　冉　阳　王帅龙
潘海鸣　邢冬梅　周　晶　赵　磊　秦美超
李宏艳　姜　旭　赵朋秋　张立梅　张　宇

电子信息工程(师范)(本科)
毕业生(19 人)
吕嘉利　张圆圆　李红月　李　静　张　蕾
乔　辰　马　玲　于　婷　胡海静　张海涛
戚成浩　李　葛　冯　洋　卜晶晶　毛晓玉
何　月　吕珊珊　郭文武　李明慧

汉语言文学(本科)
毕业生(25 人)
邱小月　刘　笑　毕鑫培　张　娜　李亚竹
曹雯硕　王　琈　孔晓云　薛　白　王学静
王彩霞　王敬亚　孙　跃　白　笛　程　龙
田乐乐　曹　凯　罗丽莎　孙　喆　刘晓茜
田东明　杨　睿　李　然　赵巳彤　潘　涛

汉语言文学(师范)(本科)
毕业生(5 人)
吴　佳　李文龙　张　雪　张　欣　申中靖

会计学(本科)
毕业生(28 人)
周婷婷　李　露　何　磊　张　敏　冯　蕊
王　丹　赵　静　张东方　李　娜　董　肃
谷绍珍　宋明明　马　瑞　张志永　张　延
李雅琦　宋　宇　钟晓蕾　金　星　来晶晶
刘亚琪　康　欢　王　佳　戴朦朦　李冬梅
彭晶晶　张晓莹　冯　迪

计算机科学与技术(本科)
毕业生(19 人)
马　岩　刘　佳　刘　越　石迎志　张　赛
高　丹　赵媛媛　李　北　吴海霞　赵春青
张　端　王俊路　窦深玉　周　楠　耿小颖
李　爽　戈继迎　朱　松　齐建春

计算机科学与技术(师范)(本科)
毕业生(20 人)
崔　壮　蒋倩茹　孙璐濛　李　娜　马　玥
武　丹　柳　萌　吴　娜　李媛媛　陈　静
胡　丹　刘　欣　刘　香　张靖云　张嘉萌
吕　放　张　翠　张海枝　邹佳锟　郭京楠

食品科学与工程(本科)
毕业生(16 人)
岂　杭　陈　曲　金晓娴　吕　燕　徐　佳
李晶晶　贾　震　李雅丽　张国颖　马跃白云
张　玥　王丽丽　李　岩　崔荣荣　贾　丹
孙　爽

艺术设计(本科)
毕业生(154 人)

毕　波　赵海明　孔炳彰　丛　楠　杨　川
许亚楠　周　希　王晓翼　王　鑫　范　维
李　妍　郭　睿　常　青　陈　晨　徐　扬
高　歌　徐金凤　李良娟　袁月花　吴俣靓芳
刘　琦　付　强　滦贺男　宋非易　刘　骊
葛　婷　牛子超　薛颖心　王　茜　施　然
王婧菲　李　茜　韩　旭　王　露　鲁　辰
陈润泽　徐　硕　郭圣洁　周　漫　任雪蛟
李　晔　张诗娅　暨　芳　殷　倩　贺　飞
武英杰　周　晶　任宗辉　卢　笛　李林子
王立辰　韩　雪　董晓娇　孙佳萌　刘冰华
韩　璐　马　娟　杨　静　王　辉　李　硕
叶　珂　杨雨青　孟　溪　闫　旭　刘若航
孟耐耐　杨　兰　万雅静　梁婉江　彭早瑾
谢　灏　刘永明　李　晨　柯晶晶　安　森
金明洁　赵　雯　王　然　刘轶涵　杜　薇
尤姗姗　任彩霞　赵　月　隗姗姗　张亚维
张丽丽　王　喆　穆美佳　庞桂娟　张　凤
魏芃芃　张英俊　张　默　张　汝　蔡　胜
原境阡　吴浩然　闫　岩　韩　玉　李思明
李　莹　杨玉龙　史　玥　董　君　马孟薇
贾　琦　李　伟　张　远　蒋菲菲　刘　旭
梁瀛正　王宏雷　齐　芳　付　强　曹安吉
王　欣　周立娟　商冰洋　彭晓帅　陈　呈
龚菲菲　王霏霏　吕岑岑　周冠中　王明情
王宝庆　吕林钰　赵　欣　王重阳　殷　燕
刘　凯　朱振博　董福地　刘　征　常　乐
史秀红　李芙蕖　杨天琳　王　玥　刘　梦
马岩琦　杨一依　张雪萌　张　妍　徐文青
杨　雪　傅　伟　张　筱　李亚楠　唐宽欣
王　瑶　朱坤山　丁　喆　吴　琼

结业生(1 人)

杜　辰

艺术设计(专升本)

毕业生(74 人)

张　静　张倞然　慕孟珍　钟小梅　宋　娇
何晓丽　吴　瑜　张媛媛　黄　煊　刘　涟
刘　洋　张雅文　林　楠　陈　晨　李　乐
肖　潇　方　森　赵　昂　梁　绪　叶长永
郑婷婷　何子婧　曹　玮　赵晨丹　闫　鹏
刘　雅　梁　彬　侯露林　于　淼　巩　竹
李彩萍　孙俊卿　李　婧　王军杰　张　睿
杨　芳　唐冰瑶　任　博　周玲玲　任德志
龚雪静　王嘉伟　方　菲　朱　丹　赵晨冉
王　杨　李金洛　尹昊翎　梁　辰　孙玮童
孙秀秀　郝　帅　王娇娇　唐露莹　钱　娜
李　萌　田　茹　李　璐　吕晓晨　刘怡杉
李　博　于　淼　康　晨　马沛莹　张立冬
梁　缘　尚　迪　张艳芳　文　雯　朱玖铭
赵婷婷　伊晓琳　李楠楠　吉晓辉

结业生(1 人)

刘夏萌

音乐学(本科)

毕业生(40 人)

王　皓　尹双双　刘　佳　许梦佳　孙　鹏
吕高朦　王文昕　马文怡　黄鹭珑　荣　芳
董昕艺　王　楠　王雪斌　王毓敬　陈晓雪
张雅洁　李婧瑶　金星州　张晓婷　张　岩
宋佳霖　张　楠　吴翔龙　陈冰洁　吕天一
李淅淅　杨　婧　崔　炤　杨　晋　史学腾
韩　雪　王丝萌　崔　雪　刘　淙　张紫涵
解　丹　付　俊　臧　艳　赵　贺　温小辉

音乐学(专升本)

毕业生(16 人)

赵文超　张　默　姜　洋　王　燊　许升华
袁　野　李　敏　吴淇萱　郁晓霞　弥　萱
夏　瑶　郑可欣　束夏坪　黄璐璐　聂　雪
郑　洁

英语(本科)

毕业生(33 人)

夏梦甜　王　蕊　杨　影　董方靖　张　月
方　芳　赵国华　彭嘉怡　邹　晨　岳　欣
裴丽莹　王　丹　苏玉杰　胡　欣　黄新予
任瑞雪　米　兰　李红红　李晚妹　靳　萌
王　璐　马　欣　宾雪婷　田　径　张　祎
张卫静　李　曼　王　安　张冰然　郑忠伟
苏　辰　赵　倩　张　萌

英语(师范)(本科)

毕业生(14 人)

曹丽娜　张梦竹　赵秋梅　孙　帅　葛苗苗
杜晓璐　张雪媛　宋丽美　王　涛　高　杨
吴　吉　宋晓濛　刘　萍　朱　红

英语(文秘)(专升本)

毕业生(50 人)

王田田　杨　锐　张　璐　李　楠　李　征
贾银屏　李匀萧　张　宁　宋　歌　刘　曼
汪慧红　刘　欣　许文秀　陈　帅　屈兰月
高　媛　刘宇卓　孙　畅　吴　伟　张　莹

孟祥姗 吴磊 李曜 田明芳 刘聪珊
李梦楠 李明 戴辰 赵琳珍 史昕
张凌菲 弭晓萌 姚娟 李佳 曹欣
刁怡 吴伊晗 王蕙 李洋 高晶
刘思情 白露 赵川滢 刘林雪 杨悦
曾璐 李唯易 陈丹 张腾化 王婧

应用心理学(本科)

毕业生(23人)

徐晓 刘明英 刘娜 付蕾 安腾飞
贾玢 闻婧 张坤 史晓萌 李雪萍
邢栋 薛涛 王楠 张辰 王婉宁
李稳 王晓雨 马超 徐丹 赵婧
王渊 张忱 李梦尘

应用心理学(师范)(本科)

毕业生(10人)

何平 杨哲 杨希 杜曼君 张月
张旸 张丽洋 纪学平 刘幸 祁琳

商务学院

本科毕业生377人,专升本毕业生275人,本科结业生3人,专升本结业生1人。

财务管理(本科)

毕业生(59人)

陈洁 杜鑫 方芳 娄辰 张芳芳
张劲 宣子辰 朱艺 景颖 李韦达
郑莹 宋必宸 胡楠 张潇潇 刘娟
史吟秋 刘丞伦 李娟娟 宋佳良 郭鑫
何晓康 王梦 张翰森 周媛君 马悦
李珊珊 李莹 石巍 陈菲菲 彭飞
韦炜 胡慧珊 郝韫 张玮 刘媛
李岩 曹京宁 李彤 孙笑予 赵浩
黄吉 吕鹏 魏海娇 曹天池 贾思瑶
甄珍 常颖 孟青 翟冰然 李享
张杨旸 顾帅帅 杜欢 李言 许海东
姚洋 李静 赵灿 李伦

结业生(1人)

陈男

电子商务(本科)

毕业生(41人)

全力 蒋嘉翔 姜紫微 郑晓龙 王婧
黄学佳 孙晓萌 续婉卿 张蕊 苏煜
杨硕 满红 安迪 马腾燕 张玉洁
耿笑 孙建宏 彭小雪 王浩 贾铜锌
李晨 姜渭 罗曦琼 李涛 欧阳佳琪
刘珊 王斌 郑翠 唐洁 张瑞
徐薇 刘智超 张爱 冯岳 叶郁丛
任喜光 付蔷 胡彬 王睿哲 李秋子
刘景然

工商管理(国际商务管理)(本科)

毕业生(22人)

张天然 周游 刘超 李爽 李哲
刘婵娟 穆堃 杨依依 付嘉锟 芦征
臧柳 杨卿 梁威 乔剑峰 李雪洁
刘聪 张媛 陈雯 崔赛 武蓓蓓
付乐 陈婕

结业生(1人)

舒歆

工商管理(会展商务管理)(本科)

毕业生(20人)

胡雅雯 孙丽 马啸辰 苏慧 刘琳
苏本鹏 董麟 吴丹 刘祎晨 张爱君
张妍 张莹 史迹 周博文 赵怡然
俞海龙 尤献森 李磊 袁梦 程宇

国际经济与贸易(本科)

毕业生(60人)

刘澜禾子 蔺蕊 王文君 王海粟 赵长
张思 冉彤 崔瑞 侯烨 周文洁
肖睿 赵赫 佟明悦 刘丽丽 张凯霖
王赢 武辰 陈颖茹 黄晓晨 何一帆
张月 石青 张海龙 孙媛冰 张巍瀚
李梦茵 钱思仪 王予商 杨光 李晓萌
孙菲 计蜜 岳梦 孙哲 赵昕阳
刘笑怡 邱璇 张旭 栗杨 王宇辰
王祎 佟叶新 肖灵珈 赵居平 刘梦雪
侯晓妍 王琳 黎珊珊 张娜 陈倩
钱乔 王硕 刘岳 肖雅 李晨
薛之光 曹越 李惜曼 段娅丽 李鹏飞

结业生(1人)

王紫辰

国际经济与贸易(专升本)

毕业生(100人)

易芳 夏琳琳 杨露 戚雯 孟璐
邹婀琳 杨璞玉 陈芃芃 李昕囡 李冰
董建伟 李霞 杨丽丽 马捷 黄福芳
雷俊雅 孙雪 孙健 丁萍如 郜慧
李学硕 曾辰 彭慧 陈义 石可心

任　毅　谷　萌　徐倩倩　赵于葶　黎　远
冯　琳　刘　娇　王　双　郑思思　马菁菁
林　蕾　黄　玮　张薇薇　刘　喆　陶　漪
王　帆　黄庆雯　刘　哲　樊　馨　李　昂
王　丹　宁礼文　詹延浩　贾若岩　孙荆奕
白　帆　赵树伟　朱　佳　朱　虹　万　丽
谢亚霏　崔娜静　边佳黛　李　盈　杨慧勇
王　萌　郑玉珠　刘晓娜　王莉莉　王　越
陈雨燕　潘　婧　肖　潇　李蒙蒙　马千颖
蒋萌萌　周　旭　何阳明　张宏伟　谭远利
赵京芳　胡馨元　李国铮　张博允　黄　平
高　姗　王　丽　邱晓苏　马　超　张雨薇
纪秋枫　潘昕然　李香雪　武玉珍　冯　婧
钱明乔　奥德洛　刘　鑫　赵娜晨　李　翔
王　玲　米　雪　金　歌　高　雅　王开心

金融学(本科)

毕业生(56 人)

刘树腾　李小鹏　祁　辰　刘　畅　张　博
林　琳　张　沛　吴　珊　姚　帅　路　瑶
李　月　李知谕　霍　颖　李　超　李　旭
李晓萌　张　萍　高立阳　安绍康　隗连杰
周　洋　靳　硕　李　洁　张　茜　秦芳芳
曹　阳　季泉宇　董宛旭　肖　然　李妙玄
肖子辰　刘　睛　张　炎　李　遥　杨　鼎
宋珊珊　刘茜茜　赵溪瑶　韩　玉　李　婧
段然然　张　维　张　楠　李典平　姜　策
马　伟　毕玉晗　曹　雪　吕　辰　张丽菲
王　铎　王　骕　沈　旭　刘　宁　靳晓茹
周　佳

金融学(专升本)

毕业生(120 人)

王彦平　朱　隶　芦　贺　张　洁　王芊凝
韩静娴　刘小征　尹季东　魏　雪　王　静
洪　雪　岳　舒　魏子昕　陈　维　张　鹏
王　珊　王旭萍　郭　婧　杜　薇　武　莉
屈博智　亢　然　宋　萌　林秋阳　阎　悦
张　旭　何　璐　宋　佳　葛　佳　李　凯
侯仁傑　朱文姝　王晓楠　方宝刚　翟　静
黄杨慧　马　悦　石　萌　赵　琳　万又铭
朱玉红　赵　迪　李　冰　王　烁　卞小侠
周　睿　刘　威　张金希　杨　辰　王　硕
徐　卫　潘思宇　李凌飞　张　蕊　姜　薇
李　萍　宋丽平　瞿　涛　李　驰　丁　超
赵　薇　王　妍　郑　雄　李　杨　黄蓉蓉
彭　赛　田　密　邓成端　王　芳　刘　雯
茹　欣　徐文霞　周红娟　王　勔　谢　莹
李　佳　华　超　崔雅楠　高　旭　魏文娟
陈霄逍　孙　燕　赵晶晶　王华卿　刘　杰
谢　璟　王丽丽　俎高飞　臧碧薇　朱　然
穆泽元　杨亚娟　陈　颖　屈颖虹　王　钰
董　延　郑　平　邵　阳　赵　磊　李新颖
闫　瑾　康　旭　唐慧玲　杨馨薇　王　欣
张　曼　魏佳佳　陈伊思　李俊捷　孙　媛
蔡丽丽　高丽媛　侯　银　毕珊珊　田梦影
李雨嘉　栾际菲　吕金芳　张　伟　梁　博

市场营销(专升本)

毕业生(55 人)

米艳华　王　曚　王　楠　严　雯　刘思媛
陈湘文　王　弈　王　瑾　李培营　王　莹
王　佳　郝　彧　董瑞瑞　王龙梅　王丽楠
张　杰　田　丽　刘文文　庞大海　田　原
郑　淑　周　来　李　影　任雪莹　蔡京晨
牛旭梅　张引弟　赖伟洪　王　雪　李建平
苏冬雪　田崇宾　闫　哲　王永鑫　马　操
张　征　赵　芳　王　蕾　王晓芸　郭凌雪
于龙福　张　静　郭金玲　赵雅炫　李金伟
阚小龙　郝婧新　刘　香　马晓濛　库　颖
李　丹　孟　颖　陈琼霞　杨秋菊　马　涛

结业生(1 人)

裴林春

市场营销(国际物流)(本科)

毕业生(27 人)

贾秋晔　王妍妍　王明铮　张子辰　郑艾婕
欧　萌　魏腾菲　张　蕾　胡　皞　张　旭
李继超　曹北辰　王　龙　罗　婧　黄　蕊
宋菲菲　孙淑稳　高玉珠　崔子燕　尚金鑫
王冬娟　李一飞　马　赛　李童敏　孟祥鹏
王　宇　徐　丛

信息管理与信息系统(本科)

毕业生(41 人)

陈　雪　王臻玮　韩　叶　郄鸣月　侯冬尽
吕相一　陆晶晶　刘　松　杨鑫萌　马　晨
马　蕊　何娜伟　孟宪辰　杜怡姗　薛晟南
许玉姣　夏朝利　王新森　康　雪　张　冉
李　蕊　张　丽　顾梦雄　王　玉　马　吟
王　姗　宋　迪　李　博　方　岩　聂　静
孙　洋　何　丁　王沈之　王　凡　路　峰
王　艳　祝　博　田　旭　王　蕊　郑雪洁
张　冉

艺术设计(电脑美术设计)(本科)
毕业生(27 人)
宋淳炜　李　盼　韩文竹　兰　岚　盛辰博
纪滢嘉　刘　宇　侯文静　陈　迪　梁怡然
刘婉婷　周　洋　赵　蕊　邢小辰　刘　方
王　旭　王朕奇　刘　琦　孙　梵　姚　博
冯嘉丽　王　洋　徐　颖　李海平　臧春娇
孙　勍　陈雨菲

艺术设计(环境艺术设计)(本科)
毕业生(24 人)
王紫莉　谢　天　徐　茵　李　旭　蔺雨晨
刘佳丽　王　萌　王　莎　南　方　张玖竹
崔柳青　郭　沨　宋凯旋　李云星　尤成玉
杨明珠　陈　曦　田伯虎　尤　月　王　萧
黄丽媛　许　莹　高瑞年　孙　森

生物化学工程学院

本科毕业生 513 人，专升本毕业生 233 人，本科结业生 1 人。

材料科学与工程(生物材料)(本科)
毕业生(25 人)
袁　峰　赵亚楠　刚文雪　王伟楠　程宇君
甘　霈　程　杪　王　蕊　陈志松　王　雪
吕鸿鹏　尚欣欣　史苗文　陈　洁　刘　阳
张　蕾　齐　原　张汉奇　曹莲莲　杨海龙
沈　晶　张　迪　揣兴凤　李　爽　孙天旭

工程管理(本科)
毕业生(34 人)
刘　坤　陶婷婷　付　京　牛嘉蒙　李　享
梁丽瑄　杨　薇　冯　涛　崔　昊　高　超
李瑞鑫　李嘉榕　王　晨　贾洪飞　金海龙
冯　斌　王　龙　郝　磊　杜　争　袁世海
黄念钊　沈　鹏　杨　伦　张昊哲　曾嘉昀
沈　欣　张瑶琴　华富洋　苏辰生　樊建菊
杨　维　朱倩男　宗卫东　任泓博

工程管理(装饰工程管理)(本科)
毕业生(20 人)
韩乃超　许　辰　杨　晴　欧阳佩佳　王　郁
单旭颖　裴　楠　王　嘉　魏琳琳　刘　星
孙　利　张赢赢　赵龙飞　李　娜　张　健
王雪丽　司春光　谭晓宇　纪晓萌　李　琨

工商管理(本科)
毕业生(47 人)
陈　京　郭宝金　付晓龙　郭　锐　孙　玥
徐鹏宇　高　辰　尹　伊　曾淦群　鞠晓娇
邵　聪　刘　鑫　王　鹏　史华超　李　晨
宋玉竹　梁　辰　冯向帅　张　丽　马慧伶
孙亚利　张　雄　杜迎新　张婧媛　归　娟
高　扬　王晓达　郝　新　李嘉悦　郭秋月
刘　渊　佟　飞　李晓晨　卜令娜　毛雪姣
徐　爽　周品迎　周环宇　郭　璐　马振捷
肖　锋　刘进晨　郭吟森　段　洁　李海燕
熊　建　王　磊
结业生(1 人)
吴　洋

工业设计(本科)
毕业生(25 人)
张欣培　董　浩　肖　瑶　李　尚　张立红
薄　林　陶　蒸　马　丁　郭思楠　张　元
张金宝　张　健　王文静　孙　健　王海舰
张　宇　齐　然　张警鹤　张　龙　肖　杰
李　雪　武　壮　张　聃　张　轲　谭燕然

过程装备与控制工程(本科)
毕业生(29 人)
徐炜东　张　彬　李　洲　李　慧　刘　靳
马　艳　张俊川　赵　超　李　爽　李　金
蔡　雯　徐　峰　邵衍嘉　许　丽　何　磊
李　峥　孔　远　管晓星　贾文涛　黄春明
崔　颖　王　静　李　响　田尊元　耿凤娴
万江涛　程　龙　彭　橙　王　壮

化学工程与工艺(本科)
毕业生(28 人)
李萌譞　李蕊晨　信思睿　张奇璇　杜　超
韩　菲　葛　佳　夏　玥　牛萌萌　刘宇飞
张　欢　刘一凡　兰　茜　曲浏佳　李鹏鹏
于　洋　于笑丹　段宝祺　于　倩　张中海
周　娣　方向威　樊梦丹　王　刚　胡　晨
邵　玲　杨　冲　阮　禾

会计学(本科)
毕业生(51 人)
陈天宏　边　煜　葛文君　贾宏梅　王　迪
曹　彬　肖　华　胡　颖　冉　慧　侯　娜
方　跃　石　雪　毕　勇　贾琳玲　赵　婷
李　戈　齐子墨　潘雪丽　徐佳谛　王文龙

王 毓 谷 桥 刘 涛 刘 宓 张修业
张洪力 宋春跃 高 媛 刘艳美 赵 凡
郝晓娜 金玲子 刘 璟 梁 宁 宋 蕾
李雅洁 刘 轩 张文杰 钟 歆 王梦南
闫 妍 代文辉 郦 欣 薛士伟 龚换男
张 言 杨 月 夏露雨 曹梓翔 韩 杰
高梦雅

会计学(专升本)
毕业生(167 人)
宋 雪 杨 荻 褚一佳 李 祎 徐丞宬
吴 戈 刘同林 郭新颖 包 丹 王 妍
郭 欣 刘 文 胡金姣 刘宝琴 王 蕊
解春颖 文 静 胡定珠 程 然 马丽婧
朱 莹 邹 楠 庞 棋 刘 敚 郝 佳
李 月 柏冬奇 刘 莎 赵 鑫 王 璨
陆虹霞 徐 静 王晶晶 刘 婷 刘 潇
段 萌 唐 淼 周 莹 翟欢欢 谢洁妮
王 俭 王 楠 刘 婷 姚燕南 孟 林
蒋予纾 刘宝璐 魏莹莹 郭 爽 许永乐
韩梦蕾 胡润洁 张龙娟 王晓宇 孙秀男
郭月娥 张晓曦 张丽英 张碧楠 沈 鑫
刘高超 王道航 连瑞芳 葛 璐 张 晶
刘 航 于 斌 赵亚娜 薛华琴 周光宇
王雪晨 李 娟 王 杰 洪 柳 曲鹏君
闫建京 王 萌 崔 杨 韩 旭 陈立君
何 淼 何 海 姚 瑶 张 洁 华超晨
孙 静 刘 阳 刘 丹 沈依蓉 刘文娟
张碧莹 闫 贺 杜 淳 谷 丽 王 然
池文婷 李 舸 季 培 吕姗姗 王跃冬
林 巍 王丽颖 徐 静 安 月 刘 玉
王 欣 陈婷婷 屈雪杉 孔德龙 金 薇
付丽霞 刘雪涵 孙雯雯 王 萌 董婷婷
马跃峤 周碧瑶 齐方园 林逾楠 芦 燕
张 媛 郑 丹 郝 月 祖显弟 郭俊丽
陈 萌 苏合宁 王 娟 王明姊 贾 欣
曹 琦 温 丹 王 茜 郭建军 李雪娇
程怡然 逯 楠 史江蕊 杜 梅 王 爽
赵 洋 邱世群 时亚楠 秦 楠 王 彦
刘 畅 张 婧 王相宜 魏晨菲 韦晓倩
杨晓月 崔海鹏 魏 然 陈 琳 部志云
马 青 穆 迪 郭云露 李云龙 杨 静
王艳丰 陈 博 郝 萌 陈锡冬 高雁水
秦 玉 史晓娟

建筑环境与设备工程(本科)
毕业生(48 人)
巩金超 赵 岫 聂熙宁 王孝胤 吴婷婷
于承昊 陈 杰 张亚杰 李浩辰 郭明月
李晓萌 王 峥 黄 铎 吕志超 李梦伟
刘春叶 曾 阳 蔡悠笛 梁 巍 马 桐
高添硕 刘 男 孙 磊 成孟扬 孙蒙蒙
孙 潮 刘 蕾 郭满意 熊 扬 徐 犇
孔德利 陈云川 唐 娜 丁海峥 司 硕
郝 蕾 杜 猛 金仲阳 郭 鑫 赵莹丽
田 森 许 航 耿 硕 张 杰 高志龙
王 超 惠庚辰 李汐岩

建筑环境与设备工程(专升本)
毕业生(8 人)
张 超 林振业 刘 博 刘 冉 李雪雯
王晓涛 谭盛丹 王 迪

人力资源管理(本科)
毕业生(40 人)
王 萌 马秋杰 白 萌 刘 劲 王凤园
邓佳薇 林 曈 王晓朦 聂 平 缪 雯
张 艾 石玉凤 柴小昂 崔娜雪 郭 爽
谭斯瑶 冯 静 曹子建 雷 颖 郭 钰
刘丽新 刘金艳 杨悦怡 宋立革 张 旋
王旭然 张 磊 郝 雪 张 朔 刘晓溪
赵 雪 仇海密 滕珊珊 姜 曼 张 征
屈玥玥 张 钊 田 霖 宁 林 任 鹏

人力资源管理(专升本)
毕业生(58 人)
关晓红 李颖超 潘弯弯 董婷婷 冯 云
石明华 陈星琦 肖 菲 唐总参 池 娟
张 震 刘 璐 王 迎 张晓琳 陈 娜
王玉萍 付桂萍 吴焕新 商晓渴 曹天天
张 静 王晓丹 孟 迪 王亚枫 曹晶雪
郝文辰 刘 妍 贾 琛 鲍丽雅 吴 莉
张 方 白 鸽 王会云 周路莹 李玉龙
张 琪 颜 莉 马 媛 田 甜 何美佳
李晓雨 王 晶 王 蕊 王 萌 刘 颖
王彦涛 刘 欢 赵俐杰 韩 笑 桑 悦
吴志高 王明冉 王 茜 钱 硕 卢朝夕
张美丽 张 鑫 潘飞龙

生物工程(本科)
毕业生(54 人)
张 超 李 阳 王天宇 赵 杨 武天旭
逯广旭 高君直 杨 斌 智江南 李晓莹
周 瑶 王启飞 吴颖慧 王 辰 朱 波

赵鑫 赵晓曼 马璠 曹天成 赵琨
牛婧 施家祺 温博 石莹 苏虹
张文彦 王燕楠 张影 伊超 赵晓龙
刘钊 张琳琪 韩鹏 郑跃 冯瑶
张冉 李硕 李正纲 师阳 闫爽
孙淼 冯薇 张洁 周媛 潘京京
郭嘉 刘洋 苏晓川 石永兴 任戎
任圆 王晶 谢伟 郭珊

生物医学工程(本科)
毕业生(30人)
曹浩辰 刘学伟 姚毅 赵然 刘蕊
刘岩 方学伟 周正文 于菁菁 王贺
吴家祺 王浩旭 居萌 陆远 邢志斌
王利 高艳丽 刘颖 金玉平 霍艳明
张晓红 崔茂兴 强峻 王斌 张蕊
徐潇 赵莹 王超 赵健 孙晓争

制药工程(本科)
毕业生(51人)
刘莎 王慧 杨超 张剑雄 张阳
王彦成 李爽 李栋 赵辰 王馥郁
柏河 邵立芳 田伟 高飞 李春苗
任羿 苗立萌 王珲 李晓萌 刘彤
刘莉 李丹 王旅 邓文颖 胡剑心
王来凤 田静 刘洋 周伊崟 李明
封婷婷 郝静 王晶 田青卿 李洋
田伟博 孙玉娇 杜小霞 于燕 周爽
李连莲 高盼 许臣霞 蒋艳丰 邵洁
周涛 刘小清 李松 郑蕾 贾明
何欣

自动化(本科)
毕业生(31人)
黄继明 李京慧 许岩松 高鹏 张建超
王鑫 刘伯钊 盛日 刘诺贝 张静
苏强 李超 白璐 罗昊 李兴
孙婼婼 高扬 张奇 吴盼盼 李红成
董礼 程伟男 刘思文 肖雪 苗军
张丹 于江波 孙春花 李桐 刘璐
贾文彪

旅游学院

本科毕业生249人，专升本毕业生195人，本科结业生2人，专升本结业生1人。

财务管理(本科)
毕业生(25人)
刘京 吕染尘 宋洋 程然 宋萌
张璐 范丽娟 于青 韩旭 张琳
肖磊 徐洁 高珲 侯博 马唯伟
焦健 成玥 吴小雪 王静 杨文
赵志文 姜彬 高晓敏 杨怡安 杨雨梅

酒店管理(专升本)
毕业生(24人)
孙一丹 姜然 魏畅 郭子赫 常琳
张靓瑶 田夏 李丹 史海丽 李健佶
李雨晏 赵雪媛 张景媛 翁雅楠 刘继孺
张佳明 李雯 田妍 李晨曦 丁宇丹
张媛媛 褚柠 何巍 农妍

旅游管理(本科)
毕业生(92人)
陈梦蝶 毛剑婷 尹嘉男 韩佳祺 张璐婷
郭磊 王智星 朱文悦 李雯钰 于晨
张硕 张帅 孙健阳 吴倩楠 柳月
刘超 杨兴 许佳 肖幼楠 刘娟
屈冰 汪秋梓 任艺 阿戈茹·珊丹
杨卿琳 刘云 汪洁斯 何茜 余曼曼
徐梦莹 田颖 张婧春 张晓琬 彭屹竹
崔崟 张茜 许星冉 郝丽丽 闫雪超
刘佳 景杨杨 姬娅静 勾爽 赵博语
王迎晨 徐玖男 黄斌 廖津 薛云菲
刘辰 孙常宁 孙倩 王旭 李烨
张一泓 井思淼 樊悦 李若 孙玉娟
赵晓迪 董璐琳 陈辉 张萌 张丽坤
李苒 李潇潇 王鸣婉 王蓬子 李梦阳
王雪媛 侯瑞 李然 温晓茜 王旭
翟方钰 张茜 夏天 李媛 张超颖
刘宇超 李蕊 邢宇欣 李艳 余跃
杨明 周亦嘉 刘帅 杨潇 张玉石
姚立芸 李野 邓铨

旅游管理(专升本)
毕业生(51人)
何欢 刘冉 葛婧 夏梦 张毅
张然 李玲 蒋优娜 李文静 刘婷
常娟 闻艳 项阳 刘石飞 刘晖
姜莉 王笑寒 王霄霄 王梦茜 岳玥
张洋 王凌军 张娜 平沅鑫 杨迪
李婷婷 殷实 韩杰 于萌 郑雯
王雅妮 刘莹 王舒瑶 张一骄 关鑫
刘丽超 邵磊 王玮 崔杨 王丽媛

陈　童　崔　雪　梅　子　李　瑶　尹　然
王　颖　刘莉蕊　王　婧　张晶晶　马丽莎
马伯燊

日语(本科)
毕业生(50 人)
袁乐乐　郝　曼　庞晓茜　武海燕　贺　成
邵茉元　李　博　刘　双　邢　越　张　硕
刘梦玲　于倩莹　王　朦　杨　丽　周文博
张亦丹　罗佳傲　李伟嘉　黄　琳　杜晓娜
孟俊梅　常子昂　刘　畅　裴　悦　佟双金
郗　旺　孙雨晨　丁　静　张欣然　赵　京
郭胤丰　仲沙力　高谷子　郭　珊　董珊珊
杨　帆　迟　远　赵小希　杨晓娟　郭黎琦
杜　鑫　李　铮　纪文怡　赵　磊　柯　岩
石芳馨　赵　鑫　王　超　王　欣　刘　卿

日语(专升本)
毕业生(13 人)
连晓晨　刘燕琼　周　慢　赵　昱　赵苓汐
范志欣　陈　珏　林　娇　古　珺　穆　歌
王婵潺　孙静羽　周雪洁
结业生(1 人)
徐海萍

市场营销(本科)
毕业生(19 人)
朱　苗　朱　玮　安　文　李晓磊　蒋梦怡
刘小龙　龚宇扬　崔　磊　杨　洋　吕　欢
刘　洋　张国思　马平川　王　骁　刘亚楠
闫晓爱　李　昂　刘　超　何　鑫
结业生(2 人)
张　硕　李秋玉

英语(本科)
毕业生(63 人)
刘艺茜　杨　蕊　张潇筱　张　伟　赵　凯
柳　溪　戴　芸　王宇薇　王梦雅　魏　维
齐　瀛　王笑秋　王　静　郝　硕　张薇薇
王　垚　黄思培　张　远　王　瑶　李　煦
邓颖慧　杨　喆　刘真宇　刘　芳　杨　丽
胡子雨　刘　兵　王雪娇　汪维佳　张　鸽
赵雯雯　刘　静　田海沛　王晓博　赵　欣
杜红云　马婉莹　白　云　刘典典　靳　楠
许砚婷　许艺丽　冯沙沙　詹　静　刘　雯
杜莹雪　安　琪　王　倩　尤添麟　夏天赐
赵　鑫　朱新龙　李熠冬　钱楠楠　宁　佳
马　月　应天娇　荣　微　杜海娇　田　杰
张逸菲　郭　瑾　周轶萌

英语(专升本)
毕业生(107 人)
张佳琪　祁　羽　郭汇敏　张　婧　周爱梅
张　莉　周　爽　李　彤　刘仕虹　王湘君
崔　月　周　硕　魏飞飞　尤风玲　王　杨
王吉哲　栗　颖　赵文博　贾　晨　梁　思
胡珊珊　李思思　席静秋　于　波　张凌晓
王红娟　付京园　郭伊然　赵　璇　张　颖
李云茜　王　冉　许　伦　赵　焱　王海燕
尹燕玲　张文博　刘　畅　顾继红　孙　萌
刘双双　邱美霞　裴　琦　王　岩　王晓宏
田思思　刘湘苹　牛晓晨　庞聪聪　周　畅
王　慧　乔芳博　郑威薇　张亚偲　李　熹
马秀妹　张　頔　张　倩　袁　君　韩筱卿
周　旗　郑　晨　夏　芹　王孟超　于　虹
杨　慧　张　静　康　怡　李兆祥　郑　毅
汤明乐　刘静茜　陈思思　董萌萌　任海楠
杨　桢　汪　阳　刘晓雅　张茜茜　刘一凌
李倩倩　吴慧霞　李小曼　冯　春　肖　莹
李　娜　方　雪　黄　梵　翁玉婷　孙晓峥
王　茜　郑海啸　袁　野　韩　冰　盖庆云
刘燕淼　迈姗姗　姜海宇　徐少英　李　玲
赵燕华　徐　婧　卢亚男　卢得珠　张　媛
时康康　冯　贺

特殊教育学院

本科毕业生 93 人,专升本毕业生 13 人。

计算机科学与技术(本科)
毕业生(14 人)
吕东津　姚誉斌　田毅荣　王蓓蓓　王皓珺
徐俊杰　王晓梅　李静丹　季　诚　王　玮
蒋朝君　余宝安　成　宇　李　泽

计算机科学与技术(专升本)
毕业生(4 人)
吴建辉　杭晓静　李云志　车晓婷

特殊教育(本科)
毕业生(25 人)
李佳慧　李晓丹　翟海燕　张国楠　徐　杰
代煦资　聂　宁　杨　龙　赵　倩　肖晓萌
尹　园　李　南　林　楠　宗　佳　赵寒漪
柳云峰　王迎凤　赵芳婷　赵　然　汤欣然

李　佳　王翠翠　李　婷　曹　昆　殷梦岚

特殊教育(师范)(专升本)

毕业生(1 人)

姜馨田

学前教育(本科)

毕业生(21 人)

宋　杰　高春华　葛　彬　韩　薇　刘燕丽
王　冉　黄　微　陈金妹　王　欢　王　维
柴建蕊　徐　蕾　李　洋　付美娜　段　超
张　蕊　梁　苗　代丽萍　张　飞　蒋天天
郭伟锋

学前教育(专升本)

毕业生(6 人)

赵　宇　于　燕　曹东霞　杨诗昭　郭冬青
刘玉坤

艺术设计(本科)

毕业生(18 人)

吕　金　王兴国　刘晨璐　赵秋怡　罗佩卿
俞森渊　王　凤　郝一潭　刘一龙　陈伟平
李　剑　姜兴阳　李　玮　隗楠楠　武　琳
景旭恒　宋　欣　袁兆麟

艺术设计(听障生)(专升本)

毕业生(2 人)

王　琳　胡　珉

针灸推拿学(本科)

毕业生(15 人)

杨　光　蒋　平　李　论　杜金良　张利宁
文　君　梁江波　杨语思　王兴超　王晓娟
康　乐　牟　悦　朱　智　王黎黎　王新明

信息学院

本科毕业生 421 人,专升本毕业生 218 人,本科结业生 20 人,专升本结业生 6 人。

电子信息工程(本科)

毕业生(103 人)

李　铎　毕　爽　薛　轶　史建超　高　亮
王　岫　万　辰　范明宇　邢亚吉　韩潞鹏
沈　超　苏　文　任　硕　田　宇　王露瑶
张滕州　郝红军　李京坪　周绍兵　李　博
于成龙　刘　畅　何洪山　赵东洲　潘沙浪
李燚柯　蒋　鹏　贾　嘉　张　腾　李　剑
裴　培　李　超　徐励鸣　王　磊　高　超
王星楠　李　赛　魏　星　邵　帅　熊芳芳
吕金涛　赵　飞　刘文龙　郭少斐　刘芳芳
刘向宇　田晟昊　毛　懿　郭　人　刘　拓
程树民　陈　健　刘　凯　李冠洲　孙　宏
陈川智　周云龙　赵子武　王　淼　张丽洁
张越尘　夏　欢　王　研　张　欢　鲁　媛
曹立军　苑　琳　茹子恩　马　晨　仲昭龙
李　磊　张　青　曾天雄　王　磊　张海龙
申　奥　王　珏　任　乐　孔德旺　朱　墨
门　皓　张　稳　王　静　杨贤明　纪　冬
秦立健　张梦晨　孙　杰　丁　一　陈　帅
李思达　孙　超　马振东　赵　谦　乌月汗
薛鹏程　敬加嘉　彭　琛　张　羽　邹　瑜
王　征　何琪琛　卢莉莉

结业生(3 人)

高　鑫　韩羽宁　曾　源

电子信息工程(专升本)

毕业生(57 人)

谢银生　何　凡　孙　鹏　苏　雪　林本存
陈亚青　吴　迪　王　楠　金秋雨　白云飞
王　雪　邬　鑫　鲁　娜　刘旭真　陈明华
刘　俊　薛海龙　任汝婷　张　森　李　瑶
刘　磊　范　侨　袁　博　徐晓菲　晏　明
李　月　康　宁　赵茂栋　尹　彬　姜少华
武春红　李　婷　崔新赫　钱　坤　易志远
苏　灏　刘宝珍　高　爽　王　玮　吕亚娟
单　磊　陈　琪　刘　爽　尚晓凯　苏然然
袁　丽　杨晓琳　任　潇　魏莹莹　王　兴
陈　博　王承秀　李默辰　王　娇　孙　雯
秦　红　孙　颖

结业生(1 人)

王　睿

电子信息科学与技术(本科)

毕业生(59 人)

张　震　王凯尧　刘　溦　董　晋　李文龙
郭宏玉　李思遥　宋士华　梁　伟　邹　琪
王　钰　王　雁　凡贺霞　杨　昭　穆建元
王鹏成　杨晓薇　孟宪伟　刘　磊　解　汕
闫小凯　唐　迪　王　璐　杨丽娟　熊昊纯
徐江洋　朱冬梅　聂明江　饶　阳　耿超龙
周　磊　王　昕　褚宇石　汤丽娜　杨斯博
王　奕　佘乃珵　高　歌　田云龙　李　娜
钟红然　金恺迪　张　磊　李　亮　田　振

张岩凤　李朋飞　晏成龙　翟万鋆　张明珠
张　扬　吴　丹　郭　杨　孙晓荣　刘　娴
张　超　麻　莉　唐志鹏　杨　鹏
结业生(1 人)
石建平

计算机科学与技术(本科)
毕业生(153 人)
贺　政　赵　冬　郑　菲　刘宏涛　张　辰
于　洋　张峻铭　秦思远　刘　宇　赵　宇
王进嘉　张　宇　姜　博　于　康　杜倩玮
梁珊苗　张瑨楠　王宵楠　王　晶　魏佳兴
焦可欣　栾　冰　王鸿伟　胡慧中　张景瑞
王泽雨　吴　凯　全　利　朱仕杰　李　玥
李玉龙　雷腾烨　王　帅　张欣冬　王浩淼
黄　潇　陈　昱　许向阳　臧　超　梁　硕
尚云飞　谢金宇　马　凯　史雪涛　唐　成
冯　伟　刘　琬　刘　岳　郭　鹤　于海庆
臧子仪　王　伟　田　雪　王　硕　朱　沃
王　桐　张　宇　王婷婷　于　铁　陈雅宁
沙　辰　丁　毅　冉　壮　张立新　林　键
孙海龙　姜　磊　徐　扬　赵　妍　董青扬
孟令楠　司春鹏　戴　超　曾　强　由聪聪
吴庆宏　彭家宋　郑凌华　刘　洋　王　然
王　雨　周　惟　马春成　房文龙　刘佳欣
高宏举　乔　静　张　洋　赵　岩　杨芳芳
方伟强　谭雪晨　陈子宇　刘成文　吴　月
臧义林　赵　婷　王　亮　林文富　刘汝晨
马　辰　张瀛丹　刘　晶　王宏超　于　婕
石　莹　李　阳　李　健　陈　涛　安　宁
王　森　赵　凯　侯　磊　陈晓雨　孙　哲
朱　海　贾季伟　李永超　印昊远　余旭超
原　佳　陶　媛　王　倩　刘　钊　张凯强
张　鑫　林建平　王晓丹　蒋艳梅　卫　翔
张　菊　何　川　张　禹　宋　健　唐玉强
李　川　刘　丛　耿　杰　刘　磊　蔡一晖
郑　阳　孙　硕　权琦峰　王梓臣　王　赫
杨　杨　程　阳　康　凯　李红岩　王铁原
张国权　李　莹　霍振楠
结业生(9 人)
申　龙　张怿楠　王金鹏　刘　艾　董　洋
张学哲　支　添　于　江　赵　冉

计算机科学与技术(专升本)
毕业生(161 人)
唐　江　李　玮　李　旋　崔小荣　李　倩
代　铃　方佳华　宋　晶　周　琪　常　慧
李梦竹　李晓娟　姚力文　钱友根　陈丽丽
徐　娇　王　静　包　莉　徐　洋　刘月明
吴　杰　李蕙珠　张思雨　刘小娟　屈　成
阴　悦　赵金花　武　倩　张　怡　赵鹏飞
焦　滢　曾　爽　张　超　付斯提　秦　娜
赵福玉　程　瑶　付银涛　周　虹　赵　然
穆　鑫　张浩征　白思宇　张　吉　张　跃
张圣千　王　颖　孟　晨　屈　琨　常慧颐
王　茜　何　岩　杨振宇　胡　颖　付　宁
李　丛　廉　菲　王　驰　杨　晨　张涵嘉
李林娜　崔迎春　王　宇　李　佩　赵维姣
许龙飞　张　桐　刘雪婷　裴雨晨　张　瑜
张红燕　孙　洋　姜　欣　郭健鹤　李　杨
陈　军　王　琪　葛文君　胡涟怡　桂　杨
沈　巍　蔡　君　王艳茹　魏佳佳　李少锋
李　聪　孟　彬　王文慧　王博闻　贺璐璐
梁　硕　马悦馨　张　喆　黄龙斌　陈　茜
张　获　张晶晶　律小娇　李　青　王兆峰
陈　晨　邓厚唯　王燕君　赵　阳　刘　爽
于　丹　范珊珊　赵甜玮　张　维　贺萌萌
柳　晨　郭子芃　栗文龙　胡晓光　胡　健
费明晨　胡擎男　贾　军　冯立丽　魏佳莹
孔令超　汤莉雯　王　会　傅雪霞　张　悦
周　宇　白兆峰　皮艺伟　崔瑾佳　吴　震
李北平　郑　思　叶　雷　沈　洋　杨　洋
胡冬雪　韦大宁　郭　毅　刘　勃　李　靖
刘依诺　李天华　何　萌　董雅鑫　白　兴
赵　婧　肖娅菲　穆桂爽　李田然　康　凯
靳　利　李文贤　崔　迪　王艳清　庞　言
李　霄　解丽歆　韩　艺　张　博　刁　蕊
吴颖奇
结业生(5 人)
彭天龙　刘　乐　杨沫艺　安大龙　李　凌

计算机科学与技术(软件工程)(本科)
毕业生(1 人)
贾　竞
结业生(2 人)
彭立斌　陆　蓓

计算机科学与技术(网络工程)(本科)
毕业生(3 人)
周　昊　车　舜　刘　佳
结业生(3 人)
李　锐　林　川　王　欣

计算机科学与技术(信息系统)(本科)

毕业生(1 人)
韩　昊

通信工程(本科)
毕业生(101 人)
张　旋　郭晨鹏　高思丛　张　磊　王　辰
刘晓朦　郝　远　任　飞　李可欣　张志龙
何梦甜　马　祎　刘辰开　尹　刚　刘　楠
王晨光　刘　羿　赵丽媛　魏子昆　晏　婷
符世能　张　文　刘　凯　乔博杰　储成配
谢　航　牛常宇　郭　维　吴　潇　刘雅刚
周　洋　冯龙炜　邵欣欣　王　平　郑　磊
陈　玺　刘寒天　邢　岩　崔元宏　李子昂
吴晓凯　付　饶　宁　迪　于　爽　陈　曦
徐　猛　刘博江　阳　珊　张　磊　钟　锐
李鲁东　姚　利　吴　滔　王逸飞　王　磊
李春成　王　琰　李默晨　李　智　马　鑫
郑　旭　潘春旭　杨　丹　邓亦龙　刘　畅
李　辰　金　垚　赵迎龙　吴树昊　杨　杰
张莉媛　王丽莉　严仲陶　魏　东　谷　雨
田瑞雪　李　丹　藏　洁　米连胜　白　冰
柳　溪　康　衢　李元庭　金　鑫　许博文
刘　宇　李　靖　胡江海　张根轩　王海洋
沈　悦　陈　龙　赵　洋　刘　伟　张　娜
蔡　畅　胡明方　邓祥宝　李兆民　毕学义
张　硕
结业生(2 人)
梁羽晨　王　澍

机电学院

本科毕业生 146 人，专升本毕业生 55 人，本科结业生 8 人。

材料科学与工程(检测与质量管理工程)(本科)
毕业生(24 人)
刘　杰　贾竞争　谭宇腾　周季楠　赵　臣
李　萌　刘伟为　刘　阳　杨　志　张　皓
殷　辉　高梦阳　张阳硕　野伟更　李　悦
张斯文　王　丹　顾晓丹　李思函　金　钊
魏　民　翟红晟　马冬梅　张春晓

工业工程(现代制造工程管理)(本科)
毕业生(25 人)
赵光普　陈　楠　姚　楠　陶　忞　吴　荻
康　帅　王宇涛　张　龙　王　飞　樊伟巍
王世达　刘　伟　汪艳兵　马　尧　赵　培
刘梦婕　王秋菊　王　臻　杨超一　蔡长龙
张华司　安文玉　李　丹　张海岩　张　磊

机械工程及自动化(本科)
毕业生(72 人)
张　兴　崔俊达　凌　强　赵　明　梁　舰
赵文博　贺启佳　赵雅玲　田冬雪　赵鑫炎
陈　凯　武　然　孟凡涛　陈明月　王旭升
江　楠　薛　剑　刘石磊　梁利军　马　强
马项南　李大为　刘得伟　杨　君　夏海威
申宝生　田　芳　齐　骁　王　晔　王晶虎
张　煦　吴　迪　谭　可　赵　帅　李续昌
郭俊辉　张柏松　马玉龙　杨　斌　赵　凯
石　斌　白莉莉　房海成　胡　荻　朱　峰
崔　鹏　郭玉函　闫龙生　杨明磊　孙　淼
谢艳彬　林　鑫　张宝勇　杨　锐　李　超
李春龙　张　帅　任　亮　果　帅　杨　俊
李孝森　刘天源　苏明阳　李春辉　赵　旭
王　磊　方　超　魏宏权　申斯文　胡立志
张　旭　杨　毅
结业生(6 人)
王宏涛　张晨雷　魏　来　骆　斌　白　纯
龚　腾

机械工程及自动化(专升本)
毕业生(55 人)
张露露　张英浩　张金柱　李传坤　连　鹏
赵　龙　徐月静　赵侦铮　许　峥　刘艳红
宗　伟　王　静　康慧芳　高金业　张　旭
冯福平　李　韬　吕雪飞　刘海龙　杨　达
宋　玥　刘　鑫　王　宇　孙小雨　范吉鹏
郭　楠　刘思思　胡少清　杜　佳　赵　亮
杨　玲　任丽媛　马金枫　朱艳生　景　行
解　明　张伯元　王允琦　杨　洁　李向东
宁　砾　陈　旭　贺京杰　田莎莎　徐　旻
王　腾　张　芮　丁晓然　曾智威　刘　强
张明杨　赵秀娟　刘　珊　吴　楠　李春辉

汽车服务工程(本科)
毕业生(25 人)
张仲轩　周中华　苗　月　阎琪颖　王彤心
程天豪　田　硕　蒋洪亮　张　辰　李圣钊
周　宇　董　燊　李晴晴　孟　斌　聂振钢
田　伟　梁　旭　张　锐　孙月明　高仕武
田　超　张宏伟　刘文娟　孟新明　周宣宇
结业生(2 人)
周方亮　顾京江

自动化学院

本科毕业生 331 人，专升本毕业生 32 人，本科结业生 7 人，专升本结业生 1 人。

电气工程与自动化(本科)

毕业生(97 人)

林亚芹　傅　安　谢长发　李雪梅　陈嘉骏
孙康钧　陈彦初　郭笑汝　董　琦　韩正祥
周庆轩　李　瑞　安　密　安　景　王　堃
李　昂　李　超　俞　洋　曹印锋　王　斌
王　超　贾晓昆　李　媛　孟国梁　王　硕
崔长涛　何文雨　靳　冬　陈英世　杨靖然
李　湛　陈　璐　赵昊天　耿海朋　金　然
李可蕊　高　阳　刘海波　康　姁　张金跃
石　川　张　超　洪　悦　曾　翔　孙　禹
张　洋　季福华　许贺玺　梁龙飞　韩雄哲
王伟贤　李　楠　顾　晨　李梦阳　胡兴硕
王华龙　李　强　江　祎　肖　闯　芦　帅
杜宗霖　马景盛　白晓帅　韩志成　李晓川
蔡亭亭　王兴朝　李　琦　高人英　于　丹
张成林　杨景宁　曹雪超　雷元龙　李　康
德　毅　李柏华　张宗瑞　陆思远　李　华
彭　超　崔同轩　王婷雁　尹国强　马　彬
刘　刚　郑　斌　朱益民　李建跃　汤　喆
杨京伟　李建明　张少雄　曹　震　李鹤萌
张金国　董海天

结业生(1 人)

张　帆

电气工程与自动化(专升本)

毕业生(32 人)

徐思杨　梁　园　李　月　朱承源　李有权
朱硕文　韩小涛　孙　悦　沈　同　苗梦佳
王文颖　霍安妮　彭　霏　杨　瑶　薛　翠
王　燕　肖牧茜　李奥然　秦　雯　王雪靓
武紫梁　邵　庆　刘恩勇　冯　朝　史先苏
梅　静　佟西伟　王　茜　魏　巍　祁　峰
马　鹏　薛龙云

结业生(1 人)

陈子龙

电子信息科学与技术(视听工程)(本科)

毕业生(1 人)

李　恺

结业生(1 人)

刘　龙

自动化(本科)

毕业生(2 人)

刘瑞阳　陈晓欢

自动化(控制网络与控制技术)(本科)

毕业生(96 人)

周玉龙　冯志新　孙大龙　吴　晨　逄子明
郭　彪　王卫霞　王耀佐　范洋铭　史志鹏
郭桑桑　郑添龙　陈其伟　熊　玮　颜德雄
苏雅杰　刘　兵　陈　红　程　滨　宋淑圆
韩　冰　康云龙　杨　过　李博辰　李　欢
李　帅　张志男　崇　敏　徐　琛　李　姣
林　超　翟向阳　王惠辰　柳姿彤　江　南
魏　翔　李国阳　孙　杨　刘　艳　田龙硕
郭　猛　施胜慧　唐梦姣　白　龙　唐　梅
苏成龙　徐娇龙　裴晓茜　贾　磊　王　烨
欧　玮　张　伟　王　佳　王　浩　刘泽辰
李亚玉　崔　雨　刘佳铁　金　龙　杨　文
孟　冉　张天昊　王　晶　田　鑫　刘　韡
郄海曦　沈　为　穆海涛　董　妍　季　成
郭　旭　纪　达　郭雪莉　张海司　张　瑜
冯　磊　李梦楠　聂　昕　邓　扬　黄　晨
苏珈平　胡明月　胡　平　喻　楠　张浩然
王慧娟　张　亮　李云帆　黄晓頔　李雪丹
陈一夫　高晨爽　刘俊材　马一苑　徐子任
于　洁

结业生(2 人)

郭遵民　周建政

自动化(视听工程)(本科)

毕业生(29 人)

林　翯　刘潇铁　王浩宇　郭　盼　袁晓航
战　鹏　王　淼　吴　迪　李　田　王雨嘉
闫　帅　孙景儒　张　桐　汤悦晗　曹　冉
池漪楠　孙辰星　杨　柳　曾　越　王晓旸
陶博文　王　星　崔　煜　刘雨舟　郜　垚
卢　熙　廖奎澄　胡迎节　刘　辉

自动化(信息处理与智能技术)(本科)

毕业生(106 人)

郭冠杰　徐　攀　王静静　刘旭东　王靖宇
冯　宇　马　达　仪修婧　陈　波　李姣娣
施隆棋　陈定川　温建华　李鹏飞　赵丽媛
杨　凯　杨　涛　李文鹏　王少华　邓文钊
李易成　邓璟诺　何　心　王晓龙　陈　曦
田　丰　管明明　景　然　冷剑飞　侯　佳

黄信诚　张梓嘉　秦　亮　李笑一　张　森
李海楠　杨　杰　万　纯　赵杨龙　王　伟
郭海峰　王思思　闫春光　王雪瑾　张艳昱
胡　欣　张　谦　周　譞　孙大一　孙晓辰
闫　庆　朱秀萌　焦辰光　杨　坤　张　鑫
董　浩　商海生　陈嘉宇　董劭然　杨潇芃
王祥龙　智天天　刘　轩　魏　斌　胡　映
焦　朋　史志超　王　昭　张唯伟　黎　岩
徐　静　王伟维　宋雪飞　杜　婧　黄　宇
杜　妍　李同玉　赵　岩　刘　思　曹雅若
董　华　翟昕天　刘心宇　李　鹏　张　恺
董计琛　范伊莎　王云龙　王伟光　张　阳
申　冉　仇兴旺　贾雪菲　杨　森　张　振
栗　黎　陆士斌　关宏伟　赵　颖　王彦洁
赵立芳　王云鹏　王　宇　崔振振　刘　旭
房　峥

结业生(3人)

董文鹏　李震环　彭霜辰

管理学院

本科毕业生343人,专升本毕业生409人,本科结业生5人,专升本结业生1人。

电子商务(本科)

毕业生(68人)

孙　疑　赵一然　贾明达　杨晓辰　孙晓婷
吕　峥　金姗姗　杨红柳　胡　岳　王婷婷
浦　亮　李京京　庞　丹　柳禹琦　陈　玥
肖　慧　吕二京　谷　鹏　陈　晨　刘鹏飞
罗　楠　李　萌　王　旭　王世公　陶继攀
舒　磊　陈文珊　高　翔　石　博　彭志宇
王梦姣　龙　潜　刘　勋　包天鹏　钱　昆
杜　雪　邓佳利　陈亚梅　王　杰　王　楠
吴玮頔　杨诗雨　陈　鑫　高　航　松　晨
李　丛　郑旭迎　唐　眉　王　安　卢　静
孙宇航　李知为　白　旭　宋辰飞　张西宝
张　燕　何静静　陈忠周　刘传钢　刘　腾
段鹏程　刘　双　刘玉立　薛　麒　汤国庆
方　焱　李树胜　尚文博

结业生(2人)

刘　凯　董　磊

电子商务(专升本)

毕业生(69人)

柳芃旭　徐英博　唐兰静　安　潇　李　倩
王　宇　田宝仁　楚克允　秦　音　赵　贤
毛立佳　刘雯雯　杜　杨　杨金蕊　张雪梅
岳　璐　王　昱　崔　杰　陈奥博　倪　辰
王　薇　吴　敏　孙静熙　刘　蒙　戴　茜
史林莎　田晓阳　单春盟　邢慧娇　徐赛楠
李　然　廉凤霞　闻　欣　崔春旭　刘　佳
郭　林　杨　静　李彤瑾　魏雪萌　周　帅
刘艳娜　李　敏　张佳莉　钱超楠　孟　云
孙　艳　高文慧　袁　萍　齐慧君　李剑苹
黄治纲　刘　磊　田　涛　董志宇　张　钊
樊　瑾　张启迷　管　硕　刁征艳　张思阳
胡志婷　金　雨　刘　钊　刘　洋　刘　培
刘静辉　马星晨　晋春柳　秦虹怡

工商管理(本科)

毕业生(64人)

廖子幸　邹　聪　王　丹　杨　京　李天艺
周倩文　金　菁　贾迎春　刘　斌　徐长骞
薛人友　李　磊　王亚新　穆静洁　齐　炎
郭　银　张　彤　李沛格　张　钊　赵　辉
王　宇　关一腾　张寿鹏　沈振鲁　刘　璃
谢　丹　苏东明　乔世坚　翟　瑜　王　海
王明雪　姚　龙　杨　晴　王　璇　郭　金
刘　思　吴　霞　王婷婷　李小龙　于晓晖
李兆时　孙静霞　杨　菲　王　翼　刘晓萌
詹文雄　姬　达　王　曦　谢丽斯　盛旭雪
赵　瑾　王泽明　朱　培　占战海　贾　博
郑媚珑　刘书娥　辛　昕　袁明志　梅　艳
陈　晨　李鉴麒　赵　岩　牛　钢

结业生(1人)

韩　斌

工商管理(专升本)

毕业生(230人)

李　璐　尚立新　李　萍　史　越　姜添耀
李　辉　王　帅　赵　航　蒋白冰　李立娇
李　雅　李　桢　彭　齐　沈　洁　王　宁
杨　倩　卢艳利　赵明华　王　晖　郭　瑞
李　雪　樊　杰　高晓杰　尚世文　奚姣文
肖　馨　于　洋　冯　蕾　王文君　王佳伟
张海斌　李艳颖　王　菊　穆　森　王　倩
高依晨　梁田圆　渠基柱　周志鹏　李　敏
李　强　李　雪　李怡然　刘珊珊　张　松
郑子斌　周　航　卜　普　王国坤　何安铃
何　鑫　龙小琴　平　宁　田　琳　王雪杰
张晓丹　刘俊良　段筱川　刘艳君　石　璐
魏　允　吴　森　吴　妍　李小杰　李燕华
祝　婕　王　琳　闵　琦　洪　峥　董晓多
韩　雪　乔　萍　张　盼　何　鑫　戴　然
尹雪超　田　朕　肖　飞　邓仲秋　秦　颖

韩文超　吕艾　王然　王艺　沈可
刘爱　刘艳蔷　张绍然　李蕊　褚旭
李拓　宋雯月　李静　李冠群　于小龙
喻婷婷　焦玥　刘畅　滕婧　丁韦
吴昔　种雪　刘昱　齐妙　鞠霄
段婉婧　程超　李宏菲　史伊凡　曹颖函
包娜娜　邱梦婷　李秋硕　蒙宝鑫　孙萌萌
程清　张世哲　齐薇　李圆缘　刘琳
贺亮　张翼腾　孙杰　胡满金　宗雪
湛静　夏瑞丽　王鹤琰　张焱　余薇
王敏　陈杰　刘白云　王朋丽　吴峥
许中贤　池新新　孟婧　王健　方雪
聂路洋　李萌　李凯　赵海艳　侯海燕
逯辰　康梦　牛琳　昝晨曦　孟凡宇
吴坚　王腾　郭朔　解彬　刘巍
郝羽婷　张辉　赵欠男　刘桂新　潘攀
郑楠　周慧　常文佳　王星辰　王欣
孙娟　高杉　吴琼　商丽亚　郑健
郭建斌　许丽　张然　刘丹　郭艳丽
李奥楠　王然　胡雪　王晓桐　宋艳姣
王迪　焦雅　王艳　孟晶　曹丽
陈思思　孙雨婷　张艳秋　李明阳　秦淼
李思玉　吴翠婷　孙丽　陆洋　郑蕊
赵静　王颖　姚欣宇　朱敏　王蕊
崔莉　宿玲　李洋　何小雪　杨扬
薛孝娇　张春义　苏慧　向征　隗晓青
张雪　郅慧　张晓慧　姚娜　刘璐
陆士磊　高山　王子龙　布松伟　曹容雪
王利华　邓文迪　邓跃超　高菲　谢瑨
田喆　代艳美　曲克　达晓洁　张歆苒

工商管理(国际商务)(本科)

毕业生(34人)

申美齐　郭涛　刘溪　刘娜　连涓
芮琳　杨怡喆　刘燕　吴言　卢火青
张帆　邢赫然　刘童节　池玥　刘鑫宇
刘琬佳　谷琳　王朝霞　田斯漩　王晓雅
徐健　王硕　侯胜杰　任超　徐菲
吉佳　姜纯儿　刘静　李薇　褚梦媛
肖唯　杨清　王贺　王月新

工商管理(体优班)(本科)

毕业生(21人)

李殿腾　阎红　董宇　郭斌　王超
赵芳　孔德政　郭阳　刘耀辉　王硕
李想　任伟　贾超　于涵　闫伸
韩冰瑶　安建宇　石少楠　范迪　郭毅
杨仲海

金融学(本科)

毕业生(65人)

李彩玉　曲婷　张素梅　王峤　刘泽
安逸　张江岳　任雅芳　刘健　苏小龙
石仁杰　马颖　嵇思媛　郭晓萌　郑丹怡
于晨鹏　肖俊龙　武飞飞　李新圆　王佳伟
杨凌祎　杨小龙　祝嘉斌　薛孟贤　苏羿
李辰　刘蕊　于淼　陈彦佳　严祺
汪小梅　刘妍冕　张鹏辉　陈雅迪　郑宇
赵艳　韩琳　赵化楠　葛文蕊　高凡
郑煦凝　蔡静　张华　武金玉　王文静
陈依娜　陈峰　王峤　玉烨　田博
高占文　冯广帅　赵贺　张备备　刘博
孟桥　戴洪亮　林仁兴　何堃　卢路
蔡诗龙　朱晓旭　耿爽　郭峰　赵云

金融学(保险)(本科)

毕业生(34人)

解喆　王艳思　杨晶　西琪　曹轶乾
刘娜　朱小勍　罗莎　赵娜　甄自陶
王鹏　辛一婷　王静　王琳　耿文彬
苏亚娜　曹祎　王璐　但沐霖　李宏芝
杨轶　黄蕊之　王禹涵　邹佳妮　李婉
权威　杨菲　杨菲　张珊　夏秋实
王迪　李喆　王琼莹　张帅

结业生(1人)

赵金柱

信息管理与信息系统(本科)

毕业生(57人)

王长峰　刘金明　路丝　王钊　祝阔
高征　梁英卓　李叶　薛潮　任远
王高雁　黄思远　刘萍　王海榕　郝然
刘剑　仝珊　张洋　谭宇超　郭威
叶剑　梁正其　王珊珊　曹昭　田珊珊
邓菲　刘宏靖　王润杭　康磊　陈鸿翔
彭超　孙烁　张卫锋　王小龙　邵泓翔
王钊　徐斌　郑旭　郭萌　耿小云
杨朝　莫蕊　周孟夏　于佳勋　贺翔虎
高云鹏　车稳　周晨　王媛　张政元
王振坛　熊腾飞　彭鹏　阳卓霈　满雅洁
熊思阳　顾佳田

结业生(1人)

李龙

信息管理与信息系统（专升本）

毕业生（110 人）

郗金达 耿晨龙 段胜超 俞 嘉 刁 翼
刘俊俊 宋文君 海 洋 张学爽 段 然
平 媛 郑晓蕊 张 兴 黑月婷 应一琪
宋 爽 陈潭飞 罗亚文 蔡梦涵 李 蕊
陈 丹 田 田 刘 颖 王 佳 李雪佳
焦 媛 赵永梅 张 波 邹艳姬 李 龙
郭晶晶 梁 倩 肖佳梅 张靖陶 宋 月
那寅辉 俞思栾 张 越 曹亚欧 张 浩
冯 凡 王文超 李 想 宋如晗 马文萍
吕 捷 马 鑫 李倩倩 宋 昕 王 玮
刘 兴 马珍珍 蔺萌萌 赵丽营 李 佳
赵宗宝 梁松林 李雅楠 王 帅 魏明明
陈 静 王 蕊 张雯洁 张丽娟 高 欢
杨 欢 温 欣 孟 茜 任 苗 宋 娜
蔡胜雅 张 玥 赵蔷蔷 董曼曼 王晓峥
王 璐 王晓瑶 徐 隽 宿 岩 辛 平
高 源 张珈玮 陈 博 侯丽静 闫 璐
王 硕 张 蒙 刘 薇 程 莹 李雨轩
宋 爽 张 帆 顾冰洁 殷立新 田文杰
马腾姣 荆 鑫 董 月 康 烁 李 伟
邢 童 谷 玥 夏 颖 李嘉婧 马小叶
闫 雪 王 赛 张凯峰 王馨瑶 韩 涵

结业生（1 人）

孙 媛

广告学院

本科毕业生 456 人，专升本毕业生 97 人，本科结业生 3 人，专升本结业生 1 人。

表演（编导主持艺术）（本科）

毕业生（48 人）

高 潇 许珍妮 钱 明 张 雯 刘 玥
杨天祥 陈 璐 丰瑶瑶 汪品存 周雨潇
臧福翔 刘 阳 李 芮 吴晋昊 赵 辰
韩 玥 王一帆 韩 飞 陈 琨 李 阳
刘 念 高 硕 韩 磊 张 强 刘玉瑾
杨 柳 孙 宽 高 超 刘 岳 齐超越
华露敏 李鉴霖 高 腾 陈艺丹 刘 玥
雷 晨 李鸿浩 张雪婷 付天韵 林 霎
常天缘 何 溦 高 雅 张 宇 刘丹妮
唐美玉 张艺婷 王星霖

表演（影视表现艺术）（本科）

毕业生（1 人）

李维怡

表演（影视表演艺术）（本科）

毕业生（45 人）

黄毓涵 么艺浛 朱 怡 韩婷婷 马彩梅
姜 雯 李思佳 赵倩楠 于平平 孙丽娜
汪亚男 候 娜 李世嘉 顾丹阳 杨妍捷
孙艺菲 杨璇璇 刘 芸 汪 婷 杨乃馨
万千惠 周 虹 桑萌园 陈 琳 黄欢欢
佟宛轩 闫 璐 李 丹 李媚妮 马冉婷
李铖坤 鲁子仲 边 伟 李建阳 程 焱
兆 珣 张文赟 赵中夏 孔 健 彭 磊
高永杰 杜 昊 李 雪 王晓亮 易思奇

广告学（本科）

毕业生（28 人）

赤晓阳 倪丽荣 张 晨 李 平 陈 斐
边 策 张 琪 周 芳 范苗苗 吴 霞
赵 华 栾 杰 何 雪 曾 利 葛秀茹
沈珂莹 李翰雄 张 震 陈光军 季方平
杨献会 贺进华 唐玮嵘 刘令泽 曾紫华
郭光耀 李俊辉 栾博文

结业生（1 人）

李结宁

广告学（营销策划）（专升本）

毕业生（23 人）

金利娟 孟超颖 梁冬梅 郭晓光 张 玥
马 玥 潘 蕾 骆 毅 杜 欣 冉 迪
陈阿茫 刘 剑 刘 蕾 郝文彬 张 伟
刘晓硕 李 岩 崔 晨 任 娇 李 婷
李 莹 李 赞 张梦非

绘画（本科）

毕业生（50 人）

刘 璐 张红伟 罗 艳 周 默 郝建雄
苏秋仙 尧玲枫 雷 林 张 迪 倪梦尧
周 密 王 怡 徐 娟 于 薇 宋昕昕
赵 培 荣白露 朱晓丹 王欣然 赵 建
李 茹 林 宏 黎 敏 张 蕊 白云雪
贾同凌 张亚莉 傅 源 王慕陶 王 赟
王龙强 肖 然 魏 峰 王 洋 张 营
尚 同 王洪飞 薛 弟 崔 巍 雷俊俊
蔡 翔 史泽瀚 程谦宇 吕谢天 温兵兵
吕龙源 曾 凡 肖 鑫 尹 周 冯 健

艺术设计（数字艺术）（本科）

毕业生（50 人）

刘　旸　王思雅　祁　珍　程会娟　樊安璐
李　川　孙　婧　王心彤　成　蕊　王　兰
国　佳　史丽伟　包小雪　罗牡丹　王成佳
刘婷怡　顾书艺　闵雅洁　罗新宇　李寒冰
刘　恋　周双雪　方　平　马莉娅　许秀娟
谢方利　兰　香　李羿缘　张　怡　林　莹
项　迪　唐晓瑜　周博宇　魏　堃　高宏毅
王　昊　吕振斌　李尔森　陈习文　赵家鸿
赵　圻　李　健　何炳霖　周　昌　孙　琦
许宏庆　马　赛　李　讯　崔　佳　张　钢
结业生(2 人)
陈　璨　王　哲

艺术设计(数字艺术)(专升本)
毕业生(39 人)
李　芳　马媛媛　刘　颖　刘思楠　高振威
王媛媛　韩　月　尚　进　许明娣　乔　然
刘思蒙　宋凤洁　朱柯南　徐　怿　吴博舒
王　超　高　燕　赵晨辉　魏雪娜　郝晓斌
侯玉娟　艾　斌　尹　杰　王慧婕　李　珑
唐　松　穆时乐　吴　静　王　鹏　杨智慧
朱林林　李玲玲　顾春花　李　岩　李　然
王博杰　李中华　刘　冰　李立博

艺术设计(网络传播)(本科)
毕业生(234 人)
李梦阳　魏北驹　于梦洋　王文思　尚玉娇
于　淼　叶　柳　肖京宁　张　雪　叶东磊
雷崇宇　徐　婧　邓凤楠　孙　森　蒋立平
方玉竹　陈　洁　李彦霖　李　傲　王　婧
孙晓琪　胡　佳　翟雨薇　耿薇薇　刘珊珊
单思超　陈　喆　房　淼　程一敏　李艾丽
魏亚军　杨　敏　邢　宇　雷琦颖　徐美加
郑晓迪　许露苹　张玉冰　管思衡　王伟超
高　才　张建宇　杨雨辰　刘　峥　陶　琳
徐　岩　雷　昆　姜吉祥　魏　杰　张立鹏
李　鹏　吴　淳　蒋　延　李嘉弘　汤　扬
张庆太　王　晨　刘　筠　王璐瑶　郭东娜
黄　纯　张　雅　张　薇　王梦姣　严筱雯
王　颖　张　淼　东岳怡　安思维　王　笛
焦　然　金　金　刘若易　成　懿　王璐萌
武育龄　吴　飒　吕欣彤　侯　佳　李美慧
李　薇　李俊阳　杨　茜　唐　蕊　林　媛
侯晴怡　张　蔚　杨引娣　张晓红　杨　慧
罗欢欢　穆怀莹　罗　蔚　芦阳阳　张　广
王彦博　王　超　王　腾　赵志文　潘泰睿
毕自成　冯伟龙　张　恺　吴　鹏　薛　飞
王天林　吴　楠　周鲁平　肖尧尧　刘金兴
纪德仁　张　迪　林裕强　李　楠　郭海轮
侯国奇　李佳雯　邢　岚　季　颖　赵　娜
王立杰　张　颜　张盼盼　张　宁　黄　蕾
马　佳　李　岩　张　晴　孙　静　刘　鑫
赵　平　李雪嘉　李　彤　朱　茜　刘　瑶
麻景权　冉　萌　苏　甡　蒋　悦　刘　新
孙　洁　郭　睿　鞠婷婷　李　楠　于晓溪
化振谏　郭海洁　谭　颖　段　炼　刘　洁
赵立青　管　翔　范爱君　万云清　段连江
孙　祥　董吉红　袁清夫　覃汉元　朱　海
底银龙　杨　敏　郭苇敏　徐硕彤　何　健
姚瀚依　于伟男　宫　珣　刘子文　车　迪
刘浦金　杨　梦　胡　迪　唐　雄　袁　华
张云华　朱　宇　朱雪梅　张雨培　姬密密
奚永红　刘睿盈　陈晓曦　齐　臻　李蔚雯
刘静林　王　蕊　高子絮　宋跃扬　刘　赛
刘　琦　李孟桐　周舒影　王　辛　朱　琳
裴亚婷　田菁菁　李　京　马燕南　刘子冰
连玉洁　葛　兰　张云霏　贾文倩　周　莹
刘勤燕　袁　野　国　薇　李美萱　崔宇新
何鸿学　张　晓　梅思寒　单雪君　李墨辰
李　哲　李明维　吴　迪　何冠雄　展　达
黄　昆　张发邦　王乐溪　赵　磊　黄宇琛
郭佳宝　张艳吉　李恺若　邢路通　王超杰
关　熹　汪小微　宋　鹏　王　欢

艺术设计(网络传播)(专升本)
毕业生(35 人)
赵文宇　王晓萌　李　迪　王　晶　陈晓纬
张雅楠　李　纯　祁　明　安洪贺　王非凡
白娟娟　李宛鸿　孟小雨　李　鑫　王思伟
吴　璠　王　阳　王　宇　付蕴皎　张　博
刘　柳　杜嘉炜　施京京　贾　楠　韩丽丽
孙思萌　张艾萌　连　毅　武超群　芦　宇
臧玉洁　王文凤　崔曼秋　段　然　徐　珊
结业生(1 人)
胡凤霞

国际语言文化学院

本科毕业生 54 人。

日语(本科)
毕业生(29 人)
王　霖　贾阳旭　关金子　倪陆媛　宋彬彬
付文静　陈梦如　王　月　王　萌　马思琦
王　靖　郭翼飞　高　唯　王若卿　黄雅雯

王　桢　王　越　曹　硕　郝亦拙　刘　婷
陈　晨　李　杉　杨星辰　马　赫　梁　婧
李易檀　芦　赞　潘　冉　王馨晨

英语(本科)
毕业生(25 人)
王　宇　刘晓爽　李　阳　徐　煜　徐　贺
武茂婷　魏　微　韦晨曦　孟　静　扈海漫
刘　美　肖　楠　周　沫　徐晶晶　万　萌
李照楠　邓　璐　王　莹　朱　珠　常　晨
沈　军　李　萌　李媛媛　许思琪　黄婉若

专科(高职)毕业生、结业生名录

师范学院

专科毕业生 273 人,专科结业生 5 人。

电脑艺术设计(专科)
毕业生(16 人)
于　娜　赵　悦　张建婷　王　悦　刘婷婷
刘　雯　张　希　张　泷　葛建设　贾　婧
田　杰　刘志新　李　超　梁景春　杨　洲
杨宝龙

电脑艺术设计(艺术专业)(专科)
毕业生(7 人)
范海艳　唐翼晨　井　欣　叶丝雨　李　想
贾一帆　阎　倩

计算机应用技术(专科)
毕业生(52 人)
史　晨　谭　波　武莎莎　张　东　武玉芝
梅　琳　姚　飞　王天泽　胡英杰　郭　旭
阮盛云　蒋　蕊　杨建新　丁陆莹　张金霞
左　然　王　佳　孟　雪　马小雪　耿佳星
韩　庭　赵　媛　王　鹏　李　萌　张　腾
徐　萌　王昊彬　杨立夫　贾立欣　任思蒙
齐浩然　阎　玢　侯甫鑫　温　凯　陈　铎
钟黎明　陈博闻　李鹏程　任大欢　李　根
陈嘉扬　张　硕　庞韵潇　张泽京　郭　朝
于伊雯　杨思宇　张文瑞　高　旭　郑　君
张　云　杨梓琦
结业生(3 人)
孙　潮　王可敬　赵建军

服装设计(专科)
毕业生(17 人)
程　骄　林　婧　史龙飞　刘　爽　张天天
侯思思　宋玉华　付金泽　李文吉　李军叶
刘芃锦　张　昕　胡　静　闫娜一　段吟龙
马金路　李霞卿
结业生(2 人)
田曹宇　耿文宗

服装设计(艺术专业)(专科)
毕业生(1 人)
蔡　彤

会计(专科)
毕业生(31 人)
陈希阳　孙慧溪　李　群　崔　颖　董正昆
赵　雯　贺　朝　王　奇　张嗣博　边晓晴
高　甜　李丹丹　马海军　王丹妮　王文惠
王雪飞　康　燕　张咏琦　景　丽　郭晓彤
范飏帆　张梦娅　蔡　瑶　刘建华　王　冉
何　欢　王　璐　任雪娇　冯　建　李　竹
张　钰

技术监督与商检(专科)
毕业生(20 人)
王　妍　张　钊　王　颖　薛　然　郭凯华
安　晓　范振彪　邢非奂　陈　默　张梦莹
李雪萌　郭　旭　李彦卓　李　凯　赵美丽
李彬飔　杨玉玉　陶　兰　景　然　叶明珠

数字媒体技术(专科)
毕业生(58 人)
路　佳　关　蕊　周迎迎　屈迪迪　吴　丹
杨　娜　袁　浩　张　硕　王金宇　赵佳易
周霁航　张雷磊　王　琦　张佳麟　李　丹
颜廷亭　李　爽　李　巍　王　超　刘浩楠
翟秋辰　王　莹　孙浩元　马宇飞　贺岩砚
吴婉婷　肖　飞　张　晨　王昕晨　安　倪
陈延龙　连　帅　李梓铱　王　英　赵　丽
王少飞　刘　娜　李相臣　郭　琪　刘雪洁
王　骏　户新瑞　肖紫镭　郑博珊　梁　骁
田　媛　陈　行　孙晨旸　加　超　王　莹

高伯航 赵 悦 杜 和 蔡 尚 李桃桃
张秋凤 孙宝坤 冯 兵

文秘(专科)
毕业生(34人)
姜 轩 何 畅 张洁娜 王 宇 李 莹
王林晗 王孟冬 郑 友 郑建雪 孙建鑫
张 莉 安 琪 王 珊 周 颖 孟 天
魏思齐 许 莹 田雅明 任 平 张 然
王 严 杨 娜 孙爱民 郦思竹 项 兵
王雨薇 宋佩娟 王文超 刘 静 靳晓磊
赵 青 刘 婧 马 琳 郑文燕

音乐表演(专科)
毕业生(26人)
王琳姗 李 皎 赵子旭 李 响 牛孟娇
陈微微 张曚亮 邹梦颖 徐麒璐 邢晶石
王雲鹤 曹阿康 孙 策 蔡一剑 周 宁
芦娅珍 杨 璨 马 超 赵 播 贾一同
董 硕 高胜男 王墨晗 张佳睿 刘 学
王博洋

音乐表演(艺术专业)(专科)
毕业生(11人)
李可鑫 仝伟奕 洪滢灏 闫 肃 张 媛
郭 佳 张丽姣 梁雨晴 闫思思 邢 月
刘瞳菲

生物化学工程学院

专科毕业生222人,专科结业生4人。

会计(专科)
毕业生(30人)
顾 佳 乔 丹 白冰洁 李艾玲 张 颖
王一凡 吴 森 刘子月 鲁丽莎 林启君
杨艳飞 王 晶 王 超 杨 宁 曹 乐
王 然 乔 颖 张 添 黄 婧 尚 菲
胡海征 杨 萌 宋 斌 王佳玮 王梦莎
焦丽红 陈育军 孙 喆 解 洋 顾 涛

计算机控制技术(专科)
毕业生(25人)
周雪银 姚 硕 魏晓鹏 赵沁宇 陶 丽
蔡云龙 刘伟瀚 陆子斌 朱 蕾 任春花
黄佳蕊 邵 楠 刘 健 索思思 宋 楠
杨 晨 王利娟 杨骏新 王安琪 刘 希
刘 鑫 刘斯妤 胡 楠 周 佳 张红铎

计算机应用技术(专科)
毕业生(29人)
李 苑 鲍亚超 陈 怡 郝伟健 李 明
梁宇楠 孟庆磊 李 冰 蔡 薇 李 聪
朱 彬 魏晓蕾 赵盛楠 庄 萌 陆文冬
王腾飞 曹 振 张 原 苏 毅 张美娜
杨 静 孙 雪 赵 旭 王子骁 林 媛
黄玉彬 赵 羿 孙 旭 任鹏飞
结业生(2人)
吴冠霖 钎 轩

视觉传达艺术设计(专科)
毕业生(32人)
高 山 王凯媛 翟海英 李希文 梁 爽
邵梦单 李 娜 王笑飞 宋 倩 范 深
侯 鑫 管 莹 路 瑶 刘雅舟 韩超逸
李瑞千 张红蕾 曹善琳 胡石柳 梁忠华
陈 龙 杨 扬 王宏密 唐雪娜 刘 阳
张奕冰 孙璐玓 杨悦怡 田雪琪 唐雨萌
肖政彤 王 岩
结业生(1人)
常冠彪

视觉传达艺术设计(艺术专业)(专科)
毕业生(9人)
梁 静 李靖雯 孙 蕊 李 雪 曹莎莎
马依萌 曹 雪 李 彤 史季文

物业设施管理(专科)
毕业生(37人)
闫 晨 李一昂 居 哲 张 婕 朱玲丽
童 禹 魏聪颖 刘 莹 王逍逍 王 超
支 宇 张英子 罗 莎 廖春曦 宋 丹
卢 雪 范钝清 杨 光 闫 鹏 徐 杰
梁 雅 严 征 郭 森 胡晨骁 陈溢圆
徐 佳 赵博然 高 雪 李英伦 刁梦禹
刘 鑫 张 磊 曹梦思 刘瑾茜 李 妍
李 聃 王晓谛

药物制剂技术(专科)
毕业生(31人)
许梦菲 李超跃 李 彤 李硕磊 张彭远
迟 玮 王 旭 王东禹 胡长娥 方 刚
李雪红 朱洁婷 王梦洁 齐 迹 刘 鹏
张 佳 侯云翔 吴 爽 徐剑伟 张 然
刘思思 温 妮 季 越 于 洋 尹芳茜
靳丹丹 李亚男 肖三阳 王 雨 张凯丽

杜春早
结业生(1人)
胡晚成

医疗器械制造与维护(专科)
毕业生(29人)
梁博乾 杨 博 徐富旺 胡 洋 谢佳龙
冯玮男 安 迪 齐笑然 黄季龙 王庶鹏
王 震 陈 冲 祁 元 王 彬 陈 越
于晓晖 杨 振 王丹丹 张今男 彭 森
张 璐 赵腾腾 郑小夏 孙小雨 许 竹
王娇云 许丹药 何 姗 赵鹏飞

旅游学院

专科毕业生281人,专科结业生7人。

财务管理(专科)
毕业生(29人)
王冬阳 钱一坤 白 妍 王 彬 李含菲
孔繁秀 魏瑾莹 赵芯禾 赵玉君 尹少珏
姜 宏 王 燕 吴晓青 王 妍 张思远
杜 恒 宋 盼 周思雯 朱骏飞 郭竹君
刘 爽 张依依 姜 竹 李 虹 黄 婷
杨 凯 赵 赫 林 旭 张飒飒
结业生(1人)
阎春阳

餐饮管理与服务(专科)
毕业生(25人)
王惠珩 董 妍 韦 南 徐嘉伟 戈思雨
耿 辰 宋 悦 郝文颖 金浩君 梁晶晶
刘 静 施 洋 李雅楠 郭霄宇 杨 乐
高一鸣 丁聪惠 黄晓宇 吕 晨 李静雅
路与溪 李 谌 陈骥洲 刘 然 沈芳圆

酒店管理(专科)
毕业生(57人)
刘 然 尹 佩 李露旸 毕卉妍 何 旭
张小龙 潘 濛 张 晨 周 洋 屈静涵
陈 博 张 瑶 荣 迪 英 瑛 李腾南
杨 帆 林 婧 马 硕 刘 琳 刘英权
许莫凡 火晶晶 朱亦彤 韩凌妹 翟羽佳
毕 蕾 张亚轲 付 蕊 李骏亚 张 川
娄一鸣 刘思宇 王 洋 金久林 张 然
喇艳雯 王 萌 顾 玥 马 杰 张 盈
陈 鹏 李孟峻 王萱恒 郭雪姣 魏 冉
郭 菲 宋 裴 杜 萌 陈 旭 张 近
程 冬 陈韵洁 赵 桐 何 晶 田 野
田博文 王雪腾

旅游英语(专科)
毕业生(76人)
蔡 梦 曹 琳 章 滢 王梦亚 金海峰
林鸽睿 张 雪 王 鑫 宋 蕊 陈天骥
王 祎 吴惟婷 伦 琰 马 华 薛 菲
倪静宜 燕晓京 李婉婷 苑 雪 杨 阳
孙 冉 刘 博 王 川 王 汐 李晓白
李子楠 王绍龙 刘 斌 李子坤 赵 玢
贺小龙 任媛媛 田静思 贾思阳 张美慧
柴妙楠 郝 龙 周 蜜 于 泓 贾 佳
宋怡然 李 腾 仝 妍 刘晨曦 张益爽
王 骞 付卓然 姜 琳 陈健哲 彭 丹
郭小琪 王 悠 张欣蕊 张 宁 李 末
孙梦迪 杨 翀 冷小冰 刘 楠 刘 彤
朱婉丽 刘 姗 陈 蓦 许 诺 杨振月
周 颖 张孟颖 魏子砚 史 苗 张之晗
孟宏飞 王怡丹 朱晓梅 宋丹琦 吴 迪
于斯彻
结业生(1人)
刘晨森

烹饪工艺与营养(专科)
毕业生(26人)
邢 森 范迎晓 郭英杰 崔彦宁 史雪扬
吴锦玉 王思思 马 丽 姬娅婷 王晓龙
卢文淇 石腾飞 高 昂 王招君 赵玉婷
李翰涛 张雪瞳 陈英榕 韩秀娟 刘双双
范华兵 丁 亮 赵雪莹 高宇亮 佟 巍
李伟龙
结业生(3人)
王春悦 禹亚男 张 雷

应用法语(专科)
毕业生(25人)
王 淼 张梦辰 王毅茹 刘晓濛 徐 冰
白 雪 徐 佳 张 腾 黄 卉 龙 媛
王 茜 郭雅婷 李 锰 李 易 钱瑞琦
满开策 雷 钧 唐雨竹 孙天祺 许亚妮
张 蕾 袁志慧 薛梦杭 王 冬 刘艳迪

应用韩语(专科)
毕业生(20人)
帅劭颖 夏春燕 姜 路 郭 旭 李晓琳
张致铭 陈 茜 张予凡 李艳艳 马 楠

袁思思　张　蕊　王宇泽　马　雪　陈文佳
刁晶伟　杨　明　高　伟　李雅骄　邓雪媛
结业生(1 人)
杨　雪

应用日语(专科)
毕业生(23 人)
杨　雪　杨　俊　卜丽亚　马丽莉　杨誉涵
吴　丹　单　争　叶　楠　杨　萌　童钧洪
王　晶　李海颖　吕沛宸　孟　洁　贾　芳
安宇婷　张晓蕾　崔玲玉　李　蕾　张　云
刘梓怡　邢丹丽　董　硕
结业生(1 人)
王梦丹

特殊教育学院

专科毕业生 102 人。

计算机应用技术(专科)
毕业生(25 人)
方　钊　廖丙根　刘庆祥　张敬彬　李志远
张继磊　刘伯澎　王　虎　杨　帆　吴晓薇
李善上　王源彬　赵全佳　巩湛博　翟海明
逄淑文　栾　超　贾　红　杜晨菲　刘　璐
王少磊　杜进冉　王瀚峥　尚　尉　韩金龙

视觉传达艺术设计(专科)
毕业生(18 人)
陈　旭　邓晶晶　姚　波　李小倩　王梦林
周清清　杨小海　王晓辉　胡海林　唐　源
林春来　张　娟　刘梦晗　葛　玥　李雪娇
王雄伟　张晓雨　杨佳诺

视觉传达艺术设计—动漫方向(专科)
毕业生(15 人)
沈成华　谢晓东　刘　兰　宫宝华　陈天达
田　鹏　张　彦　何　旭　甘献心　梁鲁刚
吕雪姣　苏金星　谢文强　张　岩　刘小永

听力语言康复技术(两年制专科)
毕业生(29 人)
陈韦学　孙倩倩　李　荞　张　雯　李　静
夏绍华　都　洁　徐少丹　倪建正　杜凯丽
谌国会　姚　旭　王　璐　付晓娣　王秋双
秦新闻　张梦婷　梁叶坤　顾玉珊　李　静
宁　欣　王佳星　王欣博　吴　韩　薛梦亚
张可欣　赵双双　聂　鑫　刘雪飞

园林技术(专科)
毕业生(15 人)
赵杉杉　李善志　徐　畅　安晶晶　刘杰才
曹　荣　屈雁飞　马　跃　郭　兴　陈红梅
王　婷　高　阳　樊　柱　张高峰　孔若木

机电学院

专科毕业生 221 人,专科结业生 8 人。

机电一体化技术(专科)
毕业生(34 人)
张　昆　吕　勇　刘　令　李　鑫　霍天驰
侯海旺　周博文　路　鑫　王　鹏　杨　琪
陈冠宏　李　斌　郑　西　金　龙　李　远
张　军　王一童　杜伯超　张　轩　刘浩梁
杜佳辉　黄志翔　杨　熠　王晓东　王　迪
焦　阳　南路萌　白　堃　郝　维　张雪峰
徐庆楠　陈　兴　王擎宇　王祖光

汽车技术服务与营销(专科)
毕业生(28 人)
于　欢　杨海龙　王　瑞　田　川　游福佳
王　博　白冰洋　朱义文　孙新元　刘小月
杜亦萌　屠彩辉　赵一涵　刘　甄　张振杰
李　军　李博维　马磊磊　马俊凯　刘昊涵
牛　捷　田　伟　王　晨　张鹏伟　杜　超
贾　晨　张国卿　金　朝
结业生(3 人)
袁　飞　李天安　李海莲

汽车检测与维修技术(专科)
毕业生(59 人)
杨　阳　张　鹏　孔德龙　曹林岳　董　政
王晗一　高玲玲　李　博　姜　超　杨腾昆
刘　磊　姚　旺　李　享　贾志桢　王卫轩
闫　琦　杨　鹤　所翔宇　司　杨　高　源
李赫男　温　珂　杨晓斌　周子奇　周　晴
邵东晓　马艳玲　金建伟　白羽飞　牛　森
郎鹤亭　刘思洋　魏庆洋　陈　骁　刘　剑
康　萌　李　钊　王　皓　田亚明　彭永盛
王　轩　陈　超　王朋佩　褚洛宁　李　傲
刘旭东　闫钧儒　侯博超　钟　雷　葛　迪
姜　欧　张　琛　高　岩　权晨曦　刘　巍
高赓宇　曹　伟　赵　欣　王博弘
结业生(2 人)
孙　兴　刘建叶

数控技术(专科)

毕业生(34 人)

刘　超　丛红源　刘　波　国军健　谢雨晨
何　辰　王　鑫　李超伟　陈　宏　吴　锦
许秋利　关　晗　罗　曦　张　彬　李　强
赵志鹏　韩爱欣　赵　楠　张鹏飞　董　彬
张　垒　高子涵　曹　帅　王志远　赵梓辰
李贺添　徐　冉　肖俊飞　龙跃波　郑玉玲
吕　慧　朱　颖　耿孟喆　刘亚秋

物流管理(专科)

毕业生(66 人)

严　罕　杜丽娜　吴佳星　刘宜轩　田乔东
赵正杰　鲍润兰　穆佳宇　郑雨佳　邵西淼
马　郁　付立龙　刘　雷　李　娜　屈晓萌
金　昕　刘京维　孙　菲　李　彬　苏　雯
步长焜　刘　鑫　赵家琪　张　旭　宋　唯
王悍如　贾　楠　隗　薇　肖　怡　孟凡宇
周巍巍　赵　岩　李路遥　张　雨　冯立伟
刘佳莹　张雅静　李勃颖　孟　瑶　宋　平
裴海涛　张　宇　刘雪琪　刘　雯　龚　关
吴璟彤　张明君　袁　浩　路红磊　董　璇
裴　萌　马　代　张　洁　杨　爽　王　旭
李　震　李根阳　郭梦雯　赵　旭　王　辰
王子薇　闫　昊　康　旭　张歆予　王云霞
张　璇

结业生(3 人)

魏　学　朱　琦　陈　阳

自动化学院

专科毕业生 158 人,专科结业生 11 人。

计算机应用技术(专科)

毕业生(53 人)

马　特　邵光毅　刘　洋　吕知闲　宋珩瀚
马吉涛　贾　钰　郑玲洁　吕晓磊　杨　洋
孙明新　姜秀川　邓再兴　苏　梦　屈小飞
郑　雷　佟　乐　靳梦瑶　张　翔　徐明蕊
赵博然　陈清翠　王佳杰　李　琳　丁　友
马鸿理　孙雅棣　陈聪倩　岳　麒　国文清
袁　也　王　帆　杨　光　朱全凯　孙　霄
平金龙　孙伯龙　郭亚楠　陈　烁　赵　航
冯义龙　刘　擎　王子枫　张　韬　刘　瑶
刘晓鸣　刘　晓　刘玲娜　林晓峰　田锦乐
张　笛　高　峰　孙　昶

结业生(4 人)

崔跃文　薛重翔　高　博　郭　峭

楼宇智能化工程技术(专科)

毕业生(53 人)

王迪菲　周　烨　孙　季　司玄煜　孙　伟
刘　硕　张　潇　王　驰　石　号　王迎节
安　双　张龙飞　渠怀悠　史圣一　李晓萌
钱江峰　杨　翀　胡雅康　王　鹏　杨　旭
宋艳华　李　菁　李　东　马　洁　王锦平
张思轶　马艳斌　张中和　张辰远　王　巍
陈　朔　马　淼　刘　磊　王子飞　郭梓锋
王旭晨　郑建伟　李晓萌　邢宇韬　历欣悦
金　敬　关敬值　王　刚　高　畅　王　毅
申　楠　杜长城　贾明溪　孟　晨　葛建坤
夏宇奇　边旭强　刘　璐

结业生(2 人)

张冠楠　刘紫煜

网络系统管理(专科)

毕业生(25 人)

刘　辰　焦　雨　赵　磊　林　彬　石　宇
孙　鑫　荣　毅　张　居　茹洪超　戴　磊
訾云鹏　贾　亮　张熙然　王　雨　张　雪
刘　星　王　念　王　希　赵　凯　王东洋
孙　炎　辛晓桐　于　斌　赵　佳　刘　星

结业生(3 人)

朱熙宇　张　然　张　旭

音像技术(专科)

毕业生(27 人)

陈　龙　周亚雄　杨　成　马　骉　崔永欣
闫　妍　石和伟　齐　鑫　梁少晨　张　爽
霍　星　高　婷　吕文拓　肖晓菲　李德龙
张伟铮　王欣欣　刘　娜　徐　涛　王海纯
王　舸　孙　飞　李　争　许辰川　崔雅琼
徐唯益　王凌雯

结业生(2 人)

张哲闻　伊　铮

广告学院

专科毕业生 270 人,专科结业生 5 人。

表演艺术(表导)(专科)

毕业生(19 人)

黄　迪　刘　龙　吕泽林　彭子娇　王继龙
王漪凡　王　玥　缐　伟　谢天维　张　弦
张瑀飒　郑亚文　陈　晨　马晓彤　金迺钊

李梦婕　郭宏杰　李　烨　张雪琪
结业生(1 人)
张丹丹

表演艺术(模特)(专科)
毕业生(5 人)
蔡丽丽　王　昊　梁　晨　阮　洁　张秦苗雨

表演艺术(舞美造型)(专科)
毕业生(1 人)
许　可

广告设计与制作(专科)
毕业生(80 人)
佟　萌　高海晶　高　筠　高梦尘　侯梦阳
季晶晶　金雪婷　康　霏　李昊洋　李瑶新
连丽丽　林蕙丽　刘　畅　刘学燕　刘　跃
马琳琳　马倩茜　毛　雨　潘　霞　祁　欢
钱　坤　秦　川　屈凯飒　任　仞　田少谦
王　磊　王欣博　徐广起　杨艺帆　张　辉
赵　鹏　郑　辉　周　博　丘慎之　杜　伟
田　龙　赵龙飞　张　道　孙　冲　付茜然
卞　昊　单鹏飞　耿　鑫　郭　硕　韩植任
姜路广　梁　栋　林　硕　刘铠铭　刘　恒
柳泽宇　马　然　任连君　石　莎　孙晓倩
佟雪莹　王　曌　王爱立　王　赫　王　希
王晓曦　王　鑫　王雪瑾　王亚迪　王妍琪
王宇飞　肖　莎　徐　婧　杨　蟒　杨　旭
张　微　张　璇　张　瑶　刘　晨　齐　朝
刘肖依　王　敏　刘　淼　姬秀芳　丁　峰
结业生(1 人)
刘惠怡

视觉传达艺术设计(展示艺术设计)(专科)
毕业生(36 人)
毕雨希　顾　靖　黄亚南　贾　琳　金　姗
勘鸿玲　康　乐　李　丽　李松遥　李　莹
刘　荻　马羽茜　钱　雪　史国君　唐一心
唐　圆　田　源　王　佳　王　磊　王思蒙
王逸飞　王　雨　吴帆樱子　肖　雄　于　倩
张静文　张　沫　张　颂　张婷婷　张潇娃
赵　曼　周晓婕　罗浩瀚　李　菁　王梦云
郭　文

信息传播与策划(现代传播)(专科)
毕业生(49 人)
张雅萌　吕潘阳　宗　微　王　莹　王雪溦
丁雪杰　李若谷　谢　伟　刘逸雲　王冕森
周　行　刘　仝　刘　烁　王　然　甄梦璠
吴　洋　陈宇佳　刘静雅　姚　岚　李　磊
鲁　路　鲁　晖　张樱桃　杨晓玓　毛　旭
王　凯　韩丹丹　王　超　赵　芮　唐　帅
鲍宇飞　张　鸽　苗凯歌　陈雪霏　李林青
李冬萌　罗瑞萍　王莅晨　马　驰　石亮亮
任哲剑　张文莉　张　岩　王鹏程　陈　爽
马　原　亢宏竹　李思思　黄艳菊
结业生(1 人)
于　歌

艺术设计(网络广告)(专科)
毕业生(33 人)
陈岩松　崔　婧　付芳芳　耿　雯　韩惟伟
韩雪婷　金　辰　李　萌　刘　鑫　龙虹霏
孟凡雪　齐　燚　秦　萌　屈小娜　宋　瑒
隋延玲　田　园　田　震　王　纯　王　頔
王　宁　王　冉　王亦心　毋乐玮　吴雪燕
武志强　闫　波　张志航　张志航　汪　瑾
刘馨阳　崔　铮　杨千墀
结业生(1 人)
杨　俐

营销与策划(专科)
毕业生(47 人)
吕苗苗　沈可嘉　张梦妮　王　岫　张　莉
王　铮　张文龙　袁天佑　张　娅　于　杰
严冬博　王春雅　冯　悦　韩　笑　宋　璇
郭佳鑫　赵　伟　杨　阳　陆欣桐　任鸿阳
吴　彬　马珊珊　李延勇　马新超　李金庭
穆　玉　赵　岩　李　超　王一诺　韩艳杰
王英杰　梁　晨　苗　响　张　和　王明宇
张　昊　周　园　刘建飞　杨雪洁　陈　博
魏建丰　徐　彤　崔凤平　杨思楠　刘建男
郝朋飞　余　琦
结业生(1 人)
刘　刚

应用科技学院

专科毕业生 655 人,专科结业生 7 人。

电脑艺术设计(专科)
毕业生(25 人)
金光磊　赵卯熺　李　姗　尹京卫　韩昕彤
赵　歆　刘雪敬　李　晶　邵　维　梁　爽
马　蕾　左向南　张婧娴　吴茜漪　李　菁

马　娜　杜可青　崔雅楠　贾　瑞　王　辉
王胡彪　刘　欢　孙　冬　苏　楠　王雅文

电子商务(专科)

毕业生(66 人)

李　蒙　齐占颖　高　然　张晓萌　彭　程
李　菲　马　玥　钱宇航　吕　晔　赵易星
金　姝　徐　明　张梦磊　肖　萌　李　冉
于　洋　韩书钰　刘　行　孙　玮　李琳梦
李　萌　徐萌萌　胡子晨　郭嘉雪　范思琦
王　云　张　淼　边　媛　王　微　高　帅
张　磊　赵　露　靳以飞　王　晨　尹　晨
韩　萌　李　爽　王云鹏　金　平　苏　宇
岳新梅　刘冬婷　张　维　佟显晨　张皖君
邓　蕾　冯　静　马　跃　谭　闾　窦　楠
孙琳琳　于　航　陈　曦　何田园　杨梦恬
张培森　李晓朝　张　旺　杨　磊　石睿杰
曹　天　苏　鑫　宋裕沛　程晓娇　鲁春凤
王子龙

结业生(3 人)

牟　说　田　然　绳　冰

国际商务(专科)

毕业生(67 人)

张　丛　张小雪　王　翀　祁　麟　张超伦
孙冬冬　齐　磊　杨启鹏　马燕妮　舒　丹
田　恬　熊　菲　王　波　阎　亮　聂珊珊
李亚坤　刘　宏　康媛媛　田跃超　阎　韦
刘思倩　马思源　钱　蕾　李　勇　李晓雷
卢　雪　高　尚　张　娜　周胜男　张千如
唐依依　李　倩　牟雯婷　张倩倩　韩　赛
王　頔　张　悦　武亚楠　刘静涛　武赟妮
王娅杰　陈　茜　王腾娇　陈家舲　刘　涅
孙　硕　张　月　何继纯　纪冬冬　王雪妍
刘　欢　杨笑尘　马双旭　于　蕊　陆　远
师亚妮　白　杨　范立荣　杨　蕾　薛　潮
吕　晶　关　一　翟　朗　董　雪　陈晓攀
白　璐　任　欣

计算机多媒体技术(动漫设计)(专科)

毕业生(60 人)

王　军　张　晶　赵伟男　陈东艳　万　丛
常　青　李　莉　汤　雪　马伯瑜　胡晓辰
李　骁　谷　雪　刘　洋　缐晓倩　杨鹏飞
马　爽　申蕾蕾　宋　月　王昊晨　烟　雨
王立爽　孙艳艳　杨小龙　贾瑀嫱　张惠凝
葛　岩　屠　楠　李　爽　刘扬硕　景云秋
刘晓洋　刘　尚　邢　智　夏金博　杨　昊
孟　柳　孙东旭　王佳悦　张　琨　谢中元
曹银梅　闫　春　景　蒙　李　达　贾　然
刘妙蕾　李健臣　曹玉溪　顾　颖　王少鹏
张　阳　董雅楠　李明凯　孙光华　王雪冬
李　蒙　张雪然　苗　莉　刘　杨　张　颖

计算机多媒体技术(影视技术)(专科)

毕业生(56 人)

武　壮　程　芷　苏　琨　刘斯琦　张佳齐
秦　池　吴　慧　罗　翔　李晓旭　孟　雯
张　瑾　苟幸男　孙海峰　黎汉南　唐晓頔
段思杨　曹思佳　余思源　牛　静　韩思静
吴　昊　江　涛　陈婷婷　杨　曦　郎延吉
刘　钰　管崇颖　吕文拯　宋　泽　高季堃
方明星　靳　勍　乔　伟　李鑫龙　尉　舒
陈　琪　陈　漠　段　宁　韩媛媛　史亚赫
纪小婧　胡晓雯　董亚楠　袁佳琦　李浩玮
薛　玥　许斐斐　赵海莹　金呈泽　王　冉
王　畅　段雪頔　崔　晏　周　冉　吴　晨
孙梦媛

结业生(1 人)

孙亚丹

计算机网络技术(专科)

毕业生(67 人)

王　珺　屈问天　张　锦　程小龙　谢京健
郭　鑫　张远卓　张　博　王紫龙　金　毅
冯　超　蔡青蓝　王　伟　任　刚　周一行
陈　稳　高瑜徽　楚　斌　刘　恋　周　威
孟凡洋　祁建松　刘旭春　李玉辰　藏思禹
谢文斌　郭子涵　刘蒙蒙　程　毅　赵振女
朱恩奇　周文军　陈伟龙　李艳争　李　凯
姬晓龙　栾　超　薛晨光　王　超　严　浩
蔡子骏　刘可欣　李　响　左焜琨　张　玥
李剑川　郭建辰　党　欣　张　浩　骆雯雯
赵　胤　王晓萌　封　巍　昝　颖　田　旭
周　远　封　华　何逸豪　李宏龙　张　博
李志成　陈　岗　刘　旭　姜荣欣　吕　晨
孟庆然　许博雄

计算机信息管理(专科)

毕业生(66 人)

张中译　王　震　尤　磊　越　章　张　拓
侯　烁　刘宇琼　宋萌萌　杨贺维　李　响
刘亚清　张艺哲　王　博　颜　威　董　凯
张励涛　沈伟德　蔡凌峰　初宪伟　李亚楠

郭　骏　张　翰　刘　婧　杨　帆　吴晓辰
张琳娜　周　洋　李　希　刘　香　李　莎
王　越　唐　迪　卢　超　杜　航　毕文晔
袁　帅　杨　莉　杨　柳　周　航　吴　熙
黄韵萌　苗　旭　刘　奇　马子博　董　宇
张　琦　王文杰　孟庆冬　金　腾　杜浩航
杨彦君　金　辉　吴　双　郑振旭　张梦妮
赵敏芳　付雪丽　邵李蕊　朱获茵　沈　鹤
李　爽　董述豪　庞　贝　李　芸　王　群
王　陆
结业生(2 人)
王龙飞　张天智

金融保险(专科)
毕业生(71 人)
邢雅棣　韩　军　常文轩　郭娟娟　王　晨
邢　迪　李　慧　石凯丽　刘　杨　李　想
李　贺　刘　潇　高　颖　于晓涛　李宇腾
郝　运　戴　唯　张晓龙　刘晓东　李　妍
卫百华　杜　伦　王晓蕾　李亚男　韩　笑
王　焜　刘　青　郝雅楠　李　程　岳嘉雯
邹少华　浦印晶　崔晓赛　关　静　赵　淼
候青青　韩　旭　李华玮　赵银婉　刘冬瑶
莫　尧　赵松松　蔡　浩　王　悦　于　森
王子超　张　萌　孟艾莉　王辰帅　李诚熠
狄　峰　王　珊　刘安娜　穆　青　杨　迪
张圣丹　崔　曼　臧　然　李　超　王　媛
王照钧　贾　楠　周红涛　安　颖　王　璐
王紫微　冯唯卿　张　洋　兰秀明　张　楠
张　伟

软件技术(专科)
毕业生(75 人)
李　平　刘光一　史冉冉　马　爽　于　雷
郑飞宇　任嘉俊　闫铁明　杨　洋　宫天航
陈　坡　孔凡飞　张　雪　程锦涛　郭玉波
郑　揶　刘迪斯　吴彦茹　赵　京　白子瑜
刘　冲　李　航　马　晨　谢　飞　农凌峰
王剑飞　董德龙　刘学忱　未　一　吴佩琛
谢润梓　郑燕飞　刘　昭　李　刚　韩　晔
徐化天　何　迪　邱　论　梁　双　董天雷
王　昊　洪月驰　迟博文　张　晶　常　璐
皮斯超　李月东　王　鹏　苏　飞　徐　卓
张　超　万　瑞　常建龙　夏春爽　王　瀚
郭金良　杨　苏　刘奕雍　王　吉　高　原
张　伟　郑尧春　孙　森　杨柳青　郑　祺
吴翔宇　赵　鑫　朱小龙　王　晨　李晓倩
禹霖霏　蔡江坤　吴润欣　陈　晨　赵　普

体育场馆管理(专科)
毕业生(31 人)
孔　义　李　璐　胡　杨　赫　晗　李慧颖
霍　鑫　高　健　蔡依雯　杨一森　刘　恬
计　杨　刘　洋　赵雪晴　白　雪　赵　朕
贾兴建　关超伦　张思远　张　翼　张弘扬
王　波　付　涛　姬　微　吕泽华　张　凯
王　跃　韩　童　马　月　董立强　关翰驰
王骁男
结业生(1 人)
袁　维

通信技术(专科)
毕业生(71 人)
虢宏伟　袁腾毅　贾　萌　韩炤芃　张伟宸
李　海　王　矩　梁　超　惠良屹　蔡文超
马华洲　满东泽　李　阳　许承汉　马　征
郭安娜　蒋　岩　李多希　孙佳梁　许　佳
谢文龙　雷　雪　彭　晨　孔令昊　陈　希
张诗洁　张　旗　关　欣　程　皓　范新东
曹　霏　侯子龙　刘　晶　李　倩　王新婷
崔筱婧　王烁亚　高　翔　王墨臣　王　强
孙越东　王曦辰　韩义宇　韦珊珊　翟　硕
连　鑫　崔　辰　王　悦　董佳宁　李　攀
李　振　尤博伦　张玉塞　李　强　郭增林
张　磊　赵雅歆　李铁鑫　李　培　张　晴
毕　昕　翟　爽　宋　波　宫殿琦　赵一淼
覃佐秋　高　添　蓝冬轶　张　丛　于兴海
邹　一

平谷学院

专科毕业生 252 人。

电子商务(专科)
毕业生(27 人)
韩　玥　贾相辰　王　帅　张文博　周羽墨
郭凯文　乐雪盈　姜　汉　赵　杭　李晗笑
李晶磊　蔡　宁　康　烁　朱　玥　郭乂铭
高　然　汪云涛　梁　妍　冉　赛　张安琪
姚　祎　池宝凤　屠宇晨　田　杰　王　晗
盛雪娜　郭　凯

广告设计与制作(专科)
毕业生(63 人)
赵　捷　杜薇羽　李志龙　邹　蕾　孟　扬

齐静娴　樊　菲　王玉瑾　石　骜　齐鹏飞
陈秋远　张绍鹏　邵　屾　王志军　贾谦谦
葛　佳　顾　岚　宋　平　陈笑梅　安小伟
李北北　聂倩南　刘心莹　周　敏　孙　倩
殷萌萌　杜　娟　许晓宇　刘　通　王晓婉
郝学宁　李　响　马秀梅　胡紫瑶　朱世春
彭　昊　张　茜　李亚男　武　萍　涂欣太
贾卓然　周天宇　郭思邈　张一帆　邹宇新
寇　蕊　凌宫睿　张　琳　宋　翾　王　超
刘　昊　李潇潇　何霜霜　王扶瑶　张　菁
张博岩　魏　婷　刘佳萌　陈艾琳　刘小利
祁　娇　裴　琳　李　阳

国际商务(专科)
毕业生(28 人)
杨腊梅　刘　悦　段敬晶　王紫薇　陈骁一
陶　姗　赵紫熙　刘彤薇　左梦妮　罗　欣
郭　萌　李　佳　范士杰　赵　欢　齐爽玥
刘一丁　赵晓朦　曹　曦　祁　爽　王凤娇
郭　鹏　周　沫　张　博　祁燕清　吴　丹
王　迪　刘　茵　王彤彤

金融保险(专科)
毕业生(30 人)
刘　楠　连　晨　韩梦嫣　张　祺　孙元达
马铭旭　张　曼　姚　禹　王雪驹　皇甫晋升
何　梦　王　甦　李　娅　贾莉莉　吴黎烨
陆辰桐　宋　楠　姚春灿　崔春子　邓子辰
刘　畅　李　翔　杨智奇　孙方亚　吴秉昭
黄冰洁　王海洋　杨　晗　何　飞　张伟蒙

旅游管理(专科)
毕业生(31 人)
董乃夫　王　沛　于　超　王　琳　王　毅
苏孟佳　陈小龙　张　晶　边梦頔　吴　琼
王浩然　战　辰　乔　雪　顾　瑶　王　萌
李　为　关志莹　王伯阳　赵园园　刘世亚
戚尔东　蔡思勤　孟　月　张　祎　胡丽丽
张　津　李艳茜　仇秋曼　贺艳娥　卢晓洁
周云峰

网络系统管理(专科)
毕业生(73 人)
张　钺　刘珊珊　罗　晓　霍　栩　刘唯汉
李　光　程　明　李　博　康悦滨　张　金
李　淼　刘　晨　毛婷昱　常　悦　曹晨露
张天龙　孙　尧　井海龙　钟文君　刘　璐
陈　帆　樊新宇　海新源　郭静雯　杨　琪
唐　硕　牛子儒　张　鹏　朱庆乐　部　雍
张梦迪　赵　娜　张建雷　贾艳超　姜　燕
刘　明　李　焱　韩　旭　李双君　刘　祎
郭　斌　彭　帏　蒋海畔　张　璐　王　峰
李　东　姜　滔　康萌萌　杨哲明　石晓凯
王金颖　刘　潇　郭　晨　陈晓丹　徐　航
王　莹　席晓宇　王继迎　王　禹　杨　彪
王　菲　洪　霞　孙伟玮　吴　松　王　芳
李　丽　田　晔　刘晓霞　王　东　王　锰
李　新　王玉龙　韩　征

(教务处提供)

成人学历教育(夜大学)毕业生名录

1. 本科层次(125 人)

艺术设计(53 人,办学单位:师范学院)
刘健平　王　月　周莉莉　杨　迪　杜　平
胡晓霞　赵　霞　李　洁　李　雯　王同静
齐　玮　高付冗　王　颖　王　曼　王　瑞
信爱英　何　冰　赵婷婷　郭彩峰　刘英华
许萌萌　刘雪梅　周　文　李春艳　张　双
崔世辰　刘　晶　刘　薇　傅　祥　文　艺
张　俊　宋立慧　李乾容　孙　卉　宋京媛
闫超华　王　莹　张国军　马彩丽　赵海楠
尉　岩　安　辉　刘翠萍　马　帅　肖　爽
韩天雯　孙　宇　赵同辉　孟丹丹　戴亨达
杨　飞　仇　雪　关　燕

艺术设计(38 人,办学单位:商务学院)
李君红　李　燕　张　倜　杨金菲　郭丽娜
焦志建　齐华欣　柴洪岩　李　茜　刘　杨
冯　枫　刘　笛　刘凤霞　盛汝涛　刘　青
阎宏云　蔡光涛　高珊珊　陶凤超　屈京亮
许　璐　刘　洋　吕后见　王　彬　张曦文
高　擎　吴　杰　韩剑锋　王　娜　朱德育
刘海涛　赵　琪　隋学娟　王冠中　刘　爽
柴婷婷　赵　樱　李　薇

旅游管理(12 人,办学单位:旅游学院)
荣凤茹　田芳芳　高　杨　马丽娟　邓建生

邓　营　张伯阳　王艳青　张　恽　李　华
郑金凤　郭芳芳

工商管理(22 人,办学单位:机电学院)
胖伟明　陈　颖　邢斌权　白　珊　张　莉
麦锐波　赵东良　李佳肆　郭　媛　闫成荣
乐　闫　宁　满　王　辉　王红敏　钱翠柳
曲志芳　马军瑞　汪　雷　王　晨　刘　娜
汪　钊　王　宁

2. 专升本层次(583 人)
公共事业管理(9 人,办学单位:应用文理学院)
董玉梅　张春阳　王　珏　周　悦　卢静宜
刘利娜　黄　茵　黄　静　陈　娜

会计学(66 人,办学单位:应用文理学院)
杨　齐　王　鑫　蒋丽丽　马玉波　刘　伟
赵　丽　姜月晴　刘红艳　白　静　石玲玲
罗洪奎　李　婧　周　爱　周　冉　许　娜
杨雪梅　张维意　张　纯　刘思维　陈会香
尉婧祎　王莎莎　杨　阳　张　静　刘利萍
苏星羽　王　茜　焦立敏　张丽芳　王　晋
肖　菲　王　欢　王　阳　金　戈　张　婷
丁　硕　步春琳　刘艳丽　李春梅　魏　博
李海燕　杨金锋　杨金娜　王　雪　王　臣
李　杰　郎文光　霍洪涛　姚晶晶　邵春仙
赵　晶　张　乐　刘宝珍　赵晓荣　李立文
赵　静　刘彩虹　蒋金平　赵连连　杨海艳
姚　建　周　琴　贾立娜　王雪莲　时　代
蒙晓霞

信息管理与信息系统(11 人,办学单位:应用文理学院)
要晓辉　康继红　杨　娜　焦兴朋　马云钢
杨春晓　张　彬　吕　靖　张大进　禹　超
李　聪

艺术设计(30 人,办学单位:应用文理学院)
唐　冉　徐　烨　柯　佳　任一楠　朱娅楠
田　丹　卞　堃　于晓霏　刘　青　张蓓蓓
张　晓　张　铎　牛　燕　李　珊　缴　捷
邱永哲　黄丹丹　关　虔　刘震震　张金慧
张　莉　尚雯霞　李　旋　马　骀　张　颖
于红义　张　晶　刁　强　李　凯　段　鹏

艺术设计(5 人,办学单位:师范学院)
李　爽　杨　俐　高　洁　牛　泓　罗新艳

音乐学(30 人,办学单位:师范学院)
陈　敏　穆　松　王美阳　吴　楠　翟丽梅
张婉莎　张　艳　刘　娜　范世兰　吴　丹
姚　杨　常砚溪　张亚琼　陆　璐　陆　阳
张宗亮　刘　超　闫光昊　李梦姗　孙慧玲
王　琳　张子湉　杨晓丛　王国鹏　魏　巍
张柳明　李　芳　李　娜　李志强　刘海燕

工商管理(28 人,办学单位:商务学院)
陈　艳　栾昌斌　张秋佳　温筱楠　王东兴
付新阁　王燕飞　张　瑞　李　姣　付秋玲
黄荣荣　王建斌　郑艳丽　庞一平　刘　音
张春微　高　宇　贾　蕊　范晶娜　王　爽
杨　颖　许惟先　范钟山　李维巍　吴　雪
尚春雨　陈　伟　刘　佳

会计学(42 人,办学单位:商务学院)
孙　玉　董凤霞　李晓丽　李　曼　赵　静
胡文娟　唐　超　王　双　赵莹莹　张利金
郑　冉　王　莹　秦　菲　张　玥　任秀艳
刘然然　张　楠　董一夫　吕俊飞　高　超
张国玉　刘　彬　陈　蕾　雷　霆　杨　波
孙敦淼　戴　钰　付　艳　刘学丽　刘春军
陈立玲　赵　娟　陈慧然　王晓竹　付　娆
田　丛　任璀璀　苑　凯　王　莹
叶　青　温学民　陈　曦

旅游管理(15 人,办学单位:旅游学院)
蔡　蒙　胡雪梅　何　韦　杨国鹏　白东梅
李海杰　吕　静　贺玉文　张　良　张红颖
毛雪薇　徐　磊　孙潘梅　赵文苗　黄　宇

工商管理(31 人,办学单位:继续教育学院)
王艳艳　脱　爽　王　棣　周超英　徐振宝
江民辉　陶　铮　齐贺男　武渤淳　张　雪
谢晶晶　李　丛　王晓曦　李　跃　勾　超
张文竹　刘　阳　王彦强　宋悦缇　程泽文
吴　磊　高晓宇　吴　狄　王艳朋　高浩洋
韩宝娣　张　静　杨晓东　王艳华　李　伟
赵丽婷

艺术设计(48 人,办学单位:继续教育学院)
王　祺　李雪峰　许思源　张　超　李敬学
曲立岩　孙　昕　郭文尧　李　萌　张　佳
刁　萌　田　野　刘　旭　吕保华　郝　军
郭　森　李　珅　薛剑凡　宋金英　吴盛薇

蔺霁萌　王　蕊　李　鹏　杨　倩　关　翔
郭雪松　郭　文　宋晓溪　张孟歆　舒　畅
徐　超　郭子健　张婧雅　张　铮　张景龙
李　辰　高　萌　王　阳　郭　萌　李　超
李冠良　吴亚春　高　燕　金大勇　胡瑞华
陈　明　黄亮亮　夏恒煊

英语(36 人,办学单位:继续教育学院)
崔迎春　李　鹏　刘珊珊　刘　昊　邹淑贤
董　囡　张维丹　刘　晶　吴丹丹　王峻伟
许贝贝　李　鹏　白　静　韩　旭　张乔楠
王姝宁　马　韬　段晓雷　刘妍华　宋玺文
吴　彤　许威威　张　湛　王　珺　刘　明
孙姗娜　刘　雯　孔令菲　曹　杨　翟　蕊
郭丽丽　杨　平　孙敬玲　刘　晨　马思思
姜　楠

教育学(24 人,办学单位:特殊教育学院)
任婧妍　冯艺蕾　郭煜然　李　菲　姚　瑞
杜京京　李　鹏　姜　姗　陈　星　江　宁
葛　兰　赵怡虹　王丽洁　刘　佳　吕芳芳
段　峥　张寄武　杨白雪　曹海玲　董　爽
李　幕　张丽芬　朱　晶　侯蒙蒙

艺术设计(11 人,办学单位:特殊教育学院)
董聪灵　徐　燕　赵厢音　刘　畅　赵秉涌
杨海生　董欢毅　党晶辉　李　娟　张　科
赵　凌

针灸推拿学(27 人,办学单位:特殊教育学院)
邓颖韬　符史勤　王　旭　李宇姬　马高亮
郑　菲　冯志坚　盛　开　王　磊　吕　付
陈　堃　秦中明　韦　茜　焦兰霞　藏　洁
杨支平　杨会斌　徐捷兵　代一雄　陈　瑜
张　艳　郑　刚　张孝东　蒋新慧　梁　静
张　岩　李巧莲

计算机科学与技术(10 人,办学单位:信息学院)
李　勇　庄剑锋　闪　电　田　伟　孙　超
谢金铃　刘永祺　辛　宇　乐亦辉　谭　圣

计算机科学与技术(13 人,办学单位:信息学院)
卢　旭　刘云飞　刘　胜　王友继　刘　辉
张国栋　马闵东　王怀国　石　严　赵文佳
谭铭洲　翁春明　李志永

工商管理(38 人,办学单位:机电学院)
王　亮　包　晨　祝　岩　曾　顺　张　磊
张秋磊　王　啸　张　昊　张晟豪　刘长贵
梁尚平　徐　飞　卢佳琨　刘　晨　鲍凤红
谢祯祯　李　川　于　楠　赵　阳　侯　喆
周　培　杨海欧　张熙静　苌文丽　吴　湘
王　冠　刘　秀　徐　婧　向萌萌　吴　爽
张艳丽　宋建博　马　礼　黄　振　张晨光
牛　津　陆　瑾　魏　峥

机械设计制造及其自动化(29 人,办学单位:机电学院)
王晓兵　杨　光　王忠勇　宋德刚　郭向阳
车雄飞　常颖东　冯卫华　杨立鑫　高长柏
杨勇奇　刘　峰　范国旺　石春雷　李锦山
刘保辉　李金良　李青山　王庆新　何　山
冯乾龙　张海军　谢广如　田　超　刘海兵
石殿华　罗锋华　徐思韬　高青山

计算机科学与技术(10 人,办学单位:机电学院)
马志国　冯　硕　佟　玲　吴景月　贾　金
徐天枢　屈　林　曹晓萌　王明磊　何宇飞

自动化(14 人,办学单位:自动化学院)
耿　辉　何　炜　史跃虎　潘亚伟　张城恺
靳晚霞　张　旭　单晶瑶　杨　楠　赵　燃
白　晨　李　伟　程贤玺　王　喆

电子商务(36 人,办学单位:管理学院)
邢芳东　尹　岚　尹晓萌　张　洋　赵亚丽
赵燕萍　赵宇亮　左　娅　边　超　陈　溦
陈　洋　陈　怡　封跃鹏　高　升　韩瑞瑞
胡国际　李彬彬　李玲艳　李　娜　李　洋
李　晔　刘明磊　刘文婷　刘　旸　潘丛丛
裴　菲　蓬京义　宋令春　陶　昕　王　剑
王　琳　王瑞娟　王秀梅　王　颖　吴　威
庄东京

艺术设计(20 人,办学单位:广告学院)
过彬彬　扈　焘　孙　丽　刘　杨　李国辉
尚　华　杜文倩　边松琳　慈　爱　刘　超
兰　云　戴　彬　吴　桐　赵　颖　许恩宁
梁　盼　刘岳东　陈　琴　孙海江　崔　健

3. 专科层次(968 人)
会计(31 人,办学单位:应用文理学院)
王　娟　刘　硕　刘　娜　杨海静　张　平

张春莲　田　川　吴岱霖　魏萌萌　张大钊
杨　鹤　吴秋芹　袁贺楠　刘欢欢　张　祎
刘　颖　张维维　李凌燕　王　静　吴　钧
卢爱文　冯海侠　张明亮　刘俊花　杨凤凤
李春兰　高　丽　甄维雄　汪　静　王婷婷
李　伟

计算机网络技术(11 人,办学单位:应用文理学院)

王振亮　高　帆　尹小春　王恩伟　杨　扬
林　紫　熊明俊　方　姣　李宝良　刘　翀
李　林

计算机信息管理(15 人,办学单位:应用文理学院)

孙　静　郑校明　王　帅　王　慧　薛　峰
张大维　白　鹏　金　强　赵　伟　荣海峰
李豫鹏　付新征　姚立民　裴　莉　赵云鹏

文化事业管理(25 人,办学单位:应用文理学院)

阚芳芳　邢严卡　杨　策　张梓新　苏　敏
曹婷婷　宋　芬　黄祥瑾　崔晓晓　龚子珍
潘张红　孙万能　朱小露　江　丽　陈　鑫
张德艳　徐　珊　张宏卫　王光富　赵　丽
闫继秋　石祥义　孟繁伟　黄小伟　周筱易

幼儿艺术教育(71 人,办学单位:师范学院)

赵晶晶　王柏欣　王　萌　苏晓敏　王旭芳
金　鑫　王　玮　高俊婷　曾飞飞　李　敬
边　洁　楚思思　李春梅　刘菲菲　方贝贝
杨　佳　胥　南　邳照云　王　妍　王　晨
赵　磊　刘　莉　陆　琦　王　乐　李　辉
焦玉竹　康馨宁　管彩霞　鲁云辰　张丹丹
徐媛媛　李雨蒙　裴亚然　王　妍　王思懿
张　静　张玉婷　骆　晨　林漩英　余琬瑶
吴　杰　任　静　宋　昱　孙雨薇　朱晶晶
葛　婷　马　钰　杨亚楠　陈宁宁　李　仟
杜丹丹　王萌萌　贾娇娇　杨　宁　马诗凝
郝爱平　郑雪晏　张斯瑾　路　亚　王　萌
马婕芳　赵丹琪　厉　欣　罗娟娟　顾婷婷
张海霞　贺　辰　郝　汀　翟丽丽　马琳秋
田思思

会计(37 人,办学单位:商务学院)

孙　毅　陈　峰　张维娟　关莉莉　关莹莹
王　领　任立超　赵颖静　冉玉娜　张润玺
李　梦　王　静　吴艳婷　王建华　荣文静
刘志利　程　倩　姜红敏　宗　靖　姚　静
徐万哲　李　莹　王　玲　张　瑜　付红丽
苏　兵　白　静　张　帅　侯海静　孙　宇
邵　华　徐　佳　常　净　刘　颖　王林清
赵　屾　王建泉

计算机信息管理(90 人,办学单位:商务学院)

石　超　杜　飞　支玉清　白国清　乔志国
李天月　徐　伟　汪建波　段京艳　花瑞雪
商亚秋　段景娥　杨　涛　胡俊丹　陈　宇
吴克刚　杨　垒　高　峰　耿　芳　李　洋
刘凤力　杨　雨　张东苹　张树强　冯　洁
吴玉磊　周　祎　吉治合　曹　松　王　松
周　振　潘玉清　周　颖　赵乐文　田苗苗
郭彩虹　张俊锋　张　月　尹旭光　孙滕柏
王　硕　王德强　侯振超　赵　龑　程　楠
杜　骏　陈思敏　段玉梅　张晓晨　梅子华
苏朝峰　刘维平　徐玲灵　陈　晨　王洪洋
高江涛　邵　帅　胡　盼　刘　晶　刘春然
赵峰葳　冯　爽　齐　爽　张　喆　郑月平
黄亚斌　王　爽　靳雨蒙　高　原　刘　祎
焦　洋　李　想　白　金　王冬良　张磊磊
李　晨　何玉兰　高　璐　于久澍　刘兴辉
宋红芳　陈志惠　邵婵莲　王　梁　赵　梅
姜爱雪　王永光　陶　伟　朱志贺　刘晓伟

商务管理(50 人,办学单位:商务学院)

武振星　张世民　张　浩　张明芳　王　飞
王　滢　李　远　孙　莉　施书学　覃京涛
郑迎建　赵艳艳　杨　静　孔德新　郑金环
刘子奕　曹连峰　何　艳　刘　晶　吴　迪
孟江亭　孙　杰　张江伟　周　晶　彭　丹
戴艳婷　张鹏翔　石朝霞　闫焕阁　赫　蕊
高文静　吴超男　郑　超　胡　娜　王维程
吴跃峰　韩鑫悦　王　赛　于芳旭　王　晶
康　硕　葛秀伟　田　帆　朱彤彤　赵庆峰
陈　林　王　莹　张　于　许　爽　袁诗惠

艺术设计(19 人,办学单位:商务学院)

刘延军　王聪超　王梦圆　于　洋　尹　静
刘秀梅　张斯斯　王　京　孙熠康　徐　钊
马小晶　吕　竹　徐　堂　李　娜　张新月
王文静　焦　艳　李　冉　赵　威

工业分析与检验(27 人,办学单位:生物化学工程学院)

马雪双　王云达　王　萌　董玉龙　刘雪玲
陈　晗　刘　烨　袁　帅　郭丽洁　赵　爽

王　超　李　丽　张　袁　马　震　李海龙
王　通　宋　莹　王新芳　郭　莹　韩　昌
梁　蕊　李　楠　亢华伟　王宇坤　王海超
胥雪双　王洪燕

商务管理(2 人,办学单位：生物化学工程学院)
王燕庆　刘　意

导游(9 人,办学单位：旅游学院)
史京晶　杨　帆　赵丽亚　冯雅婷　路　园
张明英　刘华玲　张焕贝　刘　月

旅游管理(26 人,办学单位：旅游学院)
杨　辰　李　娇　李佳浩　贺艳平　安　娜
宋建荣　赵飞飞　王　娣　崔　颖　高莉娟
黄丽洋　张桐佳　张艳新　张　利　王利利
孙靖涵　金　夕　王　珊　张　蕾　刘　哲
陈林健　吴丹丹　屈润辰　王　楠　周剑飞
宋熙超

旅游英语(16 人,办学单位：旅游学院)
徐艳梅　张　虹　孙　瑶　李晓平　李　明
王　贞　毕丙辉　朱先枝　张艳玲　葛　诺
刘江伟　李宝春　夏　懿　刘　淼　牛海静
丁旺才

中文导游(1 人,办学单位：旅游学院)
朱岩峰

多媒体设计与制作(166 人,办学单位：继续教育学院)
王　楠　邢晨旭　周　魁　刘端端　刘　峥
张　昭　陈　石　关凤娟　于　璐　成　玥
张凯江　王鸿毅　刘　斌　林　伟　樊晓宇
袁欣悦　张彩青　叶明昊　张傲然　孟　赛
陆　旭　赵　新　刘晨佳　刘雨红　袁　伟
李玲玉　王学娜　郭子民　于泽江　魏东影
张学娟　郭兴悦　王　晨　杜　跃　郝　静
曹　祺　蔡娇阳　任凤岩　王海乐　郑　影
丁　刚　刘英子　于洋欢　许冬超　邬　莹
田　颖　刘奕辰　赵　睿　赵　亮　刘　畅
米博雅　付京京　季亚军　徐宏叶　杨　硕
杨丹丹　张　帅　徐　凯　王　芳　韩碧薇
王德录　许　盼　李　想　王少龙　曹鹏跃
薛欣悦　孙鹏成　石　奎　李明星　蒙　兴
单　涵　乔　凯　朱孟笑　王　林　赵西林
宋长青　王程镭　马亚欣　邵　萌　张俊杰
李沛然　朱洪全　邢长松　李　健　秦铁成
杨海龙　王　戈　李　静　王　放　任　栋
刘　鹏　赵文森　赵　振　王际磊　王　景
刘　佳　杜　跃　何　静　刘振义　刘洋洋
田　涛　张红宾　张慧筠　周国斌　丁丽娟
刘瑞森　凌　云　王　超　李　蕊　李佳霖
谷　阳　安　岩　王　玮　姜　云　张　昊
纪　旭　茅丹丹　程　宇　桑贝利　林　琳
刘美玲　王婷婷　许　佳　聂朝阳　勾　蕾
杨　勇　王　栓　李春勇　启　迪　王　辰
王　驰　李静茹　李晓红　王天淳　马建华
李思伟　李　响　孟　松　焦昌龙　张大磊
王思恒　陈大鹏　刘若凡　谢英硕　郭旭智
李　硕　郑海盟　王璞迪　白佳悦　庄　蕊
李思萌　胡晓磊　吴英斌　康士昂　王　超
梅子荣　王宗洋　杨　菲　陈少锋　王　祎
游　海　赵亚强　陈　琛　桑胜凯　梅依林
段亭宇

广告设计与制作(18 人,办学单位：继续教育学院)
吴觉培　王崇福　王　策　马　岩　郭　昊
曾　光　于雪泽　郑雪涛　王祎然　梁　建
宋　莉　赵金鑫　于玲玲　囤娴月　杨　蕊
杜月朦　姜伯虎　魏　然

会计(34 人,办学单位：继续教育学院)
韩　雪　李　莹　耿　爽　魏亮姣　高建姣
段　磊　孙艳杰　杜　欢　马冬冬　陈露露
马　可　杨志超　李　娜　王　皓　邓宝莉
李　腾　董春娟　乔冬梅　祖静美　霍圣男
刘艳艳　王　荻　赵　勋　夏　丹　许培原
胡　玥　尹文利　张轩瑜　张　超　谭霞辉
张雨晨　李晓庆　周　萍　霍云凤

计算机网络技术(33 人,办学单位：特殊教育学院)
朱金敏　张　超　赵顺萍　王丽莉　普丽梅
张毕恒　李自正　陈道会　张汇波　肖昌丽
杨　娇　罗　亚　邵梅芳　邓玉洁　赵昌燕
范树萍　李海林　毕艳娟　任瑞霞　陈兆辉
段　昆　于海梅　高　杨　曹进波　达春秀
元春明　吴　贺　李　亚　杨世应　左小红
吕　瑞　张学胜　朱晓玲

听力语言康复技术(12 人,办学单位：特殊教育学院)
周　薇　仉海燕　蒋丽丽　王洪浩　刘彦哲
周春艳　高　霞　王珊珊　关　欣　范艳妮

毛　丽　常　虹

艺术设计(35 人,办学单位:特殊教育学院)
蒋晓平　田　莎　尚玉喜　宋丰娟　严　潇
唐润辉　李　辉　牛振楠　彭继宏　施俊仙
宋　梅　李爱明　邹红娜　谢轶硕　张丽娇
姚　建　马　向　刘　艳　文　兴　王懂良
钟　艳　杨　立　和继圆　彭文丽　罗永会
禹江鹏　高一菲　韦家燕　刀德安　常　有
杨　娴　王正卫　杨连专　尤秋萍　黄　健

针灸推拿(41 人,办学单位:特殊教育学院)
吴连军　李　颖　薛正朋　纪德勇　刘志林
陈　杰　许振川　蔡鑫跃　王俐蓬　万　苍
武英波　刘　凯　邹　涛　张　海　田　骋
杨宇峰　张伯辰　刘　辉　吴言广　赵吉庆
刘辞蓉　范宜佳　李　凤　安雅婷　王　智
郝加祥　齐　娜　康　军　刘　兵　胡　洋
黄伟琳　谭卧岗　乔　江　傅学臣　王　纯
陈　江　许　壮　陈　娟　向　凌　黄笑逸
刘泽蛟

计算机网络技术(23 人,办学单位:信息学院)
赵　朋　陈　佟　焦立顺　吕　程　王　胜
何　洋　叶剑斌　田亦雄　李梦迪　刘福波
宋　航　杨　猛　王　磊　张仕静　王　莹
马　亮　杜　亮　赵学良　辛　楠　闫志安
祁　磊　戴松涛　李　征

商务英语(10 人,办学单位:信息学院)
武圆圆　丁晴霞　宋春霞　李　群　刘　瑶
郝敬菊　张　琦　李　媛　申京玉　王　军

会计(14 人,办学单位:机电学院)
李晓冬　张雪梅　唐秀春　程　越　杨立红
杨　超　纪　婷　程柏寅　高　森　王惠桐
王　欣　李凌月　张郁婷　刘广振

机械制造与自动化(48 人,办学单位:机电学院)
刘　杰　张洪学　贾海生　张小伟　王　磊
齐春元　费　鹏　张爱茹　刘永跃　杨　帅
李骏杰　王　岫　郝海丰　宋　良　张　苒
米云凯　王海涛　李继勇　李丕斌　李　新
王　刚　徐铁军　王　健　吴　鹏　李海超
张燕山　勾洪学　马晓红　赵良根　谭丽岗
张　立　郑小勇　刘　扬　杜永春　张　薇
王嘉伟　闫　佳　宋振吉　刘爱军　闫　志
刘　苏　刘占伟　纪春刚　胡　淳　张　波
孟　宇　陈　彤　罗红元

艺术设计(8 人,办学单位:机电学院)
李　想　黄　玲　周文娜　马　骏　贾怡梦
李佳红　孟　可　田丽君

计算机应用技术(8 人,办学单位:自动化学院)
王　瑀　王爱同　邢文敏　王金跃　王　鹏
武　悦　徐　利　闫超然

影视动画(8 人,办学单位:自动化学院)
吴晓雪　郭祺裕　全　震　李　正　皮美苓
刘学璇　樊伟东　王　轶

电子商务(21 人,办学单位:管理学院)
张国魁　张　宏　张　娟　张　磊　白净泉
白宇辰　陈玉锦　郝建军　计梦宇　姜　澎
李　佳　李　上　李　燕　刘　利　田佳峰
王剑龙　王潇雨　文　超　吴楠楠　邢　超
杨　辰

会计(39 人,办学单位:管理学院)
张雨溪　赵美超　耿琳微　耿倩倩　赫　辰
姜月平　阚雪龙　李　晨　李　逗　李　健
李妍欣　李　岳　刘　然　柳　叶　马雅慧
毛亚杰　孟春利　牛　芳　唐　菊　田婷婷
汪艳会　王焕成　王晓娜　王新代　伊丽莎
张　弛　张　妲　张洪骏　张　楠　张新平
张　艳　安　冬　毕小丽　常芳琴　常　颖
董明秀　樊丽丽　盖　莹　高雪莲

艺术设计(20 人,办学单位:广告学院)
刘　娅　李　雯　米　昂　周长印　吕文娟
高岩龙　豆向彬　荣　娟　赵夕多　翟艳丽
蔡　月　刘　征　邬丽烨　赵　爽　朱晓萌
勾璐玮　张　倩　李　凯　张　苇　张俊芳

(培训中心提供)

·表彰与奖励·

2011 年学校获得的重要表彰奖励

● 2006—2010 年全国法制宣传教育先进单位(中央宣传部、司法部)

● 国家安全工作年度评比先进集体(北京市国家安全领导小组)

2011 年科研成果表彰奖励

● 北京市人大理论研究会优秀理论研究成果

● 人民代表制度研究所获得一等奖 1 项，二等奖 1 项，三等奖 2 项。

● 国务院侨务办公室 2007—2010 年优秀课题论文奖

①《新中国侨务政策六十年回顾与探析》 陈文寿 台湾研究院

②《当代海外“台胞”与台湾“侨务”研究》 台湾研究院

● 第三届全国台湾研究优秀成果奖

《“法理台独”理论根源批判》 朱松岭 台湾研究院

● 北京市涉台调研课题

一等奖:《“五都”选举的结果预测及其影响评估》 胡文生 台湾研究院

二等奖:《民进党世代交替问题研究》 台湾研究院

● “庆祝建党 90 周年征文”优秀学术成果奖

《北京市高教学会中国化马克思主义教学研究会》 马小芳

● “北京市高等教育学会成立 30 周年研讨会”高教研究规划课题优秀成果一等奖

《高职院校‘双师型’教师队伍现状抽样调查及对策研究》课题成果 徐英俊

2011 年学生学科竞赛获奖名单

1. 北京市大学生数学建模与计算机应用竞赛获奖名单

序　号	作品/项目合作者(学生)			指导教师	学　院	级　别	获奖等级
1	刘志强	李　硕	吕　贺	崔海英	机电学院	市　级	一等奖
2	王　麟	李　根	李　响	朱淑琴	师范学院	市　级	二等奖
3	陈骥凯	陈美玲	王　然	张晓晞	师范学院	市　级	二等奖
4	张　豪	张有明	张兆龙	玲　玲	应用科技学院	市　级	二等奖
5	曹　贝	李上海	孙　旭	胡正坤	应用科技学院	市　级	二等奖
6	崔　蕾	蔡　博	苏　昆	张景胜	生物化学工程学院	市　级	二等奖
7	许兴阳	孙　浩	郭　攀	陈艳燕	应用科技学院	市　级	二等奖
8	邓　岩	董　巍	吴　楠	张晓晞	师范学院	市　级	二等奖

2. 北京市大学生电子设计大赛获奖名单

序　号	作品/项目合作者(学生)			指导教师	学　院	级　别	获奖等级
1	王华兵	黄　珊	罗耀祖	冯占英	自动化学院	市　级	二等奖
2	刘　刚	刘　强	朱学葵	陈辉东、张世德	自动化学院	市　级	二等奖
3	张松松	尹伊伊	王晓奇	姜余祥	信息学院	市　级	二等奖

续表

序　号	作品/项目合作者(学生)			指导教师	学　院	级　别	获奖等级
4	王海洋	张　锐	胡志兵	田文杰	自动化学院	市　级	三等奖
5	余文宇	张　静	范中涛	曲金泽、沈允中、张翠霞	自动化学院	市　级	三等奖
6	龚美琳	马　良		张保钦	机电学院	市　级	三等奖
7	欧阳植彬	杨　丹	张钰婷	刘元盛	信息学院	市　级	三等奖
8	秦宇晟	王益晶	张正超	许立群	信息学院	市　级	三等奖
9	颜　骏	翟鹤松	崔星辰	杨志成	生化学院	市　级	三等奖

3. 北京市大学生计算机应用大赛获奖名单

序　号	作品/项目合作者(学生)					指导教师	学　院	级　别	获奖等级
1	郝凌冰	郭亚勇	邱正强	全　娜	白文致	徐歆恺	信息学院	市　级	二等奖
2	陈　曦	卢　旭	周　建	黄晓婷		梁　晔	信息学院	市　级	二等奖
3	宫殿琦	赵　平	张　豪	崔筱婧	左　诚	肖　琳	应用科技学院	市　级	二等奖
4	杜少辰	范存方	刘元坤			廖文江	自动化学院	市　级	三等奖
5	胡长利	周　扬	秦宇晟			彭涛	信息学院	市　级	三等奖

4. 第四届全国大学生广告艺术大赛获奖名单

序　号	作品/项目合作者(学生)			指导教师	学　院	竞赛级别	获奖等级
1	啜怡佩	秦　奕	金莹莹	于　雷	广告学院	市　级	一等奖
2	魏凌轩	付　政		谷　雨	广告学院	市　级	二等奖
3	魏凌轩	付　政		谷　雨	广告学院	市　级	二等奖
4	刘　悦			乔鸿雁	广告学院	市　级	二等奖
5	张文楠			夏　航	广告学院	市　级	二等奖
6	陶雨暄			于　雷	广告学院	市　级	二等奖
7	啜怡佩			于　雷	广告学院	市　级	二等奖
8	郭苇敏			乔鸿雁	广告学院	市　级	二等奖
9	高振威			高璐静	广告学院	市　级	三等奖
10	高振威			高璐静	广告学院	市　级	三等奖
11	陈伟婷			刘　楠	广告学院	市　级	三等奖
12	姜兴阳			鲁彦娟	广告学院	市　级	三等奖
13	赵　畅			乔鸿雁	广告学院	市　级	三等奖
14	高世涛			刘　楠	广告学院	市　级	三等奖
15	赵　莹			夏　航	广告学院	市　级	三等奖
16	李　媛			乔鸿雁	广告学院	市　级	三等奖
17	张　雪			乔鸿雁	广告学院	国家级	二等奖
18	郭苇敏			乔鸿雁	广告学院	国家级	三等奖

5. 北京市大学生英语演讲比赛获奖名单

序　号	学　生	指导教师	学　院	竞赛级别	获奖等级
1	李妮苹	黄宗英	应用文理学院	市　级	二等奖
2	李　蕊	曾玲琴	师范学院	市　级	三等奖
3	许梦祎	张琳琳	商务学院	市　级	三等奖
4	赵宇航	温　波	自动化学院	市　级	三等奖
5	刘　溢	范广丽	旅游学院	市　级	三等奖
6	余天弈	陈　金	生物化学工程学院	市　级	三等奖

6. 北京市大学生模拟法庭竞赛获奖名单

序　号	作品/项目合作者(学生)				指导教师	学　院	级　别	获奖等级
1	周　末	袁诗媛	李志豪	庞凯斌	王平、赵永林 张艳军、洪旭	应用文理学院	市　级	二等奖

7. 北京市大学生交通科技大赛获奖名单

序　号	作品/项目合作者(学生)			指导教师	学　院	级　别	获奖等级
1	肖日熠	杨伟堃	翟　钊	李春旺、杨志成	生物化学工程学院	市　级	三等奖

8. 北京市大学生物理实验竞赛获奖名单

序　号	作品/项目合作者(学生)			指导教师	学　院	级　别	获奖等级
1	蓝水泉	李佳辰		姜黎霞	机电学院	市　级	二等奖
2	张松松	张璐璐	陈　维	宗广志	信息学院	市　级	二等奖
3	方　东	李资平		母小云	自动化学院	市　级	三等奖
4	刘志强	周　琦	王学志	高兴茹	机电学院	市　级	三等奖
5	何　姿	陈金辉		刘志刚	商务学院	市　级	三等奖
6	许义恒	赵　磊	张松松	倪苏敏	信息学院	市　级	三等奖
7	徐　璐	陈诗涵		刘志刚	商务学院	市　级	三等奖
8	孙亚杰	梁浩南	于嘉毅	刘志刚	商务学院	市　级	三等奖

9. 北京市大学生人文知识竞赛获奖名单

序　号	作品/项目合作者(学生)					指导教师	学　院	级　别	获奖等级
1	赵天宇	陈德智	王若舟	王照宇	徐明月	罗　茵 房艳红	应用文理学院 特殊教育学院 师范学院	市　级	三等奖
2	李　昀	马林霄萝	马建才	楚　超	杨　勇	罗　茵	师范学院 信息学院	市　级	三等奖
3	申静怡	王娇娇	李　享	田昱昂	康银华	赵永忠	应用科技学院 广告学院	市　级	三等奖

10. 2011年"挑战杯"大学生课外学术科技作品竞赛获奖名单

序　号	作品/项目合作者(学生)	指导教师	学　院	级　别	获奖等级
1	王贺、王晓玉、刘月娇 许毅、高放、洪靖、张迎春	邵明刚 杭和平	生物化学工程学院	市　级	二等奖
2	闫陶、张松松、张云飞	王　玉	信息学院	市　级	三等奖
3	赵彬彬、刘莉、崔洁、张森	葛喜珍	生物化学工程学院	市　级	三等奖
4	王晓涛、孙蒙蒙、蔡悠笛	陈福祥 王浩宇	生物化学工程学院	市　级	三等奖
5	季成、邓扬、纪达	冯占英	自动化学院	市　级	三等奖
6	彭宇、赵梦辰、杨博涵、付超 刘景悦	于　苗	商务学院	市　级	三等奖
7	法慧琦、吴奇、邹倩云、聂蓓、 郭琳、史继峰、桓虹	杨　宜	管理学院	市　级	三等奖

11. 第六届"飞思卡尔"杯智能车大赛获奖名单

序　号	作品/项目合作者(学生)			指导教师	学　院	级　别	获奖等级
1	李　楠	王晓玉	诸葛君豪	邵明刚、杭和平	生物化学工程学院	国家级	二等奖
2	刘　强	刘　刚	孙士杰	刘继承、潘峰	自动化学院	国家级	二等奖
3	李　楠	王晓玉	王维斌	邵明刚、杭和平	生物化学工程学院	华北赛区	一等奖
4	刘　强	刘　刚	孙士杰	刘继承、田文杰	自动化学院	华北赛区	一等奖
5	张银峰	张宝林	范中涛	潘峰、曲金泽	自动化学院	华北赛区	二等奖
6	贾　琼	顿中强	张　鼎	潘峰、陈恒荣	信息/自动化学院	华北赛区	二等奖
7	唐诗敏	庞文旺	徐亚胜	潘峰、冯占英	信息/自动化学院	华北赛区	三等奖

12. 第四届中国大学生(文科)计算机设计大赛作品获奖名单

序号	作品/项目合作者(学生)			指导教师	学院	级别	获奖等级
1	武玥	夏洁		乔鸿雁	广告学院	国家级	二等奖
2	孙济洲	于梦飚	徐茜	李玉霞	商务学院	国家级	二等奖
3	刘佳月	毕龙君	赵嘉明	高翔	应用文理学院	国家级	二等奖

13. 第四届全国大学生节能减排社会实践与科技竞赛

序号	作品/项目合作者(学生)	指导教师	学院	级别	获奖等级
1	郑大伟、李宁	王超	机电学院	国家级	三等奖
2	王庶鹏、王维斌、诸葛君豪 周正文、王贺、喻浩	樊晓兵 马栋萍	生物化学工程学院	国家级	三等奖

14. 全国高校“创意　创新　创业”电子商务挑战赛竞赛

序号	作品/项目合作者(学生)	指导教师	学院	级别	获奖等级
1	张涛、张从格、温馨、朱蕾	张士玉、郭开宇、马丽仪	管理学院	国家级	三等奖
				市级	特等奖
2	石国庆、王怀林、陶强、李娜、原冰洁	马丽仪	管理学院	市级	二等奖
3	陈楠、宋洋、祁凤萍、华骅、胡爽	李立威、郭开宇	管理学院	市级	二等奖
4	胡雄浩、贾超、赵春阳、李玥、王新新	马丽仪	管理学院	市级	二等奖
5	尤磊、韩迪、杨琪	邵彦铭	管理学院	市级	二等奖
6	王丛林、周颖、孟迎、赵思绯、许鹤振	田玲、董爽	管理学院	市级	二等奖
7	陈正、郭尚杰、孔欣怡、金利炜、王天威	盛晓娟	管理学院	市级	三等奖
8	王婉琪、王学尧、王庚、陆泓洵	马丽仪、田玲	管理学院	市级	三等奖
9	殷妍、朱青、康良、李后量、任聪	裴一蕾	管理学院	市级	三等奖

15. 2011年北京联合大学大学生广告艺术大赛获奖名单

序号	学院	广告标题	姓名	指导教师	获奖等级	作品类别
1	广告学院	加加 ——奇妙的邂逅	孔祥轩	孙海垠	一等奖	平面广告类
2	广告学院	艳遇中国 ——合璧东西,跨越古今 (系列3张)	刘悦	乔鸿雁	一等奖	平面广告类
3	特殊教育学院	加加鸡精——做汤的秘诀	李剑	曲欣 甄玮	一等奖	平面广告类
4	广告学院	移动宽带无线 ——网络随身,世界随心	苏秀琼	乔鸿雁	一等奖	影视类
5	特殊教育学院	海南清水湾,愉悦人生	栗嘉曦、言双、周向荣	贾京鹏	一等奖	影视类
6	广告学院	露友 ——脚踏健步,放飞梦想,我想,我能。	杜帅	孙海垠	二等奖	平面广告类
7	广告学院	艳遇中国 ——邂逅西方 艳遇中国	欧阳汝婷	孙海垠	二等奖	平面广告类
8	广告学院	奥鹏教育 ——奥鹏教育	王佐骏	孙海垠	二等奖	平面广告类
9	广告学院	世界何止一面	王盟	孙海垠	二等奖	平面广告类
10	特殊教育学院	炒菜 凉拌 样样鲜	王国伟	胡可、邢丹、曲欣	二等奖	平面广告类
11	特殊教育学院	饮料的益处 (可口可乐公益广告)	苏俊铭	鲁彦娟 何海燕	二等奖	平面广告类
12	广告学院	奥鹏远程教育中心　活于乐 学于心	韩玢	乔鸿雁	二等奖	影视类
13	广告学院	雅乐居海南清水湾 ——清水湾	李媛	乔鸿雁	二等奖	影视类

续表

序　号	学　院	广告标题	姓　名	指导教师	获奖等级	作品类别
14	广告学院	雀巢咖啡 ——我的灵感一刻，我的雀巢咖啡	张　雪	乔鸿雁	二等奖	影视类
15	广告学院	xt12-公益可口可乐 ——积极健康生活离不开运动	李　冉	孙海垠	三等奖	平面广告类
16	广告学院	xt07-清水湾 ——雅居乐海南清水湾	刘思阳	孙海垠	三等奖	平面广告类
17	广告学院	雀巢咖啡 ——《美好从这一刻起》	刘　硕	孙海垠	三等奖	平面广告类
18	广告学院	"补充"	车邦达	孙海垠	三等奖	平面广告类
19	广告学院	可口可乐创意设计	夏思雯	孙海垠	三等奖	平面广告类
20	广告学院	艳遇综合症	唐溪永	于雷	三等奖	平面广告类
21	广告学院	巢阳	牛雪彤	乔鸿雁	三等奖	平面广告类
22	广告学院	每刻雀巢	蔡欣洪	武定宇	三等奖	平面广告类
23	广告学院	艳遇中国——接绣球 （系列 2 张）	赵　梦	乔鸿雁	三等奖	平面广告类
24	广告学院	加加面条鲜酱油	赵　畅	乔鸿雁	三等奖	平面广告类
25	广告学院	艳遇中国 ——舞动世界（系列 3 张）	武　玥	乔鸿雁	三等奖	平面广告类
26	特殊教育学院	我的灵感一刻 我的雀巢咖啡	李　剑 王　凤	曲　欣 甄　玮	三等奖	平面广告类
27	特殊教育学院	积极乐观，美好生活（可口可乐公益广告）	谭梓敏	鲁彦娟 何海燕	三等奖	平面广告类
28	特殊教育学院	我想、我能	叶老二	曲欣 甄玮	三等奖	平面广告类
29	广告学院	可口可乐 ——《可口可乐文化生活》	李济均	孙海垠	三等奖	平面广告类
30	广告学院	中国移动通信集团 —— 无线移动生活	胡琳琳	乔鸿雁	三等奖	影视类
31	广告学院	环特太阳能——环特 国际化	刘雪丽	乔鸿雁	三等奖	影视类
32	广告学院	艳遇中国	郭小马、顾婷婷 彭彬彬、曾志鹏 唐溪永	刘丽	三等奖	策划类
33	广告学院	露友健步鞋	曾顺利 孔祥莉	刘丽	三等奖	策划类
34	广告学院	艳遇中国，惊喜世界	尹雪微	王竹宝	三等级	影视类
35	广告学院	可口可乐 ——可持续包装	郭小马、彭彬彬 曾志鹏、顾婷婷	肖楠	三等级	影视类
36	广告学院	艳遇中国 ——新风格 新摇滚	阿英戈	孙海垠	三等级	平面广告类
37	广告学院	艳遇中国 ——SUN 孙超人	阿英戈	孙海垠	三等级	平面广告类

16. 2011 年北京联合大学大学生数学建模竞赛获奖名单

① 本科组

序　号	学　院	学　生			获奖等级
1	自动化学院	张　锐			一等奖
2	生物化学工程学院	蒋　靓	张　玥		一等奖
3	师范学院	康　艾	高　马	李　响	一等奖

续表

序　号	学　院	学　生			获奖等级
4	机电学院	刘志强	吕　贺	李　硕	一等奖
5	自动化学院	祁建华	马维一	彭乃明	二等奖
6	信息学院	郑　珂	储小宝	彭显鹤	二等奖
7	生物化学工程学院	张　玲	郑秋实	王群群	二等奖
8	生物化学工程学院	付攀祺	牛　磊	周云柯	二等奖
9	生物化学工程学院	熊　建			二等奖
10	商务学院	高丽丽	刘皓祎	邵　蕊	三等奖
11	生物化学工程学院	叶志伟	邱明亮		三等奖
12	信息学院	彭　冬			三等奖
13	生物化学工程学院	陈　鹏	肖日熠		三等奖
14	生物化学工程学院	陈　婷	洪　婧	王金婕	三等奖
15	生物化学工程学院	翟　钊	王　欣	陈旭东	三等奖
16	生物化学工程学院	李金梅	戴　红	李　琪	三等奖
17	机电学院	张　睿	蓝水泉	李佳辰	三等奖
18	师范学院	褚思颖	安雨泽	林　强	三等奖
19	信息学院、管理学院	马建才	谷悦朗		三等奖

② 高职组

序　号	学　院	学　生			获奖等级
1	应用科技学院	张　豪			一等奖
2	师范学院	邓　岩	董　巍	吴　楠	一等奖
3	师范学院	刘虹利	孙泽彤	任尤婕	二等奖
4	师范学院	王颖杰	董　琦	张　赞	二等奖
5	应用科技学院	曹　贝	张有明	张兆龙	二等奖
6	应用科技学院	孙　浩	许兴阳	郭　攀	二等奖
7	应用科技学院	孙　旭	魏思思	郭奇宏	三等奖
8	师范学院	陈骥凯	陈美玲	孙嘉义	三等奖
9	应用科技学院	姚　峥	梁　怡		三等奖
10	师范学院	谢李韬	仉铠轶	李骁骏	三等奖
11	机电学院	樊　蔷	徐威迩	康雨婷	三等奖
12	应用科技学院	李上海			三等奖
13	师范学院	由　金	王金生	李　俊	三等奖

17. 2011年北京联合大学英语演讲比赛获奖名单

序　号	学　生	专　业	学　院	获奖等级
1	李妮苹	英语	应用文理学院	一等奖
2	李　蕊	英语	师范学院	一等奖
3	许梦祎	国际经济与贸易	商务学院	二等奖
4	赵宇航	自动化	自动化学院	二等奖
5	刘　溢	旅游管理(博雅)	旅游学院	二等奖
6	彭冰墨	广告学	广告学院	二等奖
7	陈斯佳	自动化	自动化学院	二等奖
8	高思齐	英语	师范学院	三等奖
9	周　末	法学	应用文理学院	三等奖
10	张　乐	历史学(文物博物馆)	应用文理学院	三等奖
11	余天弈	材料科学与工程	生物化学工程学院	三等奖
12	张梦婷	学前教育	特殊教育学院	三等奖
13	柴晓蕊	金融学	管理学院	三等奖
14	范博思	财务管理(财务)	商务学院	三等奖
15	许晓文	经济学类(经济)	商务学院	三等奖

续表

序　号	学　生	专　业	学　院	获奖等级
16	王灿辉	旅游管理(博雅)	旅游学院	三等奖
17	但　慧	广告学	广告学院	三等奖
18	崔明湜	广告学	广告学院	三等奖
19	杨开创	生物医学工程	生物化学工程学院	三等奖
20	陈嘉怡	会计	管理学院	三等奖
21	姜　珊	英语	旅游学院	三等奖
22	周旭彤	表演(综艺节目主持)	广告学院	三等奖
23	朱俊杰	经济学类(经济)	商务学院	三等奖
24	高培笙	国际经济与贸易(国贸)	商务学院	三等奖

18. 2011 年北京联合大学人文知识竞赛获奖名单

① 本科组

序　号	学　生	专　业	学　院	获奖等级
1	李昀汉	语言文学	师范学院	一等奖
2	赵天宇	新闻学	应用文理学院	一等奖
3	马林霄萝	汉语言文学	应用文理学院	二等奖
4	马建才	电子信息工程	信息学院	二等奖
5	陈德智	特殊教育	特殊教育学院	二等奖
6	王若舟	汉语言文学	师范学院	二等奖
7	王照宇	文物博物馆	应用文理学院	二等奖
8	徐明月	汉语言文学	应用文理学院	三等奖
9	楚　超	汉语言文学	应用文理学院	三等奖
10	李　菁	汉语言文学	应用文理学院	三等奖
11	刘博修	汉语言文学	师范学院	三等奖
12	杨　勇	汉语言文学	师范学院	三等奖
13	顾年茂	工程管理	生物化学工程学院	三等奖
14	孙美晨	新闻学(影视传播)	应用文理学院	三等奖
15	肖　雄	汉语言文学	师范学院	三等奖
16	傅芳芳	新闻学	应用文理学院	三等奖

② 高职组

序　号	学　生	专　业	学　院	获奖等级
1	葛玉姣	听力语言康复技术	特教学院	一等奖
2	申静怡	商务日语	应用科技学院	二等奖
3	毛伟芳	听力语言康复技术	特教学院	二等奖
4	祝紫怡	听力语言康复技术	特教学院	二等奖
5	刘　影	听力语言康复技术	特教学院	三等奖
6	王娇娇	电子信息工程技术	应用科技学院	三等奖
7	康银华	营销与策划	广告学院	三等奖

19. 2011 年北京联合大学高职高专英语口语大赛获奖名单

序　号	学　生	专　业	学　院	获奖等级
1	张　楠	多媒体技术(动漫技术)	应用科技学院	一等奖
2	贾一薇	文秘	师范学院	一等奖
3	刘宇辰	高职经管类	应用科技学院	一等奖
4	刘　硕	文秘	师范学院	二等奖
5	洪明萱	酒店管理	旅游学院	二等奖
6	胡　月	烹饪营养与工艺	旅游学院	二等奖
7	侯亚男	烹饪营养与工艺	旅游学院	二等奖
8	杜锋华	高职经管类	应用科技学院	二等奖

续表

序　号	学　生	专　业	学　院	获奖等级
9	康雨婷	物流管理	机电学院	三等奖
10	徐威迩	物流管理	机电学院	三等奖
11	李勃颖	物流管理	机电学院	三等奖
12	刘勃阳	经管类	应用科技学院	三等奖
13	张兆龙	电子信息工程	应用科技学院	三等奖
14	关力豪	高职经管类	应用科技学院	三等奖
15	张美洁	高职经管类	应用科技学院	三等奖
16	程　琛	电子信息工程	应用科技学院	三等奖
17	姚婉荻	楼宇智能化工程技术	自动化学院	三等奖
18	王逸飞	展示	广告学院	三等奖
19	邵　裴	现代传播	广告学院	三等奖
20	孟　琦	表演	广告学院	三等奖

20. 2011年第四届北京联合大学智能汽车竞赛获奖名单

① 光电组

序　号	学　院	队　长	合作者	指导教师	奖　项
1	自动化学院	张宝林	贾琼、张鼎	潘峰、刘建国	一等奖
2	自动化学院	徐亚胜	项可兴、孙梦瑶	潘峰、沈允中	二等奖
3	生物化学工程学院	王庶鹏	陆远、周正文	樊晓兵、张春艳	三等奖
4	生物化学工程学院	高　放	李影、喻浩	张春艳、樊晓兵	三等奖
5	自动化学院	贾　琼	尹佶、陈大山	潘峰	优胜奖

② 电磁组

序　号	学　院	队　长	合作者	指导教师	奖　项
1	自动化学院	朱学葵	张银峰、孙士杰	潘峰、谢中屏	一等奖
2	自动化学院	刘　强	刘刚、刘金晶、陈文	刘继成	二等奖
3	生物化学工程学院	维　斌	季守跃、郝然	张春艳、樊晓兵	三等奖
4	自动化学院	张银峰	罗敏、陈克敏	潘峰、冯占英	优胜奖
5	自动化学院	陈云海	文亮、项可兴	冯占英、潘峰	优胜奖
6	生物化学工程学院	诸葛君豪	张婷婷、张婷婷	樊晓兵、张春艳	优胜奖

③ 摄像头组

序　号	学　院	队　长	合作者	指导教师	奖　项
1	自动化学院	王华兵	雷俊、江强	潘峰、邱明	一等奖
2	生物化学工程学院	门　爽	李丽、黄荣堂	邵明刚、杭和平	二等奖
3	生物化学工程学院	王晓玉	许毅、许毅	杭和平、邵明刚	二等奖
4	生物化学工程学院	李　楠	康明、高亚	邵明刚、杭和平	三等奖
5	自动化学院	李　俊	罗耀祖、董宝君	潘峰、曲金泽	三等奖
6	信息学院	庞文旺	欧阳植彬、唐诗敏	潘峰、张永红	三等奖
7	信息学院	顿中强	杨丹、宋媛媛	潘峰、许汇东	三等奖
8	自动化学院	罗耀祖	范中涛、孙九成	冯占英、潘峰	优胜奖
9	信息学院	赵　磊	徐义恒、张松松	姜余祥、刘元盛	优胜奖

④ 优秀指导教师：潘峰(电子信息技术实验实训基地)

21. 2011 年第四届北京联合大学“挑战杯”竞赛获奖名单

① 自然科学类学术论文

序号	作品名称	学院	作品负责人	合作者	指导教师	获奖
1	斑蝥内生菌与斑蝥素合成(降解)的互作研究	生物化学工程学院	杜小霞	于燕、曹天成	葛喜珍	一等奖
2	基于复合酶法的甘草黄酮和甘草酸的工业化提取分离研究	生物化学工程学院	赵彬彬	刘莉、张森、崔洁	葛喜珍	一等奖
3	球形改性壳聚糖吸附性树脂的制备及性能	生物化学工程学院	李　洋	尚欣欣、田梦、刘晓晓、袁志奎	何江川	二等奖
4	壳聚糖交联吸附剂对重金属离子的吸附作用研究	生物化学工程学院	郑　蕾	刘小清、邵洁、王昕宁、邸振远、周依鋆、李蕊	霍　清	二等奖
5	针对残障人士的低功耗钱币识别系统的研究与设计	信息学院	闫　陶	张云飞、张松松	王　玉	二等奖
6	玫瑰花茶缓解束缚应激小鼠焦虑状态的实验初探	应用文理学院	任　超	刘娇、王祎、郭月逸、龚亚京	陈　文	二等奖
7	多抗菌活性中心低聚壳聚糖基抑菌剂的研究	生物化学工程学院	张　欢	覃菲、夏玥、王倩、刘蕾、周军、郑帅	韩永萍	三等奖
8	利用脂肪酶选择性催化特性对黄酮结构修饰的研究	生物化学工程学院	田青卿	郝静、周爽、孙玉娇、许臣霞、李明、李松	霍　清	三等奖
9	中国林蛙核糖核酸酶及其细胞毒性的初步研究	生物化学工程学院	王天航	张玲玲、柳繁茂	赵　伟 陶凤云	三等奖
10	灰树花子实体多糖酶解液的超滤分级及分级多糖抑瘤活性评价	生物化学工程学院	郭冠亚	李栋、樊梦丹、刘蕾、曹可心、王潇	刘红梅	三等奖
11	汽车防追尾报警系统的设计	信息学院	陈　慧	王　婧	章学静	三等奖
12	人脸智能识别系统的设计与开发	信息学院	任敬地	阳平、李骁然	袁家政	三等奖
13	二氧化硅增透膜的应用研究	机电学院	马冬梅	张斯文	马永新	三等奖
14	速达物流公司自动化立体仓库仿真系统的构建及动态设计	机电学院	孟保佐	魏涛涛、刘振、闫亚飞、王艳芳、闫小庆	王　慧	三等奖

② 哲学社会科学类社会调查报告和学术论文

序号	作品名称	学院	作品负责人	合作者	指导教师	获奖
1	北京市大学生媒介素养现状分析与调查研究	应用文理学院	梁雅群	高义、洪硕、胡欣芸、高雪	杭孝平	一等奖
2	我国大型连锁超市低碳问题研究	商务学院	彭　宇	赵梦辰、杨博涵、刘景悦、刘景悦	于　苗	一等奖
3	大学生个人理财行为研究——基于北京高校的实证	管理学院	法慧琦	吴奇、邹倩云、聂蓓、郭琳、史继峰、桓虹	杨　宜	二等奖
4	高校自习时间照明灯利用效率的实证调查	生物化学工程学院	张继欣	赵正晨、刘璐、刘蕊、刘蕊、张翔宇、杨静	穆红丽	二等奖
5	新闻文体的影绰风貌——口述实录本体研究	应用文理学院	阎　菲	胡欣芸、代崇玮	徐梅香	二等奖
6	老北京传统手工技艺及民俗文化调研	应用文理学院	耿　迪	包萌、董硕	任心慧	二等奖
7	“e 路畅通”大学生网络互助平台	管理学院	戴冰心	陈正、梁建、刘雨涵、孔欣怡	盛晓娟	三等奖
8	基于社交网络的物物交换平台的构建	管理学院	李　佳	郑宛婷、张亚丽、姚赛楠、巨旭光	盛晓娟	三等奖
9	关于大学生手机市场的分析——基于北京高校的调查	管理学院	朱艳艳	项雨婷、张煜星、朱成会、赵帅阳	马丽仪	三等奖

续表

序　号	作品名称	学　院	作品负责人	合作者	指导教师	获　奖
10	大学生学习动力缺失状况研究	应用文理学院	陈志沿	师磊、高子翔、尹姗丹、李琦、沈航、林文琪 苄茵佳、张喆	李　娜	三等奖
11	门头沟煤矿环境问题考察	应用文理学院	徐　可	李飞、高岩 王正、李馨 蒋涵梅、蒋涵梅	李　娜	三等奖
12	北京市城镇居民养老及老年社区建设认知调查	应用文理学院	李欣雅	夏璇、夏璇 赵杰、潘松 朱忠鹏、张丽华	张景秋 叶盛东	三等奖
13	在校大学生校园代理的法律责任	应用文理学院	杨莉斯	李享、徐婷	王　平 常　敏	三等奖
14	北京生态环境及对策	师范学院	杨晨璐	武文艳、原静晨	刘　琦	三等奖
15	论书院教育的“育人为本”	机电学院	杨世禹		宁　琳	三等奖

③ 科技发明制作 A/B 类

序　号	作品名称	A/B	学　院	作品负责人	合作者	指导教师	获　奖
1	全自动围棋计时记谱棋具	A 类	生物化学工程学院	王　贺	王晓玉、刘月娇、许毅、洪靖	邵明刚 杭和平	一等奖
2	利用报废冰箱压缩机制造便携式压缩机	B 类	生物化学工程学院	王晓涛	孙蒙蒙、蔡悠笛	陈福祥 王浩宇	一等奖
3	基于单片机及 U 盘数据存储的数据记录仪	B 类	机电学院	林　琳	于宗伟、张帅	张子义	一等奖
4	智能家居安全防范及闭路电视系统设计与安装	A 类	自动化学院	李　楠	李晓川、李梦阳	杨晓玲	二等奖
5	风力发电系统电源功率逆变装置	A 类	自动化学院	季　成	邓杨、纪达	冯占英	二等奖
6	基于 SCL 语言的控制算法通用功能块设计	A 类	自动化学院	熊　玮	李　萌	任俊杰	二等奖
7	基于 Android 平台的小小大星球手机游戏软件开发	B 类	信息学院	王　雨	岳鑫、张桐、崔冠伦、王佳	马　楠	二等奖
8	“3G”谍战	B 类	应用科技学院	宫殿琦	张励涛、崔筱婧、刘敬茹、汪天祺	肖　琳	二等奖
9	小型集成救援装置	B 类	自动化学院	罗　敏	蒋晨玮、江强、刘瑶	童启明 窦晓霞	二等奖
10	基于 FPGA 控制的智能机器人	A 类	信息学院	郭　人	周磊、李彤	许立群	三等奖
11	电工电子虚拟教学实验平台设计与实现	A 类	信息学院	徐　勋	周敏、柳帅、姜中平、黄昊优	黄静华	三等奖
12	基于 FPGA 的 NoC 验证平台设计方法研究	A 类	信息学院	尹伊伊	王晓奇	韩　玺	三等奖
13	基于太阳追踪技术供电的无线传感器网络	A 类	信息学院	张松松	张志杰、张云飞	姜素兰	三等奖
14	基于 FPGA 的多功能串行通信接口转换卡	A 类	信息学院	张卫华	苏　霄	李哲英	三等奖
15	立体声拾音仿真软件的研发	A 类	自动化学院	邰　垚	张桐、彭霜晨	吴　帆 赵立新	三等奖
16	机器人	A 类	师范学院	李　晨	赵朋秋、冯洋	高满茹	三等奖
17	无线智能家居系统	B 类	生物化学工程学院	常　亮	苏强、王鑫、李红成、喻浩	曹　辉 马栋萍	三等奖
18	少数民族科普系统	B 类	生物化学工程学院	王晓达	李勃、陈雨烟	刘　丽	三等奖
19	便携式主动降噪器及耳机放大器一体机	B 类	自动化学院	杜长城	无	张世德	三等奖

④ 优秀指导教师名单

葛喜珍(生物化学工程学院) 杭孝平(应用文理学院) 于　苗(商务学院)
邵明刚(生物化学工程学院) 陈福祥(生物化学工程学院) 张子义(机电学院)

团体奖获奖名单

团体金奖:生物化学工程学院

团体银奖:应用文理学院

团体铜奖:信息学院

22. 2011年第四届北京联合大学文科计算机设计大赛获奖名单

序　号	学　院	作品名称	作品负责人	合作者	参赛项目(大类)	奖　项
1	商务学院	京门帝景	孙济洲	徐茜、于梦飏	学习平台	一等奖
2	广告学院	人与自然	张逸舟	无	媒体设计	一等奖
3	生物化学工程学院	纸树造林	郭吉昌	无	媒体设计(专业)	一等奖
4	广告学院	神奇的画廊	连玉洁	贾文倩	媒体设计(专业)	一等奖
5	文理学院	文物中的鸟类数据库系统	刘佳月	无	学习平台	二等奖
6	广告学院	绿色还剩多少?	张腾飞	无	媒体设计	二等奖
7	广告学院	鱼在哪里?低碳环保,遏制白色污染	王　洋	无	媒体设计	二等奖
8	广告学院	低碳·环保——像绿树一样常青,不要像枯树一样完结	宋瑞敏	无	媒体设计	二等奖
9	广告学院	地球的"哭"与"笑"	武　玥	夏　洁	媒体设计(专业)	二等奖
10	广告学院	天使的选择	陈　杰	无	媒体设计(专业)	二等奖
11	广告学院	多一棵树,多一层保护	黄婉真	无	媒体设计(专业)	二等奖
12	广告学院	低碳环保——让生活更美好	连玉洁	张颜、成蕊	媒体设计(专业)	二等奖
13	生物化学工程学院	工程艺术系学习交流平台网	程凯龙	无	学习平台	三等奖
14	广告学院	The World Needs Green	龙　莎	姜虹、崔锡彤	媒体设计	三等奖
15	广告学院	节能减排—遏制全球变暖	白文致	柳泽宇	媒体设计	三等奖
16	广告学院	乌鸦喝水	杨丽美	无	媒体设计	三等奖
17	管理学院	低碳环保宣传 Flash	胡　婷	无	媒体设计	三等奖
18	广告学院	城市的危机——低碳环保减少工业废气排放	王　婧	无	媒体设计	三等奖
19	广告学院	低碳 & 环保—让地球更美丽	耿　俊	无	媒体设计	三等奖
20	广告学院	觉悟	陆　杨	无	媒体设计(专业)	三等奖
21	广告学院	还能吃多久?	张　宁	无	媒体设计(专业)	三等奖
22	广告学院	融化	刘　畅	无	媒体设计(专业)	三等奖
23	广告学院	节能尽一份力,低碳多一点心	郭　磊	无	媒体设计(专业)	三等奖
24	广告学院	北极熊的故事	张　颜	无	媒体设计(专业)	三等奖
25	广告学院	你要怎样的未来	成　蕊	无	媒体设计(专业)	三等奖

(教务处提供)

2011 年高职教学相关评选

1. 第二届高等职业教育教师说课评选(北京联合大学)(31 人)

一等奖(高职 2 名、专升本 1 名)

层　次	获奖教师	
高职	李春颖(旅游学院)	贾京鹏(特殊教育学院)
专升本	雷霞(生物化学工程学院)	

二等奖(高职 7 名、专升本 4 名)

层　次	获奖教师	
高职	孙惠君(旅游学院)	陈涵(旅游学院)
	赵婷(校人文社科部)	徐涛(应用科技学院)
	陈道志(应用科技学院)	王京香(应用科技学院)
	翟晓蕾(应用科技学院)	
专升本	田园(商务学院)	夏航(广告学院)
	常广平(校基础部)	李娜(师范学院)

三等奖(高职 8 名、专升本 9 名)

层　次	获奖教师	
高职	冯琨(生物化学工程学院)	徐燕妮(师范学院)
	赵海燕(应用科技学院)	陈韶琼(应用科技学院)
	刘军(应用科技学院)	赵玮(应用科技学院)
	刘志丽(特殊教育学院)	何海燕(特殊教育学院)
专升本	郭洪红(机电学院)	刘铮(旅游学院)
	杨昆(旅游学院)	王玲(商务学院)
	刘瑛(生物化学工程学院)	陈敏(师范学院)
	孙岩(特殊教育学院)	谢永宪(应用文理学院)
	冯霞(应用文理学院)	

2. 高等职业教育优秀教研室评选优秀教研室(北京联合大学)(6 个)

序　号	名称教研室	负责人	所在单位	类　别
1	应用数学	戈西元	校基础部	高职高专、专升本
2	自动化	曹　辉	生物化学工程学院	高职高专
3	会计	周　凤	生物化学工程学院	专升本
4	餐饮管理	王　美	旅游学院	高职高专
5	国际经济与贸易	郑春芳	商务学院	专升本
6	心理素质教育	晏　宁	校学生处	高职高专

(高职处提供)

2011 年北京联合大学优秀硕士论文

专　业	学生姓名	论文名称	导师姓名
专门史	冯新红	北京形意拳的传承与保护	孔繁敏
计算机应用技术	孙　洋	多巡逻机器人路径规划研究	田景文
食品科学	林昌君	壳寡糖缓解 β—淀粉样蛋白及其 Cu(Ⅱ)复合物神经毒性的实验研究	姜招峰

(研究生处提供)

2011 届校级本科优秀毕业设计(论文)

序　号	题　目	姓　名	第一指导教师	第二指导教师	学　院
1	美顺网络服装销售系统设计与实现	宋如晗	赵兴国	赵森茂	管理学院
2	基于搜索引擎的二次搜索及面向对象的精确查询	于佳勋	董　焱		管理学院
3	啤酒销售公司配送管理系统员工管理、销售管理、客户管理等功能模块的开发	张政元	董　爽		管理学院
4	上证 50 指数 ETF 市场表现的实证分析	李彩玉	张　峰		管理学院
5	北京地区商业银行核心竞争力研究	李新圆	赵　睿		管理学院
6	北京大浩文化传媒有限公司网上购物系统设计与实现	刘　兴	赵兴国	赵森茂	管理学院
7	北京京西银扉房地产经纪公司网站的设计与实现	马文萍	王艳娥		管理学院
8	北京高校学生手机市场的调查分析	李　叶	马丽仪		管理学院
9	雕塑在影视中的运用与发展	刘　璐	郭钟永	武定宇	广告学院
10	论农业科教片的故事性创作	张雪婷	王彦霞		广告学院
11	二维动画中场景设计的研究	张　颜	郭钟永	乔鸿雁	广告学院
12	快速消费类新产品推广策略研究	吴　霞	王丹谊		广告学院
13	论声画蒙太奇在影视广告中的运用	李　婷	王竹宝	刘星辰	广告学院
14	TiO_2 的改性与应用研究	顾晓丹	马永新		机电学院
15	汽车用无机高温密封件粉体造粒工艺优化试验研究	李　萌	杨　飒		机电学院
16	二级背篓式家庭液压电梯设计——液压系统设计	齐　骁	毛智勇		机电学院
17	分析殖民主义在《鲁滨逊漂流记》中的体现	尤添麟	陈　洁		旅游学院
18	论《贵妇画像》中伊莎贝尔的性格发展	刘仕虹	范广丽		旅游学院
19	对北京温泉市场深度开发的探讨	张　茜	吴东亮		旅游学院
20	日本語学習について一ドラマ? アニメを通して	张亦丹	顾　红		旅游学院
21	论中译英广告翻译中的变形与求信	肖　莹	范广丽		旅游学院
22	提升北京涂料博览会服务质量的研究	张爱君	李智玲等		商务学院
23	北京(宋庄)时尚创意国际论坛视觉品牌形象设计研究(方案 A)	陈雨菲	裴朝军		商务学院
24	汽车租赁管理信息系统 设计和开发	苏　煜	李玉霞		商务学院
25	外资银行在华竞争策略研究	赵溪瑶	刘远亮		商务学院
26	北京与上海旅游服务贸易的比较研究	岳　梦	崔　玮		商务学院
27	松下电工盛一装饰公司网站推广规划与实践	欧阳佳琪	石　彤		商务学院
28	北京启明星辰信息技术股份有限公司融资问题探讨	常　颖	刘新颖		商务学院
29	论注册会计师审计风险的防范与控制	张　劲	邵　军		商务学院
30	在线定制网站用户参与度影响因素的实证研究	夏朝利	郭彦丽		商务学院
31	我国三种消费环境的特征分析	陆晶晶	付瑞雪		商务学院
32	格力空调旗舰店管理信息系统的设计与实现	张　丽	李玉霞	陈　默	商务学院
33	“奥迪”A8L 主题展馆 A 区展示设计中风格与色彩功能性的定位研究	南　方	楚　天		商务学院
34	江西省赣州市于都县新型农村社会养老保险制度研究	石明华	张玲玲		生物化学工程学院
35	QR 码图像定位方法研究	吴家祺	沈晋慧		生物化学工程学院
36	消费者视角下的企业新浪微博营销价值分析	王晓达	汪昕宇		生物化学工程学院
37	林蛙蛙卵核糖核酸酶的分离纯化	张　冉	赵　伟		生物化学工程学院
38	绩效管理在民营企业实践中存在的问题及对策——以联想集团为例	周路莹	刘凤霞		生物化学工程学院
39	中关村科技 2010 年中期财务分析	韩梦蕾	詹细明		生物化学工程学院
40	以执业能力为导向的工程管理实践教学体系研究	杨　晴	蔡　红		生物化学工程学院
41	基于 PLC 的质量分拣系统控制程序设计	苏　强	霍　罡		生物化学工程学院
42	改性壳聚糖微凝胶的制备与吸附性能研究	尚欣欣	何江川		生物化学工程学院

续表

序　号	题　目	姓　名	第一指导教师	第二指导教师	学　院
43	股权分置、高现金股利分配与投资者利益保护——基于盐湖钾肥的案例	胡　颖	周　凤		生物化学工程学院
44	论中小企业应收账款管理的风险及防范	褚一佳	邵俊波		生物化学工程学院
45	大小与距离对视错觉量影响的眼动研究	王　楠	代小东		师范学院
46	《小妇人》中的女性价值观分析　An Analysis of Female Values in Little Women	李　曼	张　亮		师范学院
47	《雾都孤儿》中典型人物与人性的解析 An Analysis of Typical Characters and Human Nature in Oliver Twist	赵　倩	张　亮		师范学院
48	我的同学——二维动画短片设计与制作	朱振博	薄芙丽		师范学院
49	命运悲剧《俄狄浦斯王》解析	白　笛	董琦琦		师范学院
50	ZARA 专卖店设计	孟　溪	赖亚楠		师范学院
51	时间——二维动画短片设计与制作	李　硕	薄芙丽		师范学院
52	酱油发酵过程中营养成分的转化	贾　丹	李京霞		师范学院
53	托斯卡纳风格别墅室内设计	傅　伟	姜喜龙		师范学院
54	“中国传统节日”系列邮品设计	范　维	张宇彤		师范学院
55	FLASH 动画设计——《大学乐园》	俞森渊	鲁彦娟		特殊教育学院
56	《Android 引领手机新时代》——基于 3DSMAX 的宣传短片的设计与制作	李静丹	李　妍		特殊教育学院
57	书法设计	隗楠楠	姚铁力		特殊教育学院
58	嗜热菌产嗜热木聚糖酶条件的优化	王石峰	张　波		应用文理学院
59	古代玉器加工工艺模拟实验研究	杨　哲	黄可佳		应用文理学院
60	红景天拮抗 DDP 肾毒性的实验研究	马晓月	高丽萍		应用文理学院
61	图像边缘检测技术的研究与实现	张　然	邹柏贤		应用文理学院
62	天主教刊物《圣教杂志》及其影响	陈　茜	左芙蓉		应用文理学院
63	离去——归来——严歌苓小说创作难舍的故园情	阎　菲	杜剑峰		应用文理学院
64	老北京民间儿歌研究	代崇玮	任心慧		应用文理学院
65	新会计准则下 EVA 业绩评价研究	董玉翠	尹夏楠		应用文理学院
66	典当融资与银行融资的比较研究	郭　佳	陈　岩		应用文理学院
67	澳大利亚电子文件长期保存策略借鉴研究	刘　杭	谢永宪		应用文理学院
68	中国古代陶器纹饰制作工艺模拟实验研究	郑晶晶	黄可佳		应用文理学院
69	Speech Act in the Conversations of Pride and Prejudice	李　烁	都　宁		应用文理学院
70	基于 android 平台的手机应用开发—魔法主题	赵　宇	袁　玫		信息学院
71	基于 Android 平台手机开发—天气预报	唐　江	付百文	王伟丽	信息学院
72	基于爬虫技术的全文检索系统研究与实现	郭　鹤	鲍　泓	梁　军	信息学院
73	基于单片机的高灵敏度测距系统的设计	何　凡	李月琴		信息学院
74	基于 windows mobile 平台的手机应用开发—真心话大冒险(掷骰子游戏)	张峻铭	袁　玫		信息学院
75	天狮集团健康产业园信息系统集成工程项目的监理	权琦峰	张玉祥		信息学院
76	基于 Eclipse RCP&RAP 的软件测试管理平台的设计与实现	张　宇	黄静华		信息学院
77	基于激光随动检测的智能循迹系统	李文鹏	潘　峰		自动化学院
78	中国象棋博弈程序设计	陈嘉骏	浦剑涛		自动化学院
79	旋转式倒立摆系统的控制算法设计与仿真分析	李　萌	李红星		自动化学院
80	基于 Profibus 现场总线的电炉温度控制系统设计	陈　红	李　媛		自动化学院
81	基于地理位置的 3G 智能手机服务系统应用与开发	彭霜辰	梁　军		自动化学院
82	基于 SCL 的电加热炉模糊解耦控制系统设计与实现	刘　兵	钱琳琳		自动化学院
83	基于 ARM9 的智能小区安防系统用户端软件设计	武紫梁	刘艳霞		自动化学院

(教务处提供)

2011 届高职优秀毕业综合实践报告获奖名单

工科类共 13 人

工科类一等奖(3 人)

序　号	题目名称	学　生	所学专业	指导教师	学　院
1	嵌入式 Linux 系统程序驱动设计	吴彦茹	软件技术	王廷梅	应用科技学院
2	模拟电路—元器件可靠性测试与分析	郑玉玲	数控技术	陈群利	机电学院
3	食品化学污染与检测－酱油中氯丙醇测定前处理研究	尹芳茜	药物制剂技术	韩永萍	生物化学工程学院

工科类二等奖(3 人)

序　号	题目名称	学　生	所学专业	指导教师	学　院
1	汽车点火系常见故障诊断与分析	李　钊	汽车检测与维修技术	嵇　伟	机电学院
2	北京达文物业管理有限公司－北京财富中心御金台项目	刘　莹	物业设施管理	靳包平	生物化学工程学院
3	学生评奖评优资格快速录入一体化系统	宫殿琦	通信技术	路　铭	应用科技学院

工科类三等奖(7 人)

序　号	题目名称	学　生	所学专业	指导教师	学　院
1	北京市房山区大宁学校网站建设报告	王　晨	软件技术	胡正坤	应用科技学院
2	逆向回收物流的应用与研究	孙　菲	物流管理	邬洪迈	机电学院
3	自动控制技术在暖通空调系统中应用方法初探	杨骏新	计算机控制技术	霍　罡	生物化学工程学院
4	建筑智能化系统技术投标和工程实践	张　浩	计算机网络技术	申海伟	应用科技学院
5	有线电视宽带上网业务的管理与维护	姬晓龙	计算机网络技术	龙建雄	应用科技学院
6	食品包装材料对人体健康的影响	陈　默	技术监督与商检	李京霞	师范学院
7	邮件收发系统的开发	刘学忱	软件技术	刘　琨	应用科技学院

文科类共 6 人

文科类一等奖(1 人)

序　号	题目名称	学　生	所学专业	指导教师	学　院
1	金象网网络互动营销工作分析	刘冬婷	电子商务	支芬和	应用科技学院

文科类二等奖(2 人)

序　号	题目名称	学　生	所学专业	指导教师	学　院
1	餐厅的卫生安全控制	刘双双	烹饪工艺与营养	王　美	旅游学院
2	关于在北京车语文化传媒有限公司的实习报告	姚　岚	信息传播	解　嵩	广告学院

文科类三等奖(3 人)

序　号	题目名称	学　生	所学专业	指导教师	学　院
1	上市公司盈利能力分析－华泰证券	刘子月	会计	程旭阳	生物化学工程学院
2	关于在北京众义达汇诚汽车销售服务有限公司的毕业综合实践报告	吴　彬	营销与策划	黄　硕	广告学院
3	HACCP 在餐饮业中的应用	赵雪莹	烹饪工艺与营养	许荣华	旅游学院

艺术类共 11 人

艺术类一等奖(2 人)

序　号	题目名称	学　生	所学专业	指导教师	学　院
1	教育片《癌症》	乔　伟	媒体	陈昱西	应用科技学院
2	中国航信报的版式设计与制作	赵　歆	媒体	杨丽珍	应用科技学院

艺术类二等奖(3 人)

序　号	题目名称	学　生	所学专业	指导教师	学　院
1	透明面料在服装中的运用	李军叶	服装设计	张　志	师范学院
2	《印象北京》——2011 旅游形象宣传片	董亚楠	媒体	陈昱西 徐　涛	应用科技学院
3	民俗文化博物馆(手绘效果图)	李　莹	视觉传达	邹二明	广告学院

艺术类三等奖(6 人)

序　号	题目名称	学　生	所学专业	指导教师	学　院
1	怀柔杯广告大赛	薛　玥	媒体	俞必忠	应用科技学院
2	影视特效在栏目包装中的应用——三一重机活动宣传策划	胡晓雯	媒体	崔亚娟	应用科技学院
3	“怀柔杯—国际大学生公益广告大赛”招贴设计实践	李　丽	视觉传达	孙　铁	广告学院
4	《盗墓笔记——七星鲁王宫》虚拟场景实现	吴　晨	媒体	陈昱西 徐　涛	应用科技学院
5	《九年之痛》——警法栏目制作	周　冉	媒体	陈昱西 徐　涛	应用科技学院
6	杂志版面设计与实践——基于 SIZE 杂志的排版设计	李靖雯	视觉传达 艺术设计	张媛媛	生物化学工程学院

(高职处提供)

2011 年学生获得表彰奖励

1. 北京联合大学 2011 年融信大学生“彩虹”助学金(30 名)

信息学院(14 名)

李　娜　李　俊　张鸿亮　陈园考　牛芳兰
文海丽　侯兴涛　廖　挺　刘兴宇　宋鹏鹤
陈　曦　王　蓉　张华娇　张建伟

自动化学院(9 名)

白启东　王亚梅　张　萍　郭正五　朱日真
耿　玥　王忠奎　王宏伟　韦国柳

管理学院(5 名)

邢佳乐　邢丽荣　王志伟　靳尤润　杜　慧

广告学院(2 名)

周兰芳　刘奕含
黄　姗　王洪蔚

旅游学院(1 名)

闫至明

信息学院(2 名)

王油油　柳　帅

机电学院(2 名)

刘志强　单耕野

自动化学院(2 名)

李笑文　郭　菲

管理学院(1 名)

卫君玲

广告学院(1 名)

王　博

2. 北京联合大学 2011 年金隅奖学金(20 名)

应用文理学院(4 名)

聂梦龙　张思雪　宋　迪　蔡　亚

师范学院(3 名)

王　盼　赵　洁　廉　宇

商务学院(2 名)

郑　芯　郭珊珊

生物化学工程学院(2 名)

3. 北京联合大学 2011 年金隅助学金(20 名)

应用文理学院(4 名)

李泞岑　闫　卉　张　影　刘传安

师范学院(3 名)

李娇娇　蔡海玉　王　萌

商务学院(2 名)

阎北北　罗佳美

生物化学工程学院(2 名)

武　琳　何伟强

旅游学院(1名)

陈姝历

信息学院(2名)

马一博　刘心曲

机电学院(2名)

刘　珣　杨成杰

自动化学院(2名)

何　森　孟伟哲

管理学院(1名)

秦亮亮

广告学院(1名)

但　慧

4. 2010—2011学年国家奖学金(62人)

应用文理学院(8人)

张明龙　颜晟彧　李欣雅　董红环　季景然　东方多多　郭柳伊　赵嘉明

师范学院(3人)

程爱茜　李　玲　姜　旭

商务学院(8人)

洪思颖　李　媛　乔　巧　孟　然　彭　宇　殷丽然　闫存晗　徐　茜

生物化学工程学院(6人)

孙　雪　梁　征　蒋　靓　郑秋实　崔红伟　李　琪

旅游学院(5人)

洪明萱　盛世行　吴倩妮　李　倩　商　磊

信息学院(6人)

高启滨　周　敏　徐　勋　彭显鹤　崔晓丹　章　磊

机电学院(3人)

李飞龙　王艳芳　鲁晓琪

自动化学院(4人)

张丹枫　高　佳　王　哲　范中涛

管理学院(5人)

张香芹　桓　虹　石少丹　田　莉　卫君玲

特殊教育学院(2人)

王　岭　栗嘉曦

广告学院(6人)

刘　思　姜杏子　全　娜　孙　婷　武　玥　陈青苗子

应用科技学院(6人)

范静思　郭旭凯　梁　怡　宋冲亚　万思旭　高继航

5. 2010—2011学年国家励志奖学金(914人)

应用文理学院(71人)

王　东　王晨曦　胡　静　郭艳霞　张　影　李文萱　闫　卉　徐铮铮　赵　怡　姜明莉　唐　明　张　微　吴亚男　艾　民　钟　智　张　京　赵　阳　赵　君　赵永昊　尤海燕　肖云飞　张　擘　李振宇　丁　鑫　杨敏娜　胡瑞芳　金　灿　孙　丽　周立娜　柯思华　陈志沿　李　飞　高子翔　王　颖　王　莉　熊顺芬　可　爽　毕　莹　徐　可　鲁艳春　李　彦　陈　秋　杨　丹　潘文静　周丽丽　徐志鹏　曾细梅　温　婷　范建军　向　哲　杨　阳　王晓娜　廖珂菲　张　玥　张　建　罗满意　毕书山　路　欣　郑　杨　钟　胜　兰建峰　王　蕊　魏　革　隋宏霞　安　树　孙明月　张　威　李　丹　陈　曦　毛先如　马　欣

师范学院(106人)

吴　檀　吴雨佳　杨　希　王　姬　王　雪　曹　雪　赵　洁　马　维　李　萌　毕梦楠　王　萌　梁　晨　赵　然　崔林琦　张　晴　刘丽娟　董　晶　李　娜　胡　婷　赵　玥　李梦奇　王　媛　马晨雪　王　颐　李天玉　郭赛南　赵立伟　张　娜　周　羽　李　珊　邱志锋　冯晓晨　褚思颖　胡伟桐　刘国静　魏　星　张兵新　张　维　王利丽　孟　然　国建杰　于海兰　刘　娟　韩　峥　赵　润　刘晓雪　李美凝　贾晓梅　果　静　张　杨　丁金凤　宋彩华　娄安然　刘　新　罗　莉　费鑫月　杨　光　蔡海玉　刘京宵　张　娜　刘雨晴　李海静　学海婷　李娇娇　常　欣　孙丽珠　杨　菊　魏娅男　张　晔　吴　浩　高　云　闫永印　刁海莉　时圣备　卢可珍　李婧婷　刘立新　段　冉　张安娜　朱丽娜　钟燕婷　黄智诚　向金莲　张永旭　赵千里　吴　丹　王　淳　白　晶　高　丽　王丽娟　王羽佳　刘璐婷　邱绍楠　孔雅琦　刘　桥　田沐禾　胡丹丹　王梦园　虢三三　张　泉　贾赛菲　田　情　胡　蕾　孙自仲　胡　杰　李　露

商务学院(66人)

于利颖　朱　盼　王圣然　杜　巍　沈秀霞　白丽群　崔贺蕾　冯亚慧　徐　茹　朱　洲　左倩茹　汤超群　王梦男　邢　琦　勾海洋　侯戌龙　马　腾　任　洁　管　号　张　岩　陈冬梅　何赛川　赵梦婷　周俊伟　魏东越　祁少蒙　赵　爽　赵红凤　宋红旗　张翊超

史晓飞　相志远　李雪郅　姜　林　杨　希
李　颖　王安琪　李京京　于　宁　王　健
岳仕芳　郝俐俐　索　斌　朱　越　佟杨旭
曾　琼　王思佳　匡大成　李玲玉　乔木懿
王晶雅　赵　洁　朱晓桐　王芳琪　白　慧
董　晴　阿依古丽　杨　豪　姚凤兰　王春丹
陈　强　张　悦　刘云锋　赵少博　王文玲
蔡雨洁

生物化学工程学院(99 人)

孙　硕　曹可心　陈　艳　郭冠亚　荆　雪
李梦迪　刘海月　刘　伟　秦京花　申立星
王贵玲　朱珺玎　王群群　张艳超　贾　呐
施　洁　梁　雪　乌雯茜　张宏梅　姜海玉
段宏娟　武雅晶　杨　帆　刘　蕊　张继欣
罗雪雪　孙卫佳　童　木　王婷婷　王晓萌
林丽杨　林荣华　刘晓双　张燕如　陈佩佩
王　颖　钟志丹　黄春艳　李晶晶　张　辉
周　俊　许　欢　高　放　李龙爽　姜洪艳
季多娇　郭　婷　关颖慧　董辰雪　常爱文
徐小亭　王　震　王晓玉　王　娇　宋春伟
郭　强　高　亚　陈　婷　陈鹏飞　陈国英
白定超　耿双燕　黄荣棠　潘建平　严　森
张　玲　关斯芳　訾晨光　孙奇雅　叶春蕾
王佳佳　马萧萧　隗娇月　付攀祺　闫静雯
黄玮玲　马获蕾　宋新芳　杜　迎　全升武
吴浪花　冯英雷　李金梅　戴　红　彭连彬
刘景阳　米　鹏　沈　睿　刘　霏　贺　静
欧阳春梅　田欢欢　朱　莎　丁　莉　季　鋆
靳鹏丽　马　琼　王京京　张　瑛

旅游学院(66 人)

李冬雪　程　燕　汪　涵　张　珊　王瑰双
胡雅鑫　祁　晋　范　蕊　朱鑫丽　关　观
徐鑫琪　杨丽娅　步建丽　申小丽　陈华珠
李　征　吕森森　崔　爽　高玲玉　季　宇
王　贺　朱葛君　德　姣　陈　曦　祝赛男
尚文萱　李玉玲　赵　杰　王灿辉　侯　阳
王　晶　高　歌　刘晓婷　田红武　温晓蓓
杨宝召　孔　峰　田　敏　卢叶青　柳鹏飞
郑思琦　杨柳青　蔡　丽　熊　娟　沙媛敏
孙莉惠　马　薇　张彦花　王　玉　闫大丽
王　英　孙文成　柯清英　何建军　于会丽
王美玲　秦孟琪　张苗苗　王罕一　王　硕
申文鑫　李婷乔　杨钦文　张　頔　赵中华
青梅欧周

信息学院(101 人)

赵发全　邹美月　张　欢　欧阳植彬　王　喆
王天骥　华永奇　李　刚　王善芹　王　婧
秦孝丽　朱建文　付　强　肖欣欣　王振继
席　雯　贺丽丽　油振方　贾博文　刘　璐
罗叶贝　赵李娟　张晓波　纪效存　金　通
朱宗朝阳　张文娟　张璐薇　高　月　李冬冬
汪灶林　吴焰樟　王国显　姜　磊　张　震
熊文景　周如军　苑振涛　谭智勇　严　欢
常小会　曲培月　吴　旭　秦丽丽　林家祺
周莉楠　何伟名　杨　硕　鲁继祥　任宏义
李晟元　樊　锐　林琳琳　杨建雄　甘华英
孔颖慧　黄晓婷　梁立贺　熊雪如　张春娇
吴尚骏　张正超　胡长利　闫应伟　孙　毅
刘　伟　王　鑫　戴福双　储小宝　姜贵明
陶延进　王东洋　王晓峰　刘　丽　秦子涵
彭兴会　郭芮妍　谢明娟　李　雯　邸　萌
王久霜　陈天妹　张金桃　闫　磊　黄福城
林剑校　周　静　郎春燕　张新栋　胡德武
谭睦民　祖亚运　赖晓龙　王　冲　龙博慧
郭　松　张　颖　彭鹏飞　吴　峰　王健民
郑　珂

机电学院(73 人)

王　煜　刘　畅　王新跃　李佳杰　朱　霄
李　倩　翟　浴　王　雪　冯　潞　王倩倩
曹晶润　杨　宁　唐亚丽　孟　娇　单　芳
方　强　崔　振　邱运思　孙　元　程　旭
王金龙　徐溪瑶　杨　飞　左园园　尹　航
郭权威　贾明月　张冬丽　万孙燕　王　蕊
刘建新　杨晓琪　魏泽月　朱艳凤　辛彦凤
周阳阳　孙国梅　魏涛涛　杨　迪　王智慧
刘亚东　金小波　邹　健　闫朝阳　崔剑锋
孔焕英　姜艳艳　尚星辉　提　佩　侯　亮
贺立春　张　凡　纪雪姣　刘　荀　李　敏
陈友攀　方　兴　赵伶哲　聂士旺　梁　冰
王杨军　安永明　董　轩　刘　珣　刘文进
张　旭　马　超　刘健龙　张雪姣　陈金秀
池毓星　刘卫燕　吴海英

自动化学院(85 人)

张　震　刘　强　涂　明　肖　斌　尹　佶
罗　敏　石　莉　李金英　姜　威　钟　莹
陈　寅　王亚辉　殷会超　赵雪梅　刘　刚
雷志帮　赵　卉　周胜全　王博文　高　宇
常　洁　付　莹　王　琪　徐宏岩　张孟超
沈　亮　贺宜宪　李振业　董宝君　丛日成
李志研　王春杨　曹忠升　冯亚男　牛　敏
王　子　朱学葵　郑　川　肖　茜　王　芳
晏莉妮　刘国强　江旭辉　陈　畅　牛　源
尹成波　孟昭静　刘博超　陶子涵　李家勇
尚雯雯　刘德磊　贺海丽　史　甜　汪　鑫

孙　右　贾新宇　谢陈玉　刘洋彦　赵晓月
张振洋　李志垒　李　雪　伍绍金　钱六平
邵　振　袁金萍　罗　雷　徐新鹏　赵霄宇
宋维军　曹青青　李永红　程杨峰　杨丽娟
姜　晴　郭新国　王立钢　兰　天　张希华
张溪文　朱　广　王喜兰　罗　童　刘佳鑫

管理学院(73 人)

张　雪　任志高　邓　翱　高媛媛　谢丽丽
聂　蓓　隗和艳　魏文悦　文国平　汤金龙
王臣佳　秦亮亮　邵　滨　贾彬彬　焉华娱
田晓东　付　恒　刘　冰　程黛苑　郑佳兴
黄　翔　李怀永　任天骄　丁佳丽　张绍倩
黄婷婷　于士芳　王　曼　陈　敏　王苗苗
樊慧娟　郝艳艳　王　露　谢姗姗　郑　春
陈清华　汪　津　李　雪　樊广庆　袁娜娜
邱　彤　合孜里古　汪传丹　肖亚梅　陈治华
邹冬梅　张　伟　檀美玲　刘桂龙　张煜星
何承杰　徐　峥　王　俊　蒋卓俊　陈小如
陈珍文　彭丽娜　梁　健　李维茜　吴　蓓
刘　云　项雨婷　赵丽萍　陈　飞　奚佳佳
朱宇婷　张力芳　岳幼晨　马　旭　熊焕辉
野春杰　宗海曼　蔡　瑶

特殊教育学院(49 人)

高立言　梁奕轩　宋　莹　闫梦寒　高正文
王玲光　李　哲　蒋家龙　黄飞剑　刘　曼
郭聪聪　黄晓丹　亓　斌　郑艳艳　张　权
王丹丹　谭佩东　牛晓萌　鲍继开　张　莉
张　华　周向荣　王丽莉　宋婧妍　任瑞玉
孟新艳　阚秋红　叶老二　朱吴玲　孙　振
孙　莹　吴　雪　祝紫怡　毛伟芳　何梦华
王婷婷　宋雨辰　陈　淼　李　洋　柏金珠
邱　雁　刘金歌　郎爱娜　郭　贞　崔　爽
刘　昆　崔卓卓　张京蒙　高春华

广告学院(61 人)

张腾飞　郭　磊　金　伟　梁海军　秦立玲
黄丽华　魏林如　唐天琦　张　悦　王昭林
张柳静　邓方红　陈　磊　高　波　郭小马
张　明　丛　雪　何礼红　牛月佳　周　圆
伍秋秋　吕秀芳　高世涛　赵彩瑞　罗尔君
林美娜　杨然军　周智音　杨　雪　聂　欣
王生艳　赵培培　但　慧　龙江楠　谷银凤
潘雪明　文　燕　李亚奇　牛志丹　段介然
杨晓荣　于　虹　张　雪　耿沙沙　付金来
周　李　杨　璇　宋开宇　刘敬玲　李　丹
欧阳玉婷　杨依瑶　曲　静　全　鑫　李　晨
郭长生　姜　珊　张　蕊　吕　琳　付　鹏
冯　蕊

应用科技学院(64 人)

赵东平　黎　超　肖　瑶　张孟昕　李思濛
白艾弘　任　毅　桂　斌　石立春　张　晗
王佳宇　谷　乔　荣　京　唐朝欣　高仙颖
高园园　杨　静　陈思淼　吴　帅　刘敬茹
马　芮　杨　影　裴潇楠　孟　晨　张　明
申晓佳　常　玲　耿爱新　李玲玉　王毓娇
王红梅　曹　贝　程　琛　王娇娇　张　豪
段春立　李上海　邱　岽　许兴阳　郑　波
赵建良　王艳军　刘爱平　姚　峥　杨　刚
王　丛　李　静　刘箐楠　陈　琳　韩思宇
杨　光　程　宇　赵伟伟　王丹丹　周　然
刘勃阳　刘　腾　宫宝华　夏苗苗　顾　彧
关力豪　张　頔　张有明　张　燕

6. 北京联合大学 2010—2011 学年三好学生(522 人)

应用文理学院(62 人)

李欣雅　余　果　刘传安　王　丫　谷　裕
杨　阳　韩　昱　罗满意　董　越　尹　珍
张金秀　钟　胜　田　曼　贾　岚　刘　畅
刘盼盼　栾　靖　徐铮铮　崔婉洁　王婧雯
李文萱　段　炼　马　一　聂梦龙　杨丽丽
谢　哲　邵　鹏　李　震　刘　雄　李　明
梁姗姗　殷　爽　卫小笛　唐　明　钟　智
王凌玲　徐明月　王　烨　吴亚男　唐诗琳
张　京　魏　然　赵　君　赵　晴　温宗妍
安美玲　朱莉娜　可　爽　朱　洁　王　颖
陈志沿　李　彦　王　彬　董红环　冯程程
符　江　潘文静　马向楠　安　冬　王　涛
刘佳月　周健芬

师范学院(34 人)

程爱茜　陈希文　肖　雄　杨晨璐　贺潇仪
赵　洁　侯晓婉　张珂珮　丁　洁　刘雅慧
张鑫竹　于　阔　刘保良　苟　玉　张莹璐
许　霞　王冬竹　白　晶　吴　浩　贾赛菲
高　丽　田　情　张雨嘉　闫永印　钟燕婷
夏　凡　李婧婷　王　淳　刘立新　赵立伟
郭赛南　宋萌娜　杨雯钦　刘长昊

商务学院(45 人)

翁丽燕　王　旻　陈　颜　高　爽　董　晴
崔美娜　吴丹妮　王　鑫　乔木懿　张丹丹
李　昭　常适仪　韩婉彤　徐　丹　高悦然
范博思　白丽群　葛　淼　李雪郅　殷丽然
马　涛　杨　希　张翊超　范雪莹　齐玮奕
赵　丹　魏东越　李卓群　王　鑫　于　宁
李京京　许冰清　郑维凡　张　玉　王晓彤

文永丹　马　腾　陈　强　曾　琼　郑　芯
孟　然　裴　婷　高燕妮　仇　玥　张　岩

生物化学工程学院(59 人)

丁　鑫　陈　巍　姜洪艳　李　影　梁　征
常爱文　崔红伟　高　原　王　震　颜　骏
陈国英　刘　毅　耿双燕　张　玲　白定超
徐菁华　王　鑫　崔　蕾　张玲玲　王天航
荆　雪　贾博颖　赵　滢　杨会竹　李梦迪
王群群　郑秋实　朱珺玎　刘婉英　肖　宇
郭冠亚　闫　欢　张宏梅　姜海玉　王　娜
朱凤莉　张翔宇　许　杨　陈　曦　许　欢
张　然　岳　琳　钟志丹　蒋　靓　孙卫佳
赵江远　林丽杨　赵　萌　隗娇月　孙奇雅
程凯龙　黄　凯　苏晓琳　朱　莎　闫静雯
付攀祺　王　博　王　翔　李　琪

旅游学院(43 人)

孙　慧　张苗苗　周　畅　祁　晋　刘玥辰
高　佳　杨柳青　熊　娟　蔡　丽　杨佳伦
袁　祎　张　楠　雷　苗　汪　涵　李　倩
辛　妍　林娜妮　高　放　张玫玮　鲁昱玮
赵雅霏　李　钰　郭　放　姜　昕　王　帅
张　杰　褚梦白　洪明萱　冯　宇　肖　东
李　朔　侯亚男　张　翔　李冬雪　王　硕
周彦岐　商　磊　倪　娜　丁鹏翔　李　楠
王　英　吴倩妮　陆小倩

信息学院(54 人)

郝晓婧　王天骥　华永奇　李　刚　付　雪
吴　峰　赵媛媛　高　远　吴焰樟　纪效存
张璐薇　张　强　高　月　张俊理　刘晶晶
张晓波　秦雪萍　周如军　苑振涛　王　婧
张新栋　周　静　马一阳　张金桃　彭兴会
刘　丽　彭显鹤　王　薇　孙　毅　储小宝
姜贵明　邸　萌　王　鼎　曲培月　段都钥
杨　硕　何伟人　任宏义　樊　锐　杨建雄
张　欢　甘华英　高　云　赖晓龙　熊雪如
张春娇　章　磊　孔颖慧　吴尚骏　郑　煜
李童齐　朱　路　黄晓婷　马凌云

机电学院(32 人)

虞　楠　刘　畅　鄂李然　左园园　解秋红
陈　颖　万孙燕　袁　超　刘　荀　刘　峰
单耕野　刘文进　刘志强　刘　婧　李　硕
常　爽　周天雯　陈　丹　提　佩　尚星辉
鲁晓琪　闫朝阳　李飞龙　刘　晨　张伟翔
朱　霄　刘腾浩　单　芳　魏乾宇　金　骞
王天丽　王艳芳

自动化学院(36 人)

郭　策　钱六平　郭　暄　邓亚军　孙一函
邹国梁　李　硕　赵伟杰　张　铎　赵晓月
李亚希　王　升　陈雨杰　杨丽娟　沈文敬
尹　佶　李　旭　郑雨晨　武泽瑞　殷会超
王智凝　罗耀祖　陈云海　陈倬恒　魏天娇
张孟超　高　佳　朱　广　李振业　王　静
蒋天淳　刘斯琦　林驷淇　郭　菲　焦　健
王嘉扬

管理学院(43 人)

郭　琳　莎　莎　付　敏　徐　东　高　蕾
赵　越　王臣佳　姬　娜　王婉琪　张香芹
陈　婷　蒋卓俊　张煜星　梁　健　张玉株
甄　妮　陈小如　闫孟茜　朱宇婷　田晓东
刘　冰　张绍天　姜　信　李怀永　蔡　瑶
王　曼　张梦桥　肖诗洋　秦亮亮　李洋洋
张　雪　宋宸赓　阿玉君　桓　虹　张雨聪
汪　津　李　雪　刘添禧　刘梦婕　周怡洁
李　鑫　陈清华　张夕玥

特殊教育学院(16 人)

葛雅静　宋雨辰　崔卓卓　陈　硕　葛玉姣
郎爱娜　王亚萍　历　蒙　王　岭　张　权
栗嘉曦　沈　惠　叶老二　鲍继开　李小娟
郑丹怡

广告学院(48 人)

王　博　王　娜　张骁男　刘　思　邵　裴
蔺　舸　马丽娜　姜杏子　李　晴　王　楠
马竹君　李　楠　韩禹淏　梁海军　武　玥
唐天琦　全　娜　杨建铎　王昭林　雷　雪
杜　雪　刘亚杰　林美娜　赵诗洋　胡秀丽
孔令德　吴　征　丁　佳　李晨雪　张　璐
杨依瑶　时　蕾　王艺潮　石兵兵　刘雪丽
耿沙沙　梁　凯　朱铭歆　方跃龙　周佳云子
范　一　张　尧　李　洋　李仙颖　姜　珊
郭长生　于　姗　张岩星

应用科技学院(50 人)

范静思　张　晗　黄秋媛　陈丽莎　董　倩
张　茜　杨晓璐　张　明　石　硕　杨　影
陈　超　刘敬茹　孙　伟　王明娥　王　晓
董玉晴　温梦琳　李平平　刘洁菲　张　頔
刘勃阳　周　然　张培媛　程艳丽　冯利江
陈　娜　高继航　胡　妍　贾媛媛　靳利莎
杨　凯　董　超　宋冠奕　侯　月　浦亚菲
席艳丽　李　骁　董志娇　邱　岽　李香夷
任　聪　赵建良　郭　秦　孙　腾　姚　峥
梁　怡　刘箐楠　宋冲亚　程　宇　李泽丹

7. 北京联合大学 2010—2011 学年先进班集体(62 个)

应用文理学院(6 个)
08 级英语 2 班　08 级地理信息系统班
09 级档案学班　09 级新闻学班
10 级法学专接本班　08 级金融学班
师范学院(7 个)
10 级音乐学专接本班　10 级电子信息工程 1 班
09 级艺术设计服装班　09 级艺术设计会展班
09 级文秘班　09 级应用心理学班
08 级会计学班
商务学院(5 个)
09 级商务 1 班　09 级财务 2 班　08 级金融 2 班
09 级信息 2 班　08 级会展 1 班
生物化学工程学院(7 个)
10 级生物医药工程 1 班　10 级制药工程 1 班
08 级自动化 1 班　09 级制药工程 2 班
09 级会计学 1 班　09 级包装工程 1 班
09 级工程管理 1 班
旅游学院(5 个)
10 级旅游管理 2 班　10 级旅游管理专接本班
10 级日语 1 班　10 级酒店管理专接本班
08 级英语 1 班
信息学院(6 个)
09 级电子信息工程 1 班　09 级通信工程 1 班
10 级信息电子 1 班　10 级信息计算机 4 班
10 级信息计算机专接本 2 班
10 级信息计算机 6 班
机电学院(4 个)
10 级机械 3 班　10 级机械专接本 4 班
10 级物流 2 班　10 级机械专接本 5 班
自动化学院(4 个)
08 级自动化 5 班　09 级自动化 1 班
09 级自动化 6 班　10 级自动化 1 班
管理学院(4 个)
09 级会计班　10 级信管专接本 1 班
08 级工商 1 班　10 级工商专接本 1 班
特殊教育学院(3 个)
09 级学前教育班　08 级计算机科学与技术班
07 级针灸推拿学班
广告学院(5 个)
08 级影视表演班　09 级广告学班
10 级网传 2 班　10 级数字艺术 2 班
10 级综合绘画班
应用科技学院(6 个)
10 级高职创新实验班　10 级商务日语班
10 级多媒体技术(影视技术)2 班
09 级软件技术 1 班
10 级电子信息工程技术 2 班
10 级国际商务 1 班(平谷)

8. 北京联合大学 2010—2011 学年学习型学生“十佳党支部”

应用文理学院　历史文博系学生党支部

师范学院　电气信息系党总支学生第二支部

商务学院　国际经济系金融本科学生党支部　电子商务系第一学生党支部

生物化学工程学院　生物医药系学生党支部　经济管理系学生第一党支部

旅游学院　旅游管理系第二学生党支部

机电学院　机械工程及自动化系学生党支部　工业工程与物流系学生党支部

自动化学院　09 级自动化专业学生党支部

9. 北京联合大学 2010—2011 学年优秀学生干部(215 人)

应用文理学院(23 人)
郭　昱　王　军　张丽华　蒋仁超　张　羽
姜　汭　黄　越　徐晶晶　张明龙　吴志新
曹　阳　徐梦迪　王兴兴　付祎婵　东方多多
金　鑫　杨　玥　鲁　莹　王超越　李　琦
徐　可　王竞男　宫肇南
师范学院(19 人)
牛　丛　元天瑶　马晨雪　李　铮　鞠　晓
赵伟琦　李晓彤　孙　玮　胡凌燕　崔廖晨
王羽佳　刁海莉　吴　丹　巴　莹　王利丽
邓　岩　王兆阳　张　赞　赵立伟
商务学院(16 人)
郝军蕊　周　宏　孙平瑶　李亚薇　杜　晶
孙济洲　邓　微　王　健　乔　巧　朱琬嫕
董靖宇　马韦龙　孙　鹏　杨祎楠　李　欣
杨　豪
生物化学工程学院(20 人)
辛　星　权　靖　李　佳　叶春蕾　郑彩蛟
周　俊　刘　骁　姜　梦　仇媛怡　王科力
董海超　乔　楠　宋　悦　陈　晨　刘　鹤
成　智　郭　婷　关颖慧　谢　楠　纪　磊
旅游学院(16 人)
韩雪成　范思萌　胡晓霜　王梦甜　李　琳
冯佳兴　王　俊　张丽雪　郝雅楠　安　迪
王　帅　王　星　陈羿龙　李　明　林元前
葛　宇
信息学院(18 人)
许湘媛　王棚飞　高启滨　王超越　周　羿
王东洋　陶延进　孟　莹　亓　磊　柯大明
关　微　范同文　黄　达　石文君　宋　娅

张钰童　徐永林　宗新冉

机电学院(11 人)

孙宏斌　孟保佐　付　硕　孙　杉　周子龙　刘亚东　赵昊泽　龚美琳　安志生　郭　峰　王　煜

自动化学院(12 人)

姜　晴　刘佳鑫　刘　镭　陶晓申　刘　强　张　锐　蒲祎泽　陈　希　沈　亮　孙　谦　肖　茜　姚婉荻

管理学院(15 人)

赵斯宇　文国平　甄　妮　杨　蒙　曲福辉　王婷婷　徐　峥　王　尼　刘思萌　刘晓雨　李　青　温　琦　周　晶　闫　旻　王一钦

特殊教育学院(5 人)

陈　淼　耿延军　郭聪聪　李　志　冯建峰

广告学院(20 人)

路思远　郭长生　姜　鸽　张腾飞　张亚楠　张　悦　高　波　乔　欣　宋容溶　周　圆　景　云　冯　蕊　赵诗洋　霍丹阳　王　岩　郭　桢　陈　琦　于可心　张翠菊　张　路

应用科技学院(16 人)

石立春　荣　京　申晓佳　王乔奇　张　明　窦艳楠　周　琳　刘　腾　宫宝华　李晓鑫　孙　竞　安胜杰　王　硕　张玉坤　张　尧　于　健

校团委(24 人)

黄　果　黄和彪　李　铮　王　赛　牛登宇　彭　戈　马珊珊　王　淼　邬嘉北　邢　邗　张欣慰　许　凡　韩　毅　季晓晖　梁　芊　韦　婉　王　珊　芦孟茜　王　璐　项雨婷　王　希　张月晴　张侍晖　崔　圣

10. 北京联合大学 2011 级新生入学奖学金获得者名单(33 人)

北京生新生入学奖(12 人)

应用文理学院(3 人)

东　岳　黄晨曦　芦子豪

师范学院(3 人)

靳丽坤　刘　丹　王阳敏

商务学院(1 人)

王　欢

旅游学院(3 人)

李承霖　袁　润　张小溪

管理学院(1 人)

张雪祺

特殊教育学院(1 人)

程　佳

京外生新生入学奖(21 人)

京外生理科入学奖(11 人)

管理学院：

田李权　杨　淼　白栋凯　尹晓凯　司乔乔　贾英琪　王芋卿　冉英慧　郭　赛　郑　彬　高莹洁

京外生文科入学奖(**10 人**)

管理学院：

蔡政熠　范培丽　王宏飞　曾素贞　姚淑华　薛凌晓　郭　航　杨元攀　刘　婧　闵耀耀

11. 北京联合大学 2011 届毕业生考取研究生人员名单(172 人)

应用文理学院(24 人)

陈学敏　王　丛　李　晓　穆永中　李　兵　逯仲禹　高　辰　周　薇　肖乐乐　张清清　张　静　苏　卿　阎　菲　许　艾　白大鹏　牛　琪　王石峰　王艳慧　吴立洁　王凯龙　陈　林　司仕杰　张　嵩　田　源

师范学院(15 人)

原境阡　李　曼　刘　梦　张　萌　杜晓璐　薛　然　郭凯华　张　妍　尹双双　李　洋　张梦莹　付　蕾　姚　娟　周冠中　宋佳霖

商务学院(41 人)

付嘉锟　孟　青　韦　炜　曹天池　贾思瑶　严　雯　王文君　蔺　蕊　崔　瑞　赵欣阳　岳　梦　孙　哲　刘笑怡　佟叶欣　曹　越　肖　雅　钱思仪　肖灵珈　李　洁　赵溪瑶　董宛旭　陈芃芃　马菁菁　李　驰　臧碧薇　刘　松　韩　叶　侯冬尽　史　迹　赵怡然　孙　淼　陈　曦　南　方　崔柳青　高瑞年　王　莎　陈雨菲　孙　勍　孙　梵　陈湘文　王睿哲

生物化学工程学院(18 人)

蔡悠笛　王　晶　李　丹　杨　超　钟　歆　薛士伟　徐丞宬　李玉龙　王　蕊　张昊哲　何　海　盛　日　梁　巍　高梦雅　杨悦怡　尹　伊　周品迎　卜令娜

旅游学院(20 人)

赵雯雯　黄思培　吕染尘　项　阳　姜　然　刘典典　白　云　马婉莹　田思思　邓颖慧　李　苒　王吉哲　宋　洋　成　玥　戴　芸　徐玖男　樊　悦　王　茜　蒋梦怡　阿戈茹·珊丹

信息学院(17 人)

吴　凯　郭少斐　郭　鹤　张凯强　林文富　阳　珊　苏　文　李京坪　夏　欢　张　青

王逸飞　高思丛　王兆峰　陈子宇　解　汕
李冠洲　张　宇

自动化学院(14人)
佟西伟　徐　攀　安　景　林亚芹　王　堃
陈嘉骏　王伟贤　王华龙　李易成　康　昫
李　康　王雨嘉　杜宗霖　韩雄哲

管理学院(11人)
卜　普　蔡诗龙　陈彦佳　邓　菲　郭　威
刘宏靖　卢　路　满雅洁　彭　鹏　王润杭
张政元

广告学院(12人)
何　雪　陈光军　蒋　延　李蔚雯　张亚莉
肖　鑫　刘晓硕　国　薇　胡　佳　于梦洋
何　溦　吕龙源

12. 北京联合大学2010—2011学年五四红旗团委(2个)

应用文理学院团委
商务学院团委

13. 北京联合大学2010—2011学年五四红旗团支部(10个)

应用文理学院：08资源团支部　08金融团支部
商务学院：金融0801团支部
生物化学工程学院：08101团支部
信息学院：0908030404团支部
机电学院：0909030501团支部　0809030102团支部
管理学院：0811030302团支部　0911030303团支部　0911030202团支部

14. 北京联合大学2010—2011学年十佳团干部

应用文理学院：范建军
商务学院：乔　巧　杨　毅
旅游学院：付　琛
信息学院：韩　旭
机电学院：龚美琳
管理学院：张静雯　王　曼
广告学院：景　然
应用科技学院：刘敬茹

15. 北京联合大学2010—2011学年十佳团员

师范学院：邓　岩
商务学院：范雪莹　王　鑫
旅游学院：李子姝
信息学院：张淇伦
机电学院：李飞龙
管理学院：高　彬　王婷婷
广告学院：刘晓瑞
应用科技学院：王　硕

16. 北京联合大学2010—2011学年优秀团支部(38个)

应用文理学院(4个)
国际金融财务学系08金融团支部
城市科学系08资源团支部
2009公共事业管理团支部
2009新闻学(影视传播)团支部

师范学院(5个)
电气信息系2008级电子信息工程1班团支部
经济贸易系2009会计学团支部
艺术教育系2009音乐表演团支部
应用心理教学部2008应用心理学团支部
语言文化系2008英语2班团支部

商务学院(4个)
财务0801团支部　电子0801团支部
国贸0902团支部　金融0801团支部

生物化学工程学院(5个)
08101团支部　08204团支部　09304团支部
09402团支部　08205团支部

信息学院(4个)
0808030506团支部　0908030301团支部
0908030404团支部　0908030506团支部

机电学院(2个)
0909030501团支部　0809030102团支部

自动化学院(2个)
0910030201团支部　0910030204团支部

管理学院(3个)
0911030303团支部　0811030302团支部
0911030202支部

广告学院(4个)
09网络传播1班团支部
09网络传播3班团支部
09影视表演本科团支部
09现代传播团支部

应用科技学院(4个)
09影视技术2班团支部
09金融保险2班团支部
09通信技术2班团支部
09西班牙语班团支部

平谷学院(1个)

09国商1班团支部

17. 北京联合大学2010—2011学年优秀团干部(81人)

应用文理学院(8人)

李　享　马向楠　耿　迪　安美玲　徐晶晶
季景然　刘斯聃　范建军

师范学院(8人)

田　情　周宏宇　孙　玮　种　荟　付致嘉
徐晓丹　马　维　张顺铭

商务学院(7人)

史吟秋　杜　巍　任怡然　乔　巧　王　健
杨　毅　赵昕阳

生物化学工程学院(9人)

李　丽　武　琳　康斡擎　杨　爽　郭明生
杨　硕　刘晓双　黄　凯　孟晓兰

旅游学院(5人)

付　琛　周　畅　刘京亚　李　明　李　丹

信息学院(8人)

韩　旭　李晟元　李晓阳　许　超　许湘媛
闫　陶　张博晨　张　震

机电学院(4人)

许贺孝　张志成　龚美琳　杜　巍

自动化学院(5人)

兰　天　栗溪涓　苏义阳　张晶晶　孟禹丞

管理学院(7人)

周　晶　张静雯　郭欣桐　项雨婷　党梦婷
赵俊宇　王　曼

特殊教育学院(2人)

刘金歌　周梦佳

广告学院(8人)

张翠菊　于有为　武　玥　杨涵茜　杨依瑶
方跃龙　姬　旭　欧阳玉婷

应用科技学院(6人)

刘红娅　宋冠奕　刘敬茹　孟　晨　李　静
赵东平

平谷学院(2人)

严　钰　杨　光

宿舍团委(2人)

李　铮　单小萍

18. 北京联合大学2010—2011学年优秀团员(283人)

应用文理学院(29人)

潘　松　范博韬　孙　源　王凯龙　江虹佳
张明龙　高伊楠　龚晓丹　姜明莉　刘　驰
张潇予　王　凯　张　硕　张思雪　兰建峰
王竞男　冯婧乔　彭秋燕　宋　达　温宗妍
徐志鹏　高　岩　季正阳　徐明月　翟莹彤
张雅宁　钟　智　白　堃　东方多多

师范学院(28人)

赵　娜　吴　丹　何　畅　卢可珍　闫永印
陈添杰　曹婉毓　巴　莹　张　迪　孙鹤鹏
谷　梦　邓　岩　单　磊　魏　星　许　霞
朱明明　张晓彤　赵伟琦　张　晴　张　晔
刘　硕　董治军　王　朔　孟俊龙　赵　洁
常　婧　沈　哲　王　鹏

商务学院(22人)

张　劲　陈佳慧　翁丽燕　孙平瑶　王　鑫
刘　峥　范雪莹　林　琳　刘祝珊　傅　伟
邵　祎　索　斌　王敬彬　王　歆　王　莹
索飞亚　赵　利　史晓飞　许冰清　于　宁
张　旭　张子驰

生物化学工程学院(30人)

王　邈　范旭甫　郝　然　孙满全　崔红伟
刘月娇　赵颖悦　刘　刚　王林森　王京继
肖姗姗　乔　楠　路　畅　张力琪　王贵玲
田　晶　张　雯　王　娜　蒋　靓　赵亚娟
童　木　牛育星　周梦雪　王雅琼　谭晓婷
张　莹　王雯婷　李　洋　何伟强　辛　星

旅游学院(18人)

侯　煦　周　正　柳鹏飞　王小洁　邢馨蕊
祁　晋　肖　东　何　峥　李苏妮　姜　慧
王　硕　李冬雪　李欣颖　丁鹏翔　李　钰
张丽雪　惠浩峰　赵彦燕

信息学院(28人)

董晓光　范　硕　范同文　高启滨　高雅清
何均辉　何　洋　孔颖慧　李　婧　刘　丽
刘　茜　吕鹏飞　荣璞玮　田金野　熊雪茹
徐永林　杨亚刚　张淇伦　张天驹　张小娜
张　洋　张云飞　周轶君　訾俊超　宗新冉
邹珍凤　孟　莹　郭璟瑜

机电学院(15人)

贾明月　孟保佐　魏乾宇　左圆圆　朱　霄
刘一格　李佳杰　周子龙　徐　帆　刘志强
贺立春　杨　慧　李飞龙　陈　伟　刘　菁

自动化学院(19人)

冯国庆　高　佳　江旭辉　焦　健　金　雨
李洪飞　刘　畅　刘国强　刘　硕　刘占有
田　玥　王　静　韦　婉　张丹枫　赵晓彤
杜少辰　李诗然　黄　盛　肖　茜

管理学院(24人)

马　越　胡海峤　殷含玉　石　蕊　胡　睿
尤佳琪　秦亮亮　戴令飞　高　彬　张倩楠

田　莉　李　玥　闫璐阳　赵　倩　野春杰
张　援　周子钰　肖　睿　胡岩松　刘思萌
王婷婷　徐　峥　周　阳　王　希

特殊教育学院(7 人)

杨秋玲　李　洋　李　潇　陈　淼　朱昊玲
历　蒙　高　原

广告学院(28 人)

赵　华　秦　龑　张　岩　顾亚楠　王　辰
华玉龙　张梦非　陈铁金　管　翔　连玉洁
朱雪梅　李玉涛　田晓娇　秦立玲　蒲　赛
胡秀丽　刘道宏　赵师洋　雷　雪　张　璐
朱　恂　代小同　张　明　周悦冰　葛　畅
孙丰龙　马亚强　路思远

应用科技学院(21 人)

王　云　王　硕　张恺雯　谢晓星　高继航
王玛耘　董　超　程　宇　隗佳宁　赵　爽
宋冲亚　李泽丹　池雅丹　孙　伟　杨　影
陈　超　张　明　张　含　唐朝欣　钟　帅
任　毅

平谷学院(8 人)

白亚慧　胡　然　贾紫梦　刘佳林　宋　欣
宋　越　王　聪　闫　阔

宿舍团委(6 人)

王　赛　黄和彪　梁　娜　王斯婷　王　雪
丁莉莎

19. 北京联合大学 2011 年寒假社会实践先进单位(2 个)

师范学院
商务学院

20. 北京联合大学"启明星"第四届大学生课外学术科技作品竞赛获奖名单

获奖团体:

团体金奖:生物化学工程学院

团体银奖:应用文理学院

团体铜奖:信息学院

获奖作品一等奖:

《全自动围棋计时记谱棋具》

生物化学工程学院
作品负责人:王　贺
指导教师:邵明刚　杭和平

《利用报废冰箱压缩机制造便携式压缩机》

生物化学工程学院
作品负责人:王晓涛
指导教师:陈福祥　王浩宇

《基于单片机及 U 盘数据存储的数据记录仪》

机电学院
作品负责人:林　琳
指导教师:张子义

《北京市大学生媒介素养现状分析与调查研究》

应用文理学院
作品负责人:梁雅群
指导教师:杭孝平

《我国大型连锁超市低碳问题研究》

商务学院
作品负责人:彭　宇
指导教师:于　苗

《斑蝥内生菌与斑蝥素合成(降解)的互作研究》

生物化学工程学院
作品负责人:杜小霞
指导教师:葛喜珍

《基于复合酶法的甘草黄酮和甘草酸的工业化提取分离研究》

生物化学工程学院
作品负责人:赵彬
指导教师:葛喜珍

优秀指导教师:

葛喜珍　杭孝平　于　苗　邵明刚　陈福祥
张子义

(教务处、团委提供)

2011 年教师、职工或集体获得表彰奖励

1. 集体奖项

"北京市工人先锋号"先进集体(1 个)

旅游学院酒店与餐饮管理系

"首都教育先锋"先进集体(2 个)

应用文科综合实验教学中心
应用科技学院经济管理系

北京地区 2010 年度学位授予信息报送工作先进集体(1 个)

教务处

2. 先进个人

第七届北京市高等学校教学名师奖(3名)

张宝秀 李金平 范同顺

首都教育先锋(4名)

教书育人标兵:潘 峰

先进个人:陆忠华 潘 峰 徐 伟

第七届北京青年教师教学基本功比赛(高校)(4名)

二等奖

肖轶楠(文史类B组) 曲 欣(文史类B组) 冯远福(理工类B组)

最佳演示奖

曲 欣(文史类B组)

第五届北京联合大学青年教师教学基本功比赛(34名)

一等奖

肖轶楠 冯远福

二等奖

卜晨光 曲 欣 徐光美 陈道志

三等奖

杭孝平 计 晗 赵有玺 赵立新 裴一蕾
马惠芳 徐 涛 李晓东

优秀奖

张立梅 魏 威 杨 柳 徐 娟 李 斌
沈桂兰 葛明明 王婧菁 詹细明 胡嫣茹
田 娥 田寰宇 梁爱华 赵思童 杨志刚

优秀指导教师(5名)

田雅琳 鲁彦娟 张 姝 李宇红 邢春峰

2009—2011学年度北京联合大学优秀教师(31名)

孙爱萍 闫文杰 李宝明 戴 红 曾玲琴
刘 莹 耿 燚 张 威 钱春丽 张宇馨
陈福祥 李俊林 张景胜 肖轶楠 宁泽群
张 姝 杜 煜 程 光 王秀英 张益农
王晓红 龚秀敏 曲 欣 郭钟永 王廷梅
朱伟娟 贾少英 王海菊 孙丰田 梁 军
范清惠

2009—2011学年度北京联合大学优秀教育工作者(30名)

董 媛 聂延平 李 健 李爱国 刘京萍
沈晓平 刘 静 于 琛 钱 芳 王 静
汪艳丽 郭志青 许立群 昝 华 苏秀丽
尹庆民 边 丽 张 赫 刘 洋 王文杰
仲计水 方德英 安 宁 王 翎 焦 婧
高志平 高 翔 邓秉华 王 晶 杨建萌

2010—2011学年北京联合大学十佳辅导员(6名)

程永清 吴 庆 陆忠华 王若洪 操静涛
孟秀霞

2010—2011学年北京联合大学优秀辅导员(30名)

谈 文 郑建全 李 娜 孙 静 郑 伟
朱东星 杨 希 孙瑞婷 曹海娟 张 艺
蒋丽萍 李一宁 曹 向 王晓蕾 沈春玲
肖文泉 尹雪云 李伟华 吴巧慧 张桂芝
曹 敏 郝卫峰 张海英 卜轶琼 晏 强
刘 莎 王 涛 谢 鑫 李 鹤 赵 欣

2011年"从教三十年"教职工(52名)

赵广金 王 培 余 超 徐 峰 果小峰
张 志 彭 安 周 明 张晓晞 王惠莉
刘金生 黄立凡 王美萍 孟祥萍 侯笑达
王 美 刘全礼 李 智 宁 琳 段凯路
陈群利 郑业明 杨志勤 范同顺 苏秀丽
梁爱琴 程 前 郭钟永 朱根宜 刘京渤
陈书海 沈 翎 马自力 山 洪 林素珍
贺绍雪 吴静仪 郭肇春 倪苏敏 刘建国
吕 丽 曲金泽 李静新 刘晓霞 肖 蕴
陈小列 李兰霞 包福军 张 伟 王燕美
李霓虹 肖 芳

(校工会提供)

2011年其他表彰奖励

1. 北京联合大学2011年毕业生就业工作先进集体和先进个人名单

先进集体(11个)

应用文理学院
商务学院
机电学院
管理学院工商管理系
生物化学工程学院经济管理系

师范学院语言文化系
特殊教育学院学工办
信息学院计算机工程系
自动化学院电气与控制工程系
应用科技学院经济管理系
旅游学院休闲与旅游管理系

先进个人(41 人)

孙 静 徐 云 张咏铃 童丽达 孙瑞婷
秦铁犟 曹海娟 李 英 张 艺 谢 飞
伊 嫱 张 翔 张 蕾 刘志红 肖铁楠
沈春玲 刘元盛 薛永毅 嵇 伟 邬洪迈
刘欣欣 苏秀丽 张桂芝 高 岩 郭开宇
张永红 刘文红 王 昕 晏 强 孙 蓉
王少艳 陈艳燕 侯晓丽 刘 琨 刘 航
葛海燕 支芬和 范 蓓 杨奇红 唐 武
唐邦勤

(校招生就业处提供)

2. 纪念高等教育自学考试制度建立三十周年

高等教育自学考试先进集体(1 个)

校自考办

3. 北京市高等教育自学考试主考学校工作质量评审

北京市高等教育自学考试一等奖(1 个)

校自考办

4. 中国成人教育协会成立三十周年

全国成人教育先进工作者(1 个)

陈艳杰

(校培训中心提供)

5. 中国高校科技期刊研究会举办的首届中国高校科技期刊优秀网站评比

优秀网站(1 个)

《北京联合大学学报》网站

(学报编辑部提供)

6. 教育部普通高等教育精品教材(1 部)

《多媒体技术与应用实例教程 》 信息学院 沈 洪

(信息学院提供)

7. 北京高等教育精品教材(9 部)

《国际贸易——理论 案例与分析》 商务学院 赵亚平

《客户管理管理理论与实践》 管理学院 刘在云

《旅游调查研究的方法与实践》 旅游学院 李 享

《网络数据库技术(第 2 版)》 应用文理学院 逯燕玲

《计算机网络基础教程》 信息学院 杜 煜

《基于 Rup 的软件测试实践》 特殊教育学院 姚登峰

《界面设计与 VisualBasic(第 2 版)》 实训基地 崔武子

《C 语言程序设计》 实训基地 崔武子

《市场营销实践教程》 管理学院 李宇红

(教务处提供)

·人　　物·

享受国务院政府特殊津贴人员

（共 3 人，按姓氏笔画排序）

许家成　李哲英　熊黑钢

（人事处提供）

2011 年硕士生导师名录

（共 131 人，按姓氏笔画排序）

应用文理学院（24 人）

万鹰昕　左芙蓉　冯小波　孙雅煊　杨靖筠　李祖明　李　琛　张　波　张宝秀　张艳贞　张景秋　陈　文　武家璧　林　强　孟　斌　赵　卓　荣瑞芬　顾　军　高丽萍　董恒年　韩建业　惠伯棣　魏　涛　魏　微

师范学院（3 人）

张　威　张　旗　周玉基

商务学院（13 人）

王　卓　王崇桃　王　慧　田　园　朱传华　刘　洁　陈建斌　庞昊勇　秦立栓　徐凯波　高引民　崔　玮　符亚明

生物化学工程学院（8 人）

马榴强　张慧姝　周考文　赵　伟　黄迎春　龚　平　葛喜珍　穆红莉

旅游学院（11 人）

王春才　王　静　石金莲　石美玉　宁泽群　刘　啸　李　享　张宪玉　张凌云　赵晓燕　徐菊凤

信息学院（11 人）

王育坚　田景文　刘元盛　刘宏哲　孙连英　李金平　李哲英　何　宁　张　宁　周训伟　袁　玫

机电学院（1 人）

毛智勇

自动化学院（4 人）

方建军　李红星　李　媛　高美娟

管理学院（14 人）

马丽仪　牟　静　杨　宜　何　勤　汪昕宇　张士玉　张　波　张荣齐　陈　琳　郑海霞　赵　睿　陶秋燕　董　焱　薛万欣

特殊教育学院（4 人）

许家成　李晗静　钟经华　滕祥东

广告学院（1 人）

孔昭林

应用科技学院（4 人）

支芬和　劳凤学　李宇红　钮文良

直属教学单位（5 人）

玄祖兴　许　峰　陆　军　袁家政　梁　怡

直属单位（3 人）

刘　东　周小华　赵连稳

功能食品科学技术研究院（3 人）

尚小雅　赵晓红　姜招峰

科研单位（13 人）

王维国　朱永杰　朱松岭　刘文忠　刘　红　李振广　宋淑玉　张　勃　陈文寿　陈　星　郑广永　唐莹莹　崔英楠

党政机关（5 人）

叶　晓　曲学利　杜　煜　张艳秋　熊黑钢

校级领导（4 人）

杨　鹏　张连城　黄先开　鲍　泓

（研究生处提供）

2011年正高级专业技术职务人员名录

（共177人，按姓氏笔画排序）

教授（153人）

教授二级岗（7人）

冯　虹　李哲英　张　宁　姜招峰　韩建业
鲍　泓　熊黑钢

教授三级岗（29人）

尹庆民　田景文　宁泽群　刘　东　刘全礼
孙建东　孙建京　杨　宜　杨　鹏　李红星
李金平　吴勤学　张　波　张宝秀　张晓晞
张凌云　林　强　庞昊勇　赵永林　赵亚平
柳贡慧　钟经华　高丽萍　陶秋燕　黄先开
韩　强　惠伯棣　谢职安　薛立军

教授四级岗（117人）

于　平　于丽娟　于春洋　于增信　万平英
马榴强　王成尧　王育坚　王信峰　王美萍
王　梅　王瑾瑾　王　毅　支芬和　牛洁珍
毛智勇　文　镜　方建军　孔昭林　左芙蓉
石美玉　叶　晓　付晨光　冯淑华　朱传华
刘在云　刘彦文　刘　莹　闫喜霜　许晓平
许　峰　孙连英　孙爱萍　苏　玮　杜　煜
杨亚军　杨　飒　杨积堂　杨靖筠　李九丽
李宇红　李红梅　李　金　李　享　李娟华
李　媛　李慧凤　汪艳丽　宋长来　张士玉
张东昌　张俊玲　张恩祥　张景秋　张　蓉
张路光　陈　文　陈世红　陈志刚　陈建斌
陈　琳　陈瑞阳　邵　军　范同顺　范清惠
杭和平　周训伟　周考文　郑　丽　孟宪东
孟　斌　赵平勇　赵　伟　赵杰民　赵　卓
赵晓燕　荣瑞芬　茹秀华　钮文良　段　丽
段素菊　姚淑娜　袁　玫　袁家政　贾少英
夏齐霄　顾　军　徐英俊　高引民　高兴茹
高　苏　高美娟　高洪力　高满茹　郭　堃
唐少清　黄玉丽　黄迎春　黄宗英　曹福荣
龚　平　梁岚珍　逯燕玲　葛喜珍　董南萍
董　焱　程　光　鲁彦娟　曾美英　蔡　红
薛万欣　薄芙丽　霍　清　穆红莉　戴立黎
魏博辉　魏　微

其他专业技术系列（24人）

正高级二级（1人）

刘　红（研究员，社会科学）

正高级三级（5人）

陈军科（研究馆员，文博）
周小华（编审）
赵晓红（研究员，自然科学）
徐永利（研究员，社会科学）
曹　辉（高高工）

正高级四级（18人）

王　彤（研究馆员，社会科学）
王维国（研究员，社会科学）
冯小波（研究馆员，文博）
曲学利（研究员，社会科学）
朱松岭（研究员，社会科学）
刘文忠（研究员，社会科学）
齐再前（研究员，社会科学）
孙建华（研究员，自然科学）
杨　敏（主任医师）
李振广（研究员，社会科学）
陈文寿（研究员，社会科学）
郑广永（研究员，社会科学）
赵连稳（编审）
顾志良（研究员，社会科学）
徐菊凤（研究员，社会科学）
唐小恒（研究员，社会科学）
崔英楠（研究员，社会科学）
滕祥东（研究员，社会科学）

（人事处提供）

·大　事　记·

1月

1月1日　特殊教育学院由学校二级处级法人学院体制，调整为学校二级非法人处级学院体制运行，财务账务并入校本部。

1月7日　召开北京学研究基地二期建设工作验收会。验收组专家由中国人民大学教授、人大出版社社长贺耀敏等7人组成，学校党委书记徐永利、副校长冯虹、副校长鲍泓等参加验收会。验收组专家对北京学研究基地二期建设给予了肯定，指出北京学研究基地要凝练研究方向、研究内容和研究成果，突出北京学特色，需要加强理论的积淀和支撑，增强和其他基地间的沟通与交流。

1月8日　北京市法学会金融与财税法学研究会工作会在学校举行。校党委书记徐永利出席会议并讲话。商务部条约法律处处长陈羽松、中国工商银行总行法律部副总经理刘泽华、北京大学法学院院长助理张智勇以及金融与财税法专家甘功仁、施正文、李克等参加会议。北京市法学会金融与财税法学研究会会长杨宜教授主持会议。

1月14日　机电学院举行"华德液压——北京联合大学技术研发及成果转化基地"签约仪式。校长柳贡慧、副校长鲍泓出席签约仪式并讲话，柳贡慧校长与北京京城机电控股有限责任公司总工程师、北京华德液压工业集团有限责任公司董事长杜旭东先生共同为基地揭牌。

1月14—15日　召开"十二五"党建与思想政治工作座谈会。学校党校办、组织部、宣传部、纪检监察办公室、学生处、团委、离退休人员工作处、保卫处、工会、机直党委办公室、人文社科部的主要负责人参会。学校党委书记徐永利，副书记付晨光、周志成，纪委书记张楠出席会议。付晨光副书记主持会议。会议对"十一五"期间的工作进行了简要总结，参加会议的人员分别提出本部门"十二五"期间的工作思路和工作目标，梳理"十二五"期间的工作思路，初步形成了学校"十二五"期间党建和思想政治工作的总体思路。

1月16日　首届首都旅游发展论坛在北四环校区实验楼报告厅举行。论坛由北京联合大学、北京市社会科学界联合会和北京旅游学会主办，旅游学院承办，北京市旅游局支持。魏小安、戴斌、刘德谦、吴必虎等国内旅游界知名专家学者走进本论坛，为北京旅游业的发展出谋策划。

本论坛是基于北京建设国际一流旅游城市这一主题而发起的，主要针对北京旅游发展中的热点问题，组织智力资源进行讨论、解读，期望能够为北京旅游业的发展提供方案支持，为政府决策提供服务。

1月19日　广告学院在实验剧场举办"感恩的心——献给昌平校区建设者专场文艺演出"。校长柳贡慧、副校长张连城、副校长鲍泓、纪委书记黄海洋观看演出，并为参与昌平校区建设的教职员工代表颁发纪念章。海淀区文化委员会干部、海淀区文化馆领导、公安局文保总队、昌平派出所等单位负责人观看演出。

1月20日　以"同唱一首歌"为主题的北京联合大学2011年教职工新春联欢会暨爱心互助基金捐款答谢会在应用文理学院礼堂隆重举行。这是学校成立以来第一次举办全校性的新春联欢会，校领导及校机关各部门主要负责人、各学院主要负责人、各学院直属部门工会主席和工会全体工作人员及各学院教师代表700多人参加了联欢会。全校共有17个分工会报送了联欢会节目，参加演出的教职工110余名。

1月22日　召开共青团北京联合大学第四次代表大会。团市委副书记沈千帆，团市委大学中专部部长郑品石等领导，中国人民大学等30多所北京高校的共青团代表应邀出席。参加会议团员代表253名，列席会议代表6位。会议选举新一届委员19人。

1月24—25日　学校党委召开三届二十次全委（扩大）会，总结"十一五"期间取得的成就，科学谋划"十二五"学校发展。校党委委员出席会议，校纪委委员、各学院党政领导、校机关各部门、各直属单位主要负责人共约100人参加了会议。会议主要内容有：国防大学教授马骏大校作关于国际热点和国家安全问题的专题报告；校党委书记徐永利传达2011年寒假北京高校领导干部会议暨北京高校党建工作会议精神，并作题为"抓住机遇期，鼓足干劲，扭住不放"的报告；校长柳贡慧作题为"凝聚共识，提升信心，迎接挑战"的报告；校党委副书记付晨光、校党委副书记周志成分别就人事管理和队伍建设、学生工作和宣传思想工作发表讲话。会议还进行了分组讨论，大家对学校“十一五”期间取得的成绩感到振奋，认为“十二五”期间，学校要科学分析形势，结合实际，切实做好“十二五”规划，推动学校事业的全面发展。

1月28日 中共北京市委常委、组织部长吕锡文看望师范学院退休教师秦摩亚，并代表市委祝愿秦摩亚老师新春愉快、健康长寿。秦摩亚老师是我党早期领导人博古同志的女儿，退休前长期在师范学院任教。市委组织部常务副部长史绍洁，市委教育工委常务副书记刘建，市委组织部部务委员、干部调配处处长李世新，市委教育工委委员、干部处处长刘勇和学校党委书记徐永利，师范学院党委书记陈志刚陪同看望。

2月

2月1日 后勤服务公司接管特殊教育学院后勤工作，设立后勤服务公司蒲黄榆校区后勤运行服务中心。

3月

3月1日 后勤服务公司接管应用文理学院食堂，在饮食服务中心下设饮食服务中心学院路分中心。

3月1日 北京联合大学与英国威尔士大学三一圣大卫孔子学院合作承办的英国威尔士第一所孔子课堂在霍兰德沃里学校成立，英国王储查尔斯王子和中国驻英国大使刘晓明为孔子课堂揭牌并参加庆祝活动。查尔斯王子在孔子课堂与来自中国北京联合大学的老师亲切交谈，并与英国学生就中文学习等问题进行交流。

3月3日 学院路地区高校教学共同体2010—2011学年第二学期例会在北京联合大学召开，来自教学共同体19所院校教务部门负责人等30余人参加会议，会议主要探讨学院路教学共同体教学情况和上课教师聘用等若干问题。学院路教学共同体成立于1999年，旨在充分利用高校优质教学资源。学校应用文理学院1999年加入学院路地区高校教学共同体。2010年12月，北京联合大学加入该组织，全校各学院均可共享教学共同体的教学资源。2010—2011学年第二学期，全校共1024人次选修了学院路高校教学共同体的97门校际公共选修课。

3月4日 北京市残联副理事长吕争鸣、宣传文体部主任李焕林一行到特殊教育学院调研。副校长张连城、学院党委书记滕祥东、院长许家成等参加调研活动。吕争鸣副理事长考察了特殊教育学院的建设和规划，就建立北京市残疾人文艺、体育基地等有关事项与校院领导座谈交流，希望学校把残疾人文艺、体育基地做大、做实、做长远。座谈结束后，吕争鸣副理事长一行还看望了学校正在备战第八届全国残疾人运动会的运动员们。

3月4—5日 召开了2011年北京联合大学宣传思想工作及安全稳定工作会。学校党委书记徐永利、副书记周志成出席会议并作讲话。各学院主管院领导，校院党委宣传部、保卫处、学生处、团委、社科部等部门负责人，社科部各协作组负责人，各学院综合办公室主任等120余人参加了会议。

3月7日 旅游学院21名学生启程赴法国巴黎进行为期四周的法餐学习实践活动。这是旅游学院与法国巴黎克里西奥佛莱旅游饭店管理学院于1995年签订合作协议以来，派出的第十六批实习团。

3月8日 召开体委工作会。各学院相关负责人等近40人参加会议。副校长冯虹出席会议并部署2011年春季学期校体委的五项工作：第一，体育工作不能离开教学、科研的支撑；第二，做好各项赛事工作，加强高水平运动队建设；第三，加强群众体育活动，提高师生员工身心健康水平；第四，规范校院两级运动会办会机制，保持学校运动会的品牌优势；第五，各学院高度重视、认真研讨，做好市教委关于《学校体育工作条例》评估的各项工作。

3月17日 举行第二届女教职工委员会换届大会。第二届女教职工委员会委员、各分工会主席、女工主任、拟任新一届女教职工委员建议人选共40余人参加会议。校党委副书记、工会主席付晨光出席。经选举，校工会副主席李秀婷当选为女教职工委员会主任；白桦、马楠当选为副主任；闫丽君等14名同志当选为委员。

3月23日 举行2011届毕业生春季专场招聘会，邀请中国软件与技术服务股份有限公司、中国邮政储蓄银行北京分行等共58家用人单位，为学校应届毕业生提供了涉及机电类、金融类等几十个专业领域的千余个就业岗位。来自13个学院的1000多名毕业生参会。

3月23日 由教育部高等学校电子商务专业教学指导委员会主办的第二届全国高校“创新、创意、创业”电子商务挑战赛表彰暨第四届e路通电子商务大赛启动仪式在北京联合大学举行。第四届e路通电子商务大赛组委会主任刘芳，学校教务处、团委、管理学院相关负责人参加了启动仪式。管理学院2部作品获得北京赛区一等奖，10部作品获得北京赛区三等奖。

在全国总决赛中,分别获得1个一等奖、1个团队三等奖、2名教师被评为全国优秀指导教师。

3月25日 召开预算管理委员会第一次工作会。委员会主任柳贡慧校长主持会议,参会人员有预算管理委员会40余名成员。预算管理委员会的主要任务是:根据学校的年度发展目标,确定学校的预算分配方案,并定期检查各部门预算执行情况。是学校适应高校依法治校、科学管理发展趋势的重要举措,是学校预算管理工作规范化、科学化管理的标志。

3月31日 《当代中国国情与青年的历史责任》系列网络讲座举行首场讲座,各学院分别在各校区组织学生集中收看。讲座在北京设主会场,在全国各地设分会场,利用网络培训系统实时开展讲座。本期讲座内容为中国环境保护与对策,由国家环境保护部科学技术委员会委员、清华大学教授井文涌担任讲座人。《当代中国国情与青年的历史责任》系列网络讲座,由国家教育部高教司牵头组织面向青年大学生开展,是以加强国情教育,引导大学生热爱祖国、忠于人民、追求真理、服务社会为宗旨的系列教育讲座。

4月

4月1日 成立校园文明服务总队,次日,启动校园文明服务——食堂文明就餐引导、校园文明卫生服务。

4月1日 校党委理论中心组举行学习(扩大)会。北京市委教育工委副书记、市政府教育督导室主任线联平应邀作《坚持科学发展,构建首都现代化高等教育体系》的报告。校党委理论中心组成员、全校副处级以上干部参加了学习会。线主任从国家教育改革发展的基本方针、首都高等教育的现实基础、首都高等教育发展面临的压力和挑战、首都高等教育改革发展的基本思路、需要深入研究的问题等五个方面,详细分析了首都高校发展中所面临的机遇和挑战。

4月8日 两年一度的北京联合大学体育工作会议在小营校区北院报告厅举行。参加会议人员有:校体育部、教务处、学生处、工会、保卫处负责人,各学院主管体育工作负责人,校体委委员等,共计百余人。副校长、校体委主任冯虹出席并讲话,对"十一五"以来学校体育工作取得的成绩给予了充分肯定,要求体育工作不断深化教学改革,做好体育精品课程,做好体育与健康知识的普及,加大科研力度,用研究成果指导教学和训练;加强师资队伍建设,提升教师执教能力,重视高水平运动队建设,提高学校社会影响力;大力发展校园群体活动,营造健康向上的校园文化氛围。校体委秘书长、校体育部主任范清惠教授作大会工作报告,总结"十一五"期间学校体育工作情况,提出"十二五"期间体育工作的总体目标及任务,包括部门管理目标与任务、课程建设目标与任务、师资队伍建设目标与任务、群体工作目标与任务、高水平运动队建设目标与任务、学生体质健康测试相关工作目标与任务、基础设施建设与管理工作目标与任务等。会上表彰了两年来学校体育工作优秀个人和先进集体。

4月10日 由北京学研究基地主要完成的《当代中国城市发展丛书·北京》在北京北辰洲际酒店举行出版座谈会。北京市委副书记、市长郭金龙,市委常委、宣传部长、副市长鲁炜,市政府秘书长孙康林,北京市社科联名誉主席陶西平,以及市委宣传部、市社科联等单位的领导出席座谈会,编委会成员、编辑部成员和部分执笔编纂人员参加会议。郭市长发表即席讲话,并与大家合影留念。《当代中国城市发展》丛书是中共中央书记处批准的国家级科研项目,由当代中国研究所组织实施并组成丛书总编委会,指导丛书的编纂工作。《北京》卷是丛书中的一卷,由北京市政府立项,市长任编委会主任,30多个市委、市政府部门领导担任编委,编写工作自2004年11月正式启动,2011年3月由当代中国出版社出版发行,分为上、下两册,市长郭金龙作序。该书阐述新中国建立以来北京城市发展历程,是一项总结当代北京城市发展经验、揭示城市发展规律的城市科学研究成果。北京学研究基地首席专家、原主任张妙弟担任《当代中国城市发展》丛书编委会成员、《北京》卷编委会成员、《北京》卷编辑部常务副主编,北京学研究基地现任主任张宝秀、城市研究室主任张景秋、北京学研究所副处级调研员李洵作为北京卷编辑部成员,参与了《北京》卷编写相关工作。

4月10日 学校举行了生物化学工程学院副院长、旅游学院副院长、继续教育学院副院长、自动化学院副院长、广告学院副院长、校财务处副处长六个处级领导职位的面试答辩会。

4月11日 副校长黄先开与北京科技大学副校长张欣欣共同签署了两校本科教学合作共建意向书。学校教务处、各学院主管教学负责人及部分教师代表以及北京科技大学教务处副处长申亚男近20人参加签字仪式。两校将在特色专业、精品课程、学生培养、教师培养、指导教师等方面进行深入合作,实现优质教学资源共享,提高本科人才培养质量。两位校领导还为北京联合大学参加北京科技大学课堂观摩学习活动的教师代表颁发了听课证,启动了"2011年北京联合大学教师走进北京科技大学课堂观摩学习"活动。

4月15日 依托人民代表大会制度研究所建立的北京市政治文明建设研究中心成立五周年座谈会在

学校召开。全国人大财经委副主任尹中卿、北京市人大常委会副主任赵凤山莅临，来自中央党校、中国社科院、北京市人大、北京市政协、北京市委党校等单位的领导及专家学者应邀参会。校党委书记徐永利、校长柳贡慧、副书记付晨光、副校长鲍泓出席会议。校长柳贡慧主持会议并致辞。会上，赵凤山副主任充分肯定了研究中心成立五年来在科研成果、学术交流和社会服务方面所取得的重要成绩，并表示要对研究中心的发展给予进一步的支持和帮助，北京市社会工委书记宋贵伦、市哲学社会科学规划办主任王祥武、中央党校教授王长江和市委党校副校长刘阳等与会领导和专家学者对中心五年来所取得的成就给予了高度评价，为研究中心的成长和发展献计献策。最后，徐永利书记向为中心发展做出贡献的领导和专家表示感谢，并期望中心全体人员在全社会经济发展的大格局中继续深化政治文明研究和建设。会议进一步总结了经验、认识了不足、凝练了方向和重点，将有助于提升学术视野和科研水平，有助于提升为学校建设和首都社会经济发展服务的能力。北京市人大常委会副秘书长刘维林，北京市政协原副秘书长张平夫，北京市社科联党组副书记陈之昌以及校机关有关部门负责人参加了会议。

4月15日 学校举办校本部第三届运动会，来自校本部七个学院近400名运动健儿参加了包括田赛、径赛及群体比赛共计20余项的比赛。

4月19日 学校博学讲堂之“北京学”系列首场讲座开讲。学校北京学研究基地首席专家张妙弟教授为大家带来《热血春秋，旷古奇才——记于谦与北京保卫战》报告。

4月25日 国家教育部高教司、国家教育行政学院有关领导带队，由来自全国近70所新建本科院校负责人组成的第三期全国新建本科院校党委书记、校长专题培训班学员来学校考察交流。校党委书记徐永利、副校长黄先开接待了考察团，并向考察团成员介绍了学校人才培养、科学研究、国际交流、办学成效等基本情况，就考察团成员关心的问题做了现场交流。考察团一行还参观了学校教学实验室。

4月26日 学校召开廉政风险防控管理工作经验交流会。纪委副书记、纪检监察办公室主任欧阳媛主持会议，纪委书记张楠到会并做重要讲话，人、财、物“十大领域”涉及的16个职能处室的负责人就推进廉政风险防范管理工作进行交流，组织部、基建处、国资处、招就处等部门代表做了重点发言。

4月27日 学校会展经济研究中心和韩国庆熙大学展示政策研究所共同建立的“中—韩会展经济研究中心”战略合作协议签署仪式在韩国庆熙大学酒店与观光学院举行。该中心将集中中韩两国会展界学术造诣较高的专家学者，共同申请高端研究课题、举办会展经济学术研讨会、互派教师进行学术访问和交流。

4月29日 学校党政及工会干部培训班邀请了北京市教育工会主席张青山和北京大学工会主席孙丽为工会干部作专题培训。校工会委员会委员、教代会常设主席团成员、工会专职干部160多人参加了培训。

5月

5月6日 举行共青团“经典旋律、唱响中国”大型歌会暨2011“五四”表彰大会。学校党委书记徐永利、副书记付晨光、副书记周志成、纪委书记张楠出席会议，并为“五四红旗团委”和共青团“十佳”系列的获奖单位和个人颁奖。参加歌会活动的合唱代表队共10个，经评议，商务学院代表队获得一等奖。校领导还参观了校团委组织的“青春领航、知行奋进”主题成果展。

5月6日 管理学院与中国国家培训网签订合作协议，管理学院党委书记尹庆民、中国国家培训网总裁刘英华出席签约仪式。合作协议内容涉及高等教育发展、行业资格培训、学历教育培训、校外人才基地建设等。

5月7日 台湾研究院举办“两岸青年学术研讨会”，来自高雄义守大学、屏东科技大学等台湾高校的学者和大陆知名台湾问题专家黄嘉树、刘红等40余位青年学者参加了研讨会。副校长冯虹、国台办研究局副局长刘劲松分别在开幕式上致辞。与会学者围绕两岸经济合作框架协议的落实、两岸教育文化交流、岛内政局、2012年台湾的选举等议题进行了深入的研讨，展现了两岸青年学者观察相关问题的不同视角及大力推进两岸关系深入发展、造福两岸人民的共同愿望。刘红教授就落实ECFA在研讨会上做了重点发言。

5月11日 第一期科级管理干部培训班开班。校机关职能部门和部分学院职能部门的正科级干部共100余人参加培训。校党委书记徐永利出席并讲话，副书记付晨光作题为“高校管理干部的能力与素质”的报告。培训采用专题讲座和网络在线学习相结合的形式进行，内容涉及教育管理理论学习、勤政修养、执行力提升、工作规范、公文写作和语言表达等。

5月13日 由学校心理素质教育中心和武装部联合主办的第三届趣味心理定向赛在昌平校区举行，由应用科技学院承办，共有11个学院的18支队伍报名参赛，比赛把定向越野和有趣的心理知识问答有机结合起来。特殊教育学院和应用科技学院分获A、B组第一名，应用科技学院和信息学院分获A、B组第二名，信息学院和师范学院分获A、B组第三名。

5月14日 导聋犬训练基地落成暨首批捐赠仪式在顺义区龙湾屯镇南坞村举行。北京市委、教育部、北京市残联、韩国三星集团、北京大学、北京师范大学等单位相关领导，副校长鲍泓、古红梅出席，著名运动员、奥运会羽毛球冠军董炯应邀作为导聋犬训练基地的形象代言人参加活动。市残联副理事长李树华、三星集团总经理周晓阳和古红梅副校长代表导聋犬训练基地分别向三位听障朋友捐赠了导聋犬。导聋犬训练基地位于北京联合大学科技园区内，是由三星集团与学校共建的重点公益事业，也是我国第一个导聋犬训练基地。迄今为止，国际上能提供这种专业导聋犬培训的机构十分有限，只有在美国、英国、韩国等极少数国家可以见到，而且训练每只导聋犬的费用需要3万美金。导聋犬基地在投入使用后，对受助对象全部采取无偿捐赠方式，并增设导聋犬训练师和受助对象的培训项目。

5月15日 是第二十一个“全国助残日”，校团委、特殊教育学院共同举办以“感恩、同行”为主题的全国助残日活动，迎接全国助残日并庆祝北京联合大学残疾人大学生艺术团成立一周年。活动在残疾人艺术团学生热情四射的街舞表演中拉开序幕。北京市残联艺术团，联大曲艺团、民乐团和残疾人艺术团的精彩表演得到了来宾们的一致好评。在活动中，中国残疾人联合会教育就业部副主任唐淑芬、北京市教委副主任郑萼和柳贡慧校长共同为“全国特殊艺术人才培养基地”揭牌。中国残联向特殊教育学院残疾人大学生代表赠送学生专用平板电脑，昌平中小企业促进会会长邹怀森代表北京瑞斯福科技有限公司向特殊教育学院残疾大学生捐款20万元人民币。2010年，北京联合大学残疾人大学生艺术团在特殊教育学院成立，是北京市第一个残疾人大学生艺术团。学院也被北京市残联授予北京市残疾人青年演员培训基地。

5月17日 管理学院辅导员郭燕荣获“2010全国高校辅导员年度人物”提名奖。

5月21—22日 学校主办的“2011《旅游学刊》中国旅游研究年会”在北京会议中心召开。国家旅游局副局长王志发，北京市旅游委副主任安金明及来自全国旅游学界、业界的专家、学者300余人参加了此次年会。会议的主题是“中国旅游研究：前沿·理性·责任”，旨在“十二五”规划开局之年，聚合旅游产业的研究者、规划者、参与者，集中讨论未来5年中国旅游研究的前沿关注，分享旅游研究的最新成果，共商中国旅游及旅游研究的未来发展之路。人民网进行了会议的现场直播，新华社(北京分社)、中国教育报、北京日报、中国旅游报、搜狐网等多家媒体到会采访报道。

5月23日 校领导徐永利、张楠、张连城、黄海洋等检查学校档案馆库房建设工程的进展情况，校领导详细查看了档案库房、校史展陈厅，对消防安全设施、防水措施、疏散通道、馆室周边环境以及馆内湿度、温度和工作人员的工作环境等进行了检查。基建处、行管处、国资处、党校办等相关部门负责人陪同检查。

5月24日 举办“北京高校心理教师心理健康教材培训”，国际家庭伦理研究中心艾克曼博士主讲，北京高教学会心理咨询研究会秘书长蔺桂瑞教授，校学生处处长张文杰出席培训启动仪式。10所高校的60名心理教师和辅导员参加培训。艾克曼博士重点围绕“家庭和文化背景”和“人际沟通”两个话题展开培训。

5月25日 召开校志编纂暨校史展陈工作启动会，全面启动校志编纂和校史展陈工作。校党委书记徐永利主持动员会并作动员报告，主管校志校史工作的纪委书记张楠介绍了工作方案和进展情况。校领导、校院两级中心组成员、全校副处级及以上干部近180人参加会议。根据工作方案，本次校志续编时间为2001年至2010年，校史展陈将从联大成立的基础——1978年成立的大学分校开始，追溯30多年的办学历程、教学成果和特色亮点。

5月27日 学校在学院路校区举行庆祝建党90周年系列活动之教职工“唱红歌温党史”合唱比赛。来自学校23个分工会的18支参赛队1000多名教职工参加比赛。师范学院和应用文理学院获得一等奖；商务学院、自动化学院、校直属教学单位联队获得二等奖；北苑校区、校机关、后勤服务公司、特殊教育学院获得三等奖。自动化学院、北苑校区获得最佳组织奖；商务学院、应用文理学院获得最佳创意奖。校领导徐永利、付晨光、张楠、张连城、黄先开、鲍泓、古红梅出席活动并为获奖单位颁奖。大赛在校领导带领全场教职工高唱《没有共产党就没有新中国》的歌声中落下帷幕。

5月29日 学校召开安全稳定工作会议，各校区安全稳定工作负责人和保卫处(科)领导参加会议。保卫处副处长陈贵喜传达26日北京市首都学校及周边综合治理暨首都高校“平安校园”创建工作动员部署会议精神和6.4敏感期稳定工作会议精神，处长李湛部署学校安全维稳工作，校党委副书记周志成主持会议并对校园稳定提出具体要求。

5月30日 旅游学院与中国全聚德(集团)股份有限公司举行校企合作签约仪式，北京首旅集团董事长段强、副董事长李中根、副总裁张润钢，中国全聚德(集团)股份有限公司党委书记云程、总经理邢颖，校党委书记徐永利、副校长兼旅游学院院长黄先开、旅游学院党委书记曹长兴出席了签约仪式。黄先开副校长与全聚德集团总经理邢颖共同签署了“合作办学协议书”。根据协议，未来5年双方以北京市职业教育分级制改革试点项目为平台，开展订单式校企合作、专业共建校企合作等人才培养模式改革与创新；建立企业导师制度，建立校企深度融合的实习、实训基地；创设“全聚德集团定单培养”项目奖学金；深入开展委托项目、技术协作、产品开发、共建研发实体、共建联合实验室等科研领域的合作；共同开展职业教育及职业教育分级制改革试点项目的研究与实践；依托全聚德餐饮管理学院进行集团中高级管理人员培训工作，开发餐饮教育与技术的国际合作项目、开发国际资格证书培训项目等。

6月

5月30日—6月1日　学校“全国重点建设职业教育师资培训基地”接受“国家教育部全国重点建设职业教育师资培训基地评估小组”为期三天的实地检查评估。

6月1—3日　第三届中国服务贸易大会人才论坛暨服务贸易（服务外包）人才培养国际峰会在京召开，会议由商务部主办，北京联合大学承办。校长柳贡慧、副校长黄先开、副校长鲍泓参加会议。出席会议的人员有：商务部、教育部等国家各部委领导，高等院校、社会培训机构、服务外包企业和示范城市，各级商务、教育、园区管理部门、行业协会等单位的相关人员。莅临大会还有美国、日本等国家的服务外包专家和发包企业人士。与会人员就中国服务外包形势预测、人才培养问题、校企合作、项目洽谈等方面进行了探讨。校领导柳贡慧、黄先开、鲍泓在大会上分别作了题为“把握现代服务业发展机遇，创新高校人才培养模式”“面向区域企业集群的服务类人才培养产学研合作教育机制研究”和“适应战略性产业发展需求，创新服务外包人才培养模式”的演讲。本校作为论坛的学术支持单位发布了《中国高等院校服务外包本科人才培养课程体系建议书》《职业教育分级制的服务外包人才培养课程体系建议书》。

6月3日　学校国家级服务外包人才培养模式创新实验区与国家软件基地中关村软件园签署合作协议。北京市副市长程红、市教委副主任付志峰、中关村管委会委员李翔、中关村发展集团总经理助理绍顺昌，校长柳贡慧、副校长鲍泓、副校长古红梅等出席签约仪式。鲍泓副校长代表实验区在协议书上签字。根据合作协议，双方将发挥资源优势，共同建设IT服务外包产学研用——就业一体化实践服务平台。引导企业在校内开展工程项目实践，并将联合制定IT服务外包专业培养方案，共同组织制定服务外包人才测试标准，指导人才培养。中关村软件园将作为创新实验区IT服务外包相关专业学生的校外实习、实训基地，并推荐优秀学生到中关村软件园区企业实习。

6月10日　学校印发《北京联合大学学生生活物价补贴管理办法》，规范各学院学生生活物价补贴的发放。

6月10日　北京学研究基地与北京市政协文史和学习委员会、北京地理学会共同举办北京线性文化遗产保护与传承——第十三次北京学学术研讨会。北京学研究所名誉所长、国家总督学顾问、中国教育学会副会长、亚太地区联合国教科文组织协会联合会主席、北京市社科联名誉主席陶西平，北京市社科规划办公室副主任李建平、北京市政协文史和学习委员会副主任董援朝、北京联合大学党委书记徐永利出席研讨会，陶西平、李建平、徐永利分别在会上致辞，来自北京大学、北京市城市规划设计研究院等30余家单位的120多位专家、学者和部分研究生参加会议。与会人员围绕北京线性文化遗产保护与传承进行了研讨，李建平研究员作题为“线性历史文化遗产——北京城中轴线的保护与申遗”的发言，北京联合大学张妙弟教授作了题为“刍议北京城中轴线研究十要点”的发言，北京大学世界遗产研究中心阙维民教授作了题为“京西古道的遗产价值与保护规划”的发言，北京市城市规划设计研究院工程师黄钟作了题为“长城（北京段）保护范围及建设控制地带划定”的发言。《中国文化报》《文化月刊·遗产》《北京日报》《北京晚报》等媒体报道了会议。优选会议论文结集为《北京学研究2011》，于2011年10月在同心出版社出版。

6月15日　北京瑞斯福科技有限公司向学校捐资20万元，支持特殊教育事业发展，北京瑞斯福科技有限公司董事长、昌平中小企业信用促进协会会长邹怀森先生与校长柳贡慧代表双方签署捐赠协议书。校党委副书记周志成主持捐赠仪式。邹怀森先生希望校企能够进行更多内容的合作，包括设立奖学金、开设企业家大讲堂等，期待优秀的联大毕业生加入到公司团队。校长柳贡慧表示真诚希望社会各界企业家关注教育事业的发展，共同为推动经济社会又好又快的发展做出贡献。

6月16日　商务学院举行“北京现代服务业发展研究院”揭牌仪式。博鳌亚洲论坛高级总监姚望博士等来自政府部门、行业协会、高等学校的20余位嘉宾出席活动，学校党委副书记付晨光、商务学院院长顾志良等参加仪式。付晨光、姚望、顾志良共同为研究院揭牌。北京现代服务业发展研究院是依托商务学院学科资源，联合政府主管部门、社会团体、行业企业和专家学者等社会资源成立的研究基地，其宗旨是服务于北京市中国特色世界城市建设和“北京服务、北京创造”品牌建设。研究院下设国际金融、国际商务、会展经济与管理、服务经济与贸易、服务科学与管理、企业理财与投融资等研究方向,围绕区域经济规划与现代服务业可持续发展、CBD创新发展与区域发展的互动关系、现代服务业国际化创新人才培养三大领域,集成"研究、咨询、培训、服务"功能,为地方政府决策提供智力支持,为现代服务业企业提供咨询服务。

6月21日　首届"怀柔杯——国际大学生公益广告节"(以下简称广告节)颁奖仪式在北京市怀柔区怀柔剧场举行。北京市教育委员会高教处处长黄侃、中国广告协会副秘书长刘忠学、中国广告协会会展部办公室主任贾玉山、北京市怀柔区副区长朱淑霞和怀柔区商务委员会主任周福枢、北京互通联合国际广告有限公司执行创意总监刘淑芬、北海艺术设计职业学院院长王国伦、台湾朝阳科技大学王桂沰教授和俄罗斯莫斯科人文大学伊莲娜等参加了典礼,校领导张楠、鲍泓出席。广告节历时一年,围绕"环保与生活——环保让生活更美好"的主题,进行了五个选题、四个类别的比赛,共收到来自世界各个国家和地区42所院校1500余件作品,参赛学生达1600余人。最终评选出金奖11件、银奖21件、铜奖45件、优秀奖100余件,15所院校获得优秀组织奖。

6月24日　以"承红色传统,绘锦绣山河"为主题的"北京联合大学纪念建党90周年系列活动之教职工书画摄影展"在北四环校区综合楼前开幕。共收到来自全校17个分工会推荐的书法、绘画、摄影等作品,共计200余幅、作者近100人。学校党委书记徐永利出席开幕式并为展览剪彩。仪式由校党委副书记周志成主持。纪委书记张楠致开幕词。来自各学院、直属部门的相关负责人以及书画、摄影参赛作者100余人参加了活动。

6月28日　"浓墨重彩颂党恩"离退休教职工书画展在老干部处活动室展出,共展出作品42件。

6月28日　召开纪念中国共产党成立90周年表彰大会,表彰学校评选的十佳党支部、先进基层党组织、优秀共产党员、优秀党务工作者、育人标兵、成才表率、十佳学生共产党员、纪念建党90周年征文获奖人员。校、院党政领导、党委职能部门负责人、各总支、支部书记、党员群众代表参加会议。校党委书记徐永利在会上讲话,对学校今后一段时间的主要工作提出四点意见:一是大力加强领导班子和干部队伍建设;二是努力提高党组织建设的科学化水平;三是努力做好学校"十二五"改革和发展规划的宣传和实施工作;四是高度关注民生,建设和谐校园。副书记付晨光主持大会。校体育部教师冯希杰等4人代表获奖的先进基层党组织、优秀共产党员、学生党员、优秀党务工作者进行了交流发言。

6月29日　分别召开党外人士和党员代表建言献策座谈会。来自全校的15名党外人士代表和16名教职工党员及学生党员代表分别参加会议。校党委书记徐永利,副书记付晨光、周志成,纪委书记张楠出席。与会代表围绕学校"十二五"时期事业发展规划及如何在学校发展中发挥自身作用进行讨论,从教学工作、科研工作、学风建设、德育教育、学校管理、办学特色等方面提出自己的意见和建议。

6月30日　北京市人大常委会主任杜德印到学校视察工作,市人大常委会副主任赵凤山、副秘书长刘维林、民族宗教侨务委员会主任委员席文启陪同视察。校党委书记徐永利、校长柳贡慧等校领导班子成员接待了杜德印一行。杜德印主任与学校领导班子进行了座谈,详细了解学校的办学情况并对学校的工作和发展状况给予肯定。杜德印主任指出,学校要认真研究首都经济社会发展形势,特别是要结合现代服务业、旅游业等首都产业调整的实际,继续抓好特色学科、专业建设,以特色求发展。要打造好人民代表大会制度、北京学等特色研究品牌,进一步提高服务社会的能力和水平。杜主任还视察了学校图书馆教师阅览室。

7月

7月1日　举行2011届研究生毕业典礼暨学位授予仪式。校领导柳贡慧、周志成、鲍泓出席仪式。共有36名研究生毕业获得硕士学位,其中16名专门史专业研究生获得历史学硕士学位、9名计算机应用技术专业研究生和11名食品科学专业研究生获得工学硕士学位。有3位毕业生的学位论文获评优秀硕士学位论文,1名同学考取了中科院植物研究所的博士。

7月7日　举行学习贯彻胡锦涛总书记在庆祝建党90周年大会上的重要讲话精神座谈会,校党委常委、各学院(校区)书记和校机关职能部门部分负责人参加座谈。党委书记徐永利传达了北京市委关于学习讲话的具体要求,提出三点要求:一要通过总书记讲话,清醒地认识我们面临的形势和任务;二要坚持实事求是,通过深入学习,用最新的理论武装我们自己、我们的党员和我们的基础;三要更加注重制度建设,这既是先进性建设,也是我们执政地位巩固的基础性工作。与会人员围绕胡锦涛总书记在庆祝建党90周年大会上的重要讲话,结合学校的发展建设畅所欲言。

7月10日　"2011北京文化论坛——打造先进文化之都,培育创新文化论坛"在北京国际会议中心举行。活动由北京联合大学北京学研究所与北京市社会科学界联合会、北京社会主义学院、中国民主同盟北京市委员会、九三学社北京市委员会、北京联主办,并与北京改革和发展研究会共同承办。来自北京市各民主党派等统战系统、北京高校及社会各界人士150余人参加论坛。会议围绕北京市"十二五"规划纲要，针对北京"五都"建设的目标、结合北京可持续发展工作的实际，积极探索建设中国特色的世界城市的高度，谋划新的发展布局实现的有效路径。积极创新发展理念，创新发展模式，创新体制机制；努力打造"先进文化之都"，着力培育创新文化，为破解开创首都科学发展新局面难题献计献策。专家认为北京作为中国文化中心，要通过弘扬创新精神、培育创新文化，通过制度文明、科技创新、创新发展模式、引领时尚借以展开和实现。专家建议：要革新思维方式，培育创新文化，就是要更新观念，培育创新意识，倡导创新精神；创新运营体制，就是要完善制度、打造团队、创新投入机制，健全科学的创新机制；充分整合资源，弘扬中华民族优秀文化，吸收国外文化的有益成果；创新人才机制。

7月11—13日 举办第十二期辅导员培训班暨高校学生工作专业化专题培训班。全校共有120多名学生工作干部参加培训。市委教育工委干部、高校领导，知名专家学者，资深学工部长及北京市十佳辅导员代表，共9位主讲者以先进理念、不同视角和丰富案例讲解学生工作的相关问题，体现了培训班从学生工作基本框架出发，科学设计专题，构成既突出重点、又覆盖全面的学生工作闭合系统。

7月20日 北京市纪委、市教委2011年高考招生监督检查工作组来校检查指导招生录取工作。检查组成员有市纪委常委、市监察局副局长杨小兵，市纪委监察局执法监察室副主任陈继红，特约监察员王玉梅，市教委监察处副处长滕继辉、马光，市纪委监察局执法监察室干部王征。工作汇报会由副校长黄先开主持，校党委书记徐永利，招生就业处处长张伟、副处长权力和纪委副书记、纪检监察办公室主任欧阳媛参加了会议。

7月20—22日 校党委组织(统战)部组织学校部分民主党派和无党派代表人士一行共计19人，赴甘肃联合大学和青海民族大学进行学习考察。考察加深了校际友谊，交流了民主党派和统一战线工作经验，对学校统战工作起到了推动作用。

8月

8月22日 北京市副市长丁向阳专程到朝阳医院，看望正在住院治疗的市人大代表、机电学院教师李敬，对李敬老师长期热心北京市教育、卫生、交通等公共事业并做出贡献表示钦佩和感谢。丁向阳副市长详细询问了李敬老师的病情及治疗方案，现场联系了广安门中医院等中医专家，指示医护人员一定要尽全力给予治疗。下午，市肿瘤医院、友谊医院及朝阳医院等相关科室医疗专家7人，对李敬老师的病情进行了会诊。市卫生局、朝阳医院相关领导及主治大夫等陪同看望。

8月24日 国家发改委社会发展司王凤玲副司长一行到特殊教育学院调研。校党委书记徐永利、副校长张连城等参加了调研活动。活动期间，学校领导和专家汇报了北京市特殊教育概况、问题与对策建议，并就特殊教育观念、办学经验、师资培养、残疾学生生源及无障碍学习支持等方面问题进行了交流，王凤玲副司长表示要进一步关注特殊教育事业的发展，将特殊教育的发展纳入发改委工作的视野。调研组一行还参观了学院残疾人大学生专用教室、学生宿舍及其他校园设施。

8月25日 后勤服务公司接管商务学院食堂，在饮食服务中心下设饮食服务中心红领巾桥分中心。

8月30日 校党委书记徐永利到朝阳医院看望市人大代表、机电学院老教师李敬。徐永利书记关切地询问他的病情、治疗方案和用药情况，并嘱咐他安心治病。党校办、机电学院相关负责人陪同看望。

9月

9月5日 《北京联合大学教职工健康幸福工程实施方案》正式出台。"健康幸福工程"旨在关心、理解、服务、发展教职工，使教职工树立自我身心保健理念、掌握锻炼技能和排解心理压力的方法，养成健康的生活和工作习惯、增强教职工幸福感，加强队伍建设、促进学校和谐发展。实施方案从健康服务、餐饮保健、文体活动和心理健康四个方面细化措施。校党委副书记、工会主席付晨光担任"健康幸福工程"领导小组组长。

9月7—8日 全校纪检监察工作会议召开，会议传达了上级有关精神，总结了上半年工作情况，并就下半年重点工作进行了部署和研讨。纪委书记张楠主持会议，校纪委委员、各学院主管纪检监察工作的院领导和专兼职纪检监察干部等30余人参加会议，校党委书记徐永利出席并讲话。

9月8日 2011年北京现代车教助学北京联合大学捐赠仪式在北四环校区隆重举行。北京现代汽车有限公司捐赠学校2辆第八代索纳塔汽车。北京现代党委书记、常务副总经理李峰、副书记王建平，学校党委书记徐永利、校长柳贡慧、党委副书记周志成、纪委书记张楠、副校长黄先开、鲍泓出席捐赠仪式。之前,双方共同签署了《校企人才培养发展战略框架协议书》,表示要校企联手,共赢互利,共同服务地方,推动区域经济的发展。本次捐赠的2辆第八代索纳塔,是北京现代精心打造的旗舰车型。除了外观方面采用时尚前沿的"流体雕塑"设计理念,在动力、安全性、高科技配置上同样行业领先,将在学校相关学科专业的教学科研等方面发挥作用。

9月8日　与对外经济贸易大学战略合作框架协议签约仪式隆重举行。对外经济贸易大学校长施建军与北京联合大学校长柳贡慧代表两校签署了合作协议。根据协议,两校将联合开展学科专业建设,在相关学科专业共建联合培养博士点或博士培养项目,共同开展学科带头人和学术创新团队建设,搭建学科联合研究平台;联合开展高层次人才培养,建立研究生联合和合作培养机制,开展双方研究生课程互选、学分互认工作,共建研究生社会实践基地,共享研究型教学建设成果;联合开展高水平科学研究,鼓励教师合作开展重大、重点课题申报和项目研究,加大科研成果的转化;合作开展师资交流与培养;共同开展国际化交流项目,实现资源共享。北京市教委副主任付志峰出席仪式,对外经贸大学党委书记王玲、校长施建军、副校长张新民,我校党委书记徐永利、校长柳贡慧、纪委书记张楠、副校长黄先开、鲍泓参加了签约仪式。

9月9日　在北京国际会议中心隆重召开2011年庆祝教师节大会。学校党委书记徐永利、校长柳贡慧等全体校领导和近千名教职工参加会议,副书记周志成主持大会。北京市教育工会主席张青山应邀出席大会并讲话,代表市教育工会向全校教职工致以节日的问候,希望教育工作者加强理论修养和业务学习、锤炼意志品质、全面提高自身素质。柳贡慧校长在会上指出,作为教师,行事做人,"德"字为先,自觉加强道德修养,才能成为大学生的良师益友和健康成长成才的指导者、引路人;行事做人,要有"三心",对学生充满爱心、对事业充满恒心、对未来充满信心。大会对北京市教学名师、校级优秀教师、优秀教育工作者等先进集体和个人进行了表彰,张青山主席与校领导共同为获奖集体及个人颁发了证书。北京出版集团为参加本次大会的教师捐赠了近600套优质图书,校门诊部还专门开展了健康咨询、测量血压等健康服务活动。

9月13日　北京市教委委员孙善学、职业教育与成人教育处处长邵和平等一行6人到学校检查指导旅游学院旅游管理高职专业分级制改革试点情况。副校长、旅游学院院长黄先开出席活动,学校高职处及学院相关工作负责人等接待。学校向检查组汇报了有关职业教育分级制改革试点情况。孙善学委员希望学校旅游管理专业要成立相对固定的教学团队,加强学习、加强研究;制订工作方案、落实工作任务、完善专业分级标准、加大对课改研究的力度;做好2012年的预算,为分级制改革提供经费保障;加强校企合作、建立紧密的校企合作机制,加强对职业教育分级制改革的宣传力度。

9月14日　朝阳区"检校联席"物资采购领域预防职务犯罪工作座谈会在北京联合大学北四环校区综合楼三层会议室召开。朝阳区12所高校物资采购、监察部门负责人与朝阳区人民检察院职务犯罪预防处处长武彬就物资采购领域预防职务犯罪进行了交流和研讨。

9月15日　完成教职工(包括退休、离休人员)公费医疗体制向医疗保险体制变轨相关工作,完成北京市朝阳区医疗保险事务管理中心的数据系统录入和上报工作。北京联合大学教职工(包括退休、离休人员)的医疗保险体制将于2012年1月1日正式实施。

9月16日　北京联合大学体育中心综合楼项目在北四环校区破土动工。该工程建筑面积16000平方米,是建校以来规模最大的一座风雨操场。

9月17日　2011级新生军训开营仪式在北京昌平盛华人才培训中心举行。校党委副书记、军训总指挥周志成出席并为军训团授旗,全校12所学院主管学生工作院领导参加开营仪式,近6000名2011级新生戎装列队参加开营仪式。自动化学院张沛然同学代表2011级新生发言,并带领全体参训学生宣誓。本次军训是建校以来全体新生首次在同一个军训基地集中训练。

9月28日　举行北四环校区综合楼奠基典礼。北京市委常委、市委教育工委书记赵凤桐,原北京市政协副主席、教育工委书记陈大白,原北京市委常委、教育工委书记徐锡安,北京市教委副主任何劲松以及市财政局、市发改委有关负责人出席典礼,学校领导和400余名师生代表一同参加典礼。建成后的综合楼建筑总面积约65000平方米,具备教学、实验、实训、科研、图书馆和公共服务设施等多项功能,预计2013年9月完工,并将成为北四环东路的标志性建筑。

9月29日　第七届首都法学家论坛在学院路校区举行,论坛由北京市法学会主办、北京联合大学承办。校党委书记徐永利、副校长张连城、鲍泓出席,来自中国法学会、北京市法学会、北京市法学会各研究会、社团法学会等单位的专家及学校师生300余人参加了活动。本届论坛的主题为"中国共产党与中国法治进程——纪念中国共产党成立90周年、辛亥革命100周年",中国社会科学院法学研究所所长李林、中央党校研究生院院长卓泽渊、北京市高级人民法院副院长王振清、中国人民大学马小红教授和中国政法大学张生教授分别做了演讲。

9月30日　2011级新生军训结营式暨开学典礼在盛华人才培训中心举行。北京市教委副主任郑萼，北京市教委体美处副处长王军，北京市学生军训工作办公室参谋熊冰少校，校领导徐永利、付晨光、周志成、冯虹、张连城、黄先开、鲍泓，校院相关负责人、参训部队教官及带队教师等出席仪式。大会举行军训成果汇报表演。校领导向军训获奖集体和个人颁奖，并向承训部队、军训基地赠送锦旗，对考入联大的优秀新生和考取研究生的同学进行表彰。北京市教委副主任郑萼发表讲话。她肯定了北京联合大学近年来在教育教学、学科建设、国防教育等方面取得的重大成果。徐永利书记肯定了广大师生在军训期间所取得的成绩，并用“意义重大，难能可贵”八个字高度概括本次军训的作用和成果。本次军训规模宏大，主题鲜明，得到光明日报、中国教育报、北京晨报、新华网等多家社会媒体的普遍关注。

10月

10月10日　北京市人大代表、机电学院李敬老师遗体告别仪式在八宝山举行。北京市原副市长胡昭广，市人大常委会副秘书长、代表联络室主任张清，九三学社北京市委秘书长刘永泰，北京市卫生局原局长金大鹏，市人大常委会民宗侨办公室主任、学校原党委书记席文启，朝阳区人大常委会副主任李国，学校领导徐永利、付晨光、周志成、张楠、张连城、黄先开、黄海洋等以及各界人士约200余人前往送别。李敬老师于10月4日19时05分因病医治无效，在北京朝阳医院逝世，终年76岁。

10月12日　校党委书记徐永利一行7人到顺义区赵全营镇进行考察调研。顺义区教委、农委以及赵全营镇党委书记胡小兵、镇长赵志勇等区镇领导接待了徐书记一行。徐永利书记一行考察了北郎中农工贸集团，校企双方交流了工作情况、表达了合作意愿，希望通过双方资源共享和优势互补创造社会效益，实现校企双赢，促进地方经济社会发展，促进学校的学科建设和科研工作。

10月15日　2011级新生运动会在朝阳体育中心举行。2011级全体新生参加了运动会，校领导徐永利、付晨光、周志成、张楠、冯虹、张连城、黄先开、鲍泓、古红梅出席。本届运动会以“梦想起步，健康成长”为主题，旨在提高大学新生的健身意识，增强新生体质，增强班级凝聚力。比赛包括竞赛、田赛等传统项目，同时设立跳绳、踢毽、接力跑、200米积分跑、龙卷风等趣味项目。管理学院、商务学院、应用科技学院分列团体总分前三名。

10月18日　校友会主持召开2011年校友座谈会。北京阳狮最美时咨询有限责任公司董事总经理孙滨、IBM全球服务部客户经理崔洪等13位毕业20年、10年为主的校友代表参会。校党委书记、校友会会长徐永利，副书记、校友会常务副会长周志成，副校长、校友会秘书长张连城出席。

10月19日　特殊教育学院学生在第八届全国残疾人运动会上夺得5枚金牌、6枚银牌、9枚铜牌以及多项前六名的好成绩。学院共有39名学生参加了田径、游泳、盲人门球、聋人篮球、聋人足球5个大项的比赛。其中朱鹏凯同学一人获得3金并打破一项全国纪录，谢青一人获得2金1银、打破一项全国纪录。此外，由学院老师带队的盲人门球、聋人篮球、聋人足球赢得2银2铜和一个第5名的好成绩。特殊教育学院作为北京市残疾运动员的人才库、重要训练基地，培养的残疾人运动员已经成为北京市以至全国残疾人体育活动的骨干力量。近五年中，学院残疾人大学生代表国家参加世界级别比赛的运动员有29名，共获得世界级别比赛金牌9块，银牌6块。

10月24日　与北京金隅集团续签奖助学金合作协议。校党委书记徐永利、副书记周志成，金隅集团党委副书记、副董事长段建国，金隅股份有限公司副总裁王肇嘉出席，党校办、学生处、团委及金隅集团相关部门负责人参加了签约仪式。金隅集团与学校已经连续四年合作开展学生奖助学金工作，共资助10所学院的160名优秀学生。根据续签协议，金隅集团将在今后的两年中，每年资助学校10万元，用于奖励、资助40名品学兼优的家庭经济困难学生。

10月25日　旅游学院与中国全聚德(集团)股份有限公司合作开办的“订单班”在全聚德和平门店举行开学典礼。北京市教育委员会委员孙善学，北京联合大学党委书记徐永利等校院领导以及北京首旅集团、全聚德集团的相关领导出席开学典礼。这是成为北京市职业教育分级制改革试点院校后，北京联合大学进行“旅游管理职业教育分级制改革”的首次尝试。“订单班”学生将采取学校与企业的“双主体育人机制”的培养模式，由校企双方共同为学生定制个人职业生涯发展规划，并共同授课。学习期间，“订单班”实行集团奖学金激励机制，顶岗实习及就业由集团统一安排，并能够享受一系列集团给予学生的“优越政策”。

10月26日　文化创意创新研究中心在广告学院正式成立。北京市文化创意产业促进中心副主任刘生全和学校副校长鲍泓参加成立仪式并揭牌。文化创意创新研究中心挂靠广告学院，为校级院管科研机构。

10月26日　群声曲艺团在北四环校区学生活动

中心举行“十年庆典之曲韵校园”专场演出，庆祝群声曲艺团建立十周年。北京曲艺团著名快板书表演艺术家、快板书第三代传人、群声曲艺团艺术顾问王文长，北京曲艺团优秀青年相声演员、群声曲艺团艺术顾问王政老师、著名相声演员应宁和王玥波应邀出席。演出由北京曲艺团的著名表演艺术家和北京联合大学群声曲艺团的同学们共同奉献，持续近两个小时。演出包含相声、快板书、京剧等曲艺表演形式。

10 月 26—27 日　金融学特色专业建设研讨会在北京会议中心成功举行，会议由北京联合大学主办，管理学院承办。北京联合大学党委书记徐永利及北京金融工作局张幼林副局长、教育部高教司吴燕处长、北京市教委高教处黄侃处长、北京银行行长助理罗亚辉应邀出席并分别致辞。中央财经大学、对外经济贸易大学、北京工商大学、山西财经大学、上海立信会计学院、浙江财经学院、云南财经大学、内蒙古财经学院、河北经贸大学 9 家教育部金融学特色专业建设点的专家应邀参与研讨。天津工业大学、中华女子学院，北京联合大学教务处、人事处、科研处的负责人以及管理学院、商务学院、生物化学工程学院、应用文理学院、旅游学院的教师参加会议。

10 月 28 日　教育部公布《教育部关于公布全国重点建设职业教育师资培养培训基地、全国职业教育师资专业技能培训示范单位评估合格名单的通知》(教职成函〔2011〕8 号)，2011 年北京联合大学“全国重点建设职业教育师资培训基地”评估结果为“合格”。

11 月

11 月 1 日　北京联合大学英文网站正式开通，网站网址为 http://english.buu.edu.cn。网站下设联大概况、教学、科研、招生、学生活动、校友、国际化、人力资源管理等八个一级目录，覆盖了近 40 个二级目录。英文网站的开通，为学校搭建了国际合作的网络宣传平台，必将助推学校国际合作办学发展。

11 月 3 日　北京市教育工会副主席郭峰、权益保障部部长肖树生、财务部部长韩广敏莅临北京联合大学开展“深入学校，走近教职工”调研活动。此次活动是市教育工会根据北京市创先争优领导小组的工作部署及北京市总工会党组关于开展“走进基层、走进企业、服务职工”活动的精神，结合教育系统工作实际组织的。

11 月 4 日　学校召开优秀青年教师导师工作交流会。优秀青年教师及其指导教师近 30 人参加会议，学校党委副书记付晨光出席。根据青年优秀教师教学培育计划，学校从 2011 年青年教师教学基本功比赛(文、理科)中遴选出前 10 名获奖者，为他们分别配备两名校内指导教师。

11 月 3—5 日　2011 年海峡两岸应用性高等教育(技术与职业)学术研讨会在上海第二工业大学隆重召开。校党委书记徐永利、副校长黄先开率团参加了会议。徐永利书记在研讨会上作题为“趣在求是，学以致用——对高等教育理念创新的思考”的报告，对“求是”与“致用”的关系进行论证，认为高等教育理念创新要坚持“求是”与“致用”的辩证统一。在“校长面对面：解决问题的智慧型人才”的环节中，副校长黄先开就学校校园文化建设特点与两岸校(院)长、师生进行了交流。作为 2012 年海峡两岸应用性高等教育(技术与职业)学术研讨会的承办院校，副校长黄先开代表学校接受会旗。海峡两岸应用性高等教育(技术与职业)学术研讨会是 1999 年由北京联合大学、台北科技大学、上海第二工业大学和深圳职业技术学院共同发起的。

11 月 5 日　第三届北京市体育大会第六届大学生风筝比赛暨北京联合大学第六届风筝节在昌平校区举行，活动由北京联合大学和北京市风筝协会、北京市科协科技活动中心、团市委北京青少年科技文化活动交流服务中心共同主办。校纪委书记张楠、北京市风筝协会副主席徐荣珍、北京市科协科技活动中心科普活动部主任王肃平、北京汇丰金鹏国际文化发展有限公司经理李志远出席，学校数百名师生代表与来自北京工业大学等院校的 27 个参赛代表队参加了活动。本届风筝节以“飞向蓝天，展望未来”为主题，主要分为风筝放飞比赛和风筝放飞表演等活动。北京联合大学广告学院、北京市劳动保障学院、邮电世纪学院荣获团体一等奖。

11 月 6 日　“北京联通杯”2011 年北京市大学生计算机应用大赛暨京港澳台大学生计算机应用大赛决赛答辩在北京联合大学成功举办。大赛由北京市教委主办，北京联合大学与北京高等教育学会计算机教育研究会共同承办，北京联合大学为承办实体单位。大赛组委会名誉主任、北京市教育委员会副主任付志峰，大赛组委会主任、北京联合大学原校长柳贡慧，校党委书记徐永利、副校长黄先开、鲍泓出席活动，来自各高校、企业的 32 位评审专家及 300 名参赛学生、企业代表、媒体记者等参加了活动。经组委会专家组评审，大赛共评出一等奖 10 队、二等奖 22 队、三等奖 27 队。

11 月 11 日　由贵州省教育厅主办的“省外高校对口帮扶贵州高校集体签约仪式”在贵阳市举行，贵州省副省长刘晓凯以及参与对口帮扶学校及贵州省内高校共 80 余所学校校领导和相关人员共 300 多人出席了会议。学校纪委书记张楠代表学校与贵州航天职业技术学院签订了对口帮扶协议，就帮扶协议中专业建设、干部和教师互访、教学、科研等方面的具体实施交换了意见、达成合作意向。

11 月 12 日 举办 2011 年新教师团队拓展培训。全校各学院和直属教学单位的 30 名 2010 年 10 月以来进校的新教师参加了培训。培训是 2011 年新教师入职系列培训之一，也是学校第一次将拓展训练纳入新教师入职培训。

11 月 15—16 日 学校党委宣传部组织召开学校文化建设研讨会。各学院主管宣传工作负责人及相关职能部门负责人近 30 人参加了会议，校党委副书记周志成出席研讨会并讲话。北京航空航天大学宣传部长蔡劲松应邀在研讨会上作题为“大学文化传承创新及建设路径”的报告。会议主要围绕《北京联合大学“十二五”时期改革和发展规划文化建设工程实施方案（征求意见稿）》进行交流、研讨。

11 月 18 日 举行特殊教育学院新校园落成暨建院 10 年庆典大会，中国残疾人联合会副主席、党组成员吕世明，北京市残联副理事长、党组成员郭克利，北京市教委副主任罗洁，美国高立德大学校长胡尔维茨博士，北京信息科技大学、长春大学、滨州医学院、天津理工大学、中州大学、南京特殊教育职业技术学院等兄弟院校领导应邀参加了庆典，全体校领导及师生、校友代表共 300 余人参加了活动。中国残疾人联合会主席张海迪发来贺信。吕世明副主席希望学校抓住机遇，迎接挑战，深化教育改革，不断提高办学质量，为高等特殊教育发展做出新贡献；希望同学们珍惜机会，刻苦学习，全面发展，用出色成绩回报社会，成为特殊教育事业的栋梁之才。罗洁副主任对学校在北京市特殊教育事业发展中起到的重要作用予以充分肯定。与会领导为新校园落成剪彩，徐永利书记与胡尔维茨校长签署了合作办学协议，吕世明副主席、罗洁副主任为全国残疾人职业教育师资培训基地揭牌。

11 月 23 日 举行 2011 年教职工羽毛球比赛，全校 12 支代表队 130 多名教职工参加了比赛。校党委副书记、工会主席付晨光出席。生物化学工程学院代表队获得团体总分第一名，校机关、基础部、特殊教育学院、体育部联队获得团体总分第二名，应用科技学院代表队获得团体总分第三名。

11 月 24 日 学生工作管理信息系统完成内部测试并正式开通试运行。学生工作管理信息系统的建设是为了推进学校学生工作的信息化，提高学生工作的效率和管理水平。学生工作管理信息系统是由学校学生处组织专门队伍建设的，2011 年开始着手。目前学校学生可以自主在网上完成评优评奖申报、勤工助学和贫困生资助申请；辅导员、班主任可以在网上实现班级学生个人信息及党团建设的管理；各学院学生处（办）可以在网上完成多项日常学生事务的办理。

11 月 26 日 学生业余党校第一期学生党支部书记培训班开班，全校各学院近百名学生党支部书记参加培训。学生业余党校常务副校长、学生工作部部长张文杰在开班动员中讲话，表示培训学习的目的是进一步加深对社会主义核心价值体系的理解，加强党建工作的实效性，切实提升学生党支部的凝聚力和示范性。中共中央党校李俊伟教授就“如何当好支部书记”阐述当好支部书记应具备的政治素质、道德素质、业务素质等基本素质。商务学院原党委书记张秀国教授作题为“经济全球化与社会主义前途”的专题讲座。荣获 2010—2011 学年北京联合大学学习型学生“十佳党支部”的部分代表在培训班上交流工作经验。

11 月 30 日 纪检监察办公室召开各学院落实党风廉政建设责任制，推进惩防体系建设工作经验交流会。会议由纪委书记张楠主持，学校落实党风廉政建设责任制情况检查组成员，应用文理学院、师范学院、商务学院、生物化学工程学院、旅游学院、继续教育学院主管纪检监察工作的党委副书记和学院纪检监察员参加会议。

12 月

12 月 4 日 首届中国电子商务职业教育与行业对接大会暨 2011 年全国电子商务职业教育工作会议在北京联合大学召开。大会由教育部指导，由中国电子商务协会、中国高等教育协会、教育部职业技术教育中心研究所、中国职业技术教育学会、全国电子商务职业教育教学指导委员会联合主办，北京联合大学与全国电子商务职业教育教学指导委员会秘书处共同承办。教育部职成司司长葛道凯、北京市教育委员会孙善学委员、北京联合大学徐永利书记、上海电子商务教育研究所所长宋文官以及来自全国多个省市近 300 名相关专业专家、教师、企业人员出席本次电子商务领域大会。大会由应用科技学院院长支芬和教授主持。本次对接会议是教育部 2011 年度在北京联合大学有关部门和行业举办的 12 轮对接活动的收官之战。葛道凯司长发表《加快推进产教结合、校企合作，为电子商务行业发展培养急需的技能型人才》的重要讲话，指出：电子商务是一个发展极为迅速的领域，电商行业对人才的需求将极大地影响教育领域。目前设有电子商务专业的本科院校有 400 多所，教育的改革与产业的发展有机地互动起来，更需要企业界人士和教育界人士进行深入讨论和有效对接。中国电子商务协会及全国电子商务职业教育教学指导委员会（简称行指委）的有关同志就电子商务行业发展及行指委工作计划作了专题报告。北京市教育委员会孙善学委员就北京市职业教育分级改革的有关情况作专题报告。葛司长代表教育部向电商行指委委员颁发了聘书。行指委分别与阿里巴巴、用友软件股份有限公司、网易、艺龙旅行网等18家企业签订了校企合作协议。大会以"面向未来,E路通行"为主题,以建立和完善职业院校与电子商务行业企业的产学研合作机制,打通人才培养与人才需求的"真空地带"为目的。

12月10日　2011年教职工足球赛决赛在北苑校区足球场举行,来自10个院部的6支代表队参加比赛。校机关代表队获得冠军,师范学院代表队获得第二名,应用科技学院代表队获得第三名。校党委副书记、校工会主席付晨光观看了比赛,并致闭幕词、为获奖球队颁奖。

12月10日　召开北京联合大学第四次学生代表大会。大会主题是:"科学发展,知行合一,担当使命,共创和谐,在建设高水平应用型大学的进程中贡献青春与力量"。北京市学生联合会驻会主席赵敦以及北京20多所高校学生会代表应邀出席,来自全校各学院的255名学生代表参加会议,4位列席代表应邀列席会议。校团委书记潘宏波致辞。会上通过了选举办法,并开始正式选举。本次学代会的胜利召开,是我校学生参与学校建设的重要途径,更是我校共青团"一体两翼"工作格局的重要体现。

12月13日　全国残疾人中等职业学校盲教育骨干教师培训班开班典礼在特殊教育学院举行。副校长张连城、中残联教育就业部周凯、特殊教育学院党委书记滕祥东出席典礼。

12月14日　北京市教委副主任罗洁在市教委发展规划处长周彤、基础教育处长李奕、市教科院基础研究中心书记赵宝军陪同下来学校调研,校党委书记徐永利、副校长黄先开,师范学院党委书记陈志刚、院长薛立军、副书记郭堃等参加了调研会。罗洁副主任一行参观了师范学院实验实训室和创意媒体实验中心,听取了学院领导关于为普通中学"通用技术""综合实践"课程培养师资的情况汇报。罗洁副主任要求学校充分发挥教学资源和人才培养优势,积极承担相关专任教师培养任务,为北京市基础教育改革和发展贡献力量。徐永利书记表示,北京联合大学要进一步学习落实《北京市教育改革和发展规划》,以开放姿态转变发展方式,面向经济社会发展的需求,创新人才培养模式,提高人才培养质量,为首都教育改革和发展作贡献。

12月15日　台湾研究院两岸关系研究所举行"台湾研究青年学术沙龙"第一次活动。来自国台办海研中心、中国人民大学、军事科学院、中华文化发展促进会、国防大学、全国台联、全国台湾研究会、清华大学、社科院法学所等单位的青年学者与会。"台湾研究青年学术沙龙"由台湾研究院举办。

12月3—16日　学校在北四环校区举行2011年科技工作会开幕式。本次科技大会的主题是:"提高科研能力,推进协同创新,努力实现'十二五'时期学科与科研规划目标"。开幕式除主会场外,另设有两个视频分会场,学校领导,高级专业技术职务人员、博士学位教师、硕士生导师,校机关及学院有关负责人近千人参加了大会。教育部科技司副司长娄晶、市教委副主任付志峰、市科委政策法规处处长杨仁全应邀出席会议。开幕式由副校长黄先开主持。本次会议适值"十二五"开局之年,是我校转变发展方式、走内涵发展道路进程中召开的一次重要会议,是明确"以学科建设为龙头",实施"十二五"学科及科研规划后召开的第一次科技工作会。会议期间,各学院、各科研单位陆续举办高水平学术报告会、教授、专家学者和学科带头人的各种座谈会等110多场。12月16日,举行科技工作会闭幕式。会议号召全校党员和干部要高举学科建设的旗帜,阔步迈向全面提高质量的高峰。各单位只要积极采取措施,一定能够助推学校的科技工作,作出新成果、上新台阶、新水平!科技大会每四年举办一次。

12月16日　北京市委教育工委、市教委党风廉政建设责任制领导小组第二检查组来学校检查落实党风廉政建设责任制、推进惩防体系建设任务完成情况。检查组人员有:市委教育工委常务副书记刘建,北京林业大学党委副书记、纪委书记陈天全,北京教育考试院纪委书记张泉利,北京体育大学纪委副书记邢尚杰,中国人民大学监察处副处长石德才,刘建任检查组组长。学校党政班子成员全体出席汇报会,向检查组做了专项汇报。徐永利书记介绍了学校的总体情况,他表示,校党委始终高度重视党风廉政建设工作,以干部管理为切入点落实责任制,把惩防体系建设工作落实到各领域、各单位和全体教职工,管人、管事、管思想,使惩防体系建设在全体党员、教职工中有位置、有声音、真有效。校纪委书记张楠作了题为"围绕整合提高,狠抓制度执行,党风廉政建设和反腐败工作取得新成效"的自查报告,从落实党风廉政责任制、贯彻《廉政准则》、推进廉政风险防控、扎实开展专项治理工作、完善监督制约机制、提高反腐倡廉建设科学化工作等六个方面进行了汇报。检查组听取了相关职能处室负责人和院系领导、教职工和党外人士代表对学校党风廉政建设工作的意见和建议,并仔细查阅学校相关文件、制度及档案等支撑材料。检查结束后,检查组向学校主要领导反馈了检查意见。

12月20日　《中国高等职业教育课程改革状况研究报告》(以下简称《报告》)在北京联合大学发布,报告指出,94.3%的高职生对基本技术技能训练课程最感兴趣，其次是专业理论知识课程、通识理论知识课程和理论一实践一体化课程。《报告》由北京联合大学高等技术与职业教育研究所主持，受到联合国教科文组织的资助。

12月20日 北京联合大学第一届德育工作指导委员会成立，徐永利任主任，周志成（常务）、黄先开、古红梅任副主任。委员会下设秘书处，负责日常工作，秘书处设在校学生工作（部）处。秘书长由学生工作（部）处（部）处长兼任。

12月22日 北京市残疾人体育训练基地挂牌仪式在特殊教育学院举行。北京市残疾人联合会副理事长吕争鸣、副校长冯虹出席仪式并讲话，共同为北京市残疾人体育训练基地成立揭牌。吕争鸣副理事长指出，基地的成立是对特殊教育学院近几年来体育教育工作的肯定，基地作为体育训练与教育科研相结合的新形式，创建了一个在体育工作上可以相互促进、共同发展的平台。冯虹副校长指出：特殊教育学院应该将基地的成立作为契机，在新的体制下加强领导，在宣传上加强力度，进一步加强与北京市残联的联系和合作，结合特殊教育体育教育教学与科研工作，探索科学创新的工作模式，努力做好今后的体育工作。

12月22日 举行著作权法培训讲座。学校依法治校工作领导小组成员、各学院教学科研一线教师、各直属单位和校机关工作人员，以及"青春船长·法制起航"活动的学生志愿者近百人参加活动。讲座邀请了应用文理学院法律系知识产权法教研团队的老师们围绕著作权制度的产生与发展、高等教育领域著作权问题警示、教学科研中的著作权保护等问题进行了细致阐述。本次培训讲座是学校"12·4"法制宣传月的系列活动之一，法制宣传月期间有计划、分阶段、逐步深入开展了各种法制宣传活动。

12月23日 学校在昌平校区举行了2011年北京联合大学冬季长跑活动暨学生"健康幸福工程"启动仪式。校体委主任、副校长冯虹号召同学们行动起来，积极参加体育锻炼，养成良好的生活习惯，从此刻做起，文明精神、强健体魄，持之以恒，努力以更健康的体魄迎接未来的挑战。学生代表李倩瑜宣读了活动倡议书，表示积极响应学校号召，参与锻炼、强健体魄，展示联大学子青春风采。在本次启动仪式上，校领导还向各学院代表发放了部分健身器材，并和广大学生一同进行了健身长跑活动。启动仪式后，进行了2011年冬季长跑比赛，来自12所学院的运动员参加比赛，最后应用文理学院、生物化学工程学院、机电学院获得本次比赛的前三名。特殊教育学院、信息学院、自动化学院、商务学院、应用科技学院分获四名至八名。

12月23日 校工会在本部食堂举办北京联合大学2011年新婚教职工联谊会。来自全校6所学院、直属部门的近20名新婚教职工及伴侣和部分学院、直属部门工会主席参加了联谊会。党委副书记付晨光、工会常务副主席张俊玲等到会祝福并赠送了礼物。付晨光副书记在会上讲话表示，青年教职工是学校的新生力量，希望大家能够发挥青春的激情和才智，担负起家庭和社会责任，共同开启人生新的起点。

12月26日 学校爱心互助基金补助工作完成，经过爱心互助基金委员会批准，共资助135人次总计455100.00元。与2010年爱心互助基金集中补助工作相比，补助人次增加32人次，补助金额增加150500元，同比分别增长31.07%和49.41%。

12月27日 举行新一届党风廉政监督员聘任仪式。校纪委书记张楠为15名新任监督员颁发了聘书。张楠书记希望党风廉政监督员不拘形式多听多问多看、深入基层多做沟通、围绕中心认真履职，为进一步提高学校决策的科学性发挥应有的作用。

12月30日 学校召开德育工作指导委员会2011年工作会，校党委书记、德育工作指导委员会主任徐永利，副校长黄先开、古红梅及全体委员出席会议。会议由校党委副书记、德育工作指导委员会常务副主任周志成主持。会议审议并讨论了即将召开的北京联合大学德育工作会的方案、报告和文件。各位委员围绕德育主题分别从体系框架、主要目标、措施办法等方面对《北京联合大学德育效应提升计划》《北京联合大学学生学习效能提升计划实施细则》《北京联合大学学生工作综合考评方案》等进行讨论。最后，徐永利书记作总结讲话。

12月 《北京联合大学学报（人文社会科学版）》"北京学研究"特色栏目入选教育部高校哲学社会科学学报名栏建设第二批栏目名单。"北京学研究"专栏，始终坚持北京学研究"立足北京，研究北京，服务北京"的宗旨，依托北京学研究基地，主要发表北京文化史、北京文化遗产保护与传承方面的论文。

·重要学术报告会·

2011年党校办举办的学术报告会(讲座、演讲)

时间	报告(讲座)题目	主讲人	参加人员
1月25日	当前国际形势	马骏　国防大学教授	校党委委员,校纪委委员,各学院党政正职,法人学院领导班子成员,校机关各部门,各直属单位主要负责人
8月23日	当前美国国债危机	黄卫平　中国人民大学教授	
	关于高等教育发展的思考	付志峰　北京市教委副主任	

2011年培训中心举办的学术报告会(讲座、演讲)

时间	报告(讲座)题目	主讲人	参加人员
9月22—23日	走内涵式道路,实现高校继教新跨越	严继昌　清华大学教授、全国高校继续教育学会副理事长兼秘书长	校内成教管理干部

2011年基础课教学部举办的学术报告会(讲座、演讲)

时间	报告(讲座)题目	主讲人	参加人员
9月	提高作业批改质量的意义与方法	华乐康　校基础部退休教师,副教授	基础部全体教师
10月21日	数学文化与大学生素质教育	顾沛　教育部高等学校数学与统计学教学指导委员会副主任、国家级教学名师、南开大学数学科学学院教授	基础部全体教师
12月9日	复动力系统简介及基础学科科研项目的申报	郑建华　清华大学博士生导师、教授	基础部全体教师

2011年人文社科教学部举办的学术报告会(讲座、演讲)

时间	报告(讲座)题目	主讲人	参加人员
11月18日	关于辛亥革命的学术报告	张海鹏　中国社会科学院学部委员、博士生导师	校社科类教师及研究生
12月2日	关于当前社会思潮的理论分析	刘书林　清华大学教授	校社科类教师
12月14日	从教学中寻找科研课题	王维国　人民代表大会制度研究所副所长、教授	校社科类教师

2011年体育教学部举办的学术报告会(讲座、演讲)

时间	报告(讲座)题目	主讲人	参加人员
7月4—5日	实施学生健康幸福工程研讨会	杨洪志　校体育部副主任	体育部主任范清惠,体育部书记李伟,副主任杨洪志及各学院体育教研室主任、副主任、教师骨干等

续表

时间	报告(讲座)题目	主讲人	参加人员
7月7日	2009年校级教改重点项目结题评审会	范清惠　体育教学部主任、教授	北京大学体育部主任郝光安教授、北京物资学院体育部主任杨建平教授、北京市大学生体育协会两操协会秘书长景观副教授
12月9日	我国高等院校体育工作面临的挑战、困惑与思考——对话北京联合大学体育老师	李相如　首都体育学院社会体育系主任、教授	体育部教师
12月31日	多校区办学体制下体育教学与管理研讨会	范清惠　体育教学部主任、教授	体育部教师

2011年公共外语教学部举办的学术报告会(讲座、演讲)

时间	报告(讲座)题目	主讲人	参加人员
9月23日	外语教学中的数据统计分析	许宏晨　北京外国语大学中国外语教育研究中心博士后	全校100余位英语教师
12月9日	中国英语教育现状	韩宝成教授　北京外国语大学中国外语教育研究中心	外语部30余位英语教师参加

2011年档案(校史)馆举办的学术报告会(讲座、演讲)

时间	报告(讲座)题目	主讲人	参加人员
6月10日	新方志的编纂	谭烈飞　北京市地方志办公室副主任、北京史研究会副会长、北京社科规划历史学科专家组成员	1. 各学院、北苑校区党政办主任 2. 校机关各部门、各直属单位负责人 3. 校志编修工作小组成员
11月22日	编修校志的意义及方法	李晓秋　北京教育志编纂委员会办公室主任	1. 学校校志校史工作组全体人员 2. 各单位校志校史工作组组长、校志统稿人和主要撰稿人

2011年北京学研究所举办的学术报告会(讲座、演讲)

时间	报告(讲座)题目	主讲人	参加人员
4月19日	热血春秋,旷古奇才——记于谦与北京保卫战	张妙弟　北京学研究基地首席专家、基地学术委员会主任、北京联合大学原校长	全校师生
5月12日	守望家园：话说保护北京非物质文化遗产	乌丙安　辽宁大学教授、国家非物质遗产保护工作专家委员会副主任、中国民俗学会名誉会长	全校师生
5月24日	五月五,是端阳——关于端午节的文化解析	高巍　北京民俗学会秘书长、北京民协民俗委员会副主任	全校师生
6月2日	北京：东方文明之都	于希贤　北京大学历史地理研究中心教授	全校师生
10月24日	北京带藏字的石碑和藏式建筑	舒乙　中国现代文学馆原馆长、研究馆员	全校师生
11月9日	文明与地理	王恩涌　北京大学城市与环境学院教授、著名人文地理学家	全校师生
11月14日	北京传说与京派文学	刘锡诚　中国文联研究员、国家非物质文化遗产保护专家委员会委员、中国民间文艺家协会民间文化抢救工程专家委员会委员	全校师生
12月7日	约翰拉贝与北京	梁怡　北京联合大学人文社科部教授	全校师生
12月9日	中国传统节日的当下处境与未来走向	张勃　北京联合大学北京学研究所副教授	全校师生

2011年应用文理学院举办的学术报告会(讲座、演讲)

时间	报告(讲座)题目	主讲人	参加人员
1月18日	如何从常见新闻中采写独家报道	李新民　新华社《经济参考报》采访中心副主任、高级记者	各系信息员
3月8日	“镀金时代”：十九世纪下半叶美国工业革命	David Tegeder　美国圣菲学院(Santa Fe College)历史学教授	外国语言文化系学生
3月15日	二十世纪五、六十年代美国的反文化运动	David Tegeder　美国圣菲学院(Santa Fe College)历史学教授	外国语言文化系学生
3月18日	中东北非政局动荡的性质与成因及地缘影响	董恒年　应用文理学院城市科学系副教授	城市科学系学生
4月1日	影视记者是充满活力与挑战的职业	郭可　八一电影制片厂导演	新闻与传播系学生
4月12日	体育新闻学的发展与现状	Guy Hodgson(盖·霍奇森)　英国切斯特大学艺术与传媒学院传媒系主任、教授	新闻与传播系学生
4月18日	《商法》之证券投资法律实务	李小平　自由职业　律师	法律系09级学生
4月20日	人文北京建设	傅华　中国档案学会秘书长、研究馆员	部分师生
4月22日	经济行为的法律规范发展趋势及其问题	谢尔盖·斯蒂潘诺夫　俄罗斯乌拉尔国立法学院教授	法律系学生
4月26日	中国电视新闻改革的方向	田维钢　中国传媒大学电视与新闻学院硕士生导师、副教授	新闻与传播系学生
4月26日	《外商投资法》之外商投资企业章程、合同实务	Peter　北京市金杜律师事务所律师	法律系08级学生
4月27日	英国生物化学的前沿动态及研究方法	周靓　英国约翰依奈斯研究所博士	食品科学系学生
5月10日	热血千秋　旷古奇才——于谦与北京保卫战	张妙弟　北京联合大学原校长、教授	城市科学系学生
5月10日	优秀摄影要素	David Given　美国著名摄影家	新闻与传播系学生
5月26日	谈苏东剧变原因及执政党建设	黄立弗　中国社会科学院世界历史研究所研究员	在读研究生、高级党课学员和预备党员
5月25日	活在幸福中	宋广荣　广告学院教师	部分学生
6月2日	我国环境管理的现状与管理举措	张东翔　重庆大学化学化工学院教授	生物与环境技术系
6月9日	美国环境正义运动：缘起、发展及影响	高国荣　中国社会科学院世界史研究所研究员	生物与环境技术系学生
7月5日	如何撰写调研报告	韩建业　应用文科综合实验教学中心主任、教授	生物与环境技术系学生
9月20日	学习地道英语	David　美国学者	各系学生代表
9月20日	英语学习技巧	包凡一　北京新东方学校副校长，教育集团图书事业部总监、新东方前程咨询有限公司首席写作顾问	新闻与传播系、食品科学系、法律系等160余名学生
9月28日	埃利森小说《隐形人》中音乐呈现	史蒂文·特雷西　美国马萨诸塞大学教授、CHFA美国印第安研究人才选拔委员会主席、非洲裔美国研究系学术委员会主席	新闻与传播系英语专业学生
10月13日	国产电影叙事模式的嬗变	孟中　北京电影学院副教授	新闻与传播系学生
10月21日	植物内生真菌次生代谢产物及其生物活性	周立刚　中国农业大学农学与生物技术学院植物病理学系教授	生物技术、食品专业学生
10月21日	天然产物的生物合成及高效分离	袁其朋　北京化工大学生命科学与技术学院院长、教授	生物技术、食品质量与安全、食品科学与工程专业学生
11月1日	影视剧创作的某种倾向	刘一兵　北京电影学院教授	新闻学专业学生

续表

时间	报告(讲座)题目	主讲人	参加人员
11月4日	孙中山与南京临时政府	郑师渠　北京师范大学历史学院教授	环境科学、生物技术、食品质量与安全、食品科学与工程专业学生
11月6日	全球化视角下旅游和文化的差异	Joeffrey Wall　美国学者	新闻与传播系学生
11月7日	嵌段共聚物自组装及其纳米材料应用	郭晨　中国科学院过程工程研究所副研究员、硕士生导师	生物技术专业学生
11月8日	人物新闻采访与写作	李睦　工会博览杂志社编辑	新闻学和新闻学(影视传播)专业学生
11月15日	个人学术科研文献管理工具使用培训——Refworks学术论坛	魏成光　清华大学图书馆博士	部分学生
11月15日	动物实验替代方法与毒性测试发展新策略	彭双清　研究员、博士生导师、军事医学科学院中国人民解放军疾病预防控制所毒理学评价研究中心主任	食品科学系学生
11月15日	学习改变命运 励志点亮人生	舒京　首都师范大学初级教育学院教授	部分学生
11月15日	食品安全风险评估	李宁　研究员、国家食品安全风险评估中心主任助理、国家风险评估专家委员会委员兼副秘书长	生物技术与食品科学专业学生
11月18日	文化资源与首都文化	胡兆量　北京大学教授、中国经济地理研究会会长	资源环境与城乡规划管理专业学生
11月18日	法治政府建设	杨小军　国家行政学院教授	法律系学生
11月18日	外国教师谈中国人说/写英文	Mark Cobden Buck　英国著名学者大学体验英语口语教程作者	各系学生代表
11月22日	艾滋病的研究进展	岑山　北京协和医院医院免疫生物学室主任、研究员、博士生导师	食品科学系专业学生
11月22日	文化强国：中国复兴之路的历史选择——关于十七届六中全会精神的解读	向勇　北京大学管理学博士、副教授、北京大学艺术学院副院长、北京大学文化产业研究院副院长	新闻学、汉语言文学、英语三个专业师生
11月24日	文化遗产与文化遗产保护	韩建业　应用文科综合实验教学中心主任、教授	文化遗产保护协会会员
11月26日	国家自主创新战略中的中关村	杨建华　中关村科技园区管理委员会副主任	全院副处级以上干部
11月26日	学习第十七届六中全会精神的体会	贺亚兰　中共北京市委宣传部理论处处长	全院副处级以上干部
11月27日	中关村国家自主创新示范区核心区建设的形势和任务	王际祥　北京市海淀区政府办公室主任	全院副处级以上干部
11月27日	我国文化创意产业发展现状与区域经济	金元浦　中国人民大学中文系文艺学博士点教授、博士生导师	全院副处级以上干部
11月28日	中国电子政务发展战略、电子政务的法制建设、电子政务信息资源的共建与共享	何振　湘潭大学社科处处长、公共管理学院教授、行政管理专业博士生导师	档案学、公事专业专业学生
11月29日	电影表演基础与人物形象塑造	张杰勇　北京电影学院表演学院教师	新闻与传播系师生
11月29日	艾滋病药物的研究进展	岑山　北京协和医院医院免疫生物学室主任、研究员、博士生导师	生物技术、食品质量与安全、食品科学与工程专业学生

续表

时间	报告(讲座)题目	主讲人	参加人员
12月6日	文学创作的难度与路径	宁小龄　人民文学杂志编审	汉语言文学专业和英语专业学生
12月6日	史学家与生态学家的相遇	梅雪芹　北京师范大学历史学院教授	环境科学、城市地理专业学生
12月2日	走进英语标准发音	王式仁　北京大学英语系教授	英语专业学生
12月13日	中国电影的现实走向	陈山　北京电影学院教授	新闻与传播系专业学生
12月16日	社会—文化史研究的兴起与发展	赵世瑜　北京大学历史学系教授	历史学专业学生
12月13日 12月20日	电子文件管理国际前沿	冯惠玲　中国人民大学副校长、教授、博士生导师	档案学、公事专业专业学生
12月8日 12月15日	电子政务	赵国俊　中国人民大学信息资源管理学院院长、教授、博士生导师	档案学、公事专业专业学生

2011年师范学院举办的学术报告会(讲座、演讲)

时间	报告(讲座)题目	主讲人	参加人员
11月3日	后现代与后现代主义小说审美特征	陈世丹　中国人民大学教授	语言文化系英语专业师生
11月17—18日	歌唱艺术讲座	李初建　国家一级演员	艺术教育系师生
11月17日	教师的幸福在哪里	刘儒德　北京师范大学教授	学院师生
11月24日	浅谈戏曲美学,兼谈流派欣赏	孙毓敏　著名京剧表演艺术家、荀派传人、北京戏曲学校名誉校长	学院教师
11月24日	跌落与复原	马守则　现代舞教育家	学院师生

2011年商务学院举办的学术报告会(讲座、演讲)

时间	报告(讲座)题目	主讲人	参加人员
3月10日	The Social Network: Technology & Teaching in American Colleges and Universities	Michael David Tegeder　美国圣达菲学院社会与行为科学系副教授	国际商务系学生
3月14日	Election of 2008 and Obama Administration(美国2008年大选及奥巴马执政)	Michael David Tegeder 美国圣达菲学院社会与行为科学系副教授	国际经济系学生
8月16日	Sustainable Supply Chain Management(可持续供应链管理)	丛皓　英国西苏格兰大学商学院博士	专业教师
11月2日	中国服务贸易的发展现状及其国际竞争力——以留学教育服务贸易为例	赵春明　北京师范大学经济与工商管理学院副院长、博士生导师、北京市教学名师、国家级精品课程《国际贸易实务》负责人教授	国际经济与贸易专业教师
12月9日	北京会展业回顾与展望	储祥银　中国国际贸易促进委员会北京市分会副会长,北京对外经济贸易大学教授	会展经济与管理系学生
12月9日	许你一个精彩的会展未来	柯树人　台湾圆桌会议顾问有限公司董事长、中国会展经济研究会顾问	会展经济与管理系学生

2011 年旅游学院举办的学术报告会(讲座、演讲)

时间	报告(讲座)题目	主讲人	参加人员
1 月 16 日	首届首都旅游发展论坛——国际一流旅游城市	魏小安 中国旅游研究院学术委员会主任 戴斌 中国旅游研究院院长 刘德谦 中国社会科学院旅游研究中心副主任、高级研究员 吴必虎 北京大学教授、博士生导师,北京大学旅游研究与规划中心主任	校内外 14 位专家学者 我校部分师生、兄弟院校旅游专业的师生及行业代表 300 余人
5 月 26 日	中日旅游发展历程之比较	梁春香 日本东洋大学教授	学院部分师生
9 月	周游世界的回忆	谢田 北京邮电大学教授	院学生部分代表
9 月 23—30 日	就业指导:时间管理、商务英语	ZACH HOY 香港智洋投资有限公司英语培训师	英语专业学生
10 月 9 日	中国旅游经济结构研究	魏小安 中国旅游研究院学术委员会主任	黄先开、张凌云、石美玉、王静及学院部分教师等
11 月 9 日	英语语篇互译	张威 北京语言大学教授	英语专业学生
11 月 16 日	英语写作逻辑	张连 北京外国语大学副教授	旅游英语专业学生
11 月 21 日	酒店管理与国际旅游人才培养	李永太 港中旅集团人力资源部高级工程师	旅游英语专业学生
11 月 22 日	中英翻译研究	武波 外交学院英语系教授	旅游英语专业学生
11 月 23 日	大学生英语毕业论文指导	郭英剑 中央民族大学语言文学系博士生导师、教授	旅游英语专业学生
11 月 25 日	论旅游地学与地质公园是旅游院校师生必须具备的基础知识	陈安泽 中国地质科学研究院研究员	张凌云、石美玉、王静及学院部分教师等
11 月 25 日	大学生心理健康教育	林永和 北京工商大学教授	旅院学生
11 月 30 日	做最好的自己	杨鲁新 北京外国语大学教授	旅游英语专业学生
12 月 2 日	语言之翻译与文化之翻译	徐一平 北京日本学研究中心教授	日语专业学生

2011 年特殊教育学院举办的学术报告会(讲座、演讲)

时间	报告(讲座)题目	主讲人	参加人员
5 月 18 日	做自己的主人	毛荣建 特殊教育学院特教系主任 副教授	特教系学生
6 月 7 日	生涯规划与职业发展	归璇 解放军驻四川某部医院医疗康复师	全体学生
6 月 7 日	职业发展与个人成长	刘新 聋康网营销经理	全体学生
6 月 7 日	毕业生求职技巧	翟海燕 东城区特殊教育学校教师	全体学生
6 月 7 日	毕业生求职技巧	张飞 北京市延庆教育委员会	全体学生
6 月 14 日	就业法律知识讲座	陈美芳 北京市总工会法律援助中心律师	全体学生
6 月 27 日	园林与生态文明	林忠平 北京大学教授、博士生导师	园林 08,09、10 级学生
10 月 14 日	提高教师执教能力	刘全礼 特殊教育学院教授	应用技术系全体教师
10 月 21 日	伤科常见病的诊断和推拿治疗	于天源 北京中医药大学针灸推拿学院副院长、教授、博士生导师、北京市教学名师	针灸推拿学专业师生
10 月 21 日	图书馆资源及利用	赵源 校图书馆咨询服务部教师	全体教职工
10 月 28 日	关于教学工作的情况汇报	黄先开 北京联合大学副校长	全体教职工
10 月 28 日	关于我校“十二五”时期学科建设的认识与思考——以软件工程学科建设为例	鲍泓 北京联合大学副校长	全体教职工

续表

时间	报告(讲座)题目	主讲人	参加人员
10 月 28 日	伤科常见病的诊断和推拿治疗	于天源　北京中医药大学针灸推拿学院副院长、教授、博士生导师、北京市教学名师	针灸推拿学专业师生
11 月 4 日	伤科常见病的诊断和推拿治疗	于天源　北京中医药大学针灸推拿学院副院长、教授、博士生导师、北京市教学名师	针灸推拿学专业师生
11 月 11 日	伤科常见病的诊断和推拿治疗	于天源　北京中医药大学针灸推拿学院副院长、教授、博士生导师、北京市教学名师	针灸推拿学专业师生
11 月 13 日	特殊教育循证实践	杜昇如　香港银枞教育中心主任、博士、九江博爱聋人学校名誉校长	全体学生
11 月 14 日	辅助技术在特殊教育中的应用	许家成　特殊教育学院院长、教授	全体学生
11 月 15 日	盲文与语言学习	钟经华　特殊教育学院资源中心主任、教授	全体学生
11 月 16 日	关于自我发展——从人本主义到积极心理学	王梅　特殊教育学院教授	全体学生
11 月 17 日	美国高等特殊教育发展趋势	胡尔维茨　美国高立德大学校长	全体学生
11 月 17 日	英国残疾学生早期干预教育的发展趋势	罗汉　普敦大学副校长	全体学生
11 月 18 日	艺术插花赏析	王绥之　国家级花艺大师,中国插花花艺协会常务副秘书长、北京插花艺术研究会常务副会长、北京插花协会秘书长。	园林 09,10 级学生
12 月 9 日	民间剪纸艺术(一)	高佃亮　河北省蔚县单堠亮星剪纸厂厂长,民间工艺美术家、一级工艺美术大师	艺术设计、视觉传达艺术设计专业学生
12 月 23 日	测验题目的编制技术	许华红　特殊教育学院讲师	全体教师
12 月 30 日	动画角色表演的动画设计	何云　北京印刷学院教授	艺术设计、视觉传达艺术设计专业学生

2011 年信息学院举办的学术报告会(讲座、演讲)

时间	报告(讲座)题目	主讲人	参加人员
4 月 21 日	数字信号处理示范教学	陈后金　国家精品课程主持人、全国优秀教师	电子工程系 09 级实验班学生
11 月 18 日	中国科学技术史	李晓岑　省部级跨世纪专业带头人、云南省中青年学术和技术带头人后备人才	软件工程系师生
11 月 25 日	网络阅读世界	陆俊　北京科技大学文法学院教授	学院师生
11 月 28 日	电路分析示范教学	殷瑞祥　教育部电子电气学科基础课程教学指导委员会委员	电子工程系 2010 级实验班学生
11 月 29 日	求职择业技巧	夏晓哲　美中瑞诚教育咨询有限公司的总经理	学院应届毕业生
11 月 30 日	与大学生"谈"恋爱	左鹏　北京科技大学文法学院教授	在校生
12 月 1 日	职场选择与职业定位	王大治　中视典数字科技有限公司(北京)人力资源经理	学院应届毕业生
12 月 8 日	认知科学中的相似性计算	于剑　北京交通大学计算机学院计算机科学系主任	在读研究生、部分本科生、教师

2011年机电学院举办的学术报告会(讲座、演讲)

时间	报告(讲座)题目	主讲人	参加人员
11月21日	“小q和大Q”(小质量与大质量)	李子强　巨石集团质量管理部部长	材料科学与工程专业教师和学院学生百余名
12月1日	智能控制技术及应	戴亚平　北京自动化学会副理事长、北京理工大学自动化学院教授	机械工程及自动化系部分教师和学生
12月2日	智能传感器与物联网	王雪　清华大学精密仪器与机械学系副主任、教授	机械工程及自动化系部分教师和学生
12月6日	机动车排放污染控制技术现状与展望	鲍晓峰　国家环境保护部、中国环境科学研究院污染控制研究室首席专家、博士生导师、研究员	汽车服务工程专业教师及2008、2009级学生
12月9日	我国液压工业发展现状及关键研究方向	杜旭东　北京京城机电控股有限公司总工程师、北京华德液压集团董事长	学院领导和中青年学术骨干
12月15日	重型机床再制造	刘宇凌　北京北一数控机床有限责任公司总工程师	学院2011级新生、机械工程及自动化专业学生共130余人
12月15日	面向可持续发展的绿色制造	张建成　本院机械工程及自动化系副主任、副教授	学院2011级新生、机械工程及自动化专业学生共130余人

2011年国际交流学院举办的学术报告会(讲座、演讲)

时间	报告(讲座)题目	主讲人	参加人员
6月15日	文化内容呈现方式与呈现心态	李泉 中国人民大学教授	学院师生
10月19日	科研课题申报	周华丽 高职研究中心主任	学院师生
12月7日	现代汉语词中字义的析出与教学	赵金铭 北京语言大学教授	学院师生

2011年广告学院举办的学术报告会(讲座、演讲)

时间	报告(讲座)题目	主讲人	参加人员
2月24日	探索美的本质,加强美学修养	孔昭林　广告学院院长、教授	学院全体学生
12月2日	公共标识设计	李兴国　中国传媒大学教授	广告系10级1、2班,09级

2011年应用科技学院举办的学术报告会(讲座、演讲)

时间	报告(讲座)题目	主讲人(姓名和简介需要核实)	参加人员
6月13日	法国对非洲的影响及两者之间关系	李晨　ESMOD INTERNATIONAL(法国)分公司北京分区的教务总管	2007级法语专业学生
7月6日	艺术的再划分与传媒艺术	戴菘　北京电子科技职业学院艺术设计学院院长、教授	媒体艺术设计系全体老师
9月10日	全球动漫产业的现状和前景	S. D. Katz　北京万方幸星数码科技有限公司的王利峰总裁及美国资深制作人	媒体艺术设计系08级新生
9月10日	数字·影视·媒体	张智梅　北京世纪传媒集团世纪工场总经理 冯毅　北京世纪传媒集团世纪工场企业品牌资源拓展部经理	媒体艺术设计系08级新生
9月27日	电影生产的基本管理架构、视觉效果	罗伯特·布莱拉克　奥斯卡获奖大师	媒体艺术设计系
10月27日	因为科技	杨晓麟　国际交流学院教师	应用科技学院学生
12月23日	日本插花艺术讲座	崛启子　日本池坊派全国插花协会会员、插花教授	日语专业学生

·媒体报道·

媒体重要报道要目

序　号	报道时间	报道媒体	报道名称
1	1月10日	中国教育网	北京联合大学举办北京物联网产业推进情况报告会
2	1月21日	中国教育网	北京联合大学技术研发及成果转化基地揭牌
3	1月26日	中工网	北京联合大学工会举办爱心捐款答谢会(视频)
4	1月28日	中国教育网	北京联合大学召开“十二五”党建与思想政治座谈会
5	3月27日	《北京考试报》	北京联合大学一本招生省份增两个
6	4月10日	《京华时报》	北京联合大学发布今年招生政策在京减招417人
7	4月13日	中工网	北京联合大学工会举办青年教师教学技能大赛
8	4月14日	中国教育网	北京联大学报(人文社科版)成全国高校学报新秀
9	4月22日	北京市教育委员会网	立法建制 为国为民——记北京联合大学教授刘隆亨
10	4月26日	腾讯网	北京联合大学：新增交通工程专业 三大类招生
11	4月27日	《北京晚报》	联大文理学院首发通勤车
12	4月29日	中国教育在线	北京联合大学：培养适应经济发展的高素质人才
13	5月7日	中国台湾网	北京联大台研院在京举行两岸青年学术研讨会
14	5月16日	人民网	“三星——北京联合大学导聋犬训练基地”正式落成
15	5月23日	《北京你早》视频	联大红色里程演出 迎接建党90周年
16	5月23日	《光明日报》	“三星——北京联合大学导聋犬基地”在京落成
17	5月30日	《光明日报》	北京联合大学让青年才俊脱颖而出
18	5月31日	《北京日报》	联大13校区全面禁烟
19	5月31日	《北京青年报》	北京联大学习党史理论
20	6月13日	《北京考试报》	北京联合大学首办网络视频招聘
21	6月13日	平谷区政府网	北京联合大学“红色1+1”学生实践团走进西峪村
22	6月13日	首都之窗	北京联合大学“红色1+1”学生实践团走进西峪村
23	6月14日	《北京晨报》	待收麦田现身北联大
24	6月14日	《京华时报》	联大与中关村软件园建立合作
25	7月5日	中工网	联大工会为党庆生举办教职工书画展
26	7月12日	《北京青年报》	联大学子为展览讲解
27	7月15日	首都教育新闻网	北京瑞斯福科技有限公司向联合大学捐资20万元支持特教事业
28	7月27日	《京华时报》	联合大学学生支教西柏坡
29	7月29日	网易	北京联合大学机电学院红色1+1活动
30	8月23日	《科技日报》	北京联合大学北汽合作培养汽车人才
31	8月24日	《北京日报》	联大学生大运会获3金
32	8月24日	新华网	北京联合大学与北汽合作培养汽车产业人才
33	8月27日	《北京考试报》	红星闪耀 做学生健康成长的引路人 ——记北京联合大学机电学院教师嵇伟
34	8月29日	《光明日报》	北京联合大学与北汽签约合作培养汽车产业人才
35	9月5日	《中国教育报》	北京联合大学适应产业结构培养人才纪实
36	9月5日	新华网	永远燃烧 无私奉献 记北京联合大学优秀教师嵇伟
37	9月12日	新华网	北京联合大学：为首都发展培养特色专业人才
38	9月13日	《科技日报》	北京现代向北京联合大学捐车助教
39	9月13日	《中国教育报》	北京联合大学获赠北京现代第8代索纳塔教学用车

续表

序　号	报道时间	报道媒体	报道名称
40	9月13日	千龙网	第八代索纳塔助力北京联合大学
41	9月16日	《北京日报》	北京联合大学为首都发展培养特色专业人才
42	9月21日	《北京青年报》	联合大学启动教职工幸福工程
43	9月29日	《北京晨报》	海军梦走进北联大新生军训
44	9月29日	新华网	北京联合大学主校区综合楼奠基
45	9月29日	新华网	海军梦"走进"北联大新生军训
46	9月30日	《人民日报》	北京联合大学：特色专业人才是怎样"炼成"的
47	10月2日	《北京日报》	北京联合大学将建最大实训楼
48	10月26日	《新京报》	北联大31学生尝鲜"职教分级"
49	10月31日	《光明日报》	北京联大尝试主题军训
50	11月2日	《科技日报》	北京联合大学举办金融学特色专业建设研讨会
51	11月15日	《科技日报》	2012北京联合大学两项目招30名高水平运动员
52	11月15日	《中国教育报》	北京大学生计算机应用大赛举办
53	11月16日	《北京青年报》	北京联合大学交流健康饮食
54	11月18日	新华网	首都唯一高等特殊教育学院10年培养1000多名残疾人大学生
55	11月18日	人民网	北京唯一高等特殊教育学院十年培养1000多名残疾人大学生
56	11月22日	《科技日报》	北京联合大学特殊教育学院新校园落成
57	11月22日	《北京青年报》	京城特殊教育签约国际名校
58	11月23日	《中国教育报》	北京联合大学特殊教育学院建院10年庆典举行
59	11月25日	《中国旅游报》	校企合作：让学校、学生、企业共赢
60	11月28日	《劳动午报》	劳动午报：联大教职工 竞技绿茵场
61	11月29日	《人民日报》	联大特教学院10年培养1000余名残疾人大学生
62	11月30日	新华网	北京联合大学大规模开展培养方案论证工作
63	11月30日	《光明日报》	北京联合大学特教学院新建无障碍校园
64	12月6日	《科技日报》	北京联合大学科研实力显著提升
65	12月7日	《北京青年报》	金一南将军受邀到北京联合大学举办讲座
66	12月9日	《中国旅游报》	北京联大旅游学院着力打造教师团队
67	12月12日	《北京教育系统深入开展创先争优活动简报》	北京联合大学启动实施健康幸福工程助力教职工健康发展幸福生活
68	12月27日	《科技日报》	探索一条培养金融专业人才新路——北京联合大学金融学专业"特色"发展成就核心竞争力的启示
69	12月29日	《北京考试报》	2012北京联合大学两项目招30名高水平运动员

媒体报道选登（摘选）

北京联合大学召开"十二五"党建与思想政治座谈会

（中国教育网，2011年1月28日）

2011年1月26日，北京联合大学党委组织召开了"十二五"党建与思想政治工作规划（讨论稿）座谈会。北京联合大学党委书记徐永利、党委副书记付晨光、纪委书记张楠、副校长兼应用文理学院党委书记张连城、各二级党组织负责人以及党校办、组织部、宣传部等相关部门主要负责人参加会议。

本次会议是北京联合大学党委就"十二五"党建与思想政治工作规划召开的第二次座谈会，参会人员对规划讨论稿进行了研讨。大家认为，讨论稿体例完整、涉及全面，很好地总结了学校"十一五"期间学校在党建和思想政治工作方面取得的成绩、存在的问题和不足，很好地谋划了"十二五"期间北京联合大学党建和思想政治工作的主要目标和任务。大家从务实地角度，对如何进一步做好学校"十二五"期间的党建和思想政治工作提出了很好的思路，同时针对党建和思想政治工作规划的写作原则、文本结构、文字表达等方面提出了具体的修改建议。

听了大家的发言后，徐书记强调，召开这样的座谈会很重要，我们1月14—15日召开了首次“十二五”党建与思想政治工作座谈会，经过会议讨论后形成了今天的讨论稿，讨论稿比之前的草稿完善了很多；讨论稿也还是一个靶子，今天大家集思广益，又提出了很好的意见、建议，为起草小组进一步修改提供了很好的思路；为更好地完善党建和思想政治工作规划，今后我们还将继续在不同范围内召开这样的座谈会，发挥更多人的智慧，为学校“十二五”期间的党建和思想政治工作进行科学谋划。

北京联合大学一本招生省份增两个(摘要)

(《北京考试报》,2011年3月27日)

30余载如歌历程，几代人精心耕耘，北京联合大学为北京市的城市建设、经济发展、新农村建设等领域输送大量人才，成为首都高素质应用型人才的培养基地。

春华秋实，根深叶茂，作为北京地区招生规模最大的市属高校，北联大在校生近3万人，每年有8000余名毕业生，每10个北京高考生中就有1个入读北联大。

“学校现有15所学院，建筑面积约60万平方米，图书馆藏书240余万册，建校以来，为国家培养近17万名毕业生，教学品质得到较大提升。”说起学校建设，该校副校长黄先开如数家珍，近几年，学校在教育部质量工程建设中，获批国家级实验教学示范中心、国家级人才培养模式创新实验区、国家级教学团队和5个国家级特色专业以及3门国家级精品课程等一批标志性成果。

“今年学校提出了本科和高职分离的办学思路，计划把校本部当做全本科学院，预计容纳1万名本科生，应用科技学院作为高职教育的集中地，将接收5000至6000名高职学生。”黄先开向记者透露。

该系主任顾军介绍，学校历史学(文物博物馆)专业培养直接面向首都文博事业一线的应用型人才，注重文物鉴定与辨伪、博物馆陈列设计、博物馆藏品管理、文物修复技术、文物摄影绘图、文物保护技术等实际动手操作能力培养。学校建有的文物保护与修复中心实训室能够满足学生实训课程的需要。学校还在故宫博物院、国家博物馆、首都博物馆等设有固定的校外实习基地。

北京联大学报(人文社科版)成全国高校学报新秀

(中国教育网,2011年4月14日)

3月29日，中国人民大学人文社会科学学术成果评价研究中心发布了“2010年度《复印报刊资料》转载学术论文指数排名”。北京联合大学学报(人文社科版)取得了可喜成绩，在全国高等院校主办学报排名中，按全文转载率排名第26位，按综合指数排名第43位。全国各类高等院校主办的学报约有1150种，被2010年度《复印报刊资料》全文转载的学报有435种，约占总数的37.8%；共被转载全文总数为2763篇，约占《复印报刊资料》全文转载总量(13531篇)的20.4%。

“2010年度《复印报刊资料》转载学术论文指数排名”由中国人民大学人文社会科学学术成果评价研究中心与中国人民大学书报资料中心共同研制。根据2010年度《复印报刊资料》学术系列期刊的全文转载数据，用转载量、转载率和综合指数三个指标，分别进行了学术期刊排名和作者机构排名。至今已连续11年在《光明日报》《中国新闻出版报》等媒体公开发表的转载排名。

中国人民大学书报资料中心《复印报刊资料》是国内四大文摘期刊之一，在客观上已经兼具资料与评价功能，其转载量(率)被学界和期刊界普遍视为是人文社科期刊领域中一个客观公正的评价标准。成为评价人文社科期刊学术影响力和人文社科研究成果水平的参考依据之一。国内一些核心期刊遴选体系、教育部“名刊工程”评选等也把《复印报刊资料》转载和评估数据作为计量指标之一。

转载情况表明，作为2003年9月创刊的《北京联合大学学报(人文社科版)》虽然起步较晚，随着北京联合大学对科研和学术的重视以及广大教师科研能力的日益增强，通过编辑部的不断努力，正在不断拉近与一些著名高校学报的距离。

北京联大台研院在京举行两岸青年学术研讨会

（中国台湾网，2011年5月7日）

中国台湾网5月7日北京消息　今天上午，北京联合大学台湾研究院在北京召开“两岸青年学术研讨会”，来自北京、福建、浙江及海峡对岸的40余位青年学者与会，就岛内政治生态、两岸经济合作等议题进行了探讨和沟通。与会学者认为，近年来，两岸关系进入“深化交流合作、巩固发展成果”的盘整期，站在历史新起点上的两岸关系，进入了以落实两岸经济合作框架协议(ECFA)为主要任务的大交流、大合作、大发展阶段。

中国社会科学院台湾研究所科研室主任彭维学发言时指出，两岸关系已进入“深化交流合作、巩固发展成果”的盘整期，两岸关系和平发展面临的机遇大于挑战。现阶段大陆对台政策更加务实、善意、灵活，致力于巩固和平发展成果，增强两岸政治互信。

北京联合大学教授刘红在发言时表示，站在历史新起点上的两岸关系，进入了以落实两岸经济交流合作协议(ECFA)为主要任务的大交流、大合作、大发展阶段。刘红指出，当前落实ECFA还有很长的路走。一是在累积政治互信的同时，抓紧落实早期清单和解决后续问题。二是继续为两岸实现经济关系正常化、经济合作制度化(简称“经济两化”)营造良好的政治氛围，要以台湾经济发展、台湾同胞福祉为重，摒弃“戒恐心理”，以更加积极、开放、务实的心态来看待两岸“经济两化”。三是反击“台独阵营”的抹黑和挑衅。四是解除部分台湾民众对ECFA的疑虑，以扩大ECFA对台湾民意的正面影响力。

北京联大台研院两岸关系研究所所长胡文生指出，岛内民进党无力改变两岸关系和平发展的大趋势，非理性的对抗反而造成民进党在两岸关系方面日益边缘化，为此，民进党不得不提出一套有别于国民党的两岸政策论述，与国民党抢夺两岸政策论述的主导权，以赢取选票利益。因此，如果民进党未检讨其“台独”意识形态和对抗性的大陆政策提早上台，仍将对两岸关系和平发展造成严重冲击。

中国国民党澎湖县党部副主委张全一在会上发言说，两岸关系在最近两年开创了前所未有的荣景，自己通过到多次大陆参访的机会，看到大陆市场和经济的繁荣，目前很多岛内民众都期待未来到大陆发展。我们期待两岸和平继续下去，希望两岸继续保持良性的互动，这是两岸民众的期待，也是中华民族精神的体现。

北京联大台研院副院长刘文忠指出，推动两岸关系和平发展是两岸双方共同的责任和使命，和平统一符合两岸同胞的长远利益，两岸人民通过共同努力，才能共享和平发展的成果。研究机构应把两岸学者之间交流进一步引向深入，彼此学习和借鉴对方社会建设的成果，在此基础上，培植两岸共同的社会责任、民族责任，形成两岸利益共同体。

此外，与会学者还就和平发展与台湾民意的关系、两岸文化教育交流的推动、岛内选举及政党改革等议题进行了认真探讨。

中国人民大学教授黄嘉树、军事科学院台海军事研究中心副主任白光炜等大陆著名台湾问题专家出席了研讨会。北京联合大学台湾研究院常务副院长兼党支部书记谭文丛、北京联合大学副校长冯虹、国台办研究局副局长刘劲松出席了研讨会开幕式。(李杰)

“三星——北京联合大学导聋犬基地”在京落成

（《光明日报》，2011年5月23日）

本报讯(记者　李盛明)近日，“三星——北京联合大学导聋犬训练基地”在京落成。

此次落成的导聋犬基地将为北京联合大学特教学院、中国残联、北京市残联等机构的犬训练研究，提供专业的技术支持平台。三星(中国)公司除了提供建立基地所必要的资金支持外，还捐赠了5只已经训练好的导聋犬。导聋犬的驯养时间一般需要8个月，训练费用高达每只3万美元。该训练基地预计每年的培训规模为4—5只导聋犬，之后将逐渐扩大。

北京联合大学让青年才俊脱颖而出

(《光明日报》,2011 年 5 月 30 日)

选拔大批德才兼备、年富力强的优秀干部充实到党政管理和教学、科研领导岗位,是当前高校的重要工作之一。进入新学期,北京联合大学根据工作需要,拿出 3 个正处级岗位,4 个副处级岗位面向全校范围进行公开竞争上岗,让全校教师尤其是青年教师感到非常振奋。

这样的振奋,源于 2009 年该校进行的处级干部统一聘任上岗工作,校机关和直属非教学单位共拿出 33 个正处级岗位和 33 个副处级岗位面向全校竞聘,并面向北京市公开招聘校教务处长。这次竞聘的结果是:140 多名干部走上了新的领导岗位,一批高学历、优秀年轻同志进入处级干部队伍,具有博士和硕士学位的处级干部占干部总数的比例达到 59.66%,比聘任前提高了 19.71 个百分点,35 岁以下的年轻干部从 42 人增加到 57 人。

同时,在竞聘工作中,积极向上、干事创业、业绩突出的干部受到重用或提拔,团结和谐、带领部门和单位工作开拓发展的领导班子更加受到群众的拥戴;一些工作平平的干部感受到了无形的压力,部分得不到群众公认的干部落聘;个别落聘的实例,在干部当中产生了较大反响,让他们明白了怎样当干部、应该当什么样的干部。

通过干部竞聘,促进了该校德才兼备、以德为先,重工作实绩、群众公认的正确用人导向的形成,不仅保证了党管干部的原则,保持了学校干部队伍的生机与活力,优化了干部队伍结构,同时,全校教职工在干部的选拔上有了更多的发言权,增强了教职工的积极性。这也为进一步提升学校的管理水平,实现管理工作的专业化、干部队伍的专家化创造了条件。

当然,对青年人不仅要给予机会,还要给予培养。2010 年 3 月至 5 月,该校举办了干部培训学校第二期专题培训班——新任职干部专题培训班。培训班以学习理论促观念转变、以参观考察促思路开阔、以集体研讨促增进了解、以撰写论文促能力提高。140 多名新任处级干部通过听取报告、参观、交流、研讨、答辩等环节,在政治理论水平、履职能力方面都有了一定的提高。

目前,该校正在酝酿开展“三培养”活动,学校党委把选好配强基层党组织书记作为重要抓手,着力把教学、科研、服务业绩突出的优秀分子培养成党员,把业绩突出的优秀党员培养成干部,把业绩突出的优秀党员干部培养成基层党组织带头人。还将继续整合各类资源,服务内涵建设,搭建起面向全体师生的服务平台,为基层党组织和党员发挥作用创造条件、提供支撑。无疑,这又为学校的青年才俊提供了另一个展示自我,脱颖而出的平台。

“2011 年,我校将紧紧抓住国家和北京市‘十二五’启动的有利契机,用党建带动学校事业的发展,整合资源,凝聚人心,构建多层次、高水平的党员有效性学习教育体系;建设一支素质优良、作用突出、始终站在学校改革发展前沿的党员干部队伍;吸收更多的青年教师特别是青年学科带头人和学术骨干入党,团结和凝聚各类优秀人才,通过人才队伍建设带动人才培养质量的提升;落实‘党管人才’的要求,切实发挥党组织和党员专家学者在教师队伍建设中的重要作用,制定实施人才强校的四大计划,即‘引智计划’、‘提升计划’、‘培育计划’和‘扶持计划’,努力营造‘识才、爱才、聚才’的良好氛围。”该校党委书记徐永利说。

北京联合大学“红色 1+1”学生实践团走进西峪村

(首都之窗,2011 年 6 月 13 日)

近日,大华山镇西峪村党支部与北京联合大学应用文理学院生环系研究生党支部实现“红色 1+1”实践活动对接,14 名老师、大学生党员和西牛峪村党员代表共计 30 人参加了启动仪式。

双方党支部就“1+1”活动中落实“村村有大学生”的现状、培养大学生党员关注三农问题、关注社会以及奉献他人的良好品质进行了详细地交流与座谈。座谈会后,开展了以“幸福手牵手活动之爱心馈赠”为主题的实践活动,为西峪村的 18 位空巢老人及孤老,馈赠 18 个登山杖,聘请专业理发师为老人免费理发,最后又走进果园,现场对农产品生态环境进行检测,并对数据进行记录,留作回校分析,进一步推进双方资源共享、共建共助。

北京联合大学北汽合作培养汽车人才

（《科技日报》，2011 年 8 月 23 日）

本报讯（记者赵凤华）为了探索汽车人才培养新模式，为企业发展培养"合需"的人才，8 月 23 日，北京联合大学与北京汽车集团签署了人才培养战略合作协议，本着集成资源，提升创新能力和科技水平，培养高科技人才的目的，双方共同搭建汽车人才培养平台，为学校人才培养和企业人才需求开通了直通车。

根据协议，双方将结合企业发展和学校教学科研的实际需要，以北汽集团产品研发、技术攻关和北京联合大学的优势学科为基础，重点开展汽车研发和工程技术领域等关键技术的研究和相关产品开发合作。双方可互派人员参加对方的学习、培训和实践活动，相互促进各自关切问题的解决。北京联合大学将结合北汽改革发展对员工队伍的素质需求，为北汽各类人员进行培训，并可结合北汽的实际需求进行个性化培训。同时，北汽集团将设立学生培养实践基地，通过开展工学结合、社会实践实习、和毕业实习，增进实习学生对企业的深入了解，培养更多具有良好专业知识、实际操作技能和职业态度的高素质、高技能的应用型人才。北汽集团将根据企业发展和对人才实际需求情况，将北京联合大学作为招收新员工的重点院校。

"十二五"期间，北京南部新区将把汽车制造产业确定为重点发展的四大主导产业之一，将以北汽等为龙头打造品牌和技术双领先的千亿级汽车产业集群，实现汽车制造、研发、生产三大领域的跨越发展。北汽集团在其"十二五"规划中，也提出了"以自主品牌和新能源战略为推进器，到 2015 年力争进入世界汽车行业排名前十五，跻身世界前 500 强"的目标。北京联合大学作为市属综合性高等院校之一，充分利用其学科的综合优势和绝大多数毕业生在北京就业的特点，围绕现代服务产业群，以为首都培养高素质应用性人才为己任，服务首都经济建设。这些共同目标，使双方最终走到了一起。

联大学生大运会获 3 金

（《北京日报》，2011 年 8 月 24 日）

在第 26 届世界大学生夏季运动会健美操比赛中，中国大学生在产生的 5 枚金牌中收获了 4 枚。其中，来自北京联合大学的赵巳彤作为北京市的唯一一名队员，参加了比赛并获得有氧舞蹈和有氧踏板比赛及团体比赛 3 枚金牌。

赵巳彤是今年 6 月通过全国锦标赛的选拔，被选入这次大运会健美操队的。健美操是北京联合大学体育教学的特色课程。多年来，学校大力开展健美操运动，每年举办比赛，受到广大学生喜爱。校健美操队一直在北京领先，处在全国前列，在近几年的全国锦标赛与全国大学生比赛中多次荣获冠军，全队先后有 15 人被授予"运动健将"称号。

永远燃烧　无私奉献　记北京联合大学优秀教师嵇伟

（新华网，2011 年 9 月 5 日）

新华网北京频道 9 月 5 日电（刘永俊、史文瑞）教师节前夕，北京联合大学机电学院学生唐亚丽和同学们手捧鲜花来到北京天坛医院看望因病住院的嵇伟老师。嵇老师看到学生们的第一句话就是问："大家专业知识掌握得怎么样了？有什么不明白的？"唐亚丽感慨地说："嵇老师在病床上还这样关心我们的学业，大家心中充满了感激与感动。"

"要给学生一碗水，教师必须准备一桶水。"

嵇伟是北京联合大学机电学院汽车服务工程系实验员，高级工程师。今年"七一"，他被评为学校优秀共产党员，被授予学校"育人标兵"荣誉称号。还曾被评为校优秀教育工作者、优秀德育工作者、就业工作先进个人和优秀班主任。

从教 30 多年来，嵇老师深知，要给学生一碗水，教师必须准备一桶水。汽车是一个技术更新很快的专业，要让学生掌握最新的技术、理论，专业课教师必须不断提高自身修养，比学生先走一步。近 10 年来，嵇老师放弃了寒、暑假和午休，先后完成 18 本教材和专著,近700万字。在教学方法上,他做了大量的探讨,为了让学生接受知识能举一反三,编写了发动机、自动变速器、无级变速器、双离合器变速器等新教材。作为特聘教师,他和北京理工大学合作完成的国家级精品课程《汽车发动机原理构造及电控》荣获全国评比第一名。

"遇见这样的老师,我们很幸福"

赵昊泽是嵇老师的学生,得知老师生病后,他说:"老师不仅教给我们一技之长,还教我们如何做人。遇见这样的老师,我们很幸福。"

嵇老师曾说过:"作为一名教师,我深深感到任重而道远。我要为学校培养更多的优秀应用型人才,为联大的辉煌贡献一名教师微薄的力量。"嵇伟是这样说的,也是这样做的。他主动策划并主持学院汽车专业知识竞赛,至今已经连续举办了五届。每次比赛都邀请十多个用人单位的人事经理和技术总监参加,并请他们现场点评,实现用人单位与学生的"零距离"接触。他还牵头组织每周一次的专场招聘会,为学生的就业奔波。他为那些没有被录用的学生推荐第二个、第三个甚至第四个公司去面试,直到学生找到工作。

据统计,2008年至2011年,共有233名毕业生在嵇伟的推荐下成功就业。仅2011年,嵇伟推荐成功的汽车专业学生就有66人,占该专业学生总人数的54.5%。

"病床上的三个愿望"

今年6月10日,嵇老师在学校突然晕倒,被送进医院,后被查出患上了脑瘤。熟悉他的学生们说,嵇老师一直是抱病上实践课的,因为他们即将毕业,嵇老师不愿耽误他们的功课。

在住院治疗时,病中的嵇伟依然在与多家用人单位商谈明年毕业生的就业问题。同事刘惠老师回忆说,当病情刚刚稳定,嵇伟就在医院里给她打电话,让她帮助将办公室电脑中的汽车故障诊断书稿拷贝下来,带到医院里,他再把教学片光盘样本发给出版社的编辑。

做手术前,嵇老师请求大夫手术后一定要让他能再登讲台给学生讲课;病床上的他有三个愿望:准备新学期的课程;筹备新一届汽车类专业知识竞赛;策划和撰写还未完成的书稿。就在做手术的前一天,嵇老师还在病床上备课。

陪护的家人说,嵇老师手术后处于昏迷时说的话还与汽车相关,他苏醒过来时想着的第一件事是要完成新一届汽车专业知识竞赛。秋季新学期开学后,他多次给学院领导打电话,谈汽车专业新一届学生就业工作的设想,还和同事们联系,指导他们做好学生的就业工作。

北京联合大学:为首都发展培养特色专业人才

(新华网,2011年9月12日)

新华网北京9月12日电(记者李江涛)北京联合大学近日与北京汽车集团签署人才培养战略合作协议,双方将共同搭建汽车产业人才培养平台。

近年来,北京联大瞄准北京产业发展趋势,跟踪地区经济发展需求,积极为首都发展培养高素质应用型创新人才。

据了解,北京联大是一所以本科教育为主体的北京市属综合性普通高校,经过30多年的建设与发展,已成为北京地区规模最大的高校之一。

北京联大党委书记徐永利告诉记者,学校的专业建设紧贴产业需求。截至目前,学校已基本实现与北京市区域产业结构之间的对应,43%的专业设置围绕现代服务业展开。

物流产业是国家和北京市重点发展的新兴产业,2010年学校增设物流工程专业,培养物流装备的控制与维护、商业物流过程管理等具有工程技术和管理能力的复合型人才。2011年学校又针对城市轨道交通的快速发展,新增了交通工程专业,培养应用型高级工程技术人才。

北京联大推出多项举措,创新人才培养模式。作为首批"中国服务外包人才培训中心"和教育部批准建立的国家级"服务外包人才培养模式创新实验区",学校围绕服务外包人才培养目标打造全新课程体系,面向现代服务业,以服务能力培养为主体,信息技术运用能力和服务外包相关行业领域业务能力为两翼,实行分大类培养、分流培养和实战训练。

北京联大毕业生因专业基础扎实、动手能力强受到用人单位的好评。2005届历史系毕业生罗飞通过实习留在了大葆台汉墓博物馆工作,他说,历史系非物质文化遗产保护与利用实验、文物鉴定、陶瓷文物保护与修复实验等一系列针对性的文博实训,让他在文物博物馆岗位的工作得心应手。

北京联合大学将建最大实训楼

（《北京日报》，2011 年 10 月 2 日）

北京联合大学建校 33 年来最大的单体建筑——综合楼日前在北四环校区奠基。2013 年竣工后，将为联大学生提供总建筑面积达 6.5 万平方米的实训基地。市委常委、教育工委书记赵凤桐出席奠基仪式。

北京联合大学综合楼总建筑面积 6.5 万平方米，竣工后将拥有同声传译教学实验室、营养设计实训室、三维数字导游控制室、营销谈判与案例实验室、小企业家综合实验室等现代化实训设备及配套设施，可同时容纳 5000 名学生进行实验、实训，更好地满足联大师生多类型、多层次的学习与生活需要。

已培养了 17 万名毕业生的联大目前拥有 14 个校区。“十二五”期间，联大将集中建设两至三个校区，改善办学条件，其中北四环校区作为中心校区重点建设，仅未来两年内，该校就将陆续开工兴建 8 万多平方米建筑。（记者 刘昊）

北京联大尝试主题军训

（《光明日报》，2011 年 10 月 31 日）

北京联合大学尝试将主题教育引入军训，学校把军训主题确定为“我的军人梦——海军与国防现代化”，对学生开展了针对性强、趣味性高的国防教育，受到学生的欢迎。

共有 6000 名北京联合大学新生参加了军训，堪称北京高校最大规模的军训，这是该校办学 33 年来第一次实行全校新生集中军训，也是第一次在军训中引入主题教育，对学生进行规划性训练。军训指挥部组织学生身着海军服学习操练海军旗语，开展了“我的军人梦”主题歌咏比赛、演讲、情景演练等，国防大学徐焰少将还受邀作了“中国航母与海军现代化”的专题报告，组织新生一起观看纪录片《应对地震海啸灾难自救自护》，开展消防逃生演练，为军训生活增添了大海的色彩。（王庆环）

北京大学生计算机应用大赛举办

（《中国教育报》，2011 年 11 月 15 日）

本报讯（记者 余闯）以移动终端应用创意与程序设计为主题的“北京联通杯”北京市大学生计算机应用大赛日前举办，来自首都和港澳台地区的 99 支高校队伍参赛。大赛由北京市教委主办，北京联合大学和北京市高等教育学会计算机教育研究会等共同承办。

北京唯一高等特殊教育学院十年培养 1000 多名残疾大学生

（人民网，2011 年 11 月 18 日）

人民网北京 11 月 18 日电　北京联合大学特殊教育学院建院十年庆典 18 日举行，作为我国第一所相对独立的面向全国优秀残疾青年进行高等教育的综合性高等院校，也是首都唯一一所高等特殊教育学院，十年来为全国各地培养 1000 多名优秀残疾大学生，特殊教育师资与残疾人事业社会工作者 800 余人。

据学院院长许家成介绍，学院对外交流工作逐渐深入，与日本、韩国、美国等国家的大学开展了交流与合作。学院成立了北京市第一个残疾人大学生艺术团，为全市残疾人青年创造了艺术表演学习、交流和深造的机会。学院作为北京市残疾运动员的人才库和训练基地，培养的残疾人运动员已成为北京市及全国残疾人体育活动的骨干。北京残奥会上，四名学生作为中国代表团运动员取得了三金一银的优异成绩。

庆典仪式上，北京联合大学与美国高立德大学举行合作办学签约仪式。美国高立德大学（Gallaudet

University)是世界上唯一一所全部课程与服务都是为听障学生而设的大学。根据协议，北京联大特殊教育学院的聋人大学生在国内学习2年后申请到高立德大学继续学习2年，并取得学士学位。这项合作可以让更多的中国优秀聋人大学生有机会接受国际化的高等教育。

中国残疾人联合会副主席、党组成员吕世明，天津理工大学等院校领导，北京联合大学党委书记徐永利等出席此次庆典。

【相关链接】

北京联合大学特殊教育学院2000年9月成立，目前有本科及高职专业10个，其中本科专业5个，分别是特殊教育专业、学前教育专业、艺术设计专业(听障)、计算机科学与技术专业(听障)、针灸推拿学专业(视障)；高职专业5个，分别是听力语言康复技术专业、视觉传达艺术设计专业(听障)、计算机应用技术专业(听障)、园林技术专业(听障)、音乐表演专业(视障)，专业涉及教育学、文学、工学、医学、农学等学科，其中面向全国招生的专业8个。

探索一条培养金融专业人才新路

——北京联合大学金融学专业“特色”发展成就核心竞争力的启示

(《科技日报》，2011年12月27日)

前不久，金融学特色专业建设研讨会在北京举行，北京联合大学金融学专业作为国家级特色专业建设点，牵头主办了本次专业建设研讨会。全国有38个国家级金融学特色专业建设点，而此次研讨会汇聚了其中的十所院校，可谓是国内金融学教育领域的一次盛会。

北京联合大学管理学院院长、金融学专业带头人杨宜教授在研讨会上作了题为“差异化定位·个性化培养——‘金融学’专业建设汇报”的主题发言，引起了专家学者的关注与好评。她说，金融人才的培养必须植根于对金融学特色的研究上，而要办好金融学专业就要在“特色”上做文章，这也是未来金融专业壮大的核心竞争力。

(宣传部提供)